제3판

# 여행과 문명

고 태 규

法 文 社

# 책을 쓰면서

나는 2013년에 100일 동안 자동차로 유럽을 여행했고, 6개월 동안(일본 나라를 출발하여 한국과 중국, 중앙아시아, 이란, 코카서스, 터키, 그리스, 이탈리아, 이집트, 요르단, 이스라엘까지) 오아시스 실크로드를 따라 여행했다. 특히 실크로드 여행은 내가 30년 넘게 꿈꾸어 오던 계획이었다. 그 결과물이 2014년 자동차생활사에서 나온 〈부부가 함께 떠나는 유럽 자동차 여행〉과 2015년 한림대학교 출판부에서 나온 〈실크로드 문명기행 1, 2〉다. 이 세 권의 책은 내가 유럽과 실크로드 여행 중에 만난 인류문화유산을 보고 느낀 소감을 일반 독자들에게 전해주는 여행기이다.

한편으로, 나는 여행이 인류문명에 끼친 영향을 중심으로 전문 학술서적을 만들고 싶었다. 이 책은 원래는 여행과 문명 관련 전문가 집단과 이 분야의 학술교재를 필요로 하는 사람들을 위해 저술했다.

이번에 제3판을 내면서 일반 독자들도 이해하기 쉽게 내용을 바꾸고, 서술방식도 일반 교양도서에 맞도록 수정했다. 또한, 〈삼국사기〉와 조선 사대부들의 금강산과 지리산 유람록, 박지원의 〈열하일기〉, 이제현의 중국 오지 여행시, 일본 승려 엔닌의 〈입당구법순례행기〉 등의 분석을 통해 삼국시대와 고려시대, 그리고 조선시대를 살았던 우리 조상들의 여행 성향도 추가로 보강했다.

유럽 여행과 실크로드 여행은 관광을 전공하는 나에게 여러 가지 면에서 유익한 결과를 가져다 주었다. 그중에서도 가장 큰 깨달음은 우리 인류의 문명이 사람들의 이동, 즉 여행을 통해서 이루어졌다는 사실을 깨달은 것이다. 책을 통해서는 그런 사실들이 명확하게 와닿지 않았는데, 실제 여행을 통해서 내 눈으로 직접 보고 비교하면서 확실하게 그 현장을 목격하게 된 것이다. 박지원이 청나라 북경에 가서, 선진문물을 본 후에 실학에 대한 구체적인 확신을 갖게 된 것과 같은 이치다. 문명은 사람들이 서로 교류하면서 탄생한다. 그 사람의 직업이 상인이든, 종교인이든, 사신(외교관)이든, 왕이나 군인이든, 예술가이든, 탐험가이든, 일반인이든 상관없다. 사람과 사람이 만나게 되면, 거기에는 새로운 문화가 교류하게 마련이고, 그런 문화가 쌓이고 쌓여서 문명이 된다.

나는 실크로드를 따라 가면서 불교 석굴과 이슬람 사원, 그리고 기독교 수도원을 보면서 그런 문명교류의 흔적을 확인할 수 있었다. 특히 세계의 3대 종교인 불교, 이슬람교, 기독교가 서로 교류하면서 융합도 하고, 충돌하기도 한 사례를 많이 볼 수 있었다. 일본 나라를 출발하여 한국과 중국, 중앙아시아, 이란, 코카서스, 터키, 그리스를 거쳐 로마에 이르는 여정은 그런 융합과 충돌의 모습들을 적나라하게 보여준다. 일본, 한국, 중국 신장 직전까지는 불교의 모습이 보인다. 신장부터 중앙아시아, 이란, 터키에는 이슬람이 보인다. 코카서스와 그리스, 로마에는 기독교의 모습이 보인다. 그런데 재미있는 사실은 이런 종교의 접경지대에는 두 종교가 서로 영향을 주고받은 모습들이 선명하게 드러나 있는 것이다. 나는 이런 문명교류 현상들을 독자들에게 알리고 싶었다.

또한 왕이나 장군들의 원정여행도 인류문명의 교류에 중요한 역할을 했다. 동서양 문명이 충돌한 페르시아전쟁, 대승불교에 큰 영향을 끼친 간다라문명을 낳은 알렉산더대왕의 동방원정, 유목민족과 농경 정착민족의 충돌인 칭기즈칸의 서방원정, 기독교 유럽인과 이슬람 아랍인의 충돌인 십자군원정, 제지술을 이슬람과 유럽 세계에 전파하는 데 결정적인 역할을 한 고선지 장군의 중앙아시아원정 등도 중요한 원정여행에 속한다.

정복전쟁을 위한 원정여행 외에도, 사람들은 생존 그 자체, 즉 보다 더 나은 주거지와 농경지 또는 목초지를 찾아 이동(여행)했다. 새로운 나라와 교류를 하기 위한 외교활동이나 상품을 사고팔기 위한 무역활동을 위해, 새로운 작품에 대한 영감을 얻기 위한 문학과 예술활동을 위해, 그리고 미지의 세계를 찾아나서는 탐험을 위해서 여행을 떠났다. 여행은 이처럼 여행자의 다양한 동기를 통해서 인류의 문명 발달에 촉매제 역할을 했던 것이다.

그럼 이 책의 구성은 어떻게 되었는가? 먼저 제1장에서는 여행사(史)에 큰 획을 그은 여행을 중심으로 여행의 역사를 정리했다. 제2장에서는 외교사절들의 여행을 소개했다. 제3장에서는 종교를 전파하기 위해 떠난 종교인들의 여행을 설명했다. 제4장에서는 다른 나라 상인들과의 교역을 위해 여행을 떠난 상인들의 여행을 살펴보았다. 제5장에서는 창작을 위한 문학가와 예술가들의 여행을 소개했다. 제6장에서는 탐험가들의 여행과 인류의 우주여행을 다루었다. 제7장에서는 다른 나라를 정복하기 위한 원정여행을 다루었다. 마지막으로 제8장에서는 인간의 이동을 따라 전파된 전염병이 인류에게 끼친 부정적인 영향을 소개했다.

이 책을 쓰면서 많은 사람들의 도움을 받았다. 우선 이 책을 출판하도록 예산을 지원해주신 한림대학교 기초대학의 이지혜 학장님과 여러 가지 사무적인 지원을 해주신 이천웅 선생님에게 깊은 감사를 드린다. 그리고 자료수집차 일본에 갔을 때, 가이드를 붙여주고 자료구입비를 지원해준 내 친구 조문용 사장에게도 큰 은혜를 입었다. 또한 항상 곁에서 말없이 나를 지켜주는 아내와 미국에서 격려해주고 응원해주는 지하, 산하에게도 고마움을 전한다. 마지막으로 이 책을 멋지게 만들어주신 법문사 영업부 김성주 과장님과 관계자 여러 선생님께도 큰 감사를 드린다.

2024년 7월 1일
고태규

## 차 례

프롤로그 / iii

**제1장** 여행의 역사 ·········································································· 1

　제1절　인류 여행의 역사 / 2
　제2절　삼국시대 한국인의 여행 / 19
　제3절　고려시대 한국인의 해외여행 / 57
　제4절　조선시대 한국인의 금강산여행 / 77
　제5절　조선시대 한국인의 지리산여행 / 113

**제2장** 외교와 여행 ······································································ 149

　제1절　견당사의 중국여행과 선진문명의 수입 / 150
　제2절　고대 일본인의 중국여행과 재당 신라인의 역할 / 161
　제3절　조선 사행단의 중국여행-박지원의 열하일기 / 187
　제4절　조선 사행단의 일본여행-조선통신사 / 217
　제5절　중국 연행사와 일본 통신사의 여행 특성 비교 / 250

**제3장** 종교와 여행 ······································································ 271

　제1절　구법승들의 여행과 불교의 전파 / 273
　제2절　이슬람 왕조의 동서원정과 이슬람 문명의 전파 / 305
　제3절　네스토리우스파 기독교의 동방 전파 / 316

**제4장** 　상거래와 여행 ·············································· 323

　제1절　실크로드 무역의 주인공, 소그드 상인과 아라비아 상인 / 324
　제2절　조선시대 홍어장수 문순득의 해외여행 / 341

**제5장** 　문화예술과 여행 ·············································· 363

　제1절　괴테의 이탈리아 여행기 / 365
　제2절　남태평양 타히티를 사랑한 화가, 폴 고갱 / 368
　제3절　집시 음악가들의 여행이 창조한 유럽 음악 / 375
　제4절　일본 우키요에의 여행이 창조한 인상파 그림 / 381
　제5절　조선 도공의 슬픈 여행이 창조한 세계 최고의 도자기 / 390

**제6장** 　탐험과 여행 ···················································· 395

　제1절　생명의 기원을 밝힌 찰스 다윈과 비글호의 여행 / 397
　제2절　중앙아시아 탐험과 '실크로드의 악마들' / 403
　제3절　지구를 벗어나고픈 인간의 우주여행 / 425

**제7장** 　원정 전쟁과 여행 ·········································· 431

　제1절　알렉산더대왕의 동방원정과 간다라 불상의 탄생 / 434
　제2절　칭기즈칸의 서방원정과 동서문명 융합 / 453
　제3절　기독교문명과 이슬람문명이 충돌한 십자군전쟁 / 471

**제8장** 　전염병과 여행 ·············································· 493

　제1절　흑사병의 전파와 여행 / 496
　제2절　천연두의 전파와 여행 / 499
　제3절　콜레라의 전파와 여행 / 502
　제4절　인플루엔자의 전파와 여행 / 506
　제5절　코로나19의 전파와 여행 / 508

　에필로그 / 513
　참고문헌 / 515
　부록 / 525

# 제1장

# 여행의 역사

이 장에서는 우리 인간들의 여행의 역사를 개괄적으로 소개한다. 여행사(史)에서 중요한 사례를 시대별로 정리하여, 시대별 특성을 제시한다. 또한 〈삼국사기〉와 고려시대 이제현의 중국 오지 여행시, 그리고 조선시대 사대부들이 남긴 지리산과 금강산 유람록을 분석하여, 우리 한국인들이 역사적으로 어떻게 여행했는지 살펴본다. 먼저 삼국시대에 고대 한국인들이 어떻게 여행을 했는지 알아보기 위해 그 여행 행태와 특성을 밝혀낸다. 그 다음, 고려시대와 조선시대에는 양반 사대부들이 어떻게 여행을 했는지 알아보기 위해 그 여행 행태와 특성을 파악한다.

여행의 역사는 우리 인류의 이동의 역사와 함께 시작되었다. 우리 인간들도 다른 동물들처럼 태어나자마자 움직이기 시작했기 때문이다. 동물이 이동하지 않는다는 것은 곧 죽음을 의미한다. 보다 안전한 거주지와 생활터전을 찾고, 먹고 살아갈 식량을 얻기 위해 농사 지을 땅이나 유목을 위한 초원, 또는 사냥터를 찾아 끊임없이 이동해야만 했다. 원시사회에서는 다른 맹수들과 함께 살았기 때문에 그들을 피해 안전한 곳으로 이동해야 했고, 먹을거리가 더 많은 곳을 찾아 헤매야만 했다. 뿐만 아니라 사람이 살기에 적합한 자연조건과 기후를 찾아다니고, 다른 한편으로는 홍수나 가뭄, 폭설이나 지진 같은 재난을 피할 수 있는 안전한 곳을 찾아 이동해야만 했다.

〈총, 균, 쇠〉의 저자인 재레드 다이아몬드는 생산량이 풍부하고 넓은 농경지를 차지한 민족들이 더 빨리 선진사회에 도달할 수 있었다라고 주장했다.[1] 일리 있는 말이다. 그래서 인류 조상들은 이런 곳을 먼저 차지하기 위해서 이동을 시작했던 것이다. 이런 이동이 바로 여행의 시작이다. 제트 여행기를 타고 해외여행을 다니는 21세기의 여행자들은 자신들이 최신 유행의 여행을 즐기고 있다고 믿을 것이다. 그러나 현대사회의 여행자도 먼 미래에 나타날 어떤 사람이 기록하는 여행의 역사에서 보면, 고리타분한 구식의 여행을 즐긴 사람들로 기록될지도 모른다.[2] 이 말은 여행의 행태와 특성은 시대에 따라 계속 진화한다는 의미이다.

기원전 4천년경에 수메르인(Sumerians: 바빌로니아인 – 현재 주로 이라크인)들이 화폐를 만들고, 교역을 시작한 것이 여행사업의 시초이다. 수메르인들은 화폐를 만들었을 뿐 아니라, 그 돈을 사업의 결제수단으로도 이용했으며, 쐐기문자와 바퀴를 이용한 수레도 만들었다는 점에서 여행사업을 처음 시작한 사람들이라고 말할 수 있다. 기원전 5천년경에는 이집트에서 배가 발명되면서 사람들의 해외여행이 활발해졌다. 그리스 역사가 헤로도토스(Herodotos, 기원전 480년경~420년경)가 쓴 〈역사〉에 이집트 배의 제작방법이 자세히 기록되어 있다.3)

이집트인이 화물을 운반하는 배는 아카시아나무로 만들어진다. 아카시아는 키레네 로토스와 그 모습이 매우 비슷하고, 고무가 흘러나온다. 이 아카시아에서 길이 2페키스 정도의 판을 잘라내 이것을 벽돌처럼 쌓아서 선체를 만드는데, 그 공정은 다음과 같다. 튼튼하고 긴 나무못을 이용하여 앞서 말한 2페키스 정도의 판을 이어간다. 그리하여 선체가 완성되면, 그 위에 갑판을 버티는 가로 들보를 걸친다. 늑재(肋材: 사람의 갈비뼈처럼 배의 골격을 지탱해주는 활처럼 굽은 나무 – 저자 주)는 일체 사용하지 않고, 선판의 이음매는 안쪽에서 파피루스를 넣어 틀어막는다. 키는 하나만 만들고, 용골을 관통하여 부착시킨다. 돛대는 아카시아나무로 만들고, 돛은 파피루스로 만든다.

기원전 1480년에는 이집트 핫셉수트 여왕(Queen Hatshepsut, 기원전 1508년~1458년)이 평화와 관광 목적의 배를 타고 아프리카 동부해안에 있는 푼트(Punt)를 방문했다는 기록이 룩소르 데이르-엘-바흐리 사원(Deir el-Bahri at Luxor)에서 발견되었다.4) 테베에 있는 멤논 석상(The Colossi of Memnon at Thebes)의 발등에는 기원전 5세기에 여기를 방문했던 그리스 여행자들의 이름이 새겨져 있다. 기원전

2700년경부터 이집트 파라오들이 피라미드와 스핑크스를 짓자, 신왕국시대(기원전 1600년~1200년)부터 이 위대한 유적들을 보러 많은 여행자들이 몰려들기 시작했다. 일부 여행자들은 기도를 드리는 참배객들도 있었지만, 대부분은 종교가 아니라 단순히 호기심과 여행을 즐기기 위해 이곳을 방문했다. 그중 일부는 다음과 같은 낙서를 남기기도 했다.5)

재무대신의 서기인 하드나크테(Hadnakhte)는 비지에르(Vizier)의 서기인 동생 파나크티(Panakhti)와 함께 멤피스(Memphis) 서쪽에 소풍을 와서 놀았다.

다른 시대의 여행자들과 마찬가지로 그들도 여행의 흔적을 남기고 싶었던 것이다. 이란 쉬라즈 인근에 있는 페르세폴리스 유적지에 가면, 지금도 이런 낙서를 많이 볼 수 있다. 금강산에 놀러간 우리 선조 여행자들도 계곡의 바위들에 수많은 낙서들을 남겼다.

초기 여행자들의 또 다른 관심사는 현지에서 선물을 사는 것이었다. 이런 여행자의 심리는 현대사회의 여행자도 마찬가지다. 관광지에 가면 그 지역을 대표하는, 또는 자기가 좋아하는 선물을 기념으로 사고 싶은 것이다. 이집트에서 수단으로 파견된 파라오의 사신 하르크푸(Harkhuf)는 자기 왕을 기쁘게 해줄 선물로 춤을 잘 추는 피그미족(Pigmy)을 데려왔다. 이집트인들은 자기 친구나 친척들에게 선물하기 위해 외국 특산품이나 상품을 구매하기도 했다. 기원전 1800년에 우잘룸(Uzalum)은 딸로부터 이런 편지를 받았다.6)

지금까지 나는 한 번도 갖고 싶은 비싼 물건을 사다 달라고 편지를 쓴 적이 없습니다. 그러나 아빠가 내게 정말 좋은 아빠가 되길 원한다면, 유리구슬로 장식된 멋진 머리띠를 하나만 사다 주세요.

이 얼마나 귀엽고 애교 있는 부녀간의 대화인가! 이처럼 고대사회에도 현대사회에서 볼 수 있는 여행자들의 모습이 똑같이 있었으며, 그들에게 여러 가지 서비스를 제공하는 여행관련 사업가들도 있었다. 그럼 전쟁, 외교, 교역, 종교, 문화예술, 유학, 탐험 등을 위한 인간의 여행이 어떻게 진행되었는지 대표적인 사례를 통해서 살펴볼 필요가 있다.7)8)9)

### 연표로 보는 여행의 역사

| 연도 | 여행의 역사 |
| --- | --- |
| 기원전 1백만 년 전 | 인류의 최초 조상인 호모 에렉투스가 아프리카 동남부에서 출현하여, 아시아와 유럽, 미주 대륙으로 이동. |
| 5만~3만 년 전 | 해부학적으로 현대인의 조상인 호모 사피엔스가 호주와 남태평양으로 이동. |
| 4000 | 메소포타미아(현재 이라크)의 수메리아인들이 화폐와 쐐기문자, 바퀴와 수레, 투어 가이드를 이용한 여행사업 시작. |
| 2000~332 | 페니키아(현재 시리아, 레바논, 이스라엘 지역)인들이 지중해에서 무역 시작, 영국과 북아프리카, 서아프리카까지 진출. |
| 1501~1481 | 핫셉수트 여왕이 이집트에서 아프리카 수단에 있는 푼트까지 여행. |
| 1200년경 | 트로이전쟁은 호머의 〈일리아드〉와 〈오딧세이〉의 배경이 된 전쟁으로, 유럽이 아시아를 침략한 첫 번째 원정여행임. 서양인의 사고방식에 개인주의를 심어주게 된 계기가 됨. |
| 492~480 | 페르시아전쟁은 아시아가 유럽을 침략한 첫 번째 원정여행으로, 동서양 문명교류에 큰 영향을 끼침. 마케도니아 알렉산더의 보복을 초래하여 동방원정의 원인이 됨. |
| 450년경 | 역사의 아버지 헤로도토스가 에게해와 흑해연안, 나일강까지 여행. |

| | |
|---|---|
| 401~400 | 그리스 크세노폰이 유프라테스강을 따라 바그다드까지 행군했다가 티그리스강을 따라 흑해로 올라가서 그리스(스파르타)로 귀향. |
| 336~323 | 마케도니아 알렉산더대왕이 중앙아시아를 거쳐 인더스강 유역까지 동방원정 감행. 헬레니즘이 간다라문명과 결합하여 불상 탄생. |
| 220~203 | 카르타고(현재 튀니지) 장수 한니발은 스페인 노바카르타고를 출발하여 지중해 북부 연안을 따라 알프스산을 넘어 이탈리아를 원정하고 배로 카르타고로 귀환. |
| 138~126 | 한무제가 기원전 138년에 장건을 외교사절로 월지국에 파견. 기원전 126년에 장안에 도착. 기원전 115년에 2차 서역 파견. |
| 기원전 1세기경 | 로마 상인들이 해로를 따라 인더스강 하구까지 진출하여 교역. 이집트 상인 그레코가 쓴 〈에라트라해 안내기〉에 기록. |
| 기원전 27 ~서기 1453 | 로마제국의 정복전쟁과 동로마제국의 번영은 지중해 연안과 유럽을 중심으로 기독교의 전파와 더불어 유럽문명의 토대를 갖추는 데 큰 기여. |
| 서기 25~280 | 후한(25~220)과 삼국시대(220~280)에 서역의 유명 불승 약 84명(인도 47, 안식 5, 대월지 7, 강국 5, 구자 3, 토화라 1, 부남 3, 기타 서역 10, 기타 3)이 중국으로 와서 불교 전파. |
| 57~75 | 후한 명제가 채음과 진경 등 18명을 구법차 서역에 파견. 대월지에서 중천축국의 승려 섭마섭과 축법란을 만나 함께 귀국. 섭마섭과 축법란이 중국 최초로 불경 5권 번역. |
| 60~ | 바울은 예루살렘을 출발하여 서아시아와 터키 남서부 연안과 크레타섬, 시칠리아섬을 거쳐 로마까지 여행하면서 기독교를 전파. |
| 73~102 | 후한의 반초가 서역 정벌 원정. 신장 카쉬가르까지 진출. |
| 97~99 | 97년 반초가 대진(大秦: 로마)에 외교사절 감영 파견. 99년 귀국. |
| 121~134 | 로마 황제 하드리아누스는 4차에 걸려 로마제국 식민도시들을 거의 모두 여행. |
| 166 | 대진 황제 안돈(安敦: M. A. Antonius)의 사절이 일남(현재 베트남)에 외교사절 파견. |
| 179~ | 후한 때, 인도승 축불삭, 유저란, 축률염, 축대력, 담과, 담가가라 등이 중국으로 와서 역경 사업에 종사. |
| 265~581 | 양진(265~420), 남북조(420~581)시대에도 약 64명의 인도와 서역의 유명 불승이 중국으로 여행. |
| 265~902 | 서진(265~316)부터 당나라(618~907)까지 서역으로 여행한 승려는 약 190명. 법현, 송운, 현장, 의정, 혜초 등이 대표적임. |

| | |
|---|---|
| 399~414 | 중국 당나라 승려 법현은 장안을 출발하여 서역남로와 파미르고 원을 지나 인도로 구법여행을 떠났다가, 스리랑카와 자바를 거쳐 청도로 돌아와 〈불국기〉를 저술. |
| 5세기~ 9세기경 | 페르시아 상인, 아라비아 상인, 소그드 상인, 유대인 상인 등이 교 역을 위해 중국까지 여행. |
| 500 | 폴리네시안들이 소사이어티섬에서 하와이까지 3,600km를 항해. |
| 607~618 | 당나라 때, 약 35명의 서역 승려(이 중 20여명이 인도승)가 중국 으로 여행. |
| 629~645 | 중국 당나라 승려 현장은 장안을 출발하여 서역북로-천산-타슈켄 트-사마르칸트-간다라-인도-파미르-서역남로-장안 코스로 구법여 행을 다녀와서 〈대당서역기〉를 저술. |
| 638 | 로마 주교인 네스토리우스파 아라본(Alopeno)이 장안 도착. 시안 비림(碑林)에 있는 〈대진경교유행중국비〉에 아라본 외 70여 명의 기독교 선교사들의 이름이 새겨져 있음. |
| 643~661 | 왕현책이 당나라 외교사절로 3차에 걸쳐 인도 방문. 〈중천축행 기〉 저술. 토번로를 이용한 이 여행에 해동 구법승들 동행. |
| 661~1285 | 아랍제국의 정복전쟁(우마이야 왕조: 661~750, 압바스 왕조: 750~ 1258)은 이슬람 포교와 영토 확장이 동시에 이루어진 대규모 원 정여행임. 아랍문명이 아시아와 아프리카, 유럽에 전파되는 계기 가 됨. |
| 723~727 | 승려 혜초가 중국 광주-베트남-자바-인도-파미르-서역북로-장안 까지 구법여행을 다녀와서 〈왕오천축국전〉 저술. |
| 747~751 | 당나라 장수 고선지가 5차에 걸쳐 서역 원정. 타슈켄트, 길기트, 치트랄, 탈라스 전투에 참가. 제지술이 이슬람 사회를 거쳐 유럽 에 전파되어, 아랍과 유럽의 문예혁명을 촉진시키는 계기가 됨. |
| 800~1100 | 바이킹들이 흑해, 아이슬란드, 그린란드, 북아메리카까지 진출하 여 교역. |
| 836~847 | 일본 승려 엔닌이 하카다를 출발하여 중국 오대산과 장안까지 여 행하여 불경을 가지고 귀국후 〈대당구법순례행기〉 저술. 여행 중 장보고와 신라인들의 도움을 받고 교토에 장보고 신사를 세움. |
| 1096~1291 | 7차에 걸친 십자군전쟁은 유럽의 기독교 세력이 이슬람 통치하에 있던 예루살렘과 소아시아를 침략한 원정여행으로, 현재까지 기 독교 세계와 이슬람 세계가 증오하고 대립하는 원인이 됨. |

| | |
|---|---|
| 1206~1260 | 몽골의 칭기즈칸과 그 후손들이 중앙아시아와 아랍, 동유럽, 남러시아까지 정복하는 서방원정을 감행. 유목사회와 농경사회, 도시사회를 연결하는 계기가 됨. |
| 1245~1247 | 프란체스코회 선교사 카르피니가 로마 교황 사절로 1245년 4월 16일 프랑스 리옹을 출발하여, 1246년 7월 22일 몽골 수도 카라코롬 인근에 있는 구육 칸의 본영에 도착. 1247년 리옹으로 귀환하여 〈몽골사〉 저술. 유럽에 중국을 알림. |
| 1247 | 도미니크 수도회 수도사 안세름이 교황 인노켄티우스 4세의 사절로 카스피해 서쪽에 있던 킵차크칸국의 몽골 대장 파이쥬를 방문. 귀환시 몽골 사절 20명이 로마에서 교황 알현. |
| 1249 | 도미니크회 수도사 안드레 더 룽주모가 프랑스 루이 9세의 사절로 몽골 킵차크칸국의 일리강까지 방문하고 귀국. |
| 1253~1255 | 프란체스코회 선교사 루브룩이 프랑스 루이 9세의 사절로 1253년 5월 7일 콘스탄티노플을 출발하여, 1254년 3월 29일 카라코롬 도착. 1255년 6월 16일에 키프로스 도착. 1256년에 〈동유기〉 저술. |
| 1271~1295 | 베니스 상인인 마르코 폴로가 아버지와 삼촌을 따라 베니스를 출발하여 중앙아시아와 중국을 여행하고 〈동방견문록〉 저술. 유럽인들이 신대륙 탐험에 나선 계기가 됨. |
| 1275~1293 | 기독교 네스토리우스파(경교) 사제인 라반 사우마가 대도(북경)를 출발하여 예루살렘 순례 여행. 바그다드, 콘스탄티노플, 로마, 제노바, 타브리즈 등을 여행. |
| 1299~1922 | 오스만터키제국의 정복전쟁은 동유럽에 이슬람의 전파와 오리엔탈 문화의 확산을 가져옴. |
| 1318~1330 | 프란치스코 사제인 오도릭이 1318년 베니스를 출발하여 1322년 북경 도착. 1330년 귀국. 〈동방기행〉 저술. |
| 1325~1354 | 모로코인 이븐 바투타가 메카와 흑해 연안, 인도, 중국, 스페인 남부, 아프리카 팀북투를 여행하고 〈여행기〉 저술. 가장 먼 거리와 가장 긴 기간 동안 여행. |
| 1330~1339 | 원나라 왕대연이 2차에 걸쳐 해로를 따라 말라카 해협과 인도, 호르무즈, 홍해 메카를 거쳐 동부 아프리카까지 왕복 여행. 〈도이지략〉 저술. 정화 원정에 많은 정보 제공. |
| 1372~1404 | 몽골 후손인 티무르가 중앙아시아와 아랍 원정여행. |

| | |
|---|---|
| 1405~1433 | 명나라의 환관 정화는 7차례에 걸친 해양 원정을 통해 베트남, 보르네오, 자바, 태국, 실론, 인도, 호르무즈, 예멘, 홍해를 거쳐 아프리카 동부 해안까지 여행하고 기린과 사자 등을 데리고 귀환. |
| 1413~1421 | 명나라 사신 진성이 3차에 걸쳐 중앙아시아 여행. 1413년 북경을 출발하여 천산북로, 타슈켄트, 발크, 헤라트, 이스파한까지 왕복. 수행원 이섬과 함께 〈서역행정기〉, 〈서역번국지〉 저술. |
| 1492~1504 | 제노아 출신의 크리스토퍼 콜럼버스가 신대륙(현재 카리브해) 까지 4회 항해. 유럽인의 아메리카 약탈의 기원이 됨. |
| 1497~1524 | 포르투갈의 바스코 다 가마가 리스본을 떠나 희망봉을 돌아 인도 고아까지 3회 항해. 유럽인의 아시아 약탈의 기원이 됨. |
| 1513 | 스페인 탐험가인 바스코 발보아가 태평양 항해. |
| 1519~1521 | 페르디난드 마젤란이 세계일주 항해(그는 필리핀에서 원주민에게 피살되었으나 부하들이 일주 성공). 부하 에르난 코르테스가 쿠바와 멕시코를 원정. |
| 1524~1533 | 스페인 프란시스코 피사로가 파나마와 콜롬비아, 페루에 원정. 잉카문명을 파괴하고 재물을 약탈하여, 남아메리카에 지울 수 없는 상처를 남김. |
| 1533~1572 | 영국 상인인 젠킨슨이 네 차례에 걸쳐 모스크바와 부하라까지 교역을 위해 여행. 모건과 쿠트가 편찬한 〈앤소니 젠킨슨과 기타 영국인들의 초기 러시아 및 페르시아로의 여행〉에 기록. |
| 1541~1542 | 피사로의 부하인 프란시스코 데 오레아냐가 아마존강 상류인 서쪽 키토에서 출발하여 동쪽 대서양이 만나는 하류까지 탐험. |
| 1581~1712 | 예수회 선교사 약 250명, 기타 교파의 선교사 약 150명이 중국에서 전도 활동. 자비에르, 마테오 리치, 아담 샬 등이 대표적임. |
| 1642~1643 | 네덜란드 동인도회사의 아벨 타스만은 자카르타를 출발하여 모리셔스-호주 테즈마니아-뉴질랜드-통가-피지-파푸아뉴기니-자카르타로 돌아오는 항해 여행. |
| 1692~1695 | 네덜란드 상인 이즐란뜨 이제스가 모스크바와 바이칼호를 거쳐 북경까지 교역 여행. |
| 1715~1721 | 이탈리아 예수회 선교사인 이폴리토 데시데리는 인도 아그라-델리-암발라-라호르-카슈미르(스리나가르)-라다크(레)-카일라스산-라싸-카트만두-아그라로 돌아오는 티베트 여행. |

| | |
|---|---|
| 1768~1771 | 영국 해군 장교 제임스 쿡이 플리머스를 출발하여 리우데자네이루-티에라델푸에고(칠레)-타히티-뉴질랜드-호주-파푸아뉴기니-자바-케이프타운-플리머스로 돌아오는 세계 일주 항해. |
| 1803~1815 | 나폴레옹전쟁은 유럽 국가 사이의 세력 재편과 민족주의와 자유주의를 전 세계로 확산시켰으며, 이집트문명의 약탈을 초래함. |
| 1812~1815 | 스위스 탐험가인 장 루이 부르크하르트는 다마스쿠스를 출발하여 페트라-알렉산드리아-카이로-룩소르-아스완-아부심벨-베르베르(수단)-센디-홍해-제다-메카-메디나-옘보-시나이-카이로를 따라 여행. |
| 1831~1836 | 영국의 박물학자인 찰스 다윈은 비글호를 타고 플리머스를 출발하여 바이아(브라질)-리우데자네이루-아르헨티나 내륙-포클랜드제도-갈라파고스섬-리마-타히티-뉴질랜드-호주-모리셔스-케이프타운-바이아를 거쳐 플리머스로 돌아오는 항해. 다윈이 실제로 바다에 나가 있었던 기간은 533일. 이 여행으로 〈종의 기원〉이 탄생. |
| 1838~1839 | 미국 정부는 남부 애팔라치아산맥에 살던 약 1만 7천명의 체로키족들을 오클라호마 북동부 스틸웰 지역으로 강제로 이주시킴. 약 1600여킬로미터에 이르는 이 '눈물의 길'을 이동하는 동안 약 2-4천명이 피로와 병으로 사망. '슬픈 여행'의 전형임. |
| 1839~1840 | 미국의 변호사이자 외교관인 존 로이드 스티븐스는 멕시코의 마야정글을 탐험하고 마야 고고학을 창시. |
| 1841~1873 | 영국 의사이자 선교사인 리빙스턴은 3차에 걸쳐 아프리카를 탐험 여행하고, 유럽인들의 아프리카에 대한 인식과 태도를 크게 변화시킴. |
| 1849~1855 | 독일인 지리학자이자 탐험가인 하인리히 바르트는 트리폴리와 탐북투 그리고 챠드호를 중심으로 사하라사막 남부 내륙지방을 탐험하고, 〈1849~55년의 아프리카 북부·중부 여행과 발견〉을 저술. |
| 1857~1863 | 영국군 장교 리처드 버튼과 존 해닝 스피크는 나일강의 수원을 찾기 위해 탕가니카호, 빅토리아호, 앨버트호를 탐험하고 호수 이름을 명명. |
| 1860~1861 | 호주 경찰서장 출신인 로버트 오하라 버크 일행은 멜번을 출발해서 내륙을 종단하여 북쪽 해안가인 카펜테리아만까지 탐험하고 도중에 사망. |
| 1865~1885 | 푼디트(영국이 훈련시킨 인도인 스파이)들은 티베트 지역을 탐험하여 관련 정보를 제공하는 데 큰 역할. |
| 1866~1868 | 프랑수아 가르니에 등 6명의 프랑스 장교들은 사이공을 출발하여 프놈펜-앙코르-비엔티엔-루앙프라방-중국 징훙까지 메콩강을 따라 탐험. |

| 1871~1877 | 영국인 기자 헨리 모턴 스텐리는 아프리카 동쪽 잔지바르를 출발해서 빅토리아호와 탕가니카호를 거쳐 콩고강을 따라 서부 해안에 있는 바나나까지 탐험. 도중에 죽은 줄 알았던 리빙스턴을 우지지에서 만남. |
|---|---|
| 1871~1888 | 러시아 장교 니콜라이 프르제발스키는 4차에 걸쳐 알타이-타클라마칸사막-둔황-나취-고비사막 등 중국 신장지역을 탐험하고 울란바토르를 거쳐 바이칼호수로 돌아옴. |
| 1876~1878 | 찰스 다우티는 예루살렘을 출발하여 페트라-하일-칼리바르-아나이자-메카를 경유하여 제다로 나와 아라비아 사막을 종단. |
| 1878~1879 | 아돌프 에리크 노르덴셸드는 스웨덴 칼스크로나를 출발하여 코펜하겐-트롬쇠-딕손항-베링해협-요코하마-싱가포르-수에즈운하-나폴리-리스본-코펜하겐을 거쳐 스톡홀름에 도착하여 북동항로를 개척. |
| 1890~1935 | 스웨덴의 스벤 헤딘, 영국의 오렐 스타인, 독일의 르 코크, 프랑스의 폴 펠리오, 일본의 오타니, 미국의 워너 랭던 등이 중국 신장지역을 탐험하고 많은 불교 문화재를 약탈. 이들을 '실크로드의 악마들'이라고 부름. |
| 1893~1909 | 노르웨이의 난센, 이탈리아의 카니, 미국의 피어리, 영국의 허버트 등이 북극을 탐험. |
| 1910~1916 | 노르웨이의 아문센과 영국의 스콧 탐험대, 셰클턴 탐험대 등이 남극을 탐험. |
| 1914~1918 | 제1차 세계대전을 통해 자동차와 열차, 선박이 주요 교통수단으로 등장했고, 이후 사람들의 여행이 전 세계로 확장됨. |
| 1919~1931 | 이사벨라 버드, 거투르드 벨, 프레야 스타크 등의 여성들이 아시아를 탐험. 버드는 페르시아, 바그다드, 티베트, 쿠르디스탄, 조선, 중국 등을, 스타크는 아사신이라는 암살단으로 유명한 이란의 루리스탄 계곡을, 벨은 시리아 사막을 일주. 알렉산드라 다비드 넬은 일본, 조선, 중국을 거쳐 티베트 라싸까지 여행. |
| 1927~1937 | 미국의 찰스 린드버그와 어밀리어 이어하트가 비행기로 대서양을 횡단하면서 항공 여행시대가 열림. |
| 1935~1937 | 모택동이 지도하는 중국 공산당이 장시성 루이진을 출발하여 구이린-구이양-쿤밍-청두를 거쳐 산시성 연안까지 약 1만km를 이동하는 대장정을 완수하여 중국사에서 가장 위대한 행군으로 일컬어지고 있음. 현재 중국을 세운 토대가 된 여행. |

| | |
|---|---|
| 1936~1945 | 제2차 세계대전을 통해 자동차와 열차, 선박, 항공기가 주요 교통 수단으로 등장했고, 전쟁터가 전 세계로 확장됨. 사회주의와 자본주의 두 진영 간의 냉전시대를 초래함. |
| 1953 | 텐징 노르가이와 에드먼드 힐러리가 에베레스트 정상에 오르면서 산악여행의 이정표를 세움. |
| 1961~1969 | 1961년 소련 유리 가가린이 인류 최초로 우주여행을 하고, 1969년에는 미국인 닐 암스트롱, 에드윈 올드린, 마이클 콜린스가 인류 최초로 달에 착륙하고 지구로 돌아와 우주여행의 이정표를 세움. |
| 1968~1969 | 영국인 로빈 녹스턴 등 9명이 무동력 배로 단독 세계 일주를 나섰다가 1명만 성공. |
| 1977 | 3인승 소형 잠수정 앨빈호가 태평양 수심 2000-3000m에 있는 갈라파고스 단층대에서 새로운 생명체를 발견하여 해저탐사의 신기원을 세움. |
| 1977~ | 보이저, 스피릿, 카시니 등 로봇을 이용한 화성, 목성, 토성 등 우주탐사 여행이 시작됨. |
| 2023.7 | 영국 우주관광기업 버진 갤럭틱이 개발한 우주선이 일반인 6명을 태우고 첫 우주여행 성공. |

위 표에 나오는 사례는 인류 역사에서 대표적인 여행만 제시한 것이다. 이 여행의 목적을 보면 초기에는 주로 생존을 위한 이동이었고, 그 다음에는 전쟁을 위한 원정이나 불교나 기독교 또는 이슬람을 배우거나 전파하기 위한 종교 목적의 여행이 많았다. 13~14세기에는 몽골제국의 확대로 인해 동서양의 교류가 빈번했고, 15세기이후에는 새로운 미지의 세계를 찾아나서는 탐험이나 식민지를 개척하기 위한 여행이 이어지고, 20세기에 들어서는 남극이나 북극 같은 극지나 우주까지 인간의 발길이 이어지고 있음을 알 수 있다.

시간이 지남에 따라 여행 목적이 달라지고, 이에 따라 여행 수단도 진화하고 있다. 도보에서 말이나 낙타 등 가축으로, 가축에서 수레나 돛단배 등 무동력 이동수단으로, 무동력 이동수단에서 자동차나 기차, 기선이나 비행기 등 동력 이동수단으로, 최근에는 우주선을 이용하는 우주여행 상품까지 등장하고 있다.

로빈 핸버리 테니슨(Robin Hanbury-Tenison)은 시대에 따라 70가지의 위대한 여행을 선정했다. 이런 선정은 시대에 따라 여행의 종류가 어떻게 변했는지를 이해하는데 도움이 된다. 이 여행들을 시대 순으로 분류하면 다음과 같다.10)


### 고대의 여행

1. 아프리카에서 아시아 유럽 등으로의 이동(10만~5만년)
2. 아시아에서 신세계인 미주대륙으로의 이동(1만 8천년)
3. 태평양의 초기 항해가들의 이동(기원전 3000~1200년)
4. 고대 이집트의 여행가들(기원전 2250년, 1460년, 600년)
5. 역사의 아버지 헤로도토스(Herodotos)의 여행(기원전 450년경)
6. 크세노폰(Xenophon)의 메소포타미아 원정(기원전 401~400년)
7. 알렉산더대왕(Alexander the Great)의 동방원정(기원전 334~323년)
8. 그리스인 피테아스(Pytheas the Greek)의 영국과 아이슬란드 여행(기원전 320년)
9. 한니발(Hannibal)의 로마 원정(기원전 220~203년)
10. 바울(St. Paul)의 소아시아와 로마 전교 여행(60년)
11. 하드리아누스 황제(The Emperor Hadrian)의 로마제국 원정 (121~134년)


### 중세의 여행

12. 실크로드의 중국인 구법승들(법현: 399~414, 현장: 629~645)의 인도여행

13. 북아메리카를 찾아간 초기 유럽 항해자들(6~10세기)

14. 기독교 순례 여행자들(4세기 이후)

15. 이슬람 순례 여행자들(7세기 이후)

16. 몽골군의 서방원정(1206~1260)

17. 마르코 폴로(Marco Polo)의 동방 여행(1271~1295)

18. 이븐 바투타(Ibn Battuta)의 세계 여행(1325~1354)

19. 환관 정화의 해상외교 여행(1405~1433)


**르네상스 시대의 여행**

20. 크리스토퍼 콜럼버스(Christopher Columbus)의 대서양 횡단 항
    해(1492~1493, 1493~1496, 1498~1500, 1502~1504)

21. 바스코 다 가마(Vasco da Gama)의 인도 항해(1497~1498, 1500~
    1501, 1514~1524)

22. 루드비코 디 바르테마(Ludovico di Varthema)의 메카 여행
    (1501~1508)

23. 페르디난드 마젤란(Ferdinand Magellan)의 세계 일주 항해
    (1519~1522)

24. 에르난 코르테스(Hernan Cortes)의 중미 여행(1519~1521)

25. 프란시스코 피사로(Francisco Pizarro)의 잉카제국 정복(1524~
    1525, 1526~1528, 1530~1533)

26. 프란시스코 데 오레야나(Francisco de Orellana)의 아마존강 탐
    험(1541~1542)

27. 북아메리카의 초기 탐험가들(1528~1536, 1539~1542)

28. 프랜시스 드레이크(Francis Drake) 세계 일주 항해(1577~1580)

29. 사뮈엘 드 샹플랭(Samuel de Champlain)의 북미 내륙 탐험

(1603~1616)

30. 북서 항로의 초기 탐험가들(1576~1632)


**17-18세기의 여행**

31. 아벨 타스만(Abel Tasman)의 남태평양 항해(1642~1643)

32. 마리아 지빌라 메리안(Maria Sibylla Merian)의 남미 열대우림
    탐험(1699~1701)

33. 이폴리토 데시데리(Ippolito Desideri)의 티벳 여행(1715~1721)

34. 비투스 베링(Vitus Vering)의 베링해 항해(1733~1743)

35. 제임스 브루스(James Bruce)의 나일강과 홍해 탐험(1768~1773)

36. 제임스 쿡(James Cook)의 세계 일주 항해(1768~1771)

37. 장 프랑수아 드 라페루즈(Jean-Francois de Laperouse)의 태평
    양 일주 항해(1785~1788)

38. 알렉산더 맥켄지(Alexander MacKenzie)의 캐나다 북부 탐험
    (1792~1793)

39. 뭉고 파크(Mungo Park)의 아프리카 중서부 탐험(1795~1797,
    1805~1806)


**19세기의 여행**

40. 알렉산더 폰 훔볼트(Alexander von Humboldt)의 중미와 남미
    북부 탐험(1799~1804)

41. 루이스와 클라크(Lewis & Clark)의 미국 대륙 횡단 탐험
    (1804~1806)

42. 장 루이 부르크하르트(Jean Louis Burckhardt)의 나일강과 아라
    비아사막 탐험(1812~1815)

43. 찰스 다윈과 비글호(Charles Darwin & the Beagle)의 세계 일주 항해(1831~1836)

44. 아메리카 인디언의 강제이주: 눈물의 길(The Trail of Tears) (1838~1839)

45. 로이드 스티븐스(Llyod Stephens)의 멕시코 정글 탐험(1839~1840)

46. 북서 항로의 후기 탐험가들(1845~1848)

47. 하인리히 바르트(Heinrich Berth)의 중앙아프리카 탐험(1849~1855)

48. 리챠드 버턴(Richard Burton)의 나일강의 수원 찾기 탐험(1857~ 1863)

49. 오스트레일리아 종단(1860~1861)

50. 리빙스턴(Livingston)과 스텐리(Stanley)의 아프리카 심장부 탐험(1853 ~1856, 1871~1872, 1874~1877)

51. 메콩강 탐험(1866~1868)

52. 찰스 다우티(Charles Daughty)의 아라비아사막 여행(1876~1878)

53. 북동 항로 탐험(1876~1879)

54. 푼디트(Pundits)의 티베트 탐험(1865~1885)

55. 프르제발스키(Przhevalsky)의 중앙아시아와 동아시아 탐험 (1871~1888)

**현대의 여행**

56. 스벤 헤딘(Sven Hedin)의 아시아 횡단 여행(1890~1891, 1893~ 1897, 1899~1902, 1905~1908, 1927~1935)

57. 피어리(Peary)와 허버트(Herbert)의 북극 탐험(1901, 1908~1909)

58. 스콧(Scott)의 남극 탐험(1910~1912)

59. 섀클턴(Shackleton)과 인듀어런스호의 탐험(1914~1916)

60. 아시아를 여행한 여성들(1913~1914)

61. 린드버그(Lindbergh)의 최초 대서양 단독 비행(1927)

62. 선구적 여성 비행사(1930, 1937)

63. 모택동의 대장정(1934~1935)

64. 토르 헤위에르달(Thor Heyerdahl)과 콘티키호(1947)

65. 에베레스트 최초 등정(1953)

66. 로빈 녹스 존스턴(Robin Knox-Johnston)의 단독 세계 일주
(1968~1969)

67. 달 탐사(1969)

68. 해저 탐사(1977)

69. 기구를 이용한 세계 일주(1999)

70. 화성, 목성, 그 너머(1977~)

이런 선정은 대체로 객관적으로 보이지만, 역시 저자가 서양 사람이라 서양 여행가 중심으로 선정했다. 그리고 서구 열강의 식민지 개척과 그 역사를 같이하는 탐험이나 항해가 많다. 반면에 중국 역사상 최초로 서역을 개척했던 장건(?~기원전 114년)이나 반초(33년~102년), 중앙아시아 타슈켄트와 파키스탄 북부까지 진출했던 고선지(?~755년), 인도로 구법여행을 다녀와서 〈대당서역구법고승전 大唐西域求法高僧傳〉과 〈남해기귀내법전 南海寄歸內法傳〉을 남긴 의정(635년~713년)이나 〈왕오천축국전 往五天竺國傳〉을 남긴 혜초(?~?), 일본에서 당나라 장안까지 구법여행을 다녀오고 〈입당구법 순례행기 入唐求法巡禮行記〉를 남긴 엔닌(794년~864년) 등 인류문명사에 큰 기여를 한 아시아 여행가들은 제외되어 있다.

또한 '슬픈 여행'(본인의 의사에 관계없이 강제로 이동하는 여행)은

미국 인디언의 강제이주 하나만 소개하여 아쉽다. 북미와 남미 역사와 함께 반드시 언급되어야 할 여행이 이 지역의 농장 개발에 필요한 노동력을 제공했던 아프리카인의 강제이주다. 유럽 열강의 노예 사냥꾼들은 아프리카 사람들을 강제로 포획하여 노예시장에 팔아 넘겼다. 이들은 주로 북미와 남미에서 필요한 노동력으로 매매되었으며, 남북아메리카의 발전에 큰 기여를 했다. 이 과정에서 헤아릴 수 없이 많은 아프리카 노동자들의 인권이 유린되었다. 일부는 강제수송 도중 굶어 죽거나 아파 죽거나 도망치다가 잡혀서 무참히 학살되었다. 아메리카에 도착한 후에도 너무 열악한 노동환경에서 비참한 생활을 해야만 했다. 그 일부 후손들의 비참한 생활은 미국 등 아메리카에서 아직까지도 이어지고 있다.

한반도에서는 삼국시대 때 백제와 고구려가 당나라에 멸망하면서 수십만 명의 포로가 중국 변방으로 끌려가서 하서회랑 등 오지에서 참기 힘든 고통의 세월을 보내야 했다. 고선지가 바로 고구려 포로로 끌려갔던 장수(고사계)의 후손이다. 임진왜란(1592년~1597년)과 정유재란(1597년~1598년), 그리고 정묘호란(1627년)과 병자호란(1636년) 때에도 수십만 명의 조선인이 포로로 잡혀 일본과 중국으로 슬픈 여행을 떠나야 했다. 1937년에는 러시아 연해주에 거주하던 30여만 명의 조선인들이 스탈린 정권에 의해 중앙아시아에 강제로 이주되었다. 이런 여행이 모두 슬픈 여행에 속한다. 최근 아프리카 난민들이 서유럽으로, 남아메리카 난민들이 미국으로 탈출하는 것도 슬픈 여행의 한 사례이다.

**삼국시대 한국인의 여행**[11]

 이 절에서는 〈삼국사기〉에 기록된 내용을 바탕으로 삼국시대 한
국인들(고구려인, 백제인, 신라인)의 여행 행태와 특성을 분석하여, 그
여행이 삼국시대 문명에 끼친 영향을 규명하고자 한다.

 〈삼국사기〉는 현존하는 한국의 역사서 중에서 가장 오래되었다.
이 책은 1145년(고려 인종 23년)에 김부식(1075년~1151년)과 10여 명의
학자들이 인종(재위 1122년~1146년)의 명을 받아 편찬한 것이다. 그러
나 고려본은 현재 전하지 않고 조선본만 남아 있다. 〈삼국사기〉는
중국 사서의 기전체를 따라 삼국의 본기(本紀), 연표(年表), 지(志) 및
열전(列傳)을 편찬한 것으로, 본기가 28권, 연표가 3권, 지가 9권, 열
전이 10권, 통합 50권이다. 제1권~제12권까지는 신라본기, 제13권~
제22권까지는 고구려본기, 제23권~제28권까지는 백제본기, 제29권~
제31권까지는 연표, 제32권~제40권까지는 지, 제41권~제50권까지는
열전이다. 그 서술 방식과 사관의 장단점과 관계없이 〈삼국사기〉는
야사의 기록인 〈삼국유사〉와 더불어 우리 고대 여행사를 포함한 고
대사 연구에 없어서는 안 될 귀중한 정사(正史)라는 점에서 이견이
없다.


## 1. 고대 한국인의 여행 행태

 인류는 태초 이래로 여러 가지 이유로 여행을 했기 때문에 고대
한국인도 당연히 여행을 했을 것이다. 〈삼국사기〉를 분석하여 고대
한국인(고구려인, 백제인, 신라인)의 여행 유형을 파악하면 다음 표에

서 보는 것처럼, 크게 8가지 유형으로 분류할 수 있다. Goeldner와 Ritchie가 분류한 4가지 여행자 유형(공적인 업무여행, 개인 업무여행, 친인척 방문여행, 여가여행)에 따르면, 외교·공무 목적의 여행은 공적인 업무여행에 속하고, 유학·문화예술·무역·종교 목적의 여행은 개인 업무여행에 속하며, 여가 목적의 여행은 여가여행에 속한다.[12]

삼국시대 고대 한국인의 여행 횟수(삼국사기 기준)*

| 여행 유형 | | 고구려 | 백제 | 신라 | 총계 |
|---|---|---|---|---|---|
| 외교 | | 217 | 92 | 335 | 644 |
| 공무 | | 14 | 6 | 31 | 51 |
| 종교 | | 2 | 1 | 21 | 24 |
| 유학(인원수) | | 2 | 2 | 134 | 138 |
| 문화예술 | | 0 | 0 | 1 | 1 |
| 여가 | | 13 | 5 | 4 | 22 |
| 무역(상거래) | | 1 | 0 | 0 | 1 |
| 기타 | 자유여행 | 0 | 0 | 2 | 2 |
| | 외국인 여행<br>(사신) | 33(29) | 14(13) | 60(56) | 107(98) |
| | 슬픈 여행**<br>(침략전쟁) | 73(40) | 73(56) | 33(9) | 179(105) |
| 총계 | | 355 | 193 | 621 | 1,169 |

\* 카운팅 오차: ±2~3%
\*\* 슬픈 여행은 전쟁/강제이주/유민/천도/포로/망명/투항/탈출/피신/귀양/정략결혼/인신공물/강제동원/밀사 등. 여행자 본인이 원해서가 아니라 타의에 의해서 강제로 여행을 떠나는 경우를 말한다.

## 고대 한국인 여행자들의 여행목적은 무엇이었는가?

〈삼국사기〉에 가장 많이 언급된 유형은 외교 업무를 수행하기 위해 외국(주로 중국의 왕조들)에 사절로 다녀오는 경우이다(644건). 신라가 335건으로 가장 많고, 고구려가 217건, 그리고 백제가 92건 언급되었다. 신라가 가장 많은 이유는 백제(660년)와 고구려(668년)가 멸망한 이후에도 신라는 935년까지 약 300여 년간 더 존속했기 때문이다. 또한 제7장 전쟁 편에서 언급된 것처럼, 백제와 고구려로부터 침략을 많이 받은 탓에 중국 왕조들의 지원을 받아 고구려와 백제를 견제할 필요가 있었다. 따라서 당나라의 원조가 절실하게 필요하여 외교사절을 더 자주 파견했을 것이다.

왕의 지방 순시나 관리가 지방에 출장을 가는 공무여행은 총 51회로 신라(31회), 고구려(14회), 백제(6회) 순이다. 이 여행은 어떤 지방에 홍수나 가뭄 등 자연재해가 일어나거나 사건이 일어났을 때, 왕이 직접 순시를 가서 해당 지방민을 구휼하거나 위로하고, 관리를 파견하여 어떤 사고나 사건을 해결하기 위한 업무여행에 속한다. 당시 교통수단은 말이나 수레 또는 가마였기 때문에 한번 순시에 나가면 몇 달씩 걸렸을 것으로 보인다.

삼국시대에는 불교 전파와 교류를 위해 승려들이 여행한 경우가 많았다. 불교를 배우러 중국으로 유학을 떠나는 유학승들도 많았다. 〈삼국사기〉에는 24명이 나오는데, 신라 승려가 21명, 고구려 승려가 2명, 백제 승려가 1명 기록되어 있다. 고구려는 처음으로 성문사를 창건하여 승려 순도를 두고, 또 이불란사를 개창하여 아도를 두니, 이것이 해동 불법의 시초였다(375년 – 소수림왕 5년). 평양에는 사찰 9개를 창건하기도 했다(392년 – 광개토왕 2년). 중국 양나라가 528년(법흥왕 15년)에 신라에 보낸 사신이 가져온 향의 사용법을 묵호자가 소개하여 신라 불교융성에 크게 이바지한다. 양나라는 549년(진흥왕 10년)에 사신과 함께 신라 유학승 각덕을 시켜 불사리를 보내주기도 했다. 포교가 아니라 종교의 자유를 찾아 여행한 사람도 있다. 반룡사의 보덕화상은 국가(고구려)에서 도교를 받들고 불법을 믿지 않는다고 하여 남쪽 완산(지금 전주) 고대산으로 옮겨가기도 했다(650년 – 고구려 보장왕 9년). 이처럼 불교 승려들의 전교 여행은 삼국인의 인생관과 세계관 그리고 지배체제를 크게 바꾸어, 삼국의 문명 발전에 크게 기여했다.

유학여행 또한 삼국의 문명 발전에 큰 기여를 했다. 주로 당나라 수도 장안(현재 시안)으로 유학을 떠난 국학(국자감) 유학생(숙위학생)에 대한 기록은 10건(138명)이 남아있다. 당나라와 교류가 많았던 신라가 7건(134명)으로 가장 많고, 고구려가 2건(2명), 백제가 2건(2명)이다.

무역여행(상거래여행)은 고구려 편에 1건만 기록되어 있다. 장사치 을불이 동촌 사람 재모와 함께 소금장사를 하기 위해 배를 타고 압록에 이르렀다는 기록이다(300년 – 미천왕 원년).

문화예술과 관련된 여행은 신라에 1건만 기록되어 있다. 가야국 우륵이 12현금(가야금)을 가지고 신라로 왔다는 기록이다(511년 – 진흥왕 12년).

여가여행은 주로 왕들이 신하들을 대동하고 사냥을 나가는 행차를 말한다. 총 22회로 고구려가 13회, 백제가 5회, 신라가 4회 순이다. 유목민의 특성이 강한 고구려 왕들이 평상시 전투력 단련과 오락을 겸하여 사냥을 자주 즐겼음을 알 수 있다(기원전 18년 – 고구려 유리명왕 2년; 138년 – 고구려 대조대왕 86년 등). 이런 여행은 수일에서 수개월씩 걸리기도 하여, 해당 백성들에게 많은 민폐를 끼치기도 했다. 화랑들이 명산대천을 찾아 심신을 단련한 것도 여가여행에 속한다(576년-신라 진흥왕 37년). 어떤 귀족들(일우와 소발)은 병을 핑계로 온천에 가서 놀기도 했다(286년-고구려 서천왕 17년).

마지막으로 슬픈 여행이다. 슬픈 여행(unfortunate travel)[13]은 총 179건으로 고구려가 73건, 백제가 73건, 신라가 33건 순서로 기록되어 있다. 슬픈 여행이란 본인의 의사에 반하여 어쩔 수 없이 강제로 여행을 떠나야 하는 경우를 의미한다. 전쟁을 수행하기 위한 원정/강제이주/유민/천도/포로/망명/투항/탈출/피신/귀양/정략결혼/인신공물/강제동원/밀사 등이 여기에 해당한다. 이런 목적의 여행은 자신이 원하거나 즐거운 마음으로 떠나는 것이 아니기 때문에 슬픈 여행이 되는 것이다. 〈삼국사기〉에 기록된 사례를 살펴보면 다음과 같다.

고대에는 삼국 사이에 동일 민족이라는 인식이 없었고, 주로 적대적인 관계를 유지했기 때문에 전쟁을 위한 원정여행이 많았다. 원정여행은 관광학에서 다루는 여행은 아니지만, 로빈 핸버린 테니슨은 전쟁을 인류문명에 큰 영향을 끼친 위대한 여행에 포함시키고 있다.[14] 테니슨은 〈역사상 가장 위대한 70가지 여행〉에서 트로이전쟁, 페르시아전쟁, 알렉산더대왕의 동방원정, 몽골제국의 서방원정 등을 인류문명에 큰 영향을 끼친 위대한 여행으로 소개하고 있다.

삼국은 모두 105회의 침략전쟁을 치렀다. 이 수치는 〈삼국사기〉에 기록된 것 중 다른 나라를 침략한 전쟁만 계산한 것이기 때문에 실제로는 더 많았을 것이다. 삼국이 존속한 10세기 동안 26개국과 480여 회의 전쟁을 치렀다는 다른 연구와는 차이를 보인다.[15] 이 책에서 침략전쟁(지원군 포함)만 카운팅한 이유는 침략전쟁은 방어전쟁에 비해 군사들이 장거리 목적지까지 이동(여행)해야 하기 때문이다.

제자리에서 침략군을 방어하는 방어전쟁은 장거리 이동을 동반하는 원정여행이라고 규정하기 어렵다는 의미이다. 백제가 56회, 고구려가 40회, 신라가 9회 원정여행을 감행했다. 백제는 신라를 40회, 고구려를 13회를 공격했고, 신라에 지원군을 3회 파견했다. 고구려는 백제를 11회, 신라를 7회, 위나라 등 기타 국가를 22회에 걸쳐 공격했다. 신라는 백제를 4회, 고구려를 4회 공격했고, 백제에 1회 지원군을 파견했다.

이처럼 다른 나라를 공격하거나 지원군을 파견하기 위해서는 필연적으로 장거리 원정여행을 감행해야만 했던 것이다. 결국 다른 나라를 침략하느라 국력을 소모한 백제와 고구려가 신라보다 먼저 멸망하는 결과를 가져왔다. 대규모 군사들의 징집과 이동을 수반하는 원정여행은 엄청난 국력(병력, 지원인력, 군수물자, 다른 자원의 동원 등) 소모를 초래하기 때문이다.

포로로 끌려가는 것도 슬픈 여행이다. 당나라 장수 소정방(592~667)은 백제를 멸망시킨 후 왕과 왕족, 귀족 88명과 백성 12,807명 등 총 12,895명의 백제 포로들을 장안으로 압송하고(660년 - 백제 의자왕 20년), 중국의 강남, 회남, 산남, 경서 등 여러 주의 광활한 빈 땅에 강제이주시켰다. 〈삼국사기〉 신라 문무왕 7년 편에는 백제 포로 숫자가 왕과 왕족, 귀족 93인과 백성 12,000여 명이라고 기록되어 있어, 그 숫자에 약간 차이가 난다. 당 고종(628~683)은 668년에 고구려를 멸망시킨 후, 포로 3만 8천 3백호를 하서회랑에 있는 무위에 고려 촌을 만들어 이주시키고, 사나운 돌궐의 방패막이로 이용했다. 전쟁은 이렇게 패전국 사람들의 슬픈 여행도 초래하는 것이다.

전쟁 중 연락병으로 슬픈 여행을 떠나는 자도 있었다. 661년에 당 고종이 소정방을 시켜 고구려를 칠 때, 김유신이 군량미를 평양까지 수송하는 임무를 맡았다. 도중에 풍설이 몹시 차고 사람과 말이 동사하여 더 전진할 수가 없었다. 당 진영까지의 거리가 3만여 걸음인데, 전진할 수가 없고 밀서를 보내려 하여도 갈 만한 사람을 구하기 어려웠다. 이 때 열기가 군사 구근 등 15인과 함께 궁검을 가지고 말을 달려 나가니, 고구려 군사들이 바라만 보고 능히 막지 못하였다. 무릇 이틀 만에 소장군에게 사명을 전하니, 당인들이 듣고 기뻐하여 회신을 보냈는데, 열기는 이틀 만에 돌아왔다(삼국사기 권 제47−열전 제7).

정치적 이유 때문에 다른 나라로 망명하거나 투항하는 사람들도 있었다. (고구려가) 수나라(581년~619년)에 항복을 청하고, 이전에 (수나라에서) 고구려에 망명해온 어사정을 환송하니, 수양제(재위 604년~618년)는 크게 기뻐하였다는 기록이 있다(614년−고구려 영양왕 25년). 고구려 때 한(漢)나라의 평주 사람 하요가 백성 1천여 호를 이끌고 투항하여, 왕이 받아들여 책성(현재 훈춘)에 안치하였다(217년−고구려 산상왕 21년). 서진(西晉)(265년~316년)의 평주자사 최비가 수천기를 이끌고 망명했다(319년−고구려 미천왕 20년). 신라 때 고구려 연개소문(~666)의 동생인 연정토가 763호 3,543명을 데리고 투항했다(666년−신라 문무왕 6년). 이런 망명이나 투항도 슬픈 여행이다.

다른 나라로 피신하거나 탈출하는 사람들도 있었다. 주몽은 오이, 마리, 협부 등 3인과 벗 삼아 도망하여 엄과수에 이르러 −−−− 졸본천에 이르렀다(기원전 37년−고구려 동명성왕 원년). 주몽이 북부여에 있을 때 낳은 아들(유리)이 와서 태자가 되자, 비류와 온조는 태자에게 죽임을 당할까 두려워하여, 마침내 오간, 마려 등 열 명의 신하와 많은 백성과 함께 남행하여, 하남 위례성에 도읍을 정했다(기원전 18년−백제 온조왕 원년). 신라의 아찬 길선은 모반하다가 일이 탄로되어 백제로 도망갔다(155년-백제 기루왕 28년). 신라 미사흠은 왜국에서 탈출하여 돌아왔다(418년-눌지마립간 2년). 고구려 연개소문 맏아들 연남생(634~679)은 몸을 피하여 당으로 달아났다(666년-보장왕 25년). 백제의 도미부인은 개로왕(재위 455~475)이 자신을 탐하자 남편과 함께 배를 타고 고구려 추산으로 탈출했다(삼국사기 권 제48-열전 제8). 이런 피신이나 탈출도 슬픈 여행에 속한다.

볼모(인질)로 다른 나라로 끌려가서 체류하던 사람들도 있었다. 신라가 왜국과 국교를 통하고 내물왕의 아들 미사흠을 볼모로 보냈다(402년-실성이사금 1년). 신라 무열왕 아들 김인문(629~694)은 당나라 수도 장안을 다섯 차례나 방문하면서 장기간 체류하고, 결국 거기서 죽었다. 당나라에서 고위 관직을 주었으나, 실제로는 당시 당나라의 주변 조공국 관리정책의 하나인 기인제도의 희생양, 즉 인질이었다. 나당전쟁 때는 674년에 당나라가 문무왕(재위 661~681)을 파직시키고, 김인문을 신라왕으로 봉하여 자기 모국을 토벌하라고 파견하는 아이러니도 있었다. 신라가 사전에 사죄 사절단을 파견하여 실제로 전쟁으로 이어지지는 않았지만, 약소국가의 서러움을 보여주는 씁쓸한 역사의 한 사례이다. 이런 볼모들의 왕래도 수많은 슬픈 여행을 통해서 이루어졌다.

밀사나 자객으로 다른 나라로 슬픈 여행을 떠나는 사람들도 있었다. 백제 분서왕은 304년 10월에 낙랑태수가 보낸 자객에게 부상을 당해 죽었다(304년-백제 분서왕 7년). 고구려 장수왕이 몰래 백제에 잠입할 간첩으로 갈 수 있는 자를 구하였는데, 승려 도림이 선발되어 바둑 실력으로 개로왕의 인정을 받아 국고를 탕진하게 만들었다(472년-개로왕 18년).

귀양으로 멀리 슬픈 여행을 떠나는 사람들도 있었다. 고구려 유화는 부모의 중매도 없이 남에게 몸을 허락했다고 하여, 우발수에 귀양살이를 가게 되었다(기원전 37년-고구려 동명성왕 원년). 당 고종은 고구려 사신 만경을 영남으로 유배시키고(667년-고구려 보장왕 26년), 고구려 사신 남건을 검주(사천성)로 유배시키기도 했다(668년-보장왕 27년). 백제 충신 홍수가 죄를 얻어 660년에 고마미지현(전남 장흥)에 유배되어 있었다(660년-백제 의자왕 20년)는 기록도 보인다.

정략결혼으로 다른 나라로 슬픈 여행을 떠나야 하는 사람들도 있었다. 중국 한나라 때(기원전 33년), 화친정책으로 흉노왕 호한야 선우(?~기원전 31년)에게 시집간 왕소군만 슬픈 여행을 떠난 것이 아니다. 백제왕은 신라에 사신을 보내 혼인을 청하고, 이벌찬 비지의 딸을 시집보냈다(494년-조지마립간 15년). 다른 나라에 인신공물로 바쳐져 멀리 슬픈 여행을 떠나는 여자들에 대한 기록도 자주 보인다. '(신라가) 미녀 두 명을 보냈으나 당 태종이 되돌려 보냈다'(630년-신라 진지왕 53년). '당 황제가 공녀를 금한다는 칙명을 발표했다'(668년-신라 문무왕 8년). '(신라가) 포정과 정원이라는 귀족 딸을 당에 보냈으나 당 현종이 되돌려 보냈다'(723년-성덕왕 22년). '금정란이라는 미녀를 당 황제에 바치었다'(792년-신라 원성왕 2년). '연개소문이 당 태종에게 두 미녀를 바치었으나 되돌려주었다'(646년-고구려 보장왕 5년). 이런 기록을 보면, 삼국 모두 당시 강대국이었던 당나라에 미녀들을 공물로 보냈다는 사실을 알 수 있다. 인신공물에는 노비도 포함되었다. 신라 사절이 장안에 가는 길에 산동 절도사에게 노비를 진상하였으나 당 황제가 되돌려주었다는 기록도 있다(839년-신라 신무왕 원년).

천도로 슬픈 여행을 떠나야 하는 사람들도 있었다. 천도로 인한 여행은 한 나라가 수도를 옮겨감에 따라 사람들도 함께 이동한 경우이다. 고구려 아불란이 왕을 권하여 그곳으로(어디인지는 모름) 도읍을 옮기고 국호를 동부여라 하였다(기원전 37년-고구려 동명성왕 원년). 환도성이 난리를 치러 더 이상 도읍할 수 없게 되었으므로 평양성을 쌓고 백성과 종묘사직을 거기로 옮기었다(247년-고구려 동천왕 21년). 백제는 475년 10월에 수도를 한성에서 웅진(공주)으로 옮기고, 한강 이북의 주민들을 이주시켰다(475년-백제 문주왕 원년).

강제이주로 슬픈 여행을 떠난 사람들도 있다. 후기 신라 때, 신라는 장보고의 난을 평정한 후 청해진(완도) 백성들을 모두 벽골군(김제)으로 강제이주시켰다(851년-문성왕 13년).

유민이 되어 기약 없이 슬픈 여행을 떠나야 하는 사람들도 있었다. 기근이나 천재지변을 당하여 살던 고향을 떠나 새로운 거주지로 이동하는 사람들이다. 백제에 기근이 생겨 2천 명이 고구려로 이주했으며(498년-고구려 문자명왕 8년), 한수 동북 부락에 기근이 들어 고구려로 도망가는 자가 1천여 호나 되어 패수(예성강 또는 청천강)와 대수(임진강) 사이가 사는 사람이 없어지기도 했다(19년-백제 온조왕 35년). 447년 7월에는 날씨가 가물어 곡식이 되지 아니하여, 신라로 유랑 이주하는 자가 많았다(447년-백제 비유왕 21년).

강제노동에 동원되어 고향을 등지고 멀리 슬픈 여행을 떠나는 사람들도 있었다. 백제 온조왕은 서기 23년 2월에 한수 동북 여러 부락에 사는 나이 15세 이상자를 징발하여 위례성을 수축하였다(23년-백제 온조왕 41년). 백제 진사왕은 국내인 15세 이상자를 징발하여 제방을 개설하였는데, 청목령(개성)에서 시작하여 북은 팔곤성(위치미상)에, 서쪽은 바다에 이르렀다고 전한다(386년-백제 진사왕 2년).

위에서 살펴본 것처럼, 삼국시대에 우리 조상들은 다양한 목적으로 여행을 떠났다. 외교사절 파견이나 종교 유학 등 유익한 여행도 많았지만, 슬픈 여행도 많았다. 그러나 현대인의 주요 여행 목적인 여가여행의 사례는 매우 찾아보기 힘들다. 이런 현상은 아마도 삼국 시대 사회가 왕족과 귀족(고위관리) 또는 승려를 제외한 일반인의 여행이, 심지어는 개인의 자유로운 이주 및 이동조차도, 극도로 제한된 신분제 사회였기 때문일 것이다. 어떤 목적이 됐든, 삼국시대에 진행된 다양한 형태의 여행은 삼국 사회와 문명을 발전시키는데 일정한 역할을 했다. 특히 여행을 통해 중국을 다녀온 외교사절과 유학승을 통해 도입된 정치제도와 불교 등 중국의 선진제도와 사상 또는 문물은 삼국시대의 문명 발전에 큰 기여를 했다.

### 고대 한국인 여행자들의 여행목적지는 어디였는가?

〈삼국사기〉에 기록된 고대 한국인 사절들의 여행목적지는 대부분 중국의 역대 왕조들이었다. 후한(後漢, 25년~220년), 위(魏, 220년~265년), 오(吳, 220년~280년), 전진(前秦, 351년~394년), 서진(西秦, 385년~400년, 409년~431년), 동진(東晉, 317년~420년), 전연(前燕, 337년~370년), 후조(後趙, 319년~351년), 북제(北齊, 550년~577년), 양(梁, 502년~557년), 남제(南濟, 479년~ 502년), 진(陳, 557년~589년), 송(宋, 420년~479년), 북위(北魏 또는 後魏, 386년~534년), 수(隋, 589년~618년), 당(唐, 618년~907년) 등 중국의 많은 왕조들과 여행을 통해 교류했다.

특히, 대외적으로 영토 확장 정책과 개방 정책을 표방한 당나라 때, 삼국 외교사절의 여행이 가장 많았다. 일본을 방문한 기록도 나온다. 박제상(363년~418년 추정)이 왜국에 볼모로 잡혀있던 내물왕의 아들을 구하러 도일한 기록이다(삼국사기 권 제45 – 열전 제5). 사카에 하라 토와오(榮原永遠男)의 〈정창원문서 입문〉에 의하면,16) 서기 752년(덴표쇼호 4년)에 700명 정도 되는 신라의 대사절단이 일본을 방문한 적이 있다. 당나라와 백제의 전쟁 중에 신라가 당나라를 지원하고 일본이 백제를 지원하면서, 악화된 양국의 관계를 개선시키기 위해 이렇게 대규모 사절단을 파견한 것으로 보인다. 이 사절단에는 당시 황해에서 장보고의 청해진을 중심으로 크게 활약하고 있었던 신라 무역 상인들도 포함되어 있었다.

이처럼 고대 한국인의 주요 여행 목적지는 역대 중국의 왕조들이었고, 간혹 일본도 방문한 것으로 보인다. 전쟁을 위한 원정여행의 경우에는 요동 서쪽을 공략한 고구려를 제외하고는, 한반도 내에서 삼국 간에 이동하는 경우가 대부분이었다.

### 고대 한국인 여행자들의 교통수단은 무엇이었는가?

고대 한국인들은 여행을 할 때 주로 말이나 배, 또는 도보로 이동했다. 말이나 도보는 20세기 중반까지 자동차가 일반적인 교통수단으로 자리 잡기 전까지는 가장 보편적인 교통수단이었다. 박지원의 〈열하일기〉에 의하면, 짐이 많은 대규모 연행 사절의 장거리 여행에서 하루 평균 이동거리는 53.4리(21.4km)가 보통이었다.17) 〈삼국사기〉에는 과장된 기록도 보인다. '수나라의 병사들이 패수(청천강 또는 예성강)에서 도망하여 1일1야에 압록강에 이르니 450리(180km)를 갔다'는 기록이다(611년 – 영양왕 22년).

왕이나 고관대작들은 가마나 말, 또는 배를 많이 이용했다. 왕이 매번 배를 타고 절(왕흥사)에 가서 향을 피웠다는 기록도 있다(634년 – 백제 무왕 35년). 우산국(울릉도) 정복 때는 전선(전투용 배)을 이용했다(512년 – 지증마립간 13년). 당나라 소정방 군대가 백제를 공격하기 위해 황해를 건널 때는 배를 이용하여 군대와 군수품을 수송했다(660년 – 의자왕 20년). 668년 당나라 장군 유인궤가 고구려를 공략할 때도 산동반도에서 배를 이용하여 당항진(화성군 남양면)으로 이동했다. 662년(문무왕 2년) 탐라국 좌평 도동음율이 경주에 와서 신라에 귀속할 때도 배를 타고 이동했다.

수레나 우마차도 자주 이용했다. 662년에 당나라 소정방이 고구려를 공략할 때, 그 군량미를 신라에서 제공하게 되었다. 이때 김유신 등 장군 9명은 수레 2천여 량에 쌀 4천석, 벼 2만2천여 가마를 싣고 평양으로 가다가, 길이 얼어서 미끄럽고 험하여 우마에 옮겨 실었다는 기록이 나온다(664년 – 문무왕 4년). 문무왕 12년(672년)에는 당나라에 진사사절과 함께 금 120분 40승(升), 은 33,500분(分), 동 33,000분, 침(針) 400매, 우황 120분, 포 60필을 보낸 것으로 보아, 수레나 우마차가 사용된 것으로 보인다. 왕의 하사품을 백성들에게 전달할 때도 수레를 사용했다(682년 – 신문왕 2년).

위에서 살펴본 것처럼, 고대 한국인들은 여행할 때 도보, 가마, 말, 수레, 우마차, 배 등을 주로 이용한 것으로 보인다. 현대인들이 여행할 때 자동차, 기차, 비행기, 배(동력선) 등 훨씬 빠른 교통수단을 이용하는 것과 비교하면 천양지차이다. 교통수단의 차이는 여행의 이동 속도와 여행기간에 큰 영향을 미친다. 이동속도가 느린 삼국시대의 교통수단은 현지에서의 체류 시간보다는 중간에 이동하는 시간이 많이 걸리기 때문에 여행자들에게 큰 고통을 안기고, 여행의 질을 떨어뜨리는 요인으로 작용했을 것이다.

**고대 한국인 여행자들의 숙박수단은 무엇이었는가?**

〈삼국사기〉에는 여행자들의 숙박수단에 관한 기록은 거의 나오지 않는다. 숙박수단에 관한 기록은 화막(군막: 천막), 절, 객관이 유일하다. 다음과 같은 기록이 이런 숙박수단을 증명해주고 있다. '우문술의 군사에게 각기 인마에 100일의 양식을 주고, 또 배갑, 창모, 의복, 무기, 화막까지 주어, 각 병사 앞에 3석 이상의 부담이므로 무거워 가지고 갈 수 없었다. 군중에 영을 내리어 군량미를 버리고 가는 자는 목을 벤다고 하니, 병사들은 군막 아래 구덩이를 파고 군량미를 묻어버렸다'(611년−고구려 영양왕 22년). '연개소문이 왕에게 도교를 구하여 백성에게 가르치라고 권유하자, 대왕이 당에 국서를 보내어 요청하였다. 당 태종은 도사 숙달 등 8인을 보내고 동시에 노자 도덕경도 보내주었다. 왕이 기뻐하여 절에 그들을 거처케 했다'(643년−고구려 보장왕 2년). '김춘추가 고구려 경내에 들어가니, 왕이 연개소문을 보내어 맞아 객관을 정해주고, 잔치를 베풀어 우대하였는데 −−−−−'(삼국사기 권 제41−열전 제1).

이처럼 고대 한국인들은 여행자 숙소로 객관, 절, 천막과 함께 사설 객주나 민박도 이용했을 것으로 추정된다. 현대인의 숙박시설과 비교해보면, 상당히 불편했을 것으로 보인다. 조선시대에 금강산을 유람했던 사대부들의 기록에 보면, 숙소에서 잘 때마다 이와 벼룩 등 해충이 들끓어서 잠을 제재로 자지 못했다는 증언이 수두룩하다. 하물며 조선 사대부들 보다 1천여 년 전에 여행을 했던 삼국시대 사람들의 숙박지에서의 불편과 고통은 더 말할 나위도 없을 것이다.

### 고대 한국인 여행자들은 어떤 음식을 먹었을까?

〈삼국사기〉에는 미속(米粟: 쌀과 조) 이외에는 여행자들이 어떤 음식을 먹었는지에 대한 직접적인 기록은 나오지 않는다. 따라서 고대 한국인들은 여행할 때 주로 쌀(米)이나 조(粟)를 많이 먹었을 것으로 추정된다. 군량과 식료가 구체적으로 무엇인지는 모르지만, 식음료에 대한 언급은 다음 기록이 유일하다. '수나라 군사가 고구려를 치다가 산해관 서북에서 장마를 만나 군량의 수송이 계속되지 못하여, 군중의 식료가 끊어지고 또 질병에 걸리었다'(598년-고구려 영양왕 9년).

삼국시대에 여행자들이 먹었던 음식의 종류는 구체적으로 파악할 수는 없지만, 당시 일반인들이 먹었던 쌀이나 보리, 또는 조 등 주로 잡곡류를 먹었을 것으로 추정된다. 아직 고구마나 감자, 옥수수 등 구황작물이 한반도에 유입되기 전이기 때문에 여행 중 식음료가 그리 풍족하지는 않았던 것으로 보인다.

### 고대 한국인 여행자들은 얼마동안 여행을 했나?

고대 한국인 여행자들의 여행기간은 그 여행목적과 목적지에 따라 각각 다르다. 〈삼국사기〉에는 이에 관한 직접적인 기록은 나오지 않는다. 삼국시대에 가장 많이 왕래했던 당나라 장안(현재 시안)까지 얼마나 걸렸는지에 대한 기록은 보이지 않는다. 단지 김인문(김춘추 아들)이 660년 9월 3일에 백제 포로들을 데리고 부여를 출발하여 장안에 갔다가, 661년 6월(날짜는 불명)에 경주에 귀국했다는 기록으로 보아, 왕복 9개월에서 1년쯤 걸렸을 것으로 추정된다.

경주와 장안까지의 거리가 멀고(뱃길 포함 편도 약 2,500km - 왕복 약 5,000km), 여행 시간이 너무 오래 걸려서 벌어진 해프닝도 있었다. 신라 원성왕이 죽자(798년) 당나라가 조문사절단을 보냈는데, 그들이 신라로 오는 도중에 다음 왕인 소성왕이 죽었다는(800년) 소식을 산동에서 듣고, 다시 장안으로 돌아가는 일도 있었다. 이런 일은 양국 간에 거리가 멀어서, 여행 시간이 너무 많이 걸리기 때문에 벌어진 일이다. 국내 여행기간에 대해서는 정확한 기록이 있다. 660년(무열왕 7년)에 무열왕(김춘추)이 군대를 이끌고 백제를 공격할 때, 5월 21

일에 경주를 출발하여, 6월 18일에 경기도 이천에 도착하니 27일이 걸렸다. 왕들의 지방 순행이나 사냥에 대한 일정도 정확하게 기록되어 있다. '왕이 지방을 순행하여 동으로 주양(춘천)에 이르고, 북으로 패하(예성강 또는 청천강)에 이르렀는데, 5순(50일)이 지나서 돌아왔다'(20년-백제 온조왕 38년). '왕이 2월에 진위(부산)에서 사냥하고 5순(50일) 만에 돌아왔다'(238년-백제 고이왕 5년). '왕이 10월에 구원(위치 미상)에서 사냥하고 7일 만에 돌아왔다'(390년-백제 진사왕 6년). '봄에 왕이 사냥으로 한산성(위치 미상)에 이르러서 군민을 위문하고 10일 만에 돌아왔다'(483년-백제 동성왕 5년).

위에서 살펴본 것처럼, 고대 한국인의 여행기간은 여행목적과 목적지에 따라 차이가 있었을 것으로 보인다. 특히 중국 장안까지는 거의 5천 km가 넘는 거리여서, 왕복하는데 1년 가까운 기간이 걸렸을 것이다. 그래서 1년에 수차례씩 외교사절을 보냈던 삼국으로서는, 특히 신라는 여행 도중에 앞서 파견한 자국의 사절들을 길에서 만나는 일도 자주 발생했을 것이다. 여행기간이 길어지면 길어질수록 여행자들의 피곤과 고통은 그만큼 더 커지게 마련이다. 고대 한국인 여행자들의 고통이 그만큼 컸다는 사실을 의미한다.

**고대 한국인 여행자들은 어떤 경로를 따라 여행을 했는가?**

〈삼국사기〉에 구체적인 여행경로가 나오는 곳은 단 1회뿐이다. 611년(고구려 영양왕 22년에) 수양제가 고구려를 공격할 때이다. '수양제는 대군(삼국사기에는 군사 113만 3천 8백인과 군량미 수송자가 그 두 배라고 기록되어 있다)을 두 패로 나누어 우군 12대(1대는 1,200명)는 북경을 출발하여 루방, 장잠, 명해, 개마, 건안, 남소, 요동, 현도, 부여, 조선, 옥저, 낙랑, 등도로 향하고, 좌군 12대는 점탄, 함자, 혼미,

임둔, 후성, 제계, 답돈, 숙신, 갈석, 대방, 량평, 등도로 향하여 평양에 총집결하라'는 기록이다(611년 – 영양왕 22년). 좌우 모두 합쳐 24대이므로, 실제로 고구려를 공격할 때 동원된 군사 수는 기록대로 113만 명이 아니라, 5~6만 명으로 추측된다. 군사 외에 군량미 수송자가 그 두 배라고 했으니까, 대략 15만 명쯤이었을 것이다. '수나라의 사신 배정이 왜국으로 가는데, 우리나라의 남로를 거치었다'라는 기록도 보인다(608년 – 백제 무왕 9년).

이런 점으로 보아 고대 한국인들의 여행경로는 구체적으로 기록되어 있지는 않지만, 당시 사람들이 기존에 이용하던 국내외 육로와 해로를 이용했을 것으로 추정된다.

### 고대 한국인 여행자들은 어떻게 여행경비를 마련했을까?

〈삼국사기〉에 여행경비에 대한 기록은 구체적인 언급은 없고 단편적으로만 나온다. 당나라에 갔던 신라 유학생들에 대한 기록이 일부 남아 있다. '(당나라 장안에 있던) 국자감에 유학했던 숙위학생들은 당나라 홍로사(외무성)에서 장학금을 지급했다'(826년, 신라 헌덕왕 17년). '국자감에 유학했던 이동 등 3인에게 책 구입대금으로 300량을 주었다'(869년 – 신라 경문왕 9년). 국가에서 선발하여 보낸 이들 대당 유학생들은 지금으로 치면, 모두 선택받은 국비유학생들이었던 셈이다.

전쟁을 위한 원정여행에 소요되는 막대한 비용은 징발과 징용을 통해 조달했다. '(당나라는) 하북 여러 주의 조세는 모두 요동으로 가져다 군용으로 쓰게 하였다'(666년 – 고구려 보장왕 25년). '당태종이 송주자사 왕파리 등에 명하여, 강남 12주의 공인을 징발하여 대선 수백 척을 만들어 고구려를 치려고 하였다'(648년 – 보장왕 7년). '당은 하남, 하북, 회남의 67주에서 병을 모집하여, 4만 4천여 병사를 모아 평양과 루방의 행영으로 파견하였다'(659년 - 보장왕 20년).

사신들의 여행에도 사신 외에 수행원들이 많아 그 여행경비가 만만치 않게 들었을 것이다. '왜국의 사신이 왔는데, 그 종자가 50인이었다'(428년 - 백제 비유왕 2년)는 사례로 보아, 우리도 중국으로 사절을 파견할 때, 최소 수십 명에서 수백 명으로 구성된 사절단을 파견했을 것으로 보인다. 박지원의 〈열하일기〉에는 조선 사행단의 규모가 281명으로 나오고 있다.18)

이처럼 고대 한국인들의 여행비용은 사신들은 국가 예산으로, 유학생(유학승 포함)들은 개인 비용과 두 국가의 장학금으로 충당했을 것으로 추측된다. 일반인들의 여행에 대한 기록은 거의 없어, 그 비용 조달 방법을 파악할 수 없다.

**고대 한국인 여행자들은 어떤 경험을 했으며, 어떤 사고를 당했는가?**

〈삼국사기〉에는 일반 민간인들의 여행경험에 대한 기록은 거의 없고, 주로 왕들이 지방으로 가서 야유회나 사냥을 했다는 기록이 자주 나온다. '왕이 좌우 신하들을 거느리고 사비하(금강) 북포(대왕포)로 야유회를 갔다. 강 양쪽에는 기암괴석이 서 있고, 간간이 기화이초가 끼어 있어서 마치 그림과 같았다. 왕은 술을 마시고 즐거움이 극도에 이르러 북과 거문고를 타며 스스로 노래를 불렀고, 종자들도 여러 차례 춤을 추었다'(636년 - 백제 무왕 37년). 이것이 왕이 여가와 유흥을 즐기는 모습을 가장 자세하게 묘사한 유일한 기록이다.

사냥여행에 대한 기록이 가장 많다. '11월에 웅천 북쪽 평원에서 사냥을 하였고, 또 사비 서쪽 평원에서 사냥을 하였는데, 대설에 길이 막히어 마포촌(서천군 한산면)에 머물렀다'(501년 - 백제 동성왕 23

년). 사냥 나갔다가 죽은 왕도 있다. '10월 왕이 구원에서 사냥을 하였는데, 10일이 지나도 돌아오지 않았다. 11월에 구원행궁에서 죽었다'(392년 - 백제 진사왕 8년). '9월에 왕이 사냥을 나가 외숙하였는데, 병관좌평 해구가 몰래 자객을 시켜 그를 해하게 하여 마침내 죽었다'(478년 - 백제 문주왕 4년).

개인의 여행에 대해 유일하면서도 가장 자세한 기록은 최치원에 대한 것이다. '최치원이 산과 강, 바다를 벗 삼아 소요 방랑하며, 사대(榭臺)를 짓고, 송죽을 심으면서, 서책으로 베개를 삼고, 풍월을 읊었으니, 경주의 남산, 강주(영주)의 빙산, 협주의 청량사, 지리산의 쌍계사, 합포현(창원)의 별서 같은 곳이 모두 그가 놀던 곳이다'(삼국사기 권 제46 - 열전 제6).

사신으로 중국으로 여행하다가 사고를 당한 사신들에 대한 기록도 많다. 당나라 장안을 여행하는 도중에 황해에서 풍랑을 만나 익사한 신라 사신들이 많았다. 부사 김영(735년), 대아찬 김상(736년), 왕자 김능유 일행(831년), 아찬 부량 일행(862년), 내부시랑 김처회(893년) 등이다. 당나라 황제의 비위를 거슬러 신라 사신 양도(670년)처럼 장안의 감옥에서 죽은 사신도 있다. 중국으로 가는 도중에 포기하고 돌아온 사신들도 많다. 때로는 삼국 간의 정치관계가 악화되어 여행이 차단당하기도 했다. 신라와 백제는 고구려가 수나라로 가는 사절의 교통을 가로막고 있다고, 수나라에 고자질하는 문서를 보내기도 한다(611년 - 영양왕 22년). '3월에는 사신을 송에 보내어 조공하려 하였는데, 고구려가 길을 막아 이르지 못하고 돌아왔다'(476년 - 백제 문주왕 2년). '7월에 내법좌평 사약사(沙若思)를 시켜 남제에 가서 조공케 하였는데, 서해에서 고구려 군사를 만나 가지 못하였다'(484년 - 백제 동성왕 6년). 자연재해나 도적들이 길을 가로막기도 했다. '3월에 사신을 동진에 보내어 조공케 하였는데, 그 사신이 해상에서 폭풍을 만나 도달하지 못하고 돌아왔다'(379년 - 백제 근구수왕 5년). '풍설이 사나와 병사들이 젖고 죽는 자가 많았다'(646년 - 고구려 보장왕 5년). '최치원이 893년에 하정사로 당나라에 가다가 도적이 횡행하여 길이 막혀 가지 못하였다'(삼국사기 권 제46 - 열전 제6)는 기록이 보인다.

중국 왕조에 반란이 일어나 조공 사절이 실패한 경우도 있다. '10월에 왕은 양나라의 서울에 반란군이 있는 줄 모르고 사신을 보내어 조공하였다. 사신이 성궐이 황폐한 것을 보고 통곡하니, 길을 가다가 보는 사람이 눈물을 뿌리지 않는 자가 없었다. (반란 주모자) 후경이 이를 듣고 대노하여 잡아 가두었는데, 후경의 난이 평정되어서야 겨우 환국할 수 있었다'(549년 - 백제 성왕 27년). 안록산의 난으로 양귀비와 함께 사천 성도로 달아난 당나라 현종에게 조공하기 위해 성도까지 쫓아간 신라 사신도 있었다(756년 - 신라 경덕왕 15년).

이처럼 민간인에 대한 여행경험 기록은 없고, 주로 왕이나 관료 또는 사신에 대한 기록이 많다. 특히 삼국의 사신들은 약소국가로서 살아남기 위해 왕명을 받들어 머나먼 중국 길을 왕래하면서 수많은 위험을 겪고 때로는 목숨까지도 잃어야 했다.

**고대 한국인 여행자들은 어떤 여행선물을 주고 받았는가?**

개인 민간인 여행자들이 주고받은 여행 선물은 전혀 기록이 없고, 사신들이 중국 왕조에 전달한 공물 품목만 기록되어 있다. 주로 삼국의 사신들이 중국 황제들에게 공물을 진상하면, 황제 측이 답례 사신이나 방문 사신을 시켜 그 선물에 대한 답례품을 보내왔다. 중국 왕조와 삼국 사이에 오고간 공물과 답례품도 국가 간의 여행선물로 볼 수 있다.

신라는 주로 토산품을 많이 진상했다. 특히 성덕왕의 기록이 많이 나온다. 금은, 과하마(작은 말), 우황, 인삼, 미체(美髢-여자 장신구), 조하주(朝霞紬)와 어아주(魚牙紬-고급직물), 루응령(鏤鷹鈴-금은세공품), 해표피(이상 723년 성덕왕 22년 4월 당 현종에게 보낸 선물). 과하마 5마리, 개 1마리, 금 2,000량, 두발(장식용) 80량, 해표피 10장(이상 730년-성덕왕 29년 당 현종에게 보낸 선물). 과하마 2마리, 개 3마리, 금 500량, 은 20량, 포 60필, 우황 20량, 인삼 200근, 두발 100량, 해표피 16장(이상 734년-성덕왕 33년 1월 당 현종에게 보낸 선물). 798년(소성왕 원년)에는 길이 9척이나 되는 인삼을 발견하여, 당 덕종에게 진상하였으나 인삼이 아니라 하여 받지 않았다. 이 밖에도 당나라는 신라의 자석을 선물로 요청하기도했다. 고구려는 동진에 도화색 백마를 선물했고(412년-장수왕 원년), 당나라에는 강역도를 선물했다(600년-영류왕 11년). 백제는 당나라에 명광개(明光鎧-황칠을 한 빛이 나는 갑옷)(626년-무왕 27년)와, 철갑과 조부(조각을 새긴 도끼)를 보냈다(637년-무왕 38년).

이와 같은 삼국의 진상품에 답례하여 중국에서 오는 사절들은 비단, 불경, 불구(佛具), 유학 경전, 도교 경전, 그림병풍, 잡채단(雜彩段), 자의(紫衣), 요대, 채능라(彩綾羅), 생초(生綃-삶아서 익히지 않은 명주실) 등을 가져와 삼국의 문화 발전에 크게 기여하였다.

724년 당 현종은 신라 신년하례 사절 김무훈을 시켜 성덕왕에게 금대(金帶)와 금포(錦袍), 채견(綵絹)과 소견(素絹) 각 2,000필을 하사했다. 730년에는 답례로 신라 사절 지만을 시켜 견 100필, 자포(紫袍), 금세대(錦細帶)를 성덕왕에게 보냈다. 732년(성덕왕 32년)에는 당 현종이 답례로 신라 사절 지겸을 시켜 흰 앵무새 암수 각 1마리, 자라수포, 금은세기물, 서문금(瑞紋錦), 오색라채(五色羅綵) 각 300여단을 성덕왕에게 보냈다. 734년(성덕왕 33년)에는 당 현종이 답례로 신라 사절 금단갈단을 시켜 비란포(緋襴袍), 평만은대(平漫銀帶), 견 60필을 성덕왕에게 보냈다.

738년(효성왕 2년)에는 당 현종이 사신 한도를 시켜 노자 도덕경을 효성왕에게 선물했다. 743년(경덕왕 2년)에는 당 현종이 사신 위요를 시켜 효경을 경덕왕에게 선물했다.

차를 가져오기도 했다. '당에 사신으로 갔던 대렴이 차 종자를 가져오자 왕이 지리산에 심게 하였다'(828년-흥덕왕 3년).

이 밖에도 당은 신라에 녹포(綠袍), 라금(羅錦), 능라(綾羅), 은합(銀盒), 금채(錦綵), 압금선(押金線), 수라군의(繡羅裙衣), 은대접, 10청 72현의 도상 같은 선물을 보내왔다.

당나라는 백제에 솜씨가 좋은 장인이나 화가를 보내주기도 했다. '사신을 양나라에 보내어 조공하고, 동시에 모시박사(毛詩博士) 황반 등 경의(經義), 공장(工匠), 화사(畵師) 등을 청하니 이를 허락하였다'(541년-백제 성왕 19년).

이처럼 고대 삼국은 중국 왕조들과의 선물 교환을 통해 국가의 안전을 도모하면서, 다른 한편으로는 선진문명을 수용하여 국가제도와 사회문화를 발전시키는 수단으로 삼았다. 모두 양국 간에 해외여행이라는 매개체가 있었기 때문에 가능한 일이었다.

### 고대 한국인들도 해외여행을 했는가?

여기에서 해외여행이란 고대 한국인들이 삼국 이외의 지역을 여행한 사례를 의미한다. 대부분 중국의 왕조와 왜국(일본)에 대한 여행이 이에 해당한다. 고대사회에 해외여행을 가장 자주 갔던 사람들은 역시 사신들이다. 〈삼국사기〉에는 사신들의 해외여행에 대한 기록이 가장 많다. 고구려는 최초의 사신을 한(후한)나라에 파견한다(99년-대조대왕 57년). 백제는 근초고왕 27년(374년)에 동진에 첫 사신을 파견한다. 신라(381년-내물이사금 26년)는 위두를 전진왕 부견에게 첫 사신으로 파견한다. 일본을 여행한 유일한 사신은 박제상이다. 박제상은 신라 눌지왕(재위 417~458) 때, 왜국에 볼모로 잡혀있던 내물왕의 아들 미사흠을 탈출시키고, 자신은 화형에 처해진다(삼국사기 권 제45-열전 제5).

유학승들이 당나라 장안으로 여행을 떠난 기록도 많다. '원광법사가 진에 가서 불법을 구하였다'(589년-신라 진평왕 11년). '담육이 수에 가서 불법을 구하였다'(596년-진평왕 18년). '고승 지명이 수에서 돌아왔다'(602년-진평왕 24년). '자장법사가 당에 건너가 불법을 구하였다'(636년-신라 성덕왕 5년). '도증이 당에서 귀국하였다'(692년-신라 효소왕 원년). '고구려승 구덕이 당에 갔다가 불경을 가지고 돌아왔다'(827년-신라 흥덕왕 2년). 중국 유학승에 대한 기록이 이렇게 자세한데도 불구하고, 8세기(723~727년)에 인도를 다녀온 후, 장안에서 활동하면서 〈왕오천축국전〉을 남긴 혜초에 대한 기록이 전혀 없는 것이 특이하다. 이것을 근거로 온옥성 같은 중국 학자들은 혜초가 당나라 사람이라고 주장하고 있다.[19]

왕이나 귀족 자제들이 당나라로 유학을 떠난 기록도 있다. '왕이 청년자제들을 당에 보내어 국자감의 입학을 청하였다'(630년-고구려 영류왕 23년). '왕이 자제를 당에 보내어 국학에 들어가기를 당태종에게 청하였다. 이때 고구려와 백제 왕의 자제들도 장안에 유학하였다. 당시 종합대학 격인 국자감에는 각국에서 3,460여 명의 학생들이 수학했다'(640년-신라 선덕왕 9년).

요즘으로 치면, 남한 대통령과 북한 주석이 미국 대통령에게 자기 자식을 하버드대학교에 입학시켜 달라고 부탁한 사례들이다. 김춘추는 648년(진덕왕 2년)에 국자감을 방문하여 직접 시찰하기도 했다. 외교관계가 악화되어 유학 요청을 거절한 사례도 있다. '막리지 연개소문이 관원 50명을 보내서 숙위케 하려 했으나 당태종이 거부하였다'(644년-고구려 보장왕 3년). 북한과 미국의 관계가 틀어져 미국이 북한 유학생에게 비자 발급을 거부한 경우나 마찬가지다. 최승우(890년)와 최언위(연도 미상)는 당에 유학하여 당나라 과거에 급제하기도 했다(삼국사기 권 제46-열전 제6).

진정한 자유여행자에 대한 사례도 두 건이 기록되어있다. 신라 진평왕 9년(587년) 7월에 대세(大世)와 구칠(仇柒)이란 두 사람이 신라라는 좁은 나라에 사는 것을 한탄하면서 넓은 세상을 찾아 남해에서 배를 타고 떠난 후 행방불명되었다. 설계두는 신라의 골품제 때문에 출세하지 못하는 신세를 한탄하여 621년에 몰래 배를 타고 당에 들어갔다가, 당태종의 고구려 원정에 참가하여 전투 중 죽었다(삼국사기 권 제47-열전 제7).

본의 아니게 떠나는 슬픈 해외여행도 많았다. 해외원정이나 파병으로 인한 해외여행이 대표적이다. 요즘으로 치면, 월남 파병이나 아프간 파병에 해당한다. 고구려는 한나라 북평(현재 북경 동북쪽 100리 풍륜), 어양(현재 북경 동쪽 밀운현 남서), 상곡(현재 북경 북쪽 회래현), 태원(현재 북경 남서쪽 태원)까지 공략하기 위해 장거리 원정여행을 감행했다(49년-고구려 모본왕 원년). 정말 기록대로 태원까지 진격했다면, 대단한 쾌거가 아닐 수 없다. 서기 45년에 일어난 일이니까 충분히 개연성이 있는 일이다. 〈환단고기〉 신봉자들이 들으면 환호할 내용이다. 238년에 고구려 동천왕(12년)은 위나라가 요동의 공손연을 공격하자, 왕은 주부 대가를 시켜 군사 1천명을 거느리고 위군을 도와주게 하였다. 820년(헌덕왕 11년)에는 산동에서 절도사 이사도의 반란이 일어나자, 당 헌종이 지원군을 요청하여 신라 장군 김웅원이 갑병 3만을 이끌고 가서 지원했다. 당나라에 건너가 장수가 된 사람도 있다. '장보고가 당에 가서 무령군소장이 되어 말을 타고 창을 쓰는데, 대적할 자가 없었다'(삼국사기 권 제44-열전 제4).

볼모(인질)로 어쩔 수 없이 외국으로 가는 경우도 많았다. 김춘추는 당나라의 환심을 사려고 자신의 아들들을 장안에 볼모로 두기도 했다. 648년에는 일곱 아들 중 두 아들(김문주와 대감 아무개-이름 불분명)을, 651년에는 김인문(656년 귀국)을, 656년에는 다시 김문주를 볼모로 보냈다. 김인문은 660년 백제 포로를 데리고 장안으로 가서 661년에 귀국하고, 662년에는 조공 사신으로, 673년 1월에는 모국인 신라 토벌차 귀국 중 674년 5월 신라왕이 진사사절을 보내자 다시 장안으로 돌아가기도 한다. 모두 다섯 차례나 장안을 방문하고 결국 거기에서 죽었다. 볼모가 귀국하면서 새로운 문명을 수입하기도 한다. 673년(문무왕 14년)에 당나라에서 인질로 잡혀있던 덕복전은 역술을 학습하고 돌아와 새 역법을 개정하였다.

유민들도 원하지 않는 해외여행을 하게 된 경우가 있다. 817년(신라 헌덕왕 8년)에 흉년과 기근으로 신라 유민 170명이 중국 절강성 동쪽으로 건너가 먹을 것을 구하였다는 기록이 있다. 포로로 잡혀 본의 아니게 해외여행을 떠난 사람들도 있다. '왜인들이 신라 일례부에 침입하여 1천인을 사로잡아 갔다'(291년-신라 유례이사금 4년). 정략결혼으로 외국으로 떠난 여인도 있다. '왜국왕이 사신을 보내어 아들의 혼인을 청하므로 아찬 급리의 딸을 보내주었다'(312년-신라 흘해이사금 3년) 등의 기록이 이에 해당한다.

위에서 살펴본 것처럼, 국가의 엄격한 통제와 교통수단이 불편하여 여행이 힘들었던 고대 삼국시대에도 한국인들은 여러 가지 이유로 해외여행을 경험했다. 그 대상자는 주로 사신이나 왕족, 귀족 자제, 또는 유학승 등에 한정되었고, 그 목적지는 주로 중국과 일본이었다.

### 삼국시대에 외국인들도 고대 한국을 여행했는가?

〈삼국사기〉에는 외국인들이 고대 삼국을 여행한 기록도 무수히 많다. 〈삼국사기〉에 언급된 최초의 외국인은 신라왕 탈해이다. '탈해는 본시 다파라국 출생으로, 그 나라는 왜국의 동북 1천리쯤 되는 곳에 있었다'(4년-탈해이사금 원년). 지금으로 치면, 탈해왕이 일본 홋카이도나 사할린 출신이 아닌가 한다. 외국 사절로는 왜국의 사절이 최초로 등장한다(59년-탈해이사금 3년). 외국에서 삼국으로 보낸 사신의 여행을 살펴보면 다음과 같다. 신라에 56차례, 고구려에 29차례, 백제에 13차례 외국 사신들이 들어왔다.

삼국에 사신으로 오다가 행방불명된 외국 사신도 있다. '(북위 효문제가 백제 개로왕에게 보낸 서신에) 앞서 보낸 사신은 바다에 떠서 지금껏 여러 해가 되도록 돌아오지 않으니, 살았는지 죽었는지 (거기에) 도착했는지 못했는지를 알 수가 없다'(472년-백제 개로왕 18년)는 기록이 있다. 삼국으로 오다가 풍랑으로 중도에 포기한 사신도 있다. '(북위 효문제가) 사신 소안 등으로 하여금 동래(산동 등주)로부터 해로로 가서 개로왕에게 칙서를 전하여 그 성절을 포창하였던 바, 소안이 해변에 이르러 바람을 만나 표류하다가 끝내 도달하지 못하고 귀국하였다'(472년-백제 개로왕 18년). 인질이 귀국할 때 호송대로 따라온 외국인도 있다. '일본에 볼모로 잡혀있던 진지가 왜국에서 (부친) 아신왕의 부음을 듣고 통곡하며 귀국하기를 청하니, 왜왕이 병사

100인으로 호송해 주었다'(405년 - 백제 진지왕 원년).

외국군의 삼국에 대한 원정여행도 많이 기록되어 있다. 왜국 등 외국군(낙랑 등 한사군, 말갈, 선비, 돌궐, 부여, 흉노, 동옥저, 거란, 전연, 후연, 북위, 수, 당 등)의 침입으로 인한 원정여행은 총 155회(고구려에 70회, 신라에 53회, 백제에 32회)가 기록되어 있다. 특히 왜인(일본인)들이 침입 차 신라 해안까지 자주 원정여행을 감행했던 기록이 모두 30회가 나온다. 최초 침입 기록은 기원전 49년(혁거세 8년)이다. 서북방 유목민족인 흉노, 선비, 돌궐족과 함께 위구르족도 한반도에 쳐들어왔다. 당나라는 '소사업을 부여도행군총관으로 삼아 회골(위구르족) 등 여러 부족병들을 거느리고 평양으로 출전시켰다'(659년 - 보장왕 20년). 당나라 소정방은 군대를 이끌고 660년에 백제를, 655년, 658년, 661년에는 고구려를 공략하기 위해 원정여행을 감행했다.

외국에서 잡아오는 외국인 포로들도 많았다. '고국양왕이 요동과 현도를 함락하고 남녀 1만여 명을 포로로 잡아왔다'(385년 - 고구려 고국양왕 2년). '광개토왕이 거란을 쳐서 남녀 5백 명을 포로로 잡아왔다. 또 거란에 잡혀갔던 1만 명을 데리고 왔다'(392년 - 광개토왕 2년).

중국 왕조들의 정치 상황이 불안하여 삼국으로 피란 오는 중국인들도 많았다. '진(秦)나라 사람들이 난을 피하여 마한으로 피난왔다'(기원전 20년 - 신라 혁거세 38년). '후한 말에 대란이 일어나 한인(漢人)들이 (고구려로) 피란해 오는 자들이 많으니, 이때는 즉 한헌제 건안 2년 이었다'(197년 - 고구려 고국천왕 19년). '북위의 침략을 받은 후 연왕 마홍이 백성들을 이끌고 고구려로 피란함에 그 길이가 전후 80여 리나 뻗치었다'(435년 - 고구려 장수왕 24년).

외국인 유민들도 한반도에 많이 들어왔다. '낙랑 유민 5천을 6부에 나누어 살게 하였다'(37년 - 유리이사금 14년). '왜인이 큰 기근으로 신라에 와서 먹을 것을 구하는 자가 1천여 명이었다'(193년 – 벌휴이사금 10년). 항해 중 표류하여 삼국에 온 사람들도 있다. '중국의 전선 1척이 탐모라국(제주도)에 표류하여 왔다. 그 배가 돌아갈 때 사신과 편지를 보내어 수나라가 동진을 평정한 것을 치하하였다'(589년 – 백제 위덕왕 36년).

삼국과 상거래, 즉 무역을 위해 온 외국인도 있었다. '상인 왕창근이 당나라에서 들어와 철원 시전에서 거주하였다'(삼국사기 권 제50 – 열전 제10). 아랍 상인으로 추정되는 외국인의 이상한 모습에 당황하는 모습도 기록되어 있다.

> 신라 헌강왕 5년(879년) 3월에 왕이 나라 동쪽에 있는 주군(州郡)을 순행할 때, 어디서 온지 모르는 네 사람이 왕의 행차 앞에 나타나 노래를 하고 춤을 추었는데, 그 모습이 해괴하고 옷차림이 괴이하여 사람들이 산과 바다의 정령(精靈)이라 하였다.

외국인 승려들도 한반도로 들어왔다는 기록도 많다. '전진(前秦) 왕 부견이 사절과 승려 순도를 고구려에 보내어 불상과 경문을 전했다'(372년 – 고구려 소수림왕 2년). '승려 아도가 왔다'(374년 – 소수림왕 5년). '9월에 호승(서역승) 마라난타가 동진에서 들어오매, 왕이 그를 맞아하여 궁내에 두고 예경하니, 불법이 이로부터 비롯되었다'(384년 – 백제 침류왕 원년). '당승 법안이 신라에 와서 천자의 명령으로 자석을 구하였다'(669년 – 문무왕 9년). 도교 도사도 고구려에 들어왔다. '(실권자 연개소문이 왕에게 도교를 구하여 백성에게 가르치라고 권유하자 보장왕이 당에 국서를 보내어 요청하였다) 당 태종은 도사 숙달 등 8인을 보내고, 동시에 노자 도덕경도 보내주었다. 왕이 기뻐하여 절에 그들을 거처케 했다'(643년 – 고구려 보장왕 2년). '천축국(인도) 승려 마후라가 고려에 왔다'(929년 – 경순왕 3년).

고구려에 들어와 지리 정탐을 위해 여행한 첩자 외국 사신도 있었다. '당태종이 우리 태자의 입조에 대하여 진대덕을 보내어 답례케 할 새, 대덕이 고구려 경내에 들어와 역로의 수장들에게 예물을 후히 주며 말하되, "내가 산수를 좋아하니 이곳의 경치 좋은 곳을 보고 싶다" 말하였다. 수자(안내자)가 기쁘게 인도하여 골고루 다니었다. 이로 인하여 그는 (고구려) 지리의 자세한 것을 알았다'(631년 – 고구려 영류왕 24년).

외국인과 함께 그들의 문화예술도 삼국에 따라 들어왔다. '신라 고기에 전하기를, 처음 진나라 사람이 7현금을 고구려에 보냈는데, 그것이 악기인줄은 알았지만 그 성음과 타는 법을 몰랐다'(삼국사기 제32권 잡지 제1권 악편). '석명(釋名)에는 비파는 본래 호인(서역인)들이 마상에서 타던 것으로 – – – –라고 적혀 있다'(삼국사기 제32권 잡지 제1권 악편). 최치원의 향악잡영시 5수는 당과 서역에서 전파된 문화예술을 보여준다(삼국사기 제32권 잡지 제1권 악편).

-산예(狻猊-사자춤) 편-
1만리 머나먼 길 서방사막 지나오느라
털옷은 다 헤어지고 먼지만 뒤집어썼네.
머리와 꼬리를 흔드는 모습, 인덕이 배어 있도다.
영특한 그 기개 온갖 짐승 재주에 비할소냐?

이처럼 많은 외국인들이 삼국을 방문하였으며, 이들은 일부 부정적인 영향도 끼쳤지만, 각종 경전과 불교 등 새로운 이데올로기와 선진문명을 가지고 들어와, 고대 한국인의 인생관과 사회제도를 완전히 변화시켰으며, 삼국 문명의 발전에도 큰 기여를 했다.

## 2. 고대 한국인들의 여행 특성

위에서 살펴본 고대 삼국시대 한국인들의 여행 행태를 바탕으로 그들의 여행 특성을 정리하면 다음과 같다. 첫 번째, 고대 한국인들은 활발하게 국내외 여행을 시도했다. 여행 목적별로 살펴보면, 중국의 왕조를 방문하는 사절들의 해외여행이 644회로 가장 많았고, 침략전쟁을 포함한 슬픈 여행이 179회, 왕이나 귀족 자제들의 중국 유학이 138회, 왕이나 관리들의 공무여행이 51회, 종교인의 선교여행이 24회, 왕이나 귀족들의 여가여행이 22회 순으로 기록되어 있다. 반대로 외교사절을 포함한 외국인이 삼국을 여행한 경우도 107회 기록되어 있다. 해외여행은 왕의 자제나 귀족 또는 당시 상류층이었던 승려들의 차지였고, 일반인의 여행은 강제이주, 유민, 포로 등 슬픈 여행이 대부분이다. 여행이 아직 일반 서민들에게까지 보편화 되어 있지 않았다는 사실을 〈삼국사기〉의 기록은 분명하게 시사해주고 있다.

두 번째, 고대 한국인들의 여행목적지는 주로 중국의 왕조들이었다. 약소국가로서 살아남기 위해 중국과 군신관계나 형제관계를 맺고, 1년에도 몇 차례씩 조공이나 기타 사절을 보내야 하는 처지에서, 중국 각 왕조 수도까지의 원거리 해외여행은 피할 수 없었을 것이다. 박제상 등이 인질을 구하거나 정략결혼 등의 이유로 일본을 방문한 경우도 있었지만, 대부분 그 목적지는 중국의 역대 왕조들이었다. 고구려는 중앙아시아까지 사절을 보내기도 했다. 고구려가 중앙아시아와 중국 사이의 실크로드 중개무역으로 번영을 누렸던 소그드국(현재 우즈베키스탄 사마르칸트 부근)에 조모관을 쓴 두 명의 사절을 보낸 흔적이 1965년 사마르칸트 아프라시압 유적지에서 발견되었다. 이런 시도는 보다 멀리 대륙으로 진출하고자 했던 고대 한국인의 여행욕구를 반영한다고 볼 수 있다.

세 번째, 여행을 위한 교통수단으로는 도보, 말, 가마, 수레, 우마차, 배 등을 이용했다. 청나라 건륭제 탄생 70주년 경축사절단으로 1780년 5월 25일부터 10월 27일까지 북경을 거쳐 열하(현재 승덕)까지 다녀온 박지원이 쓴 〈열하일기〉의 기록에 의하면, 조선 말까지도 이렇게 불편한 교통수단 때문에 사절들은 하루에 보통 30~70리 (12~28km) 정도밖에 이동할 수 없었다(물론 82리까지 걸은 날도 있긴 하다). 특히 대규모 수행단이 공물을 싣고 함께 이동했던 외교사절단의 경우는 그 이동 속도가 훨씬 더딜 수밖에 없었을 것이다. 이와 같이 느리고 불편한 여행 교통수단은 자동차가 발명되고 보급되기 시작한 20세기 초까지 계속된다. 이렇게 불편한 교통수단으로도 장거리 여행을 감행했다는 점에서 그 의의가 있다.

네 번째, 숙박수단으로는 객관, 절, 화막(천막) 등을 이용했다. 〈삼국사기〉에는 기록되어 있지 않지만, 일반적인 숙박 형태인 객주나 민가도 이용했을 것으로 보인다. 그러니까 민간 숙소와 관용 숙소가 혼재되어 사용되었을 것으로 추정된다. 공식 외교사절들은 해당 국가의 객관(역참)이나 지나가는 여행경로에 있던 관가에서 제공하는 숙소를 사용했을 것이고, 민간인들은 객주나 민박을, 원정여행을 위해 장거리를 이동하던 군사들은 천막을 주요 숙소로 사용했을 것으로 추정된다. 여행에서 가장 중요한 요소 중 하나가 잠자리인데, 당시 여행자를 위한 숙박제도가 제대로 발달되어 있지 않아, 장거리 여행자들이 상당히 불편했을 것으로 추측된다.

다섯 번째, 여행자들의 식음료 유형은 전혀 언급되어 있지 않다. 단지 군량으로 미속(米粟)이 나오는 것으로 보아서 쌀과 조를 주로 먹었을 것으로 추정된다. 여행 중 휴대하기에 편리한 고구마나 감자, 옥수수 등은 조선시대에 유입된 작물이기 때문에 삼국시대에는 여행자들이 이용하지 못했을 것이다. 그러나 북방 유목민족들이 즐겨 먹었던 보릿가루나 밀가루를 이용한 음식도 먹었을 것으로 추정된다.

여섯 번째, 〈삼국사기〉에는 사절들의 여행기간에 대한 언급이 전혀 없다. 김인문이 660년 9월 3일에 소정방과 함께 백제 포로를 데리고 부여를 출발하여 당나라 장안에 갔다가 661년 6월에 경주로 돌아온 기록이 유일하다. 왕복 9개월이 걸린 셈이다. 박지원의 〈열하일기〉에 의하면, 사행단이 1780년 6월 24일에 의주를 출발해서 8월 1일에 북경에 도착하여, 38일 만에 2,030리(약 812km)를 여행한 기록이 있다. 하루 평균 53.4리, 즉 약 21.4km를 여행한 것이다. 이 여행거리는 장마 등으로 강물이 범람하거나 여러 가지 사정으로 여행 도중에 지체된 시간까지 모두 고려된 여행거리이다.

신라 사신들이 지나갔을 것으로 추정되는 육로와 해로를 따라 경주에서 장안(경주-인천-위해-개봉-낙양-시안)까지는 약 2,500km(뱃길 포함 왕복 5,000km)이고, 고구려 사신이 지나갔을 것으로 추정되는 단동에서 장안(단동-심양-산해관-북경-태원-시안)까지는 약 2,200km(왕복 4,400km)이므로, 신라 사신은 약 234일(체류시간을 제외한 여행시간만 계산), 고구려 사신은 약 206일 걸렸을 것으로 추산된다. 따라서 사신들의 현지에서의 체류기간을 1개월로 산정한다면, 삼국에서 장안(시안)까지는 빨라도 보통 7개월에서 8개월 정도 걸렸을 것으로 추정된다. 여행기간은 개인 또는 단체의 여행목적과 목적지까지의 거리, 여행 도중의 사고나 날씨, 그리고 현지 또는 경유지에서의 체류기간에 따라 차이가 많이 났을 것이다. 이 여행기간은 여행경비와 밀접하게 관련되기 때문에 여행자에게는 매우 중요한 고려사항이다.

일곱 번째, 고대 한국인들의 여행경로에 대한 기록은 없고, 611년 수양제가 고구려를 침략할 때 지나간 경로가 유일하다. 따라서 여행자들은 기존의 육로나 수로 또는 해로를 이용했을 것으로 추측된다. 윤명철의 연구에 따르면,[20] 고구려는 서안평(단동), 남포, 해주를 통해 황해를 건너, 중국의 북위, 송, 북연, 후조, 동진 등과 교류했다. 원산을 통해서는 일본과 교류했다. 백제는 부여와 나주, 해남을 통해 양자강 남쪽의 왕조들(송, 남제, 양, 진 등)이나 일본과 교류했다. 신라는 영일만(포항)과 율포(울산)를 통해 일본 또는 중국과 교류했다. 즉 육로와 더불어 해로도 삼국의 해외여행에 중요한 교통로 역할을 한 것이다. 고구려인이 실크로드를 따라 중앙아시아까지 여행한 흔적도 보인다. 1965년 우즈베키스탄 사마르칸트 아프라시압 고분에서 발견된 조우관을 쓰고 환두대도를 찬 남자 사신 두 명이 고구려 사신이라는 주장이 강력히 대두되었다.[21]

여덟 번째, 여행경비에 대한 기록도 상당히 미미하여, 민간인에 대한 기록은 전혀 없다. 외교사절들은 당연히 국가에서 지급했을 것이다. 신라 유학생들은 조정에서 여행경비와 책값을 받았고, 장안에서의 현지 교육비는 당나라 외무성에서 국자감 장학금을 받았다. 국비 유학생들이 대부분이었던 셈이다. 유학승들은 지금도 승려들이 그렇게 하는 것처럼, 신도들로부터 시주를 받아 여행경비에 보탰을 것이다. 인도로 구법여행을 떠났던 법현(399년~414년)과 의정(673년~685년)의 여행기에는 여행 중 주변 사람들로부터 많은 시주를 받았다는 기록이 나온다. 군인들의 원정여행 경비는 특정 지역에서 징발했으므로 민폐를 많이 끼쳤다. 지금과 마찬가지로 여행을 떠나는 사람들은 그 임무와 역할에 관계없이 개인이 일부 경비를 조달했을 것으로 추정된다. 여행경비는 여행자가 경험하는 여행서비스(숙박, 교통수단, 식음료, 여행 선물 등)의 질을 결정한다는 점에서, 즉 여행자의 만족도에 큰 영향을 미치는 여행서비스의 수준을 결정한다는 점에서 그 비중이 매우 크다.

아홉 번째, 〈삼국사기〉에는 여행자들의 여행경험에 대해서는 비교적 자세히 기록되어 있다. 사신들이 배를 타고 중국을 왕래하다가 황해에서 풍랑을 만나 익사하거나 중도에서 포기하는 경우가 많았다. 과거나 현재나 여행은 반드시 사고 가능성을 수반한다. 고대 한국인들도 해외여행 중 사고를 많이 당했다. 교통수단과 숙박수단 그리고 여행 장비가 열악했던 고대에는 그 위험이 훨씬 심했을 것으로 추측된다. 이주형의 연구에 따르면,22) 3세기에서 11세기에 걸쳐 인도로 구법 여행을 떠난 동아시아 출신은 860명 정도 되는데, 이들 중 생환한 사람은 30퍼센트 내외에 그쳤다고 한다. 그 정도로 고대의 여행은 위험했던 것이다. 여행 중 여행자의 안전에 대한 문제는 현대의 여행에서도 매우 중요한 요소이다.

열 번째, 〈삼국사기〉에서 가장 많이 등장하는 기록이 중국 왕조들에게 사절을 파견했다는 항목이다. 삼국은 여러 가지 명분으로 1년에 서너 번씩은 사절을 파견한 것으로 나온다. 사절들이 중국에 갈 때는 반드시 공물이라고 하는, 주로 토산품으로 구성된 선물을 가져가게 되는데, 심지어는 미인이나 노예까지 포함되어 있었다. 삼국이 중국에 보낸 선물은 주로 삼국에서만 산출되는 토산품으로 황제들의 비위를 맞추는 물건들이 많았다. 흥미로운 사실은 개와 미인까지 보내고, 중국 측에서는 자석을 구하기 위해 사신까지 보냈다는 기록이다.

중국에서 보내는 하사품에는 불교, 유교, 도교와 관련된 경전이나 비단이 포함되어 있었다. 삼국의 입장에서는 중국의 왕조들에 대한 복종의 표시와 환심을 사서 강역의 안전을 도모하기 위한 목적으로, 중국 왕조들의 입장에서는 자신들의 체제적 우월성과 선진문명을 과시하기 위해 선물을 서로 교환했을 것이다. 그런 실리적인 배경에도 불구하고, 여행선물은 상호간에 우호관계를 증진시킨다는 점에서 그 의미가 있다.

열한 번째, 고대 한국인들의 해외여행 기록을 보면 일부 왕이나 귀족 자제 또는 승려들이 중국으로 가서 선진문물을 배우고자 하는 열망이 컸음을 알 수 있다. 흥미로운 사실은 국가의 명을 받아 해외로 나갈 수 있었던 공식 사절단과 달리 몰래 신라를 탈출한 개인 자유여행자들이 있었다는 점이다. 당시 개인의 자유로운 해외여행은 엄격히 금지되어 있었으므로, 이들의 행동이야말로 불법으로 해외여행을 시도한 최초의 한국인으로 볼 수 있는 것이다. 〈왕오천축국전〉의 저자 혜초에 대한 기록이 전혀 없는 것으로 보아, 혜초가 만일 신라인이라면, 이들 불법여행자 중 한 명일지도 모른다는 주장도 있다.23)

삼국시대에도 사람들의 해외여행으로 인해 외국(주로 당나라) 풍속이 들어오고 유행하여 풍속이 어지러워짐을 걱정하는 기록이 있다는 점이 흥미롭다. '진덕왕 2년(648년)에 김춘추가 당에 갔다 돌아와서 신라 의복 풍속을 당나라 것으로 바꾸었다. 문무왕 4년(664년) 이후에는 부인들의 의관도 중국풍으로 바꾸었다'(삼국사기 권 제33 잡지 제2 복색편). '풍속이 점점 각박하고, 백성들이 다투어 사치 호화를 일삼고, 외래품의 진기한 것만을 숭상하고, 도리어 국산품의 소박한 것을 싫어하니————'(삼국사기 권 제33 잡지 제2 복색편). 요즘도 지적되는 해외여행의 일부 부정적인 단면들이 삼국시대에도 보이고 있다. 그럼에도 불구하고 해외여행은 사람들의 안목을 넓히고, 서로 다른 이질적인 문화나 풍습을 경험할 수 있다는 점에서, 옛날이나 지금이나 그 장점이 단점보다 더 크다고 볼 수 있다.

열두 번째, 외국인의 삼국 여행이 중요한 점은 여행자들이 사람과 더불어 선진 문물을 함께 가져왔다는 것이다. 중국 사신을 통해 들어온 중국 제도와 문화는 삼국 사회제도와 문화를 이루는 근간이 되었다. 특히 인도나 서역, 또는 중국에서 들어온 승려들은 불교(불경과 불구)를 가지고 들어와 지배층의 통치체제는 물론 일반 서민들의 인생관과 세계관을 완전히 변화시켰다. 불교의 도입으로 인해 지배층에게는 새로운 지배 이데올로기가 생기게 되었고, 일반 백성들에게는 그 실체가 분명한 종교관(신앙관)이 생기게 된 것이다. 한편으로 흉노, 선비, 돌궐, 위구르인 등 북방 유목민족과의 접촉은 실크로드를 통하여 중앙아시아의 북방 초원문화를 도입하는 계기가 되었다. 중앙아시아 유목민족 사이에 지금까지도 유행하는 과부나 신부를 몰래 훔쳐오는 보쌈문화가 대표적인 사례이다.

공식적으로 고대 삼국을 방문한 외국 사절을 제외하고, 〈삼국사기〉에서 눈길을 끄는 것은 흥미로운 외국인들(아랍 상인들로 추정)의 출현에 대한 기록이다. 야사를 기록한 〈삼국유사〉와 달리, 〈삼국사기〉는 정사를 기록한 역사서라는 점에서 외국인의 출현은 분명한 사실로 보인다. 지금까지 외국인이라고는 인상이 비슷한 중국인과 일본인(왜인)밖에 보지 못한 신라 사람들로서는 이목구비가 자신들과 전혀 다른 서역인의 출현은 놀라움과 신기함 그 자체였을 것이다. 오죽하면 산과 바다에서 사는 정령, 즉 귀신이라고 했을까?

20세기 초인 조선 말까지도 서양 사람들을 서양 귀신, 즉 양귀(洋鬼)라고 불렀던 걸 보면, 고대 한국인과 현대 한국인 사이의 외국인에 대한 인식에 큰 차이가 없다는 점을 알 수 있다. 귀신은 공포와 두려움의 대상이었으므로, 일부 외국인들은 왕의 호위무사로 활약을 하고, 왕이 죽어서는 경주 원성왕릉이나 안강 흥덕왕릉 앞을 지키는 석상처럼, 왕릉을 지키는 수호신 역할도 했다. 삼국시대 외국인들의 출현으로 인한 이와 같은 변화는 여행이 없었더라면 생기지 않았다는 점에서 여행의 의의가 크다고 할 수 있다.

이 절에서는 고대 한국인의 고대사를 기록한 유일한 사서인 〈삼국사기〉에 기록된 내용을 바탕으로, 삼국시대 한국인의 여행 행태와 특성을 분석해보았다. 또 이런 여행 행태와 특성이 삼국 문명에 어떤 영향을 끼쳤는지 살펴보았다. 삼국시대 때 백제, 고구려, 신라 사이의 여행은 삼국사회의 발전에 큰 기여를 하지 못한 것으로 보인다. 당시 삼국 사람들은 서로 같은 민족이라는 인식도 없었고, 대체로 서로 적대적이어서, 전쟁을 위한 원정이 여행의 주요 목적이었기 때문이다.

그러나 중국과의 여행은 삼국의 문명 발전에 큰 기여를 했다. 사신이나 유학생을 통해 들어온 각종 경전과 정치제도가 삼국의 정치사회제도를 발전시키는 데 큰 기여를 했다. 승려들의 여행을 통해 들어온 불교는 삼국시대 한국인들의 인생관과 세계관을 확립하는 데 절대적인 기여를 했으며, 그 영향이 지금까지도 한국사회에 지속되고 있다. 유교나 도교 경전의 영향도 마찬가지다. 또한 각종 악기류를 함께 가져온 음악인들의 여행도 삼국의 문화예술 발전에 큰 기여를 했다. 유리제품 등 각종 귀한 상품을 거래한 아랍상인들의 여행은 신라를 풍요롭게 만드는 데 크게 이바지했다. 결론적으로 말하면,

삼국시대 사람들의 중국여행이나 외국인들의 삼국 여행은 삼국의
정치사회제도 및 문명 발전에 큰 기여를 했다. 그것이 곧 여행의 힘
이다.

고려시대 한국인의 해외여행[24]

고려시대에도 해외여행의 경험을 기록한 사람들이 있다. 당시의 해외여행이라는 것이 주로 연행사로 중국을 가는 사신들의 여행에 제한되어 있었지만, 그중에서도 특이한 여행을 경험한 사람도 있다. 바로 고려 말기의 문신 익재(益齋) 이제현(李齊賢, 1287~1367)이다. 삼국시대 때는 사신들이 당나라 수도였던 장안(현재 시안)까지, 조선시대에는 연행사들이 중국 연경(북경)까지, 통신사들이 일본 에도(동경)까지 장거리 여행을 했지만, 이제현은 중국 오지까지 사신들보다 훨씬 더 먼 장거리 여행을 했고, 그 여행목적도 특이했다. 그 여행의 배경에는 당시 원나라의 부마국이었던 고려와 원나라의 특수한 외교관계가 있었다.

이제현은 생전에 모두 8회 중국에 다녀왔는데, 사신들이 주로 가는 연경 외에도 1316년에 아미산(낙산 대불로 유명한 중국 낙산 부근에 있는 산), 1319년에 보타산(상하이 남쪽, 불교 성지로 유명한 영파 앞바다 섬에 있는 산), 1324년에는 도스마(타사마 朶思麻, 당시에는 토번－티벳 땅이었지만 지금은 시닝 남쪽에 있는 칭하이성 오지) 등 중국의 오지로 장거리 여행을 다녀왔다.

그런데 그 여행 목적이 일반 외교사절들과는 전혀 다르다는 점에서 여행사적으로 그 의의가 있다. 그의 여행은 고려 사신들이 관례적인 외교사절로 원나라의 수도인 연경에 오가는 연행(燕行) 목적의 여행이 아닌, 특수 목적의 여행이었다. 삼국시대와 고려시대 그리고 조선시대 전체를 살펴보아도 매우 이례적인 여행이 아닐 수 없다. 아미산 여행은 원나라 황제의 명을 받아, 아미산에 제사를 지내는

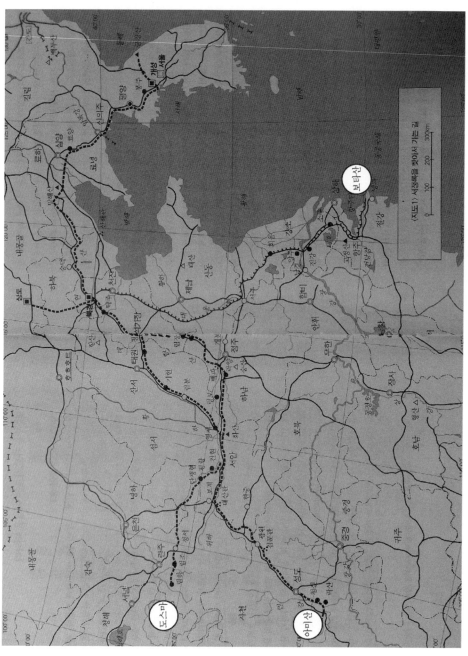

〈지도1〉 서경록을 찾아서 가는 길

이제현의 중국 오지 여행 견문록(출처: 지영재, 2003 서경록을 찾아서, pp.30~31)

봉명사신으로 갔다. 고려 사신이 원나라 황제의 명을 받고 공무여행을 다녀왔다는 점에서 특이하다. 보타산 여행은 아들 충숙왕(재위 1313년~1330년, 1332년~1333년)에게 왕위를 양위한 후에 연경에서 만권당을 짓고 소일하던 충선왕(재위 1308년~1313년)이 유람차 태고종 사찰로 유명했던 영파 보타산에 있는 보타사를 찾아갈 때 수행했다는 점에서 특이하다. 도스마 여행은 티벳 서쪽에 있는 사꺄로 유배간(1321년 1월 2일) 충선왕이 유배지를 도스마로 옮겼다가 나중에 사면되었을 때, 그를 데리러 가는 사신으로 공무여행을 했다는 점에서 더욱 특이하다고 볼 수 있다. 그러니까 이제현의 중국 오지 여행은 모두 충선왕의 여행과 관련이 있다.

지금의 국도를 따라 거리를 계산하여 보면, 약 4만 350킬로미터가 된다.25) 당나라 수도인 장안(현재 시안)까지 다녀온 고구려, 백제, 신라 사신들이 대강 왕복 약 4천~5천킬로미터 정도, 일본 에도까지 다녀온 통신사들이 대강 왕복 4천 8백~5천킬로미터를 여행한 것으로 보면, 엄청난 여행거리가 아닐 수 없다.

이 절에서는 고려말 문신 익재 이제현의 문집 〈익재난고〉에 실린 시 중에서 중국 오지 여행 중에 쓴 여행시를 토대로, 고려시대 한국인의 해외여행 행태와 특성을 파악하고자 한다.

익재 이제현은 1287년(고려 충렬왕 13년) 12월 25일(이하 음력) 경주에서 정승 문정공 진(瑱)의 아들로 태어났다.26) 그는 1301년 15세의 어린 몸으로 성균시에 장원으로 합격하고, 또한 대과에서 병과에 합격했다. 17세 때에 권무봉선고판관(權務奉先庫判官)과 연경궁녹사(延慶宮錄事)의 관직을 맡아 관직에 들어간 뒤, 71세에 문하시중을 마지막으로 관직에서 물러나기까지 50여 년간 충렬왕(1274~1308), 충선왕, 충숙왕(1313~1330, 1332~1339), 충혜왕(1330~1332, 1339~1344),

충목왕(1344~1348), 충정왕(1348~1351), 공민왕(1351~1374) 등 일곱 임금을 섬겼다. 1367년(공민왕 16년) 7월에 세상을 떠나니, 시호를 문충공(文忠公)이라 했다.

그는 한평생 동안 원나라의 감시하에 있었던 고려의 정사를 안정시키고, 외교로써 나라를 지키기 위해 원나라에 자주 왕래하며 국난을 타개한 공로는 이루 헤아릴 수 없이 크다. 일부 간신배들이 고려 국호를 폐하고 고려에 정동행성(征東行省)을 설치하여 원나라로 복속시키려 하자, "그 나라는 그 나라에 맡기고, 그 백성은 그곳 백성끼리 살게 하라"는 '수원인(綏遠人)의 의(義)'라는 불가론을 원나라 조정에 올려 국권을 되찾는데 큰 역할을 했다.

충선왕이 고려 출신 간신의 모함을 받아 1만 5천리나 떨어진 토번 사가(사꺄)에 있는 사가사원으로 귀양을 갔을 때는 원나라 조정에 글을 올려 억울함을 호소하였고, '황토점'과 '명이행'이라는 시를 지어 그 억울함과 분노를 토로했다. 나중에 만권당에서 교유했던 원나라 인사들을 통해 백방으로 충선왕의 석방을 호소하여, 북경과 좀 더 가까운 토번 동북쪽에 있는 도스마로 유배지를 옮기게 했다(1323년 4월). 충선왕이 유배에서 풀려났을 때는 직접 도스마까지 가서 충선왕을 북경으로 모시고 왔다(1323년 12월 8일). 익재가 57세 때인 1343년(충혜왕 4년)에는 충혜왕이 원나라 사신 타적(朶赤)에 의해 개성에서 체포되어 북경으로 끌려가자, 원나라 조정에 석방의 소를 올리기도 했다. 충혜왕은 개성에서 2만리 떨어진 중국 오지 게양(揭陽)으로 유배되어 가는 도중에 악양에서 승하하고 말았다.

그는 지공거(知貢擧)로서 안축, 이곡, 이색 등의 인재를 천거하여 등용했으며, 공민왕에게는 신돈을 경계하라고 조언하기도 했다. 충선왕이 북경에 만권당을 짓고 원나라 지식인들과 교류할 때, 충선왕을 도와 고려와 원나라의 지식인들간의 가교 역할을 하여 양국의 관계를 개선하는데 힘썼다. 조선시대 때 서거정은 "이규보 최해 이색 등이 모두 큰 문인이었으나 아직 다 미치지 못함이 있다. 오직 익재만이 중체(衆體)를 갖추니, 그 법도는 삼엄하다."고 격찬했다. 김택영은 "익재의 시는 재주가 오묘하고 맑고 뛰어나서 온갖 형상이 갖추어졌으니, 조선 3000년의 제일가는 대가로서 정통의 시종(詩宗)으로 으뜸이다."라고 기린 바 있다. 문집으로 〈익재난고〉와 〈역옹패설〉 등의 저술을 남겼다.

## 1. 이제현의 중국 여행과 시작(詩作)

이제현은 중국에 있을 때 세 차례에 걸쳐 내륙 깊숙이 장거리 여행을 했다. 아미산 여행, 보타산 여행, 도스마 여행이 그것이다(이하 지도 참조). 첫 번째, 아미산 여행은 1316년(29세) 7월 6일(이하 음력) 출발하여 연말(음력 11월)에 돌아와서 대강 5개월이 걸렸다. 현재 국도로 북경에서 아미산 까지 약 2,500킬로미터이므로, 왕복 5,000킬로미터의 여정이다. 교통편과 숙박시설이 매우 열악했던 당시의 여행환경을 고려한다면, 이런 장거리 여행은 여행이라기보다는 고행이었을 것이다. 이런 고행을 이제현은 시를 지으면서 견뎌냈다. 이제현의 시에 나타난 장소를 근거로 여행경로를 대강 정리하면 다음과 같다. 북경(연경, 출발)−태원−황하−화산−시안−마외−검문관−성도−아미산(목적지 도착, 귀경)−성도−시안−화산−함곡관−낙양−황하−북경(도착). 이 여행 중에 이제현이 지은 시는 28편이며, 사(詞)27)가 22편으로 모두 50편이다. 이때 지은 사도 모두 시와 비슷한 형식을 띠고 있고, 그 내용이 여행 중에 보고 듣고 느낀 점을 묘사하고 있어서, 이 책에서는 편의상 모두 여행시로 분류해서 분석했다.

두 번째, 보타산 여행은 1319년(32세) 음력 5월 북경을 출발하여 영파 동쪽에 있는 보타산까지 갔다가 그해 겨울 북경으로 돌아왔다. 왕복 6개월쯤 걸린 것으로 추정된다. 평소 불심이 깊어 불경 공부에 관심이 많았던 상왕 충선왕이 그곳 사찰에 배향하러 갈 때, 수행원으로 왕을 모시고 간 것이다. 현재 수로로 북경에서 보타산까지 약 2,100킬로미터이므로, 왕복 4,200킬로미터의 긴 여정이다. 이 여정은 주로 경항(북경-항주)운하를 이용하여 배를 타고 갔으므로, 육로 여행이었던 아미산 여행보다는 한결 수월했을 것이다. 이제현의 시에 나타난 장소를 근거로 여행경로를 대강 정리하면 다음과 같다. 북경(연경, 출발)-항주 대운하, 항주-영파 수로, 영파-보타산 해로, 보타산(목적지 도착, 귀경)-영파 해로, 영파-항주 수로, 항주-대운하-북경(도착). 이 여행 중에 이제현이 지은 시는 14편이며, 사가 2편으로 모두 16편이다. 시에 날짜가 표기된 경우를 제외한 대부분의 시는 언제 지었는지 그 날짜를 정확히 알 수 없다.

세 번째, 도스마 여행은 가장 우울하고 드라마틱한 여행이었다. 유배에서 풀린 충선왕을 티벳 동북쪽에 있는 도스마까지 모시러 가는 고통스런 여행이었던 것이다. 도스마 여행은 1323년(35세) 음력 4월 21일에 북경을 출발하여, 8월경에 도스마에 도착하고, 충선왕이 북경에 돌아온 그해 12월 8일 이전에 북경으로 돌아왔을 것으로 추정된다. 대강 왕복 7개월의 장기 여정이다. 현재 국도로 북경에서 도스마까지는 약 2,300킬로미터이므로 왕복 4,600킬로미터 정도의 여정이다. 이제현의 시와 기타 그의 문집에 나타난 장소를 근거로 여행경로를 대강 정리하면 다음과 같다. 북경(연경, 출발)-태원-화산-시안-정서-림조-림하-도스마(목적지 도착, 귀경)-림하-림조-

정서-시안-화산-낙양-석가장-북경(도착). 이 여행 중에 이제현이 지은 여행시는 35편이다. 충선왕을 모시고 돌아오는 길에는 전혀 시를 짓지 않았다.

## 2. 이제현의 여행 행태

### 이제현의 여행동기

이제현의 여행동기는 크게 두 가지로 구분할 수 있다. 첫째, 공무형 여행이다. 1316년 4월(이하 음력)에 원나라 조정의 명을 받고, 진현관제학(進賢館提學)의 신분으로 충선왕을 대신하여 제사를 지내기 위해 아미산에 다녀온 여행이다. 고려의 관료로서 원나라 황제의 명을 받아 떠난 여행이므로 공무여행으로 볼 수 있다. 이제현의 다른 문집 〈역옹패설〉에 아미산 여행의 배경이 분명하게 기록되어 있다.

> 연우 병진년에 나는 원나라 조정에서 내린 사명을 받들어 아미산에 참배하였다. 도중에 조(趙) 위(魏) 주(周) 진(秦) 나라 땅을 지나 기산 남쪽에서 대산령을 넘고 포성역에 들렀다가 잔도에 올라 검문으로 들어가니 바로 성도였다. 다시 배를 타고 이레를 간 뒤에야 비로소 그 유명한 아미산에 도착하였다(이제현, 역옹패설, 2012, 후-5). 단오(제2권 제19편)

또한 이제현이 지은 시에도 중국에서 자신이 힘들고 고통스런 장거리 여행을 하고 있는 동기가 묘사되어 있다. 황제의 명에 따라 멀고 먼 길을 걷고 있다고 술회하고 있다. 고려에서는 동지철에 온 가족이 모여 앉아 따근한 동지죽을 끓여먹는 모습이 연상되어, 타국에서 오지를 걷고 있는 자신의 신세가 더욱 서러웠던 것이다.

> 아 못난 나는 무엇을 해보려고
> 이 좋은 동지철에 먼 길을 걷고 있는지
> 편하게 앉아서는 나라 은혜 보답할 수 없고
> 또한 황제가 내린 간서28) 재촉이 심한 때문이네
>
> (동지-익재난고 제2권, p.68)

　　1323년 4월 20일에 이제현이 도스마에서 귀양살이 하던 충선왕을 모셔오기 위해 떠난 여행도 공무여행으로 볼 수 있다. 충선왕은 원황제(영종)의 명에 따라, 1321년 1월에 티벳 라싸에서 서쪽으로 400여킬로미터나 떨어진 사가로 귀양을 갔다. 도중에 감형되어 티벳 동북쪽 도스마로 귀양지를 옮겼다가, 원황제(태정제)의 사면으로 풀려나게 되었는데 이때 충선왕을 모시러 간 고려 관료가 이제현이다.

　　둘째, 개인업무형 여행이다. 1319년 5월 충선왕이 영파 앞바다에 있는 보타산으로 여행을 떠날 때 수행한 사람 중의 한 명이 이제현이다. 이 여행은 공적인 업무가 아니라, 불교에 심취했던 충선왕이 개인적으로 불사를 위해 보타산에 있는 절들을 찾아간 여행이므로 개인업무형 여행으로 볼 수 있다.

### 이제현의 여행시기와 여행기간

　　이제현의 여행시기는 대체로 불분명하다. 그의 여행시에 날짜가 정확하게 기록되어 있지 않기 때문이다. 그러나 일부 시에 날짜가 기록되어 있어서 그의 여행 시기를 추정할 수는 있다. 날짜가 등장하는 시는 다음과 같다. 칠석날 밤에 비를 무릅쓰고 구점에 당도하다(익재난고 제10권 제2편). <u>팔월 십칠일</u>에 배를 타고 아미산으로 향해 가다(제1권 제15편). <u>구월</u> 팔일에 송도의 친구들에게 부치다(제10권 제4편). <u>지치 계해(1323년)</u> 사월 이십사일에 경사를 떠나면서―이때 상왕께서 서번에 계셨으므로 가서 뵈려고 해서다(제2권 제13편).

여행기간도 도착 날짜를 기록하지 않았기 때문에 여행기간이 얼마나 걸렸는지는 정확하게 모른다. 단지 여러 정황을 참고하여 추정할 수밖에 없다. 첫 번째 여행인 아미산 여행은 1316년 7월 7일에 출발했지만 돌아온 날짜는 정확히 모른다. 단지 연말까지 약 5개월 동안 여행한 것으로 추정할 뿐이다. 두 번째 여행인 보타산 여행은 1319년 5월경에 출발하여 돌아온 날짜는 역시 불분명하다. 그해 11월까지 약 6개월 동안 여행한 것으로 추정된다. 세 번째 여행인 도스마 여행은 1323년 4월 23일에 출발했지만 역시 돌아온 날짜는 모른다. 단지 충선왕이 원나라 태정제의 사면령(10월 28일)을 받아 유배지에서 풀려나 그해 12월 8일에 북경에 돌아왔으므로, 대강 7개월 정도 걸렸을 것으로 추정한다.

### 이제현의 여행경로

이제현의 중국 오지 여행은 여행목적지가 세 군데이므로 여행경로도 세 갈래다. 여행경로가 따로 기록되어 있지 않으므로, 그의 시에 등장하는 지명이나 유적을 통해서 추정할 수 있다. 첫 번째 아미산 여행경로는 다음과 같다(지도 참조). 북경(출발)―구점―정흥―정주―신락―정형―태원―기현―분하―황하―화음―시안―흥평―마외―대산관―검문관―성도―부문촌―아미산(목적지, 귀경)―청신―미산―성도―대산관―시안―화산―양평―함곡관―면지―효산―낙양―맹진―황하―위화―북경(도착). 두 번째 보타산 여행경로는 다음과 같다(지도 참조). 보타산 여행은 북경에서 항주까지 경항대운하를 이용했기 때문에 그 경로가 비교적 단순하다. 북경(출발)−양주−진강−소주−오강−고정산−항주−보타산(목적지 도착, 귀경)−호주−소주−진강−화음−북경(도착). 세 번째 도스마 여행경로는 다음과 같다(지도 참조). 북경(출발)−탁현−정흥−림장−안양−위화−초작−심양−황하−맹진−낙양−신정−신안−효산−함곡관−호현−화산−화현−시안−흥평−건현−예천−빈현−경천−평량−림조−림하−도스마(목적지 도착, 귀경)−동일 코스(추정)−북경(도착). 유배에서 풀려난 충선왕을 모시고 도스마에서 북경으로 돌아올 때는 시를 짓지 않아 경로를 알 수 없지만, 갔던 길로 되돌아왔을 것으로 추정한다.

### 이제현의 여행동반자

여행동반자에 대한 언급은 전혀 기록되어 있지 않다. 아미산 여행은 황제의 명을 받아 가는 공무여행이었기 때문에 수행 관리, 호위대, 마부, 하인 등 여행동반자가 수백 명은 족히 되었을 것으로 추정된다. 보타산 여행은 불심이 깊었던 충선왕이 개인적으로 보타산에 있는 사찰에 배향하러 가는 여행이었기 때문에 마부, 하인 등 많아야 십여 명에 불과했을 것으로 추정된다. 도스마 여행은 유배에서 풀려난 충선왕을 모시러 가는 여행이었기 때문에 해당 관료, 호위병, 마부, 하인 등 십여 명에 불과했을 것으로 추정된다.

### 이제현의 교통수단

이제현이 여행 중 이용한 교통수단으로는 말, 수레, 가마, 그리고 배가 있다. 길에서는 말이나 가마 또는 수레를 타고, 강이나 운하 또는 바다에서는 배를 이용했다. 이제현은 그래도 황제의 명에 따라 또는 고려 왕을 수행하는 여행을 했기 때문에 당시에 일반인이 이용하기 힘든 수레나 가마 또는 말을 이용하는 혜택을 누렸을 것이다.

> 양쪽 봉우리 마주 닿은 정형 어귀에
> 말을 몰고 험한 언덕으로 올라간다
>
> (정형-익재난고 제1권, p.30)

> 수레를 달려 하수 가에 다다르니
> 모래 쌓이고 물이 줄어 배를 탈 수가 없네
>
> (맹진에서 본 일을 기록하다-익재난고 제2권, p.83)

> 가마 타고 강마을로 돌아가니
> 종소리가 구름 속에서 울려 나온다
>
> (호구사에서 시월달 북상할 때 거듭 놀게 되었다-익재난고 제1권, p.57)

> 팔월 십칠일에 배를 타고 아미산으로 향해 가다
>
> (팔월 십칠일에 배를 타고 아미산으로 향해 가다-익재난고 제1권, p.38)

여행 목적지로 가는 길의 상태가 좋지 않아 말을 타고 여행하는 불편함도 토로하고 있다. 지금과 비교하면, 상대적으로 열악했던 당시의 교통 상황에서는 모든 육로 여행자가 피할 수 없었던 고통이었을 것이다.

> 비 갠 후에 진흙길 꾸불꾸불한데
> 오똑한 안장 사지를 흔드는구나
>
> (정흥 노상에서-익재난고 제1권, p.28)

또한 육로 여행 못지않게 수로 여행도 순탄하지만은 않았다. 배를 타고 황하를 건너다가 험한 파도를 만나 고생하는 모습도 생생하게 기록되어 있다.  황하가 아무리 크더라도 파도가 집채만 할 리 없지만, 과장된 시적 표현으로 볼 수 있다.

　　집채처럼 닥치는 물결 바람 따라 뱃머리 두들기자
　　긴 돛대 산과 함께 흔들리는구나

　　　　　　　　　　　　　　　　　　(황하-익재난고 제1권, p.34)

### 이제현의 숙박수단

이제현은 여행 중 다양한 숙소를 이용했다. 아미산 여행에는 여관과 역참, 그리고 수참(성도에서 아미산 구간)을 주로 이용했고, 보타산 여행 때는 경항운하(북경-항주)를 따라 이동했기 때문에 수참과 여관을 주로 이용했다.  도스마 여행 때는 여관과 역참을 주로 이용했다. 어떤 경우에는 사찰이나 배 안에서 자기도 했다.

　　골짝 구름 솟아오르매 가을 장마 계속되자
　　저물 무렵 여관이 더욱 쓸쓸하구나

　　　　　　　　　　　　　(우부문진에 멈추어-익재난고 제1권, p.39)

　　꿈을 깬 여관에 새벽 등불 깜빡거리는데
　　말을 타고 달리려 하니 말이 비틀거리는구나

　　　　　　　　　　　　(이릉에서 일찍 떠나다-익재난고 제1권, p.46)

　　여관 주인 참으로 좋은 사람이어서
　　나를 위해 술 한잔 가득 부어주네

　　　　　　　　　　　　　　　　(눈-익재난고 제2권, p.60)

밤새도록 여관에서 팔을 베고 누었으니
금대를 바라보매 길이 몇 리더냐

(감회-익재난고 제2권, p.65)

화주의 여관에서 쓰다

(화주의 여관에서 쓰다-익재난고 제2권, p.88)

장안의 여관에서 쓰다

(장안의 여관에서 쓰다-익재난고 제2권, p.88)


아미산 여행과 도스마 여행은 공무여행이었기 때문에 역참에서
도 잠을 잤다. 원나라 때 역참은 유라시아에 걸친 매우 광활한 영토
를 효과적으로 통치하기 위해 매우 발달되어 있었다. 역참은 20~30
킬로미터 간격으로 일정한 거리마다 설치되어, 공무여행을 하는 사
람들이나 지방과 변방을 오가는 관리나 파발 들이 말을 바꾸고 숙식
을 해결하는 장소로 이용되었다.


허리 구부정한 역참 군졸이
헝클어진 옷섶을 여미지 못하고
의자와 대자리를 깨끗이 펴놓고
술 한잔 가득 부어 나를 위로하네

(말 위에서-익재난고 제2권, p.79)

말안장 비추는 서늘한 달
옷에 가득히 내린 흰이슬
말을 매어 놓고 추운 역참 대청에서 잔다

(아침에 길을 가면서-익재난고 제10권, p.69)

오고 가는 여행 도중 사찰에서도 잠을 잤다. 이제현의 기록에는 나오지 않지만 보타산에 갔을 때는 충선왕이 거기에 있는 여러 사찰에 배향하러 갔기 때문에 방문한 절에서도 숙식을 해결했을 것으로 추정된다.

임안의 해회사에서 유숙하다
(임안의 해회사에서 유숙하다-익재난고 제1권, p.55)

어떤 날은 잠잘 곳을 찾지 못해 배 안에서 잠을 잔 경우도 있다. 일본 에도에 파견된 통신사의 경우에는 배안에서 잠을 잔 기록이 자주 나오는데,29) 이제현의 경우처럼 육로여행에서 배에서 숙박하는 경우는 흔하지 않다.

배 안에서 밤을 묵으며
(배 안에서 밤을 묵으며-익재난고 제10권, p.75)

### 이제현의 여행체험

이제현은 중국여행 중에 역사유적을 많이 방문하고 이에 대한 기록을 남겼다. 특히 역사유적을 방문하면서 그와 관련된 역사적 사실이나 전설 또는 야사 등의 배경을 자세히 소개하고 있다. 예를 들면 '정형(井陘)'을 지나면서 한나라 장수 한신과 조나라 장수 진여가 다툰 전투 장소를 회상하고 있다.

양쪽 봉우리 마주 닿은 정형 어귀에
말을 몰고 험한 언덕으로 올라간다

영웅이 지니간 지 몇 천년 되었어도
늠름한 그 이름 살아있는 듯 하구나
이하 중략

(정형 – 익재난고 제1권, p.30)

사천 성도에 있는 제갈공명의 사당에서는 공명의 충성과 계책을 찬양하고 있다. '맹진(孟津)'을 건너면서는 주(周)나라 무왕이 주(紂)를 칠 때, 물귀신이 물길을 역류시켜 주나라 군사를 막았다는 고사를 인용하고 있다. '비간(比干)의 무덤'에서는 은나라 주(紂)가 정치를 돌보지 않고 주색에 빠지자, 직간하다가 죽음을 당한 비간을 추모하고 있다. '오강'과 '도장산'에서는 소동파의 운에 따라 시를 짓고, '두보초당'에서는 두보의 운에 따라 시를 짓고, '고소대'에서는 이태백의 운에 따라 시를 짓기도 한다. 또한 고소대에서는 월왕 구천과 오왕 부차의 오월동주 고사를 떠올리기도 한다. '고정산'에서는 남송을 물리치고 멸망시킨 원나라 백안 장군의 업적을 찬양하고 있다. 한무제가 세운 '망사대'에서는 강충(江充)의 무고사건에 억울한 누명을 쓰고 자살한 여태자(戾太子)를 추모하기도 한다. '측천의 능'에서는 측천무후의 농간을 비난하고 있다. 한무제의 '무릉'에서는 인간 욕심의 무상함을 일깨우고 있다. '마외'에서는 양귀비의 죽음을 애도하고 있다.

해당화는 마침 아름답게 피었는데
동풍은 짓궂게도
봄 경치를 짓밟았다
밝은 눈 흰 이는

지금은 어디에 있는가
부질없이 사람의 애를 끊는다
(마외에서 오언고를 본받아 짓다-익재난고 제10권, p.73)

여행하면서 만난 아름다운 자연 풍경에 대한 감상도 자세히 묘
사하고 있다. 지금도 관광객들이 많이 찾는 화산을 바라보면서 그
소감을 자세히 기록하고 있다.

천지의 조화가 진기하고 특이한 풍경을 만들어
천고의 걸쳐 서쪽 고장에서 웅장함 드러내고 있구나
세 개의 산봉우리 우뚝 솟아 서로 마주보고 있는데
이하 중략
(화산을 바라보며-익재난고 제10권, p.73)

여행하면서 만난 소수민족의 이색적인 풍습을 소개하기도 한다.
어떤 민족인지는 분명하지는 않지만 보리술을 마시는 사람들의 풍습
을 자세히 묘사하고 있다.

그 마시는 법은 용수도 쓰지 않고, 눌러 짜지도 않고, 대통을 술
독에 꽂고서 좌중의 객들이 차례로 돌아가면서 빨아 마신다. 곁에 있
는 그릇에 물을 담아 놓고, 마신 분량 만큼 가늠하여 술독 속에 물을
따라 넣으면, 술이 다 없어지지 않는 동안에는 그 맛이 변하지 않는다
(보리술을 마시고서-익재난고 제10권, p.66)

여행 중에 외국 사신을 만난 경험을 기록하기도 했다. 월지국의
사자가 원나라 황제에게 준마를 바치고 돌아가는 모습을 묘사한 것

이다. 약소국으로서 원나라에 조공을 바쳐야 하는 처지가 비슷한 나라의 사신을 만나 동병상련을 느꼈을지도 모른다.

중략
두 해가 넘어서 조정에 이르렀는데
이야기도 통역을 해서야 겨우 알아들었네
조정에서 내려주는 상패도 받고
화려한 집에서 배푸는 잔치 술도 실컷 마셨네
사람은 의리를 느껴 얼굴에 웃음 피우고
말도 은총을 받자 머리를 자주 치켜드네
중략

(도중에서 월지국 사자가 말을 바치고 돌아가는 것을 보다
-익재난고 제2권, p.91)

날씨에 대한 기록도 자세히 기록하고 있다. 날씨만큼 여행에 영향을 미치는 요소도 드물다. 그래서 그런지 이제현의 시에는 날씨에 대한 기록이 자주 나타난다.

휘몰아치는 북풍에 하수나루 깜깜하더니
갑자기 눈 내리자 길가는 나그네 걱정하네
중략
벌벌 떠는 말굽 채찍질에도 움직이지 않고
몸에 입은 털옷도 왜 그리 무거운지

(눈-익재난고 제2권, p.61)

## 3. 이제현의 여행 특성

위에서 살펴본 것처럼 이제현은 시를 통해서 산문으로 표현하는 것만큼 자세하게 자신이 중국 오지 여행 중에 직접 보고 듣거나 경험한 사실들을 생생하게 묘사하고 있다. 그래서 조선시대 실학자들인 이덕무나 박지원 등으로부터 중국풍의 관념적인 시가 아니라 몸으로 직접 체험한 시라는 호평을 받았다. 이제현의 중국 오지 여행 시는 삼국시대와 조선시대 사이의 여행사 공백을 메우는 매우 중요한 여행기록이다. 고려시대 이제현의 여행 특성은 다음과 같다.

첫 번째, 세 차례의 여행 모두 기록으로 남겨, 한국 여행사에 큰 업적을 남겼다. 특히 고려시대 해외여행사의 공백을 메꾸는데 큰 기여를 했다. 고려시대에 중국으로 해외여행을 나간 사람들은 많지만, 연행사를 제외하고는 그 여행경험을 기록으로 남긴 사람은 극히 드물다. 이제현의 여행기록은 북경에 다녀온 후 연행록을 남긴 연행사들과는 전혀 다른 중국 오지로의 여행이었다는 점에서 그 의미가 남다르다. 그의 여행기록은 한국 여행사의 지평을 크게 넓혔다는 점에서 역사적인 가치가 높다고 평가할 수 있다. 특히 중국 문인들의 시를 모방하는 관념적인 시가 아니라, 자신이 직접 보고 듣고 체험한 사실을 바탕으로 시를 지었다는 점에서 조선시대 말기 실학자들로부터 큰 호평을 받았다.

두 번째, 14세기에 강대국 원나라와 부마국 고려의 불평등한 역학관계에 따른 고려의 고통과 서러움을 엿볼 수 있다. 충선왕이 북경에 설치한 만권당을 중심으로 영향력이 있었을 때는 자신이 천거한 이제현이 아미산 여행에 원나라를 대표하는 관리로 나라를 위한 제사를 지내러 갈 수 있었다. 반대로 충선왕이 권력다툼에서 밀려 힘을 잃었을 때는 티벳의 오지인 사가와 도스마로 유배를 가게 되고, 유배에서 풀린 그를 이제현이 데리러 가는 고통스런 상황을 맞이하게 되는 것이다. 이제현의 여행시에는 이와 같은 두 나라 간의 눈에 보이지 않는 힘의 역학관계가 생생하게 묘사되어 있어, 당시의 고려와 원나라 사이의 상호관계를 파악할 수 있다는 점에서도 큰 의의가 있다.

세 번째, 아미산 여행을 통해 사천 성도로 가는 중국 서쪽 지방의 경치와 풍물 그리고 역사적 유적이나 유물을 소개하고 있다. 보타산 여행을 통해서는 보타산으로 가는 중국 강남 지방의 경치와 풍물 그리고 역사적 유적이나 유물을 소개하고 있다. 도스마 여행을 통해서는 시안 서쪽으로 가는 중국 동북 티벳 지방의 경치와 풍물 그리고 역사적 유적이나 유물을 소개하고 있다. 이와 같이 중국의 오지에 대한 정보가 미미했던 고려시대에 이제현이 중국의 오지 지방에 대한 많은 정보를 제공했다는 점에서 큰 의의가 있다. 여행이 인류문명의 발전에 기여한다는 점을 고려할 때, 이제현의 중국 오지 여행은 고려 사람들의 중국에 대한 인식의 지평을 넓히는 데 크게 기여했을 것으로 보인다.

네 번째, 이제현은 우리나라 역사상 가장 장거리 해외여행을 한 사람 중의 한 명이다. 인도까지 다녀온 혜초의 기록(왕오천축국전)을 제외한다면, 이제현은 여행기록을 남긴 사람 중에서는 해외에서 가장 멀리 여행을 다녔다. 교통편과 숙박시설이 불편했던 14세기에 중국의 오지를 세 번이나 여행했다는 점에서 그 여행의 가치는 높게 평가받을 수 있다. 삼국시대에 고구려, 신라, 백제의 사신들이 당나라 수도인 장안(시안)을 드나들었지만, 여행기록도 남아 있지 않을 뿐 아니라, 여행거리도 이제현에는 미치지 못한다. 조선시대 때 한양과 일본 에도를 왕복했던 통신사 사신들의 여행거리도 이제현의 여행거리에는 미치지 못한다.

다섯 번째, 역시 혜초를 제외하고는 이제현은 우리나라 역사상 가장 장시간 해외여행을 한 사람 중의 한 명이다. 이제현은 한번 여행을 갈 때마다 중국에서만 왕복 5~7개월씩 걸렸다. 고려 수도인 개성에서 출발한 시간까지 고려한다면 1년이 넘는 기간이다. 왕복 5~6개월씩 걸렸던 대여섯번의 개성-북경간 연행사 여행까지 고려한다면, 그의 해외여행 기간은 실로 우리나라 여행사에 길이 남을 대단한 업적이다. 14세기의 열악했던 도로사정과 교통수단, 그리고 불편했던 숙박시설을 고려한다면, 이제현의 해외여행에는 대단한 의미를 부여할 수 있다.

여섯 번째, 이제현은 우리나라 역사상 가장 다양하게 중국 오지를 여행한 사람이다. 삼국시대에 중국의 왕조로 파견된 외교사절들 중에서 가장 먼거리를 여행한 사람들은 당나라 수도인 장안까지 간 사람들이다. 장안은 당시 국제도시로서 세계 각국의 사신과 유학생, 승려, 그리고 상인들이 모이는 국제도시였다. 오지가 아니었다. 그런 점에서 이제현이 사천성 성도를 지나 아미산까지 여행을 하고, 경항 운하를 따라 영파 앞바다에 있는 보타산까지 여행을 하고, 티벳 도스마까지 가서 유배에서 풀린 충선왕을 데리고 온 것은 정말 험난한 오지여행이 아닐 수 없다는 점에서 우리나라 여행사에 있어서 큰 의미가 있다.

마지막으로, 세 번의 여행목적이 모두 달랐다. 아미산 여행은 원나라 황제의 명을 받고 아미산으로 제사를 지내러 갔다온 공무여행이었으며, 보타산 여행은 개인적으로 보타산에 있는 사찰로 배향하러 가는 충선왕을 수행한 개인 업무여행이었고, 도스마 여행은 유배지에서 풀린 충선왕을 데리러 간 공무여행이었다.

**조선시대 한국인의 금강산여행**[30]

역사적으로 금강산은 항상 그 시대를 살았던 한국 사람들의 사랑을 받았다. 삼국시대, 고려시대, 조선시대, 대한제국시대, 남북한 이국시대에 걸쳐 금강산의 인기는 변함이 없다. 특히 1998년부터 2008년까지 10여 년간 진행된 금강산 관광은 남한 사람들의 선풍적인 인기를 끌었다. 남북관계가 개선되면 금강산 관광은 다시 한 번 붐을 이룰 것으로 예상된다.

여행 목적지로서의 금강산은 조선시대에도 선풍적인 인기를 누렸다. 조선시대 사대부들에게 산수기행은 수양을 위한 하나의 필수 덕목이었다.[31] 그중에서도 수많은 사람들이 금강산에 한번 가보는 것을 일생의 소원으로 삼았고, 많은 사대부들과 화가들이 그 여행의 경험을 문장과 그림으로 남겼다.

이 절에서는 조선시대 사대부들이 금강산에 다녀와서 그 여행 경험을 여행기(유람록)로 남긴 28편의 금강산유람록을 분석하여 그 여행 패턴, 즉 그들의 여행 행태와 특성을 파악하고자 한다.

## 1. 금강산 관광자원

조선시대에 유람객들을 끌어들인 금강산의 관광자원은 아름답고 빼어난 자연환경과 불교 사찰(암자 포함), 역사 유적 등으로 구분할 수 있는데, 주로 내금강, 외금강, 해금강 구역에 분포되어 있었다. 조선시대 당시 내금강 구역에는 장안사, 표훈사, 정양사, 보덕암, 마하연, 묘길상과 수많은 암자가 있었다. 또한 만폭동, 수렴동, 백천동,

백탑동 등의 수려한 계곡이 있었다. 그 밖에 비로봉(외금강과 경계), 혈망봉, 중향봉, 지장봉, 장경봉 등 웅장한 봉우리 들이 있었다. 외금강 구역에는 유점사, 신계사 등의 절과 수많은 암자가 있었고, 상팔담, 구룡폭포, 발연, 옥류동, 만물상, 온정온천 등이 있었다. 해금강 구역에는 삼일포와 해금강, 총석정(통천), 국도(안변) 등이 있었다.

## 2. 금강산 유람의 역사

금강산 유람의 역사는 삼국시대까지 올라간다. 물론 그 전에도 많은 사람들이 그 산을 찾았겠지만, 기록에 나오는 사람은 마의태자가 처음이다. 〈삼국사기〉에는 신라의 마지막 왕인 경순왕의 아들 마의태자가 개골산(금강산)에 들어가 죽었다는 기록이 나온다.[32] 또한 조선시대에 기록된 많은 금강산 유람기에는 삼일포 단서암에 화랑도 네 명(四仙: 영랑, 술랑, 남랑, 안상)이 놀다가면서, '술랑도 남석행(述郎 徒 南石行)'이라는 글씨를 새겼다는 전설을 전하고 있다.[33] 이들의 자취는 사선정에도 남아 있다. 9세기 통일신라 말기의 최치원도 구룡폭포에 '천장백련 만곡진주(千丈白練 萬斛眞珠)'라는 여덟 글자를 새김으로써 금강산에 다녀간 행적을 남겼다.[34]

고려시대에는 유람형 여행보다는 승려나 기도하러 가는 사람들이 더 많았을 것으로 추정된다. 그것은 고려 왕실에서 대대적으로 사찰을 지원해 줌으로써 절의 살림이 풍성해지고 승려들과 사찰의 사회적 권위가 크게 높아져, 금강산에 무수한 절과 암자가 세워졌기 때문이다. 이에 따라 자연스럽게 승려와 신도가 몰리게 된 것이다.[35]

〈고려사〉 기록에 의하면, 고려 왕실은 946년 장안사에 쌀 2천 가마를 세수로 거두게 해 주었고, 982년에는 토지 1,050결과 고성에 있

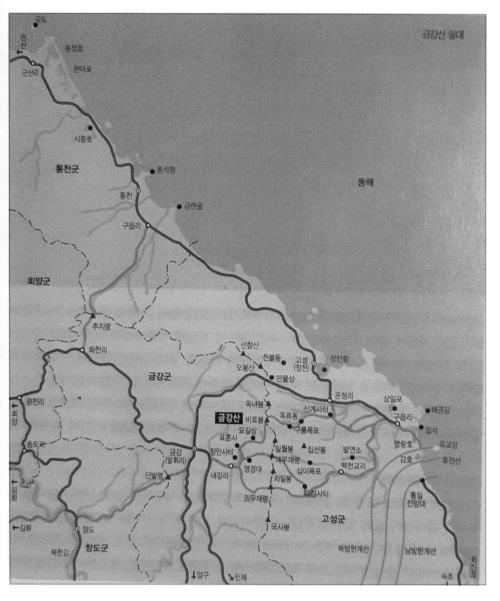

금강산 관광 안내 전도[36]

는 임도 염전을 장안사에 주었다. 1168년에 유점사는 500여 칸의 절을 중창했고, 1344년에는 아예 금강산 사찰을 관리하는 관청을 따로 두어, 유점사에서 진행하는 불교 행사의 비용을 지원해 줄 정도였다.

고려시대 말기에는 원나라 마지막 황제인 순제(혜종: 1333~1370)의 제2황후(순제는 황후가 10명이다)가 된 기황후(奇皇后: 올제이후투그 完者忽都, 1315~1369)[37]가 아들을 낳기 위해 장안사와 표훈사 등 금강산에 있는 사찰에 거액의 내탕금과 장인을 보내 대대적인 불사를 일으켰다. 당시 그녀의 권세가 하늘을 찌를 정도여서, 금강산 절에서 행사가 열릴 때마다 원나라 사신들이 빈번하게 내방했으며, 그들을 접대하기 위해 수백 명의 고려 관리들도 함께 드나들었다. 그런 치성이 효험이 있었던지 기황후는 과연 아들을 낳았고, 그 기세로 1365년에는 마침내 제1황후가 되었다. 그 아들이 명나라를 세운 주원장에게 쫓겨 몽골로 돌아가서 북원을 세운 초대 황제 소종(昭宗: 아유르시리다르)이다.

〈신증동국여지승람〉에는 내금강과 외금강에 모두 108개의 사찰이 있다고 기록되어 있다.[38] 고려시대 때 유람기를 남긴 사람들은 후기의 문인들이었다. 이곡(1298~1351)은 우리나라 가장 오래된 금강산 기행문인 〈동유기〉를, 안축(1287~1348)은 〈관동별곡〉과 〈관동와주〉를 남겼으며, 이 3편은 한글로 번역되었다. 〈신증동국여지승람〉이나 〈파한집〉 같은 책에는 김극기, 이인로, 이제현, 이색 등도 금강산에 유람했다는 기록은 있지만, 한글로 번역된 유람기는 아직 나오지 않고 있다.

조선시대로 들어오면서 불교 자체는 혹심한 박해와 멸시를 당했지만, 왕실의 비호를 받았던 금강산 절들은 예외였다.[39] 세조 등 왕실의 일부 왕과 왕비 중에는 독실한 불교 신도가 많았기 때문이다.

〈조선왕조실록〉의 기록에 의하면, 태조 이성계는 1391년에 '미륵님이 세상에 내려와 부처님의 도가 견고해지길 빈다'는 발원문을 금강산 월출봉에 묻었으며, 1398년 천재지변 때는 조정에서 표훈사에 가서 기도를 올렸고, 1408년에는 조정에서 유점사에 은 2만 냥을 하사하여 3천 칸이나 되는 중창 불사를 일으켰다. 세조는 독실한 불교신자로서 1456년에 유점사를 국왕의 원당 사찰로 지정하고, 1466년에는 자신이 피부병을 고치기 위해 온정리 온천에 가서 목욕하면서, 유점사, 장안사, 표훈사, 정양사를 직접 참배하고, 간경도감에게 명하여 수륙회를 베풀게 할 정도였다.[40]

이때 금강산을 방문한 세조의 여정을 기록한 작자 미상의 〈세조동순록 世祖東巡錄〉이 지금까지 전해오고 있다. 이때 세조는 강원도 관찰사에게 명하여 해마다 세금 중 쌀 100섬과 소금 50섬을 금강산 절에 지급하도록 했다. 이를 세헌미라고 하는데, 1474년(성종 5년)까지 계속되었다. 이 세헌미는 재정이 궁핍한 강원도 백성들의 원성을 사는 계기가 되기도 했다.

이후 금강산에서는 표훈사의 서산대사 휴정과 유점사의 유정을 배출하여, 임진왜란 때 금강산 사찰의 승려들이 승병으로 크게 활약하기도 했다.[41] 그러나 임진왜란과 정유재란(1592~1598), 정묘호란(1627)과 병자호란(1637)을 거치면서 금강산의 절들도 큰 피해를 입게 된다. 1894년 이사벨라 비숍 여사가 금강산을 방문했을 때는 절과 암자를 합쳐 55개였고, 1942년도 조선총독부 통계에는 28개로 줄어들었다. 한국전쟁을 치르고 난 후에는 모두 사라지고 표훈사, 정양사, 보덕암 세 곳만 남았으며, 현재 스님이 사는 곳은 표훈사밖에 없다.

이런 불교탄압과 사찰의 흥망성쇠와 별도로, 금강산은 그 빼어난 경치와 풍경으로 인하여 여전히 많은 유람객들을 불러들였다.[42] 신분제도가 엄격했던 조선사회의 성격상 여자와 일반 서민들은 유람 자체가 어려웠고, 대개 사대부 남자들이 그 주인공들이었다. 특히 임진왜란과 정유재란, 정묘호란과 병자호란 등 국가 변란 중에 뜸했던 선비들의 금강산 유람은 17세기 중엽 이후 다시 활발해진다. 조선이 의지하던 명나라가 만주 오랑캐인 청나라에게 망하자, 조선 사대부들도 더 이상 중국에 의지하지 않고, 자아와 현실과 자연을 바라보는 계기가 되었던 것이다. 이런 시대적 분위기로 인해 우리 산수를 귀하게 여기는 진경산수화나 진경시(詩)가 유행하게 되었고, 18세기 후반에는 실학사상이 널리 퍼지면서, 자연스럽게 금강산 유람 붐이 함께 일어난 것이다.

조선시대에는 수많은 사대부들의 유람기가 나왔으며, 현재까지 발굴된 것은 170여 편이지만,43) 한글로 번역된 것은 50여 편에 불과하다. 일반 서민이나 여자가 쓴 유람기는 아직 발굴되지 않고 있다. 대표적인 유람록으로는 남효온(1454~1492)의 〈유금강산기〉, 정엽(1563~1625)의 〈금강록〉, 윤휴(1617~1680)의 〈풍악록〉, 김창협(1651~ 1708)의 〈동유기〉, 이상수(1820~1882)의 〈동행산수기〉 등이 있다.

금강산 유람록 분석 텍스트(시대순)

| 여행자 | 여행기 | 여행 시기(음력) | 여행 코스 |
|---|---|---|---|
| 세조 | 동순록 | 1466.3.16 ~ 윤3.28 | 한양-철원-내금강-회양-통천-고성-강릉-횡성-한양 |
| 남효온 | 유금강산기 | 1485.4.15 ~ 윤4.21 | 한양-금화-회양-통천-외금강-내금강-고성-간성-한계령-인제-한양 |
| 이원 | 유금강록 | 1493.4 (날짜표기 없음) | 한양-고성-외금강-내금강-고성-통천-안변 |
| 성제원 | 유금강산기 | 1531.5.8 ~ 5.25 | 한양-금화-단발령-내금강-창도-금화-한양 |

| 홍인우 | 관동록 | 1553.4.9 ~ 5.20 | 한양-금화-창도-내금강-외금강-고성-통천-간성-강릉-대관령-원주-한양 |
|---|---|---|---|
| 유운룡 | 유금강산록 | 1557.9.10 ~ 9.18 | 간성-고성-외금강-내금강-간성 |
| 양대박 | 금강산기행록 | 1572.4.4 ~ 4.20 | 원주-홍천-춘천-화천-창도-내금강-간성-진부령-인제-횡성-원주 |
| 민인백 | 유상(遊賞) | 1584 (날짜표기 없음) | 한양-금화-양구-인제-미시령-강릉-고성-외금강-내금강-통주-안변 |
| 최운우 | 금강산록 | 1595 (날짜표기 없음) | 고성-외금강-고성 |
| 노경임 | 유금강산기 | 1595.9.16 ~ 9.18 | 한양-금화-창도-단발령-내금강 |
| 이정구 | 유금강산기 | 1603.8.1 ~ 8.30 | 한양-금화-회양-안변-함흥-회양-내금강-통구-한양 |
| 정엽 | 금강록 | 1618.윤4.1 ~ 4.14 | 양양-고성-외금강-내금강-쇄잔령-통천-고성-양양 |
| 최유해 | 영동산수기 | 1620.9.15 ~ 11.9 | 한양-원주-강릉-간성-고성-외금강-내금강-회양-한양 |
| 신즙 | 유금강록 | 1627.6.27 ~ 9.15 | 외금강-내금강-고성-강릉-횡계-원주 |
| 이현영 | 풍악록 | 1628.4.2 ~ 윤4.4. | 원주-금화-단발령-내금강-외금강-통천-고성-강릉-평창-한양 |
| 이명준 | 유산록 | 1628.4.12 ~ 5.5 | 강릉-간성-고성-외금강-내금강-고성-강릉 |
| 신익성 | 유금강내외산유기 | 1631 (날짜표기 없음) | 단발령-내금강-외금강-대관령-원주-남한강(배로 이동)-한양 |
| 안응창 | 유금강기 | 1640.4.13 ~ 4.14 | 원주-횡성-춘천-금화-창도-내금강-외금강-통천-고성-양양-인제-횡성-원주 |
| 이경석 | 풍악록 | 1651.9.27 ~ 9.28 | 한양-금화-금성-창도-내금강 |
| 유창 | 관동추순록 | 1657.8.22 ~ 9.23 | 원주-횡성-춘천-김화-창도-단발령-내금강-외금강-통천-고성-양양-인제-횡성-원주 |
| 홍여하 | 유풍악기 | 1657.8 | 회양-단발령-내금강-외금강 |
| 이하진 | 금강산로기 | 1664.8.9 ~ 8.30 | 한양-금화-단발령-내금강-외금강-통천 |

| 김득신 | 금강산록 | 1665.8.14 ~ 8.16 | 고성-외금강-내금강-고성 |
|--------|----------|-------------------|------------------------|
| 김창협 | 동유기 | 1671.8.11 ~ 9.11 | 한양-금화-회양-내금강-외금강-고성<br>-통천-회양-한양 |
| 윤휴 | 풍악록 | 1672. 윤7.24 ~ 8.24 | 한양-금화-단발령-내금강-외금강-고<br>성-양양-미시령-원통-광치령-춘천-<br>가평-한양 |
| 강세황 | 유금강산기 | 1788.9.13 ~ 9.17 | 회양-장안사-표훈사-만폭동-회양 |
| 이상수 | 동행산수기 | 1820~1822(추정) | 한양-금화-창도-내금강-외금강-고성<br>-통천 |
| 이만부 | 금강산기 | 18세기 초로 추정 | 한양-금화-창도-내금강-외금강 |

## 3. 금강산 유람객의 여행 행태

**조선 사대부들의 여행목적은 무엇이었을까?**

Goeldner와 Ritchie가 여행 목적에 따라 분류한 4가지 여행자 유형(공적인 업무여행, 개인 업무여행, 친인척 방문여행, 여가여행)에 따르면,44) 조선시대에 금강산을 유람한 사대부들의 여행은 위 4가지 유형 모두 포함된다.

조선시대 사대부들의 금강산 여행목적은 크게 네 가지로 구분할수 있다. 첫째는 여가형 유람이다. 천하절경으로 이름난 금강산을 구경하기 위한 목적으로 여행을 떠나는 것이다. 대부분의 사대부들의 금강산 유람이 여기에 해당한다. 자연경관을 즐기고, 심신의 휴식을 취하기 위해, 또는 자식이나 친척, 친구들과 여가시간을 즐기기 위한 여행이다. 금강산이 워낙 명산으로 소문이 나있어서, 평생 꼭 한번 보고 죽고 싶다는 열망 때문에 금강산을 유람한 경우가 대부분이다 (김창협 등). 성제원(1531)은 "듣고 좋아하는 것은 보고 즐기는 것만 못하다"고 주장하면서, 여가 차 유람을 떠난다고 그 여행 목적을 분명하게 밝히고 있다. 신익성(1631)처럼 관직 휴가 중 들른 사람도 있다.

둘째는 공적 업무형 유람이다. 금강산 주변 관청에 부임한 관료들이 자기 관할에 속한 금강산을 순방한다는 목적으로 여행하는 경우이다. 강원도 관찰사, 고성 군수, 회양 군수, 간성 군수, 통천 군수, 안변 군수 등이 여기에 해당한다. 이현영(1628)은 현직 강원도 관찰사로 금강산을 유람했다. 민인백(1584)은 안변 현감 부임차 들렀다가 공무로 바빠서 6~7일밖에 유람을 못한다고 한탄하기도 했다. 최유해(1620)는 분호조 낭청이라는 관직을 임명받아 가는 길에 들렀고, 신즙(1627)은 고성 군수로 재직 중일 때 유람했다. 이명준(1628)은 강릉 대도호부사 재직 중 유람하면서, 나이가 60인데 지금 풍악산을 유람 안하면 평생 후회가 될 것이라고 기록했다. 유창(1655)은 관찰사로 순행 중 유람에 나섰다. 정엽(1618)도 양양 현감으로 재직 중일 때 자신을 찾아온 사위가 금강산에 간다고 하자 따라 나선 경우이다. 본인이 다른 곳에 업무가 있어 출장차 가다가 금강산에 유람한 경우도 있다. 이정구(1603)는 현직 예조참판으로서 함흥에 일이 있어 출장을 다녀오는 길에 금강산에 들렀다. 홍여하(1657)도 공무차 금강산 부근을 지나가게 되어 간단하게 유람을 즐겼다.

셋째, 친인척 방문형 유람이다. 자신이나 자식 또는 친구가 관찰사나 지방관으로 재직하고 있어 들른 경우도 있다(강세황, 한석봉, 김홍도, 김응환 등). 유은룡(1557)은 간성 군수인 조부를 보러 왔다가 유람에 나섰다. 양대박(1572)은 아버지가 원주 목사로 부임하자 유람을 나섰다. 강세황(1788)은 아들이 회양부사로 부임할 때 따라 나섰다.

넷째, 개인 질병 치료형 유람이다. 고성 온정리에 있는 온천에 가서 온천욕을 하기 위해 여행을 떠나는 것이다. 세조(1466)가 대표적인 사례이다. 세조는 관동지방 순방 길에 피부병을 치료하기 위해 온정리 온천을 찾았다. 이경석(1651)도 평소에 병이 많아 57세 때 온정리 온천에서 온천욕을 하고자 유람에 나섰다.

다섯째, 관직에서 휴직하거나 파직되어 상심을 달래기 위해 금강산 유람에 나선 경우도 있다(남효온, 성현, 윤휴 등).

마지막으로 강세황의 경우처럼, 금강산에 안 가본 사람은 사람대접도 못 받는 사회적 분위기 때문에 어쩔 수 없이 금강산 구경을 간다고 술회한 경우도 있다.

### 조선 사대부들은 언제 여행을 떠났을까?

이 절에서 분석한 27개의 유람록 중에서 가을철(이하 음력 7월~9월)이 16건으로 가장 많았고, 여름철(4월~6월)이 12건으로 그 다음, 그리고 봄철(1월~3월)과 겨울철(10월~12월)은 각각 1건이 있었다. 월별로 살펴보면, 1~2월은 전혀 없고, 3월이 1건, 4월이 10건, 5월이 1건, 6월이 1건, 7월이 2건, 8월이 7건, 9월이 7건, 10월과 11월 1건, 12월은 전혀 없는 것으로 나타났다(1개월 이상인 여행은 중복 카운팅). 역시 여행하기에 좋은 날씨인 초여름과 그리고 단풍으로 유명한 가을에 가장 많이 금강산을 찾았다. 꽃이 많이 피는 봄철에 유람객이 적은 건 의외의 발견이다. 겨울철에 여행을 하다가 금강산에서 회양으로 돌아가는 길에 사나운 눈을 만난 사람도 있었다(최유해, 1620년 11월 9일).

### 조선 사대부들은 얼마 동안 여행을 했을까?

금강산 유람객들의 여행 기간은 짧게는 2~3일부터 길게는 1개월 이상까지 다양하다. 여행 기간은 여행거리, 경로 및 비용과 밀접한 관계가 있다. 금강산 부근인 회양이나 강릉 등지에서 출발한 사람들은 대체로 여행 기간이 짧았고, 한양에서 출발해서 내금강과 외금강, 통천 총석정, 안변 국도, 고성 삼일포, 양양 낙산사, 강릉 경포대까지 모두 구경하고 돌아오는 사람들은 대체로 여행 기간이 길었다. 또한 인근 지역에 출장차 왔다가, 내금강 혹은 외금강만 잠깐 들렀다 가는 사람들도 여행 기간이 짧았다.

### 조선 사대부들의 여행거리는 얼마나 되었을까?

실학자답게 박지원이 〈열하일기〉에서 하루에 이동한 거리를 기록한 것처럼,45) 유람록에 여행거리를 기록한 사대부들은 매우 드물다. 기록했다고 해도 매일 이동한 거리를 기록한 것이 아니라, 전체 거리를 육로, 해로, 산행거리로 구분하여 유람록 맨 끝에 표기할 뿐이다. 남효온은 뭍으로 937리를 이동했고, 바다에서 274리를 배로 이동했으며, 산에서 485리를 이동하여, 총 1,696리(약 678km)를 유람했다. 홍인우는 땅으로 923리, 바다에서 배로 405리, 산길 280리를 이동하여, 총 1,608리(약 643km)를 유람했다. 이현영은 모두 1,540리(약 616km)를 유람했다고 적고 있다. 윤휴는 27명 중 유일하게 일별 이동거리를 기록했다(15개 고을, 1천여 리).

### 조선 사대부들은 어떤 경로로 여행을 했을까?

금강산 유람객들의 유람 경로는 유람객에 따라 다양하지만 크게 다섯 가지로 구분할 수 있다. 첫째, 한양을 출발해서 북쪽으로 내금강으로 들어가서 내무재(안무령)를 넘어, 동해안쪽 외금강으로 나왔다가, 남쪽으로 내려와 양양-강릉-원주를 거쳐, 한양으로 되돌아오는 코스가 가장 일반적이었다. 한양-철원-금화-창도(또는 회양-창도)-단발령-내금강-안무령-외금강-고성-간성-양양-강릉-대관령-횡계-원주-한양 코스이다. 둘째는 그 반대로 도는 코스이다. 한양을 출발하여 남쪽으로 강릉까지 갔다가, 동해안을 따라 북쪽으로 올라가, 외금강으로 들어가서 내금강으로 나와, 창도-금화-철원을 거쳐 한양으로 돌아오는 코스이다. 셋째, 첫 번째 코스로 고성까지 나와서, 북쪽으로 올라가, 통천에 있는 총석정과 안변에 있는 국도를 구경하고, 회양-금화-철원을 거쳐, 한양으로 돌아오는 코스도 있었다. 넷째, 강원도 관찰사가 있었던 원주를 출발하여, 강릉을 거쳐 외금강으로 들어갔다가 다시 돌아오는 코스이다. 원주-횡계-강릉-양양-간성-고성-외금강-내금강-외금강-고성-간성-양양-강릉-횡계-원주 코스이다. 그 밖에 원주에서 바로 북쪽으로 올라가서, 춘천에서 내금강으로 들어가는 내륙 코스도 있었다. 원주-홍천-춘천-화천-양구-창도-단발령-내금강-외금강-고성-강릉-평창-원주코스이다. 위에서 언급한 유람 코스 외에도 다양한 코스가 있었다.

유람객들이 일단 금강산 구역으로 들어오면 금강산을 탐방하는 경로는 크게 두 가지이다. 내금강 구역인 장안사로 들어가서 표훈사-정양사-금강문-만폭동-진주담-마하연-묘길상을 거쳐 안무령을 넘어, 외금강 구역인 유점사-백천교-발연-신계사-온정 온천-삼일포로 나오는 경로이다. 다른 하나는 반대로 외금강으로 들어가서 내금강 구역으로 나오는 경로가 가장 일반적이었다.

고성 북쪽 동해안에 자리 잡은 통천 총석정이나 안변 국도를 구경하기 위해, 고성에서 통천이나 안변까지 유람하는 사람들도 있었고, 회양에서 통천으로 가서 총석정이나 국도를 먼저 구경하고 나서, 고성 삼일포로 내려오는 사람들도 있었다. 그러나 총석정보다 더 북쪽에 있는 국도까지 구경한 사람은 아주 드물었다.

비로봉 정상까지 등정하는 사람도 매우 드물었다. 성제원은 가이드 없이 혼자서 등정했지만, 이명준, 이현영, 이하진은 체력이 약하여 하인들이 앞에서 끌어주고 뒤에서 밀어주며 겨우 등정했다. 성제원과 이명준은 옥류동 계곡을 거쳐 구룡폭포까지 갔지만, 상팔담까지 가는 사람들은 매우 드물었다. 만물상 구역을 탐방한 사례는 아예 보이지 않는다. 당시에는 만물상은 너무 멀어서, 가이드를 맡은 승려들이 기피한 것 같다. 국도까지 가서 뱃놀이를 한 사람은 이하진이 유일하다.

**조선 사대부들은 누구와 함께 여행을 했을까?**

여행 동반자는 자식, 사위, 친인척, 친구, 악공(악사), 화사(화가), 마부, 하인, 짐꾼 등이었다. 세조 같은 경우는 조정 대신을 비롯해서 호위군관 등 수백 명이 수행하기도 했다. 신숙주, 최항, 김수온, 한명회, 강희맹, 남이장군 등 쟁쟁한 신하들이 수행했다. 거의 모든 사대부들이 하인을 데리고 가서 짐을 나르거나 잠자리를 마련하거나 밥을 짓는 일 등 허드렛일을 시켰다. 금강산까지는 주로 말을 타고 갔기 때문에 마부도 필요했다.

흥미 있는 사실은 일부 사대부들은 유람의 흥취를 돋우기 위해, 악공까지 데리고 갔다는 점이다. 이정구는 적공(피리부는 악사) 한무금으로 하여금 깊은 산속에 들어가 피리를 불게 하여, 사람들을 깜짝 놀라게 하는 이벤트도 연출했다. 그는 길을 갈 때나 쉴 때도 피리를 불게 하여, 유람으로 피곤해진 심신을 달랬다. 양대박은 한양에서 거문고 연주자까지 대동하여, 거문고와 쇠젓대 소리를 요란하게 내면서 유람을 즐겼다. 정엽 같은 현직 관리는 나팔수까지 따라 다녔다. 정엽은 '고성군의 나팔 부는 악공이 의관을 벗고 바람을 타고서 내려오는 모습이 마치 넘어지는 듯 춤추는 듯하였다'라고 적고 있다.46) 정엽을 수행 한 사람들은 수직, 장안사 주지, 영리, 마두, 지인(知印), 아전, 나장, 역졸 2명 등 모두 22명이었다. 이현영은 낙산사에서 비파 퉁소 생황 연주를 감상했다. 신익성은 비로봉 정상에까지 올라가서 하인에게 쇠피리를 불게 했다. 유창 같은 강원도 관찰사는 금강산 유람에 나설 때, 지나는 해당 관아의 모든 수령들이 마중을 나와 연회를 베풀고 대접했기 때문에 노복과 취사도구를 최대한 줄인 반면, 기녀들과 악공(피리, 퉁소, 북, 호드기 등)은 여럿 데리고 갔다. 철원 군수는 10일 동안이나 관찰사 유창을 수행했다.

화가를 데리고 가서 그림을 그리도록 시킨 유람객도 있다. 본인이 화가이기도 한 표암 강세황의 경우는 젊은 화가(도화원 찰방 직책)인 김홍도와 김응환을 금강산에 데리고 가서, 함께 금강산의 진경산수를 그렸다. 강세황은 금강산을 잘 묘사하는 데는 시보다는 그림이 더 낫다고 말하면서, 중인 계급인 화가의 자부심을 보이기도 했다. 이정구는 화사 표응현, 그리고 흡곡 현령으로 발령이 난 한석봉과 함께 갔다.

또 다른 특이 사항은 여성 동반자는 그 사례가 전혀 발견되지 않는다는 점이다. 금강산 유람록을 쓴 당사자는 물론이고, 동반자로서도 데리고 가지 않았다는 것은, 조선시대가 여성의 사회 활동과 외부 출입을 철저하게 제한했던 남성 중심 사회라는 사실을 보여준다.

### 조선 사대부들을 위해 누가 여행가이드를 했을까?

당시에 〈양로서 養老書〉라는 여행가이드북이 유행했었음에도 불구하고,47) 유람록에는 유람 중 여행가이드의 도움을 받았는지에 대한 언급은 찾아볼 수 없다. 유람객들은 대개 큰 길을 따라 갔고,

마부나 하인 등 여러 동행자들이 있었기 때문에 여행에 큰 불편은 없었을 것이다. 금강산에 들어가서는 승려들이 가이드 역할을 했다. 절이나 암자의 젊은 승려들이(주로 어린 사미승) 그 역할을 맡았다. 그 역할도 분담되어 있어서 안무령을 기점으로 내금강 구역은 내금강 승려들이, 외금강 구역은 외금강 구역의 승려들이 맡았다.

승려들은 사대부들이 오면, 절 입구에서 멀리까지 가마를 가지고 마중을 나갔고, 산행을 안내했으며, 절에 대한 내력과 전설을 설명해주고, 금강산의 수많은 계곡과 봉우리에 대한 이름과 전설을 설명해주었다. 또한 사대부들이 절에서 머무를 때는 잠자리와 식사 또는 다과를 준비해서 제공하는 역할도 했다. 높은 곳은 승려들이 앞에서 끌고 뒤에서 밀어서 올라갔으며(노경임 등), 가마 메는 승려들의 힘이 다해 중간에 머무르기도 한다(이명준 등). 재미있는 사실은 계곡에서 사대부들 자신들이 직접 물에 들어가서 노는 게 아니라, 승려나 하인들에게 물놀이를 시키고, 그 모습을 보면서 즐거워했다는 점이다(최유해, 신즙 등). 윤휴는 유점사 앞 냇가에서 승려들을 시켜 자석을 찾게 하거나, 울산바위에서 바위를 흔드는 일도 시켰다.

모든 승려들이 고분고분하게 사대부들을 안내한 것은 아니다. 시도 때도 없이 찾아오는 양반들의 시중에 이골이 난 승려들은 여러 가지 핑계를 대고(홍수로 길이나 다리가 끊어졌다는 등), 등산 안내를 거부하기도 했다(남효온, 김창협, 이만부, 홍인우, 이명준 등). 일부러 속이고 명소를 알려주지 않은 승려도 있었다(최유해 등).

성제원처럼 자기를 도와준 승려들의 이름(지변, 인옥, 성정, 성명, 성렬, 운명, 신련 등)을 유람록에 모두 기록한 마음이 따뜻한 사대부도 있다. 사대부들과의 지적 교류를 위해 길 안내를 스스로 자원한 승려들도 있었다(성제원 등). 승려들이 유람객들을 마중하거나 미리 나와서 대기할 수 있었던 것은 여행 중에 미리 편지를 써서, 여러 종들을 시켜 절이나 관청에 전달하고, 가마를 가지고 오거나 말을 데리고 와서 기다리도록 지시했기 때문이다(이하진의 기록).

### 조선 사대부들은 여행경비를 얼마나 지출했을까?

유람록에서는 여행경비에 대한 구체적인 기록은 찾아볼 수 없고, 단편적으로만 발견된다. 사대부들의 신분이 주로 현직 중앙(또는 지방) 관료이거나 휴직 또는 퇴직한 양반들이어서, 경제적으로 여유가 있는 부류들이고, 하인과 마부를 대동한 것으로 보아, 대부분의 경비는 자체 조달했을 것으로 추정된다.

여행 도중에 지방 관료들이 여행경비를 보태주기도 했다. 김창협 같은 경우는 금화 현령과 간성 군수가 총석정과 삼일포 뱃놀이 경비와 말과 마부까지 제공했다. 이현영은 양양 군수가 여비 일부를 지원해 주었다. 홍인우는 풍전역 찰방이 노자를 지원하기도 했다. 화가이자 관료였던 김득신은 고을 수령이 양식과 해산물을 제공하기도 했다.

승려가 여행경비를 보태준 경우도 자주 있다. 이원의 경우는 표훈사 주지가 쌀 1말을 노자로 주었다. 산에서 쌀이 떨어져 절에서 승려들에게 양식을 구걸한 경우도 있다. 이원은 유람 도중 양식이 떨어져, 마하연 주지에게서 쌀을 얻었다. 이경석은 왕이 유람에 필요한 말을 하사하기도 했다.

### 조선 사대부들은 무엇을 타고 여행을 했을까?

유람 중 이동수단으로는 말, 조랑말, 노새, 가마(남여 籃輿, 견여 肩輿, 마교 馬轎),48) 수레, 배를 주로 이용했고, 가파른 산길에서는 걸어서 다녔다. 금강산에 도달할 때까지 양반들은 말을 타고, 마부와 하인들은 걸어서 갔다. 말은 여러 마리를 바꾸어 가면서 탔다. 금강산 안에서는 말을 타거나 승려들이 메고 다니는 가마(남여와 견여)를 타고 다녔다. 현직 관료의 경우에는 역졸들이 가마를 메는 경우도 있었다. 안무령을 기점으로 내금강 구역에서는 내금강 승려들이 메고, 외금강 구역에서는 외금강 구역의 승려들이 메고 다녔다.

일반적으로 장안사에 도착할 때까지는 말을 타고, 장안사에서 안무령을 넘어 유점사를 거쳐 백천교까지는 가마를 타고, 백천교를 건너 고성으로 갈 때 다시 말로 갈아타는 게 금강산 유람의 일반적인 패턴이었다. 윤휴가 유람할 때는 외금강에 있는 유점사 승려 50~60명이 안무령에 와서 미리 기다리고 있었다. 이정구처럼 백천동에서 수레를 타고 다닌 현직 예조판서도 있었고, 이명준도 수레를 타고 이동했다. 정엽이나 이현영처럼 마교를 타고 다닌 관찰사도 있었다.

유람 중 배를 타고 다닌 사람도 있다. 홍인우는 동해안 삼일포에서는 배를 타고 사선정이나 단서암을 찾아다니거나 연회를 즐겼으며, 총석정에서도 배를 타고 뱃놀이를 즐겼다. 그는 금강산에서 원주까지 온 다음, 배를 타고 남한강을 따라 한양까지 돌아오기도 했다. 양대박은 소양강 40리를 배로 건넜다.

말을 타고 다닌 사대부는 많은데, 자신이 타고 간 말의 숫자를 기록한 사람은 이하진이 유일하다(9명에 6필). 유창은 역참이나 숙고에서 말에게 곡식을 먹였다고 적고 있다. 세조는 유람 중 말을 잘 고르지 못한 죄로 해당 관리를 감옥에 보내기도 한다. 이하진은 단발령에서 가게 주인에게 돈을 주고 소와 말을 빌려 고개를 넘었는데, 금강산 유람록 중 여행서비스에 대해 돈을 지불한 유일한 기록이다. 정엽 같은 사대부는 이동 중에는 승상(繩床)이라는 간이의자를 갖고 다니면서 틈틈이 앉아 쉬기도 했다.

## 조선 사대부들은 여행할 때 어디서 잠을 잤을까?

유람객들은 여행 중 다양한 숙소를 이용했다. 역참, 관사(객사),
절이나 암자, 민박, 천막 등을 주로 이용했다. 가장 자주 이용한 숙소
는 오가는 도중에 경유하는 역참이나 관아의 객사였고, 금강산에 들
어가서는 주로 절이나 암자에서 숙박을 해결했다. 유람기를 남긴 사
람들의 신분이 대부분 현직 관료이거나 관료 출신이기 때문에 지방
관리들과 선후배나 동문 또는 친구나 친인척으로 친분이 있어, 숙식
을 해결하는 데 큰 문제는 없었다.

세조처럼 들에서 사냥을 즐기기 위해 들판에 천막을 치고 숙박
을 하는 경우도 있었다. 유람객들은 절에서 승려와 함께 잠을 자기
도 했다(이정구, 홍인우, 정엽, 이경석 등). 유은룡은 유점사, 표훈사, 묘
길상암, 적멸암, 성불암, 마하연사 등지에서 숙박했다. 홍인우는 승
려가 없는 불지암에서 구들에 불을 피우고 잤고, 성제원은 구룡연
너럭바위에서 임시거처를 만들고 잠을 자기도 했다. 조선시대의 진
정한 캠핑족이라고 볼 수 있다.

홍인우는 등로역 노복의 집이나 간성 민가, 평창 아전집에서도
잤다. 이하진은 서민의 집에서 민박을 했고, 이현영은 어부의 집에
투숙했다. 윤휴처럼 민가에 투숙했다가 벼룩이 많아 향교로 옮긴 경
우도 있고, 고을 수령에게 숙박을 부탁하는 하인을 보냈으나 문지기
에게 거절당한 경우도 있었다.

숙박시설의 수준은 관청의 객사나 사찰 등은 비교적 양호했고,
역참이나 민가는 열악한 경우가 많았다. 특히 방에 벼룩이나 이가
많아서, 자면서 큰 고통을 겪었다. 숙박할 때 방에서 해충이 나오는

경우는 이사벨라 비숍 등 조선말기 조선을 여행했던 외국인 여행자들도 공통적으로 증언하는 내용이다.

### 조선 사대부들은 여행 중 무엇을 먹었을까?

유람록에 등장하는 식음료는 간헐적으로만 나온다. 가장 많이 등장하는 음료는 술이다. 지방 관리들이 대접하기도 하고 혼자서 마시기도 했다.

절에서 술을 마신 사람들이 의외로 많다. 이정구는 술을 엄청 좋아 했는지 표훈사, 정양사, 보덕대에서 마셨고, 홍인우는 마하연에서, 양대박은 주영암에서 술을 마셨다. 현직 예조판서 이정구는 역졸들이 술과 안주 도시락을 준비했고, 만폭동에서는 아전이 술과 포를 내놓아 술을 마셨다.

사찰에서는 주로 밥이나 차, 다과를 제공받았다. 산과 바다가 접해 있는 금강산의 지리적 특성상 산에서 나는 산채나 바다에서 잡은 해산물이 많았다. 남효은은 말을 타고 가면서 살구를 따먹기도 했고, 이동 중에는 꿀물을 마셨다. 동해안 쪽에서는 하인을 시켜 석결명(전복), 소라, 홍합, 미역을 따오게 해서 먹기도 했으며, 어부를 시켜 고기를 잡아 회를 쳐서 먹기도 했다. 보문암에서는 배, 잣, 목이버섯과 수많은 산나물로 차린 점심을 얻어먹었다. 하인을 시켜 고사리도 따서 먹기도 하고, 간성 태수가 보내온 술밥도 먹었다.

김창협은 금화에서 그물로 은어를 잡아 먹었으며, 금화 관아에서 산속의 진미인 메조와 석이버섯, 잣으로 만든 떡을 먹었고, 유점사 승려들이 만든 두부를 배불리 먹었다. 이만부는 승려를 시켜 산과일을 따오게 하여 먹었다.

성제원은 대송라암의 승려가 포도의 어린 잎사귀를 따서 소금에 절여 조밥과 함께 차려주었고, 쌀가루를 타서 마시는 것으로 더위와 갈증을 풀었다. 유점사 주지가 산배와 산초차를 대접하고, 석이버섯과 산나물로 저녁밥을 내오고 차를 대접했다. 견불암 승려가 솔잎가루를 물에 타서 대접하기도 했지만, 산속에서 먹을 것이 없을 때에는 약초를 캐어 먹으면서 허기를 달래기도 했다.

홍인우는 당귀 100여 줄기를 캐서 점심반찬으로 먹었고, 하인에게 방풍나물 수백 뿌리를 캐오게 하여 먹기도 했으며, 적멸암 주지로부터 절집의 맛난 음식을 대접받기도 했다. 어부 주점에서는 전복, 문어, 조개를 시켜 식사를 하고, 간성 군수가 어부를 시켜 전복을 잡고 황어를 잡아, 회를 치고 구워 먹었다.

양대박은 청평사와 장안사에서 차 대접을 받고, 미숫가루를 타서 마셨다. 표훈사에서는 조밥을 대접받았고, 원통사에서는 다과를, 유점사에서는 온갖 산채로 만든 저녁을 대접받았다. 또한 고성 군수, 간성 군수, 인제현 태수 등이 진귀하고 성대한 음식을 보내기도 했다.

민인백은 낙산사에서 승려들이 미역을 따서 대접했으며, 유점사에서는 방풍나물을 대접했다. 만폭동 바위에서는 하인들에게 술상을 차리게 했다.

정엽은 유점사 주지가 매우 진기한 소찬을 대접하여 고기 맛을 잊을 정도였으며, 회양 부사가 표훈사에서 연포탕을 대접했고, 낙산사에서도 승려 원우가 연포탕을 대접하기도 했다.

신즙은 고을 원이 편지와 함께 맛있는 해산물과 여러 가지 음식을 보내왔으며, 안무령에서는 고성군 아전이 음식을 가지고 대기했고, 고성 군수가 술자리를 접대했다.

현직 관찰사 이현영의 경우, 지나가는 곳마다 지방관들이 나와서 술과 안주로 주안상을 마련하고, 연회를 열어주었다. 어떤 점심에는 절인 야채와 당귀를 먹었으며, 어부에게 전복, 문어, 조개를 잡게 하고, 황어를 잡아 회를 치고 구워서 먹었다.

이하진은 잣 등 산과일을 따서 갈증을 해소했으며, 꿀물을 마시기도 했다. 회양부사가 단발령으로 음식과 양식을 보내기도 하고, 지나가는 암자에서 간단한 차와 다과를 얻어먹기도 했다. 안변부사가 가져온 소춘주(燒春酒)를 마셨는데, 이처럼 구체적으로 술 이름을 기록한 경우는 매우 드물다. 해변에서는 게와 살조개 등 각종 해산물을 먹고, 호수 안에서 해초를 뜯어 먹기도 했다.

윤휴는 송이, 배, 머루, 다래 등 산중의 맛있는 것을 두루 맛보았다. 장안사에서는 잣을 따서 꿀에 버무려 먹고, 석이버섯을 아침저녁으로 대접받았다. 대적암에서는 다과를 대접받고, 백천교에서는 누룽지로 요기를 했다. 민가에서는 벌꿀과 산과일을 대접받았다. 역참 역리가 생배와 막걸리, 소금에 절인 전복을 대접했으며, 어부들이 잡아온 생전복과 대구를 술안주로 만들어 막걸리를 마셨다. 원통역에서는 술과 과일, 꿀차를 대접받았다.

세조는 철원에서 검중추 한방지로부터 사슴과 꿩을 진상 받았으며, 동해안에서는 생미역을 올리라고 명하기도 했다. 한편 불심이 깊었던 세조는 금강산을 유람하면서, 산중의 여러 절에 쌀 100석(세현미)과 소금 50석을 해마다 지급하라고 명을 내리기도 한다. 이런 처사는 당연히 각종 세금에 시달렸던 동해안 민초들의 엄청난 원성을 초래했다.

이원은 총석정에서 통천 태수가 보낸 꿩고기와 전복, 술을 먹었으며, 노경임은 회양 부사가 꿩고기와 생선, 술과 밥을 보내왔다. 최유해는 어부를 불러 전복을 따고 황어를 잡게 하여 회를 쳐서 먹었고, 신익성은 천덕암에서 석이버섯, 떡, 산과일, 송이버섯을 대접받

앉으며, 유창은 백화암 노승에게서 약과를 대접받았다.

그러나 모든 사대부들이 이처럼 민폐만 끼친 것은 아니다. 김득신처럼 고을 수령이 제공하는 음식이 매우 사치스럽다면서, 직접 싸가지고 간 음식으로 아침을 먹은 청백리도 있다.

사대부 유람객들은 숙식을 제공하는 곳이 없을 때는 주로 따라다니는 하인들에게 밥과 반찬을 마련하도록 시켰다. 금강산 사찰들은 외금강(백천교 하류)에 있는 숙고촌(稤庫村)에 필요한 양식을 공동으로 저장하고, 수십 개의 물레방아를 이용하여 필요할 때마다 도정하여 식량을 조달했다(정엽, 윤휴, 이하진 증언).

### 조선 사대부들은 여행 중 어떤 경험을 했을까?

금강산 유람객의 여행 중 경험은 크게 몇 가지로 구분할 수 있다. 첫째, 금강산을 오가는 도중에 친구나 친척, 또는 지방 관리를 만나서 인사를 나누거나 숙식과 연회를 제공받기도 했다.

둘째, 금강산에 들어와서는 주요 절과 암자를 구경했다. 또한 절이나 암자에서 숙식과 다과를 제공받고, 승려들이 제공하는 가마를 타거나 걸어서 산길을 다녔으며, 승려들로부터 금강산에 관한 여러 가지 정보를 들었다.

셋째, 산행을 하면서 다양한 계곡과 봉우리 등 수려한 경치를 구경했다. 그래서 최유해처럼 승려들을 가이드로 앞세우거나 혼자서 비로봉 정상까지 올라간 사람도 있었다. 요즘으로 치면, 등산 자체를 즐긴 사람들이다.

넷째, 금강산을 오가는 도중에 양양 낙산사나 간성 건봉사 등 금강산 부근에 있는 유명한 절에 들르거나 설악산 등 명산을 구경하는 사람들도 있었다.

다섯째, 일부 여유 있는 유람객들은 하인 외에 피리를 부는 악공을 동반하여 여행 중에 피리를 불거나 각종 악기를 연주하도록 했다(이정구 등). 강세황은 화가들을 데리고 와서 그림을 그리게 했다. 강세황은 김홍도와 김응현과 함께 금강산에서 진경을 그렸다. 또한 금강산이 생긴 이래, 그림으로 이 산을 표현한 사람은 자신이 처음이라고 자랑하고 있다.

여섯째, 절경을 보면서 시를 짓거나(이만부, 성제원, 홍인우, 정엽 등), 술자리에서 동행자와 시로 서로 화답을 하거나, 선배들이 절에 새겨둔 시에 화답하는 일(성제원, 유은룡, 윤휴 등)이 주요 일정 중의 하나였다. 자기 시를 절에 새기거나(최유해, 윤휴 등), 자기 이름을 계곡 바위에 새기기도 했다(남효온, 김창협, 성제원, 이명준, 노경임, 윤휴 등). 정엽처럼 시를 읊어 바위 사이에 쓰고, 이름을 새겨 그 획을 붉게 칠한 사람도 있었다. 그러니 금강산 계곡의 너럭바위들이 성할 리가 있겠는가?

일곱째, 지방 관리들로부터 연회를 제공받고, 술 마시고 춤추며 놀았으며(김창협, 이정구, 홍인우, 유은룡, 양대박, 민인백, 최유해, 이명준, 신익성 등), 기생들까지 불러 연회를 즐긴 사람들도 있었다(양대박, 신익성, 유창, 이하진 등). 유창은 소양강, 삼일포, 의상대 등에서 기녀를 데리고 놀았다. 특히 현직 고위 관리들이 이런 연회를 자주 대접 받았다. 그러나 모든 사대부들이 기녀들과 어울린 것은 아니다. 신즙은 회령군수가 보낸 관기 3명을 돌려보냈고, 윤휴는 잠자리에 기녀가 있는 것을 보고 내보내기도 했다.

그 밖에도 사대부들은 유람 중 많은 여행경험을 했다. 윤휴는 삼일포에서 뱃놀이를 하고, 이동하면서 야생화의 특성과 맛을 알아맞히기도 하고, 정양사에서는 나옹화상의 유물을 내오게 하여 구경하기도 했다. 들판에서는 날아가는 기러기에 탄환을 쏘기도 하고, 동해의 배와 서해의 배를 비교하기도 했다. 소금 만드는 법을 관찰하고, 고래와 일출을 구경했다. 산골 사람들의 곤궁함을 직접 목격하고, 유민들에 대한 대책을 논의하기도 했다.

남효온은 절에서 하는 행사(도산제)를 구경하기도 하고, 고성 민속제 같은 지방의 축제도 구경했으며, 온정리 온천에서는 온천욕도 했다(세조, 남효온, 최유해, 신익성, 신즙 등). 홍인우와 이현영은 문암 해변에서 죽은 고래를 구경했으며, 양양에서는 고래가 물을 뿜는 모습을 보기도 했다. 이현영은 바닷가에서 거북을 구경하기도 했다.

세조는 금강산 절들에 시주를 하고, 표훈사에서 수륙회를 베풀었다. 왕자의 매사냥을 구경하고, 산짐승 몰이를 구경하고, 활쏘기 대회를 구경하기도 했다. 강릉에서는 농요를 잘 부르는 사람들을 모아 경연대회를 열고, 동해의 신에게 제사를 지내고, 과거시험을 실시하고, 민심을 달래기 위해 면세조치를 내리기도 하고, 해당 지방관에게 업무를 지시하고, 순행 중 수행관리들의 풍기문란을 단속하기도 했다.

예를 들면, 세자가 행군 도중에 말에서 내려 똥을 싸러 골짜기로 들어가는데, 호위하던 선전관 권필 등이 말에서 내렸다는 이유로 (말을 타지 못하고) 걸어서 행차를 따라가는 처벌을 받게 된다. 왕세자가 말에서 내릴 때, 수행원들이 말에서 내린 것이 어떤 잘못인지는 기록만으로는 알 길이 없다. 〈동행록〉에는 세조가 이 일에 대해 인륜과 예(禮)를 말하면서, 당사자들을 장황하게 꾸짖는 내용이 거의 한 페이지에 걸쳐 나온다. 징계를 더 받아야 된다고 신숙주가 사면을 말렸지만, 세조는 이틀 동안 걸었으니 충분하다고 말하면서, 이틀 만에 권필을 풀어주라고 명한다. 조선시대에는 왕의 순행 중에 수행관리들이 잘못을 저지르면, 아마도 말을 못 타게 하고 며칠 동안 걸어가게 했던 것 같다. 단순히 걸어가는 것이 벌이라니. 하기야 걸을 일이 별로 없었던 양반들에게 며칠 동안 계속 걷는 것은 큰 벌일 수도 있겠다.

**조선 사대부들은 현지인과 어떤 여행선물을 주고받았을까?**

사대부들은 자기에게 도움을 준 승려들에게 주로 시를 지어 주었다. 신익성은 자기를 위해 수고한 수십 명의 승려들에게 작별의 시를 지어 주었고, 이경석도 승려들이 시를 원하여 하나씩 써주었다. 또한 이정구는 휴정대사 비석에 들어가는 비문을 써주었으며, 이하진은 대성암의 승려가 부탁하여 절의 편액을 써주기도 했다. 승려들도 사대부들에게 선물을 주곤 했다. 표훈사 주지는 남효온에게 부채 하나와 가죽신 한 켤레를 선물했으며, 장안사 주지는 이만부에게 나막신과 지팡이를 주었다.

**조선 사대부들은 여행 중 어떤 사고를 당했을까?**

유람록에는 여러 가지 사건사고에 대한 기록이 나와 있다. 남효온은 발이 부르터서 산행을 포기했고, 양대박의 동반자인 최곤은 다리가 아파 금강산에 가던 도중 춘천으로 되돌아갔다. 홍인우와 동행하던 허국선과 남시보는 표훈사에서 병이 나서 더 이상 따라나서지 못했다. 홍인우를 안내했던 승려 지능은 발이 미끄러져, 산길에서 40~50보를 굴러 떨어져서 큰 부상을 입었다. 유은룡은 타고 가던 말이 계곡에 놓인 나무 다리의 틈으로 빠져 죽을 지경이어서, 밧줄로 당겨 겨우 구하기도 했다. 절에 전염병이 돌아 절에 못 들어간 사람도 있다. 성제원은 장안사와 표훈사 그리고 정양사에 전염병이 돌아 들어가지 못했다. 이하진은 유람 중 너무 자주 마신 술 때문에 급성

위장병이 나기도 했다. 정엽은 '너무 노쇠한 나이'(57세)에 유람에 나선 것을 후회하기도 했다. 요즘 57세의 건강과 비교하면 격세지감을 느낀다.

## 4. 조선시대 금강산 유람객의 여행 특성

위에서 살펴본 조선시대 사대부들의 금강산 유람에서 파악한 여러 가지 여행 행태를 통해 다음과 같은 다양한 여행 특성을 도출할 수 있다. 첫 번째, 관청의 객사나 역참 또는 사찰(암자 포함)이 사대부 유람객들에게 숙식과 가이드 서비스를 주로 제공했다. 사대부 유람객들의 신분이 주로 전현직 관료들이 많아서 현지 지방관들과 관직의 선후배나 학계 동문, 또는 친인척이나 친구 등 다양한 인연으로 관계가 있어서, 현지 관청의 대접을 많이 받았다.

승려는 조선시대 숭유억불정책으로 유학자인 사대부들보다 하층 계급에 속했기 때문에, 또는 현지 관청의 요청으로 울며 겨자 먹기 식으로 유람객들에게 숙박과 식사, 이동수단, 가이드 등 각종 편의를 제공하지 않을 수 없었다. 아이러니하게도 사대부 유람객들은 자신들이 천대하고 멸시했던 승려들에게서 큰 도움을 받았던 것이다. 그러나 사찰이 항상 호의를 베풀었던 것은 아니었다. 전란(임진왜란, 정유재란, 병자호란, 정묘호란 등)으로 인한 승려들의 참전이나 부역 또는 전염병 발생 등 여러 가지 사정으로 사찰의 형편이 나빴던 경우에는 숙식 제공 역할을 수행할 수 없었다.

두 번째, 숙박이나 식사 등의 여행서비스를 제공받고 그 대가로 경비를 지출했다고 기술한 유람록이 전혀 없다. 돈을 주고(그나마 액수는 안 나와 있음) 소를 빌렸다는 기록을 제외하면, 유람 중 이용하는 여행서비스에 대한 대가를 지불했다는 기록은 찾아보기 힘들다. 상거래를 천시하고 돈을 밝히면 안 된다는 의식이 뿌리 깊게 박힌 사대부 양반들이라 그런지, 여행경비의 액수가 기록된 사례도 발견되지 않았다. 여행의 구성요소 중에서 가장 중요한 여행경비를 언급하지 않았다는 것은 현대 여행에서는 이해하기 어려운 점이다. 사대부 유람객들이 현지에서 상당한 여행 편의를 조달했다는 점에서 현지 관청이나 사찰 또는 민가로부터의 민폐가 심했다는 반증일 수도 있다.

특히 관청에서 제공하는 접대는 요즘으로 치면 접대비로 대접하는 것인데, 한마디로 가난한 민초들이 내는 세금으로 세금을 안내는 양반들의 유람을 도운 꼴이다. 군대도 안가는(군역을 면제받은) 양반들이 온갖 군역과 징병은 민초들에게 다 떠넘기는 것과 같은 이치다. 유성룡이 지은 징비록에 의하면, 임진왜란 때 성균관 재학생들을 중심으로 양반 자제들을 상대로 징병을 하니, 한양에서 모인 양반 자제들이 수십 명에 불과했다고 한다. 고관대작의 자식들이 전쟁터에 나가면 안 되는 수십 가지 이유를 대고 너 나 할 것 없이 빠져나갔다고 한다. 그게 조선시대 지도층 양반사회의 적나라한 민낯이다. 이런 관습 때문에 사회 지도층 자제들이 군대에 안가는 악습은 지금까지도 끈질기게 내려오고 있다.

세 번째, 유람 중 현지 관청이나 사찰 또는 민가에 끼치는 민폐가 심했다. 이에 대한 승려와 관리들의 반발도 심했다. 사대부들은 관청이나 사찰에 미리 기별해서 숙소와 연회를 준비시키고, 역졸이나 승려들 또는 어부들을 아무런 대가도 치르지 않고 동원했다. 여행서비스에 대한 비용도 치르지 않고, 시도 때도 없이 찾아오는 수십 수백 명의 사대부들을 위해 식사와 술자리를 마련하고, 잠자리를 준비해야 했던 지방관과 승려들 또는 민초들의 고통은 이루 말할 수 없었다. 〈신증동국여지승람〉에 기록된 것처럼, 오죽하면 현지 민초들이 "산이 어찌하여 다른 데 있지 않고, 우리 고장에 있어서 이 고생을 시키는가?"라고 한탄했을까. 이런 원성에도 불구하고, 이명준 같은 사대부는 지방관(간성 군수)의 접대가 소홀하다고 한스러워했고, 윤휴는 술자리를 마련하지 않은 고성군수를 비난했다.

현지 승려들에 대한 민폐도 심했다. 신즙은 난색을 표시하는 승려들을 강요해서 가이드로 앞세우고 망고대에 올랐다. 그의 증언에 의하면, 삼일포에 있는 몽천사터는 폐사되기 전에 유람객들이 많이 머물며 숙박하여 고성군의 폐단이 되자, 백성들이 이를 괴롭게 여겨 불태워버렸다고 한다. 또한 신계사가 불에 타 없어졌는데, 소문에 의하면, 근처 역참의 종들이 유람객들이 역참의 말을 몰고 험한 곳을 다니는 것을 괴로워하여 불을 질렀다고 한다.

그런가 하면 정엽 같은 사람은 이와 같은 작태를 비난했다. 사대부들이 금강산을 왕래할 때 공관에서 대접하는 것이 임금의 명을 받은 관리를 대우하는 것과 같았다고 지적하면서, 술과 식사가 사대부는 물론 그들의 자제 일행에게까지 미치니, 한가한 유람을 하면서 고을과 역참에 폐를 끼치게 되어 도리어 부끄러웠다고 술회하고 있다. 최유해는 경치를 구경하려고 백성을 동원하여 계곡에 정사를 지은 관찰사를 비판하기도 했다. 이경석은 오래 머무르면서 관아에 폐를 끼칠 수 없어 일찍 떠난다고 기록했다. Krippendorf가 언급한 것처럼,[49] 여행객(guests)과 현지인(hosts)의 갈등과 긴장이 높아지면, 여행의 긍정적인 효과는 반감되고, 장기적으로 그런 관광지는 쇠퇴하게 된다. 조선시대의 금강산이 그런 꼴이었다.

네 번째, 철저한 신분사회라서 그랬는지 사회적 약자에 대한 사대부들의 배려가 거의 없었고, 소위 '갑질문화'가 그때도 있었다. 김창협은 21살의 젊은이였는데도 불구하고 엄청 가파른 산중에서까지 줄기차게 가마를 타고 다녔다. 지세가 험한 산중에서도 가마를 맨 승려들의 고생을 이해하고 미안한 마음을 표현한 사람은 거의 없었다. 다만 정엽 같은 사람은 다음과 같이 가마꾼 승려들에게 미안한 마음을 표현했다.

> 남여를 맨 승려들이 땀을 비 오듯 흘렸는데, 필시 내 몸이 비대하여 고생한 것이리라. 스스로 편하자고 남을 고생시켰으니, 실로 내 마음이 편치 않았다.50)

> 남여를 타고 있어도 오히려 고단함을 견딜 수 없는데, 하물며 남여를 맨 자들이야 오죽하랴.51)

신즙이나 강세황 같은 경우는 가마를 맨 승려들이 땀을 뻘뻘 흘린다고 하면서도 미안한 마음은 전혀 표시하지 않았다.

당시 조선시대를 지배하던 주자학(성리학) 이데올로기가 '사대부는 걸어서 다니면 안 된다'는 관념을 심어주었는지도 모른다. 그러나 윤휴가 차운한 주희(주자학의 시조)의 '남악(南岳)'이란 시에 '중들의 피로를 염려하여 가마를 버리고 가니'라는 구절이 있는 걸 보면,52) 당시에도 유학자라고 해서 걸어서 다니면 안 된다는 원칙은 없었던 것 같다. 조선 사대부들은 주자학의 겉모습만 배우고, 알맹이는 못 본 것이다. 문경 봉암사를 세운 지증대사(824~882)는 신라 헌강왕(재위 875~886)이 하사한 가마를 두고, 다음과 같이 말했다고 한다.

> 세속의 똑똑한 사람도 가마를 사용 않는 일이거늘, 하물며 삭발한 중으로서 타겠는가. 그러나 왕의 명령이 여기에 이르렀으니, 빈

가마로 가다가 병자가 생기면 도와주는 도구로 삼자.53)

　이 얼마나 따뜻한 마음인가? 비록 주희나 지증대사의 경우는 조선시대와는 장소적(중국)·시대적(9세기) 배경은 다르다 하더라도, 이런 큰 학자나 스님의 생각과 태도를 보면, 사회적 약자를 배려하는 마음은 어떤 사회의 제도나 관습의 문제가 아니고, 사람 그 자체의 됨됨이의 문제인 것 같다. 거의 1천년이 넘도록(신라 지증대사부터 조선시대 사대부까지) 사회 지도층들이 사회적 약자에 대한 배려심을 익히지 못했다면, 그런 사회는 심각하게 병든 사회다. 그래서 조선왕조는 500년 동안 백성들의 삶의 질을 높이는 사회경제적 발전이 없었던 정체사회였다.

　다섯 번째, 불교를 비판하는 사대부들이 많았지만, 유익한 논쟁도 있었다. 윤휴는 "중들은 원래 미천한 자들이고 식욕과 색욕은 인간의 기본 욕망인데, 이를 금하는 불교는 사람이 할 짓이 못된다고 주장하고, 아름다운 여자를 보아도 마음이 흔들리지 않느냐?"고 물으면서, 승려의 신심을 테스트하기도 한다. 남효온은 유점사에서 7가지 망언을 들어 금강산 불교 전래 설화를 강력하게 비판하고 있다. 또한 일부 사대부 유람객과 승려 간에 갈등도 있었다. 홍인우는 휴정(서산대사)을 만났으나 자못 거만하다고 판단하여, 대화도 나누지 않고 나와 버린다. 남효온도 묘길상암에서 노승 도봉이 거만하게 인사하자, 말도 않고 나와 버린다. 이런 불교에 대한 비판이나 유학자와 승려 간의 갈등을 보면, 대다수 사대부들은 금강산 승려들로부터 숙식 등 신세를 지면서도, 주인(현지인)인 승려들의 종교관과 세계관을 이해하고 배려하려는 손님(여행자)으로서의 자세가 부족했던 듯하다.

반면에 유학자와 승려 간에 유익한 논쟁도 있었다. 정엽은 명적암 승려 옹상(휴정대사 제자)과 운수암 승려 법견과 밤늦게까지 이(理)와 기(氣), 윤회설, 유가와 불교의 존심법 등에 대해 논쟁하고, "속인과 한담하는 것보다 나았다"고 술회하고 있다. 그는 임진왜란 때 휴정대사의 업적을 칭찬했으며, 승려가 참선에 치열하게 정진하는 것을 보고 자신의 나태함을 일깨우기도 했다. 신익성은 유점사에서 승려 옹상과 선에 대해서 대화했다.

휴정이나 사명대사처럼 전란 때 칼을 들고 적과 싸우는 승려들이 참된 백성인가? 아니면 아예 군대도 안가고, 전쟁이 나면 다 도망가기 바쁜 사대부들이 참된 백성인가? 누가 나라에 더 필요한 사람들인가? 주자학을 잘못 받아들인 탓으로, 입만 살아 공리공론만 일삼았던 조선의 사대부들은 전쟁이 나면 제일 앞에 나가서 적과 싸우는 유럽 귀족들의 희생정신과 솔선수범을 사서오경보다 먼저 배웠어야 했다.

여섯 번째, 유람록을 통해 조선시대의 다양한 사회상도 엿볼 수 있다. 우선, 여성과 서민이 남긴 유람록을 전혀 찾아볼 수 없다. 당시는 철저히 양반과 남성중심사회여서 그런지는 몰라도, 남성 사대부들이 기록한 유람록만 남아 있다.

그리고 금강산여행에 대한 사대부들의 선민의식도 있었다. 강세황은 금강산 유람 열풍을 비판하면서, 장사치, 걸인, 시골 할머니들까지 금강산을 구경한다고 개탄했다. 금강산을 유람하지 못한 사람은 부끄러워하며 사람 축에도 못 낄까봐 두려워하는 당시의 사회풍조도 바람직하지는 않지만, 양반만이 금강산의 경치를 누려야 한다는 인식에는 서민들에 대한 양반들의 선민의식이 깔려있다고 본다. 좋은 자연경치를 특정한 사람들만 구경해야 된다는 태도는 요즘의 민주사회에서는 도저히 이해할 수 없는 신분차별적인 비이성적 태도이다.

다음으로, 승려들이나 마부, 하인들은 천대를 받던 시절이라 그랬는지, 사대부들은 두세 명을 제외하면, 유람록에 자신들의 여행을 도왔던 승려들의 이름을 거의 기록하지 않았다. 물론 사명대사 등 유명한 스님의 이름은 등장한다.

또한 당시에도 여행 도중 인편을 이용한 통신 연락망이 작동했다. 남효온은 여행 도중에 우편물을 받아보기도 했으며, 여행 중인 사대부(이정구)에게 사람을 보내 도착일을 물어보는 수령들도 있었다. 민인백은 역졸들이 전해주는 순찰사의 편지를 받았으며, 정엽은 북청으로 귀양 간 이항복의 편지를 받았다. 이하진의 경우에는 안변부사로 있는 고종형 이은상이 편지를 보내, 정양사로 와서 만나겠다고 전갈을 보내오기도 했다.

그리고 사대부들의 체력이 대체로 나약했다는 사실을 확인할 수 있다. 그들은 험한 산중에서도 주로 가마를 타고 다녔으며, 비로봉까지 혼자서 올라간 사람은 거의 없고, 몇몇 올라간 사람도 하인들이 앞에서 끌고 뒤에서 밀며 겨우 올라갔을 뿐이다. 이렇게 신체가 나약한 귀족들이 어떻게 나라를 지킬 것인가? 조선시대 사대부들의 유람 목적이 주로 정신수양이나 호연지기를 기르기 위한 방편이었다 하더라도, 신체가 나약한 사람들이 정신만으로 나라를 지킬 수는 없는 노릇이다. 실제로 임진왜란이나 병자호란 같은 외적의 침입을 받고 나라가 풍전등화의 위기에 빠졌을 때, 실제로 칼을 들고 나가 싸운 사대부 양반들이 몇 명이나 되는가? 한 나라를 지키고 발전시키는 데는 차라리 글만 읽는 사대부보다는 상인이나 장인을 우대하는 것이 훨씬 더 효율적이고 현실적인 수단이 될 수도 있다. 임진왜란

(1592) 300여 년 후에 조선이 일본에게 다시 침략당하는 역사 전개가 그 사실을 극명하게 증명해주고 있다.

일곱 번째, 유람록을 통해 역사적 사실도 파악할 수 있다. 노경임이 유람한 1657년에는 장안사가 화재로 소실되어 행랑 두어 채만 남아 있었고, 승려들도 전염병과 굶주림으로 거의 도망가거나 죽어서 서너 명만 남았으며, 모두 귀신의 형용을 하고 있었다고 한다. 또한 금강산에 옛날에는 사찰이 89개나 있었는데, 지금(1657년 당시)은 남아있는 게 거의 없다고 기록하고 있다. 금강산 절들의 이런 비참한 상황은 강세황이 유람한 1788년에도 여전했던 것으로 보인다. 그는 '장안사가 거의 다 쓰러져 몇몇 승려가 지킬 뿐이다'라고 적고 있다. 심지어 최운우 같은 경우에는 전란(임진왜란과 정유재란, 1592~1600) 중에도 금강산을 유람 했다(1599년). 전란 중에 여행을 하는 사대부는 누구인가? 정말 조선의 사대부답다. 전쟁은 어차피 민초들이나 노비들이 치르는 것으로 그는 생각했을지도 모를 일이다.

여덟 번째, 유람객들에 의한 금강산 자연환경 파괴가 심했다. 여행자들이 절에 시를 새기거나 바위에 이름을 새기는 것이 일반적인 유행이었다. 반면에 환경파괴에 대한 분노와 질타도 있었다. 이만부도 사대부들이 만폭동 바위에 너무나 많은 이름들을 새겼다고 비난하고 있다. 이경석은 금강산을 유람하면서, 힘 있는 자들이 다투어 끌로 파서 이름을 새기면, 기암괴석이 결국 남아나지 않을 것이라면서, 사대부들의 자연파괴 행위를 개탄하고 있다. 이상수는 〈동행산수기〉에서 환경파괴자들을 이렇게 질타하고 있다.

청산 백석이 무슨 죄가 있기에 까닭 없이 그 얼굴에 자자(刺字)를 가하고 그 살을 째놓으니 아- 또한 어질지 못한 일이로구나.

───── 돌에다 자기 이름을 의탁하려 하여 크고 깊게 새겨, 산중의 돌
로써 영원한 자기 기록을 삼으려 한들 무슨 소용이 있단 말인가?54)


지금까지 살펴본 조선시대 사대부들의 금강산 유람의 행태와 특
성 외에도, 유람록을 종합적으로 분석하면 몇 가지 시사점을 발견할
수 있다. 우선, 몇몇 유람록은 현대의 여행기와 비교해 보아도 별 차
이가 없을 정도로 여행기의 체제를 잘 갖추고 있다. 기본적으로 6하
원칙에 의해 구성되어 있다는 것이다. 그러나 대다수 유람록에는 날
짜나 장소, 날씨, 이동 거리, 이동 경로, 사람 이름 등이 누락되어 있
어, 여행기로서의 생명성이 떨어진다.

그럼에도 불구하고, 유람록은 후배 여행자들에게 좋은 가이드북
의 역할을 했으며, 글을 쓰는 사대부들에게는 자신의 문장 실력을
뽐낼 수 있는 좋은 수단이기도 했다. 이 절에서 분석한 28개 유람록
중에서 현대 여행기의 관점에서 가장 우수한 유람록은 남효온의 〈유
금강산기〉, 정엽의 〈금강록〉, 그리고 윤휴의 〈풍악록〉이라고 볼 수
있다. 이에 대한 판단 기준은 앞에서 말한 6하 원칙을 바탕으로 쓴
'여행기의 생명성'이다.

또한, 당시 사대부들도 현대 여가이론에서 주장하는 여행이 가져
다주는 긍정적인 효과에 대해서 알고 있었다는 점이다. 양대박은
다음과 같이 말하면서, 현대 여가이론에서 말하는 '카타르시스설
(Catharsis Theory)'을 정확하게 설명하고 있다.55) 여가로서의 여행의
소중한 가치를 간명하게 설명한 글이다.

세상 밖으로의 유람은 겨우 수십 일뿐이었지만, 도리어 가슴 속
이 시원하여 찌꺼기가 한 점도 남아 있지 않음을 느낄 수 있었다. 훗

날 이를 응축해 구슬 같은 보배로 만든다면 파사(페르시아)의 보물이
될 수 있을 것이다.56)

정엽도 여행의 매력을 다음과 같이 술회하면서, 자신이 여행에
빠져드는 이유를 언급하고 있다. 여행에 한번 빠져들면 다시 나오기
힘들 정도로 매력적인 즐거움이라는 것이다.

눈을 즐겁게 하고자 몸을 돌보지 않은 것을 후회하면서도, 오히
려 이 경치를 사랑하는 마음은 그치지 않았다. 산수 또한 교만한 음
악이나 여색처럼 사람으로 하여금 점점 그 속으로 빠져들게 하여 돌
아갈 것을 알지 못하게 하는 것인가. 아니면 어진 자와 지혜로운 자
가 즐기는 바가 또한 이와 같은 것인가.57)

양대박과 정엽의 여행에 대한 소감은 그 어떤 이론보다도 쉽고
명료하게 여행이 주는 즐거움과 매력을 구체적으로 고백한 명문장이
아닐 수 없다. 양대박과 정엽의 말처럼 여행은 옛날이나 지금이나
사람들에게 일상에서 벗어나 정신적 카타르시스와 눈의 즐거움을 제
공해주는 페르시아의 보물 같은 여가 활동이다.

장안사(출처: 조선고적도보)

표훈사(출처: 조선고적도보)

신계사(출처: 조선고적도보)

유점사(출처: 조선고적도보)

조선시대 한국인의 지리산여행[58]

　지리산은 우리나라 등산객들이 가장 많이 찾는 산 중의 하나이다. 그 이유는 산의 규모가 크고, 설악산처럼 험하지 않고, 어머니 품처럼 일상생활에 찌들고 힘든 사람들을 아무런 조건 없이 껴안아 주는 넉넉하고 부드러운 품을 가지고 있기 때문이다. 1967년 국립공원 제1호로 지정된 지리산은 3도(전라북도, 전라남도, 경상남도) 1시(남원시) 4군(구례군, 함양군, 산청군, 하동군)에 걸쳐있는 거대한 산이다.[59] 하늘에 닿을 듯한 고봉준령마다 영기가 서려있고, 계곡들은 힘차고 웅장하면서도 용트림처럼 유연함을 자랑한다. 노고단에서 천왕봉에 이르는 주능선의 거리가 약 26km(노고단−유평리: 46km)이고, 둘레는 320km이며, 총면적은 472km²이다. 지리산의 품 안에는 1,500미터가 넘는 20여 개의 봉우리가 천왕봉, 반야봉, 노고단의 3대 주봉을 중심으로 병풍처럼 펼쳐져 있으며, 20여 개의 긴 능선이 있고, 그 품속에는 칠선계곡, 한신계곡, 대원사계곡, 피아골, 뱀사골 등 폭이 넓고 길이가 긴 계곡들이 있다.

　아름답고 웅장한 산세를 자랑하는 지리산에는 수많은 식물과 동물도 함께 살아가고 있다. 지리산에서 자라는 식물은 총 137과 536속 1,500여 종이다.[60] 지리산에서만 자라는 한국 특산 식물 50여 종도 있다. 또한 지리산에는 포유류 46종, 조류 165종, 파충류 16종, 곤충 2,700여 종, 어류 42종, 양서류 11종이 살고 있다. 특히 천연기념물 제216호로 지정된 사향노루, 제329호인 반달가슴곰, 제330호인 수달, 제328호인 하늘다람쥐 등이 서식하고 있다.

　조선시대 간행된 지리서에도 지리산이 언급되어 있다. 실학자인 이중환(1690~1753)이 현지답사를 기초로 하여 저술한 지리서인 〈택리지〉에는 지리산은 "흙이 두텁고 기름겨서 온 산이 사람 살기에 알맞다."[61]고 소개되어 있다. 조선 중종 때 간행된 종합지리서인 신증동국여지승람에도 지리산 명칭의 유래에 관한 기록이 전한다.

지리산(智異山): 남원부의 동쪽 60리에 있다. 산세가 높고 웅대하여 수백리에 웅거하였으니, 백두산의 산맥이 뻗어내려 여기에 이른 것이다. 그리하여 두류라고도 부른다. ---- 또 지리(地理)라고도 이름하고, 또 방장이라고도 하였으니 ----

(〈국역 신증동국여지승람〉, 5권, p.135).

산과 사람, 그리고 동물과 식물이 잘 어우러져, 산을 좋아하는 현대인의 사랑을 받고 있는 지리산은 조선시대에도 많은 사대부들의 사랑을 받았다. 사대부들에게 산을 찾아가서 즐기는 산수기행은 호연지기를 기르고 심신수양을 위한 하나의 필수 덕목이었다. 사대부들은 산수유람을 통해 탈속과 관조를 체험하였고, 무위자연을 실천하면서 도(道)를 체득하기도 하였다. 어떤 선비들은 산수유람을 통해 애민정신을 기르고, 은일의식을 드러내기도 하고, 자아계발에 힘쓰고, 군자의 마음을 닮으려 노력하고, 자연의 위대함을 관찰하면서 인간의 왜소함과 보잘것없음을 깨닫기도 했다. 그중에서도 지리산은 수많은 사람들이 금강산과 함께 한번 가보는 것을 일생의 소원으로 삼았고, 많은 사대부들이 그 여행의 경험을 문장(유람록)으로 남겼다.

이 절에서는 조선시대 때 지리산으로 유람(여행)을 떠났던 사대부들의 유람록을 분석하여(표 참조),[62] 당시 사대부들의 여행 행태와 특성을 파악하고, 그런 행태와 특성이 어떤 의미와 시사점이 있는지 규명하는 것이다.

### 조선시대 사대부들의 지리산 유람록 분석 텍스트(시대순)

| 여행자 | 여행기 | 여행 시기(음력) | 여행 코스 |
|---|---|---|---|
| 이륙 | 지리산기 | 1463년 8월 ?일~ 8월 25일 | 단속사-법계사-천왕봉-영신사-쌍계사-묵계사-단속사 |
| 김종직 | 유두류록 | 1472년 8월 14일~ 8월 18일 | 함양-백무동-영신사-천왕봉-쑥밭재-화암사-함양 |
| 남효은 | 지리산일과 | 1487년 9월 27일~ 10월 13일 | 진주-단속사-덕산사(내원사)-천왕봉-영신사-칠불사-반야봉-화엄사-화계-쌍계사-오대사-진주 |
| 김일손 | 두류기행록 | 1489년 4월 14일~ 4월 28일 | 함양-용유담-산청-단속사-묵계사-중산리-천왕봉-영신사-의신사쌍계사. 정여창 동행. |
| 조식 | 유두류록 | 1558년 4월 10일~ 4월 26일 | 합천 삼가-진주-하동-화계-쌍계사-평사-북천-수곡-단성-삼가 |
| 변사정 | 유두류록 | 1580년 4월 5일~ 4월 11일 | 산내-영원암-용유담-쑥밭재-천왕봉-영신봉-의신사-칠불사-쌍계사 |
| 양대박 | 두류산기행록 | 1586년 9월 2일~ 9월 12일 | 함양-운봉-인월-백장사-군자사-백무동-천왕봉-군자사-용유담-함양 |
| 박여량 | 두류산일록 | 1610년 9월 2일~ 9월 8일 | 함양-용유담-군자사-백무동-천왕봉-쑥밭재-함양 |
| 유몽인 | 유두류산록 | 1611년 3월 29일~ 4월 8일 | 남원-운봉-백장사-뱀사골-영원암-군자사-용유담-쑥밭재-천왕봉-영신사-의신사-쌍계사-화계-구례-남원 |
| 성여신 | 방장산선유일기 | 1616년 9월 24일~ 10월 8일 | 진주-사천-진주-수곡-황토재-하동-화개-쌍계사-하동-황토재-수곡-진주 |
| 박민 | 두류산선유기 | 1616년 9월 24일~ 10월 8일 | 성여신과 동행 |
| 조위한 | 유두류산록 | 1618년 4월 11일~ 4월 17일 | 남원-구례-화개-쌍계사-신흥사-화개-구례-남원 |
| 양경우 | 상쌍계신흥기행록 | 1618년 윤4월 15일~ 5월 18일 | 광양-하동-화개-쌍계사-신흥사-화개-하동-광양 |
| 허목 | 지리산기 | 1640년 9월 ?일~? | 마천 군자사-용유담-백무동-천왕봉 |
| 박장원 | 유두류산기 | 1643년 8월 26일~? | 안의-용유담-군자사-백무동-천왕봉-군자사-금대암-함양 사근역-안의 |

| 오두인 | 두류산기 | 1651년 11월 1일~<br>11월 6일 | 진주-황현-화개-쌍계사-신흥사-남대사-<br>덕천서원-진주 |
|---|---|---|---|
| 김지백 | 유두류산기 | 1655년 10월 8일~<br>10월 11일 | 남원-천은사-화엄사-연곡사-화개-쌍계사<br>-신흥사-칠불암 |
| 송광연 | 두류록 | 1680년 윤8월 20일~<br>8월 27일 | 순창-곡성 압록-화개-쌍계사-칠불사-영신<br>사-천왕봉-백무동-군자사-백장사-인월 |
| 김창흡 | 영남일기 | 1708년 2월 3일~<br>윤3월 21일(6박 7일) | 의령-진주-하동-화개-쌍계사-칠불사-하<br>동-횡보-덕천서원-단성-삼가 |
| 신명구 | 유두류속록 | 1720년 4월 6일~<br>4월 14일 | 금평-하동-화개-쌍계사-신흥사-화개-하<br>동-금평 |
| 조구명 | 유지리산기 | 1724년 8월 1일~<br>8월 3일 | 용유담-군자사-백무동-천왕봉-백무동-군<br>자사-실상사 |
| 정식 | 두류록 | 1724년 8월 2일~<br>8월 9일 | 진주-덕천서원-남대암-천왕봉-보문암-덕<br>천서원-진주 |
| 김도수 | 남유기 | 1727년 9월 12일~<br>10월 5일 | 순창-구례-화엄사-연곡사-화개-쌍계사-<br>칠불사-화개-하동-묵계-진주 |
| 황도익 | 두류산유행록 | 1744년 8월 27일~<br>9월 9일 | 함안-진주-하동-화개-쌍계사-칠불사-화<br>개-섬진강 김성탁 유배지-진주-함안 |
| 박래오 | 유두류록 | 1752년 8월 10일~<br>8월 19일 | 진주 사월-덕천서원-중산리-법계사-중봉-<br>천왕봉-영신사-칠불암-신흥사-쌍계사-화<br>개-하동-사월 |
| 이갑룡 | 유산록 | 1754년 5월 10일~<br>5월 16일 | 덕천서원-중산리-법계사-천왕봉-호귀당-<br>중산리-덕천서원 |
| 홍씨 | 두류록 | 1767년 7월 17일~<br>8월 1일 | 남원-황산대첩비-실상사-군자사-백무동-<br>천왕봉-제석당-군자사-실상사-여원치-남원 |
| 이주대 | 유두류산록 | 1784년 4월 1일~<br>4월 24일 | 함벽루-단성-덕천서원-삼장사-대원사-내<br>원사-덕천서원-하동-화개-쌍계사-칠불사<br>-화개-하동-진주 |
| 이동항 | 방장유록 | 1790년 3월 28일~<br>5월 4일 | 칠곡-합천-거창-함양-용유담-군자사-백<br>무동-천왕봉-제석당-군자사-함허당-산청<br>-덕천서원-남사-진주-칠곡 |
| 유문룡 | 유천왕봉기 | 1799년 8월 16일~<br>8월 18일 | 덕천서원-중산리-천왕봉-향적사-중산-동<br>당촌-덕천서원 |
| 석응윤 | 두류산회화기 | 1803년 8월~? | 실상사-벽송암-실상사(옥천군수, 함양군수<br>수행) |
| 안치권 | 두류록 | 1807년 2월~? | 함안-진주-입석-덕천서원-중산리-천왕봉<br>-중산리-덕천서원-진주-함양 |

| 남주헌 | 지리산행기 | 1807년 3월 24일~<br>4월 2일 | 함양-진주-하동-화개-쌍계사-칠불암-영<br>신사-천왕봉-백무동-군자사-함양(관찰사<br>윤광안, 진주목사 이낙수, 산청현감 정유순<br>동행) |
|---|---|---|---|
| 하익범 | 유두류록 | 1807년 3월 25일~<br>4월 8일 | 진주-덕천서원-중산리-천왕봉-향적사-영<br>신사-벽소령-칠불암-신흥사-쌍계사-화개<br>-횡포-정내능 |
| 정석구 | 불일암유산기 | 1810년 4월~? | 연호(구례?)-화개-쌍계사-불일암-화개-연호 |
| 노광무 | 유방장기 | 1840년 4월 29일~<br>5월 8일 | 함양 개평-법화암-벽송암-군자사-영원암-<br>칠불암-신흥사-쌍계사-화개-하동-덕천서<br>원-대원사-오봉-개평 |
| 민재남 | 유두류록 | 1849년 윤4월 17일~<br>4월 21일 | 산청 대포-삼장-대원암-천왕봉-오봉-화림<br>암-방곡-대포 |
| 하달홍 | 두류기 | 1851년 윤8월 2일~<br>8월 7일 | 덕산-동당촌-거림-세석-거림-공전촌-덕산 |
| 김영조 | 유두류록 | 1867년 8월 25일~<br>8월 29일 | 엄천사지-문수사-쑥밭재-두류암-천왕봉-<br>두류암-쑥밭재-문수사-엄천사지 |
| 배찬 | 유두류록 | 1871년 9월 4일~<br>9월 8일 | 화림암-오봉촌-쑥밭재-중봉-천왕봉-쑥밭<br>재-화림암 |
| 조성렴 | 두류유기 | 1872년 8월 16일~<br>8월 26일 | 진주-덕천서원-대원사-쑥밭재-대원사-덕<br>천서원-진주 |
| 황현 | 유방장산기 | 1876년 8월 보름<br>이전 | 구례-화엄사-구례 |
| 허유 | 두류록 | 1877년 8월 5일~<br>8월 15일 | 합천 삼가-남사-덕천서원-대원사-쑥밭재-<br>천왕봉-국수봉-덕천서원-남사-삼가 |
| 박치복 | 남유기행 | 1877년 8월 25일~<br>9월 20일 | 합천 삼가-남사-덕천서원-대원사-쑥밭재-<br>천왕봉-대원사-덕천서원-남사-남해 |
| 송병선 | 두류산기 | 1879년 8월 1일~<br>8월 9일 | 남원-구례-화개-쌍계사-칠불사-신흥사-<br>세석-거림-한출리-장터목-천왕봉-중산리<br>-덕산-남사-산청-인월-여원치-남원(지리<br>산 주변 일주) |
| 전기주 | 유쌍계칠<br>불암기 | 1883년 4월(6일간) | 진주-하동-화개-쌍계사-칠불사-화개-하<br>동-진주 |
| 김종순 | 두류산중<br>문견기 | 1884년 1월 9일 | 구례-연곡사-화개-쌍계사-화개-구례 |
| 김성렬 | 유청학동일기 | 1884년 5월 1일~<br>5월 9일 | 남원-구례-화개-쌍계사-칠불암-화개-구<br>례-남원 |

| 정재규 | 두류록 | 1887년 8월 18일~ 8월 28일 | 합천 삼가-산청-대원암-천왕봉-대원암-덕천서원-입석-삼가 |
|--------|--------|------|------|
| 조종덕 | 두류산음수기 | 1895년 4월 11일~ 4월 12일 | 곡성-산동-묘봉령(성삼재)-달궁-묘봉령-산동-곡성 |
| 강변주 | 두류행기 | 1896년 8월 15일~ 8월 17일 | 시천-중산리-법계암-천왕봉-법계암-중산리-시천 |
| 문진호 | 화덕일기 | 1901년 4월 초6일~ 4월 22일 | 진주 북천-횡천-화개-쌍계사-화개-횡천-북천 |
| 송병순 | 유방장록 | 1902년 2월 3일~ 3월 19일 | 장삼령-거창-해인사-산청-대원암-덕산-산천재-중산촌-벽계암-천왕봉-공전촌-진주-하동-화개-화엄사-구례-쌍계사-칠불암-벽소령-마천-오도재-함양-안음-마령 |
| 김회석 | 지리산유상록 | 1902년 2월 3일~ 3월 19일 | 송병순과 동행 |
| 이택환 | 유두류록 | 1902년 5월 14일~ 5월 28일 | 하동 횡천-시천-중산리-벽계사-천왕봉-중산리-산천재-횡천. 최익현 동행. |
| 안익재 | 두류록 | 1903년 8월 27일부터 약 1개월 | 의령 설산-산천재-중산리-벽계사-중산리-북천-하동-악양-화개-쌍계사-칠불사-화개-북천-진주 |
| 양재경 | 유쌍계사기 | 1905년 여름 | 악양-화개-쌍계사-칠불사-쌍계사-악양 |
| 김교준 | 두류산기행록 | 1906년 3월 30일~ 4월 4일 | 산동-묘봉치-달궁-만복대-노고단-반야봉-묘봉치-산동 |
| 정종엽 | 유두류록 | 1909년 1월 28일~ 2월 8일 | 남원 삼구정-구례-화개-쌍계사-불일암-청학동-회남령-악양-화개-구례-남원 |
| 배성호 | 유두류록 | 1910년 3월 14일~ 3월 20일 | 함양 목동-법화암-용유담-마천-영원사-마천-목동 |

## 1. 조선시대 사대부들의 지리산여행 형태

### 여행동기

조선시대 사대부들의 지리산 여행동기는 크게 세 가지로 구분할 수 있다. 첫째는 여가형 유람이다. 신령스러운 산으로 경외의 대상인 지리산에 가서, 신선처럼 유유자적하면서 산천경개를 구경할 목적으로 여행을 떠나는 것이다. 사대부들의 지리산 유람은 대개 여기에 해당한다. 자연경관을 감상하면서 심신의 휴식을 취하기 위해 자식이나 친척 또는 친구들과 함께 여가를 즐기기 위한 여행이다. 지리산이 워낙 명산으로 소문이 나 있어서 평생 꼭 한번 보고 죽고 싶다는 열망 때문에 지리산을 유람한 경우가 대부분이다. 양대박(1586년)은 "속세에서 벗어나, 조물주와 더불어 넓고 넓은 곳을 유람하고 싶다"고 유람에 나섰다. 성여신(1616년)은 속세를 떠나 신선놀이를 하고 싶어서 유람을 떠났다.

둘째는 업무와 여가를 겸한 유람이다. 지리산 주변 관청에 부임한 관료들이 지리산을 순방하면서 유람을 병행한 경우이다. 함양군수(김종직, 1472년; 남주헌, 1807년), 남원군수(유몽인, 1611년; 조위한, 1618년), 장성현감(양경우, 1618년), 안음현감(박장원, 1643년), 순창군수(송광연, 1680년), 곡성현감(이만징, 1680년), 순천부사(이익태, 1680년), 경상도관찰사(윤광안, 1807년), 진주목사(이낙수, 1807년), 산청현감(정유순, 1807년) 등이 여기에 해당한다.

셋째는 자아개발형 유람이다. 김일손(1489년)은 "천하를 두루 둘러보고서 자신의 소질을 기를 수 있다면, 자기 나라의 산천은 마땅히 탐방해야 한다"고 하면서 유람에 나섰다. 박여량(1610년)은 "산을 유람하는 것은 글을 읽는 것과 같다"고 하면서 유람이 지식을 쌓기 수단이라고 주장하면서 유람에 나섰다. 김도수(1727년)는 안목을 넓혀 담론을 장대하게 하려고 유람길에 나섰다. 위 세 가지 동기와는 관계없이, 정종엽(1909년)처럼 일제 침략으로 인한 분노와 근심으로 인해 자취를 감출 은거지를 찾기 위해 지리산을 찾은 사람도 있다.

## 여행시기

여기서 분석한 63편의 유람록 중에서 가을철(이하 음력 7월~9월)이 33건으로 가장 많았고, 여름철(4월~6월)이 24건으로 그다음, 그리고 봄철(1월~3월)이 19건, 겨울철(10월~12월)은 6건이었다. 월별로 살펴보면, 1월이 3건, 2월이 6건, 3월이 10건, 4월이 17건, 5월이 7건, 6월이 0건, 7월이 1건, 8월이 23건, 9월이 9건, 10월이 5건, 11월이 1건, 12월이 0건으로 나타났다. 역시 여행하기에 좋은 날씨인 초여름과 단풍이 아름다운 가을에 가장 많이 지리산을 찾았고, 그중 4월과 8월을 가장 선호했다.

## 여행기간

사대부들의 지리산 여행기간은 2~3일(조구명, 1724년)부터 1개월 이상(양경우, 1618년; 이동항, 1790년)까지 다양하다. 여행기간은 여행거리 및 여행경로와도 밀접한 관계가 있다. 지리산 부근인 함양이나 산청, 진주, 남원, 구례, 하동 등지에서 출발한 사람들은 대체로 여행기간이 짧았고, 그 외의 지역에서 출발하는 사람들은 대체로 여행기간이 길었다. 일주일 이하가 21건으로 가장 많았고, 1주에서 2주 사이가 19건, 2주에서 3주 사이가 10건, 3주 이상이 7건이었다. 최단기간은 김종순(1884년)과 황현(1876년)의 하루였고, 최장기간은 김회석(1902년)의 40박 41일이었다.

## 여행경로

사대부들의 지리산 유람경로는 개인에 따라 모두 다양하지만 지리산을 중심으로 크게 네 방향으로 구분할 수 있다. 첫째, 진주-산청으로 들어오는 동쪽 코스(24건). 둘째, 남원-운봉 쪽으로 들어오는 북서쪽 코스(10건). 북동쪽 방향인 함양-마천으로 들어오는 코스(14건). 셋째, 서쪽 방향인 구례(6건). 넷째, 남쪽 방향인 하동으로 들어오는 코스(9건). 이 데이터로 보면, 사대부들은 진주-산청 방향으로 가장 많이 지리산에 접근했음을 알 수 있다.

지리산 정상인 천왕봉 등정을 중심으로 하면, 천왕봉을 등정하는 코스(30건)와 지리산 주변부만 둘러보고 가는 코스(33건)로 나눌 수 있다. 지리산에 와서 천왕봉을 등정하는 그룹과 등정하지 않고 주변부만 둘러보고 돌아가는 그룹이 엇비슷함을 알 수 있다. 지리산을 완전하게 종주(노고단-천왕봉)한 사람은 아무도 없고, 남효온(1487년)이 가장 비슷하게 지리산을 종주했다. 그는 산청 내원사를 출발해서 천왕봉에 올랐다가, 영신봉에서 대성골을 거쳐 화개골로 내려 왔다가, 칠불사에서 다시 벽소령으로 올라가서, 반야봉을 거쳐 구례 화엄사로 내려갔다. 아마도 당시에는 영신봉과 반야봉 사이에 숙박시설이 없어서(현재는 벽소령, 연하천 대피소가 있음), 산행 도중에 산을 내려와서 칠불사에서 자고 다시 올라가는 수고를 했으며, 가장 길게 지리산을 등정한 사대부이다.

가장 많이 이용한 등반코스는 백무동-하동바위-장터목-천왕봉-장터목-하동바위-백무동 코스였고, 중산리-법계사-천왕봉-법계사-중산리 코스도 자주 이용했다. 노고단-반야봉-천왕봉 코스로 등정한 사람은 아무도 없었다. 천왕봉까지 등반을 하지 않은 사람들은 하동-화개-쌍계사-신흥사-칠불암-화개-하동 코스를 가장 많이 이용하여, 주로 산 아래에서 놀았다. 송병선(1879년)은 유일하게 현재의 지리산 일주 둘레길 코스와 비슷하게 지리산 주변을 일주한 사람이다.

## 여행동반자

여행동반자는 주로 아들, 사위, 친인척, 친구, 악공, 기생, 마부, 하인, 소동, 짐꾼 등이었다. 거의 모든 사대부들이 하인(종, 종자, 노비)을 데리고 가서 짐을 나르거나, 잠자리를 마련하거나, 밥을 짓는 일 등 허드렛일을 시켰다. 현직 관료들은 관아의 관노와 관비를 데려가기도 했다(양경우, 1618년). 지리산 입구까지는 주로 말을 타고 갔기 때문에 마부도 필요했다. 흥미 있는 사실은 일부 사대부들은(특히 현직 관료들) 유람의 풍류를 살리고 선경의 분위기를 맛보기 위해 피리나 통소를 부는 악공까지 데리고 갔다는 점이다. 금강산 유람록에 자주 등장하는 화원이 지리산 유람록에는 보이지 않는다는 점도 흥미롭다. 또한 술자리에서 흥을 돋구기 위해 노래를 하거나 춤을 추거나 악기를 연주하는 기생을 데리고 가는 경우도 많았다(조식, 1558년 등). 바위에 이름을 새기려고 석공을 데리고 간 사람도 있었다(남주헌, 1807년 등). 특이한 사항은 가족 중에서 아들이나 사위는 많은데 반해, 부인이나 딸 또는 며느리 등 여성 동반자는 그 사례가 전혀 발견되지 않았다. 10~40여 명이 몰려다니는 경우는 보통이었고, 경상도 관찰사 유람에는 300~400명의 사람들이 동반했다. 남주헌(1807년)은 이때 천왕봉에 1천여 명의 하인들이 있었다고 기록했는데 과장으로 보인다. 천왕봉 정상에는 그 많은 사람들이 올라설 자리가 없기 때문이다. 이동항(1790년)은 일행이 70여 명이었고, 노비와 마부를 마천 군자사에 남겨 두고, 천왕봉으로 출발한 짐꾼만 12명이었다. 1900년대 초에도 노비를 데리고 50여 명이 몰려다닌 사람도 있다(문진호, 1901년). 당시 지리산에는 호랑이가 많아서 포수(5명)를 대동하기도 했으며(정재규, 1891년), 박치복(1877년)은 하인 7명을 대동했다.

허유(1877년)는 하인 4명을 데리고 갔다.

### 여행가이드

지리산 입구까지는 마부나 하인들이 가이드 역할을 했다. 지리산에 들어가서는 현지 승려들이나 주민 또는 산막에 사는 사람들이 가이드 역할을 했다. 절이나 암자의 젊은 승려들이 주로 길 안내 역할을 맡았다. 그 역할도 분담되어 있어서 천왕봉을 기점으로 남쪽 구역은 쌍계사(화개)나 법계암(중산리) 승려들이, 동쪽 구역은 대원암(산청)이나 내원암(산청) 승려들이, 북쪽 구역은 백장암(남원)이나 군자사(마천) 승려들이, 서쪽 구역은 화엄사(구례) 승려들이 주로 맡았다. 승려들은 사대부들이 오면 절 멀리까지(쌍계사의 경우 화개장터까지) 가마를 가지고 마중을 나갔고, 절에 대한 내력과 전설을 설명해주었으며, 산행을 안내하고, 지리산의 수많은 계곡과 봉우리에 대한 이름과 전설을 설명해주었다. 승려들이 유람객들을 마중하거나 미리 나와서 대기할 수 있었던 것은 여행 중에 종들을 시켜 사찰에 미리 기별을 넣어서 가마를 가지고 와서 기다리도록 지시했기 때문이다.

김도수(1727년)처럼 쌍계사 승려들이 화개까지 남여를 가지고 왔으나 타지 않고 걸어간 사람도 있다. 시도 때도 없이 찾아오는 양반들의 시중 때문에 승려들이 고통을 많이 받았으며, 어떤 승려들은 길 안내를 꺼려하기도 했다(이륙, 1463년). 박래오(1752년)는 산속에서 만난, 모르는 주민에게 길 안내를 시키기도 했으며, 정석구(1810년)는 쌍계사에서 불일암 올라가는 길이 나쁘자, 길을 잘못 인도한다고 안내하던 승려를 책망하기도 했다. 체력이 약한 사대부들은 승려들로 하여금 앞에서 끌고 뒤에서 밀게 하고 산을 올라가는 경우도 있었다(정여창, 1489년; 양대박, 1586년 등). 양길보와 양광로(1586년)는 종들의 등에 업혀 산을 오르기도 했다. 천왕봉에 있었던 성모당 무당들은 양반들을 골탕 먹이려고 엉터리 정보를 가르쳐 주기도 했다(박래오, 1752년). 길 안내자들에게 어떤 수고비를 지불했다는 기록은 하나도 나오지 않았다.

### 여행경비

사대부들의 유람기에는 여행경비 조달이나 지출에 대한 기록은 극소수에 불과하다. 숙박비나 음식, 술 또는 물건의 가격을 구체적으로 기록한 사람은 아무도 없다. 황도익(1744년)이 유일하게 여행경비로 "쌀 한 전대를 준비했다"고 기록했다. 송병순(1902년)은 여비를 하인의 바지춤에 차고 가게 했다. 다른 사람들은 여행 중 객주집에서 묵었다거나 돈을 주고 술을 사먹었다는 기록으로 간접적으로 파악할 수 있을 뿐이다. 여행 도중에 친구나 친척, 지인, 현지 관리들이 여행경비를 보태주기도 했다. 김일손(1489년)은 영남관찰사, 함양군수, 단성현감 등이 노자를 보태 주었다. 송병순은 조맹명이 노자를 주었고, 정은필이 나막신을 선물했다. 이륙(1463년)이나 이주대(1748년)처럼 도중에 여행경비(쌀)가 떨어져서 산행을 포기한 사람들도 있었다.

어떤 물건을 돈을 주고 '샀다' 라는 표현을 한 사람도 매우 드물다. "민가에서 술과 두릅나물을 샀다", "악양시장에서 주머니를 털어 술 한 단지와 농어회를 사서 반나절 동안 놀았다"(이상 하익범, 1807년), "화개마을 입구에서 술을 샀다"(정석구, 1810년), "화림암 승려에게서 떡 세 조각을 샀다"(민재남, 1849년), "뱃삯을 내고 강을 건넜다"(정종엽, 1909년), "섬진강에서 배를 사서 뱃놀이를 했다"(문진호, 1901년)라는 표현들이 보일 뿐이다.

가마꾼이나 악공, 기생, 길잡이들의 수고에 대한 대가를 지불했다는 기록도 없다. 사대부들이 가장 신세를 많이 진 사찰에 숙박할 때는 해당 절의 승려들이 숙박과 식사와 술을 대접했다. 사찰에게 이런 유람객의 방문은 경제적으로 큰 부담이 되어, 이택환(1902년)은 "벽계암(현재 중산리 법계사) 승려들이 곤궁하니, 여기에 찾아오는 자들은 반드시 양식을 메고 반찬을 준비해야 한다"고 호소하고 있다. 석응윤(1803년)처럼 사대부를 안내하여 방문한 절에 부담을 줄이기 위해 일부러 식사를 안 한 가이드 승려도 있었다. 산청군수 이만시(1871년)는 사찰(화림암)에서 접대받은 음식에 대해 그 대가를 치르도록 했고, 마을 사람들이 대접한 음식도 대가를 치르도록 했다. 송병선(1876년)은 돈을 주고 길 안내자를 샀다.

### 이동(교통)수단

유람 중 이동수단으로는 말, 노새, 나귀, 가마(남여 籃輿, 견여 肩輿), 배를 주로 이용했고, 너무 가파른 산길이나 계곡을 건널 때는 걸어서 다녔다. 시내를 건널 때는 대나무로 만든 들것을 사용하기도 했다(조식, 1558년). 지리산 입구에 도달할 때까지 사대부들은 말을 타고, 마부와 하인들은 걸어서 갔다. 말이 없어서 여행을 포기한 사람도 있었다(김대집). 지리산 안에서는 승려들이 들거나 메고 다니는 가마를 타고 다녔다. 천왕봉을 기점으로 남쪽 구역에서는 쌍계사·신흥사·의신사·칠불암 승려들이, 북쪽 구역에서는 백장암과 군자사 승려들이, 동쪽 구역에서는 단속사·대원암·내원암 승려들이 가마를 메고 다녔다. 순창군수 송광연이 유람할 때(1680년)는 군자사 승려들이 가마를 가지고 천왕봉에 미리 올라와서 대기하고 있었다. 오두인(1651년)이 대성골에서 거림골로 넘어갈 때는 쌍계사와 내원암 승려들이 가마 임무를 교대했다. 성여신(1616년)은 불일암에 올라갈 때, 쌍계사 젊은 승려 10여명이 가마 4대를 가지고 대기했다.

경상도관찰사 윤광안(1807년, 함양군수, 진주목사, 산청현감 동반)은 가마를 타고 천왕봉 정상까지 올라가기 위해, 1만여 명의 관내 군사를 동원하여 의신사－대성골－세석평전－천왕봉－장터목－백무동까지 가마가 다닐 수 있는 길을 냈다. 이 코스는 지금도 많은 등산객들이 이용하는 등산로이다. 이런 민폐는 같은 날 우연히 다른 팀으로 천왕봉에 올랐던 하익범(1807년)이 경상도관찰사 아전으로부터 이 사실을 전해 듣고 생생하게 기록한 것이다. 하동－화개 구간에서는 주로 배를 타고 이동하면서, 악공들이나 기생들과 함께 노래를 부르거나 춤을 추면서 유람을 즐겼다. 그리고 남강이나 엄천강을 건널 때도 배를 이용했다. 조위한(1618년)은 남여를 메는 가마꾼들의 고통을 다음과 같이 기록하고 있다.

남여를 짊어진 승려의 헐떡이는 숨소리는 쇠를 단련하는 듯 거칠었고, 등에는 진땀이 흥건하였다. 다섯 걸음 열 걸음마다 어깨를 바꾸고 위치를 옮겼다. 앞에서 당기고 뒤에서 밀며, 오른쪽으로 기울기도 하고 왼쪽으로 기우뚱거리기도 했다. 남여를 타고 있는 괴로움도 남여를 맨 고통 못지않았다. 한 치 나아가고 한 자 물러나면서 고생스럽게 올라갔다.63)

송광연(1680년)과 신명구(1719년)도 가마꾼의 고통과 가마 타기의 어려움을 토로하고 있다. 양경우(1618년)는 승려들의 노고를 배려하여 처음에는 가마를 타지 않았다가, 나중에 걸을 수 없을 때에야 비로소 가마를 타면서, 자신의 건강이 스스로 산행도 못할 만큼 형편없음을 한탄했다. 김도수(1727년)도 화엄사 승려들이 남여를 가지고 마중 나왔으나, 타지 않고 절까지 걸어서 들어갔지만 불일암과 칠불암에서는 남여를 타고 다녔다. 남주헌(1807년)의 기록에는 관료들이 수행원을 수백 명씩 데리고, 풍악을 울리면서 시끌벅적하게 유람 행차를 벌였다고 나와 있다.

남여를 맨 승려들에게 대가를 지불한 사례는 딱 한 번 나온다. 함양군수 남주헌은 남여를 맨 승려들에게 막걸리를 사서 먹인 후 돌려보냈다. 금전이나 물건으로 대가를 지불했다는 사례는 한 건도 발견되지 않았다. 사대부들의 남여가 지나가도록 마을 사람들을 동원하여 나무를 베고, 길을 만들거나 남여를 부축하도록 했다(배찬, 1871년). 야간 이동에는 횃불을 이용하기도 했다(정재규, 1887년).

### 숙박수단

사대부들은 유람 중 다양한 숙소를 이용했다. 사찰, 관사(객관, 객사), 역참, 객주집(객점, 주막), 민박, 산막(화전민의 집), 신당(무당집), 친구 집, 친인척 집, 지인 집, 서원, 재실, 정자 등을 주로 이용했다. 오가는 도중에는 경유하는 관아의 객사나 친구 집, 친인척 집, 지인 집, 객주집에서 잠을 잤고, 지리산에 도착한 이후에는 절이나 암자를 주로 이용하여 숙박을 해결했다. 사대부들은 유생들이었기 때문에 서원이나 특정 문중의 재실도 자주 이용했다. 특히 남명 조식을 모시는 덕천서원(현재 덕산서원) 경원당에서 많이 자고 갔다.

자주 등장하는 사찰은 지리산 주변에 있는 쌍계사, 신흥사, 의신사, 칠불암(이상 화개골 지역), 대원암과 내원암(이상 산청 덕산 지역), 군자사와 금대암(이상 함양 마천 지역), 실상사와 백장암(남원 지역), 화엄사(구례 지역) 등이다. 그중에서도 가장 많이 등장하는 절은 쌍계사이다. 쌍계사에는 사대부들이 선망하는 최치원이 썼다고 전해지는 쌍계석문과 진감선사비, 최치원 영정이 있었고, 불일암과 불일폭포로 올라가는 출발점이었으며, 당시 선비들의 최대 로망이었던 청학동이 쌍계사와 불암암 사이에 있다고 믿었기 때문이다.

가끔 일반 서민들의 집에서 잠을 자거나, 거림골이나 세석평전에 있었던 화전민의 산막에서 잠을 자기도 했다. 세석평전에 있었던 화전민들의 집들은 6.25전쟁 중에 빨치산과 국방군의 공방 중에 모두 불타서 없어졌다. 지리산 등성에 올라가서는 향적사, 영신사(암), 제석당, 호귀당에서 많이 잤다. 나무를 잘라 산막을 지어 자기도 했고, 바위 아래에서 비박을 하기도 했다. 특히 천왕봉 정상에서는 다음날 새벽 일출을 보기 위해 신당(성모당)에서 많이 잤다. 이 중에서 신흥사, 의신사, 향적사, 영신사, 제석당, 호귀당, 성모당은 지금은 사라지고 없다. 1900년대 이후에는 여관이나 객주집에서 잠을 자는 경우도 많았다(정종엽, 1909년; 문진호, 1901년). 박여량(1610년)처럼 상류암 승려가 아침 세숫물을 데우려 하자, 승려의 수고를 줄이기 위해 사양하고 찬물로 세수한 사람도 있었던 반면, 경상도관찰사 윤광안처럼 1807년에 천왕봉과 영신봉에 본인의 숙소를 새로 지으면서 막대한 민폐를 끼친 사람도 있다.

관찰사의 숙소를 살펴보니, 온돌방, 회의실, 수선실, 부엌 등을 배치하여 완비되어 있었다. 아전 임시혁이 말하기를, "상봉(천왕봉)은 함양 소속입니다. 그러므로 작년 가을에 감영에서 관찰사의 숙소를 지으라는 명이 있었습니다. ---- 저희들이 감독을 하였는데, 골짜기에 있는 각 마을에서 비용을 부담한 것이 아무리 적어도 50~60금은 넘었습니다. 길을 닦는 공사는 저희 함양과 진주, 하동 세 고을의 군인들이 맡았는데, 1만명 가량 동원되었습니다. 상봉에서 칠불암까지 90리 길은 좌우에 하늘을 가릴 정도로 나무들이 빽빽이 들어차 있어서, 나무를 베어 길을 확장하여, 평지의 길처럼 넓고 평탄하게 만들었습니다. 그래서 민폐가 극에 달했습니다."라고 하였다. 이런 공사는 좋지 못한 전례를 남긴 데다, 후인들이 무턱대고 따라 할 것 이니, 어찌 백성을 보살피는 목민관이 할 짓이겠는가?64)

### 식음료 유형

사대부들의 유람록에 등장하는 음식은 매우 다양하며, 가장 많이 등장하는 음료는 술이다. 술은 본인들이 직접 가져가기도 하고, 친구 나 지인 또는 현지 관리들이 대접하기도 하고, 객주집에서 사서 마 시기도 했다. 천왕봉에 올라가서도 많은 사대부들이 술을 마셨다(허 유, 1877년 등). 사찰에서는 주로 밥이나 다과를 제공받았지만 술을 마신 경우도 많다. 사대부들은 유생들이었기 때문에 서원에서도 음 식을 제공 받았다. 특히 덕천서원에서 가장 많이 대접을 받았다. 유 향소에서도 식사를 대접했다(안익재, 1903년).

송병순(1902년)처럼 시장(덕산시장)에서 요기를 한 사람들도 있다. 산행할 때는 주먹밥이나 떡을 가지고 다니면서 요기를 하기도 했다 (김영주, 1867년 등). 목이 마를 때는 쌀가루나 미숫가루를 물에 타서 마셨다. 배가 고플 때는 물에 간장을 타서 먹으면서 어지럼증과 갈 증을 해소한 사람도 있었다(황도익, 1744년). 천왕봉에서는 기압이 낮 아서가 아니라 물의 성질이 강해서 쌀이 잘 안 익는다는 잘못된 정 보를 가지고 있었다(유문룡, 1799년). 사대부 유람객들은 사찰에서 식 사를 대접받지 않을 경우에는 주로 하인들이 따라다니며 밥을 지었 다. 관료들은 수행원들이 식량을 가지고 다녔다. 마을 사람들이 단체 로 식사를 대접하기도 했고(신명구, 1719년), 어떤 산골마을(덕산 동당촌)에서는 유람객을 위한 접대 규칙을 만들어 놓은 곳도 있었다. 조식(1558년)이 산행을 할 때는 어떤 마을에서 친구(김홍지)가 소까지 잡아 대접한 적도 있다.

이 과정에서 여러 가지 민폐가 발생했다. 관찰사의 점심을 마련하기 위해 주민과 군인을 동원하여 천왕봉과 영신봉에 임시 관사를 지었다(하익범 목격, 1807년). 물과 식량이 부족하고, 산등성이에 있었던 절(향적사, 영신사)의 승려들과 신당(성모당, 제석당, 호귀당)의 무당들은 사대부들을 재워주고 먹여주는 수발을 드느라 고생이 심했다. 대부분 지금 제석봉 부근에 있었던 향적사와 제석당에서 밥을 해서 천왕봉에 있는 사대부들에게 갖다 바쳐야 했기 때문에 그 고생은 이루 말할 수 없을 정도로 극심했다. 그래서 성모당에서 살던 어떤 무당들은 밥솥을 숨겨버려 사대부들이 저녁밥을 지을 수 없게 방해했다(박여량, 1610년). 또 성모당 무당들이 일부러 밥을 맛없게 지어 양반들을 골탕먹이기도 했다(박래오, 1752년; 홍씨, 1767년). 박래오(1752년)는 민폐를 많이 끼친 대표적인 사대부이다. 그는 중산리에 사는 어린 소녀에게 법계암(해발 1,400미터)까지 점심을 배달시키기도 했으며 윽박지르기도 했다. 늦은 밤에 가난한 촌집에 들어가 막무가내로 밥을 해내라고 윽박지르기도 했다. 박래오 일행은 어느 촌집 주인이 저녁밥을 대접할 마음이 전혀 없자, 꾸짖기도 하고 달래기도 하여, 겨우 몇 그릇의 잡곡밥을 얻어 차례대로 나누어 먹었으면서, 적반하장격으로 그곳 풍습이 야박하다고 타박하고 있다. 정재규(1887년) 일행도 밤늦게 대원암에 도착하여 승려들에게 저녁밥을 지으라고 하명해서 승려들의 불만을 샀다.

유생들이 불교를 무시하여 절집에서 술판을 벌인 사람들도 많았고, 유람객 접대에 절집과 승려들은 지치고 고달팠다. 정석구(1801년)

는 쌍계사 승려에게 술을 짊어지게 하고 환학대에 올라 술을 마셨다. 박여량은 군자사에서 악공과 기생을 불러 술마시고 노래하고 춤추며 놀았다. 후학들에게 학식과 인격이 높다고 추앙받는 조식(1558년) 같은 사람도 쌍계사 법당에서 술자리를 벌이고, 풍악을 울렸다. 승주현감 유순지(1611년)는 술이 취한 채로 백장암 법당에 드러누워서 잠을 잤다. 양재경(1905년)도 쌍계사 법당에서 술자리를 벌였다. 어떤 노인은 "유람객들 접대하느라 승려들이 지쳤다"고 유람객에게 훈계하기도 한다(민재남, 1849년). 양대박(1586년)도 마천 백무동 입구에 있는 군자사가 쇠락하는 이유가 과다한 유람객들의 방문과 과도한 부역 때문이라고 증언하고 있다.

이와 반대로 남효온(1487년)처럼 향적암에 쌀 1말, 봉천사에 쌀 다섯 되, 어떤 산막에 사는 승려에게 쌀 다섯 되를 숙박비로 준 사람도 있다. 정식(1743년)은 "불일암 승려들의 대접이 너무 정성스러워 마음이 편치 않았다"고 술회했다. 너무 가난해서 손님을 접대할 수 없음을 부끄럽고 한스러워 하는 민초도 있었다. 내원암 위쪽 마을에 살았던 김생은 민재남(1849년)을 만나, "깊은 산속 곤궁한 민가라 손님을 대접할 것이 없으니, 심히 부끄럽고 한스럽습니다."라고 말했다.

사대부들이 유람 중 직접 조달해서 먹거나 대접받은 식음료 종류를 간추리면 대강 다음과 같다. 술, 막걸리, 산초술, 대나무술, 진달래술, 추로주, 차, 팔미다탕, 꿀물, 솔잎차(송엽고), 송화가루차, 쌀밥, 보리밥, 기장밥, 서속밥, 흰죽, 솔잎죽, 국수, 칼국수, 쌀가루물, 미숫가루물, 고로쇠물, 떡, 인삼떡, 수수떡, 장미떡, 송편, 경단, 절편, 소고기, 개고기, 곰고기, 꿩고기, 잉어요리, 은어회, 생선회, 물고기회, 어탕, 생선탕, 해산물, 산나물 반찬, 두릅나물, 죽순, 고사리, 오미자, 독활, 당귀, 수박, 복숭아, 배, 돌배, 단감, 우린감, 홍시, 유자, 귤,

머루, 다래, 잣, 김치, 파김치, 간장, 사탕 등이다. 곰고기까지 먹은 걸 보면, 당시에 지리산에 곰이 흔했던 모양이다.

### 여행체험

사대부들의 지리산 여행체험은 크게 몇 가지로 구분할 수 있다. 첫 번째, 지리산을 오가는 도중에 친구나 친인척, 또는 현지 관리를 만나서 인사를 나누거나 숙식과 연회를 제공받았다.

두 번째, 지리산에 들어와서는 주요 절과 암자를 구경했다. 또한 절이나 암자에서 숙박과 식사, 다과를 제공받고, 승려들이 제공하는 가마를 타고 산길을 다녔으며, 승려들로부터 산길 안내도 받고, 지리산에 관한 여러 가지 정보를 들었다.

세 번째, 산행을 하면서 다양한 계곡과 봉우리 등 수려한 경치를 구경했다. 섬진강, 화개천, 청학동, 불일폭포, 용유담, 백무동계곡, 지리산 연봉 등. 그래서 승려들을 길잡이로 앞세우고 천왕봉 정상까지 올라간 사람들도 있었다. 특히 새벽에 천왕봉 일출을 보는 것은 사대부들의 로망이었다.

네 번째, 지리산을 오가는 도중에 역사 유적이나 유물을 구경하거나, 또는 선현의 사당이나 서원에 들러 예를 갖추고, 선현의 발자취를 되새겼다. 자기 조상의 묘소도 찾아 성묘를 하기도 했다.

다섯 번째, 절경을 보면서 시를 짓거나, 술자리에서 동행자와 서로 시로 화답을 하거나, 선배들이 새겨둔 시에 화답하는 일이 주요 여행 일정 중의 하나였다. 자기 시를 절이나 바위에 새기기도 했다. 조위한(1618년)은 6박 7일 동안 102편의 시를 지어 시집으로 편집했고, 이동항(1790년)도 유람 중 일행이 지은 시를 모아 시집을 편찬했다.

여섯 번째, 일부 유람객들은 연회를 열어 술 마시고 노래하고 춤추며 놀았으며, 술자리 흥을 돋구기 위해 악공(피리, 아쟁, 해금, 퉁소, 비파, 생황, 거문고 등), 기생, 광대들까지 불러 연회를 즐긴 사람들도 있었다(조식, 1558년; 박여량, 1610년 등). 특히 현직 관료들이 심했다 (남주헌, 1807년; 윤광안, 1807년; 이낙수, 1807년; 정유순, 1807년; 오두인, 1651년; 박장원, 1643년 등). 27세의 토포사 오두인은 피리 부는 악공 1명, 퉁소 부는 악공 1명, 비파 타는 악공 1명, 노래하는 기생 1명을 데리고 다녔다. 어떤 유람객은 피리 부는 악공과 기생을 천왕봉 정상까지 데리고 다닌 사람도 있었다(박여량, 1610년). 안음현감 박장원(1643년)은 천왕봉 일월대에서 악공에게 피리로 보허사를 한 곡 불게하고 그 소리를 감상하면서, "뼈 속이 서늘해지고, 혼이 맑아지면서 두 어깨가 들썩이는 듯하였다"고 술회했다. 흥미로운 사실은 유람록에 하인이나 마부의 이름은 기록하지 않으면서, 기생의 이름(봉월, 옹대, 강아지, 귀천 등)은 자주 기록한 점이다. 요즘 노인들이 자기 손주들에게 붙이는 '강아지'라는 이름을 기생에게 붙이기도 했다. 당시에도 귀여운 사람을 강아지라고 부른 듯하다. 성유신(1616년)은 섬진강에 배를 띄워 놓고 악공과 기생들을 데리고 술자리를 벌이고 놀았는데, 이때 들판에서는 벼를 베던 농부들이 낫을 들고 서서 구경했다. 사대부들의 이런 유람 행차를 바라보는 농부들의 마음은 편치 않았을 것이다. 정식(1743년)은 불일암에서 두 악공으로 하여금 퉁소를 번갈아 가며 불게 하고, 친구 운보와 사이사이에 시로써 화답하며 놀면서, 자신들이 지금 신선놀이를 하고 있다고 술회했다.

일곱 번째, 사대부들은 현지에 영향력이 있는 사람들이 많았기 때문에 현지 주민이나 사찰의 억울한 민원도 들어주고, 일부는 해결하기 위해 중개역할도 했다. 함양군수였던 김종직(1472년)은 마천지역이 가뭄으로 잣 수확이 흉년임을 보고, 매년 조정에 바치는 공납을 줄여주기로 하여 민심을 달랬다. 김일손(1489년)은 관청에서 은어 잡는데 필요한 조피나무 껍질을 공납하는 노역 때문에 고통받고 있다는 쌍계사 주지의 민원을 듣고, 이를 해결해 주기도 한다. 박여량(1610년)은 제석봉 부근에 있는 제석당을 단속하려는 관청을 막아달라는 당지기 노파(무당)의 민원을 듣고, 해당 유향소에 그 명령을 늦추어 달라고 서신을 보내준다. 조식(1558년)은 승려들의 부역을 줄여 달라는 서신을 써달라는 신흥사 승려의 부탁을 받고, 고을 목사에게 서신을 써주기도 했다. 함양군수 조구명(1724년)은 마천에서 태풍 피해로 고통을 받는 백성들의 민원을 받고, 세금 감면을 약속하기도 했다.

여덟 번째, 사대부들은 절에서 머물 때 승려들과 담론을 벌이기도 했다. 불교를 멸시하고, 승려들을 미천하게 여겼으면서도, 문자가 깊거나 유명한 승려를 만나서는 불교와 유교 등의 이치에 대해 밤새워 논쟁을 벌이거나 토론을 하기도 했다. 남효온(1487년)은 쌍계사 승려 학유와 선(禪), 성정론, 귀신론, 불교 등에 대해서 담론을 벌였다. 김지백(1655년)은 연곡사 각황노사와 불교의 '공(空)'에 대해서 담론했다. 정식(1724년)은 90세 먹은 남대암 노승과 금강경에 대해 밤새도록 토론했다. 그는 불일암에서는 면벽수행하는 승려들을 따라 솔잎죽만 먹으면서 사흘 밤을 꼬박 세우면서 참선에 정진하기도 했다. 이동항(1790년)은 명적암 승려 도원과 기질론, 이기체용설, 음양동정설, 천인일리설, 이기론, 돈오점수, 선종과 교종, 사단칠정론 등에 대해서 담론하고, 유교의 뛰어난 학자일지라도 그의 명쾌하고 우수한 식견을 뛰어넘지 못할 것이라고 칭찬하고 있다. 김창흡(1708년)은 상불암 주지 해기에게 번뇌망상을 잊는 법을 물었다.

그런가 하면, 승려들이 유교관련 책을 소지하고 있는 것조차 비난하는 찌질이 사대부도 있었다. 민재남(1849년)은 내원암에서 속성이 공씨인 어떤 노승이 궐리사(闕里詞: 공자 사당)에서 내려오는 '실기(實記)'라는 공자 관련 책을 내밀자, "절간에 이런 책을 두는 것은 공자의 죄인이며, 불가도 어지럽히는 짓"이라며 노승을 나무랐다. 승려들을 업신여겨 승려들이 시에 화답하는 것을 기이하게 생각하는 사람도 있었다(양재경, 1905년). 불교의 유물이나 풍속, 전설 등을 혹세무민하는 미신이라고 비난하는 사대부들이 많았다(정재규, 1887년; 조성렴, 1872년; 박치복, 1877년; 송병선, 1879년 등).

아홉 번째, 사대부들의 유람록은 역사적 사실을 증언한다. 진주목사 김홍(1558년)은 전라도 어린달도(거문도 부근)에 왜구 배가 정박하고 있다는 소문이 들려 유람을 취소하기도 했다. 산청 단속사 절간이 황폐하여 승려가 거처하지 않는 방이 수백 칸이다(김일손, 1489년). 천왕봉에 성모사와 (무당들이 사는) 판잣집들이 벌집처럼 줄지어 있다(유몽인, 1611년). 절 이름이 바뀌었음을 증언해주기도 한다. 화개골 신흥사는 1611년까지도 '신흥사'로 표기했으나(유몽인), 1616년 이후에는 '신응사'로 표기하고 있다(성여신, 1616년). 신흥사터 가시덤불 속에 청동불상 2구가 버려져 있는 것을 보았다(오두인, 1651년). 1680년에 백장사가 중창중이었다(송광연, 1680년). 당시에 유배당하고 있던 사람을 방문한 특이한 경험을 한 사람도 있다. 황도익(1744년)은 당시 섬진강가(광양쪽)에 유배생활을 하고 있던 김성탁을 방문하고 위로했다. 김성탁은 실제로 1738년부터 1747년 별세할 때까지 광양에서 유배생활을 했다. 이주대(1748년)의 기록은 삼청 대원사 앞에 있었던 삼장사(현재는 폐사지에 삼층석탑만 남아 있음)가 1748년 4월까지는 존재했음을 증언하고 있다. 1700년대 중반에도 지리산에 호랑이가 많이 서식하고 있음을 증언하는 기록도 있다. 김도수(1727년)는

"김이 모락모락나는 호랑이 똥을 보았고, 호랑이가 많아 불일암에 올라갈 때 승려가 앞에서 쌍나팔을 불면서 나아갔다"고 기록했다. 쌍계사에서 어떤 노승이 "작년에는 사나운 곰이 많아 사람을 만나면 해를 입혔는데, 올해는 또 호랑이들이 많아 사람들이 왕래하지 못하고 있습니다."라고 증언했다(김도수). 1752년경에는 천왕봉에 오르던 사람들에게 숙식을 제공했던 향적사(제석봉 근처) 대신 호귀당에서 숙식을 해결한 것으로 보아, 향적사가 사라지고 호귀당을 새로 지은 것으로 보인다(박래오, 1752년). 1807년까지는 현재의 진주와 산청이 진양과 산음으로 불렸음을 알 수 있는 기록도 있다(남주헌, 1807년). 하익범(1807년)은 경상도관찰사가 천왕봉과 영신봉에 자신의 임시숙소를 지으면서 끼친 민폐를 자세히 기록했으나, 관찰사와 함께 유람한 당사자인 남주헌의 기록에는 이런 사실이 전혀 보이지 않는다. 사원철폐령으로 인해 1884년경에는 덕천서원이 폐허가 되었다(전기주, 1884년; 안익재, 1903년). 법계암터가 폐허만 남았다(강병주, 1886년). 불일암이 폐허가 되었다(정종엽, 1909년). 법계암이 벽계암으로 불리고, 천왕봉 성모당은 폐허가 되었고, 신흥사와 불일암도 폐허가 되었다(송병순, 1902년). 최익현은 70세의 고령에도 지리산 유람에 나섰다(이택환, 1902년). 1869년경에 실상사가 중창되었다(송병선, 1869년). 천왕봉 성모당의 판잣집이 석실로 바뀌었다(박치복, 1877년).

열 번째, 사대부들은 지리산 유람을 다니면서 백성들의 일상생활이나 애환도 관찰했다. 당시에 지리산 등성이에 수없이 자리잡은 매잡이 산막이 있었고, 추운 겨울에 산속에서 살아있는 매의 공납에 시달리는 매잡이들의 고통을 여러 유람객들이 안타까워 했다(김종직, 1472년; 박여량, 1610년; 유몽인, 1611년; 송광연, 1680년 등). 일본으로 가는 통신사들의 방물 목록에도 살아있는 매가 들어있었다. 아전의 횡포로 백성들의 고통이 심하다(김일손, 1489년). 고을의 가혹한 정치로 승려들이 절을 떠난다(양경우, 1618년). 과도한 부역으로 승려들이 절을 떠나 쌍계사가 황폐해지고 있다(황도익, 1744년). 삼영(훈련도감, 금위영, 어영청)에 공납하는 종이를 바치는 일이 번거롭고 힘들어 승려들이 살 수가 없다(김도수, 1727년). 이동항(1790년)은 예전에 낙토라고 했던 엄천과 마천의 산속에 사는 백성들이 공납하는 벌꿀 및 각종 공물의 수량이 수십 년 전부터 해마다 증가하여, 도망친 주민들이 과반이나 된다고 한탄하고 있다. 근래에 초세(草稅)가 생겨 (마천의) 음지촌과 양지촌 두 마을이 매년 방납으로 백냥을 낸다고 하니, 백성들의 곤궁함을 미루어 알 수 있다(배성호, 1910년). 수년 동안 일본 병사들이 산사까지 수색하여 승려들이 많이 사라졌다(배성호, 1910년). 김종순(1884년)은 당시 지리산 화전민의 비참한 생활상을 생생하게 묘사했다. 정재규(1887년)는 종이 화폐를 만드는 재료인 닥나무 산지의 사정을 자세히 묘사하고 있다. 황현(1876년)은 구례 지역에 100여 일 넘게 가뭄이 들어 곡식들이 흉작이었다고 가슴 아파하고 있다. 김도수(1727년)는 화엄사 아랫마을 시냇가 바위에서 빨래하는 아가씨를 보고, "마치 월나라 때 시냇가에서 빨래하던 서시(西施) 같다"고 기록하고 있다. 그는 또 섬진(현재 섬진강 하류 하동포구 쪽) 장날의 모습을 보고, "장사꾼들의 물건 파는 소리가 시끄럽게 끊이지 않았으며, 산나물과 해산물이 매우 많았다. 우마와 사람들이 오고 가는 것을 바라보니, 마치 개미집이 갓 무너졌을 때와 같이 분주했다."고 기록했다. 섬진강에 고기잡이배와 상선들이 끊임없이 오르내리고 있었다(신명구, 1719년). 시골 인심은 가난하지만 아직도 따뜻했다(배성호). 화개골 삼신동에 찻잎을 따는 아낙네들이 산에 가득했다(문진호, 1901년).

열한 번째, 사대부들은 유람 중에 자연을 훼손하기도 했다. 바위에 이름을 새기거나(김종직, 오두인, 윤광안, 이낙수, 남주헌, 정유순, 하익범, 안익재 등), 분재용 고목을 캐가기도 했다(박여량). 나무껍질을 벗겨내고 자기 이름을 새기는 사람들도 있었다(조위한). 반면에 바위에 이름 새기는 자들을 비난하는 사람도 있었다(조식, 성유신, 박치복 등).

열두 번째, 사대부들은 현지인들과 선물도 주고받았다. 사대부들은 주로 승려들에게 각종 도움에 대한 배려로 시를 지어 주었다(남효온, 유몽인, 남주헌 등). 김회석은 시를 지어 유숙한 집의 주인에게 사례했다. 현지인(주로 승려들)도 유람객들에게 선물을 주었다. 오대사 승려가 김일손에게 짚신 한 컬레를 주었고, 신흥암 승려도 정식에게 짚신 한 컬레를 주었다. 어린 사미승이 유몽인에게 불등화와 춘백화 두 송이를 주기도 했다.

그 밖에 사대부들은 유람 중 다양한 여행 체험을 했다. 조식은 1558년 4월 22일 신흥사에서 기대승 일행 11명을 만나기도 했다. 유몽인(1611년)과 송광연(1680년)은 승려들을 시켜 쌍계사에서 진감선사비를 탁본했다. 노광무(1840년)는 용유담에서 그물로 10여 마리의 물고기를 잡아 회를 쳐서 술을 마셨다. 유람 중 담배를 피웠다는 기록은 민재남(1849년)이 유일하다. 민재남은 내원암 뒤쪽 유두리에서 신선처럼 살고 있는 숲속의 은자(김생)를 만나 그의 삶을 부러워하기도 했다. 정종엽(1909년)은 짚신에 징을 박아 얼음 덮인 가파른 벼랑을 넘었다. 김교준(1906년)은 고로쇠 수액을 마시기 위해 달궁까지 유람하기도 했다.

### 여행사고

사대부들의 지리산 유람록에는 유람 중 발생한 여러 가지 사건

사고에 대한 기록이 나와 있다. 발이 부르터서 산행을 포기하거나(임정숙), 하루 쉬기도 하고(정여창), 설사와 복통으로 고생하기도 했다(조식, 이인숙, 이강이, 황도익 아들, 이달후 등). 정희숙과 하인 숙남은 감기로 중도에 여행을 포기했다(성유신). 이주대는 시내를 건너다 말에서 떨어져 부상을 입었다. 허노첨은 다리 부상으로 고생했다. 문진호는 토사곽란이 나서 고생했다. 양재경은 구토와 설사로 천왕봉 등정을 포기했다. 천왕봉 성모당에서 밤에 자면서 너무 추워서 고생하기도 했다(김종직, 양대박 등). 말이 병이 나기도 했다(조식, 성유신). 곽명원은 등에 종기가 나고 오한이 들어 산행을 포기했다.

## 2. 조선시대 사대부들의 지리산여행 특성

조선시대 때 지리산을 유람한 사대부들이 기록한 유람록을 분석하여 밝혀낸 여행 특성은 다음과 같다.

첫 번째, 지리산 유람록은 조선시대를 대표하는 여행기일 뿐 아니라, 조선시대 여행사(史) 연구에 반드시 필요한 고전 텍스트라고 결론지을 수 있다. 일부 사대부들의 지리산 유람기는 금강산 유람록과 마찬가지로, 현대 여행기와 비교해도 별 차이가 없을 정도로 여행기의 체제를 잘 갖추고 있다. 기본적으로 6하 원칙에 의해 구성되어 있다는 점이다. 그러나 일부 유람기에는 날짜나 여행동기, 숙박이나 식음료 유형, 이동경로, 여행동반자 등이 누락 되어있어, 여행기로서의 생명성이 떨어지는 것도 다수 존재한다. 그럼에도 불구하고, 사대부들의 유람기는 비록 한문으로 기록되기는 했지만, 후대 여행자들에게 좋은 읽을거리와 가이드북의 역할을 했다고 볼 수 있다.

두 번째, 사대부들의 지리산여행은 현대 여행처럼 전문 여행사가 여행을 기획하고 진행하는 것이 아니라, 유람 당사자들이 스스로 여행 계획을 짜고, 여행에 필요한 물품을 준비하고, 교통편과 숙박수단, 식사재료를 준비하고, 필요한 지원 인력(마부, 하인, 소동, 악공, 기생 등)을 조달했다. 그런 면에서 현대 여행으로 보면, 지리산을 유람한 사대부들은 자유여행자(free independent tourists)에 해당한다.

세 번째, 사대부들은 지리산여행을 마치고 다양하게 긍정적인 영향을 받았다. 박여량과 양재경은 "높은 곳에 오르려면, 반드시 낮은 곳으로부터 시작해야 한다"는 사실을 깨달았다. 정재규는 "악을 따르는 것은 산을 내려오는 것처럼 쉽다"는 사실을 깨달았다. 남주헌은 "세상의 일도 산행처럼 처음에는 발걸음이 무겁고 힘들지만, 시간이 지나면 익숙해진다"는 것을 깨달았다. 양대박은 "마치 꿈속에서 하늘에 오르는 듯 황홀하였다"고 썼고, 유몽인은 "유람을 하면서 세상을 잊고, 구속을 버리고서 꾸밈이 없는 태초의 세계로 자연스레 흘러들어갔다"고 술회하고 있다. 조식은 "지리산 산골짜기까지 부역으로 고통받는 백성들이 지천인데, 우리들만 이렇게 놀러다니는 것이 무슨 즐거움이 있겠느냐"고 반성하기도 한다. 허유는 "산행 중 힘들게 올라갈 때는 넘어지지 않는데, 오히려 내려오는 길에 많이 넘어진다"는 평범한 진리를 깨달았다. 조성렴은 "자신의 가슴은 산보다 좁고, 식견은 산보다 낮고, 신체의 크기도 산보다 왜소하다"는 사실을 깨닫고 스스로 겸손해져야 한다고 반성하고 있다.

네 번째, 사대부들은 지리산 유람을 체력단련보다는 유흥의 한 수단으로 여기는 사람들이 많았다. 그래서 유람 중에 다양한 악기를 연주하는 악공과 춤을 추고 노래를 부르는 기생을 동반한 경우가 많았다. 또한 거의 모두가 술을 가지고 다니면서 마셨다. 지리산을 오가는 길에는 물론, 등반 중 또는 천왕봉 정상에 올라가서도 술을 마셨다. 심지어는 절에서도 술판을 벌였다. 당시에는 등반 중 술을 마셔도 괜찮다는 사회적 분위기가 있었던 것으로 보인다. 등산 중 발생할지도 모르는 신체적 위험보다는 속세를 떠나 산속의 선경을 즐기는 은자의 정신적 풍류가 우선시 되는 인식이 있었던 것으로 보인다.

다섯 번째, 사대부들의 지리산 유람에는 금강산 유람과 마찬가지로 사찰과 승려들이 큰 역할을 했다. 사찰과 승려들은 사대부들이 지리산에 들어오면 숙박은 물론 식사와 다과를 제공하고, 지리산 정보를 알려주고, 길안내를 맡고, 가마를 메고 산을 오르내렸다. 지리산을 가운데 두고 동서남북을 기준으로 가마를 메는 사찰과 승려들이 나뉘어 있었다. 사대부들은 간혹 식견이 높은 승려를 만나면, 유교나 불교 또는 인생사에 대해 담론을 나누거나 시를 화답하기도 했지만, 대부분은 절이나 승려들에게 신세를 지고 있는 입장에서도 불교를 혹세무민하는 미신이라고 비난하고 승려들을 천시하고 멸시하고 무시했다.

여섯 번째, 사대부들은 금강산 유람과 마찬가지로 지리산 유람 중에도 많은 민폐를 끼쳤다. 사대부들은 여행 중 발생하는 숙박비용이나 식사비용 중 상당 부분을 제3자, 즉 현지 사찰이나 관료, 친구, 친척, 서원, 또는 현지 주민들에게 부담시켰다. 어떤 관찰사는 지리산 산정에 자기 임시숙소를 만들기 위해 주변 백성들로부터 많은 세금을 징수하고, 등산로를 만들기 위해 군사나 주민들을 동원하기도 했다. 일부 사대부들은 천왕봉이나 불일암 등 높은 곳도 승려들이 메는 가마를 타고 올라갔기 때문에 승려들의 고통은 말로 다할 수 없었다. 마천 백무동 입구에 있었던 군자사와 같은 절은 그와 같은 폐해 때문에 승려들이 모두 도망가서 폐사가 되기도 했다.

일곱 번째, 사대부들은 현지 주민들이나 사찰의 민원을 해결해주기도 했다. 사대부들은 유람 중 민폐를 끼치기도 했지만, 한편으로는 과도한 세금이나 부역 또는 자연재해로 인한 흉년 등으로 고통받고 있던 현지 사찰이나 주민들의 고충이나 민원사항을 해당 지방관에게 편지를 써서 해결해주기도 했다. 이것은 사대부들이 현지 지방관들과 동문수학이거나 선후배 또는 동향 사람으로 안면이 있었기에 가능한 일이었다.

여덟 번째, 사대부의 유람록을 통해서 역사적 사실이나 사회적 상황을 파악할 수 있다. 임진왜란 이전부터 왜구가 자주 남해안에 출몰했음을 알 수 있다. 승려들이 사대부들의 가마를 메고, 사대부들이 절에서 술판을 벌인 것으로 보아, 조선시대 후기까지도 불교와 승려가 천시되고 멸시받았음을 알 수 있다. 천왕봉과 백무동을 비롯한 지리산 도처에 무당들이 기승을 부리고 있었다는 사실도 알 수 있다. 지리산 유람에 호랑이가 무서워 쌍나팔을 부는 승려들을 앞세우거나 포수를 동반했다는 기록으로 보아, 1890년대까지 지리산에 호랑이가 살고 있었다는 사실도 알 수 있다. 1870년대까지도 지리산 등성이에 공납에 필요한 생매(살아있는 매)를 잡는 사냥꾼들이 있었음을 알 수 있다. 어떤 사찰이 언제쯤 폐사가 되었고, 언제쯤 중창이 되었는지도 알 수 있다. 19세기부터 돈을 주고 주점을 이용했다는 기록이 있는 것으로 보아, 조선시대 후기에 화폐경제가 시작되었음을 알 수 있다. 여행동반자 중에 기생을 제외하고는 여성이 없는 것으로 보아, 조선 사회는 양가집 여성에게는 여행을 허용하지 않았던 남성 중심의 사회임을 알 수 있다.

아홉 번째, 사대부들이 유람 중에 바위에 이름을 새기는 자연훼손 행위가 많았다. 남효온이나 김일손처럼 이런 행위를 비난했던 사람들이 있었던 것으로 보면, 당시에도 바위에 이름을 새기는 행위는 비도덕적인 일로 여겨진 것으로 보인다. 그런데 이들의 비난은 자연환경보존 차원의 비난이 아니라, 이름을 후대에 남기고자 하는 자의 공명심을 비난했다는 점에서 요즘의 지속가능한 관광과는 거리가 있다.

열 번째, 유람 중에 사대부들이 투숙한 절 중에서 지금까지 남아 있는 사찰도 많이 있다. 쌍계사, 국사암, 칠불사, 연곡사, 화엄사, 천은사, 실상사, 백장암, 금대암, 안국암, 영원사, 법화사, 화림사, 문수사(함양), 대원사, 내원사, 법계사, 오대사 등이다. 반면에 사대부들이 가장 많이 신세를 지고, 자주 언급했으면서도 지금은 사라지고 절터만 남은 절들은 향적사(제석봉 부근), 영신사(영신봉 부근), 군자사(함양군 마천면 군자리), 신흥사(하동군 화개면 신흥리), 의신사(하동군 화개면 의신리), 단속사(산청군 단성면 청계리), 삼장사(산청군 삼장면 평촌리) 등이다.

열한 번째, 지리산 등선을 종주(대원사-천왕봉-노고단-화엄사 구간)한 사람은 한 명도 없다. 아마도 당시에는 현재 지리산 대피소(총 8개)가 제공하는 숙박 서비스를 제공할 수 있는 시설이 없었기 때문인 것으로 추정된다. 종주 구간(화엄사-대원사 유평매표소)의 거리가 약 100리(46킬로미터)이기 때문에 중간에 숙박시설이 없으면 한번에 등반하기가 힘들다. 따라서 천왕봉까지 오르는 사람들은 산등성이에 숙박시설 기능을 하면서 물과 음식도 제공했던 향적사와 영신사 구간까지만 유람이 가능했다. 이런 이유 때문인지는 몰라도 영신봉과 노고단(화엄사) 사이의 유람 기록은 거의 보이지 않는다.

마지막으로, 일부 사대부들의 체력이 상당히 약했다는 사실을 알 수 있다. 스스로 자기 발로 천왕봉까지 올라간 사대부는 별로 없다.

많은 사대부들이 하인이나 승려를 시켜 앞에서 끌고 뒤에서 밀면서 등산을 했다. 심지어는 그들의 등에 업혀 산에 오르기도 했다. 어떤 사대부들(주로 현직 지방관들)은 승려들이 메는 가마를 타고 정상까지 올라갔다. 그래서 박여량 같은 사람은 산에 오르려면 먼저 체력부터 길러야 한다고 주장하면서, 자신의 나약함을 한탄하고 있다. 다른 사람의 힘에 의존하여 산을 올라가는, 현대 등산여행에서는 볼 수 없는 등산 패턴이 당시에는 흔하게 존재했다.

덕산서원(구글 이미지, 김휴림)

쌍계석문

지리산 영신사터(구글 이미지)

천왕봉 성모상(성모상은 현재 중산리에 있는 천왕사에 모셔져 있음)

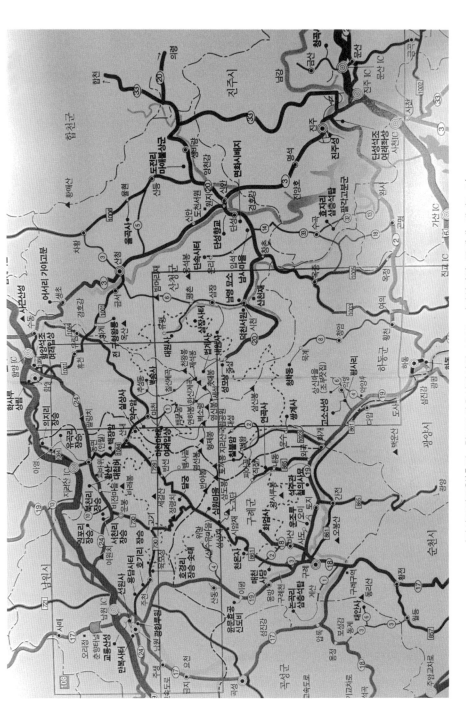

지리산국립공원(출처: 한국문화유산답사회. 1999. 지리산자락. 돌베개. 내지1-2.)

## 주

1) 재레드 다이아몬드 저, 김진준 역. 1998. 총, 균, 쇠. pp.117-127.
2) Goeldner, C. R. and J. R. B. Ritchie. 2012. Tourism: Principles, Practices, Philosophies. 12th ed. Hoboken: John Wiley & Sons.
3) 헤로도토스 저, 박광순 역. 1989. 역사. p.161.
4) Goeldner, C. R. and J. R. B. Ritchie. 2012. Tourism: Principles, Practices, Philosophies. 12th ed. Hoboken: John Wiley & Sons.
5) Goeldner, C. R. and J. R. B. Ritchie. 2012. Tourism: Principles, Practices, Philosophies. 12th ed. Hoboken: John Wiley & Sons. p.30.
6) Goeldner, C. R. and J. R. B. Ritchie. 2012. Tourism: Principles, Practices, Philosophies. 12th ed. Hoboken: John Wiley & Sons. p.30.
7) Goeldner, C. R. and J. R. B. Ritchie. 2012. Tourism: Principles, Practices, Philosophies. 12th ed. Hoboken: John Wiley & Sons.
8) 이하 정수일. 2001. 실크로드학. pp.401-532 참조.
9) Robin Hanbury-Tenison (ed). 2006. The Seventy Great Journeys in History. Thames & Hudson.
10) Robin Hanbury-Tenison (ed). 2006. The Seventy Great Journeys in History. Thames & Hudson.
11) 이 절은 고태규. 2016. 삼국사기를 중심으로 한 삼국시대 여행사 연구. 관광연구저널, 31(3), 35-48을 수정보완하여 재인용한 내용임.
12) Goeldner, C. R. and J. R. B. Ritchie. 2012. Tourism: Principles, Practices, Philosophies. 12th ed. Hoboken: John Wiley & Sons.
13) OECD. 2011. Medical tourism: treatments, markets, and health system implications-a scoping review. Directorate for Employment, Labour, and Social Affairs. (http://www.oecd.org/els/health-systems/48723982.pdf)
14) 로빈 핸버리 테니슨 저, 남경태 역. 2009. 역사상 가장 위대한 70가지 여행. 역사의 아침.
15) 신형식. 2011. 삼국사기의 종합적 연구. 경인문화사.
16) 사카에하라 토와오 榮原永遠男 저, 이병호 역. 2012. 정창원문서 입문. 태학사.
17) 고태규. 2018. 박지원의 열하일기에 대한 관광학적 고찰. 관광연구저널, 32(3), 5-22.
18) 고태규. 2018. 박지원의 열하일기에 대한 관광학적 고찰. 관광연구저널, 32(3), 5-22.
19) 고태규. 2019. 여행과 문명(개정판). 법문사.
20) 윤명철. 2014. 한국해양사. 학연문화사.
21) 송호정. 2015. 아틀라스 한국사. 한국교원대학교 역사학과 편. 사계절.
22) 이주형 편. 2009. 동아시아 구법승과 인도의 불교유적. 사회평론.
23) 고태규. 2016. 여행과 문명. 법문사.

24) 이 절은 고태규. 2013. 고려시대 해외 여행시에 대한 관광학적 연구: 익제 이 제현을 중심으로. 관광연구저널, 37(3), 5-17을 수정보완하여 재인용한 내용임.

25) 지영재. 2003. 서정록을 찾아서: 고려시인 이제현의 대륙장정. 도서출판 푸른 역사.

26) 이제현 지음, 박성규 역주. 2012. 역주 역옹패설. 도서출판 보고사.
이제현 지음, 이상보 옮김. 2015. 역옹패설. 범우사.
장덕순. 1989. 해제, 민족문화추진회 고전국역총서 익재집 I, II. 민문고.
지영재. 2003. 서정록을 찾아서: 고려시인 이제현의 대륙장정. 도서출판 푸른 역사.

27) 모든 싯구의 자수가 전편에 걸쳐 일정한 것을 원칙으로 하는 시와는 달리, 사 는 형식상으로 자수가 일정치 않다. 장단구(長短句), 악부(樂府), 시여(詩餘), 전사(塡詞)라고도 부른다(민족문화추진회, 1989).

28) 황제가 사명을 다하라고 명령을 내린 편지

29) 고태규. 2019. 조선통신사의 일본 여행에 대한 관광학적 고찰: 사행록을 중심 으로. 관광연구저널, 33(6), 65-79.

30) 이 절의 내용은 고태규. 2018. 조선시대 금강산 유람기에 대한 여행사적 고찰. 관광연구저널, 32(9), 79-93을 수정보완하여 재인용 하였음.

31) 유몽인 외 지음, 전송열 허경진 엮고 옮김. 2016. 조선선비의 산수기행. 돌베개.

32) 왕자는 통곡하며 왕을 사별하고 곧 개골산으로 들어가 바위에 의지하여 집을 짓고 마의와 초식으로 일생을 마치었다. 〈삼국사기 권11, 신라본기 11, 경순왕 9년 10월〉

33) 일부는 술랑도 남석행이라는 화랑 남석행이 자기 이름을 새긴 것이라고도 주 장한다.

34) 유홍준 엮음. 1991. 금강산. 학고재.

35) 이하 유홍준. 2001. 나의 북한문화유산답사기 하. 중앙M&B 참조.

36) 유홍준. 1999. 금강산. 학고재. p.13.

37) 원궁사(元宮詞)에는 그녀의 용태를 다음과 같이 묘사하고 있다. '기황후는 은 행나무 빛 얼굴에 복숭아 같은 두 볼, 버들가지처럼 가냘픈 허리로 궁중을 하 늘하늘 걸었다.' (출처: 인터넷 한국사 인물열전). 그녀의 오빠가 고려말 권세 를 남용하다 공민왕에게 죽은 기철이다.

38) 이하 유홍준. 2001. 나의 북한문화유산답사기 하. 중앙M&B 참조.

39) 이하 유홍준. 2001. 나의 북한문화유산답사기 하. 중앙M&B 참조.

40) 이하 유홍준. 2001. 나의 북한문화유산답사기 하. 중앙M&B 참조.

41) 이하 유홍준. 2001. 나의 북한문화유산답사기 하. 중앙M&B 참조.

42) 이하 유홍준. 2001. 나의 북한문화유산답사기 하. 중앙M&B 참조.

43) 윤호진·이상필·강정화·이영숙·강동욱·문정우 역주. 2016. 금강산 유람록 1. 민속원.

44) Goeldner, C. R. and J. R. B. Ritchie. 2012. Tourism: Principles, Practices, Philosophies. 12th ed. Hoboken: John Wiley & Sons.

45) 고태규. 2018. 박지원의 열하일기에 대한 관광학적 고찰. 관광연구저널, 32(3),

5-22.

46) 윤호진·이상필·강정화·이영숙·강동욱·문정우 역주. 2016. 금강산 유람록 2. 민속원. p.57.

47) 홍인우가 가져간 것으로 오늘날의 여행가이드북에 해당한다. 여행할 때의 교통수단과 옷차림, 음식의 구비, 여행자가 사용했던 숙박시설 등을 상세히 적어 놓았다(윤호진 외, 금강산 유람록2, p.134).

48) 남여(籃輿)는 손으로 드는 가마이고, 견여(肩輿)는 어깨에 메는 간단한 가마이다. 마교는 말이 끌고 마부가 손으로 잡는 가마이다.

49) Krippendorf, J. 1987. Holiday Makers: Understanding the Impact of Leisure and Travel. Heineman, Oxford.

50) 윤호진·이상필·강정화·이영숙·강동욱·문정우 역주. 2016. 금강산 유람록 2. 민속원, p.26.

51) 윤호진·이상필·강정화·이영숙·강동욱·문정우 역주. 2016. 금강산 유람록 2. 민속원, p.34.

52) 윤호진·이상필·강정화·이영숙·강동욱·문정우 역주. 2016. 금강산 유람록 3. 민속원, p.241.

53) 유홍준. 2018. 나의 문화유산답사기: 산사순례. 창비. p.236.

54) 유홍준. 1998. 금강산. 학고재. p.238.

55) McLean, D., A. Hurd, and D. M. Anderson. 2017. Kraus' Recreation & Leisure in Modern Society 11th Edition. Jones & Bartlett Learning.

56) 윤호진·이상필·강정화·이영숙·강동욱·문정우 역주. 2016. 금강산 유람록 1. 민속원, p.226.

57) 윤호진·이상필·강정화·이영숙·강동욱·문정우 역주. 2016. 금강산 유람록 2. 민속원, p.36.

58) 이 절은 고태규. 2022. 조선시대 사대부의 지리산 유람에 대한 연구. 관광연구저널, 36(5), 5-18을 수정보완하여 재인용한 내용임.

59) 이하 국립진주박물관. 2009. 지리산. 통천문화사. 참조.

60) 이하 장선중. 2007. 지리산여행. 혜지원. 참조.

61) 이중환 저, 이익성 역. 택리지. 을유문화사. p.215.

62) 전승열·허경진 편역. (2016). 조선선비의 산수기행. 돌베개.
최석기 외. 2001. 선인들의 지리산 유람록 1권. 돌베개.
최석기 외. 2008. 선인들의 지리산 유람록 2권. 보고사.
최석기 외. 2009. 선인들의 지리산 유람록 3권. 보고사.
최석기 외. 2010. 선인들의 지리산 유람록 4권. 보고사.
최석기 외. 2013. 선인들의 지리산 유람록 5권. 보고사.
최석기 외. 2013. 선인들의 지리산 유람록 6권. 보고사.

63) 최석기 외. 2008. 선인들의 지리산 유람록 2권. p. 8. 보고사.

64) 최석기 외. 2009. 선인들의 지리산 유람록 3권. pp. 241-242. 보고사.

# 제 2 장

# 외교와 여행

　고대사회나 현대사회나 외교사절만큼 여행을 자주 하는 사람은
드물다. 여행거리도 일반인들보다는 훨씬 길다. 외교관은 업무의 속
성상 다른 나라를 방문해서 자기 나라의 의견을 전달하거나 상대방
의 정보를 가져와야 하기 때문에 기본적으로 여행을 수반한다. 고대
사회에도 외교사절들은 존재했다. 단지 교통(이동)수단이 달랐을 뿐
이다. 주로 말을 많이 사용했고, 강이나 바다를 건널 때는 배도 자주
사용했다. 이 장에서는 고대 한반도 3국과 일본에서 당나라에 파견
한 견당사, 일본 견당사의 중국여행을 지원한 재당 신라인의 역할,
그리고 조선시대 때 청나라에 파견한 연행사와 일본에 파견한 통신
사의 해외여행 사례를 소개한다.

견당사의 중국여행과 선진문명의 수입

문명의 교류에는 사신들이나 종교인 또는 유학생들의 해외여행이 큰 역할을 했다. 한국 역사에서도 현대뿐 아니라 고대에도 선진국을 여행한 사절들이나 그들을 따라가는 승려들 또는 유학생들을 통해서 선진문물이 도입되었다. 특히 당나라 때 파견한 견당사(遺唐使)는 중국의 정치제도 도입과 불교문화 발전에 지대한 영향을 미쳤다. 아래 표에서 보는 것처럼, 고구려·백제·신라 3국이 668년 이전에 중국의 역대 왕조에 파견한 사신 파견 횟수는 307회였다. 고구

3국의 대중국 관계사(사신 파견 횟수)[1]

| 국가 | 고구려 | 백제 | 신라 | 계 |
|---|---|---|---|---|
| 후한(後漢, 25~220) | 5 | | | 5 |
| 위(魏, 220~265) | 3 | | | 3 |
| 오(吳, 222~280) | 1 | | | 1 |
| 전진(前秦, 351~396) | 3 | 7 | | 10 |
| 동진(東晋, 317~420) | 3 | | 1 | 4 |
| 후조(後趙, 319~351) | 1 | | | 1 |
| 전연(前燕, 337~370) | 11 | | | 11 |
| 북위(北魏, 386~534) | 89 | 1 | | 90 |
| 남송(南宋, 420~479) | 3 | 3 | | 6 |
| 남제(南齊, 479~502) | 3 | | | 3 |
| 양(梁, 502~557) | 7 | 11 | 2 | 20 |
| 북제(北齊, 550~577) | 3 | 3 | 3 | 9 |
| 진(陳, 557~589) | 7 | 2 | 9 | 18 |
| 수(隋, 589~618) | 21 | 12 | 12 | 45 |
| 당(唐, 668 이전) | 25 | 22 | 34 | 81 |
| 계 | 185 | 61 | 61 | 307 |

려가 185회로 가장 많고, 백제와 신라는 각각 61회씩 파견했다. 당나라 때는 신라가 34회, 고구려가 25회, 백제가 22회씩 사신을 파견했다. 당나라와 가장 많은 교류를 한 신라가 당나라와 연합하여, 고구려와 백제를 멸망시킨 것은 어쩌면 당연한 일인지도 모른다.

견당사에 관한 가장 적나라한 기록을 남긴 사람은 일본 승려 엔닌(圓仁, 원인: 794~864)이다.[2] 엔닌은 838년 6월 13일(이하 음력) 일본 하카다항을 출발하여, 847년 9월 17일 하카다항으로 귀국한 일본 승려(지금 교토에 있는 연력사-엔리쿠지 2대 주지)이다. 그는 약 9년 3개월간의 당나라 유학을 마치고, 당나라 여정을 기록한 〈입당구법순례행기 入唐求法巡禮行記〉를 남겼다. 엔닌은 15세에 출가하여, 연력사에서 최징의 제자가 되고, 21세에는 삭발하고 승적에 들어가 천태종의 교리를 공부한다.[3] 당시 전국적으로 3,700개의 절이 있었던 불교 성국 일본의 천태종은 밀교의 깊은 교리를 터득하기 위해 천태종의 본산인 당나라에 구법승을 파견할 필요성을 느끼게 되었고, 이에 따라 엔닌은 구법을 위해 입당하라는 소명을 받는다. 838년 6월, 45세의 엔닌은 제자인 이쇼, 이교(843년 병으로 현지에서 사망) 그리고 하인인 데이유만을 데리고, 마침 당나라로 파견된 견당사의 조공선을 타고 당나라로 유학을 떠나게 된다.

조공사 일행이 귀국한 이후(839년 4월 5일)부터는 엔닌 일행 4명은 따로 여행하게 된다. 그는 양주와 오대산, 장안 등 여러 곳에서 고승을 찾아 불법과 범어(산스크리스트어), 중국어 등을 배우고 성지를 순례했다.[4] 이때 그는 밀교와 법화현교에 심취하여 관정을 받고 수행생활을 했다. 그는 불경, 장소(章疏), 전기, 만다라 등 580부 794권의 자료를 모아 847년 9월 귀국한다. 그는 온갖 어려움과 고통을 겪으면서도 선진 불교자료를 가져와 일본의 불교를 발전시키는데 큰 공을 세웠다. 일본으로 돌아온 엔닌은 중국에서 가져온 불경을 연구하며 전교하다가 864년 1월 14일에 입적했다. 이 때 세이와(淸和) 천황은 그에게 자각대사(慈覺大師)라는 칭호를 내리는데, 일본 불교사에 있어서 대사의 칭호가 이 때 처음 쓰였다고 한다.

〈순례행기〉는 1883년 일본 교토에 있는 동사(東寺: 도지) 관음원에서 네 묶음의 필사 원고로 발견되었다.5) 더구나 필사본 맨 뒤에는 3명의 후기가 적혀 있었다. 1291년 10월 26일에 켄인 스님이 이 〈순례행기〉의 필사를 마쳤다는 글과 1391년 10월에는 겜보 스님이 이 〈순례행기〉를 읽었다는 글, 1805년 2월 13일에는 조카이 스님이 필사를 마쳤다는 글이 후기로 적혀있다. 엔닌이 〈순례행기〉를 저술한 시기가 838~847년이므로, 이 여행기에 대한 거의 1천 년 간의 기록의 역사가 발견된 것이다. 〈순례행기〉는 약 8만자로서 모두 4권으로 되어 있으며, 서기 838년 6월 13일에 일기를 시작하여, 847년 12월 14일로 끝나는 9년 6개월의 기록이다. 〈순례행기〉의 기록은 엔닌의 여행경로를 그대로 따라가면서 날짜별로 기록되었다. 엔닌의 여행경로를 간단하게 살펴보면, 하카다를 출발하여 양주-초주(1차)-적산(1차)-오대산-장안-초주(2차)-적산(2차)-초주(3차)-적산(3차)-하카다 코스를 거쳐 귀국했다(지도 참조).

〈순례행기〉는 특히 9세기에 당나라에 거주하고 있던 신라인 사회를 직접 경험하고 기록한 유일한 자료라는 점에서 한국의 학자들에게도 역사적 가치는 매우 크다고 할 수 있다.6) 현재 신라방과 신라촌, 신라원 등 재당 신라인 사회를 기록한 신라시대의 기록이 전무하고, 현재의 연구는 대부분 〈신당서〉 등 중국 측 사료에 의존하고 있다는 점에서, 당시에 여행자가 직접 현지를 관찰하고 경험한 엔닌의 기록은 관광학, 특히 여행사(史) 분야에서도 그 사료적 가치

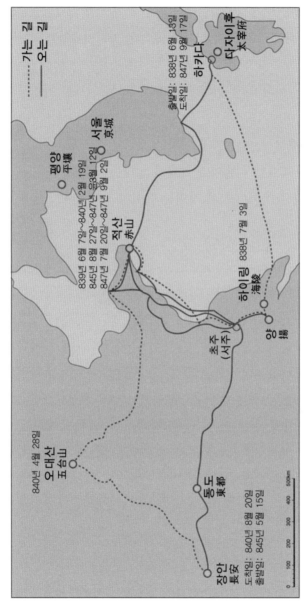

엔닌의 구법 여행경로(구글 이미지)

가 매우 높다고 할 수 있다.

그의 여행기 〈입당구법순례행기〉는 마르코 폴로의 〈동방견문록〉과 현장의 〈대당서역기〉와 더불어 '동양의 3대 여행기'라고 칭송받을 만하다. 그래서 라이샤워(Edwin O. Reischauer)는 이 책을 일컬어 '극동 역사에 있어서 가장 위대한 기행문'이라는 찬사를 아끼지 않았던 것이다. 이 여행기의 위대한 점은 〈대당서역기〉나 〈동방견문록〉 또는 〈왕오천축국전〉처럼 직접 경험한 것인지, 전해들은 것인지, 구분이 안 되는 애매한 서술이나 표현이 없다는 것이다. 또한 구체적인 날짜와 시간은 물론이고, 등장인물의 실명과 장소까지 적은 일기체 형식으로, 자신과 일행이 직접 경험한 사실을 6하 원칙에 따라 정확히 기술했다는 점이다. 그가 쓴 일기 하나를 읽어보자.

> 당(唐) 개성(開成) 3년 (서기 838년) 12월 18일
> 오후 2시경에 신라인 통역인 김정남이 사신들의 귀국 배편을 알아보기 위해 초주로 떠났다. 오후 4시경에 일본 사신의 접대 담당자인 와우진이 와서 말하기를, 대사는 이미 이달 3일에 장안에 도착하였으며 자신도 대사를 따라 장안으로 들어간다고 하면서, 여권(旅券) 관계의 공문은 주(州)의 아문(衙門)에 잘 전달되었다고 하였다. 또한 사미들의 수계에 관한 문제는 상공의 허락을 받지 못했는데, 그 이유인즉 근년에 수계를 금지하는 칙령이 있어서 다시 칙령으로 허락되지 않는 한 수계는 불가능하기 때문이라고 했다(출처: 신용복 역, 입당구법순례행기, p.57).

이 기록에는 오후 2시, 4시 등 구체적인 시간과 김정남이라는 신라 통역도 등장하며, 일본 사신의 당나라 측 접대 담당자가 와우진이라는 것도 알 수 있다. 초주와 장안 등 도시 이름도 구체적으로 기

록하고 있다. 여행기에서 무엇보다 중요한 것은 여행자가 현지에서 무슨 일을 경험했는가를 기록하는 것이다. 그런 면에서 현존하는 어떤 고대 여행기도 이처럼 6하 원칙에 의해서 기록을 남긴 여행기는 없다. 가장 구체적으로 여행자의 경험을 기록한 이븐 바투타의 〈여행기〉도 엔닌의 구체적인 체험 기록은 따라가지 못한다. 여행 출발 날짜와 종료 날짜만 나와 있을 뿐, 여행 일정별 날짜와 시간에 대한 기록이 전혀 없다. 그런 면에서 저자는 엔닌의 여행기를 세계 최고의 여행기 중 하나로 평가한다.

견당사 일행에는 화사(畵師)도 끼어 있었음이 틀림없다. 엔닌과 일부 화공들은 절에 그려진 불화 모사를 집요하게 시도했다. 이런 모사를 통해 필요한 불화를 일본에 전달한 것이다. 법륭사 금당벽화도 이런 모사를 통해 중국이나 한반도에서 교토나 나라로 전수되었을 것이다. 사진이나 다른 기술이 없었던 시대에 선진문화를 배우고 가져오기 위해서는 이렇게 일일이 수작업으로 모사해서 직접 가져오는 수밖에 없었을 것이다. 요즘 현대인들이 선진국으로 유학 가서 새로운 지식과 문화를 배워오는 방법과는 하늘과 땅의 차이가 나는 것이다. 다음 일기를 보면 그런 사실을 짐작할 수 있다.

> 당 開成 3년 (서기 838년) 8월 3일
> 나와 엔사이 스님 등이 태주로 갈 수 있도록 허락해 주기를 청하는 글을 양주부로 보냈다. 모견보살과 사천왕상을 그리도록 하기 위하여 그림 그리는 이(畵師)로 하여금 절 안으로 들어가도록 하였다. 그러나 몇 가지 이유가 있어 외국인들은 함부로 절 안에 들어가지 못하도록 하고, 또한 삼강 등은 그림을 그리지 못하도록 하므로, 상공에게 글을 보냈으나 아직 회답이 없다(출처: 신용복 역, 입당구법순례행기, p.32).

이 일기를 보면 현재와 상황이 비슷하다. 많은 사찰이나 박물관 또는 미술관들이 문화재나 작품을 보호하기 위해 허락 없이는 사진이나 스케치를 못하도록 금지하고 있다. 저자는 나라나 교토의 사찰에서 동대사를 제외하고는 거의 대부분 사진 촬영을 거부당했다. 스페인 말라가에 있는 피카소미술관에서는 직원 하나가 나를 졸졸 따라다녔다. 카메라를 들고 있는 내가 사진을 못 찍게 하려고. 그러나 비싼 경비와 시간을 들여 다른 나라를 방문한 여행자 입장에서는 생전 처음 보거나 귀한 그림이 있으면 당연히 모사해서 자기 나라로 가지고 가서 장식용이나 교육용 또는 여행의 증거물 등으로 사용하고자 했을 것이다. 더구나 다시 올 수 있다는 보장이 없는 그 옛날에는 더 말할 나위가 없다. 요즘 여행자들이 해외에 나가면 사진으로 그 방문 증거를 남기듯이 말이다.

낯선 문물에 대한 호기심과 모방하거나 소유하고 싶은 여행자의 마음은 예나 지금이나 똑같은 것 같다. 독일의 대문호 괴테도 이태리 여행 중에 하케르트, 티슈바인, 크나프 등 화가를 데리고 다니면서 명승지를 스케치하거나 조각품을 복사하도록 했다. 당시만 해도 사진이 나오기 전이라 귀족이나 부자들은 여행기록을 남기기 위해 화가를 데리고 다녔다. 우리나라에서도 조선시대에 사대부들이 금강산 등 명산에 유람 갈 때는 화공들을 데리고 다녔던 것과 같은 이치다. 강세황은 1788년 금강산을 유람할 때 화가 김홍도와 김응현을 데리고 갔다.

당시에 주변 국가들에서 많은 승려들이 불경을 배우기 위해 당나라에 유학을 왔으며, 사찰이 국제교류에 중요한 역할을 했다는 기록도 보인다. 아래 기록에서 보는 것처럼, 절을 중축하는데 서쪽의 페르시아(이란), 남쪽의 베트남, 동쪽의 일본까지 기부금을 내고 있다.

당 開成 4년 (서기 839년) 정월 7일

심변이 찾아와 "양주부의 여러 관리들이 내일 효감사에 모이고자 하니 일본의 승려들도 와서 듣기를 청한다"는 상공(相公)의 말을 전하면서 아울러 불경을 강의할 법사 번(璠)의 모연문(募緣文)을 보여주었다. ---- 심변은 이런 말을 했다. "상공은 돈 1,000관을 보시했으며, 이 강해는 1개월 동안 계속될 것입니다. 달마다 불법을 듣고자 하는 사람이 많습니다. 총 1만 관으로 서상각을 중수할 것입니다. 페르시아(波斯國)에서 1,000관을 냈으며, 점파국(占婆國-베트남 중부에 있던 고대 국가) 사람들도 200관을 보시했습니다. 현재 일본 사람들은 수효가 적어 50관만 모금하는 것입니다." 모금액이 줄어들었음을 강조하는 말이었다(출처: 신용복 역, 입당구법순례행기, p.61).

불화만 모사한 것이 아니라 불경을 필사하기도 했다. 또한 짧은 기간에 많은 자료를 베끼기 위해 대규모로 필경사를 고용하기도 했다. 현장이나 의상도 천축국(인도)에서 불경을 필사하기 위해 많은 필경사를 고용한 적이 있다. 여행경비가 충분했던 사람들만 가능했던 일이다. 선진 문물에 대한 배움의 욕구는 이토록 큰 것이다. 이런 욕구가 결국 실크로드를 번성시키고 그 문화를 활짝 꽃피게 만든 것이 아닐까? 중국 스님들이 불경을 구하러 인도로 가고, 한반도 삼국과 일본의 스님들이 다시 중국으로 건너가는 연결고리가 생겨난 것이다. 종교를 포함한 문화는 물이 흐르는 것처럼 위에서 아래로 흐르는 속성이 있다. 즉, 선진 문화가 그 문화를 갖지 못한 여러 주변부로 퍼져 나가는 것이다.

당 開成 4년 (서기 839년) 윤 정월 21일

---- 숭산원의 지념(持念) 화상인 전아(全雅)로부터 금강계의 여러 존위의 의궤(儀軌)에 관한 책 수십 권을 빌려 필사했다. ---- (출처: 신용복 역, 입당구법순례행기, p.65).


당 開成 4년 (서기 839년) 2월 20일

---- 엔교(圓行)법사가 청룡사에 들어가 20일 동안 필경사 20명을 고용하여 책과 소(疎)를 배꼈다. ---- (출처: 신용복 역, 입당구법순례행기, p.70).


불화를 그리는 데는 그림 그리는 재주가 좋은 화공뿐 아니라, 많은 돈도 드는 모양이다. 요즘 우리가 절에 들어가거나 미술관에 들어가서 자료를 구할 때 입장료나 사용료를 내는 것처럼, 아마도 실력이 좋은 화공일수록 더 인건비가 비쌌을 것이다. 불화나 기독교 성화 등 종교화를 그리는 데는 그림 실력뿐 아니라 신앙심도 깊어야 하기 때문에 그림 실력도 좋고 신앙심도 깊은 화공을 구하는 일이 그리 만만하지는 않았을 것이다.


당 開成 6년 (서기 841년) 4월 30일

해질녘에 금강계 9폭의 만다라를 그리는 값에 관하여 상의를 하였는데, 명주는 화폭 값을 제외하고 60문으로 합의를 보았다. 의진 화상이 가르친 한 신도가 명주 46자를 주어 화폭으로 쓰도록 도와주었다(출처: 신용복 역, 입당구법순례행기, p.234).


당 開成 6년 (서기 841년) 5월 3일

금강계의 아홉 가지 만다라 다섯 부를 그리기 시작했다. 그림을 그릴 명주 이외에 60문(번역문에는 6천문으로 나와 있다-저자 주)을

그림 값으로 지불했다. ---- (출처: 신용복 역, 입당구법순례행기,
p.235).

엔닌은 당나라에서 체제기간을 연장하여 더 머물고 싶었으나 실
패하자, 산동성 등주에 있었던 신라방(新羅坊)에서 한 겨울을 지냈
다. 이 때 장보고가 창건한 적산법화원(赤山法華院)에 묵으면서 다음
과 같은 편지를 장보고에게 보내기도 했다.[7] 자기에게 몇 달 동안
숙식을 제공한 주인에게 극진한 감사의 마음을 담아 전하는 여행자
의 따뜻한 글이다.

지금까지 삼가 뵙지는 못했습니다만 오랫동안 높으신 인덕을 들
어왔기에 흠모의 정은 더해만 갑니다. 원인은 옛 소원을 이루기 위해
당나라에 체류하고 있습니다. 다행히도 미천한 몸이 대사님의 본원
의 땅(적산법화원)에 머물고 있습니다. 감사하고 즐겁다는 말 이외에
달리 비길 만한 말이 없습니다. ---- 언제 만나 뵐지 기약할 수 없
습니다만 대사를 경모하는 마음 더해갈 뿐입니다.

엔닌의 구법 여행은 일본 불교계에 큰 업적을 남겼다. 엔닌의 순
례기는 약 8만 자로서 그 양이 〈왕오천축국전〉의 10배가 넘는다. 서
기 838년 6월 13일에 시작하여 서기 847년 12월 14일로 끝나는 9년
6개월 사이의 기록이다.[8] 이 순례기는 830~840년대의 당나라 · 신
라 · 일본 3국과 발해의 종교(불교와 도교) · 정치 · 외교 · 법제 · 민
속 · 궁중비사 · 천문 · 지리 · 언어에 관한 보물창고이다. 특히 이 순
례기는 장보고가 활약한 시대와 동시대의 사건을 기록했다는 점에서
한국사 연구에도 귀중한 1차 사료이다. 또한 당나라 산동에 있었던

신라방과 신라촌 그리고 신라원과 적산문화원에 대한 체류자의 기록을 남긴 유일한 문헌이라는 점에서 그 가치가 높다. 엔닌은 온갖 어려움과 고난에도 불구하고 "내 한 목숨 죽는 것은 아깝지 않겠지만 그동안 구한 불경을 일본에 전하지 못할까 두렵다"라는 정신으로 불경을 일본으로 가져와 이후 일본 불교 발전에 큰 역할을 했다. 엔닌 스님의 사리탑과 장보고 기념탑(전남 장흥군에서 세웠다)은 일본 교토 히에이산 중턱에 자리 잡은 연력사에 모셔져 있다. 엔닌이 장보고를 기려 세운 적산선원은 교토 슈가쿠인역 동북쪽에 자리 잡고 있다.

고대 삼국시대에 중국의 역대 왕조에 파견했던 사신들의 여행은 삼국의 문명 발전에 크나큰 기여를 했다. 특히 당나라 때 파견했던 견당사를 통해 도입된 각종 선진문물과 제도, 그리고 불교는 삼국사회를 변화시키고, 삼국 사람들의 인생관과 세계관을 크게 변화시키는데 기여했다. 다만 일본 승려 엔닌처럼 상세하고 구체적인 대당여행기를 남긴 삼국시대 사람이 없다는 점이 아쉬울 뿐이다. 어떤 승려가 여행기를 남겼는데 도중에 사라져버렸을지도 모를 일이다. 각종 유적과 유물 또는 서적을 잘 보관해 내려오는 나라와 그렇지 못한 나라의 차이다.

고대 일본인의 중국여행과 재당 신라인의 역할[9]

　8~9세기경에는 신라인들이 일본인에 비해 압도적으로 앞선 분야가 있었다. 바로 일본에서 중국까지의 여행 수단, 즉 선박 교통, 숙박, 비자 발급 대행, 가이드, 통역, 통신 및 정보 제공 등 현대사회의 여행사가 하는 역할은 재당 신라인들이 훨씬 앞서 있었다.

　당시 일본의 선박은 돛단배 수준의 사선(沙船: 평저선)이었으나, 신라인들은 신라선이라는 당시 최고 수준의 배를 갖고 있었고, 일본보다 훨씬 발달된 항해술로 당시 일본의 견당사, 유학승, 상인 등이 중국과 일본을 왕래하는데 해상 교통편을 제공했다.[10] 엔닌이 당나라 정부가 발행한 여행비자도 없이 신라인 사회에 체류하면서, 오대산이나 장안 등 중국의 불교 성지를 순례할 결심을 하게 된 것도 신라인 사회가 그만큼 거대했고, 그 사회가 일정한 자치권을 가지고 있었기 때문일 것이다.[11]

　일본은 당나라의 선진문물을 받아들이기 위해, 630년부터 894년까지 모두 15회 견당사를 중국에 파견했다.[12] 재당 신라인들은 우수한 선박과 항해 기술을 이용하여, 배로 일본의 견당사를 중국으로 실어 날랐다. 현지에 도착해서는 교통수단을 알선 및 조달하고, 신라방에서는 숙식을 제공하였으며, 외국인 여행자에게 까다로운 당의 관리들을 상대로 비자를 발급하는 일을 대행하기도 했다. 현지 여행가이드 역할은 물론, 당인과 일본인 또는 신라인과 일본인 사이의 통역도 맡았다. 또한 당의 서로 다른 지역에 체류하고 있는 일본인 또는 당에 있는 일본인과 본국에 있는 일본인 사이의 소식을 전달해 주는 통신원 역할도 했으며, 여행정보 및 국제정세에 관한 정보도 제공했다.

이 절에서는 고대 일본인들의 중국여행에 필요한 각종 여행서비스를 제공했던 재당 신라인들의 역할을 규명하기 위해 엔닌(圓仁, 794~864)의 〈입당구법순례행기〉(入唐求法巡禮行記: 이하 〈순례행기〉)를 다음과 같이 구체적으로 분석했다. 첫째, 엔닌 일행에게 여행서비스를 제공했던 재당 신라인들은 어떻게 구성되어 있는가. 둘째, 재당 신라인들은 어떤 교통수단을 제공했는가. 셋째, 재당 신라인들은 어떤 숙박 및 식사 서비스를 제공했는가. 넷째, 재당 신라인들은 일본인들이 당나라에 체류하고 귀국할 때 필요한 비자발급을 대행하기 위해 어떤 노력을 했는가. 다섯째, 재당 신라인들은 어떻게 여행가이드와 통역 역할을 했는가. 여섯째, 재당 신라인들은 어떻게 통신원과 정보원 역할을 했는가. 마지막으로, 일본인들은 어떻게 여행경비를 지불 했는가에 관한 분석이다.

## 1. 재당 신라인 사회: 신라방, 신라촌, 신라원

엔닌이 중국을 여행한 9세기 중반에는 중국의 장강(양자강) 하구를 비롯한 동부 연안의 여러 도시들(양주, 초주, 사주, 밀주 등)과 산동반도에 있는 여러 도시들(등주, 연대, 문등, 적산 등)에는 신라인들이 많이 살고 있었다. 이들은 주로 당나라가 백제와 고구려를 정벌할 때 데려온 포로의 일부, 삼국시대 때 삼국 간에 일어난 전쟁, 가뭄 및 홍수로 인한 기근, 자연재해와 천재지변 등으로 인해 사회가 혼란했을 때, 중국으로 이주한 한반도 사람들이 대부분이다.13) 그 밖에도 왜구 등 해적선에 나포되어 팔려 온 자, 신라의 무역상인, 유학생, 구법승, 체제 이탈자 등도 포함되어, 긴 역사 속에 서로 융합하여 '신

라인'으로 각각의 생업에 전념해 갔다.[14]

〈삼국사기〉에도 신라 말기(800년대)에 왕권을 둘러싼 정치 세력 간의 치열한 권력 투쟁과 수많은 자연재해와 천재지변으로 사회 체제와 경제가 파탄되어 많은 유민이 발생했다는 기록이 나와 있다(신라본기 제10권). 이런 사람들이 수백 년 동안 자연스럽게 모여 신라인 마을을 형성하여 살게 된 것이다. 요즘으로 치면 위해, 청도, 연태, 항주, 상해, 서주, 난징 등 중국 동부 연안도시에 거주하는 한국인 교민사회와 그 성격이 비슷했을 것이다. 이 책에서 말하는 '재당 신라인'이란 당나라의 산동반도에서 장강 하구까지의 연해안 일대에 거주하고 있던 고구려인, 백제인, 신라인을 통칭한다.

엔닌이 중국여행 중 큰 신세를 진 신라방(新羅坊)은 도시에, 신라촌(新羅村)은 시골에 설치된 조계나 치외법권적인 지역이지만, 당나라의 주권이 미치는 특수한 행정구역으로 일종의 신라인 집단부락이다. 신라방이나 신라촌에는 조선창(선박 제작소 또는 수리소)이나 염전이 발달되어 신라인들의 생업 터전이 되었으며, 지금도 남아있는 이런 조선창이나 염전터, 어장은 신라인의 흔적을 나타내 준다. 또한 신형석 등 사학자들의 현지답사에 의하면[15][16], 이곳에 남아 있는 문설주나 초석, 물레방아, 맷돌, 우물 등의 유적은 신라 때 청해진이 있었던 완도군 장좌리나 전남 일대의 것과 그 형태가 비슷하다고 한다. 농촌 지역은 전형적인 한국 농촌의 모습과 그 정취가 닮았다고 한다. 신라인들은 이런 생업 외에도 바닷가에 사는 사람들답게 항해술이 뛰어나서 신라나 일본에서 중국을 왕래하는 사람들이 서해나 남해를 건너는 장거리 항해에 필요한 배와 선원을 제공하고 그 대가를 받아 생활하였다.

특히 장강 하구 남쪽인 양주, 초주, 연수현 주변에 거주한 신라인들은 거의 신라 해외 발전기와 장보고의 청해진 전성기(828~841)에 해양으로 진출하여 정착했던 무역업자 또는 직업 선원의 후예이거나 당사자였을 것이다.17) 항해술에 능숙했던 이들은 신라와 당, 일본의 3국 무역에 선도적 역할을 할 수 있었으며, 양주, 소주, 명주, 광주 등에 왕래하던 서방세계의 상인과의 교역도 가능했던 것이다. 자연 스럽게 이들의 생업도 상업, 무역, 운송업, 선원, 조선업 등이 주업이고, 간혹 농업, 염업, 갈대판매업 등에도 종사했던 것으로 보인다.18) 신라방에는 총관이 행정을 관장하고, 그 아래에 전지관과 역어(통역) 등의 관리가 있었다. 엔닌 일행이 당나라 정부의 비자도 없이 신라 인 사회에 체류하기를 원했고, 또 이들 일행을 선뜻 받아들인 신라 방 관리들의 태도로 보아, 이들에게는 일정한 치외법권적 자치권이 부여되어 있었던 것 같다.19)

엔닌은 당나라 여행 중 초주와 양주 그리고 적산(산동반도) 등에 서 신라원(新羅院)의 신세도 많이 지고 있다. 신라원은 신라 사람이 설립하고 운영하는 불교 사원 즉 사찰을 의미한다. 신라원이 생긴 것은 신라가 삼국 통일 후 당나라에 많은 견당사들과 유학승들을 파 견하자, 그들에게 숙식의 편의와 여행 정보를 제공하기 위해 만들어 진 시설이었다.20) 지금까지 밝혀진 신라원은 모두 15개 정도이다. 이 기운의 연구에 따르면21), 산동반도에서 장안에 이르는 길목에 적산 법화원(법화원 또는 적산원), 청주 법화원, 청주 용흥사, 번주 법화원, 치주 예천사, 천문원, 곤유산 등에 신라원이 있었다. 신라승들이 많 이 갔던 천태산 일대에도 국청사와 오공원이 있었다. 장안 용흥사 정토원, 종남산 신라사, 구화산 신라암, 황산 신라암 등에도 있었다.

석길암은 신라원의 성격을 다음과 같이 규정하고 있다.22) 첫째, 신라원은 재당 신라인 사회를 배경으로 하여, 신라방 또는 신라촌과 함께 당 조정이 재당 신라인 사회를 통제하는 매개로서의 역할을 부분적으로 담당하고 있었다. 신라원은 순례 혹은 여행 중인 신라인들을 통제하는 매개 역할을 했을 것으로 추정한다. 둘째, 신라방과 신라촌이 당 조정의 재당 신라인 통제의 매개체이면서 동시에 정보네트워크의 일부였던 것처럼, 신라원 역시 동일한 역할을 수행했을 것으로 추정된다. 셋째, 신라원들은 신라인들과 일본인들의 당나라 여행에 필요한 숙식과 정보 등의 편의를 제공하는 역할을 했다. 넷째, 재당 신라인 사회를 배경으로 하는 신라원들은 당대 사원의 일반적인 기능에 비추어 볼 때, 지역 거주 신라인들의 신앙생활과 교육에도 기여했을 것으로 보인다.

　그중 적산에 있었던 적산법화원은 장보고가 세운 사찰로서, 이곳에는 승려 24명, 비구니 3명, 노파 2명이 상주하고 있었고, 겨울 법화경 강의에는 매일 신라인 승려 40여명과 200~250명의 신라인 신도들도 참여했다.[23] 엔닌의 〈순례행기〉에 신라인들이 명절 때마다 이곳에 모여, 신라의 언어와 풍속으로 가무와 음악을 즐겼다는 기록이 나오는 것으로 보아, 신라원은 불교라는 신앙을 기반으로 산동반도 일대 신라인들의 정신적 구심점 역할을 했으며, 신라인 사회를 결속시키는 역할을 했을 것으로 추정된다. 적산법화원이 있었던 적산촌은 당나라와 신라, 발해 또는 일본을 이어주는 가장 안전하고도 중요한 항로의 중간 종착지였으며, 중원으로 들어가는 출발지이기도 했다.

## 2. 장보고의 해상 무역활동

　재당 신라인 사회의 해상 네트워크를 적극 이용한 사람이 장보고이다. 장보고는 엔닌의 〈순례행기〉에도 4회 등장한다. 첫 번째는 장보고가 난을 일으켜 (신라가) 내란에 빠졌다는 내용이고(839년 4월 2일), 두 번째는 장보고의 교관선 두 척이 적산포에 도착했다는 내용이며(839년 6월 27일), 세 번째는 장보고가 매물사로 파견한 최 병마사가 절로 찾아와 인사했다는 내용이다(839년 6월 28일). 마지막으로 엔닌은 장보고의 은혜에 감사를 표하기 위해 장문의 편지까지 남기고 있다(840년 2월 27일). 장보고는 당시에 그만큼 재당 신라인 사회에 큰 영향을 끼치고 있었고, 그런 영향이 일본의 견당사와 엔닌 일행의 여행에까지 미친 것으로 보인다. 〈삼국사기〉 열전에는 장보고가 청해진을 설치한 배경이 자세히 나와 있다(권 제44, 열전 제4).

> 장보고는 당에 가서 무령군 소장이 되어 창을 쓰는데, 대적할 자가 없었다. 후에 귀국하여 대왕(흥덕왕)을 뵙고 말하기를, "중국의 어디를 가보나, 우리(신라) 사람들을 노비로 삼고 있습니다. 청해에 진영을 설치하고, 해적들이 사람을 약취하여 서쪽으로 가지 못하게 하기 바라나이다." 하였다. 청해는 신라 해로의 요지로 지금 완도라 하는 곳이다. 대왕이 장보고에게 만인을 주어 청해를 설치하게 하니, 그 후로 해상에서 국인(신라인)을 파는 자가 없었다.

장보고는 이 청해진의 군사력을 바탕으로 그동안 활개 치던 당나라와 일본의 해적 세력을 몰아내고, 황해와 남해에서 영향력을 행사하여, 신라와 당나라 그리고 일본까지 연결하는 국제 해상무역에까지 뛰어든 것으로 보인다.24)25) 장보고는 청해진을 군사기지이자 자유무역항으로 만들어 재당 신라인을 관리하였다. 장보고는 대당매물사(大唐賣物使)를 교관선(交關船)이라는 무역선에 실어 파견하였으며, 일본을 직접 방문하여, 하카다항에 지점을 설치하고 회역사(廻易使)라는 무역선을 파견하여 사무역은 물론 공무역까지 시도하였다. 그는 신라 정부와는 관계없이 독자적으로 자기의 무역선을 이용하여, 당나라와 신라, 일본의 삼각무역을 통해 막대한 부와 권력을 축적했다. 일본은 836년에 견신라사, 838년에는 견당사를 폐지했기 때문에 장보고의 신라 상인들은 일본을 국제사회와 연결시키는 유일한 통로 역할을 했다.

장보고를 중심으로 한 재당 신라인들은 페르시아인이나 아라비아 상인들이 내왕하면서 집단 거류지를 형성하고 있었던 광주, 천주, 양주 등에 출입하면서, 그들과의 국제무역도 활발하게 전개하고 있었다.26) 그들은 서방 무역인들의 손길이 미치지 못하는 동쪽, 즉 신라와 발해, 일본까지의 무역을 독점하면서 동서 문화의 교류에도 큰 기여를 했다. 해상 실크로드를 통해서 아랍이나 아프리카, 동남아에서 들어오는 유리나 유황, 향신료, 자단목, 침향, 상아 등 고가의 상품을 중개 거래함으로써, 동서 무역의 한 축을 담당하기도 했다.

장보고는 이렇게 축적한 막대한 부와 권력을 바탕으로 동아시아 해상 항로를 안전하게 만들어, 신라 중앙정치에도 개입했으며, 신라와 일본의 견당사들이 안전하게 중국까지 왕래할 수 있는 선편 등 각종 여행서비스를 제공했고, 산동반도에 있는 적산촌에 적산법화원을 지었다. 엔닌은 일본의 마지막 견당사와 함께 당나라 여행 중에 장보고의 영향권에 있었던 재당 신라인들로부터 선박과 숙식 등 큰 은혜를 입게 되는 것이다.

## 3. 9세기 중국으로 여행한 일본인에 대한 재당 신라인의 역할

엔닌이 중국을 여행하던 9세기 당시, 재당 신라인들은 일본의 견당사 관리들은 물론, 유학승, 상인들의 중국여행에 큰 도움을 주었다. 교통수단으로서 배와 수레, 말과 나귀 등의 알선 및 조달, 체류할 수 있는 숙박시설과 식음료 제공, 일본인과 신라사회(신라방, 신라촌, 신라원 등)와의 연락, 일본인과 일본인 또는 일본인과 신라인 사이의 서신 교환, 재당 일본인에게 일본에서 보내주는 편지나 문서, 여행경비의 전달, 불경이나 불화 또는 금품 등 귀중품의 보관, 통역, 여행가이드, 정보 전달 등 장기 해외여행에 필요한 여러 가지 서비스를 제공했다.

엔닌이 9년 3개월에 걸친 구법 여행 끝에 일본으로 귀국하고, 동아시아 3국의 9세기 역사 연구에 중요한 사료를 남겼다는 사실은 1차적으로 불심에 가득 찬 그의 공로이지만, 그가 남긴 역사적 공로의 절반은 재당 신라인들에게 돌아가야 한다.[27] 왜냐하면, 일본을 출항할 때부터 신라 배와 선원들과 통역들이 없었다면 중국여행 자체가 불가능했고, 유학을 마치고 일본으로 귀국할 때도 재당 신라 관리들과 선주들, 선원들, 그리고 통역들의 지원이 없었더라면, 귀국이 불가능한 상황이었기 때문이다. 한 마디로 엔닌 일행을 해상 및 내륙에서 이동시키고, 중국 체류 및 귀국 비자를 대신 받아주고, 먹여주고 재워주고, 여행 정보를 제공하고, 통역과 가이드를 붙여주고, 일본인들 사이의 서신을 전달하고, 배를 마련하여 운항까지 도맡은 사람들이 바로 재당 신라인들이었기 때문이다.

## 〈순례행기〉에 등장하는 재당 신라인의 유형

엔닌이 〈순례행기〉에서 언급한 신라인의 숫자는 모두 321명이다. 일본 승려가 중국을 여행하는데 일본인이나 중국인의 이름보다 신라인의 이름이 훨씬 많이 언급되었다는 사실은, 당시 일본의 견당사나 유학승들이 얼마나 재당 신라인들에게 의존했는지 가늠할 수 있는 지표가 된다. 321명 중 이름이 언급된 사람은 모두 57명으로, 직업이 승려, 관리, 통역, 선주, 상인이 대부분이다. 이들 신라인들은 엔닌 일행이 일본을 출국할 때부터 귀국할 때까지, 여행에 관련된 거의 모든 서비스를 제공하면서, 엔닌이 구법순례의 임무를 성공적으로 마칠 수 있도록 지원했다. 가장 많은 인원을 차지하는 선원(114명)과 선박수리공(37명)의 이름은 언급되지 않았다.

흥미로운 사실은 엔닌 일행 5명이 귀국할 때, 배를 알선한 선주 김진 등 44명의 신라인들(대부분 선원)이 일본에 도착해서는 모두 당나라 사람 행세를 하고, 일본 조정으로부터 후한 접대를 받았다는 점이다(847년 11월 14일). 재당 신라인들이 일본에 가서 당나라 사람이라고 한 것은 당시 장보고 등 사무역선의 활발한 교역과는 별개로 신라와 일본 사이가 우호적이지 않았다는 역사적 사실을 증명해주는 사례이다. 권덕영은 이들 중에 일부는 실제로 당나라에 귀화한 신라인도 있었을 것으로 추정하고 있다.28) 당시 당나라가 외국인 여행자에 대해 엄격한 통제를 한 것과는 별개로, 여러 가지 혜택을 주면서 주변 국가에서 들어온 유민들을 귀화시키는 정책을 적극적으로 펼쳤기 때문이다.

## 재당 신라인이 제공한 교통 서비스

〈순례행기〉에 등장하는 일본인에 대한 재당 신라인의 교통편의 제공 사례는 수도 없이 많이 나온다. 교통편의 제공은 크게 두 가지로 나눌 수 있다. 첫째는 일본과 중국 사이의 배편 제공이다. 신라인 통역 김정남이 사신들의 귀국 배편을 알아보기 위해 초주로 떠났다 (838년 12월 18일)는 기록과  일본 조공사가 신라 배 5척을 타고 갔다 가 한 척은 내주의 여산 해변에 표착했는데, 다른 4척은 어디 갔는지 알 수 없었다(839년 4월 24일)는 기록, 초주 통역(나중에 총관) 유신언 이 에가쿠 화상이 일본으로 돌아가는 배(선주 이인덕)와 선원을 주선 했다(842년 5월 25일)는 기록, 유신언이 천태산의 유학승인 엔사이 도 리의 두 제자승에게 배 한 척을 마련해 주어 귀국시켰다(843년 12월 ?일)는 기록, 일본 승려 쑨타로와 신이찌로는 명주에 있는 장지신의 배를 타고 귀국했다(847년 6월 9일)는 기록, 엔닌 일행이 김진의 배를 타고 적산포를 떠나 황해를 건넜다(847년 9월 2일)는 기록 등이 이에 해당한다. 구당신라소 압아인 장영은 엔닌 일행을 귀국시킬 목적으 로 배를 제작했으나(847년 2월), 장영이 국법을 어겼다는 이유로 배의 사용이 허락되지 않은 경우도 있었다.

둘째는 중국 연안에서의 교통편 제공이다. 엔닌 일행이 양주에서 초주로 가는 길(1차 때)에 통역 김정남이 뱃길을 잘 아는 신라인 60 명을 고용하여, 각 배에 5~7명씩 태웠다(839년 3월 17)는 기록과 최훈 이 연수현에서 해주로 가는 배를 빌려주고, 양식, 그릇, 채소 등 모든 것을 마련해 주었다(845년 7월 9일)는 기록, 장영의 하인 고산이 적산 에서 초주로 가는 배를 알선해주었다(845년 9월 22일)는 기록, 정객이 엔닌 일행이 짐을 실어 나르도록 수레를 빌려주었다(847년 윤3월 10

일)는 기록, 비단 5필을 주고 밀주에서 초주로 가는 진충의 배를 탔다(847년 윤 3월 17일)는 기록, 엔닌 일행이 초주의 신라방에 있는 왕가창의 배를 타고 노산으로 떠났다(847년 6월 18일)는 기록, 왕가창의 배를 타고 유산으로 떠났다(847년 6월 27일)는 기록 등이 이에 해당한다.

위에서 살펴본 것처럼, 엔닌 일행은 당나라 여행 중 교통편 특히 배편은 거의 재당 신라인들의 배를 타고 여행했다. 신라인들의 배가 없었으면 일본 견당사와 엔닌 일행은 거의 이동을 할 수 없을 정도이다. 그 이유는 당시 재당 신라 뱃사람들이 신라와 당나라, 일본 간의 해상무역과 운송업을 장악하고 있었기 때문이다. 또 다른 이유는 신라 배의 우수성 때문이다. 윤명철의 연구에 의하면29), 일본은 견당사를 모두 15차 파견했는데, 그중 왕복 모두 무사한 때는 13차 한번뿐이었다. 그래서 신라의 우수한 선박과 항해술에 의존하지 않을 수 없었다. 일본 조정에서도 신라배의 우수성을 알고 있어, 839년에는 "대재부에 명하여 신라선을 만들어 능히 풍파를 감당할 수 있게 하라"는 기록이 나온다(속일본기 권8, 839년 7월).30) 배와 선원의 조달 비용에 대한 직접적인 언급은 없지만, 진충의 배를 타고 밀주에서 초주로 이동할 때 비단 5필을 주었다는 기록(847년 윤3월 17일)으로 보아, 일본인들은 신라인들로부터 배나 수레를 빌리고 선원을 조달하는 데는 일정한 대가를 지불했을 것으로 추정된다.

### 재당 신라인이 제공한 숙식 서비스

재당 신라인들은 엔닌 일행에게 교통편과 더불어 숙식 편의도 제공했다. 신라방과 신라촌 그리고 신라원이 주로 그 역할을 담당했다. 그중에서도 초주에 있었던 신라방과 적산촌에 있었던 신라원(적산법화원 등)이 큰 역할을 했다. 초주 신라방은 설전(총관)과 유신언

(통역. 나중에 설전 후임 총관)이 주로 지원 역할을 맡았고, 적산법화원에서는 적산 신라사회를 총괄하는 구당신라소 압아인 장영과 법화원의 강유(綱維: 총무원장)가 그 역할을 주로 수행했다. 특히 적산원에서는 거의 2년 반(29개월) 정도나 체류하면서 큰 신세를 졌다. 약 9년 3개월의 여행기간 중 2년 반을 한 장소에서 체류한 것이다. 첫 번째는 내륙 여행 허가를 기다리면서 839년 6월 7일부터 840년 2월 19일까지 약 8개월 반 동안 체류했고, 두 번째는 외국 승려 귀국령에 따라 장안에서 초주로 돌아와 귀국에 실패한 후, 등주(적산 부근)로 가서 귀국하라는 명령을 받고, 적산으로 다시 와서 약 19개월(845년 8월 27일~847년 윤3월 12일) 동안 체류했다. 세 번째로는 초주에서 귀국선이 기다리고 있다는 기별을 받고, 적산에서 초주로 다시 갔다가 귀국선과 길이 엇갈려, 다시 적산으로 되돌아와서 출국을 기다리며 약 1달 10일(847년 7월 20일~9월 2일) 동안 체류했다.

적산원 신라인들은 외국에 와서 어려움에 처한 엔닌 일행에게 2년 반 동안이나 편안하고 안전한 숙식을 제공하면서 따뜻하게 보살폈다. 두 번째 체류 시에는 엔닌은 장영이 압아로 근무하는 구당신라소로 찾아가 도움을 청했다(845년 8월 27일). 그러나 당의 폐불정책으로 적산원을 모두 헐어버려 묵을 방이 없어지자, 장영은 엔닌 일행을 절의 장원에 있는 한 방에 머물게 하고 음식을 공양했다. 장영은 일본에 8년간 체류하여 일본어를 잘하는 이신혜에게 엔닌을 돌보도록 했다. 그는 마음에서 우러나와 매일 엔닌에게 채소를 충분히 보내주었고, 장영은 여러 차례 편지와 식량을 보내면서 정중하게 안부를 물었다(845년 9월 22일).

적산원에서 먹은 식음료는 밥(839년 7월 16일), 차(839년 6월 8일), 수제비와 떡(839년 8월 15일 추석)을 먹었다는 언급 외에는 음식에 대한 언급은 거의 없다. 귀국 문제가 제대로 안 풀려 마음이 불안한 상태에서 먹는 것까지 자세히 기록할 여유는 없었을 것이다. 엔닌은 신라원 사람들의 따뜻한 대우에 감동을 받아 장보고에게 감사의 편지를 남기고(840년 2월 17일), 일본에 돌아가서는 교토에 장보고를 모시는 적산선원을 세워 오늘날까지도 기리고 있다.

초주 신라방에도 세 번 들러 숙식을 제공받았다. 첫 번째는 양주에 도착해서 적산으로 가는 길에 들러 약 한 달간(839년 2월 24~3월 22일) 머물렀다. 두 번째는 장안에서 귀국 길에 등주로 가는 길에 들러 5일간(845년 7월 3일~7월 8일) 머물렀다. 세 번째는 적산에 있을 때, 초주에 귀국선이 머물고 있다는 말을 듣고 들렀다가 13일간(847년 6월 5일~18일) 체류했다. 초주 신라방에 체류할 때는 총관인 설전과 통역 유신언의 극진한 대접을 받았다. '이른 아침에 사금 큰 두 냥과 오사카에서 만든 허리띠 한 개를 신라인 통역인 유신언에게 보냈다'(839년 3월 22일)는 기록과 다음 날 '오후 두 시경에 신라인 유신언이 새 순의 차 열 근과 잣을 가지고 나를 찾아왔다'(839년 3월 23일)는 기록을 보면, 첫 만남부터 유신언이 접대에 최선을 다했고, 그 보답으로 엔닌이 사례금과 선물을 보낸 것으로 보인다. 두 번째로 초주에 들렀을 때도 신라방을 찾아가 총관 설전과 통역 유신언을 만나, 문서 상자를 유신언의 집에 맡겼다. 세 번째로 초주 신라방에 왔을 때는 총관 유신언이 특별히 사람을 보내어 마중을 나가고 아울러 단두(신라방 책임자)가 엔닌의 옷 보따리 등을 운반하여 공해원에서 편히 쉬게 해주었다(847년 6월 5일).

유신언의 소개로 들른 연수현 신라방 사람들이 자신들을 존중하지 않았다고 적고 있는 것을 보면(845년 7월 9일), 모든 신라방이 엔닌 일행을 따뜻하게 받아준 것은 아닌 것으로 보인다. 신라방에서 어떤 음식을 먹었는지에 대해서는 언급이 없다. 엔닌 일행은 여행 중에 적산과 초주 이외의 여러 신라방과 신라촌, 신라원에서도 숙식을 제공받았다. 엔닌의 여행 중 일본인 사망자가 15명이나 발생하고, 사망의 원인이 대부분 설사 등 음식과 물로 인한 질병임을 감안할 때, 신라원이나 신라방에서 안전한 숙식을 제공받았다는 사실은 엔닌 일행에게 안전한 여행을 담보했다는 점에서 큰 행운이었을 것이다. 숙박비를 지불했다는 언급은 전혀 나오지 않는다.

### 재당 신라인이 제공한 비자대행 서비스

재당 신라인들은 엔닌 일행의 내륙 여행 허가와 귀국 허가를 받는데 크게 기여했다. 요즘으로 치면, 해외여행 시 아웃바운드여행사에서 대신 해주는 비자대행 업무나 마찬가지다. 이런 업무는 구당신라소의 압아와 통역이 도맡아서 해결해 주었다. 조공사 일행과 함께 입국한 엔닌 일행(제자승 2명, 하인 1명, 총 4명 중 제자승 이교는 병으로 사망)은 조공사가 출국한(839년 4월 5일 출국) 후에 따로 남아서 오대산과 장안까지 구법여행을 했기 때문에 내륙 여행 허가증이 필요했다.

당시 당나라는 외국인에 개방적이었지만 그것은 공식 외교사절에게만 해당되었고, 유학승 등 개인들의 이동에 대한 통제와 관리는 매우 엄격했다.31) 그래서 엔닌도 체류(여행)허가서를 받기 위해 신라 통역들과 엄청난 노력을 기울인다. 심지어는 엔닌 일행은 신라인 행세까지 하다가 적발되기도 한다(839년 4월 5일). 이 방법은 일본 조공사들도 써먹었던 것인데(838년 7월 20일), 당나라 동부 연안지역에서는 재당 신라인들이 어느 정도 자치권을 가지고 자유롭게 활동할 수 있었기 때문이다.32) 다음 기록은 엔닌이 당나라의 여행허가서(귀국할 때는 귀국허가서)를 받기 위해 얼마나 고심했는지 적나라하게 보여준다.

신라 통역 김정남으로 하여금 당나라에 머물 수 있는 방법이 없는가를 고려해보도록 했으나 아직까지 가부를 알 수 없다(839년 3월 17일).

나는 지난 번 초주에 있을 적에, 신라인 통역인 김정남과 함께 계획하기를, 밀주에 도착하면 인가에 머물다가, 조공선이 떠나면 산 속에 은거하였다가, 천태산으로 가서 다시 장안으로 가기로 했었다(839년 4월 5일).

우리는 귀국할 무렵에 남아 있을 수 있는 방법을 어렵게 꾸며 보았지만, 이 일 또한 이루지 못하고 저들에게 들키고 말았다. 여러 가지 방도로 꾸며 보았지만 남아 있을 수가 없었다. 관청에서 너무도 엄하게 감시를 하기 때문에 하나도 어길 수가 없었다. 그리하여 나는 두 번째 배로 돌아가기로 마음먹었다(839년 4월 8일).

신라의 통역인 도현으로 하여금 우리가 이곳에 머물 수 있는지를 알아보도록 하였다. 그가 신라인들과 이 일을 상의하더니 돌아와서 머물 수 있다고 말했다(839년 4월 29일).

새벽에 도현과 함께 객방에 들러 당나라에 머무는 문제를 상의한 뒤 배로 돌아왔다(839년 6월 28일).

당시 당나라에서는 외국인이 불법 체류하면 본인은 물론 이들을 보았거나 머물게 한 사람들도 바로 신고를 안 하면 큰 처벌을 받았다. 문등현에서 청녕향(적산원 소재지 관청)에 보낸 공문(839년 7월 28일)에는 적산원이 그곳에 외국인(엔닌 일행)이 머물고 있는데도 보고하지 않았다고 질책하면서, 이 공문이 도착하는 즉시 소상하게 내막을 보고할 것이며, 만약 하나라도 사실과 다르거나 거짓이 있다면 소환되어 문책을 받을 것이고, 기한을 어기거나 조사가 자세하지 못하면 원래 이를 조사했던 사람은 중벌을 받을 것이라고 경고하고 있다. 이 공문의 내용을 보면, 당시 구당신라소나 신라원 또는 신라방이나 신라촌 등 재당 신라인 사회가 어느 정도의 자치권은 가지고 있었지만, 외국인의 이동에 대해서는 당나라 관청의 엄격한 통제를 받고 있음을 알 수 있다.

엔닌은 8차례나 여행통행증(공험 公驗 또는 과소 過所)을 발급해 달라는 신청서를 제출한 다음에야 겨우 여행허가증을 받았다(840년 2월 24일). 청주에서 4회, 등주에서 4회를 신청하고 받을 수 있었다(840년 4월 1일). 청주에서의 절차는 엔닌이 적산원(신라원)에 신청하면, 적산원에서 다시 구당신라소로 신청하고, 구당신라소는 청녕향으로, 청녕향은 문등현으로, 문등현은 청주로 신청해야 했다. 엔닌의 개인 신청서는 모든 관청의 공문에 모두 첨부되었다. 이 여행허가증 발급 과정에서 신라소 압아 장영이 큰 역할을 했다. 그는 (문등현에) 사람을 다시 보내어 간곡히 사정을 아뢰어, 머지않아 대답이 올 것이니, 스님께서는 너무 근심하지마라고 안심시키는 편지를 보내기도 했다(840년 2월 1일). 등주 도독부에서 발행한 공문(여행허가증)은 천자(황제, 즉 조정)에게까지 보고한다고 한다(840년 3월 27일). 이런 과정을 보면, 9세기에 당나라에서 외국인 개인 여행자에 대한 통제가 얼마나 심했는지 알 수 있다. 귀국 허가를 받는 절차도 체류여행 허가를 받는 것만큼이나 까다로웠다. 엔닌 일행은 당나라 도첩을 소지하지 않아, 외국 승려 환속 및 본국 송환령에 따라 강제로 귀국하게 된다. 엔닌은 시원섭섭한 마음을 이렇게 표현하고 있다.

이른 아침에 경조부에 들어가 공문증명서(귀국여행허가서)를 신청했다. 이것 없이는 귀국길에 어려움을 겪을지도 모른다는 두려움이 생겼다. 서역에서 온 삼장 등 7명도 경조부에 와서 공문증명서를 신청했다. 부사는 두 통의 증명서를 써서 길을 통과하도록 해주었다. 회창 원년(841년) 이래 공덕사(외국 승려를 관장하는 관청)를 통하여 귀국을 신청하는 편지를 제출한 것이 백 번도 넘는다. 또한 우리는 유력 인사를 통해 뇌물까지 주었지만 귀국할 수가 없었다. 이제 비구승과 비구니들이 환속하는 법난을 당하여 바야흐로 귀국하게 되니 한편으로는 슬프고 한편으로는 기쁘다(845년 5월 14일).

장안에서 초주(당나라 공덕사에서 원래 양주로 가라고 명령했으나 뇌물을 써서 초주로 이동)까지 온 엔닌 일행은 또 다른 장애물을 만나게 된다. 외국인의 출국이 명주(남쪽)와 등주(북쪽)에서만 허락되었던 것이다. 이 때 엔닌의 부탁으로 초주 총관 설전과 통역 유신언 그리고 연수현에 있었던 전 청해진병마사 최훈이 해당 관리에게 뇌물까지 쓰면서 백방으로 노력했으나 국법이 엄하여 귀국에 실패하고, 1100 킬로나 떨어진 등주까지 내륙으로 걸어가야만 했던 것이다(845년 7월 3일, 9일). 엔닌은 (장안에 있을 때도) 귀화 신라인인 좌신책군의 압아인 이원좌에게도 귀국 편의를 부탁했지만 역시 실패했다(843년 8월 13일). 위에서 언급한 것처럼, 재당 신라인 관리와 통역들은 엔닌 일행의 여행허가서와 귀국허가서를 받기 위해 엔닌을 대신해서 큰 노력을 기울였다. 재당 신라인들의 노력은 체류여행 허가처럼 긍정적인 결과도 있었고, 귀국여행 허가처럼 재당 신라사회의 대당 영향력의 한계 때문에 실패한 경우도 있었다.

### 재당 신라인이 제공한 통역 및 가이드 서비스

재당 신라인들은 통역은 물론, 여행가이드 역할도 동시에 수행했다. 엔닌 일행이 포함된 견당사에는 하카다(博多)를 출발할 때부터 김정남(金正南)과 박정장(朴正長)등 신라인 역원(譯員)들이 함께 통역으로 승선하여 국제교류에 기여하고 있음을 알 수 있다. 당시에는 장보고와 신라 상인들이 황해와 동중국해에서 당나라와 신라 그리고 일본 사이의 해상무역을 장악하고 있었기 때문에 일본 견당사가 타고 오가는 배의 선원과 통역 모두 신라인들이 담당했던 것이다. 〈순례행기〉에는 5명의 신라인 통역이 나온다. 인원은 많지 않지만 수행한 임무와 역할은 막중했다. 김정남(엔닌의 배 통역)과 박정장(제2선 통역)은 일본을 출발할 때부터 함께 한 것을 보면, 견당사의 조공선에 신라인 통역이 한 척당 한 명씩 탔던 것으로 보인다. 유신언은 초주 신라방의 통역이었고, 도현은 839년 4월 8일부터 등장하는 것으로 보아, 초주에서 적산으로 1차 이동할 때 초주 신라방에서 합류한 것으로 추측된다. 적산원에 거주하는 무명의 신라 통역관은 엔닌 일행이 적산원에 체류할 때 숙식에 관한 모든 일을 도맡아 처리해주었다(839년 6월 7일).

통역들은 당인과 일본인 그리고 일본인과 신라인 사이의 통역뿐만 아니라(839년 4월 24일, 839년 4월 26일), 현지 정보를 제공하고(838년 6월 28일), 엔닌 일행을 데리고 이동을 하고(838년 6월 28일, 839년 4월 8일), 비자(체류여행허가서와 귀국여행허가서)를 대행하고(839년 3월 17일, 839년 4월 29일, 839년 6월 28일), 배와 선원을 조달하고(839년 윤정월 4일, 839년 3월 17일), 숙박 장소를 제공하고(839년 6월 7일, 845년 7월 3일), 편지를 전달하는 통신원 역할을 했다(842년 5월 25일, 843년

12월 ?일). 요즘으로 치면, 여행사 가이드 역할을 통역들이 겸임한 것이다. 유신언은 엔닌 일행이 초주를 떠나 육로로 두 번째로 등주로 갈 때, 가는 길목의 신라방 사람들에게 잘 보살펴달라는 소개편지까지 써주었다(845년 7월 8일). 장안에 있던 엔닌이 초주 신라방 통역 유신언과 에가쿠 화상, 그리고 엔사이 상인(스님)으로부터 받은 아래 3개의 편지들을 보면(842년 5월 25일), 당시 재당 신라인 통역의 업무가 얼마나 다양한지 이해할 수 있다.

초주에 있는 통역인 유신언이 금년 2월 1일자로 닌사이 편에 편지를 보냈는데, 그 내용은 다음과 같다. "일본의 조공사를 운송했던 키잡이와 뱃사람들은 지난해 가을에 그들의 나라(당나라)로 돌아왔으며, 겐사이 도리는 편지와 사금 24 작은 냥을 가지고 유신언의 집에 머무르고 있습니다. 에가쿠 화상은 배를 타고 초주로 가서 이미 오대산을 순례하고, 이번 봄에는 고향(일본)으로 돌아가려고 합니다. 저 (유신언)는 이미 사람과 배를 마련해 두었습니다."

에가쿠 화상은 지난 가을부터 천태산에 머무르고 있다. 겨울에 그로부터 편지를 받았는데, (신라인) 이인덕의 배를 타고 명주를 거쳐 귀국하고자 한다는 내용이었다. 에가쿠의 말에 따르면, 값이 나갈 물건이나 의복 그리고 제자들이 모두 초주에 있고, 또 사람과 배가 준비되어 있으니, 유신언에게 부탁하여 이들(일본인들)을 (일본으로) 보내려 한다는 것이었다.

엔사이 상인(스님)의 편지는 다음과 같다. "겐사이 스님은 금 24 작은 냥과 여러 사람으로부터 받은 편지를 당나라로 돌아가는 도십 이랑(최훈)에게 부탁했는데, 이것들은 현재 유신언의 집에 보관되어 있습니다."

장종진33)과 정순일34)은 신라 통역을 견당선에 탑승시킨 이유가 재당 신라인의 해상무역 독점 외에도, 9세기는 험난한 항해가 예상되는 시대였기 때문에 견당선이 출발 시부터 표류할 가능성에 대비해, 일본 통역사 외에 표류 가능성이 높은 신라의 언어에 능통한 자를 동승시켰다고 언급하고 있다.

〈순례행기〉에는 신라방 통역들에게 주는 수당에 대한 기록은 없고, 길 안내인(가이드)에게는 하루에 100리를 가는데, 120문의 삯을 주었다는 기록만 나온다(839년 4월 7일).

### 재당 신라인이 제공한 통신 및 정보 제공 서비스

재당 신라인들은 일본에서 당나라로 오는 편지, 당나라에 체류하고 있는 일본인들끼리 교환하는 편지, 일본인과 신라인이 교환하는 편지 등을 보관 및 전달해주는 통신원 역할도 했다. 〈순례행기〉에 기록된 횟수는 최하 21번에 이른다(장영이 엔닌에게 여러 번 보냈다는 표현도 있어서 정확한 횟수는 알 수 없다). 또한 당나라와 신라 또는 일본에서 일어나는 일을 시시각각으로 듣고 전달해주는 정보원 역할도 했다. 그것은 신라방이나 신라원이 위치해 있는 초주(지금 서주)나 적산(산동반도)이 신라 사람이나 일본 사람들이 당나라로 드나드는 교통의 요충지(현재까지도)에 자리 잡고 있었던 때문이었다.

통역 김정남은 일본 조공사와 함께 초주에서 적산으로 9척의 배를 타고 이동하면서, 엔닌에게 편지를 보내, 현재 자신이 어느 배에 타고 있는지 자신의 위치를 알려주고 있다(1839년 4월 3일). 엔닌이 입국 시 두 번째 배의 통역인 박정장은 엔닌의 배에 탄 통역 김정남의 처소에 편지를 보냈다(839년 8월 10일). 842년 5월 25일에는 장안에 있는 엔닌에게 초주에 있는 통역 유신언이 자신의 편지와 천태산에 있는 엔카쿠 스님, 그리고 엔사이 스님의 편지를 전달했다. 유신언은 자신이 있는 초주 신라방에서 (상해 남동쪽에 있는) 천태산의 일본인과 수천 킬로나 떨어져 있는 장안(현재 시안)에 있는 엔닌을 편지로 연결해주는 메신저 역할을 한 것이다. 초주 신라방 사람들은 일본에서 오는 편지들을 일시적으로 보관하고 있다가 전해주기도 했다(842년 7월 21일). 양주 신라방에 있던 왕종이 적산에 있는 엔닌에게 일본에서 도착한 쇼카이 스님의 편지를 전달하자(846년 4월 27일), 엔닌은 그를 양주로 다시 보내 쇼카이 스님이 적산으로 오도록 부탁했다(846년 5월 1일). 10월 2일에는 쇼카이가 적산에 도착했는데, 쇼카이는 천황이 보낸 금 100냥, 조정 대신이 보낸 공문, 연력사(엔닌을 당에 파견한 지금도 교토에 있는 절)에서 보낸 편지, 조정 대신이 보낸 편지, 조정 관리가 보낸 편지 등을 가지고 왔다. 요즘으로 치면, 외교 문서를 가진 사람의 편지까지 전달하고 직접 길을 안내한 것이다. 신라방 사람들은 통신원으로서도 그 정도로 중요한 역할을 했던 것이다.

재당 신라인들은 정보원 역할도 했다. 엔닌은 원래 상하이 남쪽에 있는 천태산에서 불경 공부를 하려고 했었다. 일본 출입이 쉬워 일본인 승려들이 많이 수행했던 곳이다. 그러나 적산원에서 신라 승려 성림화상을 만나 수행처를 오대산으로 변경했다. 성림화상으로부터 천태종의 유명한 스님들이 오대산에 모여 수행하고 있어서, 불교를 공부하는데 최적의 장소라는 정보를 들은 후에 엔닌은 오대산으로 들어가기로 결심을 바꾼 것이다(839년 7월 23일). 적산원에 있던 신라 승려 양현은 엔닌에게 오대산으로 가는 주의 이름과 주와 주 사이의 거리를 알려주기도 한다(839년 9월 1일). 양현이 엔닌에게 알려준 정보에 의하면, 적산에서 오대산까지의 거리는 2,990리다. 그러나 엔닌이 840년 2월 19일에 적산원을 나와 약 70일 동안 실제로 걸은 실제거리는 2,300리라고 적고 있다(840년 4월 28일).

엔닌 일행은 신라와 당나라, 발해 등 동아시아 국제 정세에 관한 정보도 재당 신라인을 통해서 소상하게 전해 듣고 있었다. 특히 장보고는 엔닌이 숭배하는 인물이고, 자신의 숙식과 귀국 배편에도 직접 영향을 미치는 중요한 사람이기 때문에 장보고의 소식에 민감한 반응을 보이고 있다. 장보고가 신라의 왕자(김우징. 후에 신무왕)와 공모하여 반란을 일으켰으며, 그 왕자가 왕위에 올랐다고 하는 소식35)(839년 4월 20일)과 장보고 대사의 교관선36) 두 척이 적산포에 도착하였다고 하는 소식(839년 6월 27일), 그리고 장보고가 매물사로 당나라에 파견한 최(최훈) 병마사가 절(적산원)로 찾아와 위문했다는 사실(839년 6월 28일)을 자세히 기록하고 있다. 최훈은 약 7년 후인 845년 7월 9일에 연수현에서 엔닌을 다시 만나 그의 귀국을 위해 백방으로 노력한다. 또한 당나라의 천자가 새로이 즉위한 왕(신무왕)을 위문하기 위해 신라에 사신으로 보냈던 청주 병마사 오자진과 최 부사 그리고 왕 판관 등 30여 명이 절(적산원)로 올라와 함께 만나 보았다는 사실도 기록하고 있다(839년 6월 28일). 그리고 발해의 왕자가 (적산원에) 도착하여 이제 고향으로 돌아가고자, 칙사가 다녀가기를 기다리고 있다고 하는 소식도 전하고 있다(840년 3월 28일).

### 여행경비 지불 문제

엔닌이 재당 신라인 사회(신라방, 신라촌, 신라원 등)에서 숙식과 교통편, 가이드 및 통역 등 다양한 여행 서비스를 받으면서도 그 대가를 지불했다는 구체적인 액수는 부분적으로 밖에 나오지 않는다. 그러나 조공사 일행이 270명(장안으로 입경한 사람만 270명)이 넘고

(839년 2월 6일), 배가 9척(초주에서 적산으로 이동 시. 귀국 시에는 5척)에 선원만 60명을 조달했다는 기록으로 보아 엄청난 액수가 들었을 것으로 추정된다. 엔닌 일행도 귀국할 때 일본인 5명에 선원 44명을 조달했다. 엔닌 일행의 9년 3개월 동안의 체재비까지 고려한다면 엄청난 비용이 들었을 것으로 추정된다. 저자는 일본을 왕래한 조선통신사에 대한 연구에서, 사절단 500명의 300일 총 여행경비를 최하 222억 원으로 추산하고 있다(9급 공무원 해외출장비 기준).37) 그러나 조공사와 엔닌 일행이 충분한 경비를 소유하고 있었다는 점에서 서비스 대가는 사금으로 충분히 지불했을 것으로 추정된다.

그 근거로, 유신언과 초주에서 처음 만났을 때, 그에게 사금 큰 두 냥과 오사카에서 만든 허리띠 한 개를 주었다는 사실(839년 3월 22일), 조공사 대사도 귀국하면서 엔닌에게 사금 큰 20냥을 주었고(839년 4월 5일), 엔사이 스님에게는 비단 35필, 접은 무명 10첩, 긴 무명 65둔, 사금 25 큰 냥을 유학비용으로 주었고(839년 2월 27일), 엔닌이 개원사에서 당 스님 500명의 공양비용으로 금 50관을 지불하고(838년 12월 8일. 현재 가치로 식비를 1인당 5천 원씩 계산하면 250만 원 정도), 천황도 여행경비로 쓰라고 황금 100 큰 냥을 보내주었고38)(846년 10월 2일), 유신언의 집에 맡겨둔 사금 작은 24냥을 유신언이 (유신언은 엔사이 스님의 지시에 따라 썼다고 주장) 모두 써버렸는데도 불평하지 않았다는 사실(842년 10월 13일), 귀국할 때 여러 번 당 관리들에게 뇌물을 바친 사실 등을 종합적으로 고려하면, 재당 신라인 사회로부터 받았던 여러 여행서비스에 대한 대가는 충분히 지불했다고 추정된다. 결과적으로 재당 신라인 사회도 일본인들에게 이런 서비스를 제공함으로써 상당한 경제적 이익을 얻었을 것으로 추정된다.

## 4. 일본인의 중국여행에 대한 재당 신라인의 역할에 대한 의미와 시사점

이 절에서는 9세기 중반에 당나라로 구법여행을 떠난 일본 승려 엔닌이 남긴 〈입당구법순례행기〉를 여행사의 관점에서 분석하여, 재당 신라인들이 9세기 중반 일본인들의 중국여행에 어떤 역할을 했는지를 고찰했다. 결론적으로, 〈순례행기〉는 15세기 이전 동아시아를 대표하는 여행기일 뿐 아니라, 한국 관광통사(通史)의 한 분야인 신라 여행사(史) 연구에 반드시 필요한 고전 텍스트라고 결론지을 수 있다. 특히 재당 신라인 사회를 직접 목격하고, 경험하고, 서술한 9세기의 (중국을 제외한) 유일한 기록이라는 점에서 이 여행기의 의의는 매우 크다. 또한 〈순례행기〉는 현대의 여행기와 비교해 보아도 별 차이가 없을 정도로 여행기의 체제를 잘 갖추고 있다. 기본적으로 6하 원칙에 의해 구성되어 있어서 여행자가 언제, 어디서, 무엇을, 왜, 어떻게 하고 있는지, 1천년의 세월을 뛰어넘어 후대의 독자들이 생생하게 상상력을 발휘할 수 있게 만들어준다는 점은 이 여행기의 큰 장점으로 볼 수 있다. 〈순례행기〉에 등장하는 재당 신라인들의 고대 일본 여행자들에 대한 역할은 다음과 같은 몇 가지 시사점을 던져주고 있다.

첫째, 재당 신라인들이 오랜 기간 동안의 신용을 바탕으로 여행 서비스 사업을 했다는 점이다. 재당 신라인과 일본 여행자들의 거래 관계가 일회성이 아니라, 10여년에 걸쳐 지속되었다는 사실이 이를 반증해주고 있다. 일본 여행자들이 신라인들과 그렇게 오랫동안 지속적으로 거래를 했다는 점은 재당 신라인들을 신뢰했다는 사실을 의미한다.[39] 그리고 일본인들이 신라인들에게 보관한 물건에는 불경이나 불화 외에도 금화 등 귀중품도 많이 있었다는 점에서, 일본인들의 교통편이 절실할 때 반드시 알선해 주었다는 사실은 신라인들의 고객에 대한 신용은 매우 좋았던 것으로 추정할 수 있다.

둘째, 재당 신라인들은 고대 일본의 문명 발전에 간접적으로 크게 기여했다. 일본은 모두 15차례 견당선을 파견했는데, 그 목적은 당나라의 선진문물과 정치사회 체제를 배워 일본사회를 발전시키자는 의도였고, 실제로 일본은 당나라 문명을 도입하여 정치 경제 사회적으로 크게 발전했다.40) 재당 신라인들은 우수한 신라 배와 항해술을 바탕으로 15차례의 견당사 파견 중 상당 부분의 선단 구성과 선원 조달을 포함한 각종 여행서비스를 담당했다. 따라서 재당 신라인들이 일본 견당사의 중국여행에 공헌하여, 일본의 문명발전에 간접적으로 기여했다고 볼 수 있다.41)

셋째, 특히 엔닌이나 에카쿠, 겐사이 같은 유학승들이 당나라에서 안전하게 유학하고 돌아갈 수 있도록 각종 서비스를 제공함으로서 일본의 불교 발전에도 크게 기여했다.42) 이 점은 엔닌 일행을 싣고 일본에 도착한 김진 등 재당 신라인 44명을 일본 조정이 후하게 대접하고 상을 내린 기록(847년 11월 14일)으로도 확인할 수 있다. 불교는 신도, 마츠리와 더불어 일본사회를 지탱하는 3대 지주 중 하나라는 사실을 감안한다면, 재당 신라인들은 일본인의 정신세계를 지배하는 불교 발전에도 간접적으로 기여했다고 볼 수 있다.

넷째, 재당 신라인들은 일본에 신라인의 흔적을 남겼다. 지금 교토에 있는 적산선원이 대표적인 유적이다. 적산선원은 산동반도에 있는 신라원에서 거의 2년 반이나 체류하면서 숙식을 제공받고, 여행 허가 비자도 얻은 엔닌이 귀국 후에 장보고의 은혜에 보답하기 위해 지은 신사이다. 일본인들이 1천년 넘게 장보고를 신으로 모실

만큼 높게 기린다는 것은 재당 신라인들이 일본 유학승들에게 그만큼 큰 도움을 주었다는 의미이기도 하다.43)

마지막으로, 재당 신라인들은 세계 무역사의 새로운 단계인 동서 해상무역의 초기 단계에 참여했고,44) 동아시아의 새로운 질서체제인 동아시아 교역권 형성의 단초를 제공했다.45) 재당 신라인들은 당시 당나라 광주와 양주까지 진출해서 무역활동을 벌인 페르시아와 아라비아 상인들이나 소그드 상인들과 활발하게 접촉했다.46) 그래서 당나라를 중심으로 서쪽에서 내륙 실크로드 무역을 독점한 소그드 상인들과 해상 실크로드를 통한 무역을 주도한 페르시아와 아라비아 상인을 대신해서 동쪽, 즉 당나라와 신라, 발해, 그리고 일본의 해상 무역을 담당함으로써 세계 무역의 질서에 편입한 것이다. 엔닌을 태운 일본 견당사 선단의 운행은 장보고를 중심으로 한 재당 신라인의 동아시아 해상무역의 한 부분이었다.47)

**조선 사행단의 중국여행 - 박지원의 열하일기**[48]

## 1. 조선시대 연행사와 연행록

조선시대 최대 외교사절은 중국으로 파견되는 연행사였다. 조선시대에 연행(燕行)길은 문명의 실크로드였으며, 공식적으로 세계 문명과 조우하는 유일한 길이었다. 새로운 지식에 목말라하던 조선의 지식인들은 이 연행을 통하여 중국을 비롯한 세계 문명과의 만남을 꿈꾸었다.[49] 조선 후기 연행 사절단의 정원은 삼사(정사 부사 서장관 각 1명) 3명, 역관 19명,[50] 관주관 3명, 장무관 1명, 의원 1명, 사자관 1명, 화원 1명, 군관 7명, 우어별차 1명, 만상군관 2명, 일관(日官) 1명 등을 합하여 30명 내외가 원칙이었으며, 여기에 각종 수행원과 마부와 하인들을 합하여 250~300명 내외였다.[51]

조선 전기에는 명나라에 파견한 사신을 조천사(朝天使)라고 불렀지만, 청나라가 들어선 이후에는 연행사(燕行使)라 불렀다.[52] 명나라 때는 조선에서 연 3회에 걸쳐 정기적으로 사신을 파견했다. 황제의 생일을 축하하는 성절사, 새해를 축하하는 정단사(나중에 동지사로 변경), 황태자 탄생을 축하하는 천추사가 이에 해당한다. 청나라 때도 연 평균 2.6회 북경에 사행단을 파견했다. 연행사가 중국에 다녀 온 횟수는 13~14세기(고려시대 일부 포함)에 119회, 15세기에 698회, 16세기에 362회, 17세기에 278회, 18세기에 172회, 19세기에 168회로 대강 1,800회에 이른다.

사행단은 중국 내에서 중국 조정이 지정한 조공로를 통해서만 이동할 수 있었다.[53] 명나라와 청나라는 조공책봉체제와 해금정책

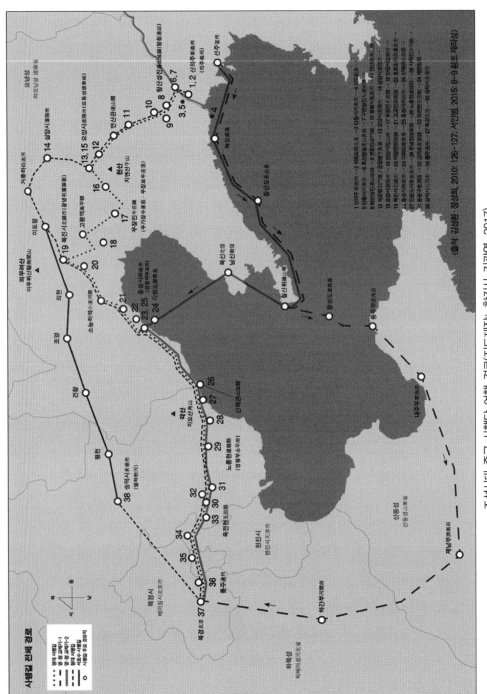

조선시대 중국 사행단 여행 경로(지도제작: 한길사 김평언, 2017)

하에서 외국 사행단의 공도(貢道), 공기(貢期), 공물, 공사(貢使)의 인원 등에 대한 자세한 규정을 마련하고 이를 강력히 통제했다. 사행단의 육로사행 코스는 명나라 때, 청나라 때 그리고 명청 교체기에 각각 달랐다.54) 해로사행은 1621년부터 1637년까지 약 17년 동안 이어졌다.55) 새로 부흥하는 청나라를 무시하고 명과의 전통적인 외교를 계속하기 위해 해로연행이라는 특수 상황이 벌어진 것이다.56) 해로를 통한 사행 여정은 육로 사행 길의 두 배 반에 해당하는 거리로 총 5,660리 노정 중 해로가 3,760리로 육로보다 상대적으로 길었다.57)

조선 사행단이 중국에 입국하기 위해서는 지금과 마찬가지로 통관절차를 밟아야 했다. 사행단은 중국 국경인 책문 아문에 도착하여 입책보단(入柵報單)을 제출하였다.58) 보단이란 사행단의 인적 사항을 자세히 적은 문서로, 사람과 말의 수는 물론 무슨 물건을 실은 역마인지, 역졸은 몇 명인지 등을 자세히 적었다. 이 보단을 중국 측에 제출함으로써 조선 사행단이 북경으로 간다는 사실을 알리며, 중국 측은 이를 바탕으로 음식 등 하정(下程)을 내리고 술과 과일을 대접하였다. 요동에 도착한 후부터는 수레를 배당받아, 말로 운반한 짐(진상품 등)을 옮겨 실어 북경까지 운반하였다.

여로에 있는 여러 역참에서는 요동도사가 발부한 표문에 따라서 차량을 교체해주고 식음료를 제공해주었으며, 사행단은 이런 방식으로 북경까지 이동했다. 중국 관리들의 차량 지급 지체는 노정의 지체와 큰 사고를 초래하기도 했다. 1526년에는 요동에서 차량 지급을 지체하여 양식과 마초가 떨어짐에 따라, 호송군 18명과 말 75마리가 굶어 죽는 큰 사고가 일어나기도 했다. 그래서 사행단은 이런 사고를 막고 일정을 재촉하기 위해 중국 관리들에게 자주 뇌물(급행료)을 바쳐야만 했다. 이런 뇌물 관행은 귀국할 때도 마찬가지였고, 박지원은 중국 관리에게 제공하는 뇌물이 사행단 예산에서 적지 않은 비중을 차지한다고 비난하고 있다.

　중국에 다녀온 조선 사행단에 참가했던 개인의 기록을 연행록이라고 한다. 연경 즉 북경을 다녀온 기록이라는 뜻이다. 연행록은 정사가 기록하는 공식적인 사행 보고문서인 등록(謄錄)과 달리 일정한 형식에 얽매이지 않은 여행기록이다.59) 현재까지 전해지는 연행록은 약 600여 종에 달한다.60) 연행록의 형식에는 여러 가지가 존재한다. 기행시와 기행산문이 기본 형태이며 기행가사로 표현하기도 했다.61) 조헌의 〈중봉동환봉사 重峰東還封事〉나 박제가의 〈북학의 北學議〉 같은 논설적인 저술도 있다. 기행가사로는 홍순학의 〈연행가〉가 대표적이다. 이 중에서 김창업의 〈가재연행록 稼齋燕行錄〉(1712), 홍대용의 〈담헌연기 湛軒燕記〉(1766), 박지원의 〈열하일기 熱河日記〉(1780)가 가장 유명해서 연행을 떠나는 사람들의 가이드북 역할을 했다. 특히 〈가재연행록〉은 후대 연행사들에게 교과서로 불린 연행록으로 나중에 홍대용과 박지원 등 북학파들이 연행에 참여하는데 큰 영향을 끼쳤다.

## 2. 열하일기의 구성과 내용

　박지원의 〈열하일기〉는 6하 원칙에 의해 기록되었다는 점에서 여행사에서 매우 의의가 큰 여행기다.62) 〈열하일기〉는 조선 정조(재위 1776~1800) 때 북학파인 박지원(朴趾源, 1737~1805)이 44세 때인 1780년(정조 5년)에 삼종형(8촌 형) 박명원(朴明源)이 청나라 건륭제의 만수절(萬壽節, 칠순 잔치) 사절로 북경(당시의 연경)에 갈 때, 따라가서 보고 들은 것을 기록한 청나라 연행일기(燕行日記)이다. 오늘날

〈열하일기〉는 한국사나 문학사뿐만 아니라, 여행사에서도 중요한 위치를 차지하고 있다. 특히 이 책은 조선시대의 수많은 '연행문학'(북경 사신 및 그 일행이 사신행을 하면서 지은 문학) 중에서 백미의 위치를 차지하고 있는 책이다.

실학의 대표학자로 박지원이 중국의 문물을 유심히 관찰하여, 선진기술과 제도를 배우고 본받으려 했다는 점에서 〈열하일기〉의 가치가 높이 평가되는 것이다. 여행을 통한 문명교류를 누구보다 잘 실천한 사람이 박지원이다. 열하(熱河)는 중국 청나라, 지금의 청더(承德 승덕)이며, 최종 목적지는 열하행궁 또는 피서산장으로 불리는 건륭제의 여름 별궁이었다. 〈열하일기〉는 26권 10책으로 구성되어 있다. 정본 없이 필사본으로만 전해져오다가 1901년 김택영이 처음 간행하였는데, 박지원의 친필본이 단국대학교 〈연민문고〉에서 발견되었다.

〈열하일기〉는 크게 여행기와 산문집으로 구성되어 있다. 여행기에는 압록강을 건너 연경(북경)에 도착하고, 연경에서 다시 열하로 갔다가 연경으로 되돌아오는 과정이 기록되어 있다. 한양에서 압록강까지 가는 여정과 연경에서 한양까지 되돌아오는 여정은 기록되어 있지 않다. 산문집에는 여행 중 유명한 관광지를 구경한 소감을 기록한 견문록과 중국의 문물이나 자기의 사상과 지식 등을 기록했다.

이 절에서는 여행기에 나오는 내용만 다룬다. 여행기로 실린 '도강록(渡江錄)'은 1780년 6월 24일(이하 음력)부터 7월 9일까지, 압록강에서 요양까지 15일 동안의 기록이다. '성경잡식(盛京雜識)'은 7월 10일부터 14일까지, 십리하에서 소흑산까지 327리의 여정을 기록했다. '일신수필(馹迅隨筆)'은 7월 15일부터 23일까지, 신광녕에서 산해관까지 562리의 여정을 기록했다. '관내정사(關內程史)'는 7월 24일부터

8월 4일까지, 산해관에서 황성(연경)까지 640리의 여정을 기록했다. '막북행정록(漠北行程錄)'은 8월 5일부터 9일까지, 황성에서 열하까지 422리의 여정을 기록했다. '태학유관록(太學留官錄)'은 8월 9일부터 14일까지 열하에 체류한 여정을 기록했다. '환연도중록(還燕道中祿)'은 8월 15일부터 8월 20일까지 열하에서 연경으로 돌아오는 여정을 기록했다.

〈열하일기〉에는 청나라를 오랑캐라고 폄하하면서 야만시하는 조선 양반들의 관념과 태도가 얼마나 잘못된 것인가를 지적하고 일깨우는 표현과 논리가 전편에 깔려 있다.63) 청황제 체제 하의 중국에 대한 조선 사대부들의 이념적 질곡을 제거하는데 주요 저술 목적이 있었다. 약소한 주변부 처지에서 청나라의 선진문화를 배우자는 것이다. 조선의 입장에서 청의 선진문물을 받아들여, 나라를 강하게 만들고 백성들이 잘살게 만드는 일이 시급하다는 것이다. 그렇다고 해서 중화주의로 복귀하자는 의도는 아니었다. 거기에 중대한 사상사적 전환의 의미가 있다. 〈열하일기〉에서 제창한 북학론은 자아의 각성에 따른 주체의식이 전제되어 있는 것이다. 중국과 조선이 위치가 다르다는 것은 인간세상의 편견일 뿐, 하늘의 공평한 안목으로 보면 그런 차등이 있을 수 없다고 주장한다.

김하명은 〈열하일기〉의 계몽성에 주목한다.64) 그에 의하면, 연암은 단순한 유람객으로 북경에 간 것이 아니라, 오랜 세월을 두고 연구해 온 것을 '한번 눈으로 증명한 것'이다. 박지원은 중국에서 보고 들은 좋은 것을 조선 백성에게 알리려고 〈열하일기〉를 썼다는 것이다. 박지원이 '일신수필' 편에서 오랑캐 만주족이 지배하는 청나라에서 배울 것이 없다고 주장하는 조선 사대부들의 허구성을 신랄하게 질타하는 것을 보면, 박지원이 〈열하일기〉를 쓴 의도를 알 수 있다

는 것이다. 이런 식으로 〈열하일기〉에는 제도·정치·경제·철학·
천문·지리·풍속·고적·문화 등 사회생활 전 영역에 걸친 문제들
이 취급되고 있으며, 조선사회 개혁과 백성에 대한 연암의 입장이
명백하게 반영되어 있다.

김하명에 의하면,[65] 〈열하일기〉는 전편을 통하여 하나의 사상,
염원과 지향으로 일관되어 있다. 연암은 〈열하일기〉의 '일신수필'에
서 만주족이 지배하는 청나라에서 배울 것이 없다고 떠벌리는 사대
부들의 위선을 폭로하면서 다음과 같이 썼다.[66]

> 천하를 위한다는 사람은 적어도 그것이 인민에게 이롭고 나라를
> 부강하게 할 것이라면, 그 법이 혹은 오랑캐로부터 나온 것일지라도
> 마땅히 이를 본받아야 한다. ---- 지금 사람들이 참으로 오랑캐를
> 배척하려거든 중국의 발달된 법제를 알뜰하게 배울 것이요, 자기 나
> 라의 무딘 습속을 바꿔 버리고, 밭 갈고 누에 치고, 질그릇 굽고, 쇠
> 녹이는 야장이 일로부터 비롯하여 공업을 고루 보급하고, 장사의 혜
> 택을 넓게 하는 데 이르기까지 잘 배워야 한다. 남이 열 번하면 우리
> 는 백 번하여 우선 우리 백성을 이롭게 해야 할 것이다.

〈열하일기〉 '도강록'에서는 이와 관련된 구체적인 사례를 소개하
고 있다. 압록강을 건너자마자 만난 변방의 작은 도시인 책문의 번
화한 모습을 통해서 중국 문물의 번성함에 놀라고 있다.[67]

> 천천히 걸어 대문을 나와 서니 번화하고 화려한 품이 북경도 이
> 이상 더할 수는 없을 것 같았다. 중국의 문물이 이렇듯 장할 줄은 몰
> 랐다. 좌우로 맞물고 늘어선 점포들은 아로새긴 창, 비단으로 바른
> 문, 그림을 그려놓은 기둥, 붉게 칠한 난간, 푸른 현판, 금자로 쓴 글

자들, 가위 휘황하다 할 수 있었다. 점방에 찬 물건들은 다들 관내의
진품들로서 이 같은 변방답지 않게 일반의 안목이 높은 것을 알 수
있었다.

주민들의 거주시설인 주택도 유심히 관찰하여 배울 만한 점을
찾아내고 있다. 우리의 기와를 얹는 법과 중국의 방법을 비교하면서
배울 바가 많다고 소개하고 있다.[68]

> 기와를 이는 법은 더구나 본받을 만한 데가 많으니, 모양은 동그
> 란 통대를 네 쪽으로 쪼개면 그 한 쪽 모양처럼 되어 크기는 두 손바
> 닥쯤 된다. 보통 민가는 짝기와를 쓰지 않으며, 서까래는 위에서 산
> 자를 엮지 않고, 삿자리를 몇 닢씩 펼 뿐이요, 진흙을 두지 않고 곧
> 장 기와를 인다. 한 장은 엎치고 한 장은 젖히고 암수를 서로 맞아
> 틈서리는 한 층 한 층 비늘진 데까지 온통 회로 발라 붙여 메운다.
> 이러니까 쥐나 새가 뚫거나 위가 무겁고 아래가 허한 폐단이 절로
> 없게 된다. 우리나라의 기와 이는 법은 이와는 아주 다르다. 지붕에
> 는 진흙을 잔뜩 올리고 보니 위가 무겁고, 바람벽은 벽돌로 쌓아 회
> 로 매우지 않고 보니 네 기둥은 의지할 데가 없어 아래가 허하며, 기
> 왓장이 너무 크고 보니 지붕의 비스듬한 각도에 맞지 않아 절로 빈
> 틈이 많이 생겨 부득불 진흙으로 메우게 되며, 진흙이 내리눌러 무겁
> 고 보니 들보가 휠 염려가 없지 않다. 진흙이 마르면 기와 밑창은 절
> 로 들떠 비늘처럼 이어 댄 데가 벗어지면서 틈이 생겨 바람이 스며
> 들고, 비가 새고, 새가 뚫고, 쥐가 구멍을 내고, 뱀이 들어오고, 고양
> 이가 뒤집는 등 온갖 폐단이 생긴다.

이처럼 〈열하일기〉에는 철학·정치·경제·지리·풍속·제도·

역사·고적·문화 등 사회생활 전 영역에 걸친 문제들이 기록되어 있으며, 연암의 세계관과 그의 사회 정치적 견해와 백성에 대한 입장이 명백히 반영되어 있다. 이것은 그의 계몽적 사상과 관련되어 있다.

박지원의 청나라 여행은 자신에게는 천지개벽이나 마찬가지였다. 지금도 그렇지만 선진국으로의 여행은 많은 점에서 여행자를 각성시킨다. 자신이 지금까지 보지 못했던 문물을 접촉했을 때는 더욱 그렇다. 박지원 등 청나라에 사신이나 역관 기타 수행원으로 다녀온 사람들은 거의 모두 큰 정신적 충격에 빠졌다. 청나라와 조선의 문명적 차이가 너무도 컸기 때문이다. 청나라를 만주족 출신의 오랑캐의 나라라고 그동안 깔보고 업신여겼던 자신들이 얼마나 한심스러운지 스스로 깨닫게 된 것이다. 북경에는 서양에서 들어온 여러 가지 선진 과학문물과 기계, 행정제도, 학문, 종교(기독교), 사람 등으로 선진문명이 가득찬 도시가 되어 있었다.

여행은 말로만 듣거나 책을 통해서만 공부하는 사람들을 깨우치는 경향이 있다. 바로 조선의 실학자들이 이런 경우에 해당한다. 북경 여행을 통해서, 그동안 자신들이 얼마나 '우물 안의 개구리'였는가를 깨닫게 된 것이다. 여행은 이처럼 자신의 껍데기를 벗어버리고, 새로운 사고방식과 문명을 받아들이는데도 가장 효과적인 수단이다.


## 3. 박지원 사행단의 중국여행 행태

박지원의 〈열하일기〉에 나타난 사행단의 여행 행태는 다음과 같이 정리할 수 있다.

### 조선 사행단의 규모

〈열하일기〉에 나오는 사행단의 규모는 총 281명이다. 정사 1명, 부사 1명, 서장관 1명, 대통관 3명, 압물관 24명, 상급69)을 탈 종인(從人) 30명, 상급을 못 탈 자 221명이다. 박지원이 기록한 사행단의 직분별로 보면 삼사(정사, 부사, 서장관), 역관, 비장, 어의, 군뢰, 마두, 역졸, 마부, 하인, 상인(의주 상인) 등으로 구성되어 있으며, 각각 몇 명씩인지는 기록되어 있지 않다.

### 조선 사행단의 여행목적과 여행 목적지

조선 사행단의 여행목적은 청나라 황제였던 건륭제의 탄생 70주년을 기념하는 사절로 파견된 것이다. 박지원은 개인적으로 맡은 직분이 없었고, 삼종형인 금성도위 박명원의 권유로 자제군관의 자격으로 따라간 것이다. 조선 사행단의 목적지는 일반적으로 중국 왕조(명나라와 청나라)의 수도였던 연경(현재 북경)이었다. 박지원의 사행단이 연경에 도착했을 때 황제가 열하(현재 승덕) 피서산장70)에서 근무하고 있음을 알고 여행목적지가 급작스럽게 열하로 변경되었다. 사행단은 바쁜 일정에도 이동하는 중에 명소가 나오면 들러서 관광도 했다. 박지원은 〈열하일기〉에 주로 '견문기'라는 이름으로 사행단이 방문한 관광 명소를 따로 기술했다. 예를 들면, 요동백탑 견문기, 관제묘 견문기, 구요동 견문기, 광우사 견문기, 북진묘 견문기, 강녀묘 견문기, 장대 견문기, 산해관 견문기, 이제묘 견문기, 동악묘 견문기 등이다. 또한 지나는 길에 있던 절들도 둘러보았다. 홍인사, 보국사, 천녕사, 법장사, 안국사, 천경사, 융복사, 석조사, 명인사, 숭복사, 진각사 등이다.

### 조선 사행단의 여행기간

총 여행기간은 1780년(정조 42년) 5월 25일(이하 음력)부터 1780년 10월 27일까지 약 5개월(152일)이 걸렸다.[71] 다른 사행단의 여행기간과 비교하면 통상적인 기간이다. 연경(북경) 체류기간은 8월 20일부터 9월 17일까지로 약 한 달간이다. 〈열하일기〉에 기록된 날짜는 의주에서 압록강을 건너는 6월 24일부터 시작해서 성경(심양)―산해관―연경을 거쳐 열하에 도착하고, 열하에서 연경으로 돌아온 8월 20일까지이다. 한양에서 의주까지 갈 때의 기록과 연경에서 한양까지 돌아오는 기간에 대한 기록은 없다.

### 조선 사행단의 여행경로 및 여행거리

한양(5/25) 출발―의주(6/15~24, 장마로 체류)―구련성(6/25)―총수(6/26)―책문(6/27)―송점(6/28)―통원보(6/29)―(7월 1일부터 5일까지 경로 누락)―연산관(7/6)―낭자산(7/7)―신요양 영수사(7/8)―십리하(7/9)―심양(7/10~11)―고기자(7/12)―백기보(7/13)―신광년(7/15)―십삼산(7/16)―대릉하(7/17)―고교보(7/18)―영원위(7/19)―동관역(7/20~21, 장마로 체류)―전둔위(7/22)―홍화포(7/23)―유관(7/24)―영평부(7/25)―사하역(7/26)―풍윤성(7/27)―옥전성(7/28)―방균점(7/29)―언교보(7/30)―연경(8/1~4, 연경 체류)―손가장(8/5)―복차산(8/6)―석갑성(8/7)―화유구(8/8)―열하(8/9~14, 체류)―하둔(8/15)―마권자(8/16)―고북구(8/17)―부마장(8/18)―청하(8/19)―연경(8/20) 도착(사행 지도 참조).

여행경로는 기본적으로는 청나라 조정에서 정해준 길을 따라 갔다. 자연재해 등 돌발상황이 발생할 때는 그때그때 상황에 따라 변경되어, 사행단 구성원끼리도 서로 의견충돌을 보이기도 했지만 최종 결정은 정사가 내렸다. 조선 사행단이 이동한 여행거리는 한양에서 의주까지 1,250리(약 500km, 20일 소요),[72] 의주에서 연경까지 2,030리(약 812km, 38일 소요, 박지원 기록 기준),[73] 연경에서 열하까지 420리(약 169km, 5일 소요, 박지원 기록 기준)로 도합 편도 3,700리(약 1,480km), 왕복 7,400리(2,960km)이다. 가장 많이 이동한 날은 100리(40km, 7월 14일과 7월 27일)이고, 가장 적게 이동한 날은 30리(12km, 6월 27일과 7월 17일)이다. 체류일자까지 포함한 하루 평균 이동거리는 약 50리(20km, 7,400리/152일)[74]이다.

황제의 생일날에 맞추어 무조건 도착하라는 청나라 조정의 명령에 따라, 연경에서 열하로 이동할 때는 선발된 74명이 '밤낮을 가리지 않고'(박지원의 표현) 5일 동안 쉬지 않고 달려서 442리(169km)를 주파하기도 했다. 하루에 평균 84리(약 34km)를 이동한 셈이다. 수많은 공물을 지닌 채 이 정도 이동 속도면, 요즘 군대의 장거리 행군보다 더 혹독한 행군이다. 자기 나라를 방문하는 손님들의 처지는 전혀 배려하지 않고, 자국의 이익만 추구하는 강대국의 전형적인 횡포를 엿볼 수 있는 대목이다.

### 조선 사행단의 여행경비

〈열하일기〉에 여행경비에 대한 기록은 구체적인 언급은 없고 단편적으로만 나온다. 역관 일행(19명)은 은 4천 냥을 지급받았다. 마부들은 백지 60권을 지급받았는데, 그걸 팔아 쓰는 경비가 너무 적어서 여행 도중에 들르는 경유지에서 도적질이 비일비재하게 일어났다. 또한 이들의 비참한 여행 행색에 대해 박지원은 자세히 묘사하고 있다. 사행단은 부족한 여행경비를 마련하기 위해 연경에 도착해서는 청 조정에서 내주는 부식 재료들을 환전하여 다른 경비로 사용하기도 했다. 술을 좋아하는 박지원은 현금 대신 청나라 사람들에게 인기가 좋은 조선의 청심환과 청나라 소주를 물물교환해서 마시기도 한다.

### 조선 사행단의 여행가이드

사행단의 역관이나 마두 중에는 수십 년 동안 한양과 연경을 왕래한 자들이 끼어 있어서 한양에서 의주까지의 여행가이드 역할을 했다. 사행단이 압록강을 건너 청나라 국경 초소가 있는 책문에 들어서면, 청나라 측 인솔 총책임자인 통행장관이 사행단을 연경까지 호송하고, 그들의 안전을 책임지는 역할을 맡았다. 청나라에서 나온 통역인 호행통관은 조선인 출신 쌍림이라는 사람이 맡아서 그 임무를 수행했다. 통역이 없을 때, 개인적으로 현지인과 나누는 대화는 종이에 글을 써서 하는 필담과 땅바닥에 글씨를 써서 하는 지담을 함께 이용했다.

### 조선 사행단의 교통수단

여행 중 교통수단으로는 가마, 말, 노새, 배, 짐차(수레), 태평차 등을 이용했다. 태평차는 노새 1마리가 끄는 수레로 연경에서만 이용했다. 짐차(수레)는 책문에서부터 공물 등 화물을 싣고 연경까지 가는 데 이용했다. 정사는 가마나 말을 타고 갔다. 정사를 제외한 관리들은 주로 말을 이용했고, 박지원도 주로 말을 타고 다녔다. 나머지 마부와 하인들은 걸어서 갔다.

교통체증은 주로 강 나루터에서 배를 탈 때 발생했으며, 사공들이 배 삯을 올려 받기 위해 농간을 부리는 일도 자주 일어났다. 특히 열하 부근에서 난하를 건널 때는 각처의 조공국에서 황제에게 바치는 진상품이 넘쳐나 나루터가 매우 혼란해지자, 청나라 조정에서 나온 감독관이 교통을 정리하기도 했다. 요동에서의 강나루 배 삯은 1인당 1초(164푼, 은 세 돈에 해당)였다. 장마가 질 때는 강물이 불어나서 물이 빠질 때까지 기다려야만 했다. 요동지역은 비가 내리면 습지로 변하는 구간(약 200리)도 많아 장마가 여행에 큰 지장을 주었다.

박지원은 청나라 사람들이 교통수단으로 말을 잘 다루는 모습에 감탄하면서, 조선 사람들이 말을 못 다루는 사정을 8가지 이유를 들어 지적하기도 한다. 사행단은 여행 도중 우편물을 조선으로 전달할 때는 파발을 이용했다.

### 조선 사행단의 숙박수단

사행단은 여행 중 다양한 숙소를 이용했다. 역참, 관사, 여관, 민박, 절, 천막 등을 주로 이용했다. 압록강에서 연경까지는 33역참이 있다고 박지원은 기록하고 있다.[75] 관사는 관청에서 운영하는 숙소로 연경에서 사행단 일행은 회동관의 서관 등에 머물렀으며, 열하에서는 태학에 머물렀다. 〈열하일기〉에서는 북경과 열하 사이에는 30리마다 행궁이 있다고 했는데, 실제로 사행단 일행이 머물렀는지에 대한 기록은 없다. 여관은 개인이 운영하는 숙소였으며, 민박도 마찬가지로 현지 주민이 운영했다. 숙박비로 얼마씩 지불했는지, 개별 숙소별로 며칠 씩 이용했는지는 〈열하일기〉에 기록되지 않았다. 현지인은 이불을 안가지고 다니면, 도둑이나 간첩으로 오인 받아 여관에서 잘 수가 없다고 기록하고 있다. 사행단은 영수사 등 절에서도 숙박을 해결했다. 여행 중 숙박수단이 마땅치 않을 때는 노숙도 했는데, 노숙할 때는 천막을 이용했다. 사행단이 노숙을 할 때는 연기 피우는 모습이 한 마을을 이룬 것 같다고 박지원은 기술하고 있다.

## 조선 사행단이 먹은 식음료 유형

〈열하일기〉에는 사행단이 여행 중 먹었던 음식이나 간식 등이 다양하게 등장한다. 식사는 직접 지어먹거나 여점(객주)에서 사먹었다. 아침으로는 조릿반죽을 가장 많이 먹었으며, 그 밖에 흰쌀밥, 수수밥, 죽, 만두, 국수 등을 먹었다. 반찬으로는 국, 된장, 양매탕, 양고기국, 양배알국, 나물, 달걀, 수란, 삶은 계란, 달걀볶음, 돼지고기볶음, 돼지고기찜, 고비나물닭찜 등을 먹었다. 채소는 파, 마늘, 오이, 호박, 올기, 수수 같은 잡곡도 먹었다. 과일은 참외, 포도, 사과, 능금, 배, 복숭아, 감 등을 먹었다. 기호품으로는 차, 국화차, 냉차, 떡, 엿, 과자, 사탕 등을 먹었다.

여행 도중에 경유지에는 술집이 많아 술을 자주 마셨으며, 담배도 많이 피웠다. 열하에는 다방과 술집이 즐비해서 자주 드나들었다. 또한 중국 술집과 조선 술집을 비교하여 그 차이점을 자세히 기록하고 있다. 황제가 정사에게 내린 음식으로는 설고, 돼지고기구이, 과일 등이 있었다. 술은 중국술로 불수로, 사국공, 소주 등을 마셨다.

여행 도중 사먹은 음식 값은 단편적으로만 나온다. 여점에서 국수 한 그릇, 술 한 병, 삶은 계란 세 개, 오이 한 개에 42닢을 지불하기도 했으며, 작부집에서 노는 가격으로는 은 두 냥에 대구 한 마리, 꽃부채 한 자루를 돈 대신 지불하기도 했다. 배 두 개에 16닢을, 술 4냥쭝에는 8닢을 지불하기도 했다. 여행 중에 만난 식음료 장사는 술 장수, 차 장수, 떡 장수, 과일 장수 등이다. 또한 '중국 음식을 먹을 때는 젓가락을 쓰고, 숟가락은 없다'라고 적고 있다.

박지원은 사행단이 연경에 체류할 때, 청 조정에서 매일 지급하는 수십 가지의 부식 품목에 대해서도 다음과 같이 자세하게 기록하고 있다.

　　정사의 매일 식사에 쓰이는 물목은 거위 1마리, 닭 3마리, 저육 5근, 생선 3마리, 우유 1병, 두부 3근, 밀가루 2근, 황주 6병, 김치 3근, 차엽 4냥쭝, 오이장아찌 4냥쭝, 소금 2냥쭝, 간장 6냥쭝, 된장 8냥쭝, 초 10냥쭝, 참기름 1냥쭝, 후추 1돈쭝, 등불기름 3병, 밀초 2 가락, 우유기름 3냥쭝, 가는 가루 1근 반, 생강 5냥쭝, 마늘 10톨, 사과 15개, 배 15개, 감 15개, 마른 대추 1근, 포도 1근, 능금 15개, 소주 1병, 쌀 2되, 땔나무 30근, 사흘마다 몽고 양 1마리.

　　부사와 서장관에게는 매일 두 사람 몫으로 양 1마리, 거위 1마리 씩, 닭 1마리씩, 생선 1마리씩, 우유 두 몫에 1병, 소고기 두 몫에 3 근, 밀가루 2근씩, 두부 2근씩, 김치 3근씩, 후추 1돈쭝씩, 차엽 1냥 쭝씩, 소금 1냥쭝씩, 간장 6냥쭝씩, 된장 6냥쭝씩, 초 10냥쭝씩, 황 주 6병씩, 오이장아찌 4냥쭝씩, 참기름 1냥쭝씩, 등유 1종지씩, 쌀 2 되씩, 사과 두 몫에 15개, 능금 두 몫에 15개, 배 두 몫에 15개, 포도 두 몫에 5근, 마른 대추 두 몫에 5근으로 과실은 닷새마다 한 번씩 내준다. 부사에게는 매일 땔나무 17근, 서장관에게는 15근.

　　대통관 3명과 압물관 24명에게는 (1인당) 매일 닭 1마리, 고기 2 근, 밀가루 1근, 김치 1근, 두부 1근, 황주 2병, 후추 5돈쭝, 차엽 5 돈쭝, 간장 2냥쭝, 된장 4냥쭝, 참기름 4돈쭝, 등유 1종지, 소금 1냥 쭝, 쌀 1되, 땔나무 10근.

　　상급을 탈 종인 30명에게는(1인당) 매일 고기 1근 반, 밀가루 반 근, 김치 2냥쭝, 소금 1냥쭝, 등유 도중으로 6종지, 황주 도중으로 6 병, 쌀 1되, 땔나무 4근이요, 상급을 못 탈 자는 221명에 매일 고기 반근, 김치 4냥쭝, 초 2냥쭝, 소금 1냥쭝, 쌀 한 되, 땔나무 4근씩 준 다(출처: 박지원 〈열하일기 上〉, pp.404-405).

위에서 나열된 부식 품목을 살펴보면, 삼사에게는 엄청난 양의 식품이 지급되었음을 알 수 있다. 그래서 먹고 남은 상당량을 돈으로 바꾸어서 서적이나 그림 등을 구입하는 여행경비로 사용했을 것이다. 당시에 김치와 소주까지 지급했다는 것이 흥미롭다. 또 조선 사람들이 잘 먹지도 못하는 양고기를 지급했다는 것도 재미있다.

## 조선 사행단의 여행 중 본 구경거리나 경험들

사행단과 박지원은 여행 중에 새롭고 낯설은 수많은 구경거리를 보거나 경험을 하게 된다. 박지원은 특히 조선과 다르거나 조선에는 없는 선진문물에 관심이 많아서 세밀하게 관찰하고 장단점을 파악해서 좋은 점은 우리가 수용해야 한다고 주장한다. 예를 들면, 가마 제도의 차이점, 건축 기법, 벽돌 제조법, 벽돌의 이점, 회 개는 법, 기와 만드는 법, 지붕 이는 법, 공가(기중기) 이용법, 캉(구들) 만드는 법, 수레 제조법, 기계로 맷돌 돌리는 법, 체로 가루치는 법, 다리 축조하는 법, 누에고치 실 뽑는 소차, 깨진 사기그릇 고치는 법(장예모 감독의 영화 〈집으로 가는 길〉에 장인이 깨진 사기그릇을 고치러 다니는 장면이 나온다), 시장(저자)의 모습, 점방(상점)의 모습 등이다. 종이와 붓에 대해 두 나라 사이의 차이를 서로 비교하기도 한다.

신기한 풍경에도 관심이 많아서 하인인 창대에게 조선에 없는 것을 보면 무조건 자기에게 알려달라고 부탁한다. 심지어는 자기가 잠을 자고 있어도 깨우라고 부탁한다. 수백 마리 낙타 행렬, 천여 마리 말떼 행렬, 수천 마리의 돼지 행렬, 수천 대의 쌀 수레 행렬, 석탄을 가득 실은 30여 대의 짐수레 행렬, 검정 소떼 행렬, 양떼 행렬, 노새떼 행렬, 귀양 가는 죄수 행렬, 말몰이 목동, 풍장(風葬), 매사냥꾼, 도사 등이다. 여시관(가설 극장), 극장, 길거리 연극, 여자 곡마단, 요술 구경, 창녀촌, 이슬람국 사신, 열하에 있는 리틀 포탈라궁, 오색 유리기와, 애완견, 죄수들끼리 서로 뺨치는 형벌 등도 관심의 대상이었다. 거리에서는 다양한 놀이패를 구경하기도 한다. 남사당패, 호랑이 놀리는 자, 곰 놀리는 자, 토끼 놀리는 자, 쥐 놀리는 자, 새 장수, 벌레 장수 등이다. 청나라 지식인에게서 들은 위조 골동품 만드는 법을 자세히 소개하기도 한다.

청나라 지식인들과 만나서는 친구 홍대용(1731~1781)으로부터 전해들은 지식을 바탕으로 천문학에 대해서 끝없는 관심과 토론을 필담으로 벌인다. 시와 문학, 그림, 음악에 대한 토론도 벌인다. 역사에도 관심이 많아서 안시성, 한사군, 평양과 패수의 위치를 증명하려 시도하고, 지나가는 요동벌이 모두 고구려 강역이었다면서 조선 강토가 축소된데 대해서 한탄하기도 한다.

라마교, 예수교, 이슬람교 등 다른 종교에 대해서도 관심을 보이고 기록하고 있다. 서양화를 처음 보고 성모마리아가 아기 예수를 안고 있는 성화를 묘사하면서는 기독교의 실체를 잘못 인식하여 오해를 하기도 하고, 몽골의 영토에 대해서도 잘못된 지식을 피력한다.

반면에 삼사(정사, 부사, 서장관)들은 유교의 교조주의에 빠져 있어, 라마교의 수장인 달라이 라마를 만난 것을 부끄럽고 수치스럽게 여기고, 그가 준 선물을 어떻게 처리할지 고민하기도 한다. 열하에서 황제의 명령으로 정사가 달라이 라마를 접견하는 자리에서 5중 통역을 하는 모습을 보고, 외교에 외국어가 중요하다는 점도 깨닫는다. 또한 통역의 어려움과 이런 점을 이용한 역관들의 농간에 대해서도 비판한다. 여행 중에 자주 사용하는 간단한 중국어를 익히기도 한다.

박지원은 여행 도중 여행자(사행단)와 현지 주민 사이에 일어나는 갈등도 자세히 기록하고 있다. 병자호란 때 끌려간 조선 포로들의 후손이 살고 있는 고려보에서는 오랜 기간 동안 수많은 사행단의 누적된 악행과 파렴치한 행동 때문에 주민들이 조선 사행단을 피하려 하고, 음식이나 물건 값을 비싸게 받는 등 같은 민족끼리 타국에서 서로 간에 갈등의 골이 날이 갈수록 깊어지고 있다고 고발한다.

어느 날에는 사행단 숙소에서 현금 분실사고가 일어나 현지인을 의심하는 등 서로 갈등하기도 한다. 사행단 마부와 몽골 사람들이 싸우기도 하고, 하인들이 현지인 참외밭의 참외를 훔치기도 하고(나중에 사실이 아닌 것으로 판명됨), 남의 집을 구경하다가 싸우기도 하고, 주민이 말리는 오미자를 몇 개 집어 먹었다가 싸우기도 하고, 불친절한 현지인 때문에 싸우기도 한다. 박지원은 사신단 수행원들의 이런 행태를 보면서, 중국을 여행하는 조선 사람들이 저지르는 5가지 잘못된 행태를 나열하고, 여행자의 태도를 나무라기도 한다. 박지원 자신은 만리장성 성벽에 이름을 새겨 자연환경을 훼손하기도 한다.

그 밖에도 박지원은 여행 중에 많은 경험을 한다. 밤에 하인과 짜고 숙소를 이탈하여 기생집이나 술집에 가서 놀기도 하고, 어느 점방에 들어갔다가 우연히 보게 된 '호질(虎叱)'을 읽고 감탄해서 정진사와 함께 베끼기도 하며, 연경에서 서양 사람들을 만나지 못한 아쉬움도 전한다. 산해관 부근 장대에서는 가파른 계단을 올라갔다가 아슬아슬하게 내려오면서, 사람은 높은 벼슬길에 올라갈 때보다 내려오기가 더 어렵다는 사실을 깨닫기도 한다. 어떤 일행들은 길거리에 지나가는 현지 여자들을 보면서 서로 누구의 첩으로 삼을 것인지 정하는 장난도 쳤다. 요즘 같으면 성희롱으로 처벌받았을 행동들이다. 한양에서 지인으로부터 부탁받은 편지를 현지인에게 전달하기도 했으며, 현지 지식인들의 초대를 받아 지식을 교환하고 환담을 나누기도 했다.

## 조선 사행단의 여행 중 벌어진 사건과 사고

사행단의 중국여행은 워낙 장거리에 장기간에 걸친 여정이라서 사건 사고가 많이 일어났다. 압록강을 건널 때는 목적지를 잘못 알아 강 중간에 있는 섬에서 배를 내려 낭패를 보기도 하고, 잦은 장마로 인하여 길이 자주 막히거나 강을 건너는데 애를 먹어, 정사는 일정에 맞추어 연경에 도착하지 못할까봐 노심초사한다. 역관 김진하는 의주에서부터 질병에 걸려 아예 사행단에서 탈락하기도 한다. 한 여름에 더위를 먹거나 감기에 걸리기도 하고, 음식을 잘못 먹어 소화불량에 걸리기도 한다. 어떤 도읍을 지날 때는 도적을 만나거나 소매치기를 당하기도 한다. 말 위에서 졸다가 떨어질 뻔하기도 하고, 잠자리에서 이나 벼룩 같은 해충에 시달리기도 한다.

의주상인은 전대를 강물에 빠뜨려서 큰 손해를 보기도 한다. 이동 중에 여행길을 착오하기도 하고, 박지원의 하인 창대는 연경에서 열하로 가는 도중 말 발굽에 발등을 밟혀 큰 부상을 입기도 한다. 황제의 생일날에 맞추어 도착하기 위해 위험을 무릅쓰고 깜깜한 한밤중에 말을 타고 강을 건너기도 하고, 하룻밤에 아홉 번 강을 건너기도 한다. 너무 빡빡한 여행 일정 때문에 여독에 지쳐 입맛을 잃는 경우가 허다했다. 비 올 때는 비옷(유삼-油衫)을 입고 여행을 했다. 야간 숙박 중에는 안전사고를 방지하기 위해서 사행단을 호송하는 청나라 갑군이 매일 밤 점호를 실시했다.

## 조선 사행단의 여행선물

사행단의 삼사나 박지원이 청나라 사람들에게 주로 건넨 선물은 청심환, 부채, 백지 등이었다. 특히 청심환은 지위고하를 막론하고 청나라 사람들에게 큰 인기가 있어서 청심환을 얻기 위해 사기행각을 펼치는 현지인들도 있었다. 현지인들은 조선 담배를 요구하기도 했다. 사행단이 청나라 사람들에게서 받은 선물은 주로 그림, 그림이 그려진 부채, 붉은 먹통, 생강 국화차, 귤병 등이었다. 황제가 정사에게 하사한 선물은 비단 5필, 수놓은 주머니 6쌍, 코 담배통 1개, 차 주전자 1개, 찻종과 받침대 1벌, 등나무 줄기로 엮은 빈랑주머니 1개, 손칼 1자루, 자양차를 넣은 주석병 1개 등이었다. 주목할 점은 사행단이 한 나라의 공식 사절단임에도 불구하고, 국경이나 성을 통과할 때마다 예단이라는 이름으로 엄청난 뇌물(급행료)을 제공했다는 사실이다. 박지원은 그런 관행을 질타하면서, 책문을 통과할 때 청나라 관리들에게 지급한 예단의 품목과 수량을 다음과 같이 자세히 기록했다.

책문수직보고 2명, 갑군 8명에게 각각 백지 10권, 작은 담뱃대 10개, 화도(火刀) 10자루, 담배 10봉.

봉성장군 2명, 주객사 1명, 세관 1명, 어사 1명, 만주 장경 8명, 가출 장경 2명, 몽고 장경 2명, 영송관 3명, 대자 8명, 박씨 8명, 가출 박씨 1명, 세관 박씨 1명, 외랑 1명, 아역 2명, 필첨식 2명, 보고 17명, 가출 보고 7명, 세관 보고 2명, 분두 9명, 갑군 50명, 가출 갑군 36명, 세관 갑군 16명, 이상 모두 102명에게 장지(두꺼운 종이) 156권, 백지 469권, 청서피 140장, 작은 갑 담배 580갑, 봉지 담배 800봉, 가는 연죽 74개, 팔모진 대꼭지 74개, 주석 장도 74자루, 칼집 있는 손칼 284자루, 자루부채 288자루, 대구어 74마리, 혁장니(말안장 밑으로 길게 늘이는 다래) 7벌, 환도 7자루, 은장도 7자루, 은연죽 7개, 주석 연죽 42개, 붓 40자루, 먹 40정, 화도 262개, 청 청다래(말안장 밑에 늘여 진흙 튀는 것을 막는 마구) 2벌, 별연죽 35

개, 유단 2벌(출처: 박지원, 열하일기 上, 2004: 53).

## 조선 사행단의 국경 통과와 무역

조선 의주에서 출국할 때의 세관 검사가 중국 책문으로 입국할 때보다 훨씬 더 까다로웠다. 의주 세관에서는 인마를 모두 조사한다. 사람마다 본적, 성명, 거주지, 나이, 수염과 흉터의 유무, 키의 장단을 기록하고, 말은 털빛 색깔까지 등록한다. 깃대를 3개를 세워 문턱을 삼고 거기서 금지 품목을 뒤지는데, 황금, 진주, 인삼, 수달 가죽, 불법 은제품 등 수십 종이 금지품목에 포함되었다. 조선 화폐는 반출이 금지되어 서로 주머니를 털어 돈 26닢을 모아 술을 사먹기도 했다.

하인들은 옷을 벗기고 바지춤까지 끌렀으며, 비장이나 역관들은 행장만 풀어본다. 이불 보통이나 옷 보따리들이 강가에 풀어 흐트러지고, 가죽 상자와 종이 함짝들은 풀섶에 나뒹굴었다. 이렇게 검사를 하지 않으면 불법을 막기 어렵고, 법대로 하려니 체모가 말이 아닌 모습이 연출된 것이다.

금지 품목이 첫 번째 깃대에서 발각되면 곤장을 치고 물건은 몰수하며, 두 번째 깃대에서 발각되면 귀양을 보내고, 세 번째 깃대에서 발각된 사람은 목을 베어 효수할 정도로 법이 엄했다. 박지원은 중국에 입국할 때 청나라 책문에서의 통관 절차에 대해서는 자세히 기록하지 않았다.

사행단에게는 조정에서 합법적인 무역 할당량을 정해 주었다. 정관(비장과 역관들을 합하여 30명)에게는 8포(包: 조정에서 공인한 국외 반출 자금의 단위), 당상관은 포은 3천 냥, 당하관은 2천 냥으로 정하여,

각자가 은을 차고 연경으로 가서 무역을 하도록 허락했다. 사행단과 동행하는 의주 상인들은 조선과 중국 측 관리들을 매수하여 자기들 마음대로 국경을 드나들었다. 박지원은 역관들이 아니라 이 상인들이 중국 상품을 독점하여 물가를 마음대로 오르내리게 한다고 고발하고 있다.

당시에도 연경의 유리창 등 사행단이 자주 가는 관광지에는 가짜 상품들이 즐비했다. 박지원도 현지에서 만나는 청나라 지식인에게서 연경 유리창에 가면, 특히 골동품을 살 때 가짜가 많으니 조심하라는 말을 여러 번 듣는다.

## 4. 박지원 사행단의 중국여행 특성

18세기에 조선 사행단의 일원으로 중국 연경과 열하에 다녀온 박지원이 기록한 〈열하일기〉의 특성은 다음과 같다.

첫 번째, 〈열하일기〉는 6하 원칙을 철저히 준수하여 여행기의 진면목을 보여주었다. 연행 사행단의 우두머리인 정사(正使)가 공식 출장보고서로 기록하여 조정에 보고하는 등록(謄錄)은 사행단의 공식 일정에 초점을 맞추어 국가(조선)와 국가(청나라) 간의 공식적인 사행 일정을 중심으로 기록한다. 이에 비해 자제군관의 자격으로 사행단에 끼어 열하에 다녀온 박지원은 공적인 업무수행에 대한 아무런 의무가 없어, 자유로운 개인 여행자 신분으로 이 여행을 즐길 수 있었다. 그래서 〈열하일기〉에는 누가, 언제, 어디서, 무엇을, 어떻게, 왜 했는지가 자유로운 생각과 관점으로 명확하게 기록되어 있어 전형적인 여행기로 볼 수 있다.

이와 같은 자유분방한 문장과 기록으로 인해 당시 〈열하일기〉는 베스트셀러가 되었다. 반면에 정조로부터 사대부의 품격을 지키는 글이 아니고 혹세무민하는 현란한 글을 쓴다는 꾸지람을 받기도 했지만,76) 현대 여행기와 비교해보아도 전혀 손색이 없는 훌륭한 여행기라 말할 수 있다. 여행기의 기본을 아주 잘 지킨 글쓰기의 모범이라 할만하다.

두 번째, 이와 같은 구체적인 기록은 현지에 관한 정확한 정보를 제공함으로써, 후대 사람들이 중국여행을 할 때, 훌륭한 현지 정보를 제공하는 여행가이드북의 역할을 했다. 여행 중에 들른 관광 명소들만 모아 별도의 견문기를 기록하고, 또 당시 조선에서는 볼 수 없었던 진기한 인물(달라이 라마 등)이나 사물(벽돌, 석탄 등), 동물(코끼리나 낙타 등), 볼거리(길거리 마술사, 곡마단 등) 등을 기록한 것은 독자들의 호기심을 일으키기에 충분한 흥미로운 여행정보인 것이다.

여행하면서 만난 사람, 사물, 동물, 식물, 자연현상 등을 치밀하게 관찰하고, 세밀하게 묘사하는 것은 여행기를 쓰는 사람의 당연한 자세이다. 낙타에 대한 다음 기록을 보면 박지원이 처음 보는 사물에 얼마나 호기심이 많았으며, 얼마나 치밀하게 관찰하고 세밀하게 묘사했는지 알 수 있다. 마치 한 폭의 세밀화를 보는 듯하다.

물건을 싣고 나오는 약대(낙타)들이 천백 마리씩 떼를 지었다. 대체로 크고 작은 것이 없이 꼭 같고 빛은 다 부유스름한데 약간 누런 빛 짧은 털이 났고, 머리는 말같이 생겼는데 좀 작고, 눈은 양 같고 꼬리는 소꼬리 같고, 걸을 때는 목을 쭈그리고 머리를 젖혀 나는 해오라비 모양도 같고, 무릎이 두 마디요 발굽은 두 쪽이며 걸음은 학 걸음 같고 소리는 거위 소리 같았다(출처: 박지원, 열하일기 中, 2004: 116).

세 번째, 조선 사행단의 여행 패턴은 현대인의 여행 패턴과 크게 다르지 않다. 관광학자 리퍼(Leiper)에 의하면,[77] 관광시스템(Tourism System)을 구성하는 요소는 관광객, 관광객 발생지, 경유지, 관광목적지, 관광산업이다. 조선시대 중국 사행 여행도 현대의 관광시스템이 요구하는 요소를 모두 충족시키고 있다. 사행단 281명이 관광객이고, 조선은 관광객 발생지이며, 한양에서 의주와 북경을 거쳐 열하에 이르는 중간에 있는 모든 도시들은 경유지이다. 북경과 열하, 그리고 중간에 들렀던 명소들은 관광목적지이며, 사행단이 여행 중에 이용한 숙박수단(역참, 관사, 여관, 사찰 등), 교통수단(가마, 수레, 말, 배 등), 음식점, 술집, 다방, 명소, 점방, 선물가게 등은 관광서비스를 제공하는 관광산업으로 볼 수 있다. 현대의 관광시스템과 비교해 볼 때 관광서비스 공급자들이 여행자들에게 제공하는 서비스의 질과 형태만 다를 뿐이다.

네 번째, 날씨를 매일 자세히 기록했다. 지금까지 전해오는 동서양의 여행기 중에서 날씨까지 기록한 책은 거의 없다. 박지원은 하루도 빼놓지 않고 날짜와 함께 반드시 날씨를 적어 두었다. 매일 날씨를 자세히 알 수 있어서 무미건조한 여행기록이 생생하게 살아나는 느낌이다. 다음과 같은 간단한 날씨 한 줄이 여행기에 신선한 생동감을 불어넣는 촉매제 역할을 하는 것이다.

아침은 맑고 늦게야 몹시 더웠다가 한낮쯤 되어서는 센 바람이 일고 번개가 치고 소낙비가 내렸다. 저녁나절에야 개었다(8월 6일 임자일).

날씨 묘사가 독자들에게 마치 한 편의 시를 읽는 느낌을 주고 있다. 박지원의 뛰어난 문재를 엿볼 수 있는 문장이다.78) 날씨가 여행에 큰 영향을 끼친다는 사실을 감안한다면 정말 대단한 안목이라 할 수 있다. 당시에는 지금보다 날씨가 여행에 더 큰 영향을 끼쳤다. 다리를 포함한 도로 사정이 좋지 않아서 장마나 홍수가 나면 강물이 줄어들 때까지 기다리는 수밖에 없었다. 그래서 의주에서는 압록강 물이 줄어들기를 기다리면서 10일이나 체류했고, 북경에서 열하로 갈 때도 난하의 물이 불어서 큰 고생을 했다.

또한 요동 서쪽 약 200리는 비만 내리면 온통 습지로 변해서, 지나가는 여행자들이 엄청 고생이 심했고, 그만큼 이동 속도는 지연되었다. 김부식이 지은 〈삼국사기〉에도 수양제가 고구려를 침략할 때, 이 지역을 지나다가 습지 때문에 수나라 군사들이 이동하면서 엄청 고생했다는 기록이 생생하게 묘사되어 있다.79) 이런 상황이 발생할 때마다 사행 일정을 책임지는 정사는 황제 생일에 맞추지 못할까봐 두려워 위험을 무릅쓰고 강행군을 독촉하곤 했다. 일정을 맞추지 못한 나라의 사신들은 귀양을 가는 경우가 아주 흔했다. 당시 여행에서 날씨는 여행기간을 결정하는 매우 중요한 요소였다.

다섯 번째, 박지원은 여행 중 지나간 지명을 정확하게 기록했다. 여행기에서 가장 중요한 요소 중 하나가 여행자가 지나간 지역의 지명을 정확히 기록하는 것이다. 그래야 그 여행기가 후대에 여행하는 사람들에게 길라잡이 역할을 할 수 있는 것이다. 〈열하일기〉에는 사행단이 지나간 지역의 이름이 여행 일정별로 정확하게 나와 있어서 요즘 그 경로를 답사해도 찾아갈 수 있을 정도이다.

여섯 번째, 하루 동안 이동한 거리를 정확하게 기록했다. 중간 중간 십여 일을 제외하곤 매일 이동한 거리를 기록해서 그날 얼마나 여행했는지를 알 수 있게 했다. 앞의 여행거리 편에서 언급한 것처럼, 가장 많이 이동한 날은 100리(40km)를 여행했고, 가장 적게 이동한 날은 30리(12km)를 여행했다. 체류일자까지 포함한 하루 평균 이동거리는 약 50리(20km)이다.

281명으로 구성된 대규모 사행단이 엄청난 짐(황제 진상품이나 관리들에게 바치는 예물 포함)을 말이나 나귀 또는 수레에 실은 채, 또는 사람 등에 짊어진 채, 하루에 20km를 이동한다는 것은 그리 쉬운 일이 아니다. 황제의 생일날에 맞추어 무조건 도착하라는 명령에 따라, 연경에서 열하로 이동할 때는 74명의 선발대가 하루에 평균 84리(약 34km)를 밤낮없이 이동하기도 했다. 이 정도 강행군이면 여행이 아니라 군인들의 전투행군이라 할만하다.

서호수(1736~1799)의 열하 사행단에게 미리 통지해주었던 것처럼,80) 황제가 연경(북경)이 아니라 열하에 있으니 성경(심양)에서 성경–산해관–연경–열하 코스로 오지 말고, 성경에서 바로 열하로 가는 지름길(사행 지도 참조)로 오라고 미리 기별을 해주었으면81) 여행이 훨씬 더 수월했을 것이다. 조공국으로서 청나라 조정에서 하라는 대로 따라야만 했던 약소국의 설움이 엿보이는 대목이기도 하다.

일곱 번째, 조선 사행단은 지금의 단체여행자보다 훨씬 불편하고 위험한 여행을 했다. 18세기 말 조선과 중국의 관광산업 수준이 지금보다 훨씬 낮았기 때문에 여행서비스를 제공하는 여러 공급자들의 수준도 크게 낮을 수밖에 없었다. 그래서 비행기나 기차 대신 가마나 말을 타거나 걸어서 가야 했고, 무덥고 해충이 득실거리는 숙소에서 잠을 청해야 했으며, 여행 중 먹는 음식도 위생상태가 나빠 소화불량이나 복통을 일으키는 경우도 많았다. 제대로 된 여행정보가 없어서 압록강을 건너다 중간에 있는 섬에 내리기도 하고, 여행 중

길을 잘못 들기도 한다. 더구나 여행 중 강도나 도적을 만나기도 해서 여행자의 안전도 보장되지 않았다. 당시의 여행자가 겪는 일반적인 현상이었지만, 현대 여행자로서는 참기 어려운 수준의 여행서비스를 경험한 셈이다.

여덟 번째, 도보가 주요 교통수단이었기 때문에 여행기간이 지금보다 훨씬 길었다. 박지원이 따라간 이 사행단은 한양－의주－북경－열하－북경－한양 코스를 왕복하는데 약 5개월 걸렸다. 여행거리로 치면 약 7,400리(약 3,000km)를 갔다 오는데 152일이 걸렸으니까 지금에 비하면 엄청 더 오래 걸린 것이다. 북경과 중간 중간에 체류한 약 60일 정도를 제외하면, 나머지 약 90일 대부분의 시간은 이동하는데 걸린 시간이다. 그 이유는 느리고 불편한 교통편 때문이다.

삼사 등 관리들은 가마나 말을 타고 가지만 마부나 하인들은 걸어가기 때문에 전체 사행단의 여행 속도는 도보여행이나 마찬가지다. 교통수단의 차이 때문에 여행기간에 큰 차이가 나는 것이다. 과학기술의 발달로 인한 교통수단의 발달이 여행자의 이동을 얼마나 빠르고 편리하게 변화시켰는지 알 수 있는 사례이다.

아홉 번째, 박지원은 여행 중 여행자(사행단)와 현지인의 마찰과 충돌에 대해서 언급하면서 조선 여행자의 무례하고 무책임한 행동들을 나무라기도 한다. 현대 여행에서 여행자의 책임 있는 여행을 주문하는 '책임여행(responsible tourism)'을 강조한 것이다. 여행은 기본적으로 사람(현지인 hosts)과 사람(여행자 guests)의 만남이다. 현지인과 여행자가 서로 긍정적인 영향을 주고받을 때 여행의 참 의미가 살아나는 것이다.[82] 그런 점에서 사행단의 중국여행은 현지인, 특히 중국거류 조선인들(주로 1627년 정묘호란과 1636년 병자호란 때 끌려갔다가 현지에 체류하게 된 포로들의 후손들)과 많은 갈등을 일으켜 현지인들에게 부정적인 영향을 끼친 것으로 보인다. 이런 현지인과의 마찰과 충돌은 결국 여행자 자신의 불편을 초래하고, 여행의 질을 저하시키는 요인으로 작용할 가능성이 크다.

열 번째, 박지원은 만리장성 성벽에 자기 이름을 새겨 문화유산을 훼손시키기도 한다. 아마 당시에는 지식인들이 유람을 하면서 바위에 이름 새기는 일이 하나의 풍조였던 것 같다. 박지원처럼 만리장성에 낙서하는 여행자들은 240여 년이 지난 지금도 존재한다.[83] 과거 조선시대 명사들이 금강산에 놀러가서 새긴 글씨들이 지금은 관광 명소가 되는 것은 여행자의 자유와 의무에 대한 양면성을 보여주는 아이러니가 아닐 수 없다. 여행자들이 자연환경이나 문화유산을 파괴하거나 훼손해서는 안 된다는 안목이 당시에는 없었던 것으로 보인다. 현대 여행자들에게는 용납될 수 없는 행위들이다.

마지막으로, 박지원은 〈열하일기〉에 사행 여정을 기록했을 뿐 아니라, 선진문물에 대한 지식과 기술도 기록하여 조선의 위정자와 백성들에게 알리고자 했다. 그래서 새로 보는 것마다 자세히 관찰하고 기록했으며, 현지 학자 관리 사업가 등을 만나 지식과 문물을 교환했다. 박지원이 만난 유명 인사들은 왕곡정, 윤가전, 추사시, 왕민호, 지정, 윤형산, 학성, 경순미, 기풍액, 왕신, 파로회회도(몽골인), 조수선, 왕삼번 등이다.

이런 지식인들과 교류함으로써 청나라가 더 이상 야만적인 오랑캐의 나라가 아니고, 배울 점이 많다는 점을 여러 곳에서 강조하고 있다. 조선도 이런 선진문물을 받아들여 농업 상업 공업을 장려하여 부국강병하고, 백성들을 잘 살게 만들어야 한다는 점을 지속적으로 강조하고 있다. 예를 들면, 번창한 상품 유통, 벽돌로 쌓은 규모가 정연한 주택, 사통발달한 교통, 갖가지의 편리한 수레, 활차를 이용한

두레박, 퇴비 쌓기, 목축산업의 양성 등을 받아들여, 나라를 강하게 만들고 백성들의 생활을 풍족하고 편리하게 해주어야 한다고 주장하는 것이다.

또한 박지원은 〈열하일기〉를 통해 국력도 약하면서 아직도 명나라(한족)만을 숭상하고 청나라(만주족)를 오랑캐라고 업신여기는 조선 양반들의 허위의식을 통렬하게 비판한다. '호질(虎叱)'을 통해서는 양반들이 평생 글만 읽으면서 실천과는 동떨어져 공리공담만을 일삼는 것을 '한심하고 기막힌 일'이라고 개탄했다.

김하명에 의하면,84) 호질은 조선 양반 지배층과 사대부들의 위선성, 포악성, 권력에 대한 아첨 등을 예리하게 보여주고 있다. 호질에서 봉건제도의 모순성에 대해서 날카롭게 비판하면서 광명한 미래에 대한 지향을 뚜렷이 구현하고 있으며, 작품 속 주인공들의 이미지를 통해서 그 사실성이 훨씬 더 강화되었다. 이처럼 〈열하일기〉는 조선 사회의 개조를 위한 근본적인 개혁 방안을 제시하는 계몽서 역할도 했다.

박지원이 그때 북경 여행을 따라가지 않았다면, 조선사회가 선진 사회에 비해 얼마나 뒤떨어졌는지 깨닫지 못했을 것이다. 여행은 이처럼 세상 구경뿐 아니라, 자기 자신을 깨닫게 해주는 역할도 하는 것이다. 박지원의 중국여행은 조선 양반사회에 일격을 가하는 '문명의 충돌'이었다.

조선 사행단의 일본여행 - 조선통신사[85)]

최근 일본을 방문하는 한국 관광객의 숫자가 급증하고 있다. 일본 정부의 해외관광객 유치정책과 원화에 대한 엔화의 약세에 힘입어 한국인들의 일본 방문이 급증하고 있는 것이다. 조선시대에도 일본에 가는 대규모 단체 여행자들이 있었다. 임진왜란(1592)과 정유재란(1598) 직후부터 일본 에도막부에 파견된 외교사절들이었다. 이들 여행자들을 조선통신사라고 부른다. 조선왕조는 중국과 일본에 외교사절을 파견했다. 중국 연경(북경)에 파견하는 사절을 연행사(燕行使), 일본에 파견하는 사절을 통신사(通信使)로 불렀다.

조선은 1607년 제1차 통신사부터 1811년 제12차 통신사까지 12차례 통신사를 일본 에도(동경)에 파견했다. 조선시대 해외여행은 극소수의 선택받은 사람들만 가능했고, 통신사는 조선을 외부 세계와 연결해주는 통로였다.[86)] 선린관계를 바탕으로 통신사가 왕래하여 양호한 관계를 유지했던 시절과 달리, 현재 한국과 일본의 외교관계는 독도 문제나 위안부 문제, 또는 강제 징용자 배상 문제 등으로 미묘한 관계를 유지하고 있다. 따라서 조선시대 조선통신사의 일본 사행을 고찰함으로써 상호 선린과 이해에 기반 하여 현재의 교착상태를 풀 수 있는 해법을 구할 수 있다. 또한 매년 수백만 명의 여행자들이 양국을 왕래하는 시점에서 양국의 국민들이 서로 친하게 지낼 수 있는 관계의 모색이 필요하다는 점에서 조선통신사 연구는 필요하다.

이 절에는 조선시대 때 일본에 다녀와서 그 여행경험을 여행기(사행록)로 남긴 통신사들의 글을 여행의 관점에서 분석하여 그 여행 행태과 특성을 파악하려고 한다. 중국 연행사들의 연행록에 비해 잘 알려지지 않은 통신사들의 사행록은 당시 일본에 대한 정보를 알려주는 매우 중요한 해외여행기이고, 또한 일본은 조선시대 해외 여행사(史)를 이해하는 데 가장 중요한 관광목적지 중 하나이다.

## 1. 조선통신사의 배경과 구성

임진왜란 후에 토요토미 히데요시(1537~1598) 가문과 그를 추종하는 세력을 물리친 후에 일본을 통일한 도쿠가와 이에야스(1543~1616)는 지금의 동경에 에도막부(1603~1867)를 세우고, 자신은 양란을 반대하여 조선 침략에 동참하지 않았다는 것을 명분으로 조선과 친선관계를 도모할 목적으로 통신사 파견을 요청했다. 에도막부는 새로운 관백(關白: 천황을 대신하여 일본을 지배한 실질적인 국가 최고 통치자)의 출현, 아들 출생 같은 관백 가족의 경사, 관백 가족의 흉사 등의 큰 일이 생길 때마다 대마도 도주를 통해 조선에 통신사를 파견해 달라고 요청했다.87)

조선 측에서도 새로운 관백을 중심으로 들어선 정권이 조선에 어떤 태도를 가지고 있는지, 정세를 탐문할 목적으로 그 요청을 받아들여 통신사를 파견하게 되었다.88) 1607년에 제1차를 시작으로 1811년 제12차까지 일본에 사절단을 파견했다(2차-1617년, 3차-1624년, 4차-1636년, 5차-1643년, 6차-1655년, 7차-1682년, 8차-1711년, 9차-1719년, 10차-1748년, 11차-1764년, 12차-1811년). 중국에 파견한 연행사는 사대를 위한 사절이었지만, 일본에 파견한 통신사는 상호 교린을 위한 사절이었다. 제1~3차 사절단은 사실 통신사가 아니었고, 공식 명칭은 '회답겸쇄환사(回答兼刷還使)'였지만, 일반적으로 통신사로 취급된다.89) 조선으로서는 임진왜란과 정유재란 때 포로로 끌

## 조선통신사 사행단

| 차수 | 연도 | 정사 | 사행단 규모 | 사행록(저자) | 여행코스 |
|---|---|---|---|---|---|
| 1 | 1607 선조 40년 | 여우길 | 504명 | 해사록海槎錄(경섬) | 한양-부산-대마도-오사카-에도-오사카-대마도-부산-한양 |
| 2 | 1617 광해군9년 | 오윤겸 | 428명 | 부상록扶桑錄(이경직) 동사상일록東槎上日錄(오윤겸) | 한양-부산-대마도-오사카-교토-오사카-대마도-부산-한양 |
| 3 | 1624 인조 2년 | 정립 | 460명 | 동사록東槎錄(강홍중) | 한양-부산-대마도-오사카-에도-오사카-대마도-부산-한양 |
| 4 | 1636 인조 14년 | 임광 | 475명 | 병자일본일기丙子日本日記(임광) 해사록海槎錄(김세렴) 동사록東槎錄(황호) | 한양-부산-대마도-오사카-에도-오사카-대마도-부산-한양 |
| 5 | 1643 인조 21년 | 윤순지 | 462명 | 동사록東槎錄(조경) 해사록海槎錄(신유) 계미동사일기癸未東槎日記(미상) | 한양-부산-대마도-오사카-에도-오사카-대마도-부산-한양 |
| 6 | 1655 효종 6년 | 조형 | 485명 | 부상록扶桑錄(남용익) | 한양-부산-대마도-오사카-에도-오사카-대마도-부산-한양 |
| 7 | 1682 숙종 8년 | 윤지완 | 473명 | 동사록東槎錄(홍우재) 동사일록東槎日錄(김지남) | 한양-부산-대마도-오사카-에도-오사카-대마도-부산-한양 |
| 8 | 1711 숙종 37년 | 조태억 | 500명 | 동사일기東槎日記(임수간) 동사록東槎錄(김현문) | 한양-부산-대마도-오사카-에도-오사카-대마도-부산-한양 |
| 9 | 1719 숙종 45년 | 홍치중 | 475명 | 해유록海游錄(신유한) 해사일록海槎日錄(홍치중) 부상기행扶桑記行(정후교) | 한양-부산-대마도-오사카-에도-오사카-대마도-부산-한양 |
| 10 | 1748 영조 24년 | 홍계희 | 475명 | 봉사일본시견문록奉使日本時聞見錄(조명채) 일본일기日本日記(미상) 수사일록隨槎日錄(홍경해) | 한양-부산-대마도-오사카-에도-오사카-대마도-부산-한양 |
| 11 | 1764 영조 40년 | 조엄 | 472명 | 해사일록海槎日錄(조엄) 일동장유가日東壯遊歌(김인겸) 명사록溟槎錄(오대령) 일본록日本錄(성대중) 사상기槎上記(성대중) 일관기日觀記(남옥) 승사록乘槎錄(원중거) 화국지和國志(원중거) | 한양-부산-대마도-오사카-에도-오사카-대마도-부산-한양 |
| 12 | 1811 순조 11년 | 김이교 | 336명 | 도유록島遊錄(김선신) 동사록東槎錄(유상필) | 한양-부산-대마도-부산-한양 |

출처: 강재언(2005, p.34), 박상휘(2018, p.17), 국역 해행총재1(1974, pp.12-13) 참조.

려간 조선인들을 데려오는 목적도 있었던 것이다.

조선시대에 사신들은 중국으로 여행하는 연행사는 선호한 반면, 일본으로 여행하는 통신사는 서로 가기를 꺼렸다.[90] 그 이유는 첫째, 폭풍이나 태풍으로 인해 목숨까지 위협하는 해로를 따라 가야했고, 둘째, 한양에서 에도까지 왕복 사행로의 거리가 1만 리(약 4,500km)가 넘어 여행기간이 거의 1년 가까이 걸렸고, 셋째, 당시 일본은 조선에 비해 후진국가로 여겨졌고(사실과 달리), 넷째, 무엇보다도 임진·정유 양란을 겪은 조선은 아직도 일본에 대해 적대감이 있었기 때문이다.

통신사 전체 인원은 336(12차)~504(1차)명으로 대규모였다. 12차 통신사의 인원이 적은 것은 에도까지 가지 않고 대마도까지만 갔기 때문이다. 한양−부산−대마도−오사카−에도−오사카−대마도−부산−한양 코스가 일반적인 이동 코스였다. 일행의 편성은 삼사, 제술관, 서기, 군관, 역관, 군졸, 의전·행렬담당, 의원, 화원, 악사, 말재주꾼, 소동(小童), 하인, 선원, 격군(格軍: 사공) 같은 유형으로 대별할 수 있다.[91] 삼사는 사행단을 이끄는 수뇌부인 정사, 부사, 종사관을 지칭한다. 제술관과 서기는 학문에 정통하며, 시를 잘 지어 문학 교류를 원하거나 글(시)이나 그림을 얻으러 오는 일본인들을 응대하는 문인들이다. 군관은 자제군관(子弟軍官: 삼사가 자신의 자식이나 친척 중에서 데려가는 군관), 명무군관(名武軍官: 명망이 있는 군관), 장사군관(壯士軍官: 사신 행차 시 군졸 지휘관)을 지칭한다. 역관은 수역(首譯), 상통사(上通事), 당상역관(堂上譯官), 차상통사(次上通事), 소통사(小通事) 등으로 통역을 맡은 사람들을 말한다. 군졸은 초관, 내금, 사령, 나장, 별파진 등으로 병부의 군졸과 관아의 하졸로 구성되어 있다. 말재주꾼은 마상재(馬上才) 공연을 위해, 악사는 각종 행진이

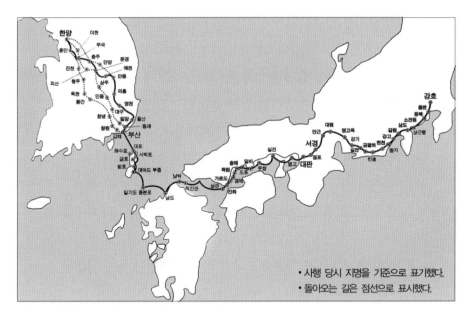

조선통신사 사행 경로[92]

나 공연 또는 연회를 위해 따라갔다. 소동은 어린이들로 공연이나
심부름꾼으로 주로 따라갔다.

## 2. 조선통신사 사행단의 여행 행태

이 절에서는 조선시대 통신사들의 일본여행 행태를 분석하기 위
해 아래와 같이 14가지 항목을 중심으로 통신사 사행록을 분석했다.

### 통신사의 여행목적

조선시대 통신사들의 일본여행 목적은 크게 세 가지로 구분할
수 있다. 첫째는 관백의 세습을 축하하는 또는 다른 행사의 회답 사
절로 파견되었다. 둘째는 임진왜란과 정유재란 때 끌려간 10여만 명

의 조선 포로들을 송환시키기 위한 목적이었다. 그래서 사절단의 이름이 1~3차까지는 '회답겸쇄환사'였다. 그러나 시간이 지날수록 쇄환의 효과가 약해지자, 4차(1636년)부터는 이름이 통신사로 바뀌었다.[93] 셋째는 교린의 목적이었다. 중국을 다녀온 연행사는 대국을 모시는 사대를 위한 외교 차원에서 파견되었지만, 통신사는 조선과 일본의 평화 관계를 유지하기 위한 친선을 위해 파견되었다. 마지막으로, 가장 중요한 목적이 일본의 정치 경제 사회 문화 지리 풍속 인물 등 모든 분야에 걸쳐 정보를 얻는 것이었다. 그래서 사행록마다 이런 분야에 대한 정보를 상세하게 기록하고 있다. 통신사를 파견한 시기가 양란 직후이기 때문에 일본에 대한 경계심이 높아 만일의 사태에 미리 대비하기 위한 방책이었을 것이다.[94]

### 통신사의 여행시기

여행기간이 1년에 가까워, 여행시기는 사계절에 모두 걸쳐 있었다. 이 연구에서 분석한 4개(3차: 1624~25, 6차: 1655, 9차: 1711, 11차: 1763)의 사행록 중에서 출발 시기는 여름철(음력 4월~6월)이 2건, 가을철(음력 7월~9월)이 2건이었다. 출발 시기는 일본 관백의 세습이나 행사 일자에 맞추어야 했기 때문에 조선 측에서 결정할 수 있는 문제가 아니었다.

### 통신사의 여행기간

통신사의 여행기간은 7개월(3차)부터 9개월(9차), 10개월(6차), 11개월(11차)까지 다양하다. 그 이유는 배를 타고 바다를 건너야 하는 여행의 특성상 날씨와 바람의 방향에 큰 영향을 받았기 때문이다. 이키도에 있는 풍본포 같은 항구에서는 날씨가 안 좋아서 18일 동안이나 체류한 적도 있어, 전체 여행기간에 큰 영향을 미쳤다. 여행기간을 단축하려는 조선 측과 늘리려는 일본 측 사이에 상당한 갈등이 있었다. 주로 대마도인들과 역관들이 짜고, 오사카 같은 대도시에서 사무역을 통해 이익을 얻고자 체류기간을 고의로 지연시키기도 했다.[95]

### 통신사의 여행거리

각 통신사의 사행록마다 하루 동안 이동한 거리가 기록되어 있다. 육로는 30~50리(12~20km)가 보통이었다. 대규모 수하물(예물과 잡물, 식량, 땔감 등)을 동반한 500여명의 대규모 사절단의 여행이었기 때문에 하루에 장거리를 여행하기는 힘들었을 것이다. 해로 여행은 바람의 영향을 크게 받았다. 순풍을 만나면 보통 하루에 200~300리(80~120km)가 보통이었고, 쾌속풍을 만나면 480리(192km)까지 항해한 경우도 있다(11차). 사행록 저자들이 "배가 총알처럼 날아간다"라고 표현할 정도로 빨랐다. 물론 역풍일 경우에는 항해를 잠시 멈추거나 격군들이 노를 저어서 나아가야 했기 때문에 이동거리가 몇 십리에 불과한 경우도 있었다. 사행록에 기록된 여행거리는 통신사에 따라 약간씩 다르며, 전체 여행거리는 다음과 같다.[96] 한양-부산포(육로) 980~1,165리, 부산포-오사카(해로) 3,210리~3,270리, 오사카~요도우라(교토 입구: 강로) 120리, 요도우라~에도(육로) 1,245리~1,260리. 따라서 육로는 2,260리~2,545리 이고, 수로(해로 + 강로)는 3,330리~3,390리였다. 전체적으로 수로가 육로보다 1.3~1.5배 더 길다는 사실을 알 수 있다. 또한 귀국할 때도 통신사는 역순으로 같은 길을 이용했다. 그러므로 총 육로 사행로는 4,520리(1,808km)~5,090리(2,036km)였고, 총 수로 사행로는 6,660리(2,664km)~6,780리(2,712km)였으며, 이 두 거리를 합친 총 왕복 사행로는 11,180리(4,472km)~11,870리(4,748km)였다.

### 통신사의 여행경로

통신사들의 사행 경로는 한양을 출발하여 부산-대마도-시모노세키-오사카-교토-에도-교토-오사카-시모노세키-대마도-부산-한양으로 돌아오는 경로가 일반적이었다. 한양에서 부산까지 오고갈 때는 안전을 위하여 삼사(정사, 부사, 종사관)의 이동경로가 각각 달랐다.

### 통신사의 여행동반자

이 책에서 분석한 통신사의 여행 동반자는 3차 460명, 6차 485명, 9차 475명, 11차 472명이었다. 제6차 통신사를 기준으로 직책별로 살펴보면 다음과 같다. 삼사(3명. 이하 명 생략), 자제군관 등 군관(3), 사령 등 군인(25), 역관(18), 사자관(寫字官 4), 서기(5), 도훈도(都訓導 4), 의원(3), 화원(1), 청직(3), 악공 및 취수(21), 기수(12), 각색직(各色直 6), 독축관(讀祝官 1), 소동(小童 15), 반당(伴倘: 호위병 3), 하인(33), 선장 및 선원(37), 격군(格軍: 사공, 275) 등 총 485명으로 구성되었다. 조선통신사들의 시문에 대한 인기가 높아 일본인들의 요청이 너무 많아지자, 제7차 통신사부터는 이 업무를 전담하는 제술관이 추가 되었다. 수행원에 여성은 단 한명도 포함되지 않았다.

### 통신사의 여행가이드

여행가이드는 구간마다 달랐다. 한양-부산과 부산-한양 구간은 언급이 없다. 부산-대마도-오사카 구간의 뱃길에는 대마도주가 파견한 일본의 봉행(奉行) 관리, 역관, 선원, 사공들이 부산에서부터 조선통신사의 배에 각각 탑승하여 바닷길을 안내했다. 6차 통신사의 경우, 제1, 2, 3선에 각각 7명, 총 21명의 일본 수행원들이 탑승했다. 각 배에 봉행 관리 1명, 통역 1명, 사공 3명, 하인 2명이 탑승했다.97) 일본에서 파견하는 인원은 매번 조금씩 달랐다. 통신사의 배가 대마도에 도착하면 대마도주가 사절단을 영접하여, 그 이후부터는 앞장서서 사절단을 안내하면서, 이동 및 숙식, 사고 및 안전, 의전 등 여행에 관한 모든 책임을 졌다. 봉행 관리와 장로승 2명(1명은 대마도부터, 1명은 오사카부터 동행)이 통신사의 여행에 관련된 실무를 담당했다. 봉행 관리는 이동과 숙식, 안전 문제, 장로승들은 외교와 문서를 담당했다.

대마도부터는 예선(曳船)들이 사절단의 배를 끌고 갔다. 예선은 배를 끄는 배로 사절단 1척에 왜선 5~7척씩 줄로 연결하여 끌고 갔다. 특히 바람의 방향이 좋지 않을 때나 일정이 급할 때는 예선들의 역할은 큰 효과가 있었다. 오사카에 도착하면 일본에서 제공한 배로 갈아타고 요도우라까지 강을 따라갔다. 교토에서 에도까지는 관백이 파견한 관리의 안내를 받았다. 에도에서는 관백이 암행어사를 각 지방에 파견하여 대마도인들과 지방관들이 통신사절을 잘 접대하는지 몰래 감시하기도 했다. 두 나라간 통역은 직급에 따라 역할을 달리하여 양국의 역관들이 담당했다.

### 통신사의 여행경비

사행록에는 통신사의 일본여행에 필요한 경비의 조달과 지출에 대한 구체적인 언급은 없지만 단편적으로는 파악할 수 있다. 한양에서 부산까지 왕복할 때는 지나가는 지방의 지방관들이 숙박과 식사 연회비용을 지불했다. 인근 지방관들도 찾아와서 여행경비나 연회비용을 찬조했다. 조선 측에서는 관백과 집정관들에게 주는 선물(주로 특산물)을 모두 각 지방의 지방관들에게 부담시켰다. 구체적인 기록은 없지만 원중거(11차)가 조선 측의 통신사의 규모를 줄이자고 건의하는 것으로 보아서, 조선에 큰 부담이 되었던 것은 사실이다.

사절단이 대마도에 도착하면, 에도까지 왕복할 때는 대마도주가 상당 부분을 부담했다. 그중 일정 비용은 관백이 지원했고, 지나가는 경로의 지방관들이 숙박과 일공(日供) 및 오일공(五日供)을 지원했다. 일공은 매일, 오일공은 5일마다 사절단에게 직급에 따라 수량을 달리하여 지급하는 양식과 식품, 땔감을 말한다. 일본 측에서도 경비 조달 문제에 대한 내부 불만이 지속적으로 표출되었다. 구체적인 전체 여행경비는 알 수 없지만, 조선 사절단이 500여명 정도이고, 일본 측 지원 인력도 500여명이 넘었기 때문에 양측에서 엄청난 비용이 들었을 것이다. 사절단은 관백과 집정관 또는 다른 고위 관리들이 주는 사례금을 돌아오는 길에 대마도주에게 돌려주거나 통신사 수행원들에게 나누어주어 여행경비를 충당하도록 했다. 그런 사례금을 뇌물로 생각하여 돌아오는 도중에 바다에 버렸다는 소문도 있었다.

### 통신사의 이동(교통)수단

통신사의 이동수단으로는 바다(남해와 일본 내해: 부산에서 오사카까지)를 건너야 했기 때문에 배가 가장 중요했다. 또한 배는 오사카부터 교토까지 강을 따라 갈 때도 필요했고, 교토에서 에도까지 가다가 가끔 만나는 강을 건널 때도 필요했다. 부산에서 오사카까지는 조선 배를, 오사카부터 요도우라까지는 일본 배를 이용했다. 조선 배와 선장 이하 사공들은 사절단이 에도에서 돌아올 때까지 배를 지키며 오사카에서 체류했다. 육로를 이동할 때는 말과 가마(남여 籃輿, 견여 肩輿, 현교 懸橋) 등을 이용했고, 짐을 나르기 위해 수레도 이용했다. 사절단의 직급에 따라 가마와 말의 종류가 차등 있게 지급되었다.

통신사의 배는 모두 6척(제1선에서 제6선까지)으로, 제1선에는 정사 이하 177명(이하 6차 기준), 제2선에는 부사 이하 168명, 제3선에는 종사관 이하 152명이 탑승했다. 제4선부터 6선까지는 예물과 잡물, 식량과 식수, 땔감 등 화물을 실었다. 3척에 500여명의 사행단이 탈 정도로 배의 규모는 상당히 컸다. 그 밖에 수시로 한양과 대마도와 오사카를 연결하는 비선(飛船)이 있었고,98) 대마도부터는 통신사의 배를 끌어주는 예선을 일본 측에서 제공했다. 강을 건널 때는 수백 척의 배를 연결하여 부교를 만들어 건너기도 했다. 수심이 강보다 낮은 넓은 냇가에서는 판자로 넓은 상판을 만들어, 그 위에 가마를 싣고, 장정 40여명이 그 상판을 어깨에 메고 건너기도 했다. 일본 지방관이 말을 너무 싸게 임대하려다 말을 못 구하여 일정이 지체되기도 했다. 등불을 밝히고 야간에 이동한 경우도 있다.

### 통신사의 숙박수단

통신사는 여행 중 다양한 숙소를 이용했다. 배, 관사, 사찰, 여관 등을 주로 이용했다. 가장 자주 이용한 숙소는 오가는 도중에 경유하는 관아에서 제공하는 관사와 사찰이었다. 인원이 대규모라서 관사는 새로 지은 경우가 많았고, 사찰도 규모가 커야 했다. 예를 들어, 교토에서는 지금도 교토역 앞에 있는 (서)본원사에서 자주 묵었다. 오사카-에도 구간에서는 여관도 자주 이용했다. 바다에서 이동하거나 체류할 때는 배에서도 많이 잤다. 오사카나 나고야 등 큰 도시에서는 부잣집에서 묵기도 했다. 숙소는 일본식으로 객실과 목욕실, 변소 등이 모두 한 공간에 갖추어져 있었고, 대체로 편리하고 깨끗하고 안락했다. 일부 통신사들은 깨끗하고 냄새도 나지 않는 변소가 집안에 있는 것을 보고 감탄하기도 한다. 오사카-에도 구간에서는 중간 중간에 지어 놓은 다옥(茶屋)에서 휴식을 취하면서 간단한 요깃거리를 먹거나 차를 마시곤 했다.

### 통신사의 식음료 유형

통신사의 사행록에 등장하는 음식은 매우 다양하며, 가장 많이 등장하는 식음료는 찬합도시락, 고기, 생선, 술, 과일이다. 한양에서 부산까지 왕래할 때는 지나가는 지방의 지방관들이 식사와 술을 대접하고, 인근 지방관들까지 마중 나와서 접대를 했다. 종사관 남용익 (6차) 같은 경우는 술을 좋아해서 한양에서 부산까지는 거의 날마다 술을 마셨다. 대마도-에도-대마도 구간은 일본 측에서 일공과 오일공을 제공했다. 일공과 오일공의 수준은 대마도에서 본토에 도착할 때까지는 대체로 빈약했고, 본토 구간은 아주 수준이 높았다. 특히 오사카-에도 구간은 음식의 질이 매우 좋았다. 그러나 날씨 때문에 한 장소에 오래 체류할 경우에는 그 지역의 식자재가 바닥이 나서 일공이 제대로 공급되지 않는 경우도 있었다. 통신사 일행이 여행 중 먹은 식음료와 사용한 식품은 대강 다음과 같다. 술(소주, 홍주, 인동주, 제백주, 자화주 등), 고기(쇠고기, 사슴고기, 돼지고기, 멧돼지고기, 꿩고기, 닭고기, 오리고기, 바다새고기, 청둥오리고기, 고래고기 등), 과일(귤, 감귤, 유자, 복숭아, 수박, 참외, 포도, 배, 감, 매실, 마른 과일 등), 생선 및 해산물(도미, 상어, 방어, 숭어, 청어, 참치, 은구어, 쏨뱅이, 전복, 새우, 소라, 백합, 게, 가물치포, 어육, 건어, 다시마 등), 채소(무우, 토란,

파, 부추, 송이, 표고, 오이, 미나리, 연근 등), 밥(찬합도시락, 쌀밥, 보리밥, 떡국, 흰죽, 물국수, 메밀국수, 소면 등), 간식(떡, 약과, 송편 등), 기호품(설탕, 꿀, 과자, 녹차, 인삼차 등), 반찬 및 양념(계란찜, 김, 나물, 김치, 간장, 후추, 밀가루 등).

### 통신사의 여행체험

통신사 사절단은 여행 중 다양한 체험을 했다. 서로 중복되는 경우를 빼고 정리하면 대강 다음과 같다. 강홍중(3차)은 양란 때 일본에 끌려간 조선 포로들을 만났고, 효고에서 바다를 뒤덮은 엄청난 규모의 상선에 놀랐다. 오사카에서 갈아 탄 일본 금루선의 정교함과 화려함에 놀라고, 오사카와 교토의 크기와 번성함에 놀란다. 길거리에서 죄인들이 십자가형에 처해진 모습을 보기도 하고, 할복제도에 대해서는 죽음을 찬미하는 일본인의 냉혹함과 잔인함을 나무란다. 나고야에서는 소금 판매하는 집이 수없이 늘어선 것을 보고 놀라고, 비파호의 아름다움과 후지산의 장엄함에 감탄하기도 한다. 수백 척의 배를 연결하여 다리를 만든 부교를 보고 감탄하고, 교토 대덕사에서는 축국경기도 구경했다. 오사카에서는 네덜란드 상인들도 구경했다.

남용익(6차)은 양식과 솥까지 가지고 와서 숙식하며 며칠씩 통신사 행렬을 기다리는 수많은 구경꾼들에 놀란다. 강에서 높은 땅으로 물을 끌어 올리는 수차의 효능에 감탄하고 조선에 도입해야 한다고 주장한다. 지진에 놀라 지진에 관한 시를 짓기도 한다. 밀감을 처음 먹어보고 그 맛에 황홀해하는 글을 남기기도 한다. 난잡하고 괴상한 연극을 보고 문화충격을 받기도 한다.

신유한(9차)은 조선 재인들이 펼치는 광대놀이와 마상재 공연에

즐거워하고, 일본 배들의 배불꽃놀이에 감탄하고, 일본 경치의 아름다움과 산물의 풍족함에 놀라면서도 나라가 너무 화려하고 사치스럽다고 비판한다. 사신들의 글과 그림을 받으러 오는 일본인들이 너무 많아 잠을 제대로 못자는 괴로움을 호소하기도 한다. 자신이 갈 때 일본 문인들에게 써준 시와 글들이 올 때 벌써 책으로 편찬된 것을 보고, 오사카의 출판업 발전에 놀라기도 한다.

원중거(11차)는 일본의 풍성한 물산과 도시의 번성함을 보면서 조선의 가난을 한탄하기도 하고, 고래고기 파는 가게와 소금 만드는 집을 구경하기도 한다. 길 닦는 법을 배우기도 하고, 여염집의 화려함과 진한 화장을 하는 여자들이 많음을 나무라기도 한다. 남초(담배)와 고구마, 분재 등에도 호기심을 보인다. 비파호가 조선에 있었으면 금강산과 더불어 그 아름다움을 더했을 것이라고 아쉬워하기도 한다.

저자들이 공통적으로 신기하다고 말한 것은 수차, 부교, 후지산, 비파호, 금루선, 대도시의 번성함과 화려함, 풍부한 물산 등이다. 바쁜 일정 때문에 몇몇 사찰을 둘러보는 것을 제외하고는 개인 관광은 거의 할 수 없었다.

### 통신사와 일본인의 여행선물

통신사의 여행선물에는 조선과 일본 양측이 공식적으로 주고받은 선물이 있고, 수행원들끼리 개인적으로 서로 주고받은 선물이 있다. 조선 왕이 일본 관백에게 전달한 선물은 다음과 같다(6차 통신사 기준). 준마 2필, 산 매 20마리, 대유자 등 고급 옷감 130필, 인삼 50근, 호피 15장, 표피 20장, 청서피 30장, 어피 100장, 채화석(꽃무늬 돗자리) 20장, 각색 붓 50자루, 유매묵(먹) 50개, 황밀 1백 근, 청밀 10

항아리, 색지 30권 등이다. 이 밖에도 조선 왕은 집정관(대신들 7명), 예조좌랑, 대마도주, 봉행 관리(2인), 장로승(2인)에게도 차등을 두어 선물을 주었다.

관백이 조선 왕에게 보내는 선물(6차 통신사 기준)은 대도 20개, 장도 20개, 투구 20개, 금가루로 만든 병풍 6폭, 병풍 20폭, 기타 은 제품 등이었다. 또한 관백은 삼사 등 모든 수행원들에게 직급에 차 등을 두어 은 3만 5천 8백 냥을 나누어 주고, 삼사에게는 비단 900필 을 따로 주었다. 집정관 7인은 조선 예조참판에게 회례하는 선물을 따로 보냈고, 삼사에게는 은 천 냥씩을 각각 주었다. 장로승과 대마 도주와 그의 아들, 대마도승은 자기 직급에 맞는 조선의 관리들(장로 승은 예조 좌랑에게, 나머지는 예조 대인에게)에게 선물을 보냈다. 이 선 물들 중에서 눈에 띄는 것은 공작 꼬리, 유리병, 후추, 백반 등으로 모두 수입품들이어서 당시 일본은 네덜란드의 동인도회사를 비롯하 여 많은 동남아 국가들과 교역하고 있음을 알 수 있다. 그 밖에 장로 승, 대마도주, 봉행 관리, 지방관들은 조선에서 온 삼사 및 수행원들 에게도 노자(은)와 선물을 주어, 사절단은 이를 거절하느라 귀찮아 죽을 정도였다.

조선 사절단과 일본 수행원들도 개인들끼리 사사로이 주고받은 선물들도 있다. 조선 측은 주로 시문을 지어주고, 그림을 그려 주었 으며, 부채, 종이, 붓, 먹 등을 주었다. 일본 측은 주로 찬합도시락, 고기, 생선, 술, 과일 등 주로 먹을 것들을 주었다. 조선 문인들에게 벼루와 붓, 종이 등을 선물하기도 했다.

### 통신사의 여행 중 안전 및 사고

바다를 건너서 오가는 통신사의 여행 중 가장 큰 문제는 수행원들의 안전이었다. 조선 사대부들이 중국에 가는 연행사를 선호하고, 일본에 가는 통신사를 꺼려했던 이유 중 하나도 바로 이 안전문제 때문이었다. 그래서 일본 해로에 익숙하지 않은 조선 선원과 사공을 대신해서 부산에서부터 일본에서 파견한 선원과 사공들이 사절단 배에 각각 탑승해서 뱃길을 안내했다. 그럼에도 불구하고, 장기간(1년 가까운)의 장거리(약 4,500km~5,000km) 여행이라 폭풍우나 태풍을 완전히 피하기는 어려웠다. 폭풍우나 태풍을 만나 배가 요동치면 거의 모든 사절단들이 배에 여기저기 쓰러지고, 배멀미를 하고, 머리가 어지러워 고통을 겪었다. 또한 화물과 양식이 물에 젖고, 일부 배가 침수하여 양식과 식품을 분실하기도 했다. 일본의 선원들이 철저하게 날씨를 파악하여 항해를 했기 때문에 다행히 난파를 당하거나 표류하는 대형 사고는 피할 수 있었다.

통신사의 여행 중 여러 가지 이유로 사망자가 다수 발생했다. 3차 때는 사공 2명, 취수 1명, 하인 1명이 질병으로 사망했다. 6차 때는 사공 1명(부스럼증)과 관노 1명(냉통)이 사망했다. 9차 때는 역관 권홍식이 밀무역을 하다 발각되어 처벌이 두려워 자살했다. 11차 때는 부복선 선장 유전복이 부상으로 사망하고, 통인 1명과 사공 1명이 질병으로 사망했다. 집사 최종천은 일본인에게 피살되어, 범인 처리문제 때문에 사절단이 오사카에 오랫동안 체류하여 귀국을 미루면서 양국의 외교문제로 번지기도 했다. 사망자들은 사망한 현지에 가매장했다가 돌아올 때 관에 담아 조선으로 송환했다.

사절단은 여러 가지 질병에도 시달렸다. 강홍중(3차)은 배멀미를 하고, 고열에 시달렸다. 남용익(6차)은 배멀미, 눈병, 설사로 고생하고, 치통과 불면증에 시달렸다. 감기에 걸려 오한이 들기도 했다. 신유한(9차)도 배멀미에 시달리고, 더위를 먹고, 치질로 고생했다. 정사

홍치중은 학질에 걸렸다. 원중거(11차)는 배멀미로 기절까지 하고, 감기에 걸리고, 두통, 치통, 복통, 설사, 학질에 고질병까지 도져 고생했다. 병세가 위독한 환자가 발생하면 부근 사찰에 격리하고, 돌아올 때 데리고 왔다. 다른 수행원들도 물이나 음식이 안 맞아 설사 등 여러 가지 질병으로 시달렸다. 병에 걸리면 동승한 의원들이 주로 한약을 처방하여 치료했다.

그 밖에도 많은 사건사고가 있었다. 무역 금지품목을 소지한 자들을 처벌하고(이하 3차), 격군이 현지인과 싸움을 벌이고, 하인들이 대마도 수행원들에게 행패를 부리기도 했다. 폭풍으로 배 키가 부러지고(이하 6차), 배가 침수되어 예물이 물에 젖기도 했다. 소통사가 남은 양식으로 은을 사 모아 처벌당하기도 하고, 청지기가 말 발굽에 짓밟혀 부상을 당하기도 했다. 지진을 보고 놀라기도 하고(이하 9차), 관대(허리띠)를 도난당하기도 했다. 대마도인이 숙소에 침입하여 칼을 휘두르는 사건도 있었으며(이하 11차), 낙마 사고도 있었고, 나고야에서는 신유한이 화장실에 갔다가 늦어져 일행을 놓치기도 했다. 일본 통사의 말이 국서(國書)를 앞질러가서 양국 수행원들이 충돌하고, 이동 중에 산불을 만나 피하기도 했다. 지진을 만나고, 진흙길을 걸을 때는 말과 가마꾼들이 자주 넘어졌다. 담뱃대, 담배 상자, 식기, 부채 등을 도난당하기도 하고, 폭풍으로 책, 옷, 이불이 물에 젖기도 했다.

## 3. 조선통신사 사행단의 여행 특성

이 절에서는 조선시대에 일본에 파견한 통신사의 사절들이 기록한 사행록을 여행의 관점에서 분석하여, 그 특성을 도출했다. 분석

결과, 첫 번째로 통신사 사행록은 조선시대를 대표하는 여행기일 뿐 아니라, 조선시대 여행사(史) 연구에 반드시 필요한 고전 텍스트라고 결론지을 수 있다. 종합적으로 조선시대 통신사의 사행록은 현대의 여행기와 비교해 보아도 별 차이가 없을 정도로 여행기의 체제를 잘 갖추고 있다. 기본적으로 6하 원칙에 의해 구성되어 있다는 점이다. 그러나 일부 사행록에는 방문 장소, 날씨, 이동거리, 이동경로, 사람 이름 등이 누락되어 있어, 여행기로서의 생명성이 떨어지는 것도 다 수 존재한다. 그럼에도 불구하고, 통신사의 사행록은 비록 한문으로 기록되기는 했지만, 후대 여행자들에게 좋은 가이드북의 역할을 했 고, 일본에 대한 많은 정보를 제공하는 통로 역할을 했다.

두 번째, 사행록에서 파악된 조선시대 통신사의 여행 유형은, Goeldner와 Ritchie가 분류한 4가지 여행자 유형(공적업무여행자, 개인 업무여행자, 친인척방문여행자, 여가여행자)에 따르면,99) 공적인 업무여 행자에 해당한다고 볼 수 있다. 사행단은 조선 포로의 쇄환을 요청 하거나 일본 관백의 요청으로 조선의 임금을 대신하여 관백의 세습 을 축하하거나 다른 행사에 참석하기 위해 일본에 공무출장을 간 조 선의 관리(공무원)들이었기 때문이다. Plog의 여행자 유형에 따르면,100) 편안하고 안전한 여행을 추구하는 여행자(Psyco-centric tourists)보다 는 불편함과 위험을 감수하는 여행자(Allo-centric tourists)에 속한다 고 볼 수 있다. 통신사가 수개월에 걸쳐 돛단배를 타고 위험한 바다 를 건너고, 무덥고 습한 일본의 여름 날씨를 견뎌야 했고, 무엇보다 통신사마다 몇 명씩의 사망자가 발생했다는 점에서 그렇게 판단할 수 있다.

세 번째, 시대별로 여행 목적에 차이가 있었다. 4차부터는 사절 단의 이름이 회답겸쇄환사에서 통신사로 바뀌어, 강홍중(3차)의 사행록에만 141명의 조선 포로를 송환했다는 기록이 보이고, 그 이후부터는(6, 9, 11차) 그런 기록이 보이지 않는다.

네 번째, 중국을 다녀온 연행사보다(박지원 연행사의 경우 281명) 통신사가 훨씬 규모가 컸다. 배를 이용하여 바다를 건너야 했기 때문에 200여명 정도의 선원과 사공이 더 필요하여, 수행원 규모가 500여명 정도로 커졌던 것이다.

다섯 번째, 통신사의 규모가 커짐에 따라 여행경비가 조선과 일본 양국에 막대한 비용 부담이 되었다. 이에 따라 원중거(11차)는 막대한 여행경비 조달에 따른 여러 가지 폐단을 지적하면서, 조선 측의 여행경비를 줄이는 방법을 구체적으로 제시하고 있다. 일본 측도 통신사를 지원하는 중앙정부와 지방정부의 여행경비 조달문제 때문에 1811년(12차) 이후에는 통신사를 더 이상 요청하지 않았다. 부산에 머물 때는 영남 70개 군현에서 돌아가면서 비용을 부담했다.

여섯 번째, 통신사 사절단이 기록한 여행거리와 실제 측정거리가 차이가 난다. 국립해양박물관 연구팀이 부산에서 요도우라까지 실측한 거리는 1,099km였으나,[101] 사절단이 기록한 거리는 1,292~1,331km였다. 이 차이는 조선시대와 현대의 거리 측정기술에 따라 어쩔 수 없이 발생하는 차이로 생각된다.

일곱 번째, 육로 여행보다 해로 여행이 그 이동속도가 훨씬 빨랐다. 육로는 하루에 가장 많이 이동한 거리가 110리(44km)였으나(11차), 해로에서는 하루에 480리(192km)까지도 이동한 적이 있다(11차). 당시 배가 말이나 가마보다 더 빠른 교통수단이었음을 알 수 있다.

여덟 번째, 통신사가 머무는 숙박시설이 대체로 깨끗하고 편리했다. 일본 측은 큰 사찰이 없는 곳에서는 관사를 새로 지어 제공하고, 일본식대로 목욕실과 변소를 실내에 두어 편리함을 더했다. 물론 배에서 잘 때는 불편함을 감수해야 했다. 중국에 가는 연행사가 더럽고, 해충이 득실거리고, 비좁은 숙소에서 고생한 것에 비하면,102) 중국에 비해 훨씬 나은 숙박시설을 제공받은 셈이다.

아홉 번째, 일공과 오일공으로 지급되는 식품과 양식 그리고 땔감도 대체로 충분하게 제공받았다. 그래서 남는 양식과 땔감을 팔아, 다른 물품으로 바꾸거나 은으로 바꾸어 여행경비에 보태기도 했다. 날씨가 나빠 한 포구에 오랫동안 머무를 때는 그 지역의 물자가 바닥나서, 일공과 오일공이 재대로 지급되지 않는 경우도 있었다. 조선 사절단 500여 명과 일본 측 지원 인력을 합하여 약 1천여 명이 작은 포구에 열흘 이상 머무르면서 식량을 조달하면 충분히 발생할 수 있는 일이다.

열 번째, 여행 일정은 서로 상의하여 조정했다. 중국이 시키는 대로 따라야만 했던 연행사와 달리 통신사는 일정 조정이나 의전, 국서 교환 등 모든 문제를 상호간에 협의하여 결정했다. 통신사 파견은 사대외교가 아니라 양국의 친선을 위한 교린외교 차원에서 진행되었기 때문에 가능했던 일이다.

열한 번째, 통신사는 교린외교 뿐 아니라, 일본에 대한 정보 탐색의 비밀 역할도 수행했다. 통신사가 양란이 끝난 직후에 시작되었기 때문에(1차−1607년) 조선은 일본의 재침을 방비하기 위해서 일본에 대해서 잘 알아야 할 이유가 있었다. 그래서 사행록은 한 결 같이 일본에 관한 자세한 정보를 담고 있다. 남용익(6차) 같은 경우는 문견별록(聞見別錄)을 따로 기록하여, 천황제도, 관백제도, 대마도주 계보, 관제, 지방 재정, 도리(道里), 산천, 풍속, 병제, 인물 등 일본에 관련된 정보를 자세히 제공하고 있다.

열두 번째, 통신사는 문화와 문물교류의 역할도 담당했다. 여행의 긍정적인 역할 중 하나가 문화와 문물의 교류이듯이, 통신사도 일본인(특히 문인이나 승려, 의원들)들에게 시를 지어주고, 그림을 그려주고, 성리학 같은 사상을 전달하면서, 일본 문화계를 한 단계 끌어올리는데 큰 기여를 했다. 그래서 7차 통신사부터는 이런 업무를 전담하는 제술관(製述官)이 추가로 임명되었다.

통신사의 사행록은 정약용과 이덕무 같은 실학자들에게도 큰 영향을 주어, 조선 후기 실학사상의 발달에도 기여했다.[103] 11차 통신사 서기 성대중의 〈일본록〉과 제술관 원중거의 〈승사록〉, 〈화국지〉는 정약용의 〈일본론〉과 이덕무의 〈청령국지〉에 영향을 미쳤다. 위 두 사람은 이덕무와 개인적인 친분이 있었다.

의술에 대한 교류도 활발해서 난치질환, 침구법, 약제 등에 대한 의술을 전해 주었고, 1719년(9차) 이후에는 허준의 동의보감이 일본에서 출간되었다. 조선 의원들은 네덜란드를 통해 들어온 일본의 서양의술에 관심을 보였다.

조선화가의 그림도 인기가 높아서 정선의 진경산수와 김명국(5차 1643년, 화원)의 달마도는 큰 인기를 끌었다.

조엄(11차 정사)은 고구마와 같은 구황작물을 가지고 와서, 조선 백성의 굶주림을 해결하는데 큰 기여를 했다.

열세 번째, 일본 사회의 발전상과 농·공·상업의 발달, 과학기술의 발달, 재물의 풍성함, 도시의 번영을 깨닫게 되었다. 16세기 중반부터 이미 포르투갈과 네덜란드를 통해 서양문물을 접한 일본은 문학과 사상(주자학)을 제외한 많은 분야에서 이미 조선보다 앞서 있었다. 그 힘을 바탕으로 전국을 통일하고, 양란을 일으킨 것이다. 아쉬운 점은 통신사 사대부들이 일본의 선진문명을 직접 목격했으면서도, 이것을 배워 조선사회의 발전과 백성들의 삶의 질을 개선하는

데 이용할 생각을 안했다는 것이다. 당시에는 일본을 오랑캐의 나라라고 업신여기고 깔보았기 때문이다.

열네 번째, 통신사가 대마도에서 에도 쪽으로 갈수록 일본 측에서 제공하는 서비스 수준이 높아졌다. 숙박시설의 수준은 물론이고, 매일 제공하는 식량도 많아지고, 식사의 질도 좋아졌다. 아무래도 본토에 대도시도 많고, 자원이 풍족한 지방도 많아 제공하는 물자가 충분했을 것이다. 한편으로는 관백의 환심을 사기 위해 일본의 지방관들이 앞 다투어 통신사를 접대하는 경향도 있었다.

열다섯 번째, 일본 관백과 집정관 그리고 관련 관리들에게 주는 선물을 마련하느라, 조선에서 특산물을 생산하는 해당 지방의 백성들의 민생고가 심했다. 선물에는 농산물(인삼 포함), 수산물, 동물가죽, 산 동물, 한약, 향, 직물, 붓, 먹, 벼루, 종이, 부채, 돗자리 등이 포함되었다. 이 중에서 호랑이가죽(42마리—이하 11차 기준), 표범가죽(41마리), 산 매(41마리)를 마련해서 조정(예조)에 바쳐야 하는 지방관들과 백성들은 큰 고생을 했을 것이다.

열여섯 번째, 통신사에는 여성이 한명도 포함되지 않았다. 이런 현상은 12차까지 계속되었다. 여성의 사회적 활동이 제한되고, 외부 출입이 제한받던 조선시대의 한 단면을 보여준다. 여성의 해외여행까지는 더 긴 시간이 필요했다.

마지막으로, 통신사의 여행 중에 안전사고가 많이 일어났다. 사망자가 다수 발생했고, 부상자나 환자도 많이 발생했다. 500여 명에 이르는 대규모 사행단의 1년에 가까운 장기 여행이라 수행원들의 사망이나 부상 또는 환자의 발생은 피할 수 없었다. 해상 난파나 표류 등 해상 안전사고는 한 번도 없었다. 그 이유는 부산부터 오사카까지 해상 항로에 익숙한 일본 선원들이 조선통신사 배에 탑승하여 해풍을 파악하고, 안전하게 바닷길을 안내했기 때문이다.

## 4. 조선통신사 화원이 남긴 그림[104]

조선통신사를 파견할 당시에는 사진이 없었기 때문에 여행 중 화원에게 각 경유지나 연회 등 각종 행사를 그림으로 그리게 하였는 데, 현재 국립중앙박물관에 통신사를 수행했던 화원이 그린 그림의 일부가 남아있다. 1748년 제10차(영조 24년) 통신사의 화원으로 따라 갔던 이성린이 그린 〈사로승구도 槎路勝區圖〉가 그것이다. 이성린 이 그린 일본 항구와 경승지는 통신사가 남긴 유일한 그림으로 18세 기 일본 지리에 대한 매우 소중한 관광학적 지리학적 미술사적 문화 유산이다.

조명채(1975)가 기록한 사행록 〈봉사일본시문견록 奉使日本時聞 見錄〉에 따라 주요 경유지를 정리하면 다음과 같다. 대판으로 출항 할 때는 부산포(1748년 2월 12일 출항) - 대마도 악포(와니우라) - 방포 (요시우라) - 부중(후추) - 일기도(이키시마) - 남도(아니노시마) - 남박포 (하에도마리우라) - 적간관(아카마가세키) - 향포(무카이우라) - 상관(가미 노세키) - 진화(쓰와) - 포예(가마가리) - 충해도(다다노우미시마) - 도포 (도모노우라) - 일비(히비) - 우창(우시마도) - 실진(무로쓰) - 병고(효 고) - 강구(강구) - 대판(오사카, 5월 2일 도착) 경로로 이동했다. 오사카 (6월 28일 출항)에서 부산포(윤 7월 12일 도착)로 귀항할 때는 우기(우시 자키), 겸예(카마가리), 가로도(가로토), 서구촌(니시구치무라), 서박포 (니시도마리우라)를 추가로 경유했다.

〈사로승구도〉는 제10차 통신사의 화원이었던 이성린이 경유지, 도시, 풍물, 주요 행사 등을 그린 기록화이다. 작품명에서 '사로(槎

路)'는 배를 타고 가는 길, 즉 조선 부산포에서 배를 타고 출발하여 일본 에도까지 이동하는 경로를, '승구(勝區)'는 노정 속 명승지를 의미한다.105) 그러니까 사로승구도는 '배 타고 일본 가는 길에 본 명승지'라는 뜻이다. 현재 국립중앙박물관에 소장된 〈사로승구도〉는 전체 30폭의 화첩으로 꾸며졌던 것을 후에 15폭씩 두루마리 2권으로 만들어 〈사로승구도권〉이라 부르기도 한다.106) 〈사로승구도〉의 제작 시기는 화첩 제27폭 우측 상단에 쓰인 "요시와라 관소(吉原館)에서 6월 17일에 눈 덮인 후지산을 바라보았다"는 내용과 그 모임에 참석했던 종사관 조명채가 쓴 〈봉사일본시견문록〉에 기록된 해당 날짜의 장소와 내용이 일치하여 1748년 통신사행으로 확인되었고, 그린 이는 당시 화원으로 동행한 소제(蘇齊) 이성린(李聖麟, 1718~1777)으로 추정되고 있다.

이성린은 집안 대대로 역관을 배출한 전주 이씨 가문 출신으로, 영조 연간(1725~1776) 후반에 도화서에서 활동한 화원이며, 그가 1748년 통신사행에 뽑힌 것도 당시 일본에서 그림을 잘 그리는 조선 화원의 그림에 대한 수요가 매우 높았기 때문이다.107) 이성린은 방일 당시 31세로, 1748년 6월 28일 오사카의 가노파(狩野派, 에도시대 일본에서 가장 영향력 있는 화파)를 대표하는 68세 고령의 화가 오오카 슌보쿠(大岡春卜, 1680~1763)의 요청으로 화회(畵會)를 가졌다. 슌보쿠가 당시 화회를 기념하여 1749년 간행한 〈상한화회가표집 桑韓畵會家彪集〉에 이성린의 묵매도와 묵죽도가, 1751년 명나라 및 조선 화가들의 그림을 모아 간행한 〈화사회요 畵史會要〉에 매월도와 수성도가 포함되어, 오사카의 가노파 화가들을 비롯한 근세 일본화단에 이성린의 회화를 전수하는 데 적지 않은 영향을 미쳤다.

총 30폭의 화면에는 조선의 출발지인 부산에서 일본의 에도에

출처: 대영박물관(부분). 얼굴 앞에 '화원 이성린(畫員 李聖麟)'이라는 한자 이름과 '소제(蘇齊)'라는 호가 적혀 있다.

**일본 화원이 그린 통신사 화원 이성린(갓을 쓰고 말을 탄 사람)**

이르기까지 각 정박지의 지형과 일본의 명승지들이나 사행 중 현지에서 겪은 인상적인 장면을 남겼다. 상권의 15면은 사행의 주요 경유지들을 골고루 포함한 실경산수로 이루어졌다면, 하권의 15면은 회화식 지도나 풍속화, 연회 묘사 등과 같이 다양한 유형의 장면들이 포함되어 있다. 작품에 묘사된 실경은 당시 지도나 회화작품과 비교해보면, 포구 형태나 특정 기물이 일치하여 실경에 매우 충실했으나, 낯선 이국의 풍경을 그린 것이므로 곳곳의 지형과 경관들에서 산수화의 한계를 보여주기도 한다.

이처럼 〈사로승구도〉는 산수화 측면에서 보면, 그림의 수준이 높지 않다고 생각할지 모르지만, 기록화로서의 성격이 강했기 때문에 그 묘사에 있어 치밀하고 정확한 것은 특출하다고 할만하다.[108] 〈사로승구도〉는 그림 제목들이 말해주듯이 실용성을 중시하고 있다. 전체 30개의 그림 중에서 풍경화의 경우, 풍경 자체를 소재로 삼아 그림을 그리기보다는 풍경을 배경으로 이용하는 경우가 대부분으로, 그림에서 강조하는 것은 마을이나 시가지의 모습을 그대로 재현하는 것이었다. 그런 점에서 실용적인 기록으로서의 그림의 기능을 강조한 것으로 보인다. 그러나 낯선 이국의 풍경을 그린 것이므로 여러 차례 다녀오지 않은 이상, 곳곳의 지형과 경물들을 모두 파악하기에는 한계가 있었을 것이다.109) 따라서 이성린은 해당 지역을 스케치하고 조선으로 돌아오는 길에 다시 보완하여 그림을 마무리하였으며, 이 과정에서 당시 사행기록이나 해당 지역의 지도와 그림 등을 참고하였을 것으로 보인다. 또한 작품 곳곳에는 1748년 통신사행 때 발생했던 사건이나 사행원들이 인상 깊게 본 모습들 역시 생생하게 묘사되어 있어, 훗날 작품을 완성하면서 사행기록들을 참고했음을 보여준다.

〈사로승구도〉는 조선화원이 통신사행의 노정을 그린 작품이 많지 않은 현실에서 매우 희귀한 작품일 뿐만 아니라, 이성린이 1748년 조선통신사의 노정과 에도에서 공식적 외교활동을 자세히 그림으로써 외교사적, 미술사적으로도 매우 가치가 높은 기록화이다.110) 현재 중국으로 떠난 연행(燕行)의 여정을 그린 조선의 회화는 여러 점이 전하고 있는 데 비해, 일본을 다녀온 통신사행의 여정을 담은 우리의 옛 그림은 이 작품이 유일하다.111) 1600년대 이후 200여 년 동안 12차례나 통신사가 파견되었고, 그때마다 한두 명씩의 화원들이 따라가서 많은 그림을 그렸는데, 이 작품 외에 남아있는 작품이 없다는 것은 아쉬운 대목이다. 이 작품들은 현재 유네스코 세계기록유산에 등재(2017.10.31.)되어 있다. 반면에 당시 일본의 화원들도 조선통신사들이 일본을 방문하면 그들의 모습을 그림으로 그렸다. 위 그림은 조선통신사들이 상관(上關 가미노세키) 항구에 들어오는 모습

일본 화원이 그린 조선통신사 상관 내항도(작자 미상)

을 그린 것이다.

이성린은 여행경로에 있는 지형을 그릴 때, 상상속의 산수화풍이 아니라 실사 중심의 기록화로 그렸다. 부산포는 당시에는 다대포 안 쪽으로 내해가 많아서 배를 안전하게 정박할 수 있었고, 일본에서 가장 가깝고, 왜관이 상주하고 있어서 통신사의 일본여행을 지원하기 편리해서 통신사의 출발지로 사용되었다. 통신사 출발지로 사절들의 환송과 영접 행사가 진행되었던 영가대(동래성 앞 누각)는 지금은 육지로 변해, 옛 '영가대·부산포왜관' 자리라는 표지석이 서있다 (부산 동구 좌천동 쌈지공원). 조명채(1975)의 사행록에는 부산포를 출항하는 장면부터 기록되었기 때문에 부산포에 대한 지리적 묘사는 나오지 않는다.

대마도 부중(府中 후추) 서산사(西山寺 세이젠지)는 지금도 절의 형태는 그대로 유지하면서, 다다미 객실 6개를 가진 유스호스텔로 용도가 변경되어 존속되고 있다. 당시에도 통신사의 숙소로 사용되었는데, 지금도 여행자들의 숙소로 사용되고 있는 것이다. 이성린 일행은 날씨가 좋지 않아 2월 24일부터 3월 15일까지 거의 20여일 넘게 관소로 정한 서산사에 머물렀다. 조명채는 서산사가 있는 부중 거리의 모습과 서산사, 그리고 돌로 쌓은 제방을 다음과 같이 묘사하고 있다. 여염집이 잇달아 있는 모습과 바다로 내어 쌓은 방파제에 대한 묘사는 이성린의 그림과 정확히 일치한다.

관소가 높고 넓어서 일기도의 바닷길이 앞에 바라보이는데, 바다와 하늘이 서로 잇닿아 아득히 그 끝이 없다. 굽어보니 마을거리가 다 화려한 멋이 있고, ---- (2월 24일).

지나는 길 10리 사이는 여염집이 잇달아 있다. '주림(酒林)' 두 자를 목패에 써서 건 것이 있는데, 틀림없이 주막일 것이며, 또 10여 간의 빈 마굿간이 있는데, 객주집인가 보다. ---- 동산이 넓고 문이 높으며, 구리 기와와 금빛 푸른빛이 빛나는 것이 있으므로 물어보니 봉행들의 집이라 한다. 그 사치하고 크며 높고 넓은 것을 우리나라의 저택에 비하면, 어찌 이에 근사한 것이 있으랴? 작은 섬 안인데도 이처럼 화려하니, 앞으로 지날 곳은 미루어 알만하다(3월 11일).

이날 오후에 세 사신이 걸어서 관소 안을 여러 곳을 두루 구경하였다. 행각이 서로 이어있고, 기이한 화초와 나무가 곳곳에 다 있고, 대통을 서로 이어 굽이굽이 물을 끌어오니, 눈으로 보는 것이 어느 것이나 다 맑고 고우며, 온 절 안의 방을 모두 헤아리면 몇 백 간인지 모르겠다(2월 25일).

귀암 아래로 넘어다보니, 긴 길을 내어 돌둑을 쌓았는데(방파제-저자 주), 소선 중선이 날마다 오가며 짐을 부리면, 언덕 가에 쌓아두고 말이 나르고, 사람이 메어가는 것이 우리나라의 삼강(三江)과 다름없다(2월 26일).

이성린(조명채는 '이성린' 이름은 없이 '화원'이라고만 기록했다)은 대마도주의 요청에 따라, 마상재, 사자관과 함께 도주 앞에 가서 그림 솜씨를 보이고 감탄과 칭찬을 받았고(3월 7일), 그 사례로 3월 15일에 도주로부터 은자 한 닢(조선 은으로는 넉 냥 두 돈)을 받았다. 당시 화원은 일본인들에게 그림을 그려주고 사례금을 받았음을 알 수 있다.

서산사는 임진왜란 때 왜군 길잡이 역할을 했던 승려 현소(玄蘇 겐소)가 머물렀던 절로서, 조선시대 문인 학봉 김성일의 시비가 서 있는 곳이기도 하다. 서산사 부근에는 덕혜옹주 결혼봉축비도 있다.

남도(藍島 아이노시마)는 지금도 이성린의 그림과 거의 비슷한 모습으로 남아있다. 아래 조명채의 묘사에 다르면, 그림 왼쪽에 보이는 집들은 새로 지은 관사일 가능성이 높다. 실제로 조명채는 1월 18일자 기록에서, 일기도에서도 "사행단의 관사를 짓기 위해 민가 수십 호를 헐고, 사행단이 귀국하면 다시 집을 지어준다고 한다."고 적고 있다(〈봉사일본시견문록〉 66페이지). 이성린 일행은 남도에 이틀만 묵어서인지(4월 3일~4일), 지리적 묘사도 간단하다. 조명채는 이렇게 기록하고 있다.

섬의 형세가 남쪽을 향하였고, 여염은 쓸쓸하나 <u>새로 지은 관사가 거의 1천간에 가깝다</u>(4월 3일)

상관(上關 가미노세키)은 해상교통의 요충지로 왜구의 거점이기도 했다.[112] 해안가 마을을 따라 돌로 쌓은 제방과 높은 누각은 아래 조명채의 묘사에도 나타나 있다. 당시 일본 화원이 그린 조선통신사 내항도와 거의 비슷한 풍경이다. 이성린 일행은 상관에 이틀 묵었으며(4월 8일~9일), 조명채는 다음과 같이 지형을 기록하고 있다.

부산포(1748년)

부중 서산사(1748년)

남도(1748년)

상관(1748년)

도포(1748년)

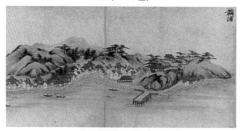

실진(1748년)

대판(1748년)

출처: 사로승구도(이성린, 국립중앙박물관).

선창의 모습은 적간관과 다름없으나, 언덕에 돌둑을 쌓고 둑 위에는 대나무 난간을 둘렀다. ---- 관소는 장문주 태수의 다옥이다. ---- 관소 서쪽에 2층의 높은 누각이 산을 등지고 바다를 굽어보고 있어 자못 경치가 좋은데 ---- (4월 8일).

도포(鞱浦 도모노우라)는 정몽주를 비롯한 통신사 사절들이 일동제일승경(日東第一勝景)이라고 경탄한 곳이다. 이성린 일행은 도포에서 하루를 묵었으며(4월 15일), 조명채는 다음과 같이 도포의 지리적 특성을 묘사하고 있다. 이성린의 그림에도 빽빽이 들어선 인가와 높다란 누대(중앙에 2개, 오른쪽에 2개)가 보인다.

도포의 지세를 보니 서쪽을 향하였고, 동북 언덕에 인가가 고기 비늘처럼 빽빽이 늘어섰으며, 높다란 누대가 곳곳이 서로 바라보고 있어, 적간관에 비하여 번화하기가 조금 더한 듯하다(4월 16일).

실진(室津 무로쓰) 부근에 있는 아카시해협에는 시계 반대방향으로 도는 강한 해류가 있어서, 통신사 선단은 해류가 동쪽으로 흐를 때를 기다려 이곳을 통과하곤 했다.[113] 이성린 일행은 실진에서는 하루를 묵었으며(4월 19일), 조명채는 다음과 같이 그 지세를 묘사하고 있다. 실진의 지세가 둥글게 돌아 안은 모습은 이성린의 그림과 조명채의 묘사가 일치한다.

지세가 둥글게 돌아 안아서 따로 한 항구를 이루고, 암벽에는 소나무 대나무가 있어, 경계가 맑고 곱다(4월 19일).

이성린 일행은 대판에서 열흘 동안 묵었으며(4월 21일~30일), 조명채는 대판 지리를 이렇게 묘사하고 있다.

항구에 둑을 쌓아 교통하는 것이 마치 핏줄을 벌여 놓은 듯하며, 항구에 바로 배를 두었는데, 그것은 큰 장삿배라 한다. 강가 30리에는 다 돌로 둑을 쌓고, 둑 위에 인가가 잇달아 있는데, 재화는 산해의 풍요로운 것을 마음대로 갖고, 주거는 숲 기슭의 높고 상쾌한 데를 차지하였으며, 희게 칠한 누각과 아름다운 정자와 높은 집에 잇단 방이 끊임없이 이어졌고, ---- 선창에서 관소까지는 거의 10리에 가까운데, 좌우의 긴 집들이 모두 층을 겹쳐 지은 집이며, 네거리가 아니면 지붕 끝이 채색 포장과 높은 차양으로 이어지고, 금빛 병풍을 두르고 붉은 전(氈)을 깔아서, 휘황찬란하여 마치 금수(錦繡)가 쌓인 가운데를 지나는 듯하다(4월 21일).

거리의 큰 길에는 색깔 있는 옷을 입은 사람들이 길목을 메우고, 희고 화려한 누각들이 온 땅에 두루 차서, 2층 3층 높다랗게 공중에 솟아 있다. 눈 쌓인 봉우리 같고 채색하여 꾸민 건물 같은, 곳곳에 깃발이 바람에 어지러이 날리는 집을 물어보니, 술집과 염색집이라 한다. 또, 한줄기 흰 성첩이 높다랗게 동쪽 모퉁이를 에워쌓고 망루가 높이 나와 있는데, 이것은 진성(대판성)이다(4월 22일).

조명채는 대판 항구의 핏줄같이 수없이 퍼져있는 제방들, 풍요로운 재화와 물산, 아름다운 집들에 놀라고, 화려하고 번화한 도시 거리의 모습에 감탄을 금치 못하고 있다. 수없이 많은 집만 그려놓은 이성린의 그림에서는 대판성(맨 왼쪽 끝 중간에 있는 큰 집들)만이 조명채의 기록과 일치한다. 이성린은 대판에서 관반(사신을 접대하는 관원) 마농수의 초대를 받아 그림을 그려주고 비단 피륙과 무늬가 그려진 종이를 받았다(4월 24일, 26일). 조명채는 여기서 화원 이름을 '이성린'이라고 분명히 밝히고 있다.

조선통신사를 따라간 이성린이 그린 〈사로승구도〉에 실린 그림에서 다음과 같은 특성을 발견할 수 있다. 첫째, 조선 조정은 양란 후 일본의 재침략에 대비하기 위해서, 통신사 수행원에 그림을 그리는 화원을 반드시 포함시켰다. 이들의 일차적 임무는 사행 중 일어나는 각종 연회나 경승지의 풍경을 스케치 하는 일이었으나, 더 중요한 은밀한 임무는 여행 중 경유하는 주요 도시나 항구, 지형, 문물, 지도 등을 사실에 근거해서 그대로 그리는 기록화를 남기는 일이었다. 요즘으로 치면, 정보용 사진자료(그림으로)를 만드는 일이었다. 이 점이 중국에 파견된 연행사 화원과 크게 다른 역할이었다.

둘째, 통신사가 파견되던 당시에는 동행한 화원이 그린 그림이 사진의 기능을 대신했다. 사진의 기본적인 기능 중 하나는 기록을 남기는 것이다. 조선시대에는 그림이 현대 정보활동에도 중요한 자료로 사용되는 사진을 대신한 것이다. 통신사 화가의 그림이 요즘 기록사진의 기능을 그대로 대신한 것이다. 이것은 차후 일본의 재침략에 대비하기 위하여 일본 지리에 관한 정보를 수집하고자 했던 통신사의 비밀 임무와도 상통한다.

셋째, 이성린은 경유지를 보고 산수화풍이 아니라 항구의 방파제나 마을 또는 건물의 배치 등을 자세하게 그려, 산수화보다는 나중에 전략적으로 사용할 수 있는 실용적인 기록화를 그리는데 치중했다. 앞에서 살펴본 것처럼, 이성린의 그림과 통신사 일행이었던 조명채의 정박지 묘사 기록을 비교해보면, 이성린이 얼마나 사실적으로 그림을 그렸는지 알 수 있다. 이것은 조선이 양란 후 일본의 재침략을 두려워하여 일본 정보를 얻는데 얼마나 노력했는지, 그리고 얼마나 은밀하고 치밀하게 현지답사를 통한 관찰을 진행했는지 가늠할 수 있는 대목이다. 임진왜란 때 일본을 다녀온 사신들의 잘못된 정보와 정보 부족으로 인하여 온 나라와 백성들이 큰 고통을 겪은 트라우마가 이런 사전 대비를 하게 만든 것으로 보인다.

마지막으로, 일본 화원들이 그린 조선통신사 관련 그림(기록화)은 많이 남아 있는데 반해, 조선 화원들이 그린 기록화는 이성린의 〈사로승구도〉가 유일하다. 12차례에 걸친 통신사 파견에 1~2명씩의 화원들이 따라가서 중요한 지역의 지형과 경관을 그림으로 남겼다는 기록이 사행록마다 적혀 있는데도 불구하고, 수백 년이 지난 지금 실제로 남아있는 자료는 단편적인 그림을 제외하고는 〈사로승구도〉가 거의 유일한 것은 문화재보존 면에서 우리에게 주는 시사점이 크다. 무엇이 두 나라 사이에 문화재보존에 있어서 이런 차이를 만드는 지에 대한 반성적인 물음과 이에 대한 차후 대비책이 필요하다고 볼 수 있다.

중국 연행사와 일본 통신사의 여행 특성 비교[114]

조선시대 해외여행은 조선의 선택이 아니라, 인접국 즉 중국과 일본의 요구에 의해 이루어졌다. 중화권 세계의 중심국으로서 군신 관계 질서 유지와 평화 유지라는 명분으로 주변국들에게 조공체제를 강요했던 중국으로의 사절 파견은 삼국시대까지 거슬러 올라간다. 한반도에 존재했던 역대 왕조들은 이와 같은 중화권 일부로 편입해서 왕조체제를 유지하는 방법을 고수했기 때문에 당연히 정기 또는 임시 조공사절을 보내야 했다. 연행사(명나라 때는 조천사 朝天使)는 역대 조공사절의 일부인 것이다. 일본에도 고려시대의 정몽주(1377년), 조선 초기의 신숙주(1443년)나 이형원(1479년 대마도까지)처럼 간헐적으로 사절단이 파견되었지만, 그것은 우호관계를 위한 자발적인 사절이었다. 일본의 요구에 의해 어쩔 수 없이 대규모 사절단을 보내기 시작한 것은 임진왜란과 정유재란 이후, 일본에서 도쿠가와 이에야스가 전국을 통일하고, 에도(현재 동경)에 에도막부를 설치한 1602년 직후부터다(1차 1607년). 중국에 파견된 연행사는 조선왕조가 망할 때까지 계속되었고, 일본에 파견된 통신사는 1811년 12차를 마지막으로 종료되었다.

이렇게 중국과 일본으로 외교사절로서 해외여행을 다녀온 사신들은 여행 중 보고 들었거나 체험한 일들을 기록으로 남겼다. 평생의 업으로 시문을 중요시하는 사대부들이라서 여행기를 쓰는 일은 그들에게는 일상사 중 하나였고, 다른 사람들에게 해외여행에 대한 자랑과 자기 문장 실력을 뽐낼 수 있는 절호의 기회였다. 이들이 남긴 기록은 크게 두 가지로 구분되는데, 하나는 사절단의 우두머리인

정사가 써서 귀국 후 왕에게 직접 보고하는 공식문서인 등록(謄錄)이고, 다른 하나는 사절단 수행원으로 따라간 사람들이 쓴 개인 여행기이다. 지금 전해지는 연행록과 사행록115)은 공식기록인 등록이 아니고, 대부분 수행원들이 개인적으로 자유롭게 기록한 여행기이다. 그중의 일부는 베스트셀러가 되어 후대 사절단들을 위한 여행 가이드북 역할을 했다. 비록 중국과 일본에 한정되기는 했지만, 조선시대에도 요즘 유행하는 해외여행 가이드북이 존재했던 것이다. 연행록과 사행록은 조선시대 해외여행을 대표하는 여행기일 뿐만 아니라, 한국 여행통사(史)에서 중요한 부분인 조선 여행사(史) 연구에 반드시 필요한 고전 텍스트이다. 특히 중국과 일본 사회를 직접 목격하고, 체험하고, 서술한 근세의 해외여행에 대한 기록이라는 점에서 이 여행기들의 가치는 매우 크다고 볼 수 있다.

### 연행록과 사행록 비교 텍스트

| 여행기간 | 저서명 | 저자 | 직위 | 사신 종류 |
|---|---|---|---|---|
| 1574.5.10~9.14 | 조천일기 朝天日記 | 조헌 | 질정관 | 연행사 |
| 1659.11~1660.5 | 연행록 燕行錄 | 이원정 | 부사 | 연행사 |
| 1780.5.25~10.27 | 열하일기 熱河日記 | 박지원 | 자제군관 | 연행사 |
| 1848.10.22~1849.3.22 | 몽유연행록 夢遊燕行錄 | 이유준 | 자제군관 | 연행사 |
| 3차(1624.8.20~1625.3.26) | 동사록 東槎錄 | 강홍중 | 부사 | 통신사 |
| 6차(1665.4.20~1666.2.20) | 부상록 扶桑錄 | 남용익 | 종사관 | 통신사 |
| 9차(1719.4.11~1720.6.24) | 해유록 海遊錄 | 신유한 | 제술관 | 통신사 |
| 11차(1763.8.3~1764.7.8) | 승사록 乘槎錄 | 원중거 | 서기 | 통신사 |

## 1. 연행사와 통신사의 여행 행태

### 여행 목적

연행사는 중국과의 사대관계를 유지하기 위한 조공 사절이 대부분이었다. 따라서 황제 즉위나 생일, 황태자 탄생이나 특별 경조사, 설날(동지사)에 파견되는 것이 대부분이었다. 통신사는 에도막부의 관백(현재 수상에 해당) 즉위식에 축하 사절로 참가하여 선린관계를 유지하는데 주요 여행 목적이 있었다. 3차까지는 양란 때 끌려간 조선포로를 데려오는 임무도 있었다. 또한 일본의 재침 여부에 대한 정세 파악의 목적도 있었고, 일본의 지리, 항로, 정치, 사회, 경제, 제도, 풍습 등 일본에 대한 전반적인 정보와 지식을 수집하기 위한 목적도 있었다.

### 여행 빈도 및 참여 의사

연행사는 1년에 4~5회, 13세기부터 19세기 까지 모두 1,800회 정도 파견되었다.[116] 이에 따라 연행사는 가고 오는 사절들이 길 위에서 서로 만나는 경우가 수없이 많았다. 통신사는 1607년(1차)에 시작해서 1811년(12차)을 마지막으로 모두 12회 파견되었다. 흥미로운 점은 중국은 서로 가려고 경쟁이 치열했으나, 반면에 일본은 이런 저런 핑계를 대고 서로 가지 않으려고 여행을 기피했다는 것이다. 통신사는 목숨을 걸고 바다를 건너야 했고, 당시 사대부들은 일본을 후진국으로 업신여겼으며, 양란 직후 일본에 대한 적대감이 여전히 남아 있었기 때문이다.

### 여행 규모 및 구성원

연행사는 보통 250명에서 300명 규모인데 반해, 통신사는 330여 명에서 500여명으로 구성되었다. 연행사는 삼사(정사, 부사, 서장관), 관주관, 장무관, 사자관, 군관, 역관, 의원, 화원, 일관(날씨 담당) 등 30~40명이 핵심 사절단이고, 나머지는 수행원, 마부, 하인, 의주 상인 등으로 구성되었다.[117] 통신사는 삼사, 제술관, 서기, 군관, 역관, 의전, 의원, 화원 등이 핵심 사절단이었고, 악사, 말재주꾼, 소동(小童), 마부, 하인, 선원, 격군(노 젓는 사공) 등으로 구성되었다. 통신사는 배를 타고 바다를 건너는 구간이 길어서 선원과 격군이 많이 필요했다. 통신사의 경우, 일본 사람들이 문인이나 일반인 할 것 없이 조선 사대부들의 시나 그림을 받으려고 몰려들었기 때문에 나중에 이 임무를 전담하는 제술관이 추가되었다.[118] 이 중 화원은 여행 중일어나는 일을 그림으로 남겼는데, 통신사의 경우에는 차후 일본의 재침에 대비하려는 자료로 활용할 목적으로 일본의 해로, 도로, 지형, 산, 도시 등을 매우 상세하게 묘사했다.

### 여행경로 및 거리

연행사는 한양－의주－요양－심양(청나라 때부터)－산해관－북경 코스를 왕복하는 것이 일반적이었다. 명청 충돌 시기에는 육로가 막혀, 일시적으로(1621년~1637년) 산동 반도를 경유하는 해로가 이용되기도 했다. 통신사는 한양－부산－대마도－오사카－교토－에도 코스를 왕복하는 것이 일반적이었다. 한양－심양－북경 구간이 왕복 약 6,500리(2,600km)이고,[119] 한양－대마도－에도 구간은 왕복 약 11,000~ 12,500리(4,400km~5,000km)였으며, 이 중 육로는 약 4,800리(약 1,900km),

해로는 약 6,200리(2,500km)였다.[120] 물론 이 거리는 사절단의 경로에 따라 약간씩 차이는 있었다. 통신사가 돌아올 때는 부산포에 도착한 후에는 정사, 부사, 서장관이 안전 문제 때문에 각각 다른 길을 이용하여 한양에 도착했다.

### 여행기간 및 일정

연행사는 보통 5~6개월, 통신사는 10~12개월이 걸렸다. 북경을 거쳐 열하를 다녀온 박지원은 약 5개월(152일)이 걸렸다. 통신사로 에도를 다녀온 원중거는 약 11개월이 걸렸다. 에도(동경)가 연경(북경)보다 거리가 더 멀었기 때문에 여행기간이 길어지는 것은 당연한 현상이었다. 연행사는 여행 일정을 마음대로 조정할 수 없었고, 중국 측에서 지시한 일정과 여행경로에 맞추어야 했다. 일정을 어기면 처벌(대개 귀양)을 받는 경우도 있었다. 통신사는 바다에서 예상치 못하게 만나는 풍랑이나 태풍 때문에 일정이 변동되는 경우가 자주 발생하여, 일본 측과 그때마다 의견을 서로 교환하여 여행 일정을 유연하게 조정하는 경우가 많았다.

### 여행경비

연행사나 통신사 모두 여행경비에 대해서는 언급되어 있지 않다. 두 사절단 모두 조선 구간에서는 말이나 가마, 수레 등 교통수단과 선물(예물, 예단)은 조정과 지방관들이 조달했고, 숙박이나 식사는 여행경로의 지방관과 이웃 지방관들이 담당했다. 중국에 들어가서도 중국 측에서 제공하는 일부 숙소와 부식을 제외하고는 조선 측에서 모두 부담했다. 결과적으로 연행사는 조선 측이 왕복 여행경비의 대부분을 부담했다. 통신사는 좀 다르다. 조선 구간에서는 조선 측이 부담했지만, 대마도부터 본토까지는 대마도주가, 본토부터 에도까지는 사절단이 지나가는 지방관이 교통편과 숙박시설과 식음료를 부담했다. 또한 관백과 대신, 지방관들이 사절단에게 하사금과 노자 명목으로 상당한 은화를 주어서 여행경비의 일부를 충당하기도 했다(선물 편 참조). 당시 여행경비에 관한 자료의 부족으로 여행경비가 얼마나 지출되었는지 파악할 수 있는 방법이 없다. 통신사의 경우, 2018년 현재 공무원 국외여비지급표의 최하위 등급으로 계산해 보면, 최하 약 220억 원의 경비가 소요되는 것으로 추정할 뿐이다.[121]

### 통역 및 가이드

연행사와 통신사 모두 외교 업무 수행에 통역(역관)의 역할이 매우 중요했다. 그래서 박지원이 동행한 연행사는 19명,[122] 제6차 통신사는 18명의 역관이 통역의 임무를 수행했다. 30~40명의 핵심 사절단 중 거의 반을 차지한 것이다. 박지원 사절단의 경우, 쌍림이라는 조선인 출신이 청나라 측 통역으로 나왔다. 통신사의 경우, 흥미로운 점은 조선은 전문 역관들이 통역을 맡은데 비해, 일본의 통역은 주로 승려들이 담당했다는 것이다. 연행사의 여행가이드는 한양에서 의주까지는 주로 북경까지 자주 왕래한 마부들이, 의주에서 북경까지는 자주 왕래하는 의주 상인들이 주로 맡았다. 국경 초소가 있는 책문에서부터는 중국 조정에서 파견한 관리(통행장관)가 북경까지 사절단을 호송했다. 통신사의 경우에는 한양에서 부산포까지는 마부들이 주로 그 임무를 담당했고, 사절단이 부산포를 출항하면서부터 일본 호송 관리들과 선원들이 에스코트를 하면서 에도까지 길을 안내했다.

## 교통수단

교통수단으로 연행사와 통신사 모두 말, 노새, 가마, 수레, 배 등을 주로 이용했지만, 마부나 하인들은 걸어서 도보로 갔다. 가마는 삼사만 탈 수 있었고, 수레는 상대에게 줄 예물을 싣고 가는데 사용했다. 장마로 길이 막히거나 강을 건너지 못하면, 정사는 일정에 차질을 빚을까 노심초사했다. 통신사의 경우, 바다를 건너(부산포－오사카: 약 3,250리－약 1,300km) 이동해야 했기 때문에 배가 훨씬 더 중요한 교통수단이었다. 사절단의 배는 5~6척으로 구성되었고, 삼사가 각각 1대씩 승선하고, 나머지 배에는 예물이나 기타 화물을 실었다. 사절단이 오사카에서 에도로 이동할 때는 조선 선원들과 격군들은 오사카에서 모두 대기하고, 사절단의 이동경로에 있는 일본 지방관들이 모든 배와 선원을 조달해서 운송을 담당했다. 교토에서 에도 사이에서 얕은 강이나 하천을 건널 때는 큰 평상에 삼사가 탄 가마를 얹고, 30~40명의 일본 군졸들이 평상을 어깨에 메고 건넜다. 대마도부터는 역풍을 만나거나 바람이 없을 때는 사절단의 배마다 5~6척의 일본 예인선을 연결하여, 노를 저어 배를 끌고 갔다. 그래서 일본 측 호송단의 인원도 거의 500여명에 달했다. 사절단의 여행기간 중에는 일본 측에서 비선(飛船: 일종의 쾌속선)을 임시로 운영하여, 일본에서 부산포까지 외교문서나 개인 서신, 또는 필요 물품 등을 빠른 속도로 실어 날랐다.

## 숙박수단

숙박수단으로 연행사는 역참, 관사, 여관, 민박, 절, 천막 등을 주로 이용했다. 통신사는 관사, 절, 여관, 배 등을 주로 이용했다. 연행사는 주로 조선 측에서 숙박을 알아서 해결해야 했고, 통신사는 대마도부터는 일본 측에서 이동경로에 있는 지방관들이 숙소를 알선했다. 특히 사찰에서 많이 잤고, 머무는 지역에 사찰이 없을 경우에는 관사에서 주로 잤으며, 사절단을 위해 새로 지은 관사도 많았다. 장거리 항해를 해야 했기 때문에 배에서 자는 날도 많았다. 연행사들의 숙소들은 시설이 부실하여 비가 새거나 불결하여, 이나 벼룩 등 해충이 득실거려 잠을 설치고 고생한 경우가 많았다. 반면에 일본의 숙소는 대체로 시설이 좋고 깨끗해서, 숙소에 대한 불평은 거의 없었다. 특히 숙소 구조가 객실, 목욕실, 화장실이 실내 공간에 배치되어 있고 안락하여, 사절단은 감탄하기도 한다. 배에서 잘 때는 파도에 배가 흔들려서 잠을 설치고 고생한 경우도 많았다.

### 식음료

두 사절단 모두 한양에서 의주 또는 부산포까지 왕래할 때는 경로의 지방관과 이웃 지방관들이 식사와 술을 대접했다. 연행사의 경우, 책문에 도착하면, 중국 측에서 사절단의 계급에 따라 부식을 제공했다. 아침으로는 조릿반죽을 가장 자주 먹었으며, 그 밖에 쌀밥, 수수밥, 국수, 만두, 죽 등을 자주 먹었다. 반찬으로는 된장국이나 양고기국 등 여러 가지 국과 탕, 나물, 계란 요리, 삶은 계란, 돼지고기 요리, 닭고기 요리, 술 등을 자주 먹었다. 채소로는 마늘, 파, 오이, 호박 등을 자주 먹었다. 통신사의 경우, 대마도부터는 일본 지방관들이 보내는 찬합요리, 고기, 생선, 술, 과일 등을 자주 먹었다. 대마도에서 에도까지는 일본 측에서 1일마다 일공, 5일마다 오일공을 제공했다. 대마도부터 오사카까지는 그 수준이 낮았고, 오사카부터 에도로 갈수록 부식 수준이 높아졌다. 그러나 폭풍우 등으로 한 곳에 며칠 또는 일주일 이상씩 체류할 때는 그 지역의 식자재나 땔감 등이 부족하여 일공 등이 제대로 지급되지 않을 때도 있었다. 엄청난 숫자의 조선 사절단(약 500명)과 일본 호송단(약 500명)이 날마다 소비하는 식자재는 해당 지역 주민과 지방관에게는 큰 재정적 부담이 되어, 19세기 초(1811년 제12차 이후)에 통신사가 폐지되는 한 원인이 되었다.

## 선 물

연행사가 중국 사람들에게 준 선물은 주로 청심환, 담배, 부채, 백지 등이었다. 특히 청심환은 지위고하를 막론하고 많은 사람들에게 인기가 있었다. 조선 사람들이 받은 선물은 주로 그림, 그림이 그려진 부채, 생강 국화차, 붉은 먹통, 귤병 등이었다. 황제가 정사에게 하사한 선물은 코 담배통 1개, 비단 5필, 수놓은 주머니 6쌍, 주석병 1개, 차 주전자 1개, 찻잔과 받침대 1벌, 손칼 1자루, 빈랑주머니 1개 등이었다. 조선 왕에게 하사한 선물은 언급되어 있지 않다. 연행사가 공식 사절단임에도 불구하고, 각 성을 통과할 때마다 관리들의 계급에 따라 '예단'이라는 명목으로 엄청난 뇌물을 바쳐야 했다. 박지원은 이런 관행을 신랄하게 질타하면서 그 품목과 수량을 자세히 기록했다.

통신사가 일본 측에 전달한 조선 왕의 선물은 자세히 기록되어 있다(6차 기준). 인삼 50근, 호피 15장, 표피 20장, 청서피 30장, 어피 100장, 준마 2필, 산 매 20마리, 채화석 20장 고급 옷감 130필 등이었다. 이 외에도 조선 왕은 일본 대신들과 대마도주, 호송단(봉행 관리, 장로승 등)에게도 차등을 두어 선물을 주었다. 관백도 조선 왕에게 선물을 보냈다(6차 기준). 대도 20개, 장도 20개, 투구 20개, 금병풍 6폭,

병풍 20폭, 은공예품 등이었다. 또한 관백은 은 3만 5천 8백 냥을 삼사 등 모든 수행원들에게 직급에 차등을 두어 하사하고, 삼사에게는 비단 900필을 따로 주었다. 일본 대신들도 삼사에게 은 1천 냥씩을 따로 주었다. 이 은화는 수행원들에게 나누어주어 왕복 여행경비의 일부로 충당하게 했다. 돌아오는 길에는 대마도주와 일본 지방관들이 삼사 및 수행원들에게 노자로 은화와 선물을 주어, 이를 거절하느라 골머리를 앓았다.

## 안전 및 사고

외교사절들의 장기 해외여행에는 수많은 안전사고가 일어났다. 연행사의 경우, 주로 육로 여행이었기 때문에 말에서 떨어지거나 밟히는 사고가 자주 일어났다. 길을 잘못 들기도 하고, 음식으로 인해 배탈이 나거나 설사도 자주 일어났다. 행로에는 노상강도들과 좀도둑들이 나타나서 돈이나 물건을 훔쳐가기도 했다. 하인들이 참외 등 현지 주민의 농산물을 훔쳐 먹다가 충돌이 일어나기도 했다. 더운 날씨에 지쳐 더위를 먹거나 감기에 걸리기도 했다. 야간에는 안전사고를 막기 위해 사절단을 호송하는 청나라 군졸들이 매일 밤 점호를 실시했다.

통신사는 바다를 건너는 여행이었기 때문에 해상 안전사고가 가장 큰 문제였다. 사대부들이 통신사로 일본을 가기 꺼려하는 이유도 바로 바다에서의 사고 때문이었다. 부산포에서부터 바닷길에 노련한 일본 선원들이 안내 한다 해도 워낙 장거리 항해라서 폭풍우나 태풍을 완전히 피하기는 어려웠다. 폭풍우나 태풍을 만나면 모든 사절단들이 뱃멀미와 어지럼증, 두통으로 고생했다. 파도에 화물이나 양식, 땔감 등이 물에 젖거나 분실되기도 했다. 또한 무덥고 습한 날씨로 인해 설사와 복통, 이질, 학질 같은 풍토병으로 시달렸다. 또한 매번 사망자가 다수 발생했다는 점이다. 3차 때는 사공 2명, 취수 1명, 하인 1명으로 모두 4명, 6차 때는 사공 1명, 관노 1명으로 모두 2명, 9차 때는 역관 권홍식이 밀무역을 하다 적발되어 처벌이 두려워 자살했고, 11차 때는 부복선 선장 유전복이 부상을 당해 사망하고, 통인 1명과 사공 1명이 질병으로 사망했다. 병세가 위독한 환자가 발생하면 부근 사찰에 격리했다가 오는 길에 데리고 왔다. 사망자는 가매장했다가 오는 길에 관에 넣어 데리고 왔다. 숙박지에서 크고 작은 도난 사건도 자주 일어났고, 수행원들과 현지인 사이에 싸움이나 시비 등 충돌도 자주 일어났다. 대마도인이 숙소에 무단 침입하여 수행원에게 칼을 휘두르는 사건도 있었다(11차). 지진도 자주 일어나고, 말이 진흙길을 걸을 때에는 말이나 마부들이 자주 넘어져서 다치기도 했다. 무역 금지품목을 소지한 자가 처벌 받기도 했고(3차), 소통사가 남은 양식으로 은을 사 모으다가 처벌당하기도 하고(6차), 폭풍으로 배 키가 부러지고, 예물이 물에 젖기도 했다(6차).

## 2. 연행사와 통신사 여행이 주는 시사점

이 비교분석이 던지는 시사점은 다음과 같다. 첫번째, 조선시대에도 지역적으로 인접한 중국과 일본으로의 해외여행이 지속되고 있었다. 조선은 중국에 대한 사대외교와 일본에 대한 선린외교를 위해 연행사와 통신사라는 공무 여행단을 잘 활용하여 국체를 유지하고 보존했다.123) 조선은 중국(특히 명나라 때)과 군신의 관계를 공고히 유지하려는 수단으로 연행사절단을 활용했다. 일본에는 임진왜란 직후에는 에도막부의 요청에 의해 마지못해 통신사를 파견하기는 했지만, 상호 대등한 위치에서 선린의 외교사절로서 품위와 위엄을 유지했고, 연행사절이 중국 황제를 알현할 때와 달리 관백을 알현할 때도 꼿꼿한 태도를 견지했다.124) 물론 에도막부는 각지의 다이묘들을 모두 에도에 모아 놓고, 조선통신사를 조공사절이라고 내부적으로 대대적인 선전하면서 관백의 위엄을 과시하려 했지만, 조선 사절들은 절대 그렇게 생각하지 않았다. '조선통신사'라는 용어 자체가 조공사절이라는 일본 측의 역사인식이 암암리에 자리 잡고 있다고 주장하는 학자도 있다.125)

두 번째, 이 두 여행을 통해서 중국으로부터는 선진문물을 수입하는 한편, 일본에게는 시문과 주자학을 전달하여 에도 후기부터 일본 유학 발전에 크게 기여했다. 이 과정에서 동의보감이 일본에서 출판되었고, 일본 의사들은 네덜란드를 통해 들어온 서양의술(난학)을 조선의 사대부들에게 소개하기도 했다. 11차 통신사(정사 조엄)는 대마도에서 고구마를 도입하여, 조선에 흉작이 들었을 때 백성들의 기아를 해결하는데 큰 기여를 했다.

세 번째, 중국과 일본을 다녀온 사대부들이 중국과 일본의 선진문물과 농·공·상업의 발달, 화려한 도시 풍경에 놀라면서도 돌아와서는 조선사회를 발전시키고 개혁하여, 백성들의 삶의 질을 개선시키려는 태도는 보이지 않았다는 점이다. 박지원과 원중거 등 일부 실학자들이 실학사상에 영향을 끼쳤으나 그 한계가 분명했다.

네 번째, 중국과 일본에 사절단을 파견하는 데는 엄청난 경비가 들었다. 특히 상대국에게 줄 선물(공물과 예물)을 마련하느라, 지방관들과 백성들은 큰 고생을 했다. 통신사의 경우, 매번 일본에는 없었던 호피와 표피를 수십 개씩(11차 때는 각각 42개씩) 선물로 주었는데, 이는 조선의 동물 생태계를 파괴하는데 큰 영향을 끼쳐, 조선의 호랑이와 표범이 이때부터 점차 멸종되기 시작했다. 중국에서는 연행사가 공식 외교사절임에도 불구하고, 각 성문을 통과할 때마다 중국 관리들에게 막대한 예단(뇌물)을 바쳐야 했다.

다섯 번째, 안전사고가 자주 일어났다. 특히 바다를 건너야 하는 통신사의 경우, 매번 사망사고가 발생해서 아주 위험한 여행이었기 때문에 사대부들은 온갖 핑계를 대면서 통신사에 선발되는 것을 피하려고 했다. 반면에 연행사는 서로 가려고 해서 경쟁이 치열했다.

여섯 번째, 통신사는 대개 환대를 받은 반면에, 연행사는 박대를 받았다. 통신사는 상호 친선을 위한 선린외교를 위한 사절이었고, 연행사는 군신관계에 따른 사대외교를 위한 사절이었기 때문에 충분히 이해가 된다.

일곱 번째, 조선시대에 해외여행으로 주목을 받은 사람들은 삼사 등 사대부나 역관 등 중인이었지만, 실제로 가장 많이 참여한 사람들은 하층민들이었다.[126] 연행사나 통신사의 구성 인원 중 공식 사절단에 속하는 사람들은 30~40명에 불과했고, 나머지 200여명~460여명은 사절단을 수행하며 온갖 허드렛일을 도맡았던 마부나 하인, 선원과 격군(사공)들이었다는 점에서 그렇다. 마지막으로, 양쪽 사절단에 일반인(허락받지 않은 사람, 즉 자유여행자)과 여성은 한명도 해외여행에 참가한 적이 없다. 조선시대에는 일반인의 해외여행이 엄격히 제한되어 있었고, 조선시대 여성의 사회적 지위가 아주 미약했다는 사실을 두 사절단의 해외여행 사례에서도 발견할 수 있다.

# 주

1) 신형식. 2005. 백제의 대외관계. p.64, p.114, p.120.

2) 이하 고태규. 2015. 실크로드 문명기행 1. pp.45-52에서 재인용.

3) 신복룡. 1991. 엔닌의 입당구법순례행기에 나타난 신라 관계 기록과 몇 가지 문제점. 〈입당구법순례행기〉. 서울: 정신세계사. pp.315-331.

4) 신복룡. 1991. 엔닌의 입당구법순례행기에 나타난 신라 관계 기록과 몇 가지 문제점. 〈입당구법순례행기〉. 서울: 정신세계사. pp.315-331.

5) 이하 엔닌 저, 신용복 역. 1991. 입당구법순례행기. pp.6-7 참조.

6) 신복룡. 1991. 엔닌의 입당구법순례행기에 나타난 신라 관계 기록과 몇 가지 문제점. 〈입당구법순례행기〉. 서울: 정신세계사. pp.315-331.

7) 유홍준. 2014. 나의 문화유산답사기. 교토의 역사편. p.212.

8) 이하 엔닌 저, 신용복 역. 1991. 입당구법순례행기. pp.6-7 참조.

9) 이 절은 고태규. 2020. 9세기 일본인의 중국여행에 대한 재당 신라인의 역할. 관광연구저널, 34(2), pp.19-35를 수정보완하여 재인용한 내용임.

10) 신형식. 2003. 산동반도의 신라방. 이화사학연구, 30, pp.693-703.

11) 김문경. 2001. 신라인의 해외활동과 신라방. 한국사 시민강좌, 28, pp.1-20.

12) 윤명철. 2001. 장보고의 해양활동과 국제관계. 해양정책연구, 16(1), pp.303-338.

13) 김문경. 2001. 신라인의 해외활동과 신라방. 한국사 시민강좌, 28, pp.1-20.

14) 김문경. 2001. 신라인의 해외활동과 신라방. 한국사 시민강좌, 28, pp.1-20.

15) 권덕영. 2003. 재당 신라인의 종합적 고찰: 9세기를 중심으로. 역사와 경계, 48. pp.1-42.

16) 신형식. 2003. 산동반도의 신라방. 이화사학연구, 30, pp.693-703.

17) 김문경. 2001. 신라인의 해외활동과 신라방. 한국사 시민강좌, 28, pp.1-20.

18) 권덕영. 2003. 재당 신라인의 종합적 고찰: 9세기를 중심으로. 역사와 경계, 48. pp.1-42.

19) 김문경. 2001. 신라인의 해외활동과 신라방. 한국사 시민강좌, 28, pp.1-20.

20) 변인석. 2011. 7세기 재당 신라원의 분포와 성격에 대하여. 한국고대사탐구, 9, pp.43-74.

21) 이기운. 2009. 중국 두 신라원의 설립과 신행. 불교학보, 51, pp.211-227.

22) 석길암. 2017. 재당 신라사회에서 신라원의 성격에 대한 재검토. 동아시아 불교문화, 32, pp.369-390.

23) 엔닌 저, 신복룡 역. 1991. 입당구법순례행기. 서울: 정신세계사.

24) 김성훈. 1999. 동북아 경제협력의 장보고 모델. 장보고 그랜드 디자인. 서울: 집문당. pp.39-48.

25) 윤명철. 2001. 장보고의 해양활동과 국제관계. 해양정책연구, 16(1), pp.303-338.

26) 강봉룡. 2001. 8~9세기 바닷길의 확대와 무역체제의 변동. 역사교육, 77, pp.1-31.

27) 신복룡. 1991. 엔닌의 입당구법순례행기에 나타난 신라 관계 기록과 몇 가지 문제점. 〈입당구법순례행기〉. 서울: 정신세계사. pp.315-331.

28) 권덕영. 2003. 9세기 일본을 왕래한 이중국적 신라인. 한국사연구, 120. pp.85-114.

29) 윤명철. 2001. 장보고의 해양활동과 국제관계. 해양정책연구, 16(1), pp.303-338.

30) 윤명철. 2001. 장보고의 해양활동과 국제관계. 해양정책연구, 16(1), pp.303-338.

31) 엔닌 저, 신복룡 역. 1991. 입당구법순례행기. 서울: 정신세계사.

32) 김문경. 2001. 신라인의 해외활동과 신라방. 한국사 시민강좌, 28, pp.1-20.

33) 장종진. 2011. 엔닌의 입당구법순례행기를 통하여 본 신라역어. 한국고대사탐
구, 7, pp.139-166.

34) 정순일. 2018. 고대 동아시아 해역의 이문화간 교류와 통역. 신라사학보, 44,
pp.1-40.

35) 839년 장보고가 민애왕을 죽이고 신무왕(김우징)을 즉위시킨 정변을 말하며,
〈삼국사기〉의 내용과 정확하게 일치한다.

36) 청해진 대사인 장보고는 당나라와 교역활동을 활발히 벌여 견당매물사라는 교
역사절을 파견하였는데, 그 때의 무역선을 교관선이라 한다.

37) 고태규. 2019. 조선통신사의 일본 여행에 대한 관광학적 고찰. 관광연구저널,
33, pp.65-79.

38) 정확한 액수는 알 수 없으나 825년에 일본 천황이 당에 유학 중이던 라이센
스님에게 금 100냥을 보내준 것으로 보아(840년 7월 4일 일기), 그 정도로 추
정. 639년경에 고창국왕 국문태는 인도로 구법여행을 떠나는 현장 스님에게
20년간의 여행경비로 금 100냥과 은 3만 냥을 주었는데, 이 사례로 금 100냥
의 가치를 가늠해 볼 수 있다.

39) 이병로. 2006. 일본에서의 신라신과 장보고. 도서문화, 27, pp.53-82.

40) 버지니아 아나미. 2008. 엔닌의 일기에 나타난 재당신라인 사회와 조우. 신라
사학보, 13, pp.231-239.

41) 권덕영. 2003. 재당 신라인의 종합적 고찰: 9세기를 중심으로. 역사와 경계,
48. pp.1-42.

42) 코미네 카주아키 小峯利明. 2002. 엔닌의 여행과 적산법화원. 도서문화, 20,
pp.215-232.

43) 이병로. 2006. 일본에서의 신라신과 장보고. 도서문화, 27, pp.53-82.

44) 김문경. 2001. 신라인의 해외활동과 신라방. 한국사 시민강좌, 28, pp.1-20.

45) 권덕영. 2003. 재당 신라인의 종합적 고찰: 9세기를 중심으로. 역사와 경계,
48. pp.1-42.

46) 강봉룡. 2001. 8~9세기 바닷길의 확대와 무역체제의 변동. 역사교육, 77, pp.1-
31.

47) 강봉룡. 2001. 8~9세기 바닷길의 확대와 무역체제의 변동. 역사교육, 77, pp.1-
31.

48) 이 절은 고태규. 2018. 박지원의 열하일기에 대한 관광학적 고찰. 관광연구저
널, 32(3), pp.5-22를 수정보완하여 재인용한 내용임.

49) 김성환·정성희. 2010. 연행-세계로 향하는 길. 실학박물관.

50) 동지 사행단의 경우 역관은 총 19명으로 사역원에서 임명했다. 당상관 2명,
상통사 1명, 질문종사관 1명, 압물종사관 8명, 압폐종사관 3명, 압미종사관 3

명, 청학신체아 1명으로 구성된다(출처: 통문관지 권3, 사대 상, 부경사행. 정은주. 2010: 115에서 재인용).

51) 정은주. 2010. 조선후기 부경사행과 연행도, 〈연행-세계로 향하는 길〉. 실학박물관. pp.112-123.

52) 서인범. 2015. 연행사의 길을 가다. 한길사.

53) 구도영. 2013. 조선 전기 대명 육로사행의 형태와 실상. 진단학보. pp.59-97. p.117.

54) 서인범. 2015. 연행사의 길을 가다. 한길사. (자세한 코스는 사행 지도 참조)

55) 신춘호. 2016. 명・청 교체기 해로사행 노정의 인문정보 일고. 한국고지도연구, 8(1), pp.35-64.

56) 임형택. 2010. 17~19세기 동아시아 상황과 연행연행록, 〈연행 세계로 향하는 길〉. 실학박물관. pp.7-13.

57) 임형택. 2010. 17~19세기 동아시아 상황과 연행연행록, 〈연행 세계로 향하는 길〉. 실학박물관. pp.7-13.

58) 구도영. 2013. 조선 전기 대명 육로사행의 형태와 실상. 진단학보. pp.59-97. p.117.

59) 김성환・정성희. 2010. 연행 세계로 향하는 길. 실학박물관.

60) 김성환・정성희. 2010. 연행 세계로 향하는 길. 실학박물관.

61) 김성환・정성희. 2010. 연행 세계로 향하는 길. 실학박물관.

62) 박지원 저, 리상호 역. 2004. 열하일기. 보리.

63) 임형택. 2010. 17~19세기 동아시아 상황과 연행연행록, 〈연행 세계로 향하는 길〉. 실학박물관. p.7-13.

64) 김하명. 2004. 박지원 작품에 대하여, 〈열하일기 상〉. pp.495-549.

65) 박지원 저, 리상호 역. 2004. 〈열하일기 상〉. p.529-530.

66) 박지원 저, 리상호 역. 2004. 〈열하일기 상〉. p.530.

67) 박지원 저, 리상호 역. 2004. 〈열하일기 상〉. p.64-65.

68) 박지원 저, 리상호 역. 2004. 〈열하일기 상〉. p.67.

69) 상급이 무엇인지 언급되어 있지 않다. 문맥상 청나라 조정에서 내리는 부식의 종류를 말하는 것 같다.

70) 북경의 날씨가 무더워지는 여름철에는 청나라 황제가 북경 북쪽 170km 떨어진 열하(지금 승덕)에 있는 피서산장에서 집무를 보았다.

71) 김하명. 2004. 박지원 작품에 대하여, 〈열하일기 상〉. pp.495-549.

72) 한양-신의주 간 철도거리 423km로 추정. 구도영의 연구에 의하면, 〈증보문헌비고〉에 한양에서 의주까지 거리가 1,086리(약 427km)로 나오는데, 구불구불하고 높낮이가 심한 옛길이 비교적 곧고 평평한 철도와 거리가 비슷하다는 것은 타당하지 않다.

73) 권벌의 〈조천록〉에는 1,959리(약 700km)로 나와 있으며 45일 걸렸고, 16세기 후반 북경에 다녀온 이항복도 비슷한 일정이 걸렸다.

74) 1780년 5월 25일 한양 출발, 동년 10월 27일 귀국.

75) 김정호가 편찬한 〈대동지지〉에 따르면, 한양에서 의주까지 41개의 역참이 운영되고 있었으며, 양국 사신을 위한 숙박처와 휴식처로 25관이 운영되고 있었다고 한다(한중연행노정답사연구회 인터넷 사이트).

76) 김다원. 2014. 연암의 자연 사물 관찰과 글쓰기 양상분석 연구. 대한지리학회지, 49(5), pp.716-727.

77) Leiper, N. 1979. A framework of tourism. Annals of Tourism Research, 6, pp.390-407.
Leiper, N. 1995. Tourism Management. Collingwood, Melbourne: RMIT Press.

78) 백순철. 2010. 여행체험 고전문학 텍스트의 교육적 의의. 비평문학, 37, pp.253-275.

79) 김부식 저, 이병도 역주. 1988. 삼국사기(상·하). 을유문화사.

80) 서호수 사행단은 박지원 사행단을 제외하곤 유일하게 열하까지 사행을 다녀온 팀이다(김성환·정성희, 2010: 126-127). 성경에서 산해관-북경-열하 코스로 가지 않고 성경-의현-조양-건창-평천-열하(승덕)로 바로 가는 지름길로 이동해서 여행거리가 상당히 단축되었다(사행 지도 참조).

81) 김성환·정성희. 2010. 연행 세계로 향하는 길. 실학박물관.

82) Krippendorf. 1987. The Holiday Makers: Understanding the Impact of Leisure and Travel. Heinemann. Oxford.

83) 권순완. 2017. 만리장성 한글낙서에 분노한 중국인들. 인터넷 조선일보. 8월 17일자.

84) 김하명. 2004. 박지원 작품에 대하여, 〈열하일기 상〉. pp.495-549.

85) 이 절은 고태규. 2019. 조선통신사의 일본여행에 대한 관광학적 고찰: 사행록을 중심으로. 관광역구저널, 33(6), 67-79를 수정보완하여 재인용한 내용임.

86) 박의서. 2015. 선조들의 여행기록과 기행문학을 통해 본 한국의 국외여행사. 관광연구저널, 29(1), 75-91.

87) 김주식·김소형. 2017. 통신사 선단의 항로와 항해. 국립해양박물관. 순간과영원.

88) 정은영. 2015. 회답겸쇄환사의 일본정보 탐색 연구. 겨레어문학, 54, 233-265.

89) 김종광. 2017. 조선통신사2. 다산책방.

90) 김주식·김소형. 2017. 통신사 선단의 항로와 항해. 국립해양박물관. 순간과영원.

91) 이하 김주식·김소형. 2017. 통신사 선단의 항로와 항해. 국립해양박물관. 순간과영원. 참조

92) 김종광. 2017. 조선통신사2. 다산책방. p.356.

93) 강재언 저, 이규수 역. 2005. 조선통신사의 일본견문록. 한길사.

94) 정은영. 2015. 회답겸쇄환사의 일본정보 탐색 연구. 겨레어문학, 54, 233-265.

95) 정성일. 2018. 19세기 중엽 조선 역관의 무역 활동. 한일관계사연구, 60, 71-125.

96) 이하 김주식·김소형. 2017. 통신사 선단의 항로와 항해. 국립해양박물관. 순간과영원. 참조

97) 남용익 저, 성낙훈 역주. 1975. 부상록. 국역 해행총서5. 탐구당. 319-663.

98) 비선은 일종의 쾌속선으로 통신사가 이동 중에 한양과 에도에 연락을 취할 수 있도록 수시로 운항하는 연락선이었다. 주로 사신들이 한양에 올리는 장계와 가족들과 주고받는 편지 등을 전달해주는 역할을 했다. 통신사의 이동 상황을 한양과 에도에 미리 알려주는 일도 했다.

99) Goeldner, C. R. and J. R. B. Ritchie. 2012. Tourism: Principles, Practices, Philosophies. 12th ed. Hoboken: John Wiley & Sons.

100) Plog, S. C. 2001. Why destinations areas rise and fall in popularity. Connell Hotel and Restaurant Administration Quarterly, 3, 13-24.

101) 김주식·김소형. 2017. 통신사 선단의 항로와 항해. 국립해양박물관. 순간과 영원.

102) 고태규. 2018. 박지원의 열하일기에 대한 관광학적 고찰. 관광연구저널, 32(3), 5-22.

103) 강재언 저, 이규수 역. 2005. 조선통신사의 일본견문록. 한길사.

104) 이 내용은 고태규. 2020. 18세기 조선통신사의 경유지 풍경에 대한 고찰. 한국사진지리학회지, 30(4), 68-82를 수정보완하여 재인용한것임.

105) 최박광. 1994. 한·일간 회화의 교류에 대하여-이성린과 대강춘복을 중심으로. 대동문화연구, 29, 141-167.

106) 정은주. 2017. 부활! 한·일 신실크로드〈6〉 통신사, 일본을 화폭에 찍다. https://blog.naver.com/cheongsol/220970688328.

107) 정은주. 2017. 부활! 한·일 신실크로드〈6〉 통신사, 일본을 화폭에 찍다. https://blog.naver.com/cheongsol/220970688328.

108) 최박광. 1994. 한·일간 회화의 교류에 대하여-이성린과 대강춘복을 중심으로. 대동문화연구. 29, 141-167.

109) 권혜은. 2020. 이성린의 사로승구도 해설, 국립중앙박물관. https://www.museum.go.kr/site/main/relic/recommend/view?relicRecommendId=140595

110) 정은주. 2017. 부활! 한·일 신실크로드〈6〉 통신사, 일본을 화폭에 찍다. https://blog.naver.com/cheongsol/220970688328.

111) 권혜은. 2020. 이성린의 사로승구도 해설. 국립중앙박물관. https://www.museum.go.kr/site/main/relic/recommend/view?relicRecommendId=140595

112) 김주식·김소형. 2017. 통신사 선단의 항로와 항해, 국립해양박물관, 순간과영원.

113) 김주식·김소형. 2017. 통신사 선단의 항로와 항해, 국립해양박물관, 순간과영원.

114) 이 절은 고태규. 2020. 조선시대 연행사와 통신사의 해외여행 특성 비교연구, 관광연구저널, 34(6), 5-20을 수정보완하여 재인용한 내용임.

115) 조선시대 외교사절이 쓴 여행 기록을 일반적으로 사행록이라고 부르지만, 이 장에서는 중국과 일본을 구분하기 위해서 연행사의 기록을 연행록, 통신사의 기록을 사행록으로 표기하고자 한다.

116) 서인범. 2015. 연행사의 길을 가다. 한길사.

117) 정은주. 2010. 조선후기 부경사행과 연행도, 〈연행-세계로 향하는 길〉. 실학박물관. 112-123.

118) 김주식·김소형. 2017. 통신사 선단의 항로와 항해. 국립해양박물관. 순간과영원.

119) 박지원 저, 리상호 역. 2004. 열하일기 상·중·하. 보리.

120) 원중거. 2006. 승사록-조선 후기 지식인, 일본과 만나다. 서울: 소명출판.

121) 고태규. 2019. 조선통신사의 일본 여행에 대한 관광학적 고찰. 관광연구저널, 33(6), 65-79.

122) 박지원 저, 리상호 역. 2004. 열하일기 상·중·하. 보리.

123) 허경진·조혜. 2017. 신유의 일본과 중국 두 나라 인식에 대한 비교 연구-해

사록 및 연대록을 중심으로. 열상고전연구, (55), 325-366.

124) 박상휘. 2018. 선비, 사무라이 사회를 관찰하다. 파주: 창비.

125) 김동철. 2017. 국역 통신사등록5 해제. 국역 통신사등록5. 부산광역시사편찬위원회. 1-107.

126) 이경숙. 2019. 조선중기 사행단 수행후기 비교를 통한 관광 고찰-담헌과 연암의 기록을 중심으로. 동북아관광연구, 15(4), 1-20.

# 제3장

# 종교와 여행

　종교를 만들고 그 신앙을 전파하려면 승려나 선교사들이 필연적으로 낯선 곳으로 여행을 해야 한다. 그리고 그 여행은 일반 여행과 달리 목숨도 걸어야 하는 위험한 고행을 수반한다. 부처가 그랬고, 예수도 그랬고, 마호메트도 그랬다. 그전에는 조로아스터가 그랬고, 마니도 그랬다. 기독교 교리 논쟁에서 이단으로 몰린 네스토리우스파는 비잔틴 콘스탄티노플(이스탄불)에서 중국 장안까지 도피해서 전교활동을 펼쳤다. 바울이 소아시아를 거쳐, 지중해를 건너 로마까지 가는 전교 여행을 하지 않았다면, 오늘날의 기독교는 존재하지 않았을지도 모른다. 마호메트가 메카에서 메디나로 도피(헤지라) 여행을 하지 않았다면, 오늘날의 이슬람은 없었을지도 모른다. 해마다 룸비니 동산을 찾는 불교도 순례자들과 예루살렘을 찾는 기독교 순례자들과 메카를 찾는 이슬람교도 순례자들이 수천만 명에 달한다. 여행과 분리된 종교는 상상할 수가 없다. 이 장에서는 종교와 관련된 여행을 불교, 기독교, 이슬람교 중심으로 다루기로 한다.

**구법승들의 여행과 불교의 전파**

최근 중국 시진핑 정부가 '일대일로(一帶一路: 육상 및 해상 실크로드)' 계획을 발표하면서 실크로드에 대한 관심이 다시 커지고 있다. 일대일로란 중국의 중서부 개발을 통해 중앙아시아와 유럽으로의 진출을 추진하는 육상 벨트인 '실크로드 경제벨트'와 남부 지방과 바닷길을 개발해 동남아시아 등으로의 진출을 모색하는 '21세기 해상실크로드'를 합친 개념이다.1) 15세기에 신대륙으로의 해상 항로가 개척되면서 사람들의 관심에서 멀어졌던 실크로드가 다시 부상하고 있는 것이다.

'역사는 미래를 비추어 주는 현재의 거울'2)이기 때문에 미래의 실크로드를 예측하기 위해서는 과거의 실크로드를 이해할 필요가 있다. 그런 시도의 하나로 과거의 구법승들이 불교 문명을 배우기 위해 어떻게 실크로드를 여행했는지 고찰하는 일은 의미있는 작업이다. 과거의 위대한 여행자들이 기록했던 놀랍고 경이로운 사실을 배우고 연구하는 것은 또한 의미있는 일이다.3) Plog가 분류한 여행자의 정의에 따르면,4) 당시 구법승들은 온갖 고난을 겪었고 심지어는 목숨까지 잃는 사람들이 많았다는 점에서, 안전하고 편한 여행을 즐기는 타입의 여행자(Psycho-centric tourists)보다는 낯설고 힘든 모험을 즐기는 타입의 여행자(Allo-centric tourists)에 속한다고 볼 수 있다.

기원전 5~6세기경에 인도에서 발생한 불교가 중국과 한반도 그리고 일본에까지 전파되면서 수많은 구법승들이 인도로 여행을 떠났다. 최근 연구에 따르면, 3세기부터 11세기에 걸쳐 인도로 구법 여행을 떠난 동아시아 출신은 860명 정도 되는데, 이들 중 생환한 사람은

30% 내외에 그쳤다고 한다.5)

502년부터 1087년 사이에 중국으로 유학을 떠난 해동(한반도)의 승려는 모두 223명(신라승 76명, 고구려승 8명, 백제승 5명, 미분류 89명)이다.6) 이름이 확인된 승려는 170여 명이며, 최치원은 이들을 '서화(西化) 구법승'이라 불렀다. 223명 중에서 15명이(주로 장안을 출발하여) 다시 인도로 구법 여행을 떠났다. 6세기에 2명(526년 백제 겸익 謙益, 553년 신라 의신 義信), 7세기에 9명(아리야발마 阿離耶跋摩 — 인도 이름, 혜업 慧業, 현태 玄太, 현각 玄恪, 혜륜 慧輪, 현유 玄遊, 구본 求本, 무명 2인), 8세기(742~783)에 4명(무루 無漏, 원표 元表, 오진 悟眞, 미확인 1명)이다. 그러니까 혜초 방문(723~727) 이전에 인도를 방문한 해동승은 11명이며, 신원이 확인된 사람은 7명(신라승: 아리야발마, 혜업, 현태, 현각, 혜륜, 구본, 고구려승: 현유)이다.

인도로 간 15명 중 혜륜, 현유, 현각 세 사람만 중국 승려인 승철(僧哲) 등을 따라 서행하였고, 나머지 12명은 미확인된 다른 방법으로 인도 여행을 떠났다. 이 중에서 여로에서 객사하거나 행방불명된 사람이 10명(아리야발마와 혜업 — 나란타사, 현각 — 대각사, 무명 2명 — 수마트라 바루스국 波魯師國, 행방불명 5명), 중국에 돌아온 이가 3명, 고국(신라)으로 돌아온 이가 2명이다. 의정이 〈대당서역구법고승전〉에서 언급한 9명(아리야발마, 혜업, 현태, 현각, 혜륜, 현유, 구본, 무명 2인)은 〈삼국유사〉에도 언급되어 있다.7) 여기서 일연은 7세기에 떠난 9명 중 현태만 당나라로 돌아오고 나머지는 돌아오지 못했다고 적고 있다. 당시 구법승들의 인도여행은 목숨을 건 위대한 여정이었던 것이다.

살아 돌아온 구법승들 가운데 극소수만이 여행기록을 남겼으며, 그중에서도 현재까지 전해 내려오는 구법승들의 여행기는 불과 몇 개에 지나지 않는다. 그중 대표적인 여행기가 〈불국기〉, 〈송운행기〉, 〈대당서역기〉, 〈대당서역구법고승전〉 그리고 〈왕오천축국전〉 등이다.

### 구법승들의 인도여행기

〈불국기 佛國記〉는 동진(東晉, 317~420)의 구법승 법현(337~422)이 399년(늦봄 또는 초여름으로 추정)에 장안을 출발하여 약 13년 동안의 인도 여정을 마치고, 412년 7월 14일 청도 인근의 노산(勞山) 앞바다에 도착한 여정을 기록한 여행기다.8) 〈고승법현전 高僧法顯傳〉 또는 〈역유천축기 歷遊天竺記〉라고도 불린다. 중국에서 인도로 오가는 여정을 기록한 최초의 여행기라는 점에서 그 의미가 크다. 불교가 1세기 초에 중국(後漢, 25~220)으로 전래된 이래 많은 사람들이 인도를 방문한 것으로 추측되지만, 법현 이전의 여행기록이 남아 있는 사례는 현재까지 발견되지 않고 있다.

〈불국기〉는 9천 5백 자의 단편이지만, 법현 이후 인도를 방문한 수백 명의 여행자(주로 구법승, 상인, 사신들)들에게 가이드북의 역할을 했으며, 중국인으로서 간다라의 헬레니즘(그리스) 문화를 처음 소개했다. 다른 여행기에는 나타나지 않는 스리랑카와 인도에서 중국에 이르는 해로 여행 중 벌어진 상황을 자세히 기록했으며, 다른 여행기에 비해 여행 중에 겪은 개인적인 경험을 비교적 상세히 기록했다. 여행 도중 같이 가던 동료 스님이 죽는 순간을 생생하게 묘사하기도 했다. 그리고 법현이 구법을 향한 불굴의 정신으로 목숨을 걸고, 62세에 여행을 시작해서 75세에 여행을 마쳤다는 점에서, 〈불국기〉는 위대한 여행기로서의 그 의의와 특징이 있다고 볼 수 있다.

〈송운행기 宋雲行記〉는 6세기에 인도로 가는 북위(北魏, 386~534)의 사신 송운이 518년 11월 낙양을 출발하여 간다라국(현재 파키스탄

폐샤와르 지역)까지 갔다가 521년 2월 낙양으로 돌아온 여정을 기록한 여행기다.9) 이 여행기는 5세기의 〈불국기〉와 7세기의 〈대당서역기〉 사이의 공백을 메워주는 중요한 자료라는 점에서 그 의미가 크다. 이 여행기는 송운 본인의 기록이 아니라, 편저자인 양현지(楊衒之)가 자신의 저서인 〈낙양가람기 洛陽伽藍記〉를 지으면서, 그 책의 일부분으로 송운과 혜생 그리고 도영(道榮)의 여행기를 조합하여 집어넣은 것이다.

이 여행기의 의의는 여행경로가 전통적인 노선인 하서회랑을 따라 둔황으로 나아가 서역북로나 서역남로를 택한 것이 아니라, 낙양에서 장안과 란주를 거쳐, 시닝의 청해호와 차이담분지를 지나고, 당금산 고개를 넘어, 둔황에 이르는 토욕혼로(吐谷渾路)를 따라갔다는 점이다(부록2 지도 참조). 또 하나는 동서양 모두 그 기록이 매우 드문 에프탈국(갈달국 嚈噠國: 고대 월지의 후예로 5~6세기경에 白훈족(흉노족의 일부)이 아프간 발크 지역에 세운 나라)에 대한 자세한 기록을 남긴 점이다.

〈대당서역기 大唐西域記〉는 629년 8월 장안을 출발하여 인도를 방문하고 15년 5개월 만인 645년 1월에 장안으로 돌아온 구법승 현장의 여행기록이다.10) 〈대당서역기〉의 여행기로서의 의미는, 당시 서역과 인도에 있던 138개 왕국(이 중 110국은 방문국, 28국은 전언국 傳言國)의 사회와 자연, 풍습, 역사, 지리, 인물, 종교, 음식 등에 관한 정보를 10만여 자로 서술하여 당나라에 소개한 방대한 종합인문지리지이다. 구법승 중에서는 유일하게 천산에 있는 베델고개를 넘어 키르기스스탄에 있는 이지쿨호수와 비슈케크, 우즈베키스탄에 있는 타슈켄트, 사마르칸트와 테르메즈를 거치는 중앙아시아 코스를 선택했으며, 불교뿐 아니라 중국 문화 전반에 큰 영향을 끼쳤다는 점에서 그 의의가 크다. 마르코 폴로의 〈동방견문록〉, 이븐 바투타의 〈여행기〉와 더불어 세계 3대 여행기로 꼽힐 만큼 문명사적 가치도 크다. 헨버리 텐션은 현장의 인도 여행을 법현의 여행과 함께 '역사상 가장 위대한 70가지 여행'의 하나로 꼽았다.[11]

〈대당서역구법고승전 大唐西域求法高僧傳〉(이하 〈구법고승전〉) 은 당나라 때 현장(인도 여행기간: 629년~645년)으로부터 의정(인도 여행기간: 672년~695년) 자신 대까지 약 60년 동안 인도로 구법여행을 떠났던 56명의 승려들의 행로와 주변 정황들을 주인공들의 출신지별로 편집한 전기이다.[12] 의정(635년~713년)은 37세 때인 672년 11월 1일에 페르시아 무역선을 타고 광저우를 출발하여, 천축국을 방문한 후 말라카해협을 거쳐, 689년 7월 20일 광저우로 돌아온다. 그해 다시 배를 타고 천축국으로 갔다가 61세 때인 695년 5월 광저우를 거쳐 낙양으로 돌아와 측천무후의 영접을 받았다.

이 책에는 당시 중국에서 인도로 유학했던 56명의 구법승들의 프로필이 실려 있는데, 혜륜을 포함한 9명(무명 2명 포함)의 해동 구법승들에 대한 내용이 담겨있어 우리에게는 특별한 의미가 있는 책이다. 각훈의 〈해동고승전〉이나 일연의 〈삼국유사〉에 나오는 해동 구법승에 대한 기록은 모두 이 책으로부터 나오기 때문이다. 당시 각국 승려들이 3,500명이나 유학하고 있었던 나란타대학을 매우 구체적인 그림까지 그려서 자세하게 소개했다는 점에서도 이 책의 가치는 매우 크다.

또한 당시 처음으로 토번로(吐蕃路: 당나라-티벳-인도)를 소개한 책으로도 의의가 있다. 기존의 서역남로와 서역북로를 경유하여 인도로 오가는 길이 매우 먼 우회로라면, 티베트(네팔)를 경유하는 길은 여행거리가 더 짧은 직행로이다. 즉 당번고도(唐蕃古道: 장안과 카트만두를 연결하는 길)의 연장선으로 중국에서 훨씬 빨리 인도에 오갈 수 있는 지름길인 것이다. 의정은 해로를 통해 천축국을 두 번이나 다녀오면서 25년 동안 보고 들은 해양 실크로드의 많은 정보를 기록하여 〈남해기귀내법전 南海寄歸內法傳〉이라는 책도 남겼다.

〈왕오천축국전 往五天竺國傳〉은 신라승 혜초가 723년(약 20세 때로 추정) 중국(당나라) 광주를 출발하여 인도를 방문하고, 727년 11월 신장 쿠차를 거쳐 장안으로 돌아온 여정을 기록한 여행기다.[13] 이 여행기는 8세기에 기록한 한국 고대사의 유일한 인도 여행기라는 점에서 그 의의가 있다. 인도뿐 아니라 페르시아와 아랍에 대한 정보도 포함하고 있으며, 여행기에 모두 5수의 오언시(五言詩)를 포함하여 그 문학적 가치를 높였다는 점에서 정수일 교수처럼 '서정적 여행기'로 보는 학자도 있다.

그러나 서술이 너무 간단하고 단조로우며(현재 남아있는 글자 수가 5,893자이고, 전체 글자 수는 약 6,379자로 추정), 누락된 결자(缺字)가 상당하고(약 486자로 추정), 학자들 사이에 저자인 혜초의 국적에 관한 논란도 있다.[14] 필자의 2013년 현지답사에 의하면, 현재 중국은 혜초를 중국인으로 간주하여, 중국과 아프가니스탄과의 접경지대에 있는 공주보(公主堡) 부근에 '대당화상혜초경행처(大唐和尚慧超經行處)'라는 비석을 법현과 현장의 비석과 나란히 세워 놓았다.

### 구법승들은 왜 인도에 갔을까?

그럼 구법승들은 왜 인도로 갔을까? 위에서 언급한 구법승들의 여행목적은 같은 사람도 있고 다른 사람도 있다. 여행목적은 여행자의 여행동기에 따라 결정되는 경향이 있다. 통상 구법여행이라고 하면, 불교 성지 참배와 더불어 새로운 불교 경전의 수집 내지 불교 교리의 수학 목적도 있기 마련이다.15) 북위(北魏) 호태후(胡太后)의 하명으로 서역에 간 송운을 제외한 3명의 구법승의 여행목적은 약간씩 차이가 있다.

법현은 당시 장안에 율장(律藏)이 부족해서 율장을 구하기 위해 인도로 간다고 〈불국기〉 첫 장에 언급했다.

현장의 여행목적은 불교 성지를 순례하고, 중국에서 일어나고 있는 불경 오역의 폐단과 혼란을 최소화하기 위해 불교 교리를 학습하며, 불교 경전을 취득하는 것이었다. 실제로 법현과 현장은 인도에서 체류기간도 길었고(법현 13년, 현장 15년), 여행을 마치고 귀국할 때 상당한 불경과 불구 등을 가지고 귀국해서 동아시아 불교발전에 큰 기여를 했다.

혜초의 여행목적은 천축국 불교 성지로 아소카 왕이 세운 8대탑(동천축국: 녹야원, 쿠시나가라, 왕사성, 마하보리사, 중천축국: 사위국 급고원탑, 비나야성 암라원탑, 가비야라성, 상카시아 삼도보계탑)을 참배하는 것이었다. 그 내용은 〈왕오천축국전〉 파라사국에서 4영탑을 답사하고 지은 오언시에 나와 있다. 그리고 혜초가 불교 경전을 입수하였다든가 불교 교리를 수학하였다는 기록은 현재 전혀 남아있지 않다. 그러나 혜초의 여행목적은 여행할 때 겪게 되는 '고행과 고난의 실천과 극복을 통한 종교적 인간으로의 다시 태어남, 다시 말해 求道의 측면에 무게가 실려 있다 할 수 있다.'는 견해도 있다.16) 이런 연구를 종합하면, 혜초의 여행목적은 인도 8대탑 순례를 통한 개인적 구도의 실현이라고 볼 수 있다. 이와 더불어, 새로운 불교 사조(南宗禪)에 대한 호기심으로 인도로 갔다는 의견도 있다.17)

## 구법승들은 얼마 동안 여행을 했을까?

구법승들은 얼마 동안 여행을 했을까? 여행기간은 법현이 약 13년 반, 송운 일행이 약 2년 3개월, 현장이 약 15년 5개월, 혜초는 약 4년으로 추정하고 있다. 정확한 여행기간은 대당서역기를 제외하고는 명확한 출발일과 도착일이 기록되어 있지 않아, 학자에 따라서 그 기간이 서로 차이가 난다. 법현과 현장은 천축국 순례뿐 아니라, 불교 교리 학습이 주요 목적이었기 때문에 천축국에서의 수학과 강론 기간이 길어서 전체 여행기간이 길다. 반면에 송운은 에프탈국과 간다라국에 파견된 사신이었고, 혜초는 동인도와 중인도에 있는 8대 탑 순례가 주목적이었기 때문에 상대적으로 여행 기간이 짧다.

4개의 여행기 모두 여행 일정에 대한 기록(itinerary)도 없어서, 언제 어디에 가서 무엇을 했는지 알 수 있는 방법이 없다. 특히 〈대당서역기〉와 〈왕오천축국전〉은 그 정도가 심해서 여행자들의 행적을 파악할 수 있는 흔적이 전혀 없다. 〈왕오천축국전〉에는 연도 기록이 '開元 15년(727년) 11월 상순에 안서에 도착했는데, 그때의 절도대사는 趙君이었다.'라고 딱 한번 나올 뿐이다.18)

이에 비해, 약 100년 후의 구법 여행기인 엔닌(圓仁, 794~864)의 〈입당구법순례행기 入唐求法巡禮行記〉19)는 6하 원칙에 따른 일기 형식으로 기록되어 있어서, 언제 어디를 방문하고 무엇을 했는지 정확히 파악할 수 있다. 위의 4개의 여행기와는 확연히 차별되는 대목이다. 시간은 물론이고 사용한 돈의 액수와 사람 이름까지 정확히 기록되어 있다. 엔닌은 불법을 구하기 위해 838년 6월 13일 일본 규슈 하카다항을 출발하여, 당나라 장안을 방문하고, 847년 9월 17일 하카다항으로 귀국했다.

## 구법승들은 어떤 경로로 여행을 했을까?

구법승들은 어떤 경로를 통해서 인도로 오갔을까? 구법승들의 여행경로에 대해서는 개략적인 경로는 비교적 정확하게 파악되고 있다(부록지도 1~5 참조). 물론 방문 순서와 세부적인 경로에 대해서는 아직도 이견이 분분하다. 법현은 4명 중 가장 먼 거리를 여행했다. 장안-둔황-서역남로-총령(파미르)-핫다(아프간 카불 인근)-간다라국(파키스탄 페샤와르 부근)-천축국-사자국(스리랑카)-자바-청도(부근) 코스로 여행했다.

서역에 사신으로 파견된 송운의 코스는 좀 단순하다. 낙양-장안-시닝-토욕혼로-차이담분지-둔황-서역남로-총령-에프탈국-간다라국-소발률국(길기트)-총령-서역남로-장안-낙양 코스를 밟았다.

현장은 장안을 출발하여 서역북로와 중앙아시아를 거쳐 천축국에 갔다가 서역남로로 돌아왔다. 현장 경로의 특이한 점은 서역북로(천산남로)의 서쪽 마지막 도시인 카슈가르까지 가서 총령으로 내려가지 않고, 장안-돈황-쿠차-아커수-천산 배델고개-이지쿨호수-비슈케크-타슈켄트-사마르칸트-테르미즈-발크-카피샤(현재 카불 부근)-카이버고개-간다라국-천축국-총령-서역남로-돈황-장안 코스를 따라 중앙아시아를 처음 여행했다는 점이다.

가장 쟁점이 되는 사항은 혜초가 기록한 페르시아(파사국 波斯國-이란)와 아랍(대식국 大食國)에 대한 정보가 직접 방문하고 기록한 것인지, 아니면 당시 존재하던 다른 자료를 보거나 다른 사람의 말을 듣고 기록한 것인지에 관한 것이다. 고병익을 비롯한 대다수 학자들은 혜초가 직접 방문하지는 않고 전언을 토대로 기록했다고 주

장하는 반면,20) 정수일과 일부 학자들은 혜초가 이란과 아랍까지 직접 방문했다고 주장한다.21)

그 근거로 첫째, 혜초가 기록한 40개국 중 23개국은 시작 문구가 '어디서부터(從) 어느 방향으로(東, 西, 南, 北) 얼마 동안(日, 月) 가서 (行) 어디에 이르렀다(至)'는 형식으로 이루어졌다는 것이다. 그런 국가는 전언국이 아니라 직접 방문국이며, 파사국과 대식국은 그런 문장 형식으로 기록되어 있다는 것이다. 둘째, 현지에 관한 기술 내용이 상당히 정확하다는 점이다. 셋째, 혜초가 기록한 대식국에 관한 역사적 기록이 실제와 일치한다는 점이다.

그러나 이런 이유로 당시 인도 여행을 지원해주는 스폰서가 없었던 혜초가 혼자서 토화라국(현재 아프간 발크)에서 왕복 2,200km나 떨어진 이란과 아랍까지 직접 방문했다는 주장에는 이란 현지를 답사해 본 필자의 여행경험과 〈왕오천축국전〉의 중앙아시아에 관한 빈약한 정보로 볼 때, 상당한 무리가 따른다.

### 구법승들은 어떻게 여행경비를 마련했을까?

구법승들은 여행경비를 어떻게 조달했을까? 여행경비를 어떻게 조달했는지에 대해서는 〈불국기〉와 〈송운행기〉에만 기록이 있고, 〈대당서역기〉과 〈왕오천축국전〉에는 전혀 언급이 없다. 사신인 송운과 현장 일행은 여비가 풍족한 편이었고, 법현과 혜초는 큰 어려움을 겪었을 것으로 추정된다.

사신 송운 일행은 재물은 물론이고 노비까지 데리고 갔다. '(사신 송운을 따라간) 혜생이 처음 낙양을 떠날 때 황태후가 칙명으로 다섯 색의 백 척 깃발(幡) 1천개, 비단 향주머니 500개를 하사하였고, 왕공과 경대부들도 깃발 1천개를 주었다'.22) '송운은 노비 두 명을 작리탑(雀離塔)에 바쳐 평생토록 받들게 했다'.23) '혜생은 마침내 여비를 아껴서 능력 있는 장인을 시켜 구리로 작리탑 복제본을 만들고, 석가사탑(四塔)의 변상(變相)을 제작하였다'.24) 이런 기록은 송운 일행이 넉넉한 여행경비를 조정으로부터 받았음을 암시하고 있다.

또한 법현은 여행 중 도움을 받은 여러 가지 사례를 자세히 기록하고 있다. 우선 그가 경유하는 지방의 행정관들이 보시를 해주기도 했다. '둔황 태수 이호(李浩)가 사하(沙河, 사막)를 지나가는 데 필요한 재물을 보시해 주었다'.25) 어떤 나라들은 여행자들을 위한 재물과 시설을 제공하기도 했다. '이 나라(승가시국 僧迦施國)는 풍요롭고 번성하니 이와 같이 영화로운 곳은 어디에서도 찾아볼 수가 없다. 다른 나라 사람들이 이 나라에 오면 필요한 것을 모두 보살펴주고 공급해준다'.26) '(사위성 舍衛城에서는) ――――또한 복을 빌기 위해 넓은 길옆에 복덕사(福德舍)를 세운다. 그리하여 방과 침상 그리고 음식을 지나가는 출가자나 여행자들에게 제공하는데, 다만 객이 머무르는 시기가 다를 뿐이다'.27)

반면에 여행자를 아주 박하게 대하는 곳도 있어서 여비가 떨어져 도중에 돌아온 사람들도 있다. '이 나라(언기국 焉耆國) 사람들은 예의를 지킬 줄 모르고, 손님을 만나도 대우가 매우 박하여, 지엄 해간 해외 등은 행자(行資, 여행경비)를 구하고자, 결국 고창(高昌)으로 돌아가고 말았다. (나) 법현 등은 부공손(符公孫)으로부터 노잣돈을 보시 받아, 서남쪽으로 곧바로 나아갈 수 있었으나, 가는 도중에 사람이 살지 않는 무인지경이 연이어 있고――――'.28) 돌아오는 길에 여행경비가 떨어져 시주자를 찾아다니고, 공짜 배를 찾아다니느라 고생한 경우도 있다. '노잣돈이 바닥났기 때문에 시주를 찾아다니고, 태워줄 배를 찾아다니느라 바빴다. 드디어 4월 16일, 50일분의 식량

을 준비하고 200명 정도의 상인들이 탄 배에 오를 수가 있었다'.29)

의정은 〈고승전〉에서 동료 스님들과 신자들이 여행경비를 보태주었다고 밝히고 있다. '스님과 신자들이 여행자금과 양식을 보태주었다'.30) 법현도 일반 대중들이 시주를 하여 도와주었다. '이곳 사람들이 중원(중국)에서 사문이 오는 것을 보고 크게 불쌍히 여기며 말하였다. "어떻게 중원과 같은 변방의 사람이 능히 출가의 의의를 알아서 불법을 구하고자 이토록 먼 곳까지 왔습니까?" 하면서 필요한 모든 물자를 구해주고 법에 따라 대접해 주었다'.31) 지금도 그렇듯이 아마도 이 방법이 가장 보편적인 경비 조달 방법이었을 것이다.

〈대당서역기〉에는 기록이 나타나지 않지만, 〈대당자은사삼장법사전 大唐慈恩寺三藏法師傳(이하 자은전)에는 현장이 고창국왕 국문태(麴文泰)와 서돌궐의 칸(왕)인 사섭호(肆葉護)의 지원을 받은 것으로 나온다. 국문태는 현장을 고창국에 머무르게 하려다 실패하자, 20년간 쓸 수 있는 엄청난 여행경비를 지원해주었다. 사섭호는 서돌궐 영역에서 통역과 가이드까지 딸려 현장이 인도까지 무사히 도착할 수 있도록 배려했다. 〈자은전〉에 나오는 기록은 다음과 같다.32)

(국문태 고창국 왕은) 법사를 위해 네 명의 사미에게 시중들게 했으며, 법복 30벌을 만들었다. 서역은 매우 춥기 때문에 면옷, 장갑, 신발, 버선, 따위의 여러 가지도 준비했다. 그리고 황금 1백 냥과 은전 3만 냥, 비단과 명주 등 5백 필을 법사의 왕복 20년 동안의 경비로 충당하고, 말 30필, 일꾼 25명을 지급했다. 전중시어사(殿中侍御史) 환신(歡信)을 보내어 서돌궐의 섭호가한(葉護可汗)33)의 아장(衙帳)에게 배웅하도록 하였다. 그리고 24통의 편지를 써서 굴지(屈支) 등 24국에 보내어 한 편지마다 비단 한 필씩을 선물로 주도록

했으며, 섭호가한에게는 비단 5백 필과 과일 두 차분을 헌상하면서 아울러 이렇게 편지를 보냈다.

"법사는 나의 동생이오. 바라문국에 가서 법을 얻고자 하니, 바라건네 가한께서는 법사를 이 몸처럼 어여삐 여겨주시오."

이렇게 고창 서쪽 여러 나라에 조서를 내려, 오락마(鄔落馬−驛傳馬)를 번갈아 보내 국경을 나갈 수 있도록 청하였다.

**구법승들은 무엇을 타고 여행했을까?**

구법승들은 어떤 교통수단을 이용했을까? 위의 4개 여행기에서는 구법승들이 인도 여행 중 이용한 이동수단에 대한 기록은 전혀 찾아볼 수 없다. 주로 도보로 이동했을 것으로 추정되며, 평지에서는 말이나 낙타 또는 나귀를, 파미르 등 고산지대에서는 야크를 타고 이동했을 가능성도 있다. 이런 가축들은 19세기 말에서 20세기 초까지도 서양의 탐험대들이 중앙아시아와 중국 신장 지역을 탐험할 때, 매우 중요한 이동 수단으로 사용되었다. 법현은 인도에서 중국으로 귀국할 때, 혜초는 중국 광주에서 인도로 갈 때 배를 이용했다. 의정은 주로 배를 타고 해로로 인도를 여행했다. 〈자은전〉에 의하면, 현장 같은 경우는 불경이나 불구(佛具) 등을 520상자나 가지고 귀국했기 때문에 상당수의 코끼리나 말, 낙타 또는 노새 등을 이용했다.

**구법승들은 어디에서 잠을 잤을까?**

구법승들을 여행 중 어디서 잠을 잤을까? 구법승들이 이용한 숙박 유형도 〈불국기〉를 제외한곤 구체적인 기록이 거의 없어 간접적으로 유추해 볼 수밖에 없다. 우선 여행자의 신분이 승려이기 때문에 사찰에서 가장 많이 숙박을 해결한 것으로 보인다.

'(우전국 于闐國에서는) 사방에 승방을 지어놓고 지나가는 객승들에게 제공하고 있으며, 그 밖에 필요한 물자들도 마련하여 두고 있다'.34) 〈대당서역기〉에도 비슷한 기록이 나온다. '(책가국 磧迦國과 무라삼부로국 茂羅三部盧國에는) 많은 복사(福舍)가 있어 가난한 자들을 구제하는데, 약이나 음식을 베풀기도 하고 식량이 충분히 갖추어져 있어, 여행자들이 쉬었다 갈 수 있게 하였다'.35)

'(오장국 烏長國에서는) 만약 객승이 도착하면 3일 동안 공양을 제공하고, 3일이 지나면 스스로 안주할 곳을 찾도록 한다'.36) '(마두라국 摩頭羅國에서는) 만약 객승이 방문하면 먼저 온 이가 맞이하여 의복과 발우를 준비해주고, 발 닦는 물과 기름을 줄 뿐 아니라 비시장(非時漿 –임시 식사)을 마련해준다. 그 다음 객승을 잠시 쉬게 한 뒤에 법납(法臘)과 순례 경위를 묻고, 방과 침구를 준비해주는 것은 다른 곳의 법식과 다르지 않다'.37)

또한 구법승들은 여행 중 들르는 사찰에서 하안거나 동안거를 보내면서 자연스럽게 숙식을 해결한 것으로 보인다.38) 시주자의 일을 해주고 장기 투숙한 경우도 있다. '법현은 행당공손(行當公孫)의 경리일을 맡아 두 달여를 여기서 머물렀는데, ––––'.39)

당나라처럼 구법승이 많은 나라는 천축국에서 아예 전용 사찰도 지어주고 봉지(封地)까지 제공한 경우도 있었다. '이전에는 중국 승려들이 (현재 보드가야에 있는) 마하보리사(摩訶菩提寺 –대각사)에 와서 순례를 하면, 왕은 이를 존중하여 땅을 주어 거기서 주석케 하고, 큰 마을 24개를 봉지로 주어 살아가게 했다'.40) 사찰이 없는 지방에서는 어떻게 숙박을 해결했는지에 대한 언급은 전혀 찾아볼 수 없다.

다만 사설 숙박업소나 민간인 집에서 숙박을 해결했을 것으로 추론할 뿐이다. 북위(386년~534년)의 사신이었던 송운 일행은 현지 국왕과 관청이 제공하는 숙소에서 지냈을 것으로 추정된다. 중앙아시아에 이슬람의 확산과 함께 9세기부터 나타나기 시작하는 카라반사리(대상들의 숙소 겸 교역 장소)는 아직 사용되지 않았다.

### 구법승들은 어떤 음식을 먹었을까?

구법승들은 여행 중에 무슨 음식을 먹었을까? 위 4개의 여행기에는 구법승들이 여행 중에 취식했던 음식의 유형에 대한 기록은 거의 찾아볼 수 없다. 단지 주민들이 먹는 주식으로 감자, 보리, 쌀, 빵, 난, 떡, 보릿가루(짜파티), 고기, 우유, 버터 등을 언급한 것을 볼 때, 주민들과 비슷한 음식을 먹었을 것으로 추정된다. 저자가 실크로드(중국 신장에서 중앙아시아를 거쳐 터키 이스탄불까지)를 답사할 때, 가장 많이 접한 음식은 난(밀가루를 반죽하여 얇고 넓적하게 구운 빵)과 양고기였다. 특히 사막지역에서는 양 목축이 흔하고, 난에 넣어서 함께 싸먹는 오이와 토마토가 많았다. 과일로는 포도와 수박, 그리고 하미과가 많았다.

따라서 구법승들도 사막지역에서는 주식으로 난과 오이와 토마토, 양고기, 포도, 수박, 하미과 등을 많이 먹었을 것으로 추정된다. 파미르나 힌두쿠시 등 고산지대에서는 보릿가루로 만든 짜파티, 쌀이 많이 재배되는 인도에서는 쌀밥을 많이 먹었을 것으로 추측된다. 혜초가 '오천축국의 법에는 외지에 나갈 때 양식을 가지고 가는 법이 없고, 가는 곳마다 밥을 얻어먹는다'[41]고 기록한 것으로 보아, 구법승들은 주로 탁발을 통해서 식사를 해결했을 것으로 추정된다. 그러나 사신이었던 송운 일행은 이와 달리 현지 국왕과 관청이 제공하는 식사를 제공받았을 것으로 추정된다.

## 구법승들은 어떤 사고를 당했을까?

구법승들은 여행 중 어떤 사고를 당했을까? 구법승들은 인도 여행 중 병이 나거나 심지어는 죽는 경우도 허다했다. 의정은 〈고승전〉에서 구법여행의 어려움을 다음과 같이 기술하고 있다.42)

인도까지 가서 진리를 찾으려는 그 행로는 험악하고 멀기가 그지없고, 인도까지 가신 분은 셀 수도 없이 많았으나 성공하여 돌아온 사람은 매우 드물었다. 망망한 모래사막과 자갈밭과 긴 강물은 붉게 빛나며, 솟아오르는 햇빛으로 더 붉고 크게 보였고, 넓고 넓은 바다의 산더미 같은 파도를 마주하였다. 험준한 철문 밖으로 외로이 걸어서 만 겹으로 싸인 고개 길로 나아갔고, 수많은 강을 건너 생명까지 바쳤도다. 어느 때에는 며칠을 굶고 물도 마시지 못하는 경우도 있는데, 이때 정신은 희미해지고 근심걱정과 피로로 인해 제 정신을 차릴 수 없을 때도 있었다.

혜초는 길에서 만나는 도적의 위험성에 대해서 기록했고,43) 법현은 여행 도중에 병에 걸린 동료 이야기와 눈 덮인 설산을 넘다가 죽어가는 동료를 생생하게 묘사하고 있다.44)

일행 중 혜경(慧景)은 더 이상 걸을 수가 없어서 입에서 흰 거품을 토하면서 나 법현에게 이렇게 말했다.

"나는 도저히 다시 살아나기는 어렵겠군요. 그러니 빨리 가십시오. 머뭇거리다가 함께 죽어서는 안 됩니다."

이렇게 혜경이 결국 마지막 숨을 거두자 나는 그의 몸을 만지며

애통해 했다.

"우리들이 원래의 계획을 이루지 못했는데, 이런 객지에서 죽
다니 어인 일이요!"

라고 외치면서 울음을 터트렸다.

법현은 귀국 길에는 태풍을 만나기도 했고,45) 배가 항로를 이탈
하여 광주로 가야할 배가 한참이나 동북쪽 해안인 청도 노산 앞바다
까지 항해하기도 했다.46) 현장과 송운은 여행 중 당한 사고에 대해
서는 전혀 기록을 남기지 않았다. 의정은 〈고승전〉에서 신라 승려들
(무리야발마, 현태, 혜륜, 구본, 현각, 혜업, 무명 승려 2인)의 죽음에 대해
귀중한 기록을 남기고 있다.47) 특히, 인도네시아 자바섬(스리비자야의
서쪽 바루스-파로사국 波魯師國)에서 병에 걸려 죽어간 두 명의 신라
승에 대한 기록은 우리로 하여금 눈물짓게 한다. 〈대당서역기〉에는
나오지 않지만, 〈자은전〉에는 현장 일행이 능산(凌山: 천산산맥에 있는
칸텡그리-해발 6,995m를 말하며 빙산이라는 뜻이다. 능산을 넘었다는 것
은 그 산자락에 있는 배델고개 Bedel Pass-해발 4,284m를 넘었다는 뜻이
다. 능산이 다른 고개라고 주장하는 학자도 있다)을 넘다가 동료 열에 서
너 명이 죽고, 가축도 그 이상의 피해를 입었다고 기록하고 있다.48)
당시의 서역 여행이 얼마나 힘들고 위험했는지 알 수 있는 대목이다.

거기서(발록가국 跋祿迦國) 서쪽으로 3백리를 가서 사막 하나를
건너 능산에 이르렀는데, 이곳은 총령(蔥嶺)의 북쪽 기슭으로서 그
산은 험준하고 하늘에 닿을 듯이 높았다. 개벽 이래 빙설이 쌓이고
쌓여서 빙산이 되었는데, 봄과 여름에도 얼음덩이가 녹지 않고 빙하
를 이루어 하늘에 이어진듯하여 쳐다보면 흰 끝이 끝없이 뻗어 있다.

얼음 봉우리가 길옆에 무너져 있는 것이 어떤 것은 높이가 백 척가량 되고 어떤 것은 넓이가 수백 평이나 되었다. 이처럼 길이 좁고 험해서 이 고개를 넘기가 무척 어려웠다. 거기에다 풍설이 휘몰아쳐 아무리 털옷을 겹겹이 입어도 추위를 면할 수가 없었으며, 잠자거나 식사할 때도 머물만한 마른자리가 없었다. 그래서 솥을 걸어 밥을 하고, 얼음 위에서 잠을 자야만 했다. 이렇게 7일의 여행 끝에 비로소 산을 벗어났는데, 일행 중에 병들어 죽거나 얼어 죽은 사람이 열이면 서너 사람이나 되었고, 소나 말은 그보다 피해가 더 심했다.

현장 일행은 능산의 눈길이 열리지 않아 출발하지 못하고, 굴지국(구자국－현재 쿠차)에 있는 아사리아사(阿奢理兒寺)에서 60여 일을 머물다가 출발했는데도 불구하고, 능산은 이렇게 험했던 것이다. 지금은 국경이 폐쇄되어 외국인은 물론 인접국인 중국과 키르기스스탄 주민들도 출입이 통제되어 지나갈 수 없다.

〈삼국유사〉 저자 일연은 해동 구법승들의 천축행의 험난한 과정을 묘사하면서, 그들의 불굴의 정신에 경의를 표하고, 다음과 같은 추도시를 남겼다.49)

> 천축 땅은 하늘 끝이라 산이 만겹이나 가려 있는데
> 가련하게도 유학하는 스님들이 힘써 기어오르려 하는구나
> 몇 번이나 저 달은 외로운 배를 띄워 보냈던가
> 구름따라 지팡이 짚고 돌아오는 것을 보지 못하였구나

**구법승들의 인도 여행이 우리에게 주는 시사점**

그럼 구법승들의 여행기는 우리에게 어떤 시사점을 던져 주고 있을까? 첫째, 구법승들의 인도 여행목적은 크게 두 가지로 나눌 수

있다. 하나는 부처가 태어나고 수행한 성지를 순례하면서, 불교 교리를 학습하고, 불경을 구하여 돌아오는 것이다. 법현과 현장이 이에 속한다. 다른 하나는 단순히 성지만 순례하는 것이다. 혜초가 여기에 속한다. 사신 송운을 따라간 혜생은 혜초의 경우처럼 순례만 했을 것으로 추정된다. 여행목적은 여행기간을 결정한다는 점에서 중요하게 고려되어야 한다.

둘째, 구법승들의 여행목적에 따라 여행기간이 달랐다. 사신이나 순례를 목적으로 인도를 여행한 사람들의 여행기간이 불법을 배우고 불교 경전이나 도구를 가져오기 위해 여행을 떠난 사람들의 기간보다 훨씬 짧았다. 예를 들면, 사신으로 간다라국까지만 갔다 돌아온 송운 일행은 2년 3개월, 천축국의 8대탑 답사가 여행 목적이었던 혜초는 약 4년인데 비해, 불교 교리 학습과 불경 취득이 주목적이었던 법현은 13년, 현장은 15년 5개월, 의정은 24년 반이 걸렸다. 또한 이들 여행기에는 구체적인 여행일정에 대한 언급이 없어서, 언제 어느 곳을 방문해서 무엇을 했는지 파악하기가 어렵다.

셋째, 구법승들의 대략적인 여행경로는 파악할 수 있으나 정확한 경로는 파악하기 어렵다. 그 이유 중 하나는 당시의 지명과 현재의 지명이 다르기 때문이다. 또 다른 이유는 구법승들이 여행기를 쓸 때, 현지 지명을 모두 중국어(한자) 발음 표기로 기록했기 때문에 여행자마다 같은 장소에 대한 그 표기법이 다른 곳이 아주 많다.

특히 혜초의 여행경로에 대해서는 일부 학자들이 국수주의적 입장에서 지나치게 여행경로를 확대 해석하는 경향이 있다.50) 〈왕오천축국전〉에 '파사국에서 북쪽으로 10일 동안 산 속으로 가면 대식국에 이른다.'라고 기록되어 있는데,51) 여기에는 상당한 착오가 있다. 이 글에는 현지를 직접 가보지 않은 사람이 전언을 바탕으로 쓴 글의 흔적이 분명히 나타나고 있다.

이란 동쪽에서 가장 가까운 아랍국인 이라크 동쪽까지 열흘에 걸어서 갈 수가 없고, 두 나라 사이에는 산보다는 사막이 훨씬 많으며, 방향도 북쪽이 아니라 서쪽이다. 또한 본문에 대식국 다음에 대불림국(大拂臨國—현재 이스탄불)과 중앙아시아의 6개 호국(胡國)들을 아주 간단하게 기록한 것으로 보아 파사국, 대식국, 대불림국, 호국은 방문국이 아니라 전언국으로 추정된다.

통일전망대에서 해남 땅끝마을까지 800km가 넘는 도보여행을 경험해보고,[52] 황량한 사막이 대부분인 실크로드를 직접 답사해 본 저자의 판단으로는 혜초가 페르시아(이란 동부 마샤드)와 아랍국까지 걸어서 갔다 왔다는 가설은 설득력이 약하다.

그리고 천축국의 8대탑을 유람하는 것이 인도 여행의 목적인 혜초가 굳이 수 천 km나 떨어진 아프간 서쪽 이슬람 나라들을 여행할 이유도 없다. 당시 파사국(이란)은 우마이야 왕조(661~750)의 통치를 받고 있었다. 또 하나는 전체 여행기간 4년(723~727)으로는 거기까지 갔다 오기에는 시간상으로 너무 짧고, 여행경비 조달의 어려움 때문에라도 설득력이 약하다. 범인국(犯引國, 현재 아프가니스탄 바미얀)에 대한 기록은 전하면서도, 현장이 그 찬란함에 대하여 경탄해마지 않았던 세계 최대의 석불인 바미얀 대석불[53]에 대한 언급이 전혀 없고, 7~8세기 당시 각국에서 8,500명이 넘는 구법승들이 유학을 오고, 교수 승려만 1,500명이 넘었던 나란다(나란타사) 대학에 대해서도 전혀 언급이 없는 것도 혜초가 시간에 쫓기고 있었다는 사실을 방증해준다.

옛날에는 어느 나라나 외국인에 대한 여행 규제가 현재의 비자 제도보다 훨씬 더 엄격했기 때문에 외국인인(만일 신라인이라고 가정한다면) 혜초가 인도를 여행하는 데는 당나라로부터 상당한 제약을 받았을 가능성이 높다. 그래서 여행기간을 단축하기 위해 가장 시간이 적게 걸리는 길을 따라 가장 짧은 길로 여행했을 것이다. 혜초보다 약 100년 후에 일본 교토에서 중국 장안까지 갔다가 돌아온 엔닌의 일기를 보면, 당시 당나라가 외국인에 대한 관리를 엄격하게 하고 있음을 확실히 알 수 있다.54)

당(唐) 개성(開成) 3년 (서기 838년) 12월 18일
오후 2시경에 신라인 통역인 김정남이 사신들의 귀국 배편을 알아보기 위해 초주로 떠났다. 오후 4시경에 일본 사신의 접대 담당자인 와우진이 와서 말하기를, 대사는 이미 이달 3일에 장안에 도착하였으며 자신도 대사를 따라 장안으로 들어간다고 하면서, 여권(旅券) 관계의 공문은 주(州)의 아문(衙門)에 잘 전달되었다고 하였다. 또한 사미들의 수계에 관한 문제는 상공의 허락을 받지 못했는데, 그 이유인즉 근년에 수계를 금지하는 칙령이 있어서 다시 칙령으로 허락되지 않는 한 수계는 불가능하기 때문이라고 했다.

이 일기를 보면 외국인의 여권은 각 주의 아문에서 담당하고 있음을 알 수 있다. 외국인이 함부로 당나라 내에서 돌아다니지 못한다는 사실을 말해준다. 또한 이븐 바투타의 〈여행기〉에는 원나라 때 더 엄격한 외국인 관리 방법이 기록되어 있다.55)

전국의 모든 역참에는 여관이 있는데, 관리자가 몇몇 기병과 보병을 데리고 상주하고 있다. 해가 진 후나 저녁이 되면, 관리자가 자신의 서기와 함께 여관에 와서 전체 투숙객의 이름을 등록하고는 일일이 확인 도장을 찍은 다음에 여관 문을 잠근다. 다음 날 아침, 날

중국 왕조들의 이런 외국인 관리제도는 신라인 혜초가 당나라에서 개인 자격으로는 마음대로 해외여행하기가 어렵다는 사실을 반증해주고 있다.

넷째, 4개의 여행기에는 여행경비 조달 방법도 구체적으로는 언급되어 있지 않다. 여행경비는 여행목적에 따라 차이가 많이 나는 것으로 나타났다. 사신들은 조정에서 경비와 노비까지 하사받았다. 송운의 경우가 이에 해당한다. 구법승들은 동료 승려들이나 신자들이 보태주고(의정), 경비가 떨어지면 중국으로 되돌아가거나(법현 일행 중 일부), 현지에서 시주자를 찾아 나서기도 했다(법현). 법현은 뱃길로 중국으로 돌아가는 길에 인도네시아 자바에서 시주자를 만나 50일분의 식량을 구하기도 했다. 화폐가 제대로 통용되지 않았던 시대이니만큼 물물교환이나 요즘의 무전여행과 비슷한 무전취식도 많았을 것으로 추정된다. 현장처럼 여행 도중에 고창국 왕(국문태) 같은 대단한 후원자를 만나 경제적으로 여유롭게 여행한 경우도 있다.

다섯째, 구법승들의 인도 여행 중 주요 이동수단은 도보였다. 위에서 분석한 4개의 여행기에는 직접 언급되어 있지는 않지만, 전체 기간은 아니더라도 일부 구간에서는 말이나 낙타 등 가축을 이용했을 것으로 추정된다. 1900년대 초에 자동차가 발명되기 전까지 도보와 가축은 인간의 가장 보편적인 이동수단이었다. 일부(법현, 혜초, 의정 등)는 해로로 인도와 중국으로 오갈 때 배를 이용하기도 했다. 마르코 폴로(1254~1324)와 이븐 바투타(1304~1368)가 동방 여행을 할 때도 이와 같은 이동 수단을 이용했다. 구법승과 이들의 여행에는 약 600~900년의 차이가 나지만 이동수단은 변하지 않았다. 심지어는 1930년대까지도 실크로드에서는 도보와 말, 낙타가 주요 이동수단이었다.56)

여섯째, 구법승들이 승려 신분이었고, 5~8세기에 인도에서는 불교가 이미 쇠퇴기에 있었지만, 서역 변방에는 불교가 아직 살아있었던 시기여서, 현지에 있는 사찰에서 주로 숙식을 해결했을 것으로 추정된다. 특히 법현 같은 경우는 하안거와 동안거 기간을 적절히 이용했다. 빈민자나 여행자를 위한 구제시설(복덕사 또는 복사)도 이용했다. 나란타에는 당나라처럼 구법승이 많이 오는 나라를 위해서 아예 국가 차원에서 사찰 하나를 내주고, 사찰 운영을 위해 경작지 내주기도 했다. 사신들은 구법승들에 비해 좋은 숙소를 제공받았을 것으로 추정된다.

일곱째, 해외여행 중에 가장 중요한 여행경험 중 하나가 음식이다. 위의 4개 여행기에는 음식에 대해서는 전혀 언급되어 있지 않지만, 저자의 실크로드 현장답사 경험으로 추정해보면, 중국 신장부터 중앙아시아 지역은 대부분 양고기와 난이 주식이어서, 구법승들도 여행 중에 난과 양고기를 주로 먹었을 것으로 추정된다. 보리만 자랄 수 있는 고산지대, 즉 파미르와 아프간, 파키스탄, 인도 북부 지역에서는 보릿가루로 만든 짜파티를 많이 먹었을 것으로 보인다. 쌀이 많이 생산되는 인도 지역에서는 쌀밥을 많이 먹었을 것으로 짐작된다.

마지막으로, 여행 중에는 여러 가지 사고가 일어나게 마련이다. 우선 여행 중에 병이 나는 것이 가장 흔하고(법현과 송운), 법현과 의정의 기록에 의하면, 목숨까지도 자주 잃었다. 법현은 배를 타고 중국으로 돌아가다 태풍을 만나거나 항로를 이탈하여 엉뚱한 곳으로 가기도 했다. 의정도 인도에서 중국으로 배를 타고 돌아오다가 풍랑을 만나 몇 번이나 수마트라나 인도로 되돌아가곤 했다. 그만큼 당시의 중국에서 인도를 오가는 여행은 험하고 어려웠던 것이다. 특히 혜초에 앞서 인도에 갔던 신라 승려들의 죽음에 대한 의정의 기록은 그 여행사적 의미가 매우 크다.

　　앞에서 언급한 것처럼, 중국에서 인도로 구법 여행을 떠났던 15명의 해동 승려 중에서 10명이 객지에서 죽었거나 행방불명되었다면, 이것은 엄청난 사망률이다. 요즘도 실크로드 여행이 쉽지 않은 현실에서 의정의 이런 증언은 5~8세기경에 붐을 이루었던 구법승들의 인도 여행이 목숨을 건 험난한 여정이었음을 암시해준다. 각훈(覺訓)은 〈해동고승전〉에서 이들 해동 구법승들의 여정을 前漢(기원전 206년~서기 23년)의 사신으로 흉노에 붙잡혀 13년 만에 돌아온 장건이나 21년 만에 돌아온 소무(기원전 140년~60년)의 업적에 견줄만하다고 예찬하기도 했다.57)

　　이상에서 4개의 여행기를 분석해서 살펴본 것처럼, 현장과 혜초의 기록과는 달리, 법현과 송운의 기록에는 개인적인 여행경험이 어느 정도 나타나고 있다. 이를 통해 5~8세기경에 붐을 이룬 구법승들의 인도 여행에 대한 단초를 어느 정도나마 파악할 수 있다. 그러나 현장이나 혜초의 기록에서는 개인적인 여행경험이 전혀 나타나지 않아 그 내용을 파악할 수 없다. 그 이유는 여행기 말미에 기술되어 있듯이, 〈대당서역기〉가 천자(당태종, 599~649)의 하명으로 체계적으로 편찬된 공식 저술이기 때문에 개인적인 여행경험을 서술할 수 없었을 것이다. 〈왕오천축국전〉도 외국인인 혜초가 인도에 갔다가 당나라에 다시 입국하면서 당시 안서도호였던 조이정(趙頤貞)에게 제출한 입경보고서로 추정되기 때문에58) 역시 개인적인 여행경험을 서술하기는 어려웠을 것으로 추정된다. 혜초가 소개한 나라들에 대한 기술이 매우 짧다는 사실도 이를 뒷받침한다.

### 혜초는 과연 신라 승려일까?

구법승들의 인도 여행과 관련하여 거론되는 문제 하나가 혜초의 국적에 관한 것이다. 현재 한국 학자들은 혜초가 신라인이라고 주장하고 있으며, 중국 학자들은 당나라 사람이라고 주장하고 있다. 중국은 아프가니스탄 와칸회랑과 가까운 타스쿠얼간 인근의 공주보 앞에 법현과 현장 그리고 혜초의 기념비를 세워 놓았다. 그런데 혜초를 중국 승려로 표기하고 있다. 혜초의 비석에는 사진에서 보는 것처럼 분명히 '대당화상혜초경행처(大唐和尙慧超經行處)'라고 쓰여 있다. '당나라 스님 혜초가 지나간 곳'이라는 뜻이다. 나는 이 분야의 전문가가 아니라서 어느 쪽 견해가 맞는지는 모르겠다. 그러나 내가 구법승들의 여행기를 연구하면서 나름대로 살펴본 바로는 어디에도 〈왕오천축국전〉의 저자 혜초가 신라인이라는 증거가 없다. 혜초가 신라인이었다고 최초로 주장한 사람은 한국 학자가 아니라 일본 학자인 다카쿠스 준지로(高楠純次郎)다.59) 이 논문을 인용한 정수일 교수의 주장을 정리하면 다음과 같다.60)

다카쿠스는 당대 밀교 최전성기의 중요 문헌인 원조(圓照)의 〈대종조증사공대판정광지삼장화상표제집 代宗朝贈司空大辨正廣智三藏和尙表制集〉(이하 표제집) 속에 수록되어 있는 사료를 인용하여

공주보 앞에 있는 법현, 현장, 혜초 경행처비
(위 왼쪽부터, 혜초비 옆에 서 있는 사람이 저자)

혜초가 신라인이었다고 주장했다. 이 책에는 774년 5월 7일 혜초(慧
超)의 스승이었던 삼장화상 불공(不空, 705~774)이 남긴 유서가 다음
과 같이 수록되어 있다는 것이다.61)

　　내가 지금까지 30여 년 동안 밀교의 비법을 전해 제자가 제법
　많다고 할 수 있다. 오부의 율법을 닦아서 일가를 이룬 제자만도 여
　덟 명이 되었으나, 차례로 입적해서 이제는 여섯 명만이 남아 있을
　따름이다. 그들이 누구냐 하면 금각사의 함광, 신라의 혜초(慧超),

청룡사의 혜과, 승복사의 혜랑, 보수사의 원교와 각초이다. 후학들 가운데서 의문에 부딪치는 자가 생기면 너희들이 계시해서 법등이 끊이지 않도록 할 것이요, 그로써 나의 법은을 갚을지어다.

이 외에도 정교수는 〈왕오천축국전〉에 나오는 오언시(五言詩)를 인용하면서, 마지막 구에 나오는 '수위향림비(誰爲向林飛)'를 '누가 소식 전하러 계림으로 날아가리'로 해석하면서 혜초가 신라인임을 주장하고 있다. 수풀 '림(林)'을 '계림'으로 설정하는 것은 너무 무리인 것 같다. 같은 민족으로서 어떻게 해서든지 혜초와 신라를 연계시켜보려는 아전인수격 해석처럼 보인다. 이처럼 한국의 학자들은 1915년 발표된 다카쿠스 준지로의 학설을 검증도 해보지 않고 그대로 따르고 있다.

오히려 다음과 같은 이유에서 중국인일 가능성이 더 높다. 첫째, 다카쿠스 준지로의 학설 자체가 성립할 수 없는 무리한 주장이다. 다카쿠스 준지로의 주장은 〈여행과 문명〉의 저자 '고태규'와 동명이인의 다른 사람 '고태규'가 이 책의 저자라고 주장하는 것처럼 비논리적인 방법이다.

실제 사례를 들어서 설명하자면, 1천년 후(3000년경)에 직접적인 증거는 없이 2010년대의 여러 가지 정황을 들어, 〈여행과 문명〉의 저자가 '한림대학교 교수 고태규'가 아니라, '서울시 공무원 고태규(실존 인물임)'라고 주장하는 것이나 다름없다. 이런 식의 아전인수식 연구는 인문사회계 학자들이 가장 경계해야 할 연구 태도이다. 우연히 그 두 사람이 동일인 일수도 있지만 아닐 가능성도 높은 것이다. 이런 주장은 올바른 학문의 태도가 아니다.

문제는 다카쿠스 준지로가 1915년에 이 학설을 발표했을 때, 한국 학자들이 바로 검증을 했어야 했다. 〈왕오천축국전〉의 저자 혜초가 신라인이라고 주장한 다카쿠스 준지로의 학설이 맞는지 틀리는지 아무리 일제 치하였다고 하지만 이 정도의 학문의 자유는 보장되었던 시기였다. 그런데 그 후로 한국 학자들은 아무런 비판도 없이 그 학설을 당연한 것처럼 받아들여 오늘에 이르고 있다. 다행히 2000년대에 들어와서 변인석62)이나 박현규63) 교수에 의해 검증 작업이 이루어지고 있다.

둘째, 중국학자 온옥성 등이 주장하는 것처럼, 신라를 비롯한 한국 역대 왕조의 어느 사서에도 당나라에 유학 간 혜초에 대한 기록이 없다. 12~13세기에 기록된 김부식의 〈삼국사기〉(1145년)나 일연의 〈삼국유사〉(1281년 편찬, 1310년대 간행, 1512년 중간), 또는 각훈의 〈해동고승전〉(1215)에도 등장하지 않는다. 의정이 〈고승전〉에서 언급한 신라승 9명(아리야발마, 혜업, 현태, 현각, 혜륜, 현유, 구본, 무명 2인)은 〈삼국유사〉에도 언급되어 있다.64) 〈해동고승전〉에는 그중 구본이 누락된 채 6명의 이름이 수록되어 있다. 이 신라승들은 혜초 이전에 인도를 방문한 사람들이다.

특히 혜초가 한창 활동하던 시기보다 약 100여 년 후인 868년에 당나라에 유학 가서 17년 동안이나 체류하다 귀국한 최치원(857년~?)이 혜초를 전혀 언급하지 않았다는 것은 가벼운 일이 아니다. 최치원은 〈법장화상전 法藏和尙傳〉·〈부석존자전 浮石尊者傳〉·〈석순응전 釋順應傳〉·〈석이정전 釋利貞傳〉 등 불교에 관한 서적도 여러 권이나 남긴 사람이다. 이런 혜초관련 사료의 부재는 중국 측 사료에 마르코 폴로가 등장하지 않는다고 해서 그의 여행 자체가 의심을 받는 상황과는 좀 다른 문제이다. 폴로는 자기 고향인 베니스로 귀국을 했고, 혜초는 귀국을 하지 않고 중국 오대산에 들어가서 입적했다. 그래서 더욱 신라인이라는 확신을 갖지 못하게 하는 것이다. 폴로처럼 고국으로 귀국했으면 국적 문제로 논란은 생기지 않았을 것이기 때문이다. 견당사나 국가에서 보내주는 유학승으로 갔다면 분명히 다른 유학승들처럼 어떤 형태로든지 기록이 남아있을 것이다.

셋째, 혜초에 대한 문헌적 증거가 없는 한국과 달리 중국 측에는 불공의 제자 '신라인 혜초'와 동시대에 살았던 혜초가 6명이나 존재하고 있다. 박현규 교수의 연구에 의하면,[65] 온옥성이 주장하는 소림사 황당숭산소림사비〈皇唐嵩山少林寺碑〉에 기록된 혜초,〈금석록 金石錄－당동하사자정전 唐東夏師資正傳〉의 저자 혜초, 쿠차에 있는 쿰트라(庫木吐喇)석굴 벽에 기록된 혜초,〈(보경 寶慶) 사명지 四明 志〉에 기록된 혜초,〈상산정석지 常山貞石志〉에 기록된 혜초, 그리고 두타대사영탑실행비〈頭陀大師靈塔實行碑〉에 기록된 혜초 등이다.

이 6명의 혜초는 신라인 혜초와 동일 인물일 수도 있고, 아닐 수도 있다. 또한〈왕오천축국전〉의 저자일 수도 있고, 아닐 수도 있다. 박교수는 이 6명을 자료(문헌이나 비문) 분석과 해당 인물의 활동과 당시의 정황 분석을 통해 '신라인 혜초'가〈왕오천축국전〉의 저자일 가능성이 가장 높다고 결론을 내리고 있다. 동시에 다른 6명의 혜초들도 저자일 가능성이 조금은 있다고 주장했다. 박교수의 주장은 불공의 제자 '신라인 혜초'와 '〈왕오천축국전〉의 저자 혜초'가 동일 인물인지를 동시대에 살았던 다른 혜초들과 비교분석했다는 점에서, 다카쿠스 준지로의 3단논법식 비논리적 주장에 비해 훨씬 더 논리적이고 과학적이다.

넷째, 혜초가 당나라로 건너갔던 것으로 추정되는 710~720년대의 통일신라사회는 정치적 사회적으로 안정된 시기여서 내국인의 해외여행이 엄격하게 관리되고 있었다. 따라서 혜초가 불법으로 혼자서 배편을 구하여 당나라 광주로 건너갔을 가능성은 희박하다. 또한 당나라도 외국인들의 이동을 엄격하게 관리하고 있었기 때문에 국경 출입은 물론 도시 간 이동도 허락을 받을 정도로 외국인의 여행은 규제를 받았다. 외국인 이동의 규제는 당나라 수도였던 장안에 외국인들이 많이 모여들었던 현상과는 별개의 문제다. 이런 외국인 여행자에 대한 규제 사례는 앞에서 엔닌과 이븐 바투타의 여행기에서 살펴본 바 있다.

다섯째, 우리가 주목해야 할 사항은 다카쿠스 준지로가 혜초가 신라인이라고 발표했던 1915년 당시의 시대적 배경이다. 당시 일본은 대동아공영권이라는 대외정책을 앞세워 조선을 합병하고 중국(청나라) 등 동아시아 침략을 한창 추진하고 있었다. 조선에서는 내선일체론을 내세워 조선 합병을 정당화하는 작업을 추진했다. 일본 정부는 이런 대외정책을 뒷받침할 영웅들이 필요했을 것이다. 이에 일부 학자들이 정부의 방침에 호응했을 것이다. 이런 어용학자들은 어느 시대나 있기 마련이다. 한국 현대사에서도 저명한 법학자들이 박정희 독재체제를 수호하기 위해 유신헌법을 만드는데 앞장섰고, 어떤 토목공학자들은 4대강사업이 부작용이 많다는 것을 알면서도 그 사업을 적극 지지하고 참여했다. 최근에는 일부 역사학자들이 반민주적이고 반역사적인 국정 역사교과서 제작에 참여한 적이 있다.

일본은 1914년에 제1차 세계대전이 발발하자 중국에서의 관심이 느슨해진 유럽 세력을 대신하여 중국에서 세력을 확장할 절호의 기회로 판단했다. 그래서 1915년 중화민국 초대 총통 위안스카이에게 21개 조항으로 된 요구사항을 강요했다. 이 굴욕적인 내용이 중국 내에 공표되자, 중국을 '제2의 조선'으로 만들려는 속셈이라며 중국인들의 저항운동이 거세게 일어났다. 당연히 중국과 일본의 관계는 걷잡을 수 없이 악화되었다. 이런 양국의 대립관계 속에서 일본 학계의 입장에서는 적국인 '중국인 혜초'는 나올 수 없는 상황이었다.

이런 시대적 상황에서 살펴보면, 일본 학자가 원조의 〈표제집〉에 나오는 신라승 혜초와 (혜림 慧琳이 편찬한) 〈일체경음의〉에 나오는 혜초를 동일 인물로 보는 태도는 조선은 곧 일본이라는 내선일체(內鮮一體) 입장에서는 자연스러운 일인지도 모른다. 다카쿠스 준지로도 당시 아시아에서 한창 세력을 확장하던 일본의 제국주의 사관에 맞추어, 일본이 지배하고 있는 영역(신라)의 사람(혜초)을 인도까지 진출한 '일본의 영웅'으로 연결시키고 싶었는지도 모른다.

또한, 당시 오타니 탐험대의 활약도 '신라인 혜초'설에 크게 영향을 미쳤을 것이라고 본다. 일본 작가 마쓰오카 유즈루(宋岡讓, 1891~1969)가 지은 다큐멘터리 실화 소설 〈돈황이야기〉를 보면, 실크로드에서 활약한 오타니 3차 탐험대의 활동이 잘 나와있다. 저자는 실제 탐험에 참가한 사람들의 고생담과 무용담을 감동적으로 묘사하고 있다(오타니 탐험대에 대한 자세한 설명은 제6장 탐험과 여행 참조).

이런 사회적 학문적 분위기 때문에 오타니 탐험대가 활약한 실크로드와 관련된 '일본인 영웅'이 한 명쯤 필요했을지도 모른다. 손기정이 베를린 올림픽 마라톤에서 금메달을 딴 시기(1936년)와 다카쿠스 준지로가 혜초가 신라인이라고 주장한 시기(1915년)는 불과 21년밖에 차이가 안 난다. 그러니까 대한제국을 위해서 혜초가 신라인이라고 한 것이 아니라, 일본을 위해서 그랬을 가능성이 더 높은 것이다. 내선일체 정책에 따르면, 혜초가 신라인이 되면 혜초는 곧 일본인이 되는 것이다. 한국인 손기정을 '일본인 손기정'으로 이용하여 대외적으로 일본인의 힘과 우수성을 과시했던 것처럼 충분히 가능한 일이다.

필자는 이쪽 분야 전공자가 아니라서 이 문제를 해결할 능력이 모자란다. 하루라도 빨리 한국 사학자들이 국수주의나 민족주의적 관점이 아니라 학자적 양심과 과학적 방법으로 이 문제를 접근하길 바랄 뿐이다. 그래서 우리 같은 연관 학자들도 그 연구 결과를 안심하고 객관적으로 인용할 수 있기를 바란다.

어쨌거나 이런 구법승들의 여행으로 불교는 동북아시아 사람들의 인생관과 세계관을 송두리째 바꿔버렸다. 불교는 왕족이나 귀족 등 지배 계층에게는 지배 이데올로기를 제공했고, 서민들에게는 기복신앙의 수단이 되었다. 기원전 약 500년경에 인도에서 처음 발생한 불교는 기원전 2~3세기경에 간다라 지방(현재 아프가니스탄 동부와 파키스탄 중북부 지역)으로 전파되었다. 서기 67년에는 후한(後漢, 20~220)으로, 372년에는 전진(前秦, 315~394)에서 고구려로, 384년에는 동진(東晉, 317~420)에서 백제로, 527년에는 고구려에서 신라로, 538년(552년 설이 있으나 현재는 538년이 유력)에는 백제에서 일본으로 전파되었다. 특히 지배층의 종교에서 피지배층의 종교로까지 퍼지게 된 것은 그 의미가 자못 크다고 할 수 있다. 이제 서민들의 인생관과 세계관을 인도에서 실크로드를 건너 온 불교라는 종교가 지배하게 된 것이다.

불교가 탄생한 지 1천여 년 만에 아시아를 지배하는 주류 신앙으로 자리 잡게 된 것은 실크로드를 통한 승려들의 여행의 영향이 컸다. 아시아에서 불교가 화려하게 꽃핀 것은 승려들의 목숨을 건 여행이 가져다 준 문명의 혜택이다.

이슬람 왕조의 동서원정과 이슬람 문명의 전파

　인류 역사에서 이슬람교만큼 종교 전파를 위해 정복전쟁을 활발하게 벌인 사례는 없다. 기독교가 11~13세기에 예루살렘 성지를 회복하기 위해 십자군원정을 시도한 경우가 고작이다. 로마제국은 종교를 기반으로 세력을 확대한 제국은 아니다. 몽골제국도 마찬가지다. 그럼 그 배경은 무엇일까? 왜 이슬람교는 영토 확장을 통해서 종교를 전파하려고 했을까?

　1993년 미국의 정치학자 새뮤얼 헌팅턴은 앞으로 '강대국의 경쟁은 문명의 충돌로 바뀐다'고 주장했다.[66] 헌팅턴은 키신저가 제시한 21세기 국제 체제의 6개의 열강인 미국, 유럽, 중국, 일본, 러시아, 인도에 이슬람 국가들을 추가하고 있다. 이슬람 세계는 전략적 위치, 방대한 인구, 석유 자원을 등에 업고 세계 정치에서 영향력을 미치고 있다는 점에서 열강 그룹에 추가한 것이다. 그러나 이슬람 세계는 이런 n분의 1이 아닌, 세계 최강의 정치사회 세력으로 이미 성장한 적이 있었다. 이슬람 제국은 아라비아반도에서 대규모 정복전쟁을 시작하여 한 때는 유럽을 뒤흔들 정도의 기세를 떨쳤다.

　6세기 중엽 이후 메소포타미아(이라크)에서는 페르시아 사산왕조(226~651)와 동로마제국(비잔틴제국, 395~1453)의 전쟁이 격화되어 동서의 교역루트가 매우 불안정해졌다.[67] 따라서 그 지역을 통과하지 않고 헤자즈(홍해 연안) 지방으로부터 아라비아해에 이르는 새로운 교역로가 활성화 되었으며, 메카와 같은 도시가 중개도시로 급성장하게 되었다. 마호메트(570년경~632년)는 메카의 명문인 상업 귀족 가문에서 태어났다. 그는 유복자로 태어났으며, 여섯 살 때 어머니마

저 잃어 할아버지와 숙부가 양육했다. 25세에 15세 연상의 부유한 상인의 미망인 하디자와 결혼하여 실업가로 성공하고, 두 명의 아들(어릴 때 사망)과 네 명의 딸을 두었다. 40세에 마호메트는 메카 교외의 동굴에서 자주 명상에 잠기게 되었는데, 천사 가브리엘의 계시를 받았다고 주장하며, 610년 유일신 알라를 절대신으로 모시는 이슬람교를 창시했다.

마호메트는 전통적인 종교도시 메카에서 10년 동안 포교에 힘썼지만 신자 수는 겨우 100명에 불과했다.68) 게다가 도시 지배세력의 압력이 점차 거세져 메카에서의 포교를 단념했다. 622년 7월 16일, 마호메트는 신도들과 함께 메카 북쪽의 교통요지 야스리브(나중에 '예언자의 마을'이라는 의미로 메디나로 개칭)로 몸을 피하여 교단의 재건을 도모했다. 이 피난을 '헤지라'(과거의 인간관계를 모두 끊고, 새로운 인간관계 속으로 들어간다)라고 하며, 이후 이슬람 교단이 크게 성장하자 622년을 이슬람력의 기원으로 삼았다. 630년 이슬람교도는 교역을 두고 대립관계에 있던 메카를 점령하여, 이슬람교의 영향이 아라비아반도 전체에 미치게 되었다. 이슬람교를 중심으로 한 아랍 부족 연합체가 아랍 세계의 기초가 된 것이다.

632년 마호메트가 젊은 아내 아이샤의 품에서 숨을 거두자, 이슬람 교단은 분열의 위기에 빠졌고, 아라비아반도는 매우 혼란스러워졌다. 그리하여 교단은 위기를 극복하기 위해 칼리프(신의 사도인 마호메트의 대리인이자 후계자)를 뽑았다. 대화와 협상을 통해 선발되었던 제4대 칼리프까지의 시대를 정통 칼리프시대라고 한다. 이 시대에 아랍군은 시리아와 이집트를 정복했으며, 사산조를 멸망시켰다. "코란이냐, 세금이냐, 칼이냐"라는 슬로건을 내걸고 시작된 대정복운동은 아랍인의 대규모 민족 이동(이민 여행)이기도 했다. 7~8세기에

이슬람 정복운동으로 인한 이슬람제국의 확산(출처: 천재학습백과)[69]

걸쳐 약 130만 명의 아랍인이 농경지대의 여러 도시로 이주하여 지배계층을 이루었다. 이런 대정복운동은 세계사를 획기적으로 바꾸게 된다.

그럼 코란에 의거한 이슬람교란 무엇인가? 메카의 상인 마호메트가 창시한 이슬람교는 유대교나 기독교의 영향을 받아 성립된 엄격한 일신교이다. 모든 신도들은 알라에게 절대적으로 복종해야 한다. 이슬람 신앙의 토대는 신의 말씀을 기록한 〈코란〉과 예언자 마호메트의 언행(순나)을 기록한 〈하디스〉로 이루어진다. 알라의 어원은 아라비아어로 '신'을 뜻하는 '이라후'에 정관사 'al'을 붙인 것으로, 영어의 'the God'에 해당한다.[70]

이슬람교는 혈연관계를 부정하고, 모든 이슬람교도는 동포로서 이슬람 공동체인 움마로 결집하는 것이라고 가르친다.[71] 또 알라 앞에서는 모든 교도가 평등하며, 직업적인 성직자는 존재하지 않고, 신도들이 일상생활 속에서 스스로 신앙생활을 영위해 나가야 한다고 가르친다. 유일신인 알라의 뜻은 예언자 마호메트의 입을 통해 알려졌다. 마지막 심판이 가까이 왔다고 설파한 마호메트는 스스로를 모세, 예수 등 25명의 예언자들의 마지막에 위치하는 가장 위대한 예언자라 했다. 따라서 그가 사망하자 신의 뜻을 새로 얻을 수 없게 되었다고 여긴 이슬람교도들은 동요했다. 그래서 제3대 칼리프인 우스만의 시대에 마호메트가 22년 동안 말한 신의 말씀을 편찬하였다. 그것이 메카 방언인 아라비아어로 정리된 〈코란〉(뜻은 '읽어야만 하는 것')이다.

코란은 신이 1인칭으로 한 말이 내용으로 되어 있는데, 음주와 도박, 돼지고기 먹는 일의 금지, 4명까지 부인을 둘 수 있다는 등의 내용이 포함되어 있다. 일부다처제는 계속되는 전쟁으로 인한 전쟁 미망인을 구제하려는데 그 목적이 있었다고 한다. 코란은 전체 114장(수라)으로 긴 장부터 짧은 장까지 기계적으로 나열되어 있다. 이는 하늘 저 편에 있는 신의 옆에 기재되어 있는 규범을 천사 가브리엘이 아라비아어로 번역하여 마호메트에게 전달했다고 전해지고 있으며, 신자들은 코란을 절대적인 생활규범으로 여기고 있다. 즉, 코란은 신앙, 사회질서, 경제, 생활 등 모든 면에서 이슬람교도의 삶의 근거가 되고 있다.

현재 세계의 이슬람 인구는 약 13억 명에 이르는데, 90%의 수니파와 10%의 시아파(주로 이란 사람)로 나누어진다.72) 수니파는 '이슬람 공동체의 관행과 범례에 따르는 자'라는 뜻이고, 시아파는 '알리의 당파'라는 뜻이다. 수니파는 칼리프가 마호메트의 정치적 권한을 이어받은 자이며, 교의는 교도 전체가 함께 정해야 한다고 주장한다.

이에 대해 시아파는 제4대 칼리프인 마호메트 조카 알리가 종교와 정치의 모든 권한을 물려받은 지도자이며, 그가 암살당한 후에는 그 12대 자손(이맘)이 정통 지도자임을 주장한다. 시아파는 9세기 후반에 12대 이맘이 모습을 감춘 후에도 언젠가는 돌아올 것이라고 굳게 믿고 있다. 그리고 그가 다시 나타날 때까지는 인간적으로 뛰어난 학자가 이맘의 권한을 대행해야 한다고 여기고 있다. 이런 견해 차이는 지금까지도 지속되어 수니파와 시아파의 끝없는 분쟁의 원인이 되고 있다.

661년 아랍 제국의 정통 칼리프인 제4대 칼리프 알리가 암살되자 라이벌이었던 시리아 총독 무아위야가 시리아의 다마스커스에 스스로를 칼리프라 칭하며 옴미아드(우마니아드) 왕조(661~750)를 세웠다.[73] 원래 칼리프는 이슬람 교단의 지도자이지만 이후의 14명의 칼리프가 모두 옴미아드가 출신이기 때문에 이처럼 왕조로 취급되고 있다. 옴미아드 왕조는 비잔틴문명(동로마문명)의 영향을 강하게 받았다. 아랍인들은 고급 관료직을 독점하고, 이슬람교로 개종한 이민족은 피정복민으로 차별대우를 받았다.

제국 내부의 반체제 세력을 다스리는 일로 고민하던 옴미아드 왕조는 8세기 전반에 두 번째 정복운동을 전개하여 이슬람 제국의 영토를 최대 규모로 넓혔다. 동방에서는 인더스강 유역과 서투르기스탄(천산산맥 서쪽)을 점령했고, 북아프리카로부터 이베리아반도로 세력을 뻗쳐 게르만족의 서고트 왕국(415년~711년)을 무너뜨렸다. 여세를 몰아 옴미아드군은 피레네산맥을 넘어 프랑크 왕국(481년~843년)을 공격했는데, 이로 인해 유럽의 기독교 세계는 존망의 위기에 처하게 되었다. 그러나 프랑크군이 732년 남프랑스의 투르 푸아티에 전투에서 간신히 승리를 거두어, 기독교 세계는 위기에서 벗어났다.

하지만 활발한 상업 활동이 이루어지던 지중해는 완전히 이슬람 세계로 들어가게 되었고, 기독교 세계의 중심은 유럽 내륙의 농업지역으로 이동했다.

시아파의 반체제 운동으로 옴미아드 왕조가 혼란에 빠지자, 750년에 알 압바스가 이란인의 반체제 운동을 이용하여 정권을 빼앗고 압바스 왕조(750~1258)를 세웠다.[74] 압바스 왕조는 통치의 중심을 사산 왕조의 영역(이란)으로 옮기고, 시아파를 탄압하는 동시에 아랍인의 특권을 폐지하고, 모든 이슬람교도는 평등하다고 주장하며, 이슬람 율법에 의한 통치시대를 열었다. 요컨대 민족과는 관계없이 유능한 인물을 등용하는 국제적인 이슬람제국을 세우려 한 것이다. 한편으로 칼리프는 '지상에 있는 신의 대리인'으로서 자신의 권위를 확립했다. 이와 같이 아랍제국에서 이슬람제국으로 변화하는 개혁을 압바스혁명이라 한다.

한편 옴미아드 왕조의 칼리프 일족은 이베리아반도로 도망쳐 765년에 코르도바를 수도로 하는 후옴미아드 왕조(756~1031)를 세웠다. 이로써 이슬람 제국은 동서로 분열하게 되었다. 또 751년에는 중앙아시아의 탈라스강 유역에서 당나라 고선지 장군의 군대를 물리치고 실크로드로 진출하여, 중국 서부(신장)까지 진출하는 계기를 마련했다. 이 전투에서 당나라의 제지 기술자가 사마르칸트로 연행되어 종이 제조법이 이슬람 세계로 전해지게 되었다.

이 시대에 유라시아의 교역은 크게 확대되었다. 압바스 왕조의 수도 바그다드는 당나라 수도 장안과 동로마제국의 수도 콘스탄티노플과 더불어 세계에서 가장 큰 도시로 동서남북 교역의 중심지가 되었다. 압바스 왕조의 전성기인 제5대 칼리프 하룬 알라시드 시대의 이야기라고 전해지는 〈아라비안나이트―천일야화〉에는 '하룬 알라

시드의 이름과 영광이 중앙아시아의 언덕으로부터 북유럽의 숲속에 이르기까지, 또 마그리브(북아프리카) 및 안달루시아(이베리아반도)로부터 중국과 달단(타타르, 유목 세계) 주변까지 미친 시대'라는 글이 적혀 있을 정도이다.75)

이 시대에 특히 주목되는 점은 〈아라비안나이트〉의 '뱃사람 신밧드의 모험'에 나오는 해상 교역 루트이다.76) 이슬람 상인은 다우선이라는 배를 타고 아프리카 동쪽 해안으로부터 중국 연안에 이르는 광대한 해역을 1년 반 만에 왕복했다. 다우선은 큰 삼각형 모양의 돛을 달고 역풍에서도 항해가 가능했다. 선원 중에는 40년 동안이나 땅에 내리지 않고 무역에 종사한 사람도 있었다고 한다. 대형 선박은 400~500명 정도가 승선이 가능했다. 이런 배를 이용하여 동아프리카에서는 '쟌지'라는 흑인 노예를 대거 운송했고, 인도에서 가져온 향신료, 쌀, 면화, 사탕수수 등의 재배가 이루어져, 곡창지대였던 압바스 왕조를 더욱 발전시켰다. 어떤 아라비아 상인의 기록에 따르면, 당나라 광주에는 12만 명, 양주에는 수천 명 규모의 아랍인 거류지가 있어, 많은 이슬람 상인들이 그 지역에 체류하면서 무역에 종사했다고 한다. 그 결과 동아시아의 다양한 정보가 이슬람 세계로 흘러들었다. 예를 들면, 9세기 후반의 이슬람 지리책에는 일본이 '와쿠와쿠(왜국)'라는 이름으로 나오는데, '풍부한 황금의 산지로 개나 원숭이의 목걸이까지도 금으로 만들고, 금실로 짠 천을 중국에 수출하고 있다.'고 기록하고 있다.

육지에서 이루어지는 무역에는 '사막의 배'인 낙타가 이용되었다.77) 낙타는 약 200kg 무게의 짐을 싣고 걸을 수 있고, 물을 마시지 않고도 1주일 정도는 견딜 수 있어, 매우 귀중한 운송수단으로 이용되었다. 사막지역에서는 때때로 5천 마리의 낙타를 이끌고 이동하는 카라반 행렬도 있었고, 1천 마리 정도의 낙타를 준비해 놓고, 상인이나 순례자에게 대여해 주는 업자도 있었다. 요즘의 렌트카업과 비슷한 교통업이었던 것이다. 주요 통상로에는 30~40km 간격으로 카라반의 숙소인 카라반사리가 설치되어 있었으며, 각 도시에는 바자르라는 시장이 있었다. 화폐로는 금화나 은화를 사용했으나, 경제 규모가 커짐에 따라 화폐가 부족해지고 송금의 위험이 생겨 수표나 어음이 등장했다. 이라크 바그다드에서 발행한 수표를 아프리카의 모로코에서 현금으로 바꾸는 일도 가능했다고 한다.

상인 마호메트가 창시한 이슬람교는 도시적인 성격이 매우 강했던 종교다.78) 이슬람교는 상업 윤리를 중시했으며, 상인을 천시하지 않았다. 이슬람교도에게 〈코란〉과 나란히 신앙과 일상생활의 근거가 되는 〈순나〉에서는 상인적 성격이 더욱 직접적으로 드러난다. '신용

물건을 싣고 이동하는 낙타의 모습(출처: 파리 기메미술관 도록)

할만한 상인은 최후의 심판 때 신의 옥좌에 앉을 것이다.' 또는 '상인들은 지상에 있어서 신의 충실한 관재인이다.'라고까지 말했던 것이다.79)

설화문학의 세계 최고봉으로 인정받으면서 동서양의 문학사에 큰 영향을 끼친 〈아라비안나이트 – 천일야화〉도 첫 번째 이야기가 상인과 마신(魔神)의 이야기로 시작된다. 또한 종교와 윤리의 뒷받침으로 이슬람 세계는 국제 상업이 발전하고, 수학도 매우 발달했다. 기하학에 수학이 도입되었으며, 3차방정식의 해법도 이루어졌다. 고대 오리엔트 점성술을 이어받아 천문학도 발달했으며, 위도와 경도를 측정하여 지동설을 주장하는 학자도 있었다. 11세기에는 지금의 그레고리력보다 더 정확한 잘랄리력이 제정되기도 했다. 항해에서도 특정한 별의 고도로 위도를 측정하는 천체 항해법이 발달했다.

이슬람문명은 아랍인이 정복한 여러 지역의 문화와 문명을 존중하고 더욱 융합시킨 것으로 당시 세계 최고 수준의 문명이었다.80) 대도시에는 종합 연구시설인 '지혜관'이 세워졌으며, 이란, 인도, 그리스 등의 문헌이 아라비아어로 번역되어 각 문명이 이슬람문명에 편입되었다. 인도 숫자를 개량한 아라비아 숫자가 만들어지고, 불로불사의 약을 만드는 중국의 연단술이 연금술과 화학 등으로 발전했다. 14세기의 이슬람 역사학자인 이븐 파들란이 "기독교인은 널빤지 한 장도 지중해에 띄우지 못 한다"고 말했듯이, 7세기에서 16세기까지 이슬람문명은 유럽문명에 대해 절대적인 우위를 유지했다. 유럽에서 도시가 성장한 것은 11세기 이후의 일로, 그전까지 유럽은 그저 소박한 농업 지역이었다. 이미 거대한 도시가 발달해 현대적인 도시문명으로 성장한 이슬람 세계는 유럽인들이 경탄할 만한 문명 세계였던 것이다. 예를 들면, 10세기의 이베리아반도의 중심지 코르도바는 인구가 50만~80만 명에 이르는 대도시로 70개의 도서관과 1,600개의 사원이 있었다. 인구가 100만 명이 넘었던 바그다드는 세계의 수도였다.

르네상스도 이슬람 세계에서 먼저 시작되었다. 11세기 이후, 아리스토텔레스 철학 등 그리스 문헌이 아라비아어로 번역되어 이슬람 사회에 전파되면서 이른바 '12세기의 르네상스'가 시작되었다.[81] 이슬람문명의 영향을 받은 아리스토텔레스 철학이 유럽의 스콜라 철학에 근본적인 전환을 가져온 것이 상징하듯이 이슬람문명은 유럽문명에 강한 충격을 주었다. 르네상스 시대에는 '만능인'이 이상적으로 여겨져, 레오나르도 다 빈치 같은 만능 천재가 출현하게 된다. 이런 만능인의 발상은 이슬람 세계에서는 상식적인 일이었다. 유럽은 지식인의 스타일까지 이슬람 세계에서 배운 것이다. 언어도 유럽이 이슬람의 영향을 받은 대표적인 사례다. 중세의 스페인과 포르투갈에

현재 영어로 사용되고 있는 아라비아어

| | | |
|---|---|---|
| 화학 | alcohol 알콜 | alchemy 연금술 |
| | alkali 알칼리 | amalgam 아말감 |
| 수학 | algebra 대수학 | algorism 십진법 |
| 의학 | gauge 거즈 | |
| 천문학 | altair 견우성 | vega 직녀성 |
| 상업 | admiral 제독 | caravan 카라반 |
| | magazine 잡지 | check 수표 |
| 농업 | asparagus 아스파라거스 | cotton 면 |
| | sugar 설탕 | |
| 음료 | soda 소다수 | syrup 시럽 |
| 생활용품 | pajamas 파자마 | sofa 소파 |
| 악기 | tambourine 탬버린 | lute 류트 |

들어간 아라비아어는 1만 325단어에 이른다고 한다. 앞의 표는 현재도 영어권에서 사용하고 있는 대표적인 아라비아 단어들이다.[82]

이처럼 군대와 거주민의 이동(여행)을 통한 이슬람 세계의 확산으로 이슬람사회는 전 세계에 고도의 선진문명을 전파시켰다. 유럽도 이슬람 세계로부터 많은 것을 배우고 받아들여, 르네상스의 토대를 닦아 현대 유럽문명을 이루었던 것이다.

카르피니와 루브룩의 〈몽골제국기행〉을 보면, 원나라(1279~1368) 조정에서 네스토리우스파 기독교 선교사들이 통역 등 여러 가지 업무를 담당하고 있음을 알 수 있다.83) 네스토리우스파는 박해를 피해 동쪽으로 도망간 기독교의 일파이다.

동로마(비잔틴)제국의 황제 테오도시우스 2세(408~450)는 콘스탄티노플(비잔티움-이스탄불) 대주교 네스토리우스와 알렉산드리아 총대주교 치릴루스 간의 그리스도론에 대한 논쟁을 종식시키기 위해 431년 6월 7일 에페스에 있는 성모교회에서 공의회를 열기로 했다.84) 그 교회의 폐허가 터키 서부 연안도시 에페스에 가면 지금도 남아있다. 그런데 네스토리우스에 동조해온 시리아 주교단이 도착하기도 전에 치릴루스와 에페스 주교 멤논이 6월 22일 서둘러 공의회를 열어 네스토리우스를 파직하고, 성모에게 '하느님의 어머니(테오토코스 Theotocos: 즉, 하느님을 낳으신 분)'라는 호칭을 존칭으로 드리기로 결의했다. 당시는 성모에 대한 신앙이 고조되던 때라, 교우들이 성모를 '하느님의 어머니'라고 부르곤 했다. 사실 이 존칭은 신조어가 아니고, 오리게네스(185~254년경 생존) 때부터 그리스 교부들이 자주 사용해 오던 관용어였다.

네스토리우스는 다음과 같은 논리로 그 존칭을 사용하지 말고, '그리스도의 어머니(크리스토코스 Christotokos, 즉 그리스도를 낳으신 분)'라고 부르자고 했다. 예수는 신격과 인격을 갖추신 분인데, 성모는 '인간' 예수를 낳은 어머니이지, '신' 예수의 어머니는 될 수 없다는 것이었다. 이에 반해, 치릴루스는 예수의 신성과 인성은 하나로 합치되었기 때문에 '하느님의 어머니'가 맞다는 것이었다. 이런 용어 논쟁은 기독교가 공인된 지 100여 년밖에 안 되었기 때문에 충분히 일어날 수 있는 사건이었다. 어느 종교를 막론하고, 이런 교리 논쟁으로 분파가 갈라지고, 피비린내 나는 전쟁을 치르기도 한다.

한편 네스토리우스 편을 들던 안티오키아 총대주교 요한과 시리아 주교단이 뒤늦게 에페스에 도착하여, 6월 26일 따로 회의를 열고, 치릴루스와 멤논을 파직했다. 그러자 황제는 6월 말경 모든 주교들이 참석하는 공의회를 다시 열도록 했다. 그러나 양쪽이 싸움을 계속하자 황제는 9월에 양편을 황궁 건너편에 있는 칼케돈으로 불러 화해를 종용했다. 이 모임이 성과가 없자 황제는 공의회를 폐회시키고 네스토리우스를 면직시켰다. 이에 네스토리우스는 안티오키아 수도원으로 돌아가 한동안 지내다가, 436년 요르단 페트라와 이집트 상부(현재 리비아?)로 유배가서 451년 거기서 죽었다.

네스토리우스 지지자들은 한동안 에데싸(현재 터키 동남부 산르 우르파)를 중심으로 네스토리우스파를 이루고 살았다. 다시 제노 황제에게 쫓겨나 동로마제국과 적대관계에 있던 페르시아로 피신하였다. 페르시아 사산 왕조(221~651)는 쇠퇴기에 접어든 로마를 괴롭혀 3세기 후반에 카파도키아까지 영토를 확장했다. 그러니까 이 과정에서 네스토리우스파 교인들이 카파도키아로 피신해서 지하도시에 거주하면서 암굴교회를 만들었을 가능성이 높다.

635년에는 페르시아인 네스토리우스교 선교사 알로펜(중국명 아라본 阿羅本)이 당나라 수도인 장안에 와서 당 태종의 환영을 받고, 네스토리우스교를 전파하였다. 알로펜은 네스토리우스교를 '빛나는 종교' '위대한 종교'라는 뜻으로 경교(景敎)라고 한역했다. 그 교회는 파사사(波斯寺)라 불렸다. 당 현종(玄宗) 때에는 대진사(大秦寺)라 개

칭하고, 각지에 이를 건립하여 교세를 제법 떨쳤다. 그 후 200년간 명맥을 유지하였으나, 무종(武宗, 재위 840~846)과 희종(僖宗, 재위 873~888) 때 박해를 받아 쇠퇴하였다. 그러나 몽골의 원나라 치하에서는 그 신앙이 허락되어 신자와 교회가 증가하였고, 그때는 예르게운(야리가온)이라 불리었다.

한반도에서는 당(唐)과 빈번한 문화적 교류를 가졌던 8~9세기경 발해와 신라에 경교가 전래되었을 가능성이 제기되었다. 이러한 주장은 '돌십자가', '십자무늬장식' 등 경교와 관련된 것으로 추정되는 유물의 발견에 근거하고 있다.

네스토리우스교는 이슬람이 득세하면서 교세가 현저히 약화되어, 오늘날에는 2천만 쿠르드족 사이에서 그 명맥을 유지하고 있다. 이들을 '아시리아 그리스도'라고 부르며, 신도 수는 약 40만 명 남짓하다. 인도 남부 케릴라 지방에도 네스토리아즘의 영향을 받은 말라바르 그리스도인, 즉 토마스 그리스도인들이 수백만 명이나 있다. 1662년 이 지역을 식민지로 만들었던 포르투갈의 강요로 이들 중 3분의 2가량이 로마 가톨릭으로 개종했다.

1994년 11월 11일에는 교황 요한 바오로 2세와 아시리아 교회 총대주교 마르 딘카 4세가 만나 '그리스도론에 관한 공동 선언문'에 합의 서명했다. 실로 약 1500여 년 만에 두 교회가 화해를 한 것이다. 두 종파를 화해시키려던 테오도시우스 황제의 권위보다 세월이 더 효과가 있음이 증명된 것이다.

이와 같은 네스토리우스파의 기독교 선교사들의 활동은 비록 원나라(1279~1368) 이후 잠시 끊긴 적도 있지만, 16세기 이후 로마 가톨릭기독교 선교사들이 다시 중국(명나라와 청나라)에 들어와서 기독교를 전파하는데 큰 밑거름이 되었다. 마테오 리치와 아담 샬 등 선교사들은 중국에 종교뿐 아니라, 과학기술과 지리 지식도 함께 전달하여 중국의 과학발전에 크게 이바지하였다. 또한 중국을 드나들던 조선의 외교사절과 실학파 사대부들에게도 영향을 끼쳐 18~19세기에는 서학과 실학사상이 유행하는 계기를 제공하기도 했다.

결과적으로 수만 킬로미터나 떨어진 중국까지 걸어서 여행한 기독교인들의 고행이 조선과 일본에도 새로운 종교와 과학기술 그리고 선진문명을 함께 가져다준 것이다. 종교인들의 여행은 신앙 전파뿐 아니라, 그 발자국을 따라 문명도 함께 따라다니는 것이다. 이게 바로 여행의 보이지 않는 힘이다.

**❖ 주**

1) 이맹맹. 2015. 중국 일대일로 추진현황 및 기대효과. KOTRA 해외비즈니스 정보포털 Global Window, 3월 14일.
2) Carr, E. H. 1990. What Is History? London: Penguin Books.
3) Goeldner, C. R. and J. R. B. Ritchie. 2012. Tourism: Principles, Practices, Philosophies. 12th ed. John Wiley & Sons, Hoboken.
4) Plog, S. C. 2001. Why destinations areas rise and fall in popularity. Connell Hotel and Restaurant Administration Quarterly, 3, 13-24.
5) 이주형 편. 2009. 동아시아 구법승과 인도의 불교 유적. 사회평론.
6) 이하 황유복·진경부 저, 권오철 역. 2013. 한중불교교류사. pp.55-78 참조.
7) 일연 저, 김원중 역. 2004. 삼국유사. pp.439-440.
8) 이하 법현 저, 김규현 역주. 2013. 불국기. 글로벌콘텐츠 참조.
9) 이하 송운 저, 김규현 역주. 2013. 송운행기. 글로벌콘텐츠 참조.
10) 이하 현장 저, 김규현 역주. 2013. 대당서역기. 글로벌콘텐츠 참조.
11) 헨버리-텐션 저, 남경태 역. 2009. 역사상 가장 위대한 70가지 여행. 역사의 아침.
12) 이하 의정 저, 김규현 역주. 2013. 대당서역구법고승전. 글로벌콘텐츠. pp. 22-43 참조.
13) 이하 혜초 저, 정수일 역주. 2004. 혜초의 왕오천축국전. 창작과 비평 참조.
14) 박현규. 2010. 혜초 인물 자료 검증-왕오천축국전 저자 혜초는 과연 신라인일까? 한국고대사탐구. 4, 121-151.

15) 남동신. 2010. 혜초 왕오천축국전의 발견과 8대탑. 동양사학연구. 11, 1-32.

16) 이용재. 2009. 대당서역기와 왕오천축국전의 문학적 비교 연구. 중국어문학논집. 56, 369-407.

17) 김복순. 2007. 혜초의 천축순례 과정과 목적. 한국인물사연구. 8, 171-197.

18) 혜초 저, 김규현 역주. 2013. 왕오천축국전. 글로벌콘텐츠. p.162.

19) 엔닌 저, 신용복 역주. 1991. 입당구법순례행기. 정신세계사.

20) 고병익. 1970. 혜초의 왕오천축국전. 〈동아교섭사의 연구〉. 서울대출판부.

21) 이하 혜초 저, 정수일 역주. 2004. 혜초의 왕오천축국전. 창작과 비평 참조.

22) 송운 저, 김규현 역주. 2013. 송운행기. p.84.

23) 송운 저, 김규현 역주. 2013. 송운행기. pp.84-85.

24) 송운 저, 김규현 역주. 2013. 송운행기. p.84.

25) 법현 저, 김규현 역주. 2013. 불국기. pp.47-48.

26) 법현 저, 김규현 역주. 2013. 불국기. p.92.

27) 법현 저, 김규현 역주. 2013. 불국기. p.95.

28) 법현 저, 김규현 역주. 2013. 불국기. pp.51-52.

29) 법현 저, 김규현 역주. 2013. 불국기. p.30.

30) 의정 저, 이창섭 역. 2002. 남해기귀내법전. 〈고승전 외〉. p.113.

31) 법현 저, 김규현 역주. 2013. 불국기. p.79.

32) 혜립·엄종 저, 김영률 역. 1997. 대당자은사삼장법사전 외. p.26.

33) 〈자은전〉에는 섭호가한(가한은 칸, 즉 왕을 말한다)이라고만 나와 있어, 통섭호가한인지 사섭호가한인지 분명하지 않다. 그러나 현장이 629년 8월에 장안을 출발했으므로 고창국을 지날 때는 629년 말에서 630년 초가 될 것이다. 그때 서돌궐의 통치자는 사(肆)섭호가한(628~632)이었으므로 〈자은전〉에서 말하는 섭호가한은 사섭호가한으로 추측된다. 통(統)섭호가한은 619~628년 사이에 통치했다.

34) 법현 저, 김규현 역주. 2013. 불국기. p.52.

35) 현장 저, 김규현 역주. 2013. 대당서역기. pp.186-187, p.520.

36) 법현 저, 김규현 역주. 2013. 불국기. p.66.

37) 법현 저, 김규현 역주. 2013. 불국기. p.84.

38) 법현 저, 김규현 역주. 2013. 불국기. p.46 외.

39) 법현 저, 김규현 역주. 2013. 불국기. p.51.

40) 의정 저, 이창섭 역. 2002. 남해기귀내법전, 〈고승전 외〉. p.83.

41) 혜초 저, 김규현 역주. 2013. 왕오천축국전. p.76.

42) 의정 저, 김규현 역주. 2013. 대당서역구법고승전. pp.55-57.

43) 혜초 저, 김규현 역주. 2013. 왕오천축국전. p.60.

44) 법현 저, 김규현 역주. 2013. 불국기. pp.78-79.

45) 법현 저, 김규현 역주. 2013. 불국기. p.165.

46) 법현 저, 김규현 역주. 2013. 불국기. p.170.

47) 의정 저, 김규현 역주. 2013. 대당서역구법고승전. p.79.

48) 혜립·엄종 저, 김영률 역. 1997. 대당자은사삼장법사전 외. p.34.

49) 일연 저, 김원중 역. 2004. 삼국유사. p.440.

50) 혜초 저, 정수일 역주. 2004. 혜초의 왕오천축국전. 창작과 비평.

51) 혜초 저, 김규현 역주. 2013. 왕오천축국전. p.133.

52) 고태규. 2011. 국토종단 도보여행. 예담.

53) 현장 저, 김규현 역주. 2013. 대당서역기. p.87.

54) 엔닌 저, 신용복 역. 1991. 입당구법순례행기. p.57.

55) 이븐 바투타 저, 정수일 역. 2001. 여행기2. pp.327-328.

56) Hopkirk, P. 1980. Foreign Devils on the Silk Road. University of Massachusetts Press.

57) 각훈 저, 장휘옥 역주. 2013. 해동고승전. 동국대역경원.

58) 남동신. 2010. 혜초와 왕오천축국전. 〈실크로드와 둔황〉. 국립중앙박물관. pp.253-262.

59) 다카쿠스 준지로 高楠純次郎. 1915. 慧超往五天竺國傳に就て. 종교계, 11(7), 17-24. 필자는 이 논문을 일본에서 직접 구해서 분석했다.

60) 이하 혜초 저, 정수일 역. 2006. 왕오천축국전, pp.29-37 참조.

61) 혜초 저, 정수일 역. 2006. 왕오천축국전, pp.29-30.

62) 변인석·진견부·이호영. 2001. 중국 명산 사찰과 해동승려. 주류성.

63) 박현규. 2010. 혜초 인물 검증-왕오천축국전 저자 혜초는 과연 신라인일까?. 한국고대사탐구. 4, 121-151.

64) 일연 저, 김원중 역. 2004. 삼국유사. pp.439-440.

65) 박현규. 2010. 혜초 인물 검증-왕오천축국전 저자 혜초는 과연 신라인일까?. 한국고대사탐구. 4, 121-151.

66) 새뮤얼 헌팅턴 저, 이희재 역. 2002. 문명의 충돌. p.21.

67) 이하 미야자키 마사카츠 宮崎正勝 저, 이명주 역. 2007. 하룻밤에 읽는 세계사. p.148 참조.

68) 이하 미야자키 마사카츠 宮崎正勝 저, 이명주 역. 2007. 하룻밤에 읽는 세계사. p.148-149 참조.

69) 천재학습백과(https://koc.chunjae.co.kr/Dic/dicDetail.do?idx=31070).

70) 미야자키 마사카츠 宮崎正勝 저, 이규원 역. 2008. 하룻밤에 읽는 중동사. p.92.

71) 이하 미야자키 마사카츠 宮崎正勝 저, 이명주 역. 2007. 하룻밤에 읽는 세계사. p.150 참조.

72) 이하 미야자키 마사카츠 宮崎正勝 저, 이명주 역. 2007. 하룻밤에 읽는 세계사. p.151 참조.

73) 이하 미야자키 마사카츠 宮崎正勝 저, 이명주 역. 2007. 하룻밤에 읽는 세계사. p.152 참조.

74) 이하 미야자키 마사카츠 宮崎正勝 저, 이명주 역. 2007. 하룻밤에 읽는 세계사. pp.152-153 참조.

75) 미야자키 마사카츠 宮崎正勝 저, 이명주 역. 2007. 하룻밤에 읽는 세계사. p.154.

76) 이하 미야자키 마사카츠 宮崎正勝 저, 이명주 역. 2007. 하룻밤에 읽는 세계사. p.154 참조.

77) 이하 미야자키 마사카츠 宮崎正勝 저, 이명주 역. 2007. 하룻밤에 읽는 세계사. p.155 참조.

78) 이하 미야자키 마사카츠 宮崎正勝 저, 이명주 역. 2007. 하룻밤에 읽는 세계사. p.156 참조.

79) 미야자키 마사카츠 宮崎正勝 저, 이규원 역. 2008. 하룻밤에 읽는 중동사. p.99.

80) 이하 미야자키 마사카츠 宮崎正勝 저, 이명주 역 2007. 하룻밤에 읽는 세계사. pp.156-157 참조.

81) 이하 미야자키 마사카츠 宮崎正勝 저, 이명주 역. 2007. 하룻밤에 읽는 세계사. p.157 참조.

82) 미야자키 마사카츠 宮崎正勝 저, 이명주 역. 2007. 하룻밤에 읽는 세계사. p.157.

83) 카르피니·루브룩 저, 김호동 역. 2015. 몽골제국기행: 마르코 폴로의 선구자들. pp. 270-355.

84) 이하 정양모. 1997. 위대한 여행: 사도 바울로의 발자취를 따라. pp.120-123 참조.

# 제4장

# 상거래와 여행

　상인들 역시 여행을 많이 하는 사람들이다. 거리가 멀든 가깝든 물건을 팔려면 이 마을에서 저 마을로, 이 지방에서 저 지방으로, 이 나라에서 저 나라로 여행을 해야만 한다. 저자가 어릴 때, 우리 동네 엄마들과 처녀들은 주기적으로 우리 마을을 방문하는 '동동 구루무 장수(화장품 장수)'를 목이 빠지게 기다리곤 했다. 우리 마을에는 붓이나 먹을 파는 보부상도 살고 있었다. 그 분은 온 마을을 돌아다니면서 온갖 생활용품을 팔았다. 과거에 실크로드에서는 나라와 나라를 이동하면서 물건을 파는 사람들을 대상(隊商 – 카라반)이라고 했다. 이 장에서는 고대사회의 대표적인 국제 상인이었던 소그드 상인과 아라비아 상인 그리고 조선시대 홍어장수로 필리핀까지 표류여행을 갔다온 문순득을 소개한다.

**실크로드 무역의 주인공, 소그드 상인과 아라비아 상인**

중국 한나라 때부터 당나라 때까지 중국과 동로마제국 사이에서 교역을 주도한 상인들이 있었다. 이들은 페르시아만에서 중국 광동까지의 해상 무역을 주름잡은 아라비아 상인들과 우즈베키스탄 사마르칸트에 본거지로 두고 육상 무역을 주름잡은 소그드 상인들이다. 실크로드에서 사마르칸트는 장안, 바그다드, 콘스탄티노플과 어깨를 겨루는 그런 도시였다. 지리적으로도 동서양의 중앙에 자리 잡고 있다. 파리에 있는 기메미술관에 전시되어 있는 소그드 상인 조각상은 정말 정교하고 생생해서 정말 소그드 상인이 낙타를 끌고 사막을 걸어가는 것처럼 보인다.

경주에서 울산 쪽으로 가다가 보면 왼쪽으로 괘릉(掛陵)이 나온다.1) 경주시 외동읍 괘릉리 산17번지에 있는 소나무 숲속에 있다. 신라 원성왕(재위 785~798)릉으로 추정되는 묘다. 그런데 묘로 들어가는 입구 양쪽으로 재미난 석상들(8세기)이 늘어서서 묘를 지키고 있다. 맨 앞에 서역인(소그드인이나 아라비아인)으로 추정되는 무인이 우락부락한 인상으로 서있고, 그 다음에는 구레나룻이 덥수룩한 문인이 서있고, 그리고 익살맞게 웃고 있는 사자 두 마리가 차례대로 앉아 있다. 그러니까 양쪽으로 모두 8개의 석상이 왕릉을 지키고 있는 것이다. 안강읍 육통리에 있는 흥덕왕(재위 826~836)릉 앞에도 비슷한 석상들이 똑같은 형태로 서있다. 오른쪽 석상의 인물은 왼쪽 사람들과는 서로 다른 사람들이다. 맨 앞에 서있는 무인은 오똑한 코와 움푹 들어간 눈 그리고 곱슬머리로 볼 때 영락없는 서역인이다.

원성왕릉 무인상　　　　　　　　　원성왕릉 문인상

　천년 넘게 풍상을 겪어 희미해지긴 했지만 문인도 구레나룻이
덥수룩하게 나 있는 것으로 보아 분명 신라인은 아니다. 그렇다고
서역인처럼 서양인을 닮은 것도 아니다. 얼굴은 중국인 같은데 귀
밑에서부터 구레나룻이 덥수룩하게 나있는 것으로 보아서 중국인은
아니고, 중앙아시아 사람인 위구르인처럼 보인다. 경주 구정동 방형
무덤 모서리기둥에 새겨진 무인상(8~9세기)이나 경주 용강동에서 출
토된 문관상(8세기)도 모두 서역인들의 모습을 하고 있다.

　일본인 작곡가 키타로가 작곡한 '실크로드' 주제곡을 듣고 있으
면, 소그드 대상들이 낙타에 물건을 가득 싣고 사막을 걸어가는 장
면이 연상된다. 그 상인들이 바로 소그드 상인들이다. 실크로드는 서
쪽으로 열린 중앙아시아의 주요 교역로였고, 그 중심지가 파미르고
원에서 흘러나오는 자라후샨('황금을 뿌린다'는 뜻)강 유역의 옥토를

중심으로 하는 소그드 지방이었다.2) 이 지역에 사는 페르시아(이란)계 소그드인은 대부분이 조로아스터 교도들로 중앙아시아 각지에서 상업 활동을 펼쳤다. 그들은 열심히 카라반을 조직해 장안까지 들어왔으며, 대부분이 서시(西市: 이 시장은 지금도 성업 중이다) 주변에 정착하여 보석 융단 향료의 판매나 금융업에 종사했다. 그들의 장사수완은 중국인들보다 훨씬 뛰어났다.

〈구당서 舊唐書〉에는 '소그드인은 아기가 태어나면 반드시 아기의 입안에 설탕을 머금게 하고 손에는 아교의 재료가 되는 풀을 쥐어 준다. 그것은 아이가 성장했을 때 설탕처럼 좋은 말만 하고, 아교가 달라붙듯이 한번 쥔 돈은 절대 놓지 않기를 바라기 때문이다.'라고 기록되어 있다. 당나라에서는 조로아스터교 신도를 관리하는 관청의 장관을 '살보(薩寶)'라고 부르는데, 그것은 소그드어로 대상의 우두머리를 의미하는 '사르토파우'의 음역이었다. 그 자리는 대부분 소그드인들이 차지했다.

소그드인의 출신지는 그 사람의 성을 보면 알 수가 있었다. 사마르칸트 출신은 강(康)을, 부하라 출신은 안(安)을, 키슈 출신은 사(史)라는 성을 썼다. 안사의 난의 지도자 안록산과 안록산의 아들 안경서를 살해한 사사명도 소그드인의 피를 이어 받았다. 당대에 호인(胡人)이라고 부를 경우에는 소그드인을 가리킬 때가 많았다. 이들의 조상들은 8세기에 아랍군의 침략을 받고 지금의 펜지켄트(현재 사마르칸트 동쪽에 있는 타지키스탄의 도시)에서 맹렬히 싸웠으나 결국 멸망하고 말았다. 이때 머그산 요새로 도망친 소그드인의 후손들 약 3천 명이 타지키스탄의 수도인 두샨배 북쪽에 있는 야그노브산 계곡 일대에 야그노브어(소그드어 방언의 일종)를 구사하며 아직도 살고 있다고 한다.

소그드 상인의 모습(시안 산시성 박물관, 시안 대안사 담벼락 부조)

이들은 아무리 사소한 일에도 계약서를 작성할 정도로 일상생활에서도 거래를 분명히 했다고 한다. 여기에 그 증거가 하나 남아있다. 1932년에 제라브샨산맥 부근에서 한 양치기가 버드나무로 짠 바구니 하나를 발견했다. 그 안에서는 소그드어로 다음과 같이 적힌 혼인계약서가 하나 나왔다.

> 신랑 우테진은 신부 최태를 맞아 사랑하고 존경할 것이며, 신부도 그렇게 할 것이다. 남편이 아내의 동의 없이 다른 여자를 취하면 아내에게 30드라크를 지불해야 한다. 하지만 남편이 아내를 더 이상 원하지 않으면 아내가 가져온 모든 물건을 돌려주고 이혼해야 한다. 아내도 마찬가지다. 710년 3월 25일 작성(출처: NHK 〈실크로드〉 중에서)

1300여 년 전에 이미 성혼계약서를 작성한 걸 보면 정말 상인정신이 투철했던 민족으로 보인다. 이들은 남자가 성인이 되면 의무적으로 외국에 나가서 장사를 해야 했을 정도로 상거래를 중요시 했다. 아마도 전 세계를 상대로 상거래를 펼쳤던 유대인이나 아라비아 상인들을 제외하고는 지구상에서 가장 뛰어난 상술을 가진 민족이었을 것이다.

이들의 발길은 서쪽은 동로마제국이었던 지중해 연안 도시부터 동쪽으로는 당나라 장안과 더 나아가서 신라의 고도 경주와 일본의 고도 나라와 교토까지 닿을 정도로 광범위했다. 발해의 옛 성터가 있는 노보고르데예프카(Novogordeyevka)에서 발견된 소그드 은화는 소그드 상인들이 초원 실크로드의 한 갈래였던 '초피로(貂皮路-담비 가죽의 길)'를 이용한 발해와 중앙아시아의 무역에까지 관여했음을 증언해주고 있다. 그러니까 실크로드의 중앙에 위치한 지리적 이점을 이용하여, 서쪽 끝인 동로마와 동쪽 끝인 극동지방까지 중개무역을 하면서 번성한 것이다.

이들은 장사뿐 아니라 정치에도 참여했다. 안록산(703~757) 같은 사람은 당 현종과 양귀비의 총애를 받아 절도사까지 올라가 마침내 당나라를 급격히 쇠약하게 만든 난까지 일으켰다. 그의 아버지는 소그드인이었고, 어머니는 돌궐족이었던 것으로 전해지고 있다. 신라에서도 소그드인들은 이색적인 용모와 타고난 사교술로 권력자들의 환심을 산 것으로 보인다. 권력자들은 외래인의 이색적인 위용을 빌려 이들을 정치 자문역이나 무인으로 고용하여 권력을 수호하고자 노력했다.

또한 그들이 취급하는 국제 무역품뿐만 아니라, 그들이 이동하면서 얻은 외국에 대한 정치, 군사, 종교, 문화, 예술 등에 관한 정보는 유력자들에게는 매우 매력적인 선물이 되었을 것이다. 일본에서는 나라시대에 중국 양주에서 감진대사(鑑眞大師)와 함께 건너온 안여보(安如寶)가 소그드인으로 알려져 있으며, 그는 나중에 당초제사의 제2대 주지가 되었다고 한다.

아라비아 상인들은 바다 실크로드를 통해 동서무역을 중개했다. 이슬람 역사서에는 우리가 상상하는 것 이상으로 해로를 따라 중국, 일본, 신라 등 극동지역과 교류가 이루어지고 있었다는 기록이 많다. 9세기부터 아랍권 기록에는 중국과 일본에 관한 기록과 더불어 신라에 관한 기록도 자주 등장한다. 이희수 교수의 〈이슬람과 한국문화〉에 의하면, 9세기 중엽부터 16세기까지 이슬람 학자들에 의해 집필된 20여 권의 이슬람 지리서, 역사서, 견문기 등에서 신라에 대한 의미 있는 기술이 발견된다고 한다. 또한 이슬람 쪽 연구들은 무슬림 교역상인들이 신라에 진출한 시기를 8세기 초로 보고 있다.

그 근거는 인도에 대한 기록인 〈신드 정복기〉(Fathnamah-i Sind)에 기록되어 있다. 이 책에서 신라 왕이 신라에서 사업을 하다가 사망한 무슬림 상인들의 아내와 자식들을 아랍의 일가친척이나 동족들과 합류할 수 있도록 배에 태워 이라크 총독인 하자즈 빈 유숩(Hajaj bin Yusub)에게 보내주는 장면을 묘사하고 있다. 나아가 그 가족들을 실은 배가 인도 서부해안에서 해적들의 공격을 받고 노략질을 당했다는 내용도 담겨있다. 이에 이라크 총독이 신드 왕에게 해적들의 통제를 강력히 요구했음에도 듣지 않자, 무함마드 빈 까심 장군이 지휘하는 군대를 파견하여, 해적들을 소탕하고 아라비아와 동아시아를 잇는 해양 무역로를 안정적으로 유지했다는 것이다. 이런 사건은 우리 역사서인 〈삼국사기〉에는 전혀 등장하지 않는 내용이다.

851년에 쑬라이만 앗 타지르(Sulaiman ad-Tajir)란 아라비아 상인이 쓴 〈중국과 인도 소식〉에는 신라가 중국의 동쪽 바다에 위치한 섬나라로 기록되어 있다.[3)

> (중국과) 바다를 사이에 두고 있는 지역 중에 시라(신라)라는 섬
> 들이 있는데, 그 주민은 눈이 하얗다. 그들은 중국 황제와 공물을 교
> 환한다. 공물을 주고받지 않으면 하늘이 비를 내려주지 않는다고 믿
> 기 때문이다.

이 책에는 또한 당나라 말기에 일어난 황소(黃巢)의 난(874~884)의 반란군들이 중국 광주를 점령했을 때 12만 명이나 되는 이슬람 상인, 유대인 상인, 조로아스터를 믿는 소그드 상인 등이 살해되었다고 기록되어 있다. 이 숫자는 다소 과장된 숫자이겠지만 당시에 많

은 외국인들이 광주에 거주하고 있었던 것만은 틀림없다. 당시에는 이미 아라비아 상인들과 페르시아(이란) 상인들은 장강 하구인 양주(揚州)에까지 진출하고 있었고, 장보고 휘하의 신라 상인들도 활발하게 왕래하고 있었다. 일본 견당사(遣唐使)의 배들도 드나들고 있었기 때문에 이들 외국인들이 난을 피해 바다를 건너 서역인들이 이미 들어와 있던 신라의 경주나 일본의 여러 도시로 피신했을 개연성은 충분히 있는 일이다.

경주 왕릉에서 출토되는 유리 제품이나 호인상을 보면, 이미 아라비아 상인들도 신라에 왕래하고 있었고, 값비싸고 귀한 상품도 교역되고 있었다는 사실을 알 수 있다. 이슬람 압바스 왕조의 지리학자인 이븐 쿠르다지바(Ibn Khurdaghibah, 820~912)는 〈도로 및 왕국 총람〉(Kutabu'l Masalik wa'l Mamalik, 845년 간행)에서, 페르시아만의 바스라에서 중국의 항구 도시를 오가는 항행 일정과 각 항구의 출산품까지 열거하면서, 더 나아가 동쪽 끝에 있는 신라의 위치와 경관, 물산 등 인문지리와 신라까지의 항해 노정도 기록하고 있다.[4] 또한 중세 아랍 역사학의 태두이며, 지리학자인 알 마쓰오디(al‑Mas'uodi, ?~965)도 〈황금초원과 보석광산 Muruju'd Dababb wa Maadimu'l Jaubar〉이라는 저서에서, 바스라에서 중국에 이르는 항행 노정과 중국 상선들의 바스라항까지의 내항에 관한 사실을 기록하면서, 신라의 인문지리와 아랍인들의 신라 내왕 사실도 기술하고 있다. 아랍의 다른 지리학자인 알 마끄디씨(al‑Maqdisi)도 966년에 간행한 〈창세와 역사서〉라는 저술에서 신라에 관한 기록을 남기고 있다.

중국의 동쪽에 신라라고 하는 나라가 있는데, 공기가 맑고 부유하며, 땅이 기름지고 물이 좋을 뿐만 아니라, 사람들의 성격 또한 양순하기 때문에 한번 그곳에 들어간 사람은 떠나려 하지 않는다.

중세의 가장 걸출한 지리학자인 알 이드리씨(al-Idrisi, 1100~1165)
는 〈극지 횡단 모험가의 산책〉(Nuzbatu'l Mushbtaq fi Ikbtiraqi'l Afaq, 1154
년 간행)이라는 지리서에서 신라의 위치와 아름다운 자연경관, 황금
의 성산 등에 관해 설명하고 있다. 그리고 자신이 그린 세계지도의
제1구역도 제10세분도에 중국 동단의 해상에 섬나라 신라(Shila)를
명기하고 있다. 이 지도는 신라가 서방의 세계지도에 최초로 등장한
사례이다.5)

> 그곳을 방문한 여행자는 누구나 정착하여 다시 나오고 싶어 하지
> 않는다. 그 이유는 그곳이 매우 풍족하고 이로운 것이 많은데 있다.
> 그 가운데서도 금은 너무나 흔해서 심지어 그곳 주민들은 개나 원숭
> 이의 목을 묶는 줄도 금으로 만든다. ---- 그 나라에서는 불구자를
> 볼 수 없다. 그들의 집에 물을 뿌리면, 용연향(龍涎香)의 향기가 풍
> 긴다고 한다. 전염병이나 질병, 파리도 드물며, 갈증도 나지 않는다.
> 다른 곳에서 병에 걸린 사람이 그곳에 오면 말끔히 치료된다.

이 기록에 대해 흥미 있는 사실은 한국 학자(정수일)는 이 섬을
신라로 해석하고 있는 반면에, 일본 학자(미야자키 마사카츠)는 와쿠
와쿠(왜국, 즉 일본)로 해석하고 있다는 점이다. 나는 한 명의 학자로
서, 다음과 같은 이유에서 '황금의 나라'는 일본이라고 본다. 첫째,
아랍의 저자들이 한 결 같이 이 나라가 섬이라고 표현한 점, 둘째,
원숭이는 일본에 흔하고 신라에는 없던 동물이라는 점이다.

셋째, 용연향은 수컷 향유고래의 내장에서 생성되는 동물성 향료

로서 사향(麝香), 침향(沈香)과 더불어 최고의 자연 향료로 애용되는 귀한 상품이다. 집에서 고래향이 난다는 것은 그만큼 고래 고기를 많이 먹는 나라를 의미한다. 우리나라도 동해안 일대 주민들은 고래 고기를 즐기지만, 일본 사람들만큼 보편적으로 많이 먹지는 않는다. 중국 신장부터 터키 이스탄불까지 무슬림들이 많이 사는 마을에 가면, 거리에서 양고기 냄새가 진동하는데 이와 같은 이치다.

넷째, 당시 중국에는 일본 견당사 일행이 무쓰 지방에서 채취한 사금을 많이 가져온 탓에 황금이 풍부하다는 소문이 널리 퍼져 있었다. 〈입당구법순례행기〉를 남긴 일본 승려 엔닌도 9세기 중후반에 일본 견당사 일행들이 중국에서 물건을 살때나 재당 신라 교민들이 제공한 각종 여행서비스에 대한 댓가를 지불할 때, 그 값을 모두 사금으로 치렀다고 기록하여 이 소문을 증명하고 있다. 그래서 9세기경에 아라비아 상인들이 그 소문을 듣고 황금의 나라 와쿠와쿠를 이슬람 세계에 다음과 같이 소개하고 있다.[6]

황금이 워낙 많이 산출되므로 개 줄이나 원숭이 목걸이까지 금으로 만들고, 금실로 옷감을 짜서 중국에 수출하고 있다.

다섯째, 13세기에 원나라를 방문하고 돌아간 마르코 폴로가 〈동방견문록〉에서 일본을 '황금의 섬, 지팡구'라고 기록했다.

마지막으로, 당시 아랍 학자들이 일본을 신라로 착각했을 가능성이 높다. 당시 일본의 위상이 그리 큰 나라가 아니었고, 일본 견당사들이 타고 다닌 배의 선원과 통역이 모두 신라 사람들이었다는 점이다. 아랍 상인들이 신라나 일본과 무역거래를 활발하게 했던 9세기에는 중국과 신라 또는 일본을 오가는 거의 모든 해상무역 거래를 장보고(?~846)와 신라 사람들이 장악하고 있었다. 따라서 아랍 상인들은 일본 사람들과의 거래를 신라 사람들(통역과 선원)을 통해서 했기 때문에, 일본을 신라로 착각했을 수도 있다.

이드리씨의 기록보다 약 150년 후에 자카리야 카즈위니(Zakariyah Qazwini, 1203~1283)는 〈제국 유적기〉(Athar al-bilad)에서 그와 비슷한 기록을 남겼지만, 내용은 약간 다르다.7)

> 신라: 중국의 동쪽에 있는 매우 아름다운 나라, 맑은 공기와 물, 비옥한 토양 때문에 그곳 백성들은 병들지 않는다. 주민들의 모습도 매우 아름답고 건강하다. 환자는 매우 드물다. 집 안에 물을 뿌리면 호박(琥珀) 향내가 퍼진다고 전해진다. 그곳에는 전염병과 다른 질병도 드물다. 파리와 해충들도 거의 없다. 다른 지역에서 병이 난 사람들이 신라로 오면 금방 완쾌된다. 무함마드 자카리야 알 라자(Mujammad Zakariya al-Razi, 865~925)가 "그곳에 간 사람들은 신선한 공기, 쾌적한 생활 조건, 풍부한 금으로 인해 정착하고 떠나길 원하지 않는다. 진실은 신만이 안다."라고 말했다.

카즈위니 기록에서는 금목걸이를 걸고 다니는 개와 원숭이 얘기가 없고, 용연향이 호박향으로 바뀌었다. 이슬람 세계의 전설적인 영웅 살라딘(1138~1193)의 아버지 아이유브의 후손인 아불 피다(Abu al-Fida, 1237~1337)도 〈여러 나라에 대한 소개(영어: A Sketch of the Countries, 아라비아어: Taqwim al-Buldan)〉에서 신라에 대한 기록을 남겼다. 위에서 인용한 아랍 학자들의 저술의 일부 내용이 애매모호하고 부정확하기도 하지만, 9~14세기에 실크로드의 서쪽에 있는 이슬람 세계의 학자들이 동쪽 끝에 있는 신라와 고려(또는 일본)에 대해서 언급하고 있다는 점에서 해상 실크로드를 통한 정보와 문물의 교류가 상당한 수준에 도달했음을 알 수 있다.

그럼 신라에는 언제 아라비아 상인들이 들어왔을까? 국립경주박물관에 가면 경주 황성동 석실분에서 출토된 호인용(胡人俑)이 전시되어 있다. 큰 코와 깊은 눈에 소그드인의 상징처럼 여겨지는 호모를 착용하고 있다. 이런 호인용은 실크로드 도처에서 발견된다. 당나라 때 여러 가지 이유로 신라에 들어온 서역인(호인) 중 일부가 경주에 정착하여 왕실의 보호를 받으면서 고위 관직을 맡아 정무에 참여하고, 그들의 이색적인 모습 때문에 초능력을 가진 신으로 인식되어, 죽은 왕의 호위병으로 무덤 앞에 서있게 된 것은 아닐까? 원나라 때 대도(북경)에 온 마르코 폴로도 17년간 쿠빌라이칸의 측근으로 봉직하면서, 왕의 특사로 여러 가지 정무에 참여한 사례가 있다.

아랍 쪽의 기록과 호인용 유물로 추정해 볼 때, 〈삼국유사〉 처용설화에 나오는 처용이 바로 아랍(아라비아) 상인이라는 학설도 있다. 저자는 오래 전부터 이 가능성을 믿고 있었는데, 정수일 박사도 처용은 아랍 상인일 것이라고 추정하고 있으며, 이희수 교수도 처용이 당나라 말기 황소의 난(874~884) 때 일어난 외국인 대학살을 피해 신라로 도망 온 아랍 상인일 가능성이 높다고 보고 있다. 처용 일행이 울산 앞바다에 출현한 사건이 879년 3월에 일어났으니까 시기상으로는 황소의 난과 정확히 일치한다.

또 김부식이 고려(918~1392) 때 인종(1109~1146)의 명을 받들어 1145년에 편찬한 〈삼국사기〉에 보면, 이색적인 외국인의 놀라운 모습에 당황하는 상황이 분명하게 언급되어 있다. 신라본기 제11조 헌강왕(875~886) 5년(879) 3월에 다음과 같은 기록이 나와 있다.

> 3월에 왕이 나라 동쪽에 있는 주군(州郡)을 순행할 때, 어디서

온지 모르는 네 사람이 왕의 행차 앞에 나타나 노래를 하고 춤을 추었는데, 그 모습이 해괴하고 옷차림이 괴이하여 사람들이 산과 바다의 정령(精靈)이라 하였다.

위의 기록은 〈삼국사기〉가, 야사를 기록한 〈삼국유사〉와 달리, 정사를 기록한 역사서라는 점에서 외국인의 출현은 분명한 사실로 보인다. 지금까지 외국인이라고는 인상이 비슷한 중국인과 일본인(왜구: 삼국사기에 당시 왜구의 출현은 신라본기에만 30회나 기록되어 있다) 밖에 보지 못한 신라 사람들로서는 이목구비가 자신들과 전혀 다른 서역인의 모습은 놀라움과 신기함 그 자체였을 것이다. 오죽하면 산과 바다에서 사는 정령, 즉 귀신이라고 했을까? 천여 년이 지나서 저자가 어릴 때(1960년대) 우리 시골 동네에 눈이 파랗고, 코가 높고, 얼굴이 하얀 미군들이 나타나면, 그 신기한 양귀(서양 귀신)의 모습을 보려고 온 동네 아이들이 모여들었던 것과 조금도 다를 바가 없는 것이다.

일연(1206~1289)이 1285년(?)에 지은 〈삼국유사〉는 야사답게 이 사건을 좀 더 구체적으로 윤색하여 기록하고 있다. 아예 이방인들을 용왕의 아들로 기술하고, 외국인 숫자도 4명(삼국사기)에서 7명으로 늘어났다.

제49대 헌강대왕(875~885) 때에는 경주로부터 동해 어귀에 이르기까지 집들이 즐비하게 늘어서 있고 담장이 서로 맞닿았는데, 초가집은 한 채도 없었다. 길에는 음악과 노랫소리가 끊이질 않았으며, 바람과 비는 사철 순조로웠다. 이때 대왕이 개운포(開雲浦-지금 울주)로 놀러갔다 돌아오려 하였다. 낮에 물가에서 쉬고 있는데, 갑자기 구름과 안개가 캄캄하게 덮여 길을 잃게 되었다. 왕이 괴이하게 여겨 주위 사람들에게 물으니, 일관이 아뢰었다.

"이는 동해에 있는 용의 변괴이니, 마땅히 좋은 일을 하여 풀어야
합니다."

그리하여 용을 위해 근처에 절을 짓도록 유사(有司−관리)에게
명령하였다. 명령을 내리자마자 구름이 걷히고 안개가 흩어졌다. 이
때문에 그곳의 이름을 개운포라 한 것이다. 동해의 용은 기뻐하여 곧
일곱 아들을 거느리고 왕의 수레 앞에 나타나 그 덕을 찬양하며 춤
을 추고 음악을 연주하였다. 그중 한 아들이 왕의 수레를 따라 경주
로 들어와 왕의 정사를 보필했는데, 이름을 처용(處容)이라 하였다.
왕은 미녀를 주어 아내로 삼게 하고, 그의 마음을 잡아 머물도록 하
면서 급간(級干)이란 직책을 주었다. 그의 아내가 매우 아름다웠으므
로 역신(疫神)이 흠모하여 사람으로 변해 밤이 되면 그 집에 와 몰래
자곤 했다. 처용이 밖에서 집에 돌아와 두 사람이 자고 있는 것을 보
고는 노래를 지어 부르고 춤을 추다가 물러났는데, 그 노래는 다음과
같다.

동경(東京) 밝은 달에 밤새도록 노니다가
들어와 자리를 보니 다리가 넷이구나.
둘은 내 것이지만 둘은 누구의 것인가.
본래 내 것이지만 빼앗긴 것을 어찌 하리.

그때 역신이 형체를 드러내 처용 앞에 꿇어앉아 말하였다.

"제가 공의 처를 탐내어 지금 범했는데도 공이 노여워하지 않으
니 감탄스럽고 아름답게 생각합니다. 맹세코 오늘 이후로는 공의 형

상을 그린 그림만 보아도 그 문에는 절대로 들어가지 않겠습니다."

이로 인해 나라 사람들이 처용의 형상을 붙여 사악함을 물리치고 경사스런 일을 맞이하려고 하였다.

이 설화에서 묘사한 것처럼 당시 외국인은 이색적인 용모 때문에 신묘한 힘을 가진 것으로 인식되어, 벼슬을 받고 왕을 보필하거나 사람들이 그 형상을 그려 귀신을 물리치는 부적으로도 사용했던 것이다. 원성왕릉과 흥덕왕릉 앞에 서있는 무인상과 문인상은 바로 그와 같은 외국인이었을 가능성이 높다.

이슬람 아랍 상인들의 흔적은 고려와 조선에도 선명하게 남아 있다. 아랍 상인이 우리나라를 방문한 공식적인 기록은 1024년(고려 현종 15년)이다. 〈고려사〉에는 아랍인들의 방문 기록이 계속 나타난다.[8] 아랍 상인들이 왕실을 통해 공식적으로 무역을 하고 있음을 보여주는 증거이다.

9월에 대식국(大食國)의 열라자(悅羅慈) 등 백 명이 와서 방물(方物)을 바쳤다(〈고려사〉 현종 15년-1024년).

대식만(蠻)의 하선(夏詵), 라자(羅慈) 등 백 명이 와서 방물을 바쳤다(〈고려사〉 현종 16년-1025년).

대식국의 객상 보나합(保那盒) 등이 와서 수은 용치(龍齒) 점성향(占城香) 몰약 소목(蘇木) 등을 바치니, 왕은 유사(有史)에게 명하여 객관을 마련하고, 그들을 후대하도록 예우했다. 그들이 돌아갈 때 왕은 금백(金帛)을 하사했다(〈고려사〉 정종 6년-1040년).

원나라 조정에서 몽골인 못지않게 대우를 받고 국정에 깊이 참여했던 색목인(色目人—주로 서역인과 아랍인)들은 원나라 속국이었던 고려에도 사신, 역관, 서기, 근위병, 시종문관 등 여러 직분으로 고려에 파견되었다. 그들 중에 고려에 귀화하여 살아간 무슬림 씨족들이 있었다. 덕수 장(張)씨의 시조인 장순룡은 한반도 무슬림의 비조이며, 민보(閔甫)도 귀화한 무슬림이고, 경주 설씨의 시조인 설손(偰遜)은 회골인(위구르인)이며, 임천 이(李)씨도 설씨 일가와 비슷한 이력을 가진 위구르인 가문이라고 한다.

이에 고려의 개경에는 무슬림들의 생활공동체가 형성되어, 그들은 고유의 생활양식과 종교의식을 유지하였다. 그들은 이슬람 사원격인 '예궁(禮宮)'에서 예배를 드리고, 회회사문(回回沙門—이맘)의 인도하에 이슬람의 예배의식인 '대조회송축(大朝會頌祝)'을 조정에서 거행하였다.

고려 속요 〈쌍화점〉은 "쌍화점에 쌍화를 사러 갔더니 회회(回回) 아비가 내 손목을 잡았네. 이 소문이 상점 밖으로 퍼진다면 조그만 새끼광대인 네가 퍼트린 것인 줄 알리라."라는 가사처럼, 회회(아랍) 남자와 고려 여인 간의 사랑을 묘사한 노래이다.

우리가 가장 즐겨 마시는 소주도 몽골인들의 것이 아니라, 몽골군이 아랍 압바스조를 공략할 때, 그곳에서 양주법을 배워 와서 제조한 것이다. 소주는 아랍어로 증류라는 의미의 '아라끄'라고 하는데, 고려 소주의 본산인 개성에서는 근세까지도 소주를 '아락주'라고 불렀다고 한다.

위에서 언급한 것처럼, 소그드 상인과 아랍 상인들은 동서무역을 중개하면서 번성했고, 동서문명의 교류에도 큰 영향을 끼쳤다. 이들의 육로와 해로 여행이 없었다면, 동서양 사람들의 사회 발전과 삶의 질 향상은 훨씬 느리게 진행되었을 것이다. 미미하기는 하지만, 이슬람교도인 아라비아 상인들의 동쪽으로의 여행이 한반도 사람들의 일상생활에까지 영향을 미친 것이다.

**조선시대 홍어장수 문순득의 해외여행**

　우리나라는 삼면이 바다로 둘러쌓인 반도 국가임에도 불구하고, 역사적으로 해양 진출에 대한 기록은 그리 많지 않다. 신라 때 완도 청해진과 중국 산동지방에 무역기지를 건설하여 황해와 남해를 무대로 동북아시아 해상무역을 주도했던 장보고(785~846)를 제외하면, 해양으로 진출하여 세력을 떨친 사례는 거의 찾아볼 수 없다. 장보고가 활약하던 때는 중국으로 가는 일본의 조공사절단까지도 신라의 배와 선원은 물론 신라 통역사까지 이용할 정도였다. 조선시대 때 외국으로 나가는 사신들도 바다로 나가는 통신사(일본)보다 육지로 가는 연행사(중국)를 더 선호했다. 중국으로 가는 연행사조차도 바다로 배를 타고 가는 단거리 해로(한양−천진−북경)를 두고, 여행거리가 훨씬 먼 육로를 이용하여 북경을 오고 갔다. 우리나라 사람들이 역사적으로 바다로 나가는 것을 꺼렸던 것은 아마도 우리 민족이 기본적으로 농경민족이었기 때문에 어업을 생업으로 하는 어부를 제외하고는 배를 타고 바다로 나가는 행위 자체를 싫어했기 때문일지도 모른다.

　그럼에도 불구하고 조정에서 제주도에 관리를 파견하거나 주민들의 어업 또는 상업 활동, 그리고 포교 같은 종교적인 이유나 경조사 등 개인적인 업무로 인해 필연적으로 배를 타야만 하는 경우가 있었다. 이 과정에서 폭풍이나 태풍을 만나 표류하는 경우가 종종 발생했다. 폭풍이나 태풍에 대처할만한 선박 제조기술과 항해술이 발달하지 못했던 시대이기 때문에 표류는 자연스러운 현상이었다. 표류는 주로 제주도에서 본토로 나갈 때 발생했다(이하 표 참조).9)

## 조선시대 내국인 해외 표류 기록

| 순번 | 표류자명 | 발생시기 | 출발지 | 표착지 | 사유 | 직업 | 기록자 | 전거 |
|------|----------|----------|--------|--------|------|------|--------|------|
| 1 | 만년 외 6명 | 1450.12~1453 | 미상 | 유구 | 불명 | 사공 | | 실록 |
| 2 | 양성 외 10명 | 1456.1.25~1461 | 제주 | 유구 | 불명 | 사공 | 한계례 | 실록 |
| 3 | 초득성 외 8명 | 1462.1.24~7.6 | 제주 | 유구 | | | | 실록 |
| 4 | 김비의 외 8명 | 1477.2.1~1479.5.3 | 제주 | 유구 | 진상 | 사공 | | 실록 |
| 5 | 이섬 외 33명 | 1483.2.29 | 제주 | 중국 장사진 | 출장 | 관리 | 김종직 | 실록 |
| 6 | 최부 외 43명 | 1488.1.3~6.4 | 제주 | 중국 영파부 | 부친상 | 관리 | 최부 | 표해록 |
| 7 | 정회이 외 ?명 | 1499.1~1500.6.30 | 미상 | 일본 구주 | 불명 | 종 | | 실록 |
| 8 | 김기손, 만주 | 1534.2.20~11.24 | 제주 | 중국 준안위 | 공물운송 | 종 | | 실록 |
| 9 | 박손 외 12명 | 1542 | 제주 | 유구 | | | 윤결 | 실록 |
| 10 | 법성 | 17세기 중엽 | 부산 | 일본 | 불상운송 | 승려 | 김수증 | 곡운집 |
| 11 | 김려휘 | 1661~1663 | 제주 | 유구 | 귀향 | | | 표해록 |
| 12 | 고상영 외 24명 | 1687.9.3~1688.12.13 | 제주 | 안남국 | 무역(유학) | 학생 | 정동유 | 화영편 |
| 13 | 이지환 외 8명 | 1756.4.13~1757.2.2 | 부산 | 북해도 하이 | 동해 왕래 | 무관 | 이지항 | 해행총재 |
| 14 | 장한철 외 29명 | 1770.12.25~1772.1.15 | 제주 | 유구 | 과거응시 | 유생 | 장한철 | 표해록 |
| 15 | 이방익 외 5명 | 1796.9.21~1797.6 | 제주 | 중국 팽호부 | 뱃놀이 | 무관 | 이방익, 박지원 | 연암집, 표해가 |
| 16 | 문순득 외 5명 | 1801.12~1805.1.8 | 우이도 | 유구, 여송 | 장사 | 상인 | 정약전, 이강회 | 표해시말, 운곡선설 |
| 17 | 풍계대사 외 ?명 | 1817.11.18~1818.7.15 | 동래 | 일본 축전주 | 불상운송 | 승려 | 풍계대사 | 일본표해록 |
| 18 | 최두찬 외 50명 | 1818.4.10~10.2 | 제주 | 중국 영파부 | 육지왕래 | 유생 | 최두찬 | 승사록 |
| 19 | 김광현 외 7명 | 1828.9.7~1829.1.7 | 제주 | 중국 보타산 | 고기잡이 | 어부 | 박사호 | 탐라표해록 |
| 20 | 제주도민외 33명 | 1831.11.23~1832.12.23 | 제주 | 유구 | 장사 | 상인 | 김경선 | 연원직지 |

표류 시기는 11월에서 2월 사이에 가장 많이 발생했는데, 이때 대륙 쪽에서 불어오는 북서풍이나 북동풍이 자주 불기 때문이다. 표류 인원은 혼자서부터 많게는 60여명에 이르렀다. 표착지는 주로 유구(琉球, 현 일본 오키나와), 중국, 일본이 많았고, 심지어는 안남(베트남)까지 간 사람도 있었다. 표류하게 된 사유는 장사, 진상, 불상 운송, 고기잡이, 유학, 무역, 출장, 유배, 귀향, 과거 응시, 뱃놀이, 부친상 등 매우 다양했다. 표류자들의 직업도 역시 사공, 관리, 종(하인), 승려, 학생, 무관, 유생, 상인, 어부, 관노, 아전, 주민 등으로 매우 다양했다. 그중에는 표류 기록을 남긴 사람도 있었고, 남기지 않은 사람들도 있었다. 주로 글을 읽고 쓸 줄 알았던 일부 사대부나 승려들은 기록을 남겼고, 글을 모르는 서민들은 기록을 남기지 않았다. 〈표〉에서 보는 것처럼, 사대부들이나 승려들은 자신의 문집을 통해서 표류 기록을 남겼지만, 서민들의 경우는 지방 관청의 공문서를 통해 조정에 그 사건이 보고되었기 때문에 주로 실록(조선왕조실록)에 기록되어 있다.

현재 전해지는 표류 기록은 별로 많지 많다. 최부의 〈표해록〉(1488), 이지항의 〈표주록〉(1756), 〈장한철의 표해록〉(1770), 최두찬의 〈승사록 乘槎錄〉(1818), 풍계대사의 〈일본표해록〉(1817) 등이 대표적인 표류 기록이다. 그중에서도 전라도 나주목 소흑산도(현 전남 신안군 도초면 우이도)에 살았던 상인 문순득의 경우는 특이한 케이스이다. 그는 문자에 밝지는 않았지만 유별난 눈썰미와 기억력 그리고 외국문물에 대한 호기심으로 자신이 표류여행 중 체득한 많은 정보를 실학자 정약전(1758~1816)에게 구술하여 〈표해시말〉을 저술하게 함으로써 우리나라 여행사에 큰 업적을 남기게 되었다. 마르코 폴로(Marco Polo, 1254~1324)가 1298년 제노아의 감옥에 갇혀 있을 때, 동료 죄수인 루스티첼로(Rustichello)에게 자신의 중국여행 경험을 구술하여 〈동방견문록〉이라는 인류 역사에 빛나는 걸출한 여행기를 남긴 이치와 비슷한 사례다. 정약전은 1801년 천주교 박해사건인 신유사옥 때 탄핵을 받아 우이도(당시 소흑산도)에서 유배 생활을 하고 있던 중, 문순득이라는 주민이 유구와 여송(呂宋, 현 필리핀 루손섬)까지 다녀왔다는 소문을 듣고, 유배인 신분임에도 불구하고 실학자 답게 이국 문물에 대한 엄청난 호기심이 발동하여 그를 단걸음에 찾아간 것이다.

이 절의 내용은 조선시대 때 소흑산도에서 표류하여 유구, 여송, 막가외(莫可外, 마카오), 그리고 중국(청나라)을 여행하고 돌아온 홍어장수 문순득의 구술을 바탕으로 정약전이 저술한 〈표해시말〉을 여행의 구성요소를 중심으로 분석하여, 조선시대 해외 표류여행의 행태와 특성을 파악하는 것이다.

## 1. 문순득과 표해시말

문순득(1777~1847)은 우이도(당시 소흑산도)에 살던 상인이다. 그는 학자도 유생도 아니었고, 우이도에 살면서 흑산도 홍어를 사서 나주 등 내륙지역에 팔고, 쌀 등 내륙의 곡식을 사와서 도서지방을 돌아다니며 파는 장사를 업으로 하는 평범한 중개상인이었다.10) 그는 1801년 12월에 대흑산도 남쪽에 있는 태사도로 홍어를 사러 갔다가 돌아오는 길에 풍랑을 만나 표류하게 되었다. 1801년 12월 15일에 표류하기 시작해서 1805년 1월 8일에 고향에 돌아오게 되어, 3년 1개월 동안 표류를 하게 되었다(지도 참조). 지역별로 표류기간과 체류기간을 살펴보면, 오키나와(유구국)에서 8개월 17일, 필리핀(여송국)에서 8개월 28일, 중국(청나라)에서 13개월 26일을 체류하였다. 표류 인원은 모두 6명이었으며, 사망자는 한 명도 없었고, 6명 모두 생환하였다. 이때의 표류 경험을 당시 우이도에서 귀양살이를 하고 있었던 실학자 정약전에게 구술하여 〈표해시말〉을 짓게 하였다.

전남 신안군 우이도에 있는
문순득 동상과 표해기적비

우이도에 복원된 문순득 생가

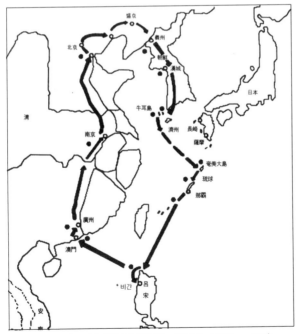

문순득의 표류여행 경로(출처: 최성환, 2012, p.153)

정약용(1762~1836)의 제자 이강회(1789~미상)는 문순득을 일컬어 "비록 문자에 능한 것은 아니나 사람됨이 총명하고 재능이 있고, 또 한 사물을 관찰하는 능력이 다른 사람에 비해 탁월하다"[11]고 평가했다. 이강회는 문순득의 증언을 토대로 조선 최초의 선박 연구서인 〈운곡선설 雲谷船說〉을 지은 실학자다. 정약전은 또한 그의 이런 능력을 인정하여 '천초'(天初)라는 자를 지어주었다. 이처럼 우이도 상인 문순득은 양반이 아니었지만 세상을 보는 비범한 눈과 외국문물에 대한 호기심을 겸비하게 되었고, 실학자들과 교류를 통해서 〈표해시말〉과 〈운곡선설〉의 간행에 중요한 역할을 한 인물이다.

〈표해시말〉은 현재 그 원본은 발굴되지 않고 있으며, 이강회의 문집 〈유암총서〉에 그 내용이 필사되어 있다.[12] 이 책은 문순득이 1801년(순조 1년) 12월 우이도를 출발하여 1802년 정월에 태사도(현 흑산도 인근 삼태도)에서 홍어를 사가지고 돌아오던 중 표류를 하게 되어, 1805년 1월 8일에서야 고향에 돌아오게 된 사고 과정을 기록한 일종의 표해록이다. 그 내용은 문순득 일행의 표류 과정과 그가 다녀온 유구와 여송 지역의 풍속과 문화 등이 중심을 이룬다.[13] 구성은 크게 3부로 구분되어 있는데, 1부에서는 먼저 표류의 배경과 경과를 일기체로 서술하고 있다. 2부에서는 유구와 여송에서 견문한 내용들을 5개 항목(풍속, 궁궐, 의복, 해박, 토산)으로 나누어 소개하고 있다. 3부에서는 조선어와 유구어, 여송어를 비교한 112개의 단어를 수록해 놓았다. 〈표해시말〉은 19세기 서남해 도서해양문화의 특징을 살필 수 있는 동시에 표류를 통해 습득한 동아시아 해양세계에 대한 인식이 담겨져 있는 기록이라는 측면에서 높은 사료적 가치를 가지고 있다.

## 2. 문순득 표류여행의 행태

### 문순득 일행의 여행동기

문순득의 일행의 여행동기는 장사이다. 문순득은 우이도라는 섬에 살면서 배를 이용하여 대흑산도(지금의 흑산도) 쪽에서 홍어를 사다가 나주를 중심으로 하는 내륙 지방에 갖다 팔고, 내륙 지방에서 쌀 등 곡식을 사다가 도서지방에 파는 중개상이었다. 문순득은 우이도에서 작은 배에 짐을 싣고 홍어를 사러 태사도(대흑산도 남쪽 수백 리)에 들어갔다가 큰 바람을 만나 남쪽으로 표류하게 되었다. 따라서 문순득의 여행동기는 처음에는 장사였지만, 항해 중 폭풍우를 만나게 되어, 어쩔 수 없이 망망대해를 표류하여 유구국과 여송국, 그리고 마카오와 중국을 여행하게 된 것이다. 우리나라의 흑산도 부근에는 겨울철에는 북동풍이나 북서풍이 자주 부는데, 그 바람의 영향을 받아 남쪽으로 표류한 것으로 보인다.14)

### 문순득 일행의 여행시기와 여행기간

문순득 일행은 1801년 12월 15일(이하 음력)에 표류를 시작하여, 1805년 1월 8일 우이도 집으로 돌아왔다. 표류에서 귀향까지 약 3년 1개월이 걸렸다. 〈표해시말〉에는 표류를 시작한 날짜가 신유년(1801년) 12월이라고만 나오고 정확한 날짜는 나오지 않으나, 유구국 역사 자료인 〈역대보안〉에는 표류 시작일이 12월 15일이라고 기록되어 있다.15) 표류 구간별로 여행기간을 살펴보면, 우이도에서 유구국 대도까지 약 45일, 대도에서 왕도인 수리부까지 약 60여일, 백촌에서 약 6개월 체류, 유구국에서 여송 일로미(현재 필리핀 비간)까지 약 35일, 일로미에서 약 9개월 보름 체류, 일로미에서 광동 마카오까지 12일,

마카오에서 약 90일 체류, 광동에서 북경까지 약 5개월, 북경에서 한양까지 약 42일, 한양에서 고향인 우이도까지 약 22일이 소요되었다. 원본에 날짜가 누락된 부분이 많아 정확한 구간별 여행기간은 계산하기 어렵다.

### 문순득 일행의 여행경로

문순득 일행의 표류여행 경로는 다음과 같다(지도 참조). 우이도(1801년 12월 15일) - 태사도 - 변도(대흑산도와 태사도 사이에 있고, 속칭 곡갈. 1802년 1월 18일) - 조도(진도 서쪽에 있는 속칭 새암) - 제주 부근(1802년 1월 25일) - 유구국 대도(현재 일본 가고시마현 아마미오시마. 1802년 1월 29일) - 대도 양광촌(1802년 2월 2일) - 금촌(1802년 2월 20일) - 덕지도(1802년 2월 29일) - 입사도(1802년 2월 29일) - 백촌(왕도인 수리부에서 10여리. 1802년 4월 4일) - 유구국 출발(1802년 10월 7일) - 서남마의(西南馬宜, 루손섬 북서 도시, 1802년 11월 1일) - 일로미(一咾嵋, 루손섬 북서 도시로 서남마의 남쪽, 11월 13일) - 광동으로 출발(1803년 8월 28일) - 광동 마카오 도착(9월 9일) - 광동부로 출발(12월 7일) - 광동부 도착(12월 11일) - 남경 도착(1804년 4월 4일) - 연경 도착(5월 19일) - 연경 출발(11월 4일) - 의주 도착(11월 27일) - 한양 도착(12월 16일) - 우이도 도착(1805년 1월 8일).

문순득의 표류경로는 여러 단계로 구분하여 설명할 수 있다. 첫 번째 단계는 우이도에서 제주도 부근까지 표류한 경로이다. 두 번째 단계는 제주도 부근에서 유구국 대도까지 표류한 경로이다. 세 번째 단계는 유구국 내에서 여러 섬으로 이동한 경로이다. 네 번째 단계는 유구에서 여송 일로미 지방으로 표류한 경로이다. 다섯 번째는 여송에서 마카오로 이동한 경로이다. 여섯 번째는 마카오에서 북경으로 이동한 경로이다(지도 참조). 마지막은 북경에서 한양으로 귀국한 경로이다(지도 참조).

### 문순득 일행의 여행동반자

표류여행 동반자는 모두 6명으로 문순득, 문호겸(작은 아버지), 이백근, 박무청, 이중원, 김옥문(사동)이다. 이 중 문호겸, 이백근, 박무청, 이중원 등 4명은 먼저 귀국하고(1803년 3월 16일 유구 출발－1804년 3월 귀향), 문순득과 김옥문은 나중에 귀국하게 되었다(1803년 8월 28일 유구 출발－1805년 1월 8일 귀향). 따라서 문순득 일행은 우이도에서 여송국까지는 6명이 동행하지만, 여송국을 출발하여 중국을 거쳐 조선으로 귀국하는 과정에는 4명, 2명이 각각 따로 이동하게 된다. 유구국 대도에서 왕도인 수리부까지는 유구국 관리들이 동행했고, 유구국 수리부에서 여송까지는 유구인 60명(관리, 수행원, 사공 등)과 중국 복건성 표류인 30명이 동행했다. 여송에서 마카오까지는 유구 관리, 중국 표류인, 광동 상인들이 함께 동행했다. 광동에서 북경까지는 청나라 관리들이 동행했고, 북경부터 한양까지는 조선 사신(황력재자관) 일행과 동행했다.

### 문순득 일행의 교통수단

문순득 일행이 표류여행 중 이용한 교통수단으로는 배, 수레, 가마가 있다. 우이도에서 대흑산도까지, 그리고 대흑산도에서 유구국까지 바다를 표류하는 중에는 배를 이용했다. 유구국이나 여송국 또는 마카오에 상륙해서는 가마와 수레를 타고 이동했다. 항주에서 삼보까지는 경항운하를 따라 배를 이용했다. 북경에서 한양까지는 수레를 타고 이동했다. 한양에서 고향 우이도까지는 교통수단에 대한 기록이 없다.

### 문순득 일행의 숙박수단

문순득 일행은 표류여행 중 배, 움막, 객관(관사), 사찰 등 다양한 숙소를 이용했다. 바다에서 표류 중에는 배가 곧 숙박수단이었고, 유구국과 여송국에서는 움막이나 빌린 집에서 많이 잤다. 유국국에서는 움막을 지어 임시거처로 삼았기 때문에 그 주거환경은 매우 열악했을 것으로 보인다. 마카오에 도착한 이후에는 객관이나 사찰에서 많이 잤기 때문에 주거환경이 유구국이나 여송국보다는 더 나았을 것으로 추측된다. 문순득의 기록을 보면, 조선 정부와 송환시스템이 작동하고 있었던 유구국과 청나라나 포르투갈이 지배하고 있었던 마카오에서는 표류인이 묵을 집을 무료로 제공하고 대우가 좋은 편이었지만, 송환시스템이 없었던 여송국에서는 돈을 내고 집을 빌려야만 했다. 여송국에서 현지 중국인들에게 빌린 집 임대료 600냥을 나중에 중국인들이 유구국 관리들에게 청구했다.

### 문순득 일행의 식음료 유형

문순득 일행은 바다에서 표류 중에는 곡식과 물이 떨어져 음식을 거의 먹지 못했다. 유구국에 도착해서는 물과 죽, 쌀과 부식을 제공 받았으며, 여송국에서는 스스로 지어 먹거나 돈을 주고 사먹었다. 여송국에서는 복건성 표류인들과 함께 현지 중국인 집에서 체류했는데, 나중에 그 식사비용을 중국인들이 유구국 사신들에게 청구했다. 또한 수도승 등 현지 주민으로부터 자선 기부를 받기도 했다. 마카오와 중국에서는 쌀과 부식을 주기적으로 배급받았다.

(유구국 백촌에서) 매일 쌀 한 되 다섯 홉과 채소 여러 그릇을 주고 하루 걸러 돼지고기가 제공되었다(1802년 4월 4일).

(여송에서) 한 수도인이 있었는데, 본디 중국인으로 이 땅에 들어온 3세이다. 채선생이라는 사람이 그에게 말해주어 쌀 50루(1루는 10되)를 보내고, 또 20루를 보냈으며, 또 적지 않은 은을 보냈다. 다른 사람 역시 많은 쌀과 고기를 주어서 이로써 호구에 의지하였다(1803년 2월).

### 문순득 일행의 여행체험

문순득 일행은 유구국과 여송국 그리고 마카오와 중국을 여행하면서 많은 체험을 하게 된다. 문순득은 유구국 왕도인 수리부에서 10km 떨어진 백촌에 이르러 조선말을 할 줄 아는 통역인을 처음 만났고, 옷이나 약을 받고 아프면 치료도 받는 등 환대를 받았다.

유구국은 문순득 일행을 우선 중국으로 보내 조선으로 환송하려고 했고, 당시 유구국에는 조선인뿐 아니라 표류한 중국인들도 체류하고 있었음을 알 수 있다. 1609년 이후에는 유구국이 일본 사츠마국의 속국이었기 때문에 조선 후기에 유구국에 표류하는 조선인들은 주로 일본 대마도를 거쳐 염포(부산)로 송환이 되었는데, 문순득 일행이 청나라를 통해 송환된 것은 예외적인 사례로 볼 수 있다.16)

조선 표류인들은 유구국에서 중국으로 가던 중 다시 표류하여, 필리핀 루손(여송)의 마의를 거쳐 일로미(현재 비간)에 상륙하게 된다. 여송에서는 비록 현지 중국인들이 조선인들의 숙박비용(식비 포함 600냥)을 유국국 사신들에게 청구했지만, 중국 표류인들과 현지 중국인들에게 숙식 등에서 신세를 많이 진 것으로 보인다.

일로미에 이르자, 중국 표류인들이 (현지에 사는) 중국 복건인에 의탁하여 집을 빌려 따로 살며 돈을 빌려 먹을 것을 마음대로 하였고, 또 우리를 불러 같이 살았다. ---- 나중에 조금 줄었으나 음식은 박하지 않았다. 우리는 복건인에게 의탁하여 같은 집에서 같이 먹고 살았다(1803년 2월).

여송에서 마카오로 가는 출발 시점에 대한 유구국 사신들과 중국 표류인들의 의견 차이로 인해, 문순득 일행은 두 패로 나뉘어 마카오로 가게 된다. 먼저 작은 아버지 문호겸과 이백근, 박무청, 이중원은 1803년 3월 16일에 떠나고, 문순득과 김옥문은 8월 28일에 떠나게 된다. 다음 기록을 보면, 문순득은 유구인과 중국인들이 의견을 일치를 보아 함께 떠나는 것으로 알고, 작은아버지 일행과 잠시 떨어져 있다가, 여송에서 생이별하게 된 것으로 추측된다. 문순득과 김옥문은 뒤에 남아 하루하루 살아가기 위해 고단한 노동을 해야만 했다.

유구인이 위협하고 설득해서 복건인 5명과 조선사람 4명이 먼저 배로 갔다. 유구인은 다시 와서 나머지 사람들에게 함께 가자고 독촉하였으나 복건인들은 강하게 거부하여 10일 동안 서로 버티었다. 유구인들은 말없이 나갔고, 다음날 들으니 유구인의 배는 이미 떠났다고 한다. ---- 일찍 이것을 알았더라면 비록 유구선에서 죽더라도 어찌 작은 아버지를 따르지 않았겠는가? 만 번 죽어 한 번 살아도 부자가 각각 떨어져 홀로 옥문(사동)을 데리고 있는 내 심정은 어떻겠는가? 나머지 27명은 뒤에 남겨져 호구의 계책도 없었다(1803년 2월).

면사와 포사를 사서 끈을 꼬아 내다 팔아서 담배값과 술값으로 쓰고, 옥문은 날마다 땔나무를 베어와서 팔았다(1803년 2월).

문순득은 1800년대 초에 스페인 식민지였던 필리핀 루손섬과 포르투갈 식민지였던 마카오의 사회와 문화를 직접 보고 경험한 최초의 조선인이 되었다. 문순득은 1837년에 가톨릭 신부 수업을 받기 위해 마카오에 자리잡고 있었던 파리외방선교회 극동대표부에 유학 왔던 최양업(1821~1861), 최방제(?~1837), 김대건(1821~1846)보다 34년 먼저 마카오를 방문한 최초의 조선인이다. 문순득의 여행경로는 중국에 사로잡혀 있었던 조선인의 세계 인식을 동아시아에 들어와 있었던 스페인과 포르투갈이라는 서양사회까지 확장하는 계기가 되었다. 문순득은 처음 본 마카오를 이렇게 묘사하고 있다.

광동 오문(마카오)은 서남쪽에 선박이 모두 모이고, 여송인과 홍모 서양인이 수만 호가 살고 있다. 땅은 좁고 사람은 많아 집 위에다 집을 올리고 있다(1803년 9월 9일).

또한 문순득은 강남지역 곳곳에 설치된 운하(조거 漕渠)와 도개교(판교 板橋 또는 주교 舟橋)를 처음 보았다. 그리고 어떤 운하에서는 군사들이 강 양쪽에서 배를 끌어당기는 모습도 보았다. 이 기록은 경항운하(북경에서 항주까지 연결된 운하)의 시설이 어떻게 운영되고 있는지에 대한 중요한 지리정보를 제공하고 있다. 당시 조선의 중국에 대한 기록이 주로 북경을 중심으로 한 강북에 치우쳐 있다는 사실을 감안한다면, 강남 운하시설에 매우 소중한 지리정보라 할 수 있다.

문순득은 마카오에서 조선에 표류했다가 살아돌아온 안남(베트남) 사람을 만나기도 했다(1804년 1월 1일). 그는 마카오를 내왕하는 상인으로 여송인들과 함께 30명이 표류하여 제주도에 상륙했다. 이

중 5명이 물을 구하러 내렸다가 체포당하자 일본으로 도망치다가 모두 익사하고, 두 사람만 살아 남아서 일본인의 호송을 받아 남경과 마카오를 거쳐 안남으로 돌아갔다고 한다. 귀국 길에 조선 통역으로부터 그 여송인 5명이 아직도(1804년) 제주도에 갇혀 있다는 소식을 듣고, 그들의 신세를 동정하면서 부끄러워 하기도 한다. 그들은 문순득이 귀국한 후에 여송어를 조금 알고 있었던 문순득의 통역으로 여송인이라는 사실이 밝혀졌고, 마카오로 송환되었다.

문순득은 현지의 생활 습관이나 풍속 등도 놀라울 정도로 자세히 묘사하고 있다. 유구국에서 그가 신기하다고 느낀 점은 음식 먹는 방법, 차 마시는 습관, 장례와 묘장 풍습, 담뱃대와 담배통의 모습, 수염과 헤어 스타일, 천인을 표시하는 묵경(墨鯨)과 자자(刺字), 종이로 밑을 닦는 습관, 귀인과 천인의 이름, 말 부리는 기술, 가마의 모양, 저자에서 장사하는 여인들, 괭이와 쟁기로 농사하는 방법, 화폐 모양, 궁실 모습, 의복 습관, 토산(고구마·벼·도자기·물소·한약재 등) 등이다. 여송국에서도 조선과의 차이점을 많이 발견한다. 의자를 사용하는 습관, 서양식 손인사 하는 법, 남자가 밥을 짓는 습관,

필리핀 닭싸움 사봉(구글 이미지)

포크로 식사하는 법, 춤추는 모습, 형벌제도, 말 조련 방법, 닭싸움 장면, 된장과 간장을 먹지 않고 양고기를 먹지 않는 습관, 담배를 피우는 방법, 도마뱀을 끓여 먹는 습관, 왕궁과 일반 주택 모습 등이다.

여기서 주목할 점은 기독교 성당의 모습을 놀랄 정도로 정밀하게 묘사하고 있다는 점이다. 문순득이 본 신묘(神廟)는 당시 기독교 포교에 적극적이었던 스페인의 지배를 받고 있었던 필리핀 일로미에 있는 성파블로대성당으로 1790년에 건출을 시작하여 1800년에 완공되었다. 그러니까 문순득은 완공 2년 후에 그 성당을 본 것이다. KBS가 취재한 그 교회의 모습은 당시 문순득이 묘사한 모습을 아직도 그대로 간직하고 있다(사진 참조). 상인 문순득이 사물을 보는 눈이 매우 예리하고 정확하다는 점을 보여주는 사례이다. 또한 조선 최초로 마카오에서 기독교를 접한 김대건 신부보다 34년 전에 이미 기독교 교회와 예배 모습을 목격했다는 점에서도 그 의미가 크다.[17]

> 신묘는 30~40칸의 긴 집으로 비할 바 없이 크고 아름다웠으며, 신상을 모셔 놓았다. 여기에 대중들이 와서 기도를 드린다. 신묘 한 쪽에 탑을 세우고, 탑 꼭대기에 금계(金鷄-현재는 하얀색으로 변해 백계가 되었다)를 세워, 바람의 방향에 따라 머리가 스스로 돌게 하였다. 탑 꼭대기 바로 아래 벽에는 크기가 다른 4~5개의 종을 걸어 놓고, 제사와 기도 등 그 일에 따라서 각기 다른 종을 친다. 한 사람이 종을 치면, 듣는 사람이 각자 소리에 따라 (신묘에) 와서 예배를 드린다.

또 다른 문순득의 기여는 자신이 표류여행 중에 관찰한 유구국과 여송국, 그리고 중국 배의 외양과 구조를 자세히 기억했다가 실학자인 이강회에게 구술하여, 〈운곡선설〉을 짓게 했다는 점이다. 이

성피블로성당 전경(구글 이미지)

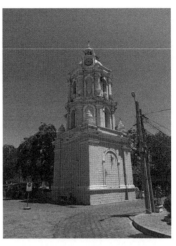

성파블로성당 종탑(구글 이미지)

종탑 꼭대기에 서있는 금계(KBS)

저서는 배에 관한 조선 최초의 논문이라는 점뿐 아니라, 삼면이 바다인 조선이 부강하게 되려면 좋은 배를 만들고 능숙한 항해술을 익혀 다른 나라와 적극적으로 무역을 하고 교류를 해야 한다고 주장했다는 점에서 대단히 선진적이고 미래지향적인 저술로 평가받고 있다.[18]

여송의 배는 돛대 3개를 세웠다. 돛대는 모두 4~5마디로 붙였다 떼었다 할 수 있어, 바람에 따라 늘리거나 줄인다. 돛은 흰 모시 베를 써서 펼치면 과녁 같다. 뱃머리에는 앞을 향하여 비스듬히 돛대 하나를 세우고, 돛 하나는 세로로 펼쳐, 배가 좌우로 흔들림이 없게 하고, 돛 하나는 가로로 펼쳐 배가 좌우로 바람을 받게 한다(海舶편).

문순득은 외국어에도 남다른 안목이 있어서 자신이 경유한 유구국과 여송국과 조선의 단어 113개를 선택하여, 그 뜻을 서로 비교하기도 했다. 양반처럼 제대로 문자 교육을 받지 못한 상인이 외국어에 관심을 갖고 배우려고 노력했다는 점은 관념에 사로잡혀 기존의 이념과 체제만 고집하고 새로운 사상이나 문물을 받아들이거나 배우려고 하지 않았던 조선 양반들의 배타적이고 수구적인 태도와는 전혀 다른 진취적이고 개방적인 태도가 아닐 수 없다.

### 문순득 일행의 안전사고

문순득 일행은 대흑산도 부근의 변도에서 폭풍우를 만나 표류하여, 수많은 죽을 고비를 넘기고 유구국에 표착한다. 눈 앞에 제주도를 두고도 폭풍우 때문에 상륙할 수가 없었으며, 배에서 물과 죽으로 겨우 연명했다. 구조되기 마지막 3일 동안은 아무것도 먹지 못하고 굶기도 했지만, 다행히 죽거나 크게 다친 사람은 아무도 없어 6명 모두 생환했다.

> 닻줄을 풀고 다시 소흑산을 향하여 변도에 이르러 갑자기 서북에서 일어난 큰 바람을 만나서 소흑산에서 서남으로 수 백리를 남행하여 조도를 바라보고 가까이 가려 하나 갈 수가 없다. 또 저녁이 되어 밤이 깊었으나 바람은 줄지 않고 오경에 키 자루가 꺾이고, 돛은 펼 수가 없어, 돛대를 고물에 묶어 키로 쓰고 가는 대로 내맡겼다. 날이 밝아 동남쪽에 큰 산이 바로 보이니 뱃사람이 제주도라고 말했는데, 바라볼 수는 있으나 바람이 세어 가까이 갈 수는 없었다(1802년 1월 18일).

위에서 살펴본 것처럼, 문순득은 자신이 유구국과 여송국 그리고 마카오와 중국을 표류여행하는 중에 직접 보고 듣거나 경험한 사실들을 정약전의 기록으로 생생하게 증언하고 있다. 문순득의 표류여행 기록은 비록 그의 문자가 짧아서 조선 사대부인 최부(1454~1504)가 기록한 〈표해록〉처럼 그 내용이 방대하지는 않지만, 1800년대 초에 동아시아 지역인 오키나와와 필리핀 그리고 중국 강남과 마카오에 대한 귀중한 지리정보를 제공하고, 정약전이나 정약용, 그리고 이강회 같은 실학자들에게도 큰 영향을 끼쳤다는 점에서 한국 여행사(史)에 있어서 매우 소중한 기록이다.

### 3. 문순득 표류여행의 특성

문순득 일행의 해외 표류여행이 보여주는 특성은 다음과 같다.

첫 번째, 문순득은 비록 구술이기는 하나 자신의 표류여행 경험을 기록으로 남겨, 조선시대 여행사 연구에 커다란 업적을 남겼다. 오키나와와 필리핀 그리고 마카오에 대한 정보를 제공하여, 기존에 중국과 일본에 치우친 조선사회의 세계관을 동아시아까지 넓혔다. 그의 여행을 통해 당시 스페인이 지배하고 있던 필리핀과 포르투갈이 지배하고 있던 마카오에 서양제도와 문화, 그리고 기독교가 들어와 있었고, 광주 등 강남(양자강 남쪽) 도시들이 번성하고 있었음을 알 수 있다. 문순득은 유구국과 여송국 그리고 마카오에 대한 역사, 종교, 풍속, 풍물, 성(이름), 농업, 상업, 주택, 복식, 예법, 장례풍습, 시장, 화폐제도, 형벌제도 등 유익하고 실용적인 정보를 제공하여 조선 조정과 양반들의 세계에 대한 편협한 인식과 지평을 넓히는데 크게 기여했다.

두 번째, 문순득은 조선사회가 무지했던 동아시아에 대한 소중한 지리정보를 제공하고 있다. 그는 해로를 통해 오키나와에서 필리핀으로, 그 다음 필리핀에서 마카오로 여행한 최초의 조선인이다. 조선시대 때 대부분의 조선인들은 육로를 통해서 연경(북경)으로 들어갔는데, 문순득은 예외적인 경우이다. 이 덕분에 문순득은 조선시대 중국 강북에 치중되어 있었던 양반들의 대중국 지리관을 동아시아와 강남지역까지 확산시켰다. 그의 표류여행기는 북경과 강북에 치우친, 사대부들이 기록한 조천록이나 연행록보다 훨씬 여행 범위가 넓어, 조선사회에 오키나와, 필리핀, 마카오, 중국 강남지역에 대한 자연, 기후, 해풍, 해로, 산천, 도시, 교통, 도로, 수로 등을 망라한 소중한 지리정보를 제공하고 있다.

세 번째, 문순득은 조선 후기 실학자들의 외래문화에 대한 개방적이고 실용적인 학문 태도에도 영향을 미쳤다. 정약전에게는 자신의 경험을 구술하여 〈표해시말〉을 짓게 하였고, 정약용이 마카오의 화폐제도를 응용하여 〈경세유표〉에서 조선의 상거래를 활성화시키기 위해 구부환법(九府圜法)을 이용한 화폐론을 주장하게 하였으며, 이강회에게는 유구와 여송, 그리고 중국 배에 대해 구술하여 우리나라 역사상 최초의 선박 제조술에 관한 논문인 〈운곡선설〉을 쓰는데 결정적 기여를 했다.

네 번째, 문순득은 홍어장수인 상인임에도 불구하고, 개방적이고 실용적인 태도로 외래문화를 적극적으로 익히고 배우려고 노력했다. 그는 문자에 익숙한 양반이 아닌 상인임에도 불구하고, 유구 언어와 여송 언어를 익혀 〈표해시말〉에 소개하면서, 세 나라의 단어를 서로 비교했다. 또한 여송국에서 체류할 때 익힌 필리핀어 덕분에 귀국 이후, 9년 동안이나 제주도에 억류되어 있었던 여송국 표류민들을 귀환시키는데 통역으로서 결정적인 역할을 했다.

　다섯 번째, 문순득의 기록을 통해 조선시대 때 표류가 단순한 개인의 문제를 넘어서 국가적 차원의 대외관계 문제였고, 상대국과의 외교문제로 다루어졌다는 사실을 알 수 있다.[19] 현대에도 외국인이 어느 특정 국가에 가서 문제를 일으켰을 때, 양국 간의 문제로 등장하는 것과 같은 이치다. 문순득의 표류는 조선 후기 동아시아 국가 사이에 작동하고 있었던 표류인 송환체제의 현황과 그 한계점을 보여주고 있다. 표류인 교류시스템이 작동하고 있었던 유구국과 마카오, 그리고 청나라에서는 그 절차와 접대가 호의적이었지만, 교류시스템이 없었던 여송에서는 그렇지 않았다는 사실에서 조선 외교력의 한계를 엿볼 수 있다.

　마지막으로, 비록 폭풍우를 만나 진행된 재난에 의한 표류여행이기는 하지만, 문순득은 우리 역사상 조선시대 이전에 가장 장거리 여행을 한 사람 중 한 명이다. 문순득은 흑산도에서 표류하여 오키나와와 필리핀 루손섬, 그리고 마카오와 북경을 거쳐 귀향했다. 신라 때 승려 혜초가 인도까지 여행한 적이 있고, 고려 때 관리 이제현이 티벳 도스마, 사천, 아미산, 강남 보타산 등 중국 오지를 세 차례 여행한 경험이 있지만, 평민이었던 상인이 이렇게 장거리 여행을 한 경우는 찾아보기 힘들다. 표류여행이라 정확한 이동거리는 추정하기 어렵지만 그 사례를 찾아보기 힘든 장거리 여행임에는 틀림없다.

## 주

1) 이하 고태규. 2015. 실크로드 문명기행1. pp.69-80 참조.
2) 이하 미야자키 마사카츠 저, 오근영 역. 2004. 하룻밤에 읽는 중국사. p.114 참조.
3) 미야자키 마사카츠. 2008. 하룻밤에 읽는 중동사. p.143.
4) 이하 정수일. 2012. 이슬람문명. p.331 참조.
5) 이하 정수일. 2012. 이슬람문명. pp.331-332 참조.
6) 미야자키 마사카츠, 하룻밤에 읽는 중동사, p.143.
7) 이희수. 2013. 이슬람과 한국문화. p.128.
8) 이하 이희수. 2013. 이슬람과 한국문화. pp.130-131 참조.
9) 최성환. 2012. 문순득 표류 연구: 조선후기 문순득의 표류와 세계인식. 민속원. pp.26-27.
10) 최성환. 2005. 유암총서의 내용과 문순득 재조명. 〈유암총서〉 신안문화원, pp.9-21.
11) 최성환. 2005. 유암총서의 내용과 문순득 재조명. 〈유암총서〉 신안문화원, pp.9-21.
12) 정약전·이강회 저, 최성환 편. 2005. 유암총서. 신안문화원.
13) 이하 최성환. 2012. 문순득 표류 연구: 조선후기 문순득의 표류와 세계인식. 민속원 참조.
14) KBS. 역사스페셜: 홍어장수 표류기, 세상을 바꾸다. 2009년 8월 8일 방영.
15) KBS. 역사스페셜: 홍어장수 표류기, 세상을 바꾸다. 2009년 8월 8일 방영.
16) 정성일. 2012. 해남 선비 김여휘의 유구 표류와 송환 경로(1662~1663년). 한일관계사연구 43, pp.433-467.
    정영문. 2019. 김비의 일행의 표류체험과 유구 제도에 대한 인식. 한국문학과 예술 30, pp.101-131.
    최성환. 2012. 문순득 표류 연구: 조선후기 문순득의 표류와 세계인식. 민속원.
17) KBS. 역사스페셜: 홍어장수 표류기, 세상을 바꾸다, 2009년 8월 8일 방영.
18) 최성환. 2012. 문순득 표류 연구: 조선후기 문순득의 표류와 세계인식. 민속원.
19) 최성환. 2012. 문순득 표류 연구: 조선후기 문순득의 표류와 세계인식. 민속원.

# 문화예술과 여행

# 제5장

문학가, 음악가, 화가 등 예술가의 여행은 새로운 작품을 낳는다. 여행 중에 보고 느낀 것들이 예술가들의 창작 의욕을 자극하여 새로운 작품을 만드는 계기로 작용하는 것이다. 셰익스피어, 괴테, 헤밍웨이, 바이런, 박지원, 이노우에 야스시(井上靖), 카렌 블릭센, 모차르트, 쇼팽, 고흐, 고갱 등이 대표적이다. 셰익스피어는 이탈리아 베니스를 무대로 〈베니스의 상인〉을, 베로나를 무대로 〈로미오와 줄리엣〉을, 덴마크 헬싱괴르항에 있는 크론보르크성을 배경으로 〈햄릿〉을 썼다. 괴테는 이탈리아 여행경험을 담은 〈이탈리아 여행기〉를 썼으며, 헤밍웨이는 스페인 여행과 쿠바, 아프리카 여행을 통해 〈누구를 위하여 종은 울리나〉, 〈무기여 잘 있거라〉, 〈바다와 노인〉, 〈킬리만자로의 눈〉 같은 불후의 명작을 남겼다. 바이런은 중앙아시아를 여행한 후에 여행기 〈옥시아나 가는 길〉을 썼다. 박지원은 북경에 연행사로 다녀온 후에 〈열하일기〉라는 명작을 남겼다. 이노우에 야스시는 실크로드를 배경으로 〈돈황〉과 〈누란〉을 썼다. 카렌 블릭센은 아프리카 여행경험을 담은 〈아웃 어브 아프리카〉라는 명작을 남겼다. 모차르트는 생계를 위해 수많은 여행을 통해 음악 연주를 했으며, 쇼팽은 결핵 치료를 위해 갔던 지중해 마주르카섬에서 주옥같은 명곡을 작곡했다. 고흐는 새로운 화풍을 찾기 위해 지중해 연안 도시인 아를로 이사한 후에 화풍이 밝아졌으며, 고갱은 파라다이스를 찾아 남태평양에 있는 타히티에서 작품 활동을 하면서 많은 명작을 남겼다. 이 장에서는 문학가와 예술가들의 여행이 그들의 작품에 끼친 영향에 대해서 소개하고자 한다.

**괴테의 이탈리아 여행기**

제 여행의 중요한 의도는 육체적·도덕적 폐해를 치유하는 것이었습니다. (…) 다음은 참된 예술에 대한 뜨거운 갈증을 진정시키는 것이었습니다. 전자는 상당히, 후자는 완전히 성공을 거두었습니다.[1]

이 표현만큼 여행의 효과를 분명히 드러낸 문장은 많지 않다. 괴테는 1788년 1월 25일 카를 아우구스트 공에게 보낸 편지에서 자기의 여행목적을 이렇게 밝히고 있다. 니체가 하나의 '문화'라고 격찬했던 그 괴테도 우리 일반인들이 가지고 있는 것과 비슷한 여행목적을 가지고 로마로 떠났던 것이다.

괴테가 여행기를 썼다는 사실을 아는 사람은 그리 많지 않다. 세계적인 대문호가 설마 여행기를 썼을라고. 분명히 썼다. 책 이름도 〈이탈리아 기행〉이다. 저자도 오랫동안 미루다가 유럽 여행을 시작하기 얼마 전에서야 읽었다. 두 권으로 되어 있는데, 제1권이 여행에 관한 내용이 많아 훨씬 재미있다. 제2권은 자기 저서 출판에 관한 내용이 많아 이해하기 어렵고 지루하다. 괴테의 이탈리아 여행에 관심이 있는 사람은 1권만 읽어도 충분하다.

괴테는 1786년 9월 3일에 여행을 시작하여 1788년 6월 18일에 여행을 마쳤다. 거의 22개월간 이탈리아 전역을 돌아다녔다. 로마에는 거의 1년 동안이나 체류했다. 괴테가 당시 문화 선진국이었던 이탈리아, 특히 로마에 관심이 아주 많았음을 알 수 있는 대목이다. 독일 프랑크푸르트에 있는 괴테 생가에 가보면, 아버지가 로마를 여행할 때 동반했던 화가를 시켜 그린 로마 그림이 거실에 걸려있다. 18세기말 유럽에서는 서구문명의 기원으로서의 로마문명에 대한 탐구 정신과 '그랑투어(Grand Tour)'가 유행이어서, 유럽 지식인들 사이에 로마여행이 하나의 사회현상이었다.

괴테의 로마기행은 앞에서 말한 이유보다는 사랑의 도피 행각이었다는 호사가들의 평가도 있다. 괴테가 아무에게도 알리지 않고 새벽에 몰래 집을 빠져나왔다는 사실을 그 근거로 두고 있다. 괴테가 천하의 바람둥이라는 사실은 이미 잘 알려져 있다. 괴테의 여성 편력에 대한 글은 책 한 권으로도 모자란다. 관심 있는 분들은 단행본 〈괴테, 그리고 그의 영원한 여성들〉(안삼환, 2005년, 서울대출판부)을 참조하시라.

괴테의 여행기는 정확한 여행 날짜에 따라 여행기를 썼다는 점에서 여행사에서 그 의미가 크다. 재미있는 사실은 괴테가 셰익스피어의 작품으로 유명한 베로나(로미오와 줄리엣)와 베니스(베니스의 상인)에서 며칠 동안 머물렀음에도 불구하고, 셰익스피어나 그의 작품에 관한 언급이 한 번도 없다는 것이다. 셰익스피어는 당시에 이미 세계적인 대문호로 이름을 날리고 있었고, 괴테(1749~1832)가 같은 문인이면서 셰익스피어(1564~ 1616)보다 약 200년 뒤의 인물이라는 점에서 의아스럽다. 괴테가 셰익스피어의 작품을 모를 리 없고, 괴테가 가지고 다녔던 몇 권의 여행 가이드북(당시에도 여행 가이드북이 유행이었다)에도 분명히 줄리엣의 집이 소개되어 있었을텐데. 지금도 줄리엣(동상)의 젖가슴은 엄청난 여행자들의 사랑(?)에 몸살을 앓을 정도로 유명세를 치르고 있다. 〈베니스의 상인〉은 또한 얼마나 유명한 작품인가. 내가 문학평론가가 아니어서 잘 모르겠지만, 아마도 괴테가 의식적으로 셰익스피어에 대해서 강한 경쟁심이나 싫어하는 감정이 있지 않았을까 하는 추측을 해본다.

화석 수집에 관심이 많았던 괴테는 여행 중에 괴상한 돌을 발견하면 열심히 채취하고 수집을 했다. 베수비오화산에도 세 번이나 올라갔다. 서기 79년에 폼페이를 화산재로 덮어버려, 순식간에 도시 전체를 멸망시켰던 그 화산이 괴테가 폼페이를 방문한 해에도 폭발하여, 괴테의 호기심을 자극했기 때문이다. 시칠리섬에 갔을 때도 에트나화산이 몇 해 전에 폭발했다는 소식을 듣고 큰 관심을 보인다.

괴테는 로마에 장기 체류하면서 그림 공부도 열심히 했다. 개인교습도 받았다. 독일로 보낸 편지에서는 문학을 할 것인가, 그림을 그릴 것인가로, 진로에 대해서 고민할 정도로 그림에 관심과 소질을 보였다. 여행 중에도 스케치를 열심히 하고, 화가를 대동하여 멋진 경치를 그리도록 했다. 요즘으로 치면 사진으로 여행기록을 남기는 것이나 마찬가지다. 조선시대에 우리 사대부들도 금강산 유람할 때 화가를 대동하여 멋진 경치를 그리게 했었다. 베로나 부근에 있는 가르다호수에서는 성탑에 올라가 스케치를 하다가 스파이로 오해를 받아, 마을 주민들과 관리에게 잡혀서 곤혹을 치르기도 했다. 교통수단으로는 우편마차나 도보를 주로 이용했고, 숙박시설로는 여관을 주로 이용했다. 음식은 하인들이 주로 담당했다.

이처럼 괴테의 로마여행은 그의 창작 의욕을 자극시켜, 여행 후 창작 활동에 큰 기여를 했다. 세계적인 대문호 괴테에게 여행은 그의 육체적 도덕적 폐해를 치유하는 치유레크리에이션(Therapeutic Recreation)의 역할을 했고, 참된 예술에 대한 그의 뜨거운 갈증을 진정시켜 주는 역할을 했다.

남태평양 타히티를 사랑한 화가, 폴 고갱

　화가 중에서 폴 고갱(Paul Gauguin, 1848~1903)만큼 장거리 여행을 하고, 그 여행이 그림에 영향을 많이 끼친 화가는 드물다. 고갱은 프랑스 후기인상파 화가이다. 서구 문명세계에 대한 혐오감으로 남태평양의 타히티섬으로 떠났고, 원주민의 건강한 인간성과 열대의 밝고 강렬한 색채가 그의 예술을 완성시켰다. 그의 상징성과 내면성, 그리고 원시자연주의적 경향은 20세기 회화가 출현하는 데 중요한 역할을 했다. 그의 일생을 요약하면 다음과 같다.[2]

　고갱은 1848년 6월 7일 프랑스 파리에서 출생하였다. 그의 아버지 클로비 고갱은 〈르 나시오날〉이라는 신문의 정치부 기자였다. 1848년 2월 프랑스혁명이 일어나 공화정이 되면서 프랑스는 정치적 혼란기를 겪게 된다. 클로비 고갱은 이때 페루의 수도인 리마로 이주해서 신문사를 차리기로 계획하고, 가족을 데리고 페루로 이주한다. 하지만 그의 아버지는 페루로 가는 여객선에서 심장병으로 사망한다. 폴 고갱의 어린 시절은 이렇게 페루 리마에서 불행하게 시작되었다. 그가 리마에서 보낸 시기는 1849~1854년까지 였으며, 리마에서 생활은 어려움의 연속이었다. 1854년 고갱의 가족은 다시 프랑스로 돌아와 오를레앙에 정착하게 된다. 오를레앙에는 할아버지가 남긴 유산이 있었기 때문이었다. 프랑스로 돌아온 그의 가족은 가난하였으며, 그의 어머니는 삯바느질로 생계를 꾸렸다.

　1865년 12월 고갱은 선박의 항로를 담당하는 견습 도선사(사관후보생)가 되어 상선(商船)을 타고 라틴아메리카와 북극 등 지구촌 여러 곳을 여행하였다. 1871년 그가 인도에 있을 때, 어머니 알린 고갱의 사망소식을 듣게 된다. 1872년 선원생활을 그만두고 파리로 돌아와 증권거래점의 점원이 되어 점원생활을 하였다. 그의 일자리는 어머니의 친구인 구스타브 아로자라는 여인이 마련해준 것이었다.

1873년에는 덴마크인 여성인 메테 소피 가트와 결혼하면서 경제적으로도 윤택해졌고, 에밀(1874), 알린(1877), 클로비(1879), 장 르네(1881), 폴(1883)이라는 5명의 아이가 생겼다. 이 무렵부터 회화에 흥미를 가지기 시작하여 특히 인상파의 작품을 수집하고 있었다. 그가 미술품에 관심을 가지게 된 계기는 그의 후견인이었던 어머니의 친구 구스타브 아로자라는 여인의 영향이었다. 그는 미술품 수집뿐만 아니라, 조금씩 직접 그림을 그리기도 하였다. 27~28세부터는 일요일마다 본격적으로 회화연구소에 다녔다. 1876년 처음으로 살롱에 출품하여 피사로(1830~1903)를 사귀게 된 것을 계기로 1880년 제5회 인상파전 이후로는 단골 멤버가 되었다. 1882년 프랑스 주식시장이 붕괴되면서 수많은 실업자가 발생하였고, 주식거래인인 그의 직업도 불안한 위치에 놓이게 된다.

이때 고갱은 전업 화가가 되기 위해 이를 피사로와 의논하였다. 피사로의 소개로 세잔(1839~1906), 기요맹(1841~1927) 등과 친교를 맺어 화가가 될 결심을 굳히게 된다. 이듬해인 1883년 35세에 증권거래점을 그만두고, 그림에 전념하기 위해 생활비가 저렴한 루앙으로 이사를 하였다. 그는 주식거래인 시절에 자신의 재능을 발견하였고, 그러한 재능으로 화가로서 성공하는 것도 그리 어렵지 않을 것이라고 자신하였다. 그러나 화가로 살아가면서 생활이 어려워지게 되었고, 아내와 사이가 나빠졌다. 한때는 처가가 있는 코펜하겐에 갔으나 결국 처자식과 헤어져 파리로 되돌아왔으며, 이후 한동안 가족을 만나지 못했다.

파리에서 고독한 시간을 보내던 고갱은 1886년 6월 도시생활에 지쳐 브르타뉴의 퐁타방으로 이사하였다. 이사를 하게 된 동기는 보다 그림에 전념하기 위해서였다. 그곳에서 종래의 인상파풍 외광묘사(外光描寫)를 버리고, 차차 고갱 특유의 장식적인 화법을 지향하였고, 토속적인 토기류 도자기 제작에도 관심을 가졌다. 이 시기의 작품은 후일 세뤼지에, 드니, 보나르 등, 후일 나비파(Nabis派) 화가들에게 많은 영향을 주었다. 토기에서 비롯된 그의 원시적인 관심은 1887년 남대서양의 마르티니크섬으로 향하게 된다. 퐁타방에서 알게 된 젊은 화가 샤를 라발과 함께 파나마를 거쳐 마르티니크섬에 도착하지만 곧 향수병에 시달리게 되고, 이듬해 파리로 돌아왔다.

짧은 여행이었지만 이때 제작된 작품은 원시주의적 미술로 파리에서 주목을 받게 되었다. 파리에서는 고흐, 로트렉 등을 알게 되었으며, 특히 고흐와의 우정이 돈독했다. 고흐의 동생 테오의 추천으로 고흐와 함께 남프랑스 아를의 '노란집'이라는 화실에서 잠시 같이 살았다. 그러나 두 사람은 서로 다른 예술적 견해로 종종 대립 상황이 발생하기도 하였고, 이로 인해 고흐가 귀를 자르는 사건이 발생하였다. 하지만 두 사람의 우정은 변함이 없었다.

그 후 다시 브르타뉴 퐁타방으로 가서 〈황색의 그리스도〉, 〈황색 그리스도가 있는 자화상〉 등의 작품을 제작하였고, 조각·판화·도기(陶器) 제작에 전념하였다. 이때부터 고갱은 원시적이고 야생적인 것에 깊이 관심을 갖기 시작하였다. 퐁타방이 번잡하게 느껴져, 더욱 한적한 바닷가의 작은 마을인 르풀뤼로 이주하였다. 고갱은 점차 파리 아방가르드 화단에서 주목을 받기 시작했으며, 1889년 개최된 파리만국박람회에서 많은 작품을 선보였다.

그는 이 전시회에 출품된 아시아와 남태평양의 이국적인 풍물에 열광하였고, 열대지방의 원시적인 생활을 동경하였다. 점차 문명세계에 대한 혐오감만 더하여 가던 중, 마침내 1891년 2월 그의 작품을 처분하여 원시세계로의 여행자금을 마련하였다. 코펜하겐에 들러 그의 가족들을 만나고, 그해 4월 1일 마르세이유를 출항하여 남태평양의 타히티섬으로 떠났다.

고갱은 약 2개월간의 항해를 마치고, 1891년 6월 9일 타히티섬 파페에떼 항구에 도착하였다. 그가 이곳에 온 목적은 산업혁명으로 오염된 서양의 문명을 벗어나, 소박하고 순수한 자연의 예술을 추구하기 위해서였다. 그는 원시인들과 똑같은 생활을 하면서 그들을 소재로 그림을 그리고자 했다. 하지만 타히티 파페에떼는 그의 이상과 달리 척박한 곳이었다. 고갱은 한동안 그림을 그리지 못했다. 파페에떼는 식민지 지배자들과 술주정뱅이 백인들이 득실거리는 실망스러운 곳이었다.

고갱은 그해 9월에 파페에떼를 떠나 마타이에아섬으로 옮겼다. 이곳에서 고갱은 안정을 되찾고 그림을 그릴 수 있었다. 원주민의 건강한 인간성과 열대의 밝고 강렬한 색채가 그의 예술을 완성시켰다. 〈네버모어 Nevermore〉, 〈타히티의 여인들〉, 〈언제 결혼하니?〉 등은 이즈음의 작품들이다. 하지만 점차 가난과 빈곤, 고독에 시달리기 시작했다. 고갱은 파리로 돌아가 가족들과 재회하기를 갈망했다. 1893년 6월 4일 그는 타히티를 떠나 그토록 그리워하던 프랑스로 향했다.

파리로 돌아온 고갱은 1893년 11월 10일 타히티에서 그린 작품으로 개인전을 열어 세인의 관심을 끌었지만 상업적으로는 실패하였다. 고갱은 자신이 경험한 타히티섬의 원시적 아름다움을 사람들에게 전파하기 위해 책을 집필하였고, 인정받지 못하는 그의 작품에

우리는 어디에서 왔고, 어디에 있다가, 어디로 가는가?(고갱, 1897)(출처: 위키백과)

대한 이해와 소개를 위해 그림을 목판으로 제작하는 일에 열심이었다. 그가 프랑스로 돌아온 1년 동안 깊은 좌절감만 쌓여갔다. 코펜하겐의 그의 가족들도 그에게 냉담했다. 고갱은 다시 타히티섬으로 돌아가기로 결심하였고, 1895년 6월 말 프랑스를 떠나 다시 남태평양으로 향했다. 이 당시 파리에서 열렸던 그의 개인전에 소개된 작품은 피카소 등 젊은 화가들에게 지대한 영향을 끼쳤다.

타히티 파페에떼에 돌아온 고갱은 병마에 시달렸고, 파리에 머무는 동안에 겪었던 처절한 패배감으로 우울증에 빠져 자살을 기도하였다. 이때 마지막 유언으로 여기며 제작한 그림이 유명한 〈우리는 어디서 와서, 어디에 있다가, 어디로 가는가?〉이다. 1901년 마르키즈제도의 히바오아섬으로 자리를 옮겼을 무렵, 매독과 영양실조로 그의 건강은 더욱 나빠져 있었다. 이곳에서 정착하여 집을 짓고 '쾌락의 집'이라고 불렀다. 그는 이곳에서 〈부채를 든 여인〉, 〈해변의 말 탄 사람들〉 등의 작품을 남겼다. 1903년 5월 8일 심장마비로 생애를 마쳤다.

고갱이 타히티 여행에서 얻은 것은 야만성과 미개함이다.[3] 그가 타히티에서 그린 그림들을 파리에 가져와서 친구들에게 보여주었을 때, 그 그림들이 너무 야만적이고 미개해보여서, 옛 친구들조차 당황스러워했던 것이다. 그러나 그것은 고갱이 원했던 것이었다. 그는 그 야만적인 색채와 소묘만이 타히티에 사는 자연의 원주민들을 올바르게 묘사할 수 있을 것이라고 느꼈다. 그는 남태평양까지의 머나 먼 여행을 통해 미술사에서 아주 새로운 영역을 개척한 것이다.

낯설고 이국적인 그림 소재의 선택뿐만 아니라, 원주민의 정신세계로 들어가 그들이 보는 것과 같은 방식으로 사물을 보려고 노력했던 것이다. 그는 자기가 그린 원주민의 초상을 그러한 야만적이고 미개한 원시미술과 조화시키려 노력했다. 그래서 그는 형태의 윤곽을 단순화하고, 넓은 색면에 강렬한 색채를 거침없이 구사했다. 그는 단순화된 형태와 색채의 구성으로 인해 혹시 그의 작품이 평면적으로 보이지 않을까 하는 점을 전혀 개의치 않았다.

자연의 아이들이 지닌 순수한 강렬함을 그리는데 도움이 된다고 생각했을 때, 수세기에 걸쳐 씨름해온 유럽 미술의 문제들을 기꺼이 무시해버린 것이다. 솔직함과 단순함을 이룩하려는 그의 목표는 세잔이나 고흐의 열의만큼 열정적이고 진지한 것이었다. 한 화가의 고독과 절망의 여행이 이렇게 기존의 사조를 거부하는 새로운 미술을 낳은 것이다. 우리나라 천경자 화백도 남태평양 여행 후에 고갱처럼 원시적이고 야성적인 그림을 많이 그렸다.

집시 음악가들의 여행이 창조한 유럽 음악

음악을 위해 여행을 했던 음악가는 쇼팽이나 모차르트뿐 만이 아니었다. 당시의 음악가들은 거의 모두 생계와 명성을 위해 여행을 해야만 했다. 그것도 요즘처럼 비행기나 기차 또는 버스를 이용한 안락한 여행이 아니라, 마차를 이용하거나 걸어서 가는 아주 불편한 여행이었다. 음악사가인 니시하라 미노루는 〈음악가의 생활사〉에서 음악가들이 여행 중 겪는 고통에 대해 상세하게 설명하고 있다.[4]

도로나 숙박시설이 제대로 완비되지 않았던 18~19세기의 여행은 음악가들에게도 고통스럽고 위험한 일이었다. 그리스-로마에 관한 가장 위대한 미술사가로 칭송받는 빙켈만이 여행 중에 숙소로 침입한 강도에 목숨을 잃은 것은 하나의 사례에 불과하다. 당시 숲과 밤은 여행자가 피해야 할 대상이었다.

모차르트와 더불어 음악사에서 가장 위대한 음악가로 칭송받고 있는 베토벤도 역시 밤 여행을 두려워했다.[5]

힘든 여정이었다. 어제 새벽 4시에야 가까스로 이곳에 도착했다. 준비된 말이 부족해서 우편마차는 보통 때와는 다른 길로 달려야 했다. 그러나 어찌나 험한 길이었던지. 마지막 역참에서 "밤길은 그만 둬라, 숲은 만만치 않다"고 언질을 주었으나, 나는 오히려 흥미를 느꼈다. 그러나 역시 역참의 충고를 따라야 했다. 험한 길로 인해 마차가 고장나버렸다(원출처: 베토벤 서간선집).

베토벤도 모차르트와 마찬가지로 여행 중에 마차가 고장 나는 봉변을 당한 것이다. 이 모두 도로 상태가 형편없이 나빴기 때문에 일어난 사고들이다. 괴테처럼 한밤중에 우편마차를 몰아 이태리 여행을 떠나는 사람도 있었지만, 한밤중의 마차 여행이 얼마나 위험한지 베토벤이 증명해주고 있다. 요즘 시대에도 자동차를 타고 비포장도로를 달리는 일이 힘든데, 당시에 마차를 타고 비포장도로를 달리는 일은 정말 고통스러운 일이었을 것이다.

당시 흔하지 않던 장거리 여행자 중에는 항상 음악가가 끼어 있었다.6) 그런 여행자 중에는 파리나 런던, 그리고 이탈리아 여러 도시의 음악을 만나기 위해 여행을 떠났던 소년 모차르트와 같은 음악가도 있었고, 파가니니나 리스트와 같이 명성과 센세이션을 몰고 다니며 여러 도시를 순회하던 스타 음악가도 있었다. 그러나 또 한편으로는 일을 찾아 이 도시 저 도시로 떠돌던 유랑 악사나 그날그날의 식량을 구하러 다니는 집시 음악가 등 방랑 음악가도 수없이 많았다. 이들이 찾는 곳은 주로 대도시였는데, 그중에서도 파리나 런던, 비엔나 등이 인기가 좋았다.

대도시로 몰려드는 이런 음악가들은 어떻게 여행을 했을까? 요즘과 마찬가지로 음악가들의 여행은 비자를 취득하는 일에서 시작되었다.7) 이 시대에는 비자발급이 엄청 까다로웠다. 예들 들면, 프랑스에서는 19세기 전반에도 부랑자나 집시와 같이 치안상 문제가 있는 자에게는 비자를 발부하지 않았다. 정치 관련 인물에게도 비자를 내주지 않았다. 쇼팽도 그런 희생자 중의 한 명이다. 쇼팽이 오스트리아제국의 비엔나에 있을 때, 바르샤바 봉기 사건으로 인해 폴란드인인 쇼팽은 적대국 국민으로 간주되었다. 그래서 그의 여권은 경찰이 보관하고 있었기 때문에 출국과 입국이 자유롭지 못했다. 경제적으로 곤궁해진 쇼팽은 결국 비자 발급이 쉬운 프랑스로 건너가게 된 것이다.

유랑 악사들처럼 여기 저기 떠돌며 연주하는 음악가들에게는 거의 모든 나라에서 그들의 체류기간이나 조건을 매우 엄격하게 적용했다.[8] 19세기 전반에 오스트리아에서는 지방을 순회하는 자는 우선 체류 지역의 자치단체에 출두하여, 일과 관련한 증명서를 제출하고 비자를 신청해야 했다. 또한 입국하는 경우에도 같은 규정이 있어, 유대인의 경우 비엔나에 체류할 수 있는 기간은 불과 3일이었다. 그 이상 체류하는 경우에는 당국에 출두하여 외국인 인터뷰를 받고, 2 굴덴을 지불한 다음, 2주일 동안의 체류 허가를 받아야 했다.

18~19세기 초, 독일과 오스트리아의 음악은 보헤미안(헝가리와 체코 지역) 출신 음악가들의 활동을 빼놓고는 설명할 수 없다. 당시 공장이나 공사 현장 어디를 가도 보헤미안으로 넘쳐났으며, 이들은 인부나 악사로 일하면서 각지를 떠돌았다. 바그너는 저서 〈베토벤의 순례〉에서 보헤미안 악사들을 만났을 때의 정경을 다음과 같이 표현했다.[9]

어느 작은 도시에서 순회중인 악사들을 만났다. 이들은 작은 오케스트라를 이루고 있었다. 베이스 하나, 바이올린 둘, 호른 둘, 클라리넷 둘로 편성된 오케스트라였다. 그 밖에 하프를 연주하는 여성 한 명, 아름다운 목소리를 가진 여성 두 명이 있었다. 이 악사들은 댄스곡을 연주하고 노래를 부르면서 돈을 벌며 여행을 이어갔다.

유랑 악사라도 비르투오소(virtuoso: 실력이 뛰어난 연주자)로서 콘서트에서 갈채를 받는 악사가 있는가 하면, 길거리나 축제에서 소액의 관람료를 받고 기량을 보여주는 악사도 있는 등 그 실력에 따라 다양한 악사가 있었다.10) 이런 유랑 악사가 제대로 된 공연을 하려면 까다로운 허가를 받아야 했다. 하나는 당국의 허가이며, 다른 하나는 '슈타트파이퍼(Stadtpfeiffer)'라 불리는 지역 음악가협회의 허가가 필요했다. 19세기 초에 사라진 이 협회는 그 이전에는 해당 도시의 음악 활동을 독점하다시피 하여, 그 발언권이 매우 강력했다. 베토벤의 시대인 18세기 말부터 19세기 초에 걸쳐 활약한 유명한 바이올린의 비르투오소 중의 한 사람인 안드레아스 옴베르크가 함부르크에서 연주회를 열 때 교부받은 허가증에는 다음과 같이 적혀 있다.11)

롬베르크씨에게 1811년 1월 19일 토요일, 아폴론 극장에서 공개 콘서트 개최를 허가한다. 그러나 콘서트를 개최할 때에 우리 시의 음악가가 참여해야 하며, 이와 관련하여 규정 법령에 따라 모든 수입의 8분의 1을 정부기관에 납부해야 한다. 함부르크 1810년 11월 20일 (원출처: 슈바브 〈17세기부터 19세기까지의 공개 연주회〉).

함부르크시처럼 수입의 8분의 1을 세금으로 내는 경우는 그래도 나은 편이었다. 1800년 무렵, 파리에서는 4분의 1을 납부해야 했다. 지금도 유럽의 거리에는 집시 악사와 유랑 악사들이 활발하게 연주 활동을 하고 있다. 확인한 것은 아니지만, 지금은 그때처럼 세금을 많이 납부하지는 않을 것이다.

그럼 음악가들은 어떻게 이 도시에서 저 도시로 돌아다녔을까? 모차르트나 쇼팽, 리스트나 파가니니와 같은 대가들은 마차를 타고 다녔겠지만, 마차를 빌릴 돈이 없었던 악사들은 걸어서 돌아다녔다. 도로는 이들 가난한 악사들의 생활공간이기도 했다.12) 19세기 이전까지 도로 사정이 가장 좋은 나라는 프랑스였고, 영국과 독일은 도로 사정이 프랑스보다 더 나빴다. 도로 사정이 좋든 나쁘든 마차는 쉽게 고장이 나는 교통수단이었다. 그럼에도 불구하고 도로와 마차가 음악사에서 중요한 역할을 담당했다는 사실은 아무도 부인하지 못한다. 도로와 마차를 이용해 수많은 음악가가 이동했고, 수많은 악보와 서적이 운반되었다는 사실을 고려하면, 도로는 음악사를 지탱하는 보이지 않는 주역이기도 했던 것이다.

18~19세기 유럽 도시의 음악계는 이 도시들로 몰려든 외국인 음악가들의 세계이기도 했다. 다양한 외국인들이 일과 명성을 좇아 이곳으로 모여들었다가 도시의 먼지처럼 사라져갔다. 아버지와 어머니 손에 이끌려 유럽 여행을 그렇게 많이 했던 모차르트도 그러고 보면 도시 간 여행의 수렁에 빠져 있었던 음악가 중의 한 사람이었다. 어려서 잘츠부르크의 시골에서 아버지 손에 이끌려 유럽의 이 도시에서 저 도시로 연주여행을 하고 있을 때, 어쩌면 그는 시큰둥한 얼굴로 지나가는 풍경을 바라보았을지도 모른다. 엄마 손에 이끌려 피아노 레슨을 받으러 가는 어린이처럼. 그리고 그 긴 여로 끝에 지치고 병든 그는 음악 도시 비엔나 하늘 아래에서 이런 편지를 쓰면서 창밖 하늘을 허망하게 바라보았을 것이다.13)

나의 이런 상태를 머리에 그려보십시오. 병이 드니 걱정하는 소리와 염려하는 배려가 한가득입니다. 이런 상황이 눈에 보여 회복을 방해 합니다. 한두 주면 나아지겠지요? 분명히. 하지만 지금 바로 생활이 궁핍합니다. 그러니 아주 조금이라도 도움을 주시지 않겠습니까? 당장 몇 푼이라도 도와주시면 고맙겠습니다(원출처: 〈모차르트의 편지〉, 1790년 8월 14일, 비엔나의 푸흐베르크 앞으로 보낸 편지).

모차르트처럼 천재적인 재능을 타고난 음악가들도 이렇게 힘든 세월을 보냈다. 자기가 좋아하는 음악을 위해서가 아니라, 생계를 위해서 음악을 해야 한다는 현실은 슬픈 일이다. 인류의 역사를 보면, 예술가들은 대개 가난하고 어려운 세월을 보냈다. 사후에 그 재능을 인정받아 빛을 본 사람들은 그나마 다행이다. 그럼에도 불구하고, 그런 험난한 예술의 길을 추구하는 사람들이 있었기 때문에 인류문명은 이만큼이라도 빛날 수 있었던 것이다. 가난한 음악가들이 사람들의 문화예술에 대한 감성욕구를 충족시키기 위해 고되고 험난한 여행을 다녔기 때문에 우리가 풍성한 문화생활을 영위할 수 있는 것이다.

일본 우키요에의 여행이 창조한 인상파 그림

19세기 중반까지 선진문화는 주로 중국이나 한국을 거치거나, 아니면 유럽 등 서쪽에서 일본으로 들어왔다. 그런데 19세기 말부터 이런 문화의 동진(東進) 현상이 거꾸로 흐르기 시작했다. 서진(西進) 현상이 일어나기 시작한 것이다. 1868년에 일본이 메이지유신에 성공하면서 일본 문화가 유럽 문화계에 유입되기 시작했다. 이런 현상을 자포니즘(Japonisme)이라고 부른다. 자포니즘이라는 단어는 프랑스 작가이자 수집가인 필립 부르띠(Philippe Burty)에 의해서 1872년에 처음 사용되었다. 그에 의하면, 자포니즘이란 '일본의 예술로부터 배우는 새로운 분야의 예술, 역사, 인종적인 연구'를 의미한다.14) 이 사조는 처음에는 그림에서 시작했으나 나중에는 공예, 도자기, 음악, 건축, 생활양식에까지 광범위하게 그 영향을 끼치게 된다. 그중에서 파리(1855, 1867, 1878, 1889년)나 비엔나(1871년) 등도 일본 채색 목판화가 유럽 문화계에 끼친 영향은 가히 혁명적이라 할 수 있다.

19세기 후반에 유럽에서 열린 여러 만국박람회에 소개된 일본의 채색 목판화 우키요에(うきよえ 浮世絵)의 신비하고도 파격적인 동양적 분위기가 유럽의 예술가들, 특히 인상파 화가들에게 큰 영향을 주어, 그들의 그림에 일본 문화가 등장하게 된다. 선명한 색채, 뚜렷한 명암 대비, 대담한 시선 및 공간 처리, 평면분할기법 등이 새로운 화풍을 모색하기 위해 고민하고 있던 인상파 화가들을 자각시켰다. 그러니까 일본인들은 그때까지도 수백 년에 걸쳐 축적된 자신들의 그림문화의 우수성과 선진성을 모르고 있었던 것이다. 일본 사람들은 그런 판화를 물건의 포장지 등으로 사용하는 등 그 가치를 별로

소중하게 여기지 않았다. 서양미술사의 대가인 곰브리치도 서양미술사 특히 인상파 화가들에 끼친 일본 목판화의 가치를 높게 평가하고 있다. 서양 미술사가의 입장에서 동양 미술의 하나인 일본 목판화를 어떻게 평가하고 있는지 살펴볼 필요가 있다.

18세기의 일본 화가들은 동양 미술의 전통적인 소재를 포기하고 채색 목판화를 위한 주제로서 하층민의 생활 장면들을 선택했다. 이런 채색 목판화는 최고의 장인이 지닌 기교의 완벽성과 매우 대담한 의도가 결합된 것이었다. 일본인 감식가들은 이런 값싼 작품들을 별로 높이 평가하지 않았다. 그들은 근엄한 전통적 방법을 더 선호했다. 19세기 중반 일본이 유럽과 미국으로부터 교역 관계를 강요받을 시기에 이러한 판화들은 물건을 싸는 포장지나 빈 곳을 메워주는 종이로 자주 사용되었고, 차(茶) 상점에서 싼 값에 구할 수 있었다. 마네 주변의 화가들은 그 판화들의 아름다움을 알아보고 그것들을 수집한 최초의 부류였다. 프랑스 화가들은 자신들이 그동안 제거하려고 노력하였던 아카데믹한 규칙과 상투적 수법에 의해 훼손당하지 않은 그림을 이 판화들 속에서 찾아내었다. 일본 판화는 프랑스 화가들로 하여금 자신들도 모르는 사이에 얼마나 많은 유럽적 인습이 아직도 그들에게 남아 있는지 깨닫게 하는 데 도움을 주었다. 일본인들은 사물의 우연적이고도 파격적인 면을 즐겼다. 일본 판화의 거장인 가츠시카 호쿠사이(葛飾北齊: 1760~1849)는 우물의 발판 뒤로 언뜻 보이는 후지산의 정경을 재현했고, 기타가와 우타마로(喜多川歌磨: 1753~1806)는 판화 가장자리나 대나무 발로 인해 잘려나간 인물들을 묘사하는데 주저하지 않았다. 이처럼 유럽 회화의 기본적인 규칙을 무시한 점이 인상주의자들에게 충격을 주었다. 인상파들은 이러한 (유럽 회화의─필자 주) 규칙에는 아직도 시각에 대한 과거로부터 내려오는 지식이 잔존해 있음을 발견해냈다. 그림이 항상 어느 장면의 모든, 또는 관련되는 부분을 다 보여주어야만 하는 이유가 어디 있는 가?15)

역시 미술사의 대가답게 프랑스 인상파에 대한 일본 목판화의 영향에 대해서 제대로 지적하고 있다고 볼 수 있지만, 아무래도 동양 문화에 익숙치 않은 서양인이다 보니까 몇 가지 잘못 이해하거나 간과한 점도 있다. 우선 우타마로가 대나무 발로 인해 잘려나간 인물을 그린 것이 아니라, 대나무 발에 비친 인물을 그린 것이다. 대나무 발을 본 적이 없는 곰브리치는 대나무 발이 반투명성이라는 사실을 몰랐던 것 같다. 창호지나 대나무 발에 비치는 사물의 그 은은한 잔영 효과를 몰랐던 것이다.

그리고 당시 일본 화가들은 하층민의 생활 장면을 주로 그렸다고 말했는데, 그들은 일본의 명산과 바다 호수 등 자연풍경도 많이 그렸다. 호쿠사이는 후지산 36경을 연작으로 그렸으며, 풍경화의 천재 우타가와 히로시게(歌川広重, 1797~1858)는 에도 100경을 연작으로 그려 당시 대중들에게 대히트를 쳤다. 비슷한 시기에 활약했던 조선의 김홍도(1745년~?)나 신윤복(1758년~?) 등 조선 화가들의 그림과 비교해보면, 화풍이 얼마나 차이가 나는지 금방 알 수 있을 것이다.

일본 목판화(우키요에)는 인상파 화가들에게 대담한 단순화를 위해 입체감이나 다른 세세한 것들을 희생시킨다면, 그림에서 한층 더 강렬한 인상을 만들어 낼 수 있다는 확신을 주었다. 그리고 우타마로 등은 요즈음 포르노 만큼 대담한 춘화(春畫: しゅんが)도 많이 그렸다.16)

고흐와 고갱은 둘 다 깊이감을 무시하고 색채를 강렬하게 표현하면서 이런 방법을 꾸준히 이용했고, 쇠라는 점묘법을 이용하여 더 세밀하게 일본 그림을 응용했다.17) 보나르(Pierre Bonnard, 1867~1947)는 마치 태피스트리처럼 캔버스 위에 아른거리는 빛과 색채의 느낌을 표현하는 독특한 재능과 감수성을 표현했다. 호들러(Ferdinand Hodler, 1853~1918)는 그의 고향인 스위스 풍경을 대담하게 단순하게 처리해서, 마치 포스터와 같은 명료성을 보여주기도 했다. 로트렉(Henri de Toulouse-Lautrec, 1864~1901)은 이처럼 절제된 그림 기법을 포스터라는 새로운 미술에 활용하여, 유럽 미술이 일본 미술로부터 습득한 기법은 특히 광고 미술에 적합하다는 것을 보여주었다. 젊은 천재 작가인 비어즐리(Aubrey Beardsley, 1872~1898)는 일본 판화에서 영향을 받은 흑백 삽화포스터로 유럽 전역에서 순식간에 큰 명성을 얻었다.

곰브리치는 일본 목판화의 영향을 많이 받은 화가로 에드가 드가(Edgar Degas, 1834~1917)를 지목하여 예를 들고 있는데, 사실 그 영향을 가장 크게 받은 사람은 고흐(Vincent van Gogh, 1853~1890)라고 볼 수 있다. 정말 고흐는 뼈속까지 일본 판화에 빠져들었다. 고흐는 동생 테오에게 보낸 편지에서 자기 그림의 기본 컨셉은 일본 그림을 바탕으로 하고 있다고 할 정도로 일본 그림에 빠져들었다. 가난한 살림에도 불구하고 중개상을 통해서 구매할 수 있을 만큼 일본 그림을 수집했다. 그래서 히로시게의 에도 100경 중 하나로 나오는 〈다리 위의 소나기, 1857년〉를 거의 그대로 모사하게 된다. 〈The Bridge in the Rain(after Hiroshige), 1887년〉이 바로 그 그림이다.

너무도 유명한 〈탕기 아저씨의 초상(Portrait of Pere Tanguy)(사진 참조)〉의 배경을 보면 고흐가 얼마나 일본 그림을 사랑했는지 알 수 있다. 저자는 이 그림을 파리 로뎅미술관에서 직접 보았는데, 우키요에풍의 여러 가지 그림을 배경 화면으로 배치한 것을 생생하게 볼 수 있다. 삐에르 로티(Pierre Loti)의 소설 〈국화부인(Madame Chrysantheme)〉

다리 위의 소나기          다리 위의 소나기 모사 작품

(우타가와 히로시게)          (고흐)

에는 뤼기 로시(Luigi Lossi)가 그린 삽화가 나온다. 이 삽화에 나오는 국화부인의 장례를 치르는 일본 승려들의 민머리에 감명을 받아, 머리를 밀어버리고 초상화를 그리기도 한다. 고갱에게 준 초상화가 바로 그 그림이다.

1882년 2월에 프랑스 남부 아를에 도착한 직후, 누이에게 보낸 편지에서 고흐는 그림에 대한 자신의 생각이 얼마나 바뀌었는지 설명하고 있다.18) 자신은 이제 더 자주 일본 사람의 눈으로 사물을 관찰하고 있으며, 만일 누이가 일본 판화를 공부한다면 밝고 선명한 색채를 사용하는 (일본의) 현대 미술가들을 이해하게 될 것이라고 말하고 있다. 또한 고흐는 동생 테오에게 1887년 9월 말에 일본 미술을 연구하면 얻게 되는 이득을 설명하기도 한다. 고흐의 이와 같은 일본 우키요에 사랑 때문에 일본인들이 고흐를 비롯한 인상파 그림을

탕기 아저씨(고흐). 배경에 우키요에
그림들이 보인다(출처: 위키백과)

일본 여인(모네)
(출처: 위키백과)

큰 파도(가츠시카 호쿠사이)

좋아하게 되었고, 일제시대 때 일본식 예술교육을 받았던 우리도 자연스럽게 인상파 그림을 좋아하게 된 것이다.

고갱만 일본 그림에 빠진 것이 아니다. 우리가 미술시간에 배운 유명한 화가들은 거의 모두 일본 문화에 흠뻑 빠져 있었다. 모네도 호쿠사이의 후지산 그림을 보고 〈석양의 낟가리〉를 그렸다. 그 유명한 〈에밀 졸라의 초상〉의 배경에도 일본 그림이 걸려 있다. 모네는 자기 부인에게 기모노를 입히고 일본 부채와 사무라이 무사를 그려 넣은 〈일본 여인, 1876〉을 그렸다. 필자는 이 그림을 보러 보스턴 현대미술관에 갔을 때, 처음에는 보지 못했다. 그런데 "저쪽 방에 당신이 찾고 있는 그림이 있다"고 아내가 알려주어, 잰걸음으로 그곳에 가보았다. 그 작업실 안에서는 어떤 화가가 작업용 돋보기를 쓰고 이 그림을 정성스럽게 보수하고 있었다. 아마도 그림의 일부분이 훼손되어 보수작업을 하고 있었던 것으로 보인다.

그 외에 드가, 고갱, 피사로, 르노와르, 클림트('키스'로 유명한), 티소, 휘슬러 등이 일본 그림의 영향을 받은 그림을 그렸다.[19] 거기서 더 나아가 로버트 블럼(Robert Blum), 조셉 크롤(Joseph Crowhall), 찰스 워그만(Charles Wirgman) 같은 서양 화가들은 아예 일본으로 건너가서 일본 문화를 직접 경험하면서 일본인의 일상생활을 소재로 하는 그림을 유화로 그리기도 했다.

건축에서는 빅토르 오르타(Victor Horta: 1861~1947)가 일본의 건축 양식을 응용하여 굽이치는 곡선의 효과를 현대인의 요구에 잘 맞는 철제 구조물에 옮겨 놓았다.[20] 유럽의 건축가들은 브루넬리스키 이래 완전히 새로운 양식을 보게 되었다. 이 새로운 양식은 매우 자연스럽게 아르누보와 동일시되었고, 그렇게 불리게 되었다.

일본 문화는 미술뿐 아니라 음악에도 영향을 미쳤다.[21] 푸치니는 오페라 '나비부인'의 토대가 되었던 삐에르 로티(Pierre Loti)의 소설 〈국화부인 菊花婦人〉을 각색한 연극 〈나비부인〉을 보고 감명을 받아 오페라 〈나비부인〉을 작곡했다. 연극 〈나비부인〉은 개화기 일본 게이샤와 미군 장교와의 이루어질 수 없는 사랑을 그린 통속적인 내용이다. 1900년 1월에 로마에서 오페라 〈토스카〉를 성공리에 마친 풋치니는 새로운 작품을 찾고 있었다. 1900년 6월에 런던 코벤트 가든에서 〈토스카〉의 영국 초연을 하러 갔다가, The Duke of York Theater에서 우연히 연극 〈나비부인〉의 일본적인 드라마틱한 스토리에 엄청난 감동과 충격을 받게 된다. 영어도 전혀 모르는 사람이 연극 초연이 끝나자마자 무대 뒤로 달려가서, 감동의 눈물을 흘리며 관계자들을 설득하여 오페라 제작 및 공연권을 따게 된다. 이렇게 해서 〈나비부인〉이 탄생하게 된 것이다. 자타가 공인하는 천하의 바람둥이 풋치니라서, 즉 연애 경험이 많아서, 비극적인 연애 스토리인 〈나비부인〉을 성공시켰는지도 모를 일이다.

일본 판화는 오페라뿐 아니라 클래식 음악에도 영향을 미쳤다.[22) 영국을 사랑했던 드뷔시는 바다를 자주 방문했다. 바다를 좋아했고, 바다가 작곡에 필요한 새로운 분위기를 가져다주었기 때문이다. 지금까지도 너무 유명한 호쿠사이의 판화 〈큰 파도〉에 반한 드뷔시는 이 그림을 1905년에 발간된 그의 피아노 악보집 〈바다〉의 표지로 사용하게 된다(사진 참조). 나중에 드뷔시는 영국 이스트번(Eastbourne)에 있는 그랜드호텔 방에 앉아서 바다를 바라보며, 그 피아노곡 교향시 〈바다〉를 작곡하게 된다. 드뷔시는 로댕의 애인 까미유 끌로델과 잠시 동안 열애에 빠지기도 했다.

제2장에서 언급한 엔닌의 여행기 〈입당구법순례행기〉에서 살펴본 것처럼, 9세기 중반에 일본 유학승인 엔닌 일행이 당시 선진국이

었던 당나라의 절에 가서 불화를 모사하느라고 비싼 비용과 시간을 들인 적이 있는데, 천 년이 지나서는 서양 화가들이 일본 화가들의 그림을 모사하고 있는 것이다. 19세기 후반에 일본은 적어도 문화적으로 이미 선진국의 반열에 올랐다고 보아도 무방할 것이다. 왜냐하면 채색 목판화로 수백 수천 장씩 그림을 찍어내려면, 우수한 종이 제조기술과 인쇄술, 그림을 생산하기 위해 필요한 전문가별 분업제도, 유통제도, 춘화(春畵)까지도 용인하는 자유롭고 개방적인 사회적 분위기가 어우러져야만 가능하기 때문이다.23)

13세기 말에 서구 기독교 사회는 마르코 폴로가 소개한 동양문명의 종주국인 중국의 위대한 문명에 충격을 받았고, 16세기 말에는 유명한 허풍쟁이 핀투가 소개한 중국문명에 충격을 받았고, 19세기 말에는 유럽에서 열린 만국박람회에서 만난 우키요에라는 일본 그림에 큰 충격을 받게 되는 것이다. 이때부터 일본은 선진국으로 발돋움하는 기반을 다지게 된다. 거기에는 우키요에라는 그림의 여행이 큰 몫을 했다. 그림 같은 문화도 사람처럼 여행을 통해서 다른 문명에 영향을 끼치는 것이다.

조선 도공의 슬픈 여행이 창조한 세계 최고의 도자기

일본 도자기는 조선 도공의 슬픈 여행이 만들어낸 대표적인 문화상품이다. 지금도 일본 규슈의 가라쓰(唐津), 이마리(伊萬理), 아리타(有田), 가고시마 미야마(美山)에 가면 조선 도공들의 흔적을 생생하게 엿볼 수 있다. 가라쓰야끼(唐津燒)는 임진왜란 때 조선 도공 나카자토(中里)로부터 출발했다. 아리타야끼(有田燒)는 도자기의 신으로 추앙받고 있는 이삼평(李參平, ?~1655)으로부터 시작되었으며, 이마리야끼(伊萬理燒)는 이름을 알 수 없는 수많은 조선 도공들의 피와 땀으로 그 명성을 얻었다. 미야마(미산마을)의 사쓰마야끼(薩摩燒)는 박평의(朴平意)와 심당길(沈當吉)의 가마로부터 시작되었다.

가라쓰역 부근에는 나카자토 14대손이 운영하는 고차완 가마(御茶碗窯)가 있으며, 이마리 비요의 마을(秘窯の里)에는 도공무연탑(陶工無緣塔)과 고려인(高麗人－조선인)의 비(碑)가 서있다. 아리타에는 이삼평의 생가터를 표시하는 작은 도자기 표지판과 묘비, 도조(陶祖) 이삼평비, 그리고 15대손이 운영하고 있는 도조 이삼평 가마가 있다. 석장신사(石場神社)에 가면 외로이 꼿꼿한 자세로 앉아 있는 이삼평 백자 조각상이 있다. 아리타 보은사(報恩寺)에는 조선 최초의 여성 도공으로 세계적인 아리타 백자를 탄생시킨 백파선(白波仙, 1560년~1656년)의 묘비도 있다. 가고시마에 가면 심당길의 15대 후손인 심수관(沈壽官)이 지금도 미산마을에서 가마를 이어가고 있다. 그리고 박평의 후손들이 운영하는 여러 가마를 볼 수 있다. 가라쓰－이마리－아리타－미야마는 기차로 모두 연결되어 있어 편리한 조선 도자기 답사코스이다.

비요(秘窯)의 마을 이마리에 있는 무연고 도공탑. 무명의 조선 도공들도 모시고 있다.

아리타 야끼의 도조, 이삼평 좌상(아리타, 석장신사)

지금은 세계 도자기 시장을 석권하고 있는 일본의 도자기 산업은 역사적으로 보면, 한반도에서 포로로 끌려간 도공들의 노력으로 이루어진 것이다. 우리가 잘 알고 있는 심수관이나 이삼평 그리고 백파선 등은 머나먼 이국땅에 끌려와, 그 한을 달래려고 온갖 고통과 어려움을 참고 인내하면서, 자기(磁器)에 그 조선 도자기의 혼을 불어넣어 당대의 명품을 만들어냈다. 물론 후대로 넘어오면서 조선의 자기는 일본화되어 일본의 자기가 된다. 일본은 다른 나라의 우수한 문화를 습득하여 자기화시키는 습합문화(習合文化)에 천재적인 소질이 있는 민족이다. 도자기 예술도 그중 하나이다.

일본에서는 임진왜란(1592)과 정유재란(1597)을 도자기 전쟁(소물전쟁 燒物戰爭 아키모노센소)이라고 부를 정도로 조선의 도자기에 집착했다. 유홍준 교수의 〈나의 문화유산답사기 – 일본편1 규슈〉에 나오는 일본 도자기사(史)에 대한 조선 도공들의 기여를 정리하면 다음과 같다.24) 정유재란 때 각 다이묘와 번주들은 일본으로 퇴각하면서 기술자들, 특히 도공들을 집중적으로 데려갔다고 한다. 특히 규슈 지방의 번주들이 경쟁적으로 끌어갔고, 그 도공들이 만들어낸 도자기들이 가라쓰 항구를 통해 일본 전역으로 퍼져나감으로써 일본의 생활문화를 통째로 바꾸어 놓았다. 당시 일본은 자기를 만들 줄 몰라 도기(陶器)의 세계에 머물러 있었고, 그것도 거친 질그릇을 아주 제한적으로 사용했을 뿐이다. 산림이 풍부하여 목재가 흔했던 탓으로 생활용기의 대부분이 목기였다.

무로마치시대(1336~1573)에 형성되기 시작한 다도(茶道)는 지배층의 최고급 문화로 자리 잡아, 조선에서 수입해 간 다기는 금값이었다. 따라서 조선 도공은 황금알을 낳아주는 오리였던 것이다. 이들의 노력으로 이삼평의 후손들이 아리타 자기를 탄생시켰고, 남원에서 끌려온 심일당 후손들(그중 한명이 심수관이다)은 시로몬(白物)이라고 불리는 사쓰마 백자를 탄생시켰다. 특히 아리타에서는 이마리야키(伊万里燒き)라는 수출용 도자기를 생산하게 되었는데, 1650년대로 들어서면서 사가현에 있는 이마리항을 통해 유럽으로 수출된다.

이 아리타자기가 유럽 전역으로 퍼져나갔고, 일본 자기는 세계적인 명성을 얻게 되는 것이다. 저자는 이런 명품 이마리야키를 비엔나에 있는 왕궁보물관과 터키 이스탄불에 있는 토프카궁, 런던의 대영박물관, 파리의 루브르박물관, 그리고 뉴욕의 메트로폴리탄박물관에서 직접 확인할 수 있었다.

그런데 여기에는 재미있는 역사의 아이러니가 존재한다. 일본의 도자기가 세계적인 명성을 얻게 된 것은 우연한 계기가 있었기 때문이다. 17세기 중반까지 전 세계에서 자타가 공인하는 명품 도자기는 당연히 중국 경덕진(景德鎭)산이었다. 중국 도자기는 위에서 언급한 박물관에 가면 지금도 흔히 볼 수 있을 정도다. 그런데 17세기 중반 명청 교체기에 중국이 혼란에 빠지고 외국 배의 입항이 금지되자, 당시 경덕진 도자기를 유럽에 공급하고 있었던 네덜란드 동인도회사는 그 공급선을 일본으로 돌리게 되는 것이다. 울며 겨자 먹기식으로 선택한 대체상품이 대히트를 친 것이다.

서구 세계에 퍼진 그 명품 자기에는 해상실크로드 동쪽 끝에 있는 조그만 나라인 조선 도공들의 영혼과 숨결이 배어있는 것이다. 실크로드를 오고가는 상품들에는 이렇게 여러 나라 사람들의 혼과 재주, 자금과 행정적인 지원이 합쳐져서 탄생한 상품들이 많다. 일본 도자기의 명성은 임진왜란 때 강제로 일본으로 끌려간 조선 도공의 '슬픈 여행'이 만들어낸 것이다. 전쟁포로의 여행은 이처럼 뜻하지 않게 세계적인 명품을 생산하는데 기여하기도 한다.

# 주

1) 괴테 저, 박찬기 외 역. 2012. 이탈리아 기행. 민음사.

2) 이하 두산백과 참조.

3) 이하 곰브리치 저, 백승길·이종승 역. 2012. 서양미술사. 예경. p.551 참조.

4) 니시하라 미노루 저, 이언숙 역. 2013. 음악가의 생활사. 열대림. p.50.

5) 니시하라 미노루 저, 이언숙 역. 2013. 음악가의 생활사. 열대림. p.51.

6) 이하 니시하라 미노루 저, 이언숙 역. 2013. 음악가의 생활사. 열대림. pp.51-52 참조.

7) 이하 니시하라 미노루 저, 이언숙 역. 2013. 음악가의 생활사. 열대림. p.52 참조.

8) 이하 니시하라 미노루 저, 이언숙 역. 2013. 음악가의 생활사. 열대림. p.53 참조.

9) 이하 니시하라 미노루 저, 이언숙 역. 2013. 음악가의 생활사. 열대림. pp.53-54 참조.

10) 이하 니시하라 미노루 저, 이언숙 역. 2013. 음악가의 생활사. 열대림. p.54 참조.

11) 이하 니시하라 미노루 저, 이언숙 역. 2013. 음악가의 생활사. 열대림. p.55 참조.

12) 이하 니시하라 미노루 저, 이언숙 역. 2013. 음악가의 생활사. 열대림. pp.58-60 참조.

13) 니시하라 미노루 저, 이언숙 역. 2013. 음악가의 생활사. 열대림. p.63.

14) 이하 Lambourne, L. 2005. Japonisme: Cultural Crossings between Japan and the West, Phadon 참조.

15) 곰브리치 저, 백승길 이종승 역. 2012. 서양미술사. 예경. pp.525-526.

16) Rosina Buckland. 2010. Shunga: Erotic Art in Japan. The British Museum Press.

17) 이하 Lambourne, L. 2005. Japonisme: Cultural Crossings between Japan and the West, Phadon 참조.

18) 이하 Lambourne, L. 2005. Japonisme: Cultural Crossings between Japan and the West, Phadon 참조.

19) 이하 Lambourne, L. 2005. Japonisme: Cultural Crossings between Japan and the West, Phadon 참조.

20) 이하 Lambourne, L. 2005. Japonisme: Cultural Crossings between Japan and the West, Phadon 참조.

21) 이하 Lambourne, L. 2005. Japonisme: Cultural Crossings between Japan and the West, Phadon 참조.

22) 이하 Lambourne, L. 2005. Japonisme: Cultural Crossings between Japan and the West, Phadon 참조.

23) 이하 Lambourne, L. 2005. Japonisme: Cultural Crossings between Japan and the West, Phadon 참조.

24) 이하 유홍준. 2015. 나의 문화유산답사기-일본편1 규슈. 창비. pp.125-190 참조.

# 제**6**장

# 탐험과 여행

　새로운 곳을 찾아 나서는 탐험은 필연적으로 여행을 수반한다. 즉 여행은 탐험의 필수 수단 중 하나이다. 13세기 말에 마르코 폴로의 〈동방견문록〉에 의해 큰 충격을 받은 유럽사회는 폴로가 언급한 황금과 향료가 넘쳐나는 나라를 찾아 나섰다. 그 선두 주자가 콜럼버스와 바스코 다 가마다. 그들은 에스파니아(스페인)와 포르투갈 왕실의 지원을 받아 항해에 나서 아메리카(서인도제도)와 인도에 도착하게 된다. 발견한 것이 아니라, 이미 있었던 다른 나라에 도착한 것이다. 유럽인에 의한 대항해시대와 식민지 개척시대가 시작된 것이다.

　유럽 사람들은 자기네 관점에서 발견이라고 한다. 우리는 이런 지배자 또는 침략자 관점을 무비판적으로 교육시키고 받아들여, 아직도 '신대륙 발견'이라는 표현을 쓴다. 이것은 크게 잘못된 교육이고 개선되어야 할 사항이다. 서구 열강은 아메리카 탐험뿐 아니라 중앙아시아와 아프리카 등에도 탐험대를 파견했다. 우리 인류는 20세기 후반에 지구를 벗어나 우주로까지 그 여행의 범위를 넓혀 나갔다. 어쨌든 여행이 없는 탐험은 존재할 수가 없다. 이 장에서는 이런 탐험여행을 소개한다.

생명의 기원을 밝힌 찰스 다윈과 비글호의 여행

　유럽인들에 의한 탐험시대의 시대적 배경을 가장 잘 이용한 과
학자가 있다. 바로 찰스 다윈이다. 찰스 다윈의 여행이 없었다면, 유
전학은 탄생하지 못했다. 찰스 다윈(Charles Robert Darwin, 1809~1882)
은 영국의 생물학자이다. 해군 측량선 비글호에 박물학자로 승선하
여, 남아메리카와 남태평양의 여러 섬과 오스트레일리아 등을 항해
탐사했고, 그 관찰기록을 〈비글호 항해기 The Voyage of the Beagle〉
로 출판하여 진화론의 기초를 확립하였다. 1859년에 진화론에 관한
자료를 정리한 〈종(種)의 기원(起原)〉이라는 저작을 통해 진화사상을
공개 발표하였다. 그의 여행과 업적을 정리하면 다음과 같다.[1]

　다윈은 영국인 슈루스베리의 의사 로버트 다윈의 아들이며, 에라
스머스 다윈의 손자로 태어났다. 1825년 에든버러대학에 입학하여
의학을 배웠으나 성격에 맞지 않아 중퇴하였다. 1828년 케임브리지
대학으로 전학하여 신학을 공부하였다. 어릴 때부터 동식물에 관심
을 가졌고, 케임브리지대학의 식물학 교수 헨슬로와 친교를 맺어, 그
분야의 지도를 받았다. 1831년 22세 때 헨슬로의 권고로 해군 측량
선 비글호에 박물학자로서 승선하여, 남아메리카와 남태평양의 여러
섬(특히 갈라파고스제도)과 오스트레일리아 등을 두루 항해・탐사하
고, 1836년에 귀국하였다. 그는 여행 중에 동식물의 표본이나 지질
(地質) 등을 광범위하게 조사하여, 나중에 진화론을 주장하는 데 기
초가 되는 자료를 모았다.

　특히 갈라파고스제도에서의 관찰, 즉 서로 다른 환경의 섬과 거
기에서 생활하는 같은 계통의 생물에서 볼 수 있는 사소한 변이(變

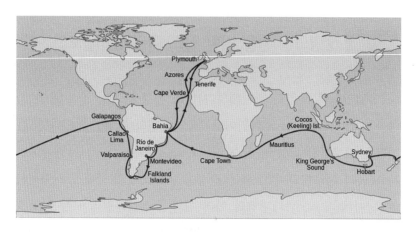

비글호 항해로(출처: 위키백과)

異)와의 관련은, 다윈으로 하여금 진화론의 심증을 굳히는 주요 요인
이 되었다. 또한 라이엘의 〈지질학 원리〉에도 큰 영향을 받았다.
1839년 〈비글호 항해기〉를 출판하여, 여행 중의 관찰기록을 발표하
면서 진화론의 기초를 확립하였다. 또한 지질학상의 문제, 산호초의
생성원인의 연구에 착수하였다. 1842년에는 건강 때문에 켄트주(州)
에 은거하여 진화론에 관한 자료를 정리하고, 1856년부터 논문을 쓰
기 시작하였다. 그는 1882년 켄트 다운에서 죽었다. 다윈의 진화론은
물리학에서의 뉴턴 중력이론과 더불어 과학이론의 혁신을 가져와,
그 후의 자연관과 세계관 형성에 큰 영향을 끼쳤다.

    역사적으로 인류가 경험한 수많은 사상의 대변혁 중에서 생물
진화에 관한 사상만큼 거대한 변혁은 없었다.2) 생물 진화론은 그것
과 대립되는 관념론과의 장기간의 격렬한 투쟁 끝에 하나의 뚜렷한
사상적 위치를 차지하게 되었다. 생물이 창조되었다고 하는 믿음, 그
리고 생물의 종은 변하지 않는다고 하는 기존 창조론에 대한 반발로
서 다윈 이전에 디드로, 루소 등의 철학자들이 진화사상을 피력한

바 있고, 라마르크는 체계적인 이론으로 진화론을 발표하기도 했으나 기존 창조론의 세력에 압도되어 버렸다.

다윈은 여행 중에 현지답사를 통해 얻은 풍부한 실증적 사실에 의거해 진화론을 전개하여, 생물은 진화한다는 사실을 일반인들에게 인식시키는데 성공하였다. 다윈의 진화론이 성공적으로 받아들여지게 된 이유는 그의 진화론 자체가 충분한 설득력을 가졌기 때문이기도 하지만, 자본주의의 발달에 의한 사회 구조와 대중들의 의식의 변화로 인해, 새로운 학설을 편견 없이 받아들일 수 있는 사회적 분위기가 조성되어 있었던 덕택이기도 하다. 그의 진화론은 기존의 인간관과 세계관에 커다란 변혁을 일으켜, 그 사상적 의미는 생물학이 가진 의미보다 훨씬 크다고 할 수 있다.

그런데 만일 다윈이 비글호를 타고 여행에 나서지 않았다면 〈종의 기원〉 같은 혁신적인 이론이 탄생할 수 있었을까? 아마도 불가능했을 것이다. 그런 점에서 여행은 인류에게 새로운 사상을 가져다주는 계기가 되기도 한다. 그럼 다윈은 어떻게 비글호를 타고 여행을 떠나게 되었을까? 세계 곳곳에 식민지를 건설하고 세계를 상대로 무역을 하며, 부를 축적하는데 여념이 없던 영국은 1826년부터 1830년까지 남아메리카 동해안과 마젤란해협 일대를 조사한 적이 있었다. 그러나 미진한 부분이 있어, 비글호를 파견하여 두 번째 조사에 나서게 된 것이다.

비글호의 피츠로이 함장은 항해조사 중 박물학을 연구할 뿐 아니라, 함장의 말동무도 되어줄 박물학자를 찾고 있었다.[3] 다윈은 케임브리지대학의 헨슬로 교수의 추천으로 우여곡절 끝에 비글호를 타게 되었다. 출항 준비를 끝낸 비글호가 영국 데이번포트항을 떠나, 역사에 남을 항해에 오른 것은 1831년 12월 27일 오전 11시였다. 비글호는 대서양을 내려가 남아메리카 남부의 동해안을 몇 번이나 오르내리면서 조사했다. 1836년 6월 10일에 남아메리카 남쪽으로 떠나 서해안을 따라 올라왔다. 다윈은 큰 지진도 경험했고, 안데스산맥을 넘어갔다 넘어오기도 했으며, 페루 리마까지 찾아가기도 했다. 갈라파고스제도와 타히티섬을 거쳐 뉴질랜드와 호주를 탐험했다. 인도양 칼링군도와 모리셔스섬을 찾아갔으며, 남아프리카를 거쳐 세인트헬레나섬과 어센션섬을 방문하고, 브라질을 거쳐 마침내 약 5년만인 1836년 10월 2일 영국에 도착했다(비글호 항해로 참조).

다윈은 여행 중 찾아가는 곳의 생물, 지리, 지형, 광물, 바다, 대기, 지질 같은 분야를 세심히 관찰하고 기록했다.4) 또 식물과 동물 화석을 채집하였으며, 그 표본을 분석하기도 했다. 또 남아메리카 인디언들의 무덤을 뒤져 고고학 자료들도 모았다. 다윈은 원주민들이 사는 모습에도 흥미를 느껴, 당시 남미 원주민과 개척자 사이의 싸움이나 노예와 원주민과 개척자들의 생활도 자세히 관찰하고 기록했다. 그는 시간이 날 때마다 남미 내륙지방도 부지런히 탐험했다.

그리고 크고 작은 일들을 작은 비망록에 일일이 기록해 방대한 기록을 남겼다. 실제 발견되지 않은 뉴질랜드와 호주의 비망록을 제외하더라도 18권이나 될 정도였다.5) 그 비망록을 바탕으로 2,000쪽 정도의 원고가 만들어졌으며, 따로 20×25cm 크기의 노트에 751쪽이나 되는 일기를 썼다. 그의 일기는 1831년 10월 24일에 시작해서 1836년 11월 7일에 끝난다. 또 그가 보았던 지역의 지질현상과 동물들을 각각 1,383쪽과 368쪽에 걸쳐 기록했다. 그가 알코올에 보존한 표본이 1,529점이며, 박제하려고 벗긴 동물 껍질과 뼈 화석과 기타 마른 표본들이 모두 3,907점이었다. 항해가 언제나 즐거운 일만은 아니어서, 다윈은 처음 배를 탈 때부터 멀미가 심해서 내릴 때까지 고생했다. 5년에 가까운 항해 기간 중 다윈이 배를 타고 있었던 기간은 18개월 정도였고, 나머지 기간은 육지에 상륙해서 다양한 연구 조사 활동을 했다.

다윈이 19세기의 가장 위대한 과학자이며, 인류 역사상 가장 위대한 과학자 가운데 한 사람으로 추앙받는 이유는, 바로 서구사회에서 당시까지 기독교 교리를 바탕으로 한 사고방식에서 벗어나지 못했던 기독교인들의 사고를 해방시키는 역할을 했다는 데 있다.6) 예를 들면, 이 세상은 하느님이 창조했고, 여자는 남자의 갈빗대로 만들었다고 되어 있기 때문에 해부학자들은 남자의 갈빗대가 24개라는 말을 진화론이 발표되기 전에는 공공연히 하지 못했던 것이다. 그러나 다윈의 진화론이 생물이 스스로 진화할 수 있다는 사실을 밝힌 다음에는, 그런 생물학적 사실을 떳떳하게 말할 수 있게 되었다. 생물이 진화한다는 것은 분명한 사실이며, 그 상세한 과정이 지금도 활발히 연구되고 있다.

하버드대학교의 명예교수이며 유명한 진화학자인 에른스트 마이어(1904년~2005년) 교수는 다윈을 두고, "그 누구도 이 사람보다 더 크게 우리의 현대 세계관에 영향을 준 사람은 없다"라고 칭송했을 정도로, 다윈은 우리가 살고 있는 현대의 과학과 사회 전반에 큰 영향을 끼쳤다.7) 이 주장은 21세기의 문턱을 넘어선 지금까지도 유효하다. 진화론을 부정하는 상당 부분은 다윈의 주장을 제대로 이해하지 못했기 때문이라는 것이 마이어 교수의 설명이다.

한 사람의 여행이 2천년 가까이 서구인의 정신세계를 지배하던 기독교 이데올로기를 깨뜨리고, 세상 만물에 진화에 대한 새로운 과학 사상을 만들어내게 된 것이다. 실로 위대한 여행이 아닐 수 없다. 만일 다윈이 목사인 아버지의 뜻을 받들어 신학을 공부하고 목사가 되었다면, 진화론이 이 세상에 나와 서구인들의 기독교적 의식세계를 변화시킬 수 있었을까? 더구나 비글호를 타고 탐사여행을 떠나지 않았다면? 이 세상에 있는 생물들이 하느님이 창조한 것이 아니라, 생물 스스로 만들어가는 진화의 결과라는 사실을 비글호 여행을 통한 현장조사에서 확신하게 되었다는 것은, 여행이 과학자에게도 얼마나 중요한 역할을 하는지 다윈의 여행경험을 통해서 확인할 수 있다.

중앙아시아 탐험과 '실크로드의 악마들'

19세기 말에서 20세기 초에 영국과 러시아는 중앙아시아를 놓고 '그레이트게임(the Great Game)'을 벌이고 있었다. 그레이트게임이란 정세가 불안하던 중앙아시아를 놓고, 세계 패권을 꿈꾸는 영국과 남하정책을 지속적으로 추진하던 러시아가 물밑에서 비밀리에 벌인 총성 없는 전쟁을 말한다. 그래서 이 지역은 자연스럽게 서구 열강들의 관심을 끌게 되었고, 탐사여행을 가장한 정보 취득 활동이 활발하게 진행되었다.

'실크로드의 악마들(Foreign Devils on the Silk Road)'로 지칭되는 스웨덴의 스벤 헤딘(Sven Hedin, 1865~1952), 영국의 오렐 스타인(Aurel Stein, 1862~1943), 독일의 알베르토 폰 르 코크(Albert Von Le Coq, 1860~1930) 와 알베르토 그륀베델(Albert Grünwedel, 1856~1935), 프랑스의 폴 펠리오(Paul Pelliot, 1878~1945), 러시아의 세르게이 올덴부르크(Sergey Oldenburg, 1863~1934)와 니콜라이 프르제발스키(Nikolay Przhevalsky, 1839~1888), 미국의 랭던 워너(Langdon Warner, 1881~1955), 일본의 오타니 고즈이(大谷光瑞, 1876~1948) 등이 대표적인 인물들이다. 이들은 이 지역을 탐사하고, 지도를 제작하고, 유적을 발견하고, 유물을 약탈하면서 이곳에 관련된 여행기록을 남겼다.

그 대표적인 선두주자가 헤딘이다. 스웨덴의 헤딘만큼 찬양과 명성을 누리면서, 다른 한편으로는 악평과 불명예에 시달린 탐험가도 드물다. 그는 유대계이면서도 제1, 2차 세계대전 때 독일편에 서서 나치즘과 파시즘을 지지함으로써 중앙아시아 탐험으로 얻은 명예와 명성을 스스로 날려 버렸다.8) 그렇다고 그가 남긴 업적이 과소평가

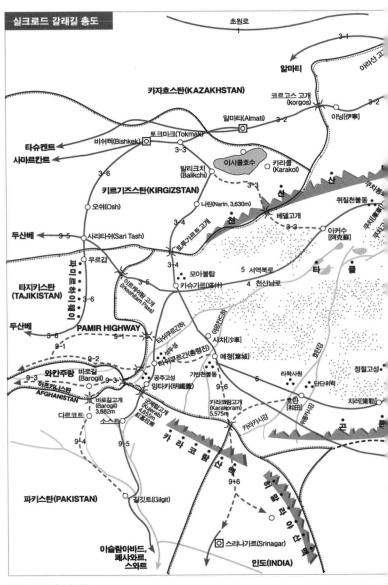

실크로드 갈래길 총도

초원로 1

알마티

카자흐스탄(KAZAKHSTAN)

코르고스 고개 (korgos)

이닝[伊宁] 3-2

알마티(Almati) 3-2

타슈켄트 ← 비쉬켁(Bishkek) 토크마크(Tokmak)

사마르칸트 ← 3-6 3-3

발리크치 (Balikchi) 이시쿨호수 카라콜 (Karakol)

키르기즈스탄(KIRGIZSTAN) 3-3

오쉬(Osh) 나린(Narin, 3,630m) 퀴질천불동

두산베 ← 3-5 사리타쉬(Sari Tash) 3-4 베델고개 3-3 아커수 [阿克蘇]

무르갑 3-4 모아불탑 5 서역북로

4 천산남로

타지키스탄 (TAJIKISTAN) 3-6 이르케쉬탐 고개 (Irkeshitam Pass) 3-5 카슈가르[塔什]

두산베 PAMIR HIGHWAY 타슈쿠르간허

9-1 9-서 타슈쿠르간[塔什쿠르간] 이르키쉬하 샤차[沙車] 정절고성

와칸주랑 바로길 (Barogil) 9-2 석두성 예청[葉城] 라왁사원 단단위릭

9-3 9-3 공주고성 기반천불동 치러[策勒]

아프가니스탄 밍타카(明鐵蓋) 9-6 카리코람고개 호탄 AFGHANISTAN 바로길고개 (Karakoram 和田 (Barogil) 쿤제랍고개 5,575m) 3,882m (Kunjerab) 4,635m 디르코트 소스트 카라카시강

9-4 9-5 카라코람산맥

9+6

파키스탄(PAKISTAN) 길깃트(Gilgit)

이슬람아바드, 페샤와르, 스와트 스리나가르(Srinagar)

인도(INDIA)

〈대 실크로드 루트 총도 정식명칭〉
1. 초원로(Steppe Road) / 2. 하서주랑로(河西走廊路) / 3. 천산북로(天山北路) (3-1) 아라산(阿拉山) 고개길 (3-2) 코르고스(霍尔果斯) 고개길 (3-3) 베델(別迭)
개길: 일명 현장법사(玄奬法師) 길 (3-4) 토르가르트(吐爾戛特) 고개길 (3-5) 이르케쉬탐 고개길(Irkeshitam Hwy) (3-6) 파미르 하이웨이(Pamir Hwy: 일명 M4'
도로) / 4, 5. 천산남로(天山南路)=서역북로(西域北路) / 6. 서역남로(西域南路) / 7. 토욕흔로(吐浴渾路) / 8. 토번로(吐蕃路:唐蕃古道) / 9. 파미르 횡단로(Pamir 橫断

실크로드 총도(출처: 법현 저, 김규현 역주. 2013. 불국기. 글로벌콘텐츠. pp.내지1-

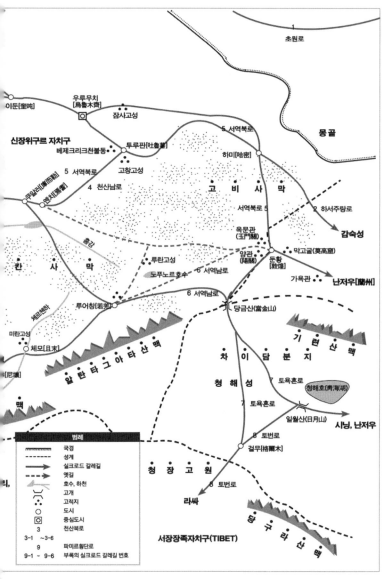

초원로

아둔[奧屯]

우루무치
[烏魯木齊]

잠사고성

신장위구르 자치구
베제크리크천불동

투루판[吐魯蕃]

5 서역북로

고창고성

쿠얼러[庫爾勒]

옌치[焉耆]

5 서역북로

4 천산남로

타
클
라
마
칸

루란고성

도푸노르호수

사
막

5 서역남로

고　비　사　막

하미[哈密]

서역북로 5

옥문관
(玉門關)

양관
(陽關)

둔황
[敦煌]

6 서역남로

2 하서주랑로

막고굴(莫高窟)

가욕관

감숙성

난저우[蘭州]

첼로첸허

미란고성

[尼壤]

6 서역남로

루어창[若羌]

체모[且末]

6 서역남로

당금산[當金山]

알
타
그
아
타
산
맥

차　이　담　분　지

청　해　성

7 토욕혼로

기
련
산
맥

청해호(靑海湖)

7 토욕혼로

일월산[日月山]

시닝, 난저우

맥

8 토번로

걸무[格爾木]

청　장　고　원

8 토번로

라싸

서장장족자치구(TIBET)

당
구
라
산
맥

몽골

초원로

몽골

**범례**

━━━━━━ 국경
- - - - - 성계
──▶ 실크로드 갈레길
- -▶ 옛길
∿ 호수, 하천
⌒ 고개
∴ 고적지
○ 도시
◎ 중심도시
3 천산북로

3-1 ~3-6
9　　　파미르횡단로
9-1 ~ 9-6　부록의 실크로드 갈레길 번호

(9-1) 사리쿨 고개길(Sari-kul Pwy) (9-2) 와칸주랑 북쪽길(Wakhan Corridor north way) (9-3) 와칸주랑 남쪽길(Wakhan Corridor south way) (9-4) 다르고개길(Darkot Pwy/ 高仙芝路) (9-5) 쿤제랍 고개길(Khunjerab Pwy) (9-6) 카라코람 고개길(Karakoram Pwy) / 10. 서남아로(西南亞路/ 中東路) (10-1) 우의 사마르칸드→부하라(Bukhara)→히바(Kiva)→투르크메니스탄의 메르브(Merv)→파르티아(Parthia)→이란→이라크 메소포타미아 지방→지중해 연안로마 (10-2) 파키스탄의 페사와르(Peshawar)→카이바(Kiber)고개→아프칸 카불→이란→이라크-로마 / 11. 해양로(海洋路)

되어서는 안된다.

무엇보다 그의 큰 업적은 중국 신장의 타클라마칸사막을 횡단하면서 동시에 현대적 측량기로 측량하고, 지도를 제작하여, 다음 탐험가들이 그 지역을 탐사하는데 길잡이 역할을 했다는 점이다. 헤딘은 1890년 25세 때 탐험을 시작하여 약 40년간 탐사여행을 계속했다. 당시 그가 타클라마칸사막 지역을 최초로 탐사하면서 남긴 지도를 통해, 스타인이나 르 코크, 오타니 탐험대 등 많은 탐험가들이 이 지역에 대한 탐험을 보다 쉽게 추진할 수 있었다. 그가 작성한 지도는 최근 인공위성의 관측과 비교해보아도 큰 차이가 없을 정도로 정확한 것으로 판명되었다.

1895년 2월에 시도한 그의 첫 번째 중앙아시아 횡단여행이 성공하자, 단지 타클라마칸의 주변을 우회해서 가는 것뿐만 아니라, 그 사막 내부 깊숙이 들어가는 것도 극히 위험하기는 하지만 가능하다는 사실을 깨닫게 된 탐험가들이 속속 그의 뒤를 이어 이 지역의 탐험에 나서게 된 것이다.9) 헤딘은 1895년 12월 1차 탐험에서는 호탄 동북쪽에서 단단윌릭(상아로 장식한 집이 있는 곳이라는 뜻)을 발견했고, 1899년 9월의 2차 탐험에서는 '누란왕국'을 발견하여 전세계 고고학계를 흥분하게 만들었다(앞 지도 참조).

지리학자였던 헤딘이 제작한 지도를 이용하여, 그가 발견한 유적을 발굴하고 그 성과를 고스란히 차지한 사람은 따로 있었다.10) 바로 고고학자인 스타인이었다. 그는 헤딘이 발견만 하고 지식과 장비의 부족으로 발굴을 포기한 유적을 하나씩 체계적으로 발굴하고 정리하여 발표함으로써 세계적인 명성을 얻었다. 그는 16년에 걸친 타클라마칸 지역을 탐험하면서 박물관 하나를 채우고도 남을 고대 미술품과 귀중한 고사본들을 영국과 인도로 실어 날랐다. 그 때문에 그는 오늘날까지도 중국 역사의 소중한 유물을 약탈해 간 외국인 강도의 원흉으로 지목되는 불명예도 동시에 얻게 되었다.

스타인이 약 4천 km에 이르는 타클라마칸사막을 탐험한 사실을 두고, 다른 유명한 고고학자인 레오나드 월리 경은 "어떤 고고학자보다도 더 대담하고 모험적으로 고대 세계를 공략했다."고 칭송했다.11) 저명한 중앙아시아 여행가이자 역사학자인 오웬 라티모어 교수는 스타인에 대해 "동시대인 중에서 동양학 학자, 탐험가, 고고학자, 지리학자를 겸한 가장 경이적인 학자"라고 평가했다. 또 한 저술가는 스타인을 "마르코 폴로 이래 가장 위대한 아시아 탐험가"로 평가했다.

헤딘과 여러 가지 점에서 비슷한 점도 많았지만 둘 사이에는 근본적인 차이점이 있다.12) 스타인은 중국의 오지 속에 묻혀 있는 유적에 대한 자신의 학설을 증명하기 위해 탐험 길에 오른 동양학 학자였다. 자신의 말대로 '고고학적 탐험가'였다. 반면에 헤딘은 고도로 훈련된 지리학자이자 지도 제작자로서 말 그대로 순수한 탐험가였다. 사실 그 점에서 헤딘은 러시아가 낳은 위대한 아시아 탐험가인 프르제발스키와 더 많은 공통점을 가졌다. 이런 배경에서 짐작할 수 있듯이, 스타인은 역사 분야의 탐험가로서는 다른 어떤 경쟁자에게도 결코 뒤지지 않는 월등한 업적을 남겼다. 실로 그는 중앙아시아 고고학의 거인이었다.

헝가리 태생인 스타인은 학창시절부터 죽을 때까지 알렉산더대왕의 동방원정에 매료되어 있었다.13) 〈대당서역기〉를 쓴 현장도 그의 우상이었다. 그는 현장이 기록한 유적들을 발굴하고 싶었다. 그는 부모가 모두 세상을 떠나자 인도로 건너갔다. 영국인으로 신분을 바꾸고 인도 총독의 후원을 받아 타클라마칸으로 탐사여행을 떠났다.

1900년 12월에는 단단윌릭을 발굴하여, 150여 점의 유물을 대영박물
관으로 보냈다. 그중에서도 쥐의 얼굴을 하고 머리에는 왕관을 쓴
사람이 좌우에 시종을 거느리고 있는 채색 패널과 781년 2월 6일 날
짜가 적힌 당나귀 한 마리를 돌려받게 해달라는 탄원서, 인도와 페
르시아, 중국의 영향이 혼합된 세린디아 미술의 동방 전파 사례를
보여주는 채색 패널 등이 유명하다.

　1901년 1~2월에는 니야유적을 발굴하고, 카로슈티어(고대 인도어)
로 쓰인 목독(木牘: 종이가 발명되기 이전에 죽간과 함께 문자를 기록했던
나무조각)을 대량 발견했다.14) 이 목독에 찍힌 봉니(封泥: 목독을 열어
볼 수 없도록 진흙으로 봉인하는 것)에서 방패와 번개화살을 손에 든 아
테네 여신과 에로스의 입상과 좌상, 헤라클레스, 또 다른 아테네 여
신 등 여러 그리스 신들이 날인돼 있었다. 거기에 고전기의 양식을
잘 보여주는 야만인의 남녀 두상도 많이 있었다. 헬레니즘이 실크로
드를 따라 동쪽의 타클라마칸사막까지 전파된 것을 보여주는 명백한
증거였다. 동서양의 혼용을 보여주는 목독도 있었다. 하나의 목독에
중국 관리의 한자 인장과 고전적인 서양 양식의 두상의 모습이 날인
된 것도 있었다. 알렉산더의 동방원정 결과 간다라 지역을 지배했던
그리스 박트리아 왕국의 흔적이 중국 신장지역에 나타난 것이다.

　이 풍부한 문서(목독)들은 항의서, 소환장, 통행허가서, 체포장,
노역자 명단, 계산서 따위로, 먼 옛날에 사라진 이 지역 주민의 일상
사에 관한 문서들이었다.15) 이 문서들에 사용된 언어는 카로슈티 문
자로 표기한 초기 인도 프라크리트어였다. 이러한 목독 문서들의 발
견은 서기 105년에 발견된 종이가 아직 서역남로 쪽에는 들어오지
않았다는 사실을 증명한다. 또한 타클라마칸 서쪽 지방이 기원전 2
세기경에 탁실라(현재 파키스탄 이슬라바마드 인근 도시로 과거 간다라

불교미술의 대표적 유적 도시)에서 침입한 인도인(마우리아 왕조, 기원전 322~185)에게 정복되어 식민지가 되었다는 전설이 어느 정도 신빙성을 갖게 되었다. 이 전설은 현장의 〈대당서역기〉와 고대 티벳 문헌에도 기록되어 있다.

스타인은 니야 유적(앞 지도 참조) 탐험을 마치고 동쪽으로 가서 엔데레강 맞은 편에 있는 엔데레 유적을 발굴하여, 높이가 약 5m이고 바닥의 폭이 약 9m인 거대한 성벽을 발견했다.16) 이 성에는 티벳군이 당나라군을 몰아내고 이 지역을 통치했던 흔적이 남아 있었다. 또 가장 오래된 티베트어로 적힌 불교 경전을 발견하기도 했다. 엔데레 탐사를 마치고 다시 서쪽으로 방향을 돌려 케리야강 맨 북쪽에 있는 카라동 유적을 발굴했으나 별 소득이 없었다.

다시 서쪽으로 발길을 돌려 호탄 북쪽에 있는 라왁(높은 대저택이란 뜻이다) 유적(앞 지도 참조)을 발굴하여 큰 성과를 얻었다. 거대한 부처상과 보살상을 모두 91구나 출토했다. 또 많은 소형 협사상(脇士像), 성인상(聖人像)과 다수의 프레스코 벽화도 나왔다. 이 유물들은 초기 간다라 작품과 밀접한 관계가 있는 것으로 밝혀졌다. 다행인지 불행인지는 모르지만, 등신대 이상의 불상은 가져오지 못하고 다시 묻어두었으나, 5년 후에 다시 갔을 때는 중국 도굴꾼들이 모든 소상들을 박살내버리고 그 쓰레기만 남아 있었다. 라왁을 마지막으로 스타인은 1차 탐험을 마쳤다.

스타인의 1차 탐험 결과는 유럽 고고학계에 충격을 주었다.17) 중국의 오지 사막에 미지의 불교문명이 숨어있다는 증거를 보여주었기 때문이다. 발굴된 미술품과 고문서들의 가치는 놀라웠다. 지금까지의 유럽 고고학계의 관심은 고대 그리스-로마 문명, 고대 이집트 문명, 그리고 기독교 유적에 집중되어 있었다. 중앙아시아 불교문명

스타인 탐험대(가운데 뒤편에 서 있는 사람이 스타인)

에 대한 고고학은 전혀 새로운 분야였다. 이런 엄청난 성과는 스타
인에게는 명성과 후원자를 가져다주었지만, 다른 한편으로는 수많은
경쟁자들을 끌어들이는 결과를 가져왔다.

　스타인은 1906년 7월부터 1907년 5월까지 2차 탐험에 나서 누란
유적과 미란 유적을 발굴하고(앞 지도 참조) 돈황 장경동(17호굴)에서
엄청난 고문서를 갈취했다.[18] 특히 미란 유적에서는 어떤 불교 유적
지의 네모난 기둥 밑에서 서양 고전기에 나타나는 날개달린 천사 그
림을 발견하였다. 어떤 그림들에는 티투스(Titus)라는 화가의 서명도
있어서 로마에서 온 화가로 결론을 내렸다. 로마인이 타클라마칸 동
쪽 끝까지 왕래했다라고 보기보다는 앞에서 말한 것처럼, 간다라 지
역을 지배했던 그리스왕국에서 온 사람이라고 보는 것이 더 설득력
이 있을 것이다. 2차 탐험 중 가장 중국인들을 분노케 만든 것은 1907
년 5월에 돈황 장경동에서 130파운드를 주고 돈황석굴을 관리하던

보살들

날개 달린 천사

스타인이 미란유적에서 발굴한 벽화(구글 이미지)

왕원록 도사를 유혹하여, 필사본 24상자(완전한 것 7천여 권, 일부만 남아 있는 것 6천여 권)를 갈취한 사건이었다. 이 사건은 1947년 사해 북서안의 쿰란 지역에서 발견된 사해문서의 발견과 비견되기도 하지만, 스타인이 왕도사로부터 고서를 취득한 경위 때문에 끊임없이 비난을 받았다.

스타인의 첫 경쟁자는 독일 베를린민속박물관이 파견한 탐험대였다. 독일은 1902년부터 1914년 사이에 네 차례의 탐험대를 파견했다.19) 독일 고고학계는 1897년에 러시아 학자 클레멘츠가 이곳을 방문하여, 프레스코 벽화, 필사본, 비문 등을 가지고 상트페테르부르크로 돌아가서 아카데미에서 출판하자 크게 자극을 받았다. 또한 스웨덴의 헤딘과 영국 스타인의 영웅적인 탐험담과 그들이 약탈해온 유물을 보고 놀란 독일 고고학계는 지금이 자신들이 참여할 차례라고 판단했다. 첫 탐험대는 모두 베를린민속학박물관의 직원들이었다. 대장은 탁월한 불교미술 전문가인 알베르토 그륀베델 교수였고, 부대장은 불교 미술사가인 게오르그 후트 박사로 그는 탐험에서 겪은 과로로 돌아오자마자 죽었다. 마지막으로 잡역부인 테오도르 바르투스는 워낙 활동적이고 벽화를 떼어내는 기술이 뛰어나 네 차례 모두

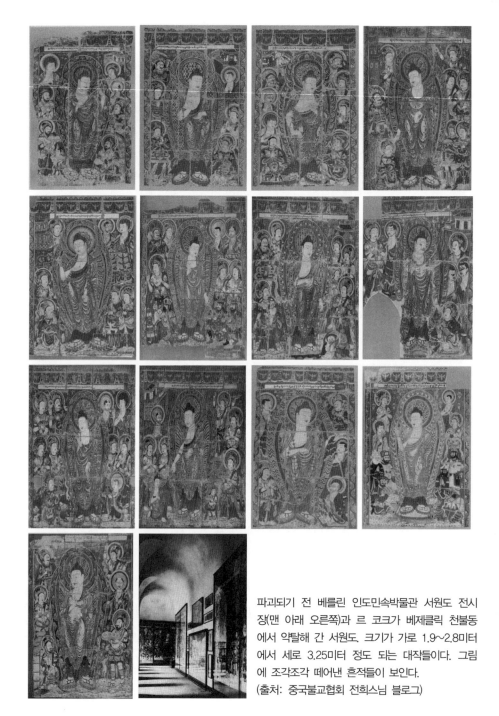

파괴되기 전 베를린 인도민속박물관 서원도 전시장(맨 아래 오른쪽)과 르 코크가 베제클릭 천불동에서 약탈해 간 서원도. 크기가 가로 1.9~2.8미터에서 세로 3.25미터 정도 되는 대작들이다. 그림에 조각조각 떼어낸 흔적들이 보인다.
(출처: 중국불교협회 전희스님 블로그)

베제클릭석굴 외관(중국 투르판)

발탁되었다. 1902년 1차 탐험대로 이곳에 온 그륀베델은 46상자의 프레스코 벽화, 고사본, 조각상 등을 가져갔다.

독일 탐사대가 가장 큰 성과를 낸 것은 폰 르 코크와 바르투스 두 명으로 구성된 2차 탐험대였다. 그들은 투르판에 있는 베제클릭석굴에 있었던 거대한 〈서원도〉 14장(앞 사진 참조)을 떼어서 베를린으로 실어갔다. 서원도는 천장이 발발굽형으로 생긴 회랑식 석굴의 양쪽 벽면을 따라 15장의 벽화로 장식되어 있었다. 지금은 회랑 천장에 화려하고 정교한 페르시아 양식의 보상화문만 남아있을 뿐이다. 르 코크 일행은 1904년 11월 18일 투르판에 도착했다. 제15호굴에서 〈서원도〉를 발견한 순간을 르 코크는 〈사막에 묻힌 중국령 투르키스탄의 유물들〉에서 이렇게 기록하고 있다.[20]

그곳은 수세기 이상 계곡을 타고 흘러내린 모래들이 바닥에서 천장까지 가득 메워 사람들이 들어가 살 수 없게 봉쇄되어 있었다.

가장 커 보이는 굴로 들어가 벽을 덮고 있는 모래 더미 위로 비틀거리며 올라갔다. 발을 떼자마자 곧 모래사태가 일어나 모래들이 흘러내렸다. 갑자기 마술에라도 걸린 것처럼 내 좌우로 드러난 벽 위에 이제 막 화가가 붓질을 끝낸 것 같은 생생한 그림이 나타났다. 나는 흥분해서 바르투스한테 이 놀라운 벽화들을 와서 보라고 소리쳤다. 눈앞의 프레스코화를 살펴본 우리는 대단히 중요한 발견을 했다는 예감을 하면서 굳게 악수를 나누었다. 이 벽화를 안전하게 가져갈 수 있다면 이 탐험의 성공은 확실한 것이다. 부지런히 모래를 치워내자, 입구 양 벽면에 각 3명씩 모두 6명의 등신대보다 큰 승려의 그림이 나타났다. 계속해서 모래를 파내자 벽화들이 잇달아 나타났다. 인물의 생김새로 보아 인도승이 틀림없는 승려들은 황색 법의를 걸치고 있었는데, 그들의 이름이 중앙아시아 브라흐미 서체로 그 옆에 기록되어 있었다. 다른 인물들은 자색 법의를 입었는데, 동아시아에서 온 승려가 분명했으며 이름이 위구르어와 한자로 적혀 있었다. 계속해서 사원의 회랑을 따라 모래를 파나갔다. 시대별로 다른 15명의 거대한 부처 그림이 모습을 드러냈다.

이 글에서 보는 것처럼, 르 코크는 이 석굴에서 'ㄷ'자 회랑을 따라 양쪽 벽에 그려진 〈서원도〉 15폭을 발견했다. 그리고 이 엄청난 벽화를 보는 순간부터 이미 독일로 가져가야겠다는 생각을 하고 있는 것이다. 벽화를 현장에 보존하면서 학술적 연구를 하는 그륀베델과 달리 르 코크는 그것을 절취하여 본국으로 수송하는 것을 답사의 목적으로 삼았다. 그런 태도 때문에 3차 탐험에서는 그륀베델과 심하게 의견충돌을 보이게 된다. 르 코크의 2차 탐험대는 103상자나 약탈해서 베를린으로 보냈다. 후에 르 코크는 그의 저서에 이렇게 기록했다.[21]

오랜 시간 힘들여 작업한 끝에 벽화를 모두 떼어내는 데 성공했다. 20개월이 걸려 그것들은 무사히 베를린에 도착했다. 그 벽화들은 박물관의 방 하나를 가득 채웠다. 그 방은 모든 벽화가 완벽히 옮겨온 하나의 작은 사원이었다.

지금 베제클릭 15호굴에는 떼어가지 못한 한 작품이 상당히 훼손된 채로 남아 있으므로, 르 코크가 가져간 것은 14폭으로 보인다. 탐험대 동료이자 벽화 절개의 명인 바르투스는 "바르투스 이 땅의 것을 베를린으로 옮기다"라는 낙서까지 남겼다. 특히 바르투스는 베제클릭과 토육석굴 탐사 후에 찾아간 쉬팡 유적(Shui-pang: 어디인지 불명. 원서에는 투르판 북쪽에 있는 폐허라고 되어 있다)에서 '기적의 전리품'이라 불리는 5세기의 〈시편〉, 〈마태복음〉, 〈니케아 신경〉의 일부, 헬레나 여왕이 예수의 십자가를 찾은 이야기와 세 명의 동방박사가 아기 예수를 방문한 이야기가 기록된 초기 기독교 필사본들을 발굴해내는 개가를 올리기도 했다. 이런 유물들은 5세기 말부터 종교적 박해를 피해 도망온 기독교인들의 소유물일 가능성이 높다. 르 코크가 가져간 벽화는 베를린에 있는 인도민속박물관에 보관되어 있다가, 제2차 세계대전 때인 1943년 11월 23일부터 1945년 1월 15일 사이에 미군 등 연합군의 공습으로 잿더미가 되어 사라져버렸다. 천년 이상이나 살아남았던 가로 세로 1.8~3.3m에 달했던 불교문명사의 걸작 〈서원도〉 13폭이 하루아침에 먼지가루로 변해버린 것이다. 그 벽화들은 1913년 베를린 인도박물관에서 발행한 〈CHOTSCHO〉라는 도록에만 도판으로 남아 있을 뿐이다. 이제 베제클릭 〈서원도〉는 상트페테르부르크에 있는 에르미타쥬박물관에 보관되어 있는 1폭(가로 2.4m×세로 3.1m)과 르 코크 일행이 떼어가지 못하고 훼손한

1폭 등 모두 2폭만 남아있다.

러시아 에르미타쥬박물관에 있는 〈서원도〉는 미군의 폭격에서 살아남은 것 중 하나를 베를린을 점령한 소련군들이 미술관과 박물관에서 유명 미술품과 유물들을 약탈해서 소련으로 가져갈 때 끼어 있었는지도 모른다. 왜냐하면 1905년에 이 그림을 별견한 르 코크는 동굴이 모래에 덮여 있었다고 증언했기 때문에 1898년에 투르판 지역을 탐험한 러시아 클라멘츠 탐험대는 이 석굴을 발견하지 못했을 것이다. 1909년에 코즐로프 탐험대가 이 석굴에 갔을 때는 이미 르 코크가 훼손된 하나만 남기고 모두 떼어가 버린 후였다. 일본 오타니 탐험대가 떼어간 〈서원도〉 단편 등 벽화 일부가 지금 서울중앙박물관 3층 중앙아시아관에 전시되어 있다. 나머지 서원도 단편들은 중국, 인도, 일본 등에 흩어져 있다.

1902년 8월에 승려로 구성된 몇 명의 일본 탐험대가 타클라마칸 사막에 나타났다. 오타니 탐험대다. 일본 작가 마쓰오카 유즈루(宋岡讓, 1891~1969)가 지은 다큐멘터리 소설 〈돈황이야기〉는 바로 오타니 3차 탐험대의 실화를 바탕으로 쓰여진 것이다. 저자는 실제 탐험에 참가한 사람들의 고생담과 무용담을 감동적으로 묘사하고 있다. 이 탐험대를 조직하고 자금을 지원한 오타니 고즈이(大谷光瑞, 1876~1948)는 정토진종(淨土眞宗)의 니시혼간지(西本願寺) 제22대(1903~1914) 주지를 지냈다. 그의 아버지는 21대 지주였다.

그는 1902년 8월 중순에 영국을 여행하고 귀국하는 길에 제1차 중앙아시아 탐험대를 조직하였다. 불자로서 실크로드의 불교문화를 직접 목격하고 싶은 마음은 당연했을 것이다. 저자 같은 기독교인도 '돈황'이라는 말만 들어도 가슴이 설레는데, 이때 이미 그는 '실크로드의 악마들'인 스벤 헤딘, 스타인 등과 함께 영국 왕실지리학회의 회원으로 활동하고 있었다. 그래서 그들이 신장지역에서 가져오는 불교유물을 보거나 그들의 탐험기를 읽거나 탐험담을 들으면서 흥분하고 마음이 다급해졌을 것이다.

오타니는 혼다 에류(本多惠隆), 이노우에 고엔(井上弘圓), 와타나베 뎃신(渡邊哲信), 호리 마스오(掘賢雄) 등 4명을 수행시켜, 서투르기스탄 철도의 종점인 러시아의 안디잔(지금은 우즈베키스탄)을 거쳐 천산산맥을 넘어 중국의 서쪽 끝 도시인 카쉬가르에 들어갔다. 탐험대는 이듬해 오타니 부친의 별세로 귀국하게 된다. 카슈가르 남쪽에 있는 타지크인의 도시 타쉬쿠르간에서 두 개의 조로 나누어, 오타니는 혼다와 이노우에 두 수행원과 함께 파미르, 길기트(파키스탄 북부 도시), 인도를 경유하여 귀국했다. 와타나베와 호리 두 사람은 타쉬쿠르간에서 다시 타림분지(타클라마칸사막)로 향하여, 호탄에서 이 사막을 남쪽에서 북쪽으로 횡단한 후 천산남로(天山南路, 즉 서역북로 西域北路)에 있는 악수 쿠차 투르판 일대를 조사하고 귀국했다. 제1차 오타니 탐험대의 최대 성과는 4개월에 걸친 키질석굴의 조사였다.

1906년부터 1907년까지는 오타니 혼자서 중국을 여행했다. 1908년과 1909년에는 노무라 에이자부로(野村榮三郎)와 다치바나 즈이초(橘瑞超) 두 사람으로 제2차 중앙아시아 탐험을 시도했다.22) 그들은 북경을 출발하여, 장가구로부터 울란바토르, 외몽고를 거쳐 우루무치에 도착했다. 그 후 투르판에서 베제클릭, 고창고성, 교하고성을 조사한 후, 노무라는 서역북로의 여러 유적을 조사하며 서쪽으로 향했다. 다치바나는 헤딘이 발견하였던 누란왕국의 수도 크로라이나를 조사하였다. 다치바나는 그후 서역남로로 서진하여 카슈가르에서 노무라와 재회하였다. 두 사람은 부근에서 약간의 조사를 한 후, 유럽여행을 위해 인도에 머물고 있던 고즈이 일행과 합류하고자 했다.

1909년 10월 초 야르칸드를 출발하여 카라코람 고개를 넘어 인도의 스리나가르에 도착했다. 다치바나는 고즈이 일행과 동행하여 영국으로 향하였고, 노무라는 발굴품을 가지고 일본으로 돌아왔다. 다치바나는 런던에서 여러 불교학자와 만나 의견을 교환하고, 헤딘과 스타인도 만나 학술조사에 관한 조언과 지도를 받았다.

1910년 8월, 당시 20세였던 다치바나는 19세의 영국인 조수 홉스를 데리고 3차 탐험에 나서게 된다.23) 런던을 떠난 다치바나 일행은 페테르부르크에서 옴스크를 경유하여 우루무치로 들어갔다. 투르판에서 병에 걸린 홉스와 헤어진 다치바나는 아스타나, 크로라이나(누란), 미란에서 발굴 작업을 한 후, 체르첸에서 타클라마칸사막을 남북으로 종단하여 쿠차에 도착했다. 그 후 카슈가르를 거쳐 호탄으로 향하여 티베트 북부를 횡단하려 했으나 실패하고, 같은 해 12월 서역남로를 따라 동쪽으로 향했다.

오타니 탐험대: 타클라마칸 지역에서 약탈한 유물을 낙타에 싣고
귀국길에 오른 오타니 3차 탐험대(1914년 3월)

이 사이 중국에서는 신해혁명이 일어나 다치바나의 소식은 두절되었고, 이를 걱정하여 급파된 요시카와 고이치로(吉川小一郎)는 1912년 1월 돈황에서 다치바나를 만나게 된다. 그 후 다치바나는 시베리아 철도를 경유하여 귀국하고, 요시카와는 투르판을 중심으로 약 2년 동안 각지의 조사와 발굴을 계속한 후, 1914년 3월에 수집품을 145마리의 낙타에 싣고 우루무치를 떠나 귀로에 올랐다.

학승으로 구성된 오타니 탐험대는 불교에 대한 깊은 지식과 한문 소양을 바탕으로 질적으로 상당히 높은 수준의 유물을 수집하였으나 학술적으로는 미비한 점이 많았다. 서구 열강의 탐험대와 달리 상세한 탐험보고서를 작성하지 않은 점은 물론, 발굴품들의 구체적인 출처에 관한 기록마저 남기지 않아, 이 탐험대의 업적에 대한 학술적 평가는 미미한 편이다.

오타니 3차 탐험대는 영국과 러시아로부터 스파이 행위로 의심받기도 했으나, 오타니 컬렉션 중 투르판에서 수집한 유물의 대부분은 제3차 탐험대의 결실이었다. 이러한 수집품들은 오늘날 중국 여순, 일본 도쿄와 교토, 한국의 서울에 흩어져 있는데, 우리나라 중앙박물관에 있는 서원도(부분)가 바로 그 수집품 중 일부인 것이다.

서원도를 비롯한 오타니 컬렉션의 일부가 중앙박물관에 오게 된 경위는 정말 운명의 장난이 아닐 수 없다. 사람뿐 아니라 땅에도 팔자가 있고, 물건에도 팔자가 있다는 말이 실감나는 대목이다. 독일 탐험대 르 코크와 그륀베델이 베를린으로 가져간 베제클릭 벽화들은 제2차 세계대전 때 미군의 공습으로 산산조각이 되어 먼지처럼 허공으로 사라져버렸는데, 오타니 탐험대가 가져온 서원도의 일부는 한국으로 와 목숨만은 건진 셈이다. 목숨은 건졌으니 웃어야 할지, 아니면 집을 떠나 타국 땅을 떠돌고 있으니 울어야 할지 모르는 팔자인 셈이다. 우리나라 실크로드학의 대가 중 한 명인 국립중앙박물관 민병훈 박사의 〈초원과 오아시스 문화 중앙아시아〉에 오타니 컬렉션의 소장 경위가 다음과 같이 자세히 나와 있다.[24]

오타니의 실크로드 탐험은 교토역 앞에 있는 니시혼간지의 풍부한 자금 지원으로 가능했다. 그러나 과도한 탐험대 비용은 이 절의 재정을 기울게 하여 오타니는 방만한 재정 운영의 책임을 지고 은퇴하게 되었다. 따라서 자금 지원이 없어진 탐험도 자연스럽게 불가능하게 되었고, 수집된 유물은 뿔뿔이 흩어지게 된다. 다수의 석굴사원의 벽화를 포함한 이들 서역 유물은 현재 중국의 여순박물관과 한국의 국립중앙박물관 그리고 일본의 동경국립박물관 등에 나뉘어 소장되어 있으며, 문서류는 교토의 류코쿠(龍谷)대학에 보관되어 있다.

오타니의 은퇴와 함께 일부 유물이 당시 일본이 지배하고 있던 여순으로 옮겨지고, 고베에 있었던 그의 별장 니락소(二樂莊)의 나머지 유물은 당시의 유력 정상(政商)이었던 구하라 후사노스케(久原房之助)에게 저택과 함께 매도되었다. 구하라는 1916년에 동향 출신인 테라우치(寺內正毅) 조선총독에게 이들 서역 유물을 양도하였고, 중앙박물관의 전신인 조선총독부 박물관에서는 경복궁 궁전의 일부인 수정전(修政殿)에 이를 전시하였다. 이들 서역 유물은 수정전에서 해방을 맞을 때까지 계속 상설 전시되고 있었다. 아마도 일본이 제2차 세계대전에서 패망하면서 황망하게 한반도와 중국에서 철수하면서 이런 문화재까지는 챙기지 못했을 것이다.

해방과 함께 이들 유물은 수정전에 있다가 박물관 내의 유일한 내화건물인 진열본관 수장고로 옮겨지게 되었다. 6·25전쟁 때 부산으로 소개되었던 이 유물들은 한동안 국립경주박물관에 수납되어 있다가, 1974년 경복궁 내의 국립중앙박물관(현 국립민속박물관) 신축

개관을 계기로 돌아오게 되었다. 그리고 1986년 8월 구 중앙청 청사 (조선총독부 건물)를 국립중앙박물관으로 개장하여 이 유물들을 상설 전시하게 되었다. 그러나 1996년에 조선총독부 건물을 해체 철거하는 과정에서 다시 수장고에 격납되었다가 지금의 용산 국립중앙박물관을 개관하면서 3층의 중앙아시아관에 상설 전시된 것이다. 지금까지 소개한 것이 한국에 오게 된 서역 유물의 물생(物生) 역정이다.

가장 완벽하게 보존된 서원화는 현재 페테르부르크에 있는 에르미타쥬박물관에 소장되어 있다. 중앙박물관에 있는 서원화 단편들은 부분적으로 훼손되어 있는 상태다. 중앙박물관이 소장하고 있는 서역 유물 중에서도 저자가 가장 좋아하는 그림은 서원도 조각인 〈꽃을 들고 있는 손〉(壁畵 誓願畵 斷片)이다. 투르판 베제클릭 제15호굴에서 발견된 10~12세기경 유물이다. 이 서원화 단편 오른쪽 아래 부분은 러시아 올덴부르그가 절취하여 현재 에르미타쥬박물관에 소장되어 있다. 현지에 남아있는 벽화 오른쪽 윗 부분의 결여된 부분에 해당하는 것이 바로 이 단편이다.

저자가 베제클릭석굴을 방문했을 때는 심하게 훼손된 석굴만 서너 개 보여줘 그 부분을 보지 못했다. 이 벽화 조각은 꽃을 들고 있는 손을 묘사한 것으로, 매우 자연스럽고 우아하게 묘사되어 있다. 저자는 이 그림을 보고 있으면 저절로 나폴리 국립고고학박물관에 소장된 〈꽃을 따는 처녀〉가 떠오른다. 꽃을 따는 손의 부드러운 동작과 자연스러운 색상 때문인 듯하다. 저자는 나폴리에 가서는 정작 그 처녀를 만나지 못하고 런던의 대영박물관에서 열린 〈폼페이 유물 특별전〉에 '출장 간' 그녀를 만나는 기쁨을 누렸다.

돈황 장경동에는 우리와 특별한 인연을 가진 사람이 있다. 바로 프랑스 동양학자 폴 펠리오이다. 캄보디아 밀림 속에서 앙코르와트

유적을 발견하여 온 세계를 놀라게 만든 프랑스 학자들은 다른 나라
보다 타클라마칸 진출이 좀 늦었다. 1906년 6월 17일 파리를 떠난 펠
리오 탐험대는 8월 30일에 카쉬가르에 도착했다. 중국어를 몰라 2차
탐험 때부터 중국인 청년 장사야(蔣師爺)를 자신의 조수로 데리고
다닌 스타인과 달리, 펠리오는 한자뿐 아니라 13개 언어에 능숙한
언어의 천재였다. 중국 문헌과 서지학의 대가였던 것이다. 그의 중국
어 실력에 놀란 중국 지방 관리들과 그만큼 친밀하게 지낼 수 있었
고, 협조도 쉽게 받을 수 있었다. 그만큼 고문서를 조사하는데 효율
적이고 빨리 처리할 수 있었다.

펠리오는 돈황에 도착한 지 거의 한 달 만에 17호굴(장경동)에 들
어갈 수 있었다.[25] 그 순간을 펠리오는 "나는 완전히 넋을 잃었다."
고 썼다. 스타인이 1907년 5월경에 13,000부나 가져갔음에도 불구하

돈황 장경동(제17호굴)에서 고문서를
선별하고 있는 펠리오(출처: 위키백과)

고, 장경동에는 15,000~20,000부 가량의 필사본들이 남아 있었다. 그는 촛불 하나만을 밝힌 채, 3주일 동안 그 필사본들을 모두 분류했다. 필사본 더미 앞에서 펠리오의 작업 장면을 찍은 그 유명한 사진은 동료인 누에트가 찍은 것이다. 그 사진은 파리 기메미술관에 있는 펠리오관에 걸려 있다. 저자는 2013년 3월에 기메미술관에 갔음에도 불구하고, 펠리오관이 거기 있는 줄도 몰랐다. 당연히 펠리오의 그 유명한 사진도 못 보았다. 내 무지가 정말 한스럽다. 정말 '아는 만큼 보인다'는 말이 딱 맞다. 여행에서 사전 조사가 얼마나 중요한지 알 수 있는 사례이다. 그는 왕도사에게 5백 테일(약 90파운드. 테일은 중국 은화에 대한 외국인의 호칭)을 주고 자신이 필요하다고 분류한 필사본을 샀다. 그는 필사본들을 소중하게 포장하여 누에트로 하여금 증기선편으로 파리로 가져가게 했다. 자신은 1909년 10월 24일 거의 3년 만에 파리로 돌아왔다.

펠리오가 장경동에서 가져온 필사본 중에는 유명한 문서들이 많이 들어 있다.26) 먼저 9세기경에 히브리어로 쓰인 면죄부(免罪符) 단편이다. 이 문서는 구약의 〈이사야서〉와 〈시편〉이 인용된 기도문이다. 이 문서의 존재로 당시 유대인이 돈황 주변까지 왔을 가능성이 제기되고 있다. 8~9세기에 티베트어로 쓰인 〈연대기〉도 있다. 이 문서는 한자로 쓰인 경권(經卷)의 뒷면을 이용하여 티베트의 역사를 기록했다. 돈황 지역은 781~848년 사이에 티베트의 지배를 받았다. 네스토리우스파의 전교를 암시하는 〈대진경교삼위몽도찬 大秦景教三威蒙度讚〉도 있다. 이 문서는 시리아어를 한역한 것으로 네스토리우스파 기독교에서 전례를 드릴 때 사용한 문서이다. 11세기경에 위구르어로 쓰인 〈현장 삼장전〉도 있다. 8~9세기경 소그드어로 쓰인 〈선악인과경〉도 있다. 10세기경 호탄어로 쓰인 〈금광명경 金光明

經〉도 있다. 여기에는 물론 우리가 자랑스러워하는 〈왕오천축국전〉
도 들어 있다. 정말 인류사에 보물 같은 문서 유물들이다. 이런 문서
들이 제대로 연구되지 못하고 프랑스 국립도서관이나 기메미술관 등
에 보관되어 있는 현실은 정말 슬픈 일이다.

19세기 말에서 20세기 초에 중국령 타클라마칸사막 주변에서 일
어난 불법 도굴 사례는 여행이 인류문명에 폐를 끼친 대표적인 사례
에 속한다. 여행이 긍정적인 영향뿐 아니라 부정적인 영향도 끼칠
수 있다는 의미다. 그런 귀중한 유물을 가져다가 제대로 활용하지
못하는 열강들의 태도 또한 비난받아 마땅하다. 문화재를 약탈해 갔
으면 반환하는 게 가장 바람직하다. 그렇지 않다면 잘 보존하고 연
구해서 전문 학자나 일반인들이 열람 또는 관람할 수 있도록 배려해
야 한다.

독일은 베제클릭 천불동에서 가져간 〈서원도〉 대작 13편을 먼지
가루로 만들어버렸으며, 루브르박물관이나 대영박물관 또는 도쿄국
립박물관 그 어느 곳도 일반인들이 쉽게 접근할 수 있는 자리에 중
국 타클라마칸에서 약탈해간 유물들을 전시하고 있지 않다. 그렇게
할 거면 차라리 원래 현장에 그 유물들을 놓아두어야 했다. 그럼 중
국 당국에서 나중에라도 차분하고 체계적으로 발굴해서 발표하고,
그 혜택을 전 세계인이 누릴 수 있었을 것이다. 약소국의 문화재까
지도 착취와 약탈의 대상으로 여기는 제국주의적 고고학은 더 이상
존재해서는 안 된다. 무엇보다 약소국들이 자신들의 문화재를 잘 지
키는 일이 더 시급하다. 20세기 초에 중국 타클라마칸사막 주변에서
벌어진 '실크로드 악마들'의 고고학적 불교문화재 약탈은 여행이 가
져온 대표적인 부정적 현상 중 하나이다.

**지구를 벗어나고픈 인간의 우주여행**

　1969년 7월 16일은 인류 여행사에서 가장 획기적인 여행이 시작된 날이다. 지금까지 인류는 지구 내에서만 여행을 했다. 그런데 이 날 인간은 지구를 벗어나 우주로 여행하는 꿈을 실현시킨 것이다. 닐 암스트롱, 버즈 올드린, 마이클 콜린스를 태운 우주선 아폴로 11호가 미국 플로리다의 케이프케네디 우주기지를 이륙한 것이다. 1957년 러시아의 우주선 스푸트니크가 지구 궤도에 오른 지 불과 12년 만에 이룬 쾌거였다. 러시아의 유리 가가린은 1961년 4월 12일 인류 최초로 지구 궤도를 벗어나 우주를 비행한 사람이다.

　가가린이 비행한 며칠 뒤, 케네디 대통령은 미국 우주위원회에 미국이 러시아를 따라 잡을 수 있는지 물었다.27) "어떻게 하면 소비에트를 이길 수 있겠소? 우주 공간에 연구소를 설치하든가, 달을 돌아오는 여행을 하든가, 달에 우주선을 착륙시키든가, 유인 우주선이 달에 갔다 돌아오든가 해야 하지 않겠소? 우리에게 극적인 승리를 안겨줄 만한 우주 계획이 있소?" 그리고 그는 1961년 4월 20일 이런 메모도 남겼다. "우리는 현재 계획을 세우기 위해 하루 24시간씩 일하고 있는가? 그렇지 않다면 즉각 그렇게 해야 한다." 역시 젊은 케네디다운 결단력이었다.

　아폴로 11호는 달까지 38만 4,000km를 여행했다. 인류 역사상 가장 긴 거리를 여행한 이븐 바투타도 이렇게 긴 여행은 하지 못했다. 물론 무동력으로 시도한 여행과 동력을 이용한 여행의 차이는 있다. 발사한 지 11분이 지나자 아폴로 우주선이 지구 궤도에 들어가 무중력 상태가 되었다.28) 2시간 30분 뒤 로켓의 모터가 점화되고 달로 가는 여정이 시작되었다. 수많은 인류가 국적에 관계없이 텔레비전을 통해 이 여행과정을 지켜보고 있었다. 저자도 그중 한 사람이었다. 사령기계선인 컬럼비아호는 수송선이었고, 더 정교한 이글호는 달 착륙을 담당했다.

4일째 되는 날, 세 명의 우주비행사는 달 뒤편으로 가서, 반대쪽으로 로켓을 점화해 속도를 늦추었다.[29] 그리고 달 표면에서 100km 상공의 궤도를 유지하도록 했다. 1969년 7월 20일, 암스트롱과 올드린은 이글호를 타고 모선에서 분리되었다. 그때 콜린스는 이렇게 말했다. "동지들, 달 표면에서 침착하게 행동하게." 이글호가 잠시 무중력 활강을 한 뒤, 컴퓨터 조종에 따라 달 표면으로 동력 하강을 하는데 걸린 시간은 불과 12분이었다. 하지만 5분 뒤 컴퓨터 제어판에서 비상등이 켜졌다. 암스트롱은 "비상프로그램 1202"라고 보고했다. 휴스턴 본부는 컴퓨터 과부하라는 것을 알아내고, "알았다, 임무를 계속 수행하라"고 지시했다.

그러나 컴퓨터가 이글호를 더 큰 분화구로 유도하는 것을 보고, 암스트롱은 예정된 경로를 바꾸기로 결정했다. 마침내 그는 30초 분량의 연료 밖에 남지 않은 상태에서 이글호를 고요의 바다에 착륙시켰다. "휴스턴, 이글호가 고요의 바다에 착륙했다!" 암스트롱은 차분한 목소리로 환희에 찬 그 순간을 타전했다. 이에 전 인류는 환호를 보냈다. '달에는 토끼가 살고 있고, 떡방아를 찧고 있다'는 신화가 깨지는 순간이었다. 이 우주여행은 달에 대한 우리 인류의 수많은 신화를 깨뜨리는데 결정적인 작용을 했다.

달의 표면에 착륙한 순간, 진동은 거의 없었다.[30] 달의 중력은 지구의 6분의 1에 불과하기 때문이다. 로켓에서 나온 미세한 먼지가 상당히 먼 곳까지 날렸다. 착륙했다는 증거는 단지 발판에 매달린

봉이 달 표면에 닿으면서 접촉등이 켜진 것뿐이었다. 착륙하고 6시간이 지난 후에야 암스트롱은 달 표면에 발을 내디뎠다. 그 순간의 감회를 그는 이렇게 표현했다. "인간에게는 작은 한 걸음이지만, 인류 전체에게는 거대한 도약이다." 그리고 그 순간은 이글호의 측면에 장착한 카메라로 촬영되어 전 세계에서 약 5억 명이 지켜보았다. 올드린이 암스트롱을 따라 사다리를 내려갔다. 두 사람은 한동안 달 표면에 머물면서 암석 표본을 채취하고, 실험 장치를 설치했다. 2시간 30분 동안 그곳에 머문 뒤, 이들은 이글호로 돌아갔다. 인류가 새로운 세계에 착륙한 지 22시간 만에 그들은 달 궤도로 올라가 컬럼비아호에서 기다리는 콜린스와 합류했다.

이 달착륙 이후, 보이저, 스피릿, 카시니 같은 이름의 로봇들이 인간의 원격 조종을 받아 우주 탐험에 나섰다.[31] 이 로봇들은 명왕성을 제외한 태양계의 모든 행성을 찾아갔고, 혜성을 지나쳤으며, 무수히 많은 소행성과 커다란 위성에도 갔다. 기계가 인간을 대신해 거대한 우주여행을 떠난 것이다. 이런 우주여행 덕분에 우리 인간은 우주의 구성과 특성을 어느 정도 파악하게 되었고, 천문학자들은 태양계 외에 다른 행성계도 많이 찾아냈다. 그러나 광속의 한계 때문에 가장 가까운 행성계에 찾아가는 데만도 수십 년이 걸린다. 언젠가는 자연의 법칙을 깨고 광속을 넘어서는 여행도 가능할지 모른다. 하지만 지금은 상상으로만 가능하지만, 우리 인간의 새로운 세계에 대한 끝없는 탐사 정신은 그런 여행도 가능하게 만들지도 모른다.

우리 인간의 여행의 범위는 배나 자동차, 또는 비행기나 로켓 등 이동체의 추진력에 따라 획기적으로 변해왔다. 인류가 탄생한 약 600만 년 전부터 서기 1800년대 후반까지는 인간의 이동 수단에 거의 변화가 없었다. 그러니까 도보나 말, 낙타, 야크, 노새 등 가축을 이용한 여행이 인류 역사의 거의 대부분을 차지한 셈이다. 그러다가 화석원료를 이용한 이동 수단, 즉 배와 기차, 자동차 등이 등장하면서부터 인구의 이동 속도는 더욱 빨라지고, 멀리 갈 수 있게 되었다.

제1차 세계대전 중에 비행기가 발명되고, 제2차 세계대전 중에 로켓이 발명되면서부터 인간의 여행은 다시 한 번 획기적으로 변했다. 지구를 벗어나 우주로 뻗어나가기 시작한 것이다. 미국과 소련의 우주여행 경쟁이 불붙으면서, 1969년에는 결국 미국이 먼저 인간을 달에 보내게 된 것이다. 우리 인간이 지구 궤도를 벗어나 어디까지 여행할지는 어떤 추진체와 우주선을 개발하느냐에 달려있다.

현재 지구 궤도상에 오르는 우주여행 상품은 성황리에 판매되고 있다. 여행 가격이 아직 비싸기는 하지만, 많은 사람들이 지구 궤도를 도는 우주여행을 꿈꾸고 있다. 최근 영화 〈마션〉처럼 화성까지 여행하는 시대가 꿈만은 아닌 것이다. 2023년 7월 1일, 영국 억만장자 리처드 브랜슨 버진 그룹 회장이 경영하는 우주관광기업 버진 갤럭틱이 개발한 우주선이 일반인 6명을 태우고 첫 우주여행을 성공리에 마쳤다. 비행선은 90분간의 우주여행을 마치고 지구로 돌아왔다. 탑승권은 한 장당 45만 달러에 팔리고 있다고 한다(JTBC, 2023년 7월 1일).

여행에 대한 인류의 소망은 이처럼 끝없이 이어질 것이다. 그래서 언젠가는 머나먼 우주여행을 통해 우주 저 너머에 있는 또 다른 문명을 만날지도 모를 일이다.

## 주

1) 이하 두산백과 참조.
2) 이하 찰스 다윈 저, 이민재 역. 1983. 종의 기원. 을유문화사. p.내지1 참조.
3) 이하 찰스 다윈 저, 장순근 역. 2006. 비글호 항해기. 가람기획. pp.16-21 참조.
4) 이하 찰스 다윈 저, 장순근 역. 2006. 비글호 항해기. 가람기획. pp.21-22 참조.
5) 이하 찰스 다윈 저, 장순근 역. 2006. 비글호 항해기. 가람기획. pp.21-22 참조.
6) 이하 찰스 다윈 저, 장순근 역. 2006. 비글호 항해기. 가람기획. p.26 참조.
7) 이하 찰스 다윈 저, 장순근 역. 2006. 비글호 항해기. 가람기획. pp.29-30 참조.
8) 이하 헨버리-텐션 저, 남경태 역. 2009. 역사상 가장 위대한 70가지 여행. 역사의 아침. p.229 참조.
9) 이하 피터 홉커크 저, 김영종 역. 2000. 실크로드의 악마들. 사계절. p.86 참조.
10) 이하 피터 홉커크 저, 김영종 역. 2000. 실크로드의 악마들. 사계절. p.86 참조.
11) 이하 피터 홉커크 저, 김영종 역. 2000. 실크로드의 악마들. 사계절. p.104 참조.
12) 이하 피터 홉커크 저, 김영종 역. 2000. 실크로드의 악마들. 사계절. p.105 참조.
13) 이하 피터 홉커크 저, 김영종 역. 2000. 실크로드의 악마들. 사계절. pp.106-131 참조.
14) 이하 피터 홉커크 저, 김영종 역. 2000. 실크로드의 악마들. 사계절. p.139 참조.
15) 이하 피터 홉커크 저, 김영종 역. 2000. 실크로드의 악마들. 사계절. pp.139-140 참조.
16) 이하 피터 홉커크 저, 김영종 역. 2000. 실크로드의 악마들. 사계절. pp.140-145 참조.
17) 이하 피터 홉커크 저, 김영종 역. 2000. 실크로드의 악마들. 사계절. pp.163-164 참조.
18) 이하 피터 홉커크 저, 김영종 역. 2000. 실크로드의 악마들. 사계절. pp.209-249 참조.
19) 이하 피터 홉커크 저, 김영종 역. 2000. 실크로드의 악마들. 사계절. pp.164-165 참조.
20) 이하 피터 홉커크 저, 김영종 역. 2000. 실크로드의 악마들. 사계절. pp.184-185 참조.
21) 이하 피터 홉커크 저, 김영종 역. 2000. 실크로드의 악마들. 사계절. p.185 참조.
22) 이하 민병훈. 2005. 초원과 오아시스 문화 중앙아시아. 국립중앙박물관. pp.24-25 참조.
23) 이하 민병훈. 2005. 초원과 오아시스 문화 중앙아시아. 국립중앙박물관. pp.25-26 참조.
24) 이하 민병훈. 2005. 초원과 오아시스 문화 중앙아시아. 국립중앙박물관. pp.28-30 참조.
25) 이하 피터 홉커크 저, 김영종 역. 2000. 실크로드의 악마들. 사계절. pp.261-262 참조.

26) 이하 피터 홉커크 저, 김영종 역. 2000. 실크로드의 악마들. 사계절. pp.267-268 참조.

27) 이하 헨버리-텐션 저, 남경태 역. 2009. 역사상 가장 위대한 70가지 여행. 역사의 아침. p.275 참조.

28) 이하 헨버리-텐션 저, 남경태 역. 2009. 역사상 가장 위대한 70가지 여행. 역사의 아침. p.276 참조.

29) 이하 헨버리-텐션 저, 남경태 역. 2009. 역사상 가장 위대한 70가지 여행. 역사의 아침. p.276 참조.

30) 이하 헨버리-텐션 저, 남경태 역. 2009. 역사상 가장 위대한 70가지 여행. 역사의 아침. pp. 277-278 참조.

31) 이하 헨버리-텐션 저, 남경태 역(2009). 역사상 가장 위대한 70가지 여행. 역사의 아침. pp. 287-290 참조.

# 제 7 장

# 원정 전쟁과 여행

인류 여행의 역사(여행사)에서 생존을 위한 여행과 더불어 집단으로 시도된 여행은 전쟁을 하기 위해 군사들이 이동하는 장거리 원정이다. 한 나라가 다른 나라를 공격 또는 방어하기 위해서는 반드시 사람과 무기 그리고 식량 등 군수물자의 이동을 위한 여행이 필요하다. 현대 관광학에서는 전쟁을 위한 군인들의 이동을 여행으로 분류하지는 않지만, 여행의 사전적 정의가 '한 장소에서 다른 장소로 이동하는 행위'를 의미하기 때문에 전쟁을 위해 이동하는 여행은 업무여행(Business Travelers)으로 볼 수 있다. 업무여행이란 사적 또는 공적인 업무를 수행하기 위해 이동하는 여행을 의미한다.1)

전쟁을 수행하기 위한 원정여행, 즉 원정은 누군가의 명령을 받고 공적인 업무를 수행하기 위해 한 장소에서 다른 장소로 이동하는 여행인 것이다. 인류 역사에서 동서양 문명에 영향을 끼친 대표적인 원정여행은 그리스가 소아시아(터키)에 있는 트로이를 공격한 트로이전쟁, 페르시아가 그리스를 공격한 페르시아전쟁, 알렉산더대왕의 동방원정, 로마제국의 정복전쟁, 아랍 이슬람제국의 정복전쟁, 십자군전쟁, 칭기즈칸의 서방원정, 티무르의 정복전쟁, 오스만터키제국의 정복전쟁, 나폴레옹의 정복전쟁, 제1차 세계대전, 제2차 세계대전 등이다.

일리아드에 기록된 트로이전쟁은 유럽문명의 토대를 이루는 그리스가 에게해를 건너 소아시아에 있는 트로이(현재 터키 서북 해안도시)를 침략한 전쟁이라는 점에서 양측에 큰 영향을 끼쳤다.

페르시아의 아케메네스 왕조(기원전 525년~330년)의 다리우스 1세(Darius I, 재위 기원전 522년~486년)와 크세르크세스 1세(Xerxēs I, 재위 기원전 486년~465년)가 그리스(아테네)를 공략한 페르시아전쟁은 서로 이질적인 문명의 만남이라는 점에서 인류사에 큰 흔적을 남겼다.

알렉산더(Alexander the Great, 재위 기원전 336년~323년)의 동방원정은 헬레니즘이 불교와 융합하여 간다라문명과 불상을 탄생시켰고, 아시아 불교문명의 발전에 큰 기여를 했다.

로마제국의 정복전쟁은 지중해 연안을 중심으로 로마문명과 기독교문명을 이식시키는데 큰 기여를 했다.

아랍 이슬람 왕조들의 정복전쟁은 동쪽으로는 중국 신장부터 서쪽으로 아프리카 북부와 스페인 이베리아반도까지 이슬람문명을 확산시키는 계기가 되었다.

십자군전쟁은 기독교문명과 이슬람문명이 정면으로 충돌한 사건으로 기독교도와 이슬람교도가 서로 증오하는 계기가 되었다. 이들의 반목갈등은 21세기인 지금까지도 이어지고 있다.

몽골제국의 서방원정은 유목문명과 농경문명, 그리고 도시문명이 서로 교류하는 계기가 되었으며, 페르시아전쟁 이후 아시아가 동유럽과 아랍을 정복한 최대 사건이었다.

오스만제국의 정복전쟁은 투르크(터키)족이 지배 영역을 최대로 확장시켜, 이슬람과 아시아 문명을 동유럽까지 전파하는 계기가 되었다.

나폴레옹의 정복전쟁은 유럽 국가끼리의 세력 재편에 영향을 끼쳤으며, 민족주의와 자유주의를 전 세계로 확산시켰고, 이집트문명의 약탈을 가져왔다.

제1차 세계대전과 제2차 세계대전은 영국, 독일, 프랑스 등 유럽 열강이 몰락하고, 미국과 소련이 부상하는 세계 열강 사이의 세력 재편을 가져왔다.

이 장에서는 여행사의 관점에서 이런 전쟁 중에서 알렉산더의 동방원정, 몽골의 서방원정, 그리고 십자군전쟁을 소개하기로 한다.

알렉산더대왕의 동방원정과 간다라 불상의 탄생

    인류 역사상 알렉산더대왕만큼 짧은 기간에 광대한 영토를 원정 여행한 군주는 칭기즈칸 외에는 없다. 정복전쟁을 위한 이런 여행은 정복지마다 그리스문명(헬레니즘)이라는 유산을 남겼다. 서양 역사에서는 알렉산더가 원정한 거리와 업적 면에서 인류 역사에 길이 남을 기록을 세웠다고 주장한다. 물론 침략을 당한 나라 입장에서 보면 전혀 다른 이야기가 된다. 이 세상에 '좋은 정복자'는 없다. 좀 '덜 나쁜 정복자'만 있을 뿐이다. 정복자를 호감으로 바라보는 피정복자는 없다는 의미이다. 그래서 역사적 사실(facts)에 대해서는 항상 양면성을 갖고 바라보아야 한다. 그리스나 마케도니아 사람들에게 알렉산더는 자랑스러운 영웅이지만, 그에게 정복당한 나라 사람들에게 알렉산더는 자신들의 부모자식과 형제자매들을 죽이고, 자기 나라를 파괴한 철천지원수가 되는 것이다. 칭기즈칸도 마찬가지고, 나폴레옹도 마찬가지다.

    기원전 330년대 중반 그리스 본토를 출발한 마케도니아군은 터키 아나톨리아 고원, 소아시아, 이집트, 중동, 페르시아(이란), 아프가니스탄, 중앙아시아, 인도 북서부(현재 파키스탄 펀잡주)까지 거의 8년 동안 32,000km를 행군했다(구체적인 원정 경로는 지도 참조).[2] 인도에서 코끼리부대에게 패한 후, 기원전 323년 6월 메소포타미아(현재 이라크)의 바빌론(현재 바그다드)에 돌아와 죽었다.

    첫 원정여행은 기원전 334년 봄에 시작되었다. 부친인 필립 2세가 336년에 착수한 페르시아 정복전쟁에 사령관으로 참가한 것이다. 약 150~160년 전에 벌어진 페르시아전쟁 때 그리스가 페르시아군에

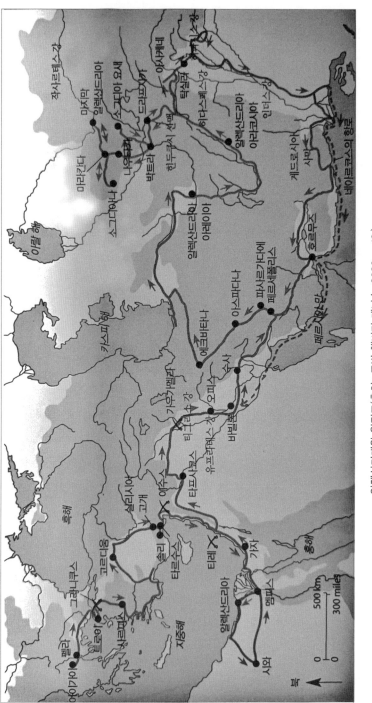

알렉산더대왕 원정도 원정도(출처: 로빈 헨버리 테니슨. 2009, p.42.)

게 당한 치욕을 갚아주기 위한 보복 전쟁이었다. 알렉산더는 보스포러스해협 서쪽에 있는 아시아의 땅 헬레스폰트(현재 터키 보스포러스해협 서쪽에 있는 다르다넬스해협)의 남쪽 해안에 상륙하여, 그해 5월에 그리스 영웅들의 이야기로 유명한 트로이 부근에 있는 그라니쿠스 강변 전투에서 첫 승리를 거두었다. 그의 나이 22세 때였다. 새로운 아킬레우스와 파트로클로스(트로이전쟁 때 헥토르에게 죽은 아킬레우스의 친구)가 탄생한 것이다. 알렉산더는 원정 중에 항상 전우이자 친구인 헤파이스티온을 동반했던 것이다. 그래서 일부 역사가들은 그 둘 사이를 동성연애로 주장하기도 한다. 동성연애는 당시 그리스인 남성 사이에는 흔한 일이었기 때문에 그리 이상할 일도 아니다. 그리스 신화에도 수많은 동성연애가 등장하는 것을 보면, 당연한 사실인지도 모른다.

마케도니아동맹 함대를 그리스로 돌려보낸 뒤 8월까지 소아시아 서부 지역(현재 터키 및 시리아 서부 해안 지역)을 육로로 따라 원정여행을 계속했다. 기원전 333년 봄에 그는 아나톨리아고원에 있는 프리지아에서 그 유명한 '고르디아스의 매듭'을 일거에 풀어버렸다.

기원전 333년 여름에는 앙키라(현재 수도 앙카라)에서 실리시아고개를 넘어 타르수스와 솔리로 행군했다. 11월에는 파야스 강변에 위치한 이수스, 지금의 이스칸데룬 부근에서 두 번째 전투를 벌였다. 여기서 승리함으로써 레반트로 가는 길이 열리게 되었다. 333년 1월부터 7~8월까지 페니키아의 요새 도시 티레(현재 베이루트 70km 남쪽에 있는 사이다)를 공략했다.

그 후 이스라엘 가자 지역을 점령했으며, 이집트는 자진해서 복속해왔다. 기원전 331년 초에 그는 이집트 파라오 자격으로 자신의 이름을 따서 지중해 연안에 '알렉산드리아'(현재도 알렉산드리아)라는 새로운 수도를 건설했다. 그리고 시와 오아시스에 있는 암몬(아문)신전에 가서, 신탁을 받기 위해 서부 사막을 500km나 행군했다. 기원전 331년 봄에 그는 페르시아를 공략할 준비를 위해 이집트 멤피스에서 티레로 돌아갔다.

페르시아에 대한 원정을 재개한 그는 현재 이라크에 있는 유프라테스강을 건너, 한 여름에 타프사쿠스에 이르렀고, 계속해서 동쪽으로 진군해서 티그리스강을 건넜다. 10월 1일경에는 니네베에서 가까운 가우가멜라에서 다리우스 3세(기원전 380년~330년)를 완전히 격파했다. 다리우스는 알렉산더의 추격을 피해 엑바타나를 거쳐 박트리아(현재 아프가니스탄 중북부 발크 지역)로 도주했지만, 그곳의 총독 베수스에 의해 폐위당한 뒤 살해되었다. 베수스 역시 알렉산더에게 사로잡혀 왕을 시해한 죄목으로 처형당했다. 비록 적장이지만 왕을 죽일 권리는 오직 왕에게만 있다는 이유였다.

기원전 331년 말에는 메소포타미아(이라크) 남부의 바빌로니아(바그다드)를 가로질러 바빌론과 시타케네를 경유하여 이란으로 진격했다. 여기서 페르시아의 옛 수도인 수사를 점령하고, 겨울에는 공식 수도이자 왕실 무덤과 신전이 있는 페르세폴리스로 진군하여 신전을 약탈하고 불태워버렸다.

알렉산더는 아케메네스 왕조를 정복한 후에 페르시아제국을 계승하고자 페르시아 왕의 딸인 스타테일러와 결혼했을 뿐 아니라, 80명의 고위 관리와 1만여 명의 장병을 페르시아 여성과 결혼시키기도 했다. 정복지마다 그랬듯이, 그리스문명의 흔적인 '알렉산드리아'라는 도시를 건설하여 헬레니즘을 전파하고, 그리스인의 씨를 뿌리는 데 소홀함이 없었던 것이다.

330년 6월에는 라가(지금의 이란 테헤란)에 도착하고, 7월에는 카스피해 남쪽 연안도시인 히르카니아로 진출했으며, 8월에는 아프가니스탄 서부인 아레이아까지 진출하여 또 하나의 알렉산드리아(현재 헤라트)를 건설했다.

그리고 남쪽으로 방향을 돌려 드란기아나와 세이스탄으로 향했다. 한 겨울의 혹독한 강추위를 무릅쓰고 아라코시아로 가서, 옛 페르시아의 요새 터에 또 하나의 알렉산드리아(지금의 칸다하르)를 건설했다. 칸다하르는 현재 아프간 남쪽의 거점 도시로 한때 탈레반의 영향력이 가장 컸던 곳이다. 그 후 파로파미사다에를 거쳐 힌두쿠시산맥 서쪽 언저리까지 가서 또 다른 알렉산드리아인 코카숨(지금의 카불 북쪽에 있는 베그람과 차리카르 부근 지역)을 건설했다. 베그람은 한때 미군이 주둔한 적이 있어, 외세의 침략에 자주 희생당하는 팔자가 기구한 도시이다.

기원전 329년 봄에 알렉산더는 16~17일 동안에 걸쳐 힌두쿠시산맥(해발 3,363m인 살랑고개로 추측)을 넘어, 박트리아의 드라프사카(현재 쿤두즈)로 진군하여, 동쪽에 있는 아이 카눔(현재 Ai Khanum)에 또 다른 알렉산드리아인 알렉산드리아 옥시아나(Alexandria Oxiana)를 건설했다.3) 이 도시는 알렉산더가 건설한 알렉산드리아 중 가장 동쪽에 있는 곳으로 1961년에 그 유적이 발견되었다. 이 유적에서는 그리스식 열주 잔해와 코린트식 기둥, 월계관을 쓴 남자상 등이 발굴되었다. 그는 방향을 서쪽으로 돌려 박트리아(현재 발크)로 진군했다. 그 후에 옥수스강을 건너 테르미즈를 거쳐 소그다니아(현재 우즈베키스탄)의 여름 수도인 마라칸다(현재 사마르칸드)를 정복하고, 작사르테스강(현재 시르다리아강) 남쪽에 있는 코칸드(현재 우즈백 코칸드)에 제국의 가장 북쪽에 있는 알렉산드리아를 건설했다.

옥수스강은 현재 아무다리야강으로 파미르와 힌두쿠시산맥에서 발원하여, 타지키스탄과 아프가니스탄의 경계를 이루고, 투르크메니스탄과 우즈베키스탄의 국경을 따라 북서쪽으로 흐르다가, 우즈베키스탄 북부에서 아랄해로 흘러 들어간다. 시르다리아강은 키르기스스탄쪽 천산에서 발원하여, 우즈베키스탄 중북부와 카자흐스탄 서남부를 거쳐 아랄해로 흘러 들어간다. 이 두 강은 중앙아시아 남쪽과 북쪽을 감싸고 흐르면서, 이 지역을 먹여 살리는 젖줄 역할을 한다. 기원전 327년 봄에 알렉산더는 이 지역의 지배를 강화하기 위해 박트리아에서 소그다니아 영주의 딸인 록산느와 결혼했다.

기원전 327년 늦봄에는 인도를 공략하기 위해 코카숨(현재 베그람 지역)으로 돌아왔다. 그해 겨울에는 스와트(현재 파키스탄 중북부 지역)를 점령하고 인더스강까지 진출했다. 기원전 326년 5월에는 탁실라를 거쳐 히다스페스 강(현재 젤룸강)을 건너고, 6월 하순에는 아케시네스강(현재 체나브강)과 히드라오테스강(현재 라비강)을 건넜다.

그러나 인도 펀잡 지역은 7월부터 9월까지 몬순 기후로 엄청난 비가 쏟아지는 우기에 속한다. 8년 동안 동쪽으로 원정여행을 거듭한 병사들은 잦은 전투와 행군에 지칠 대로 지쳐있었다. 도보여행(행군)은 좋아하는 사람이 하는 것과 싫어하는 사람이 하는 것은 그 피로도가 천양지차이다. 더 이상 부하 병사들과 장군들을 설득할 수 없다는 사실을 깨달은 알렉산더는 회군을 결정한다. 더구나 물탄지역(현재 파키스탄 동남부 지역)에서는 코끼리 부대를 동원한 말리족과 싸우다 치명적인 패배를 당하고, 자신도 큰 부상을 입게 된다.

7월에는 파탈라(현재 카라치 바로 위쪽에 있는 히데라바드로 추정)에 도착한다. 8월부터는 부대를 둘로 나누어, 한 부대는 파키스탄 남부와 이란 남부를 거쳐 바빌론(바그다드)으로 철수시켰다. 다른 하나는 네아르코스 장군에게 지휘를 맡겨, 해상 무역로를 따라 바빌론으로 철수시켰다. 9월에 그는 수천의 병력을 거느리고 육로를 이용하여 기원전 323년 초에 바빌론에 도착했다. 그는 다시 아라비아 원정을 준비하다 6월 초에 죽었다. 사인은 분명치 않으나 말라리아나 열병으로 추정하고 있다. 영원히 끝나지 않을 것 같았던 그의 원정여행은 이렇게 갑자기 막을 내렸다. 그러나 그가 지나간 지역에 헬레니즘이라는 그리스문명을 전파함으로써 동서양 문명의 융합에 큰 기여를 했다.

알렉산더 사후에 그의 제국은 안티고노스 왕조(마케도니아·그리스: 기원전 306년~168년), 프톨레마이오스 왕조(이집트: 기원전 305년~30년), 셀레우코스 왕조(소아시아와 중앙아시아: 기원전 323년~60년)로 분열되었다.4) 기원전 3세기 중엽에 프톨레마이오스 왕조와 셀레우코스 왕조 사이에 전쟁이 일어나자, 박트리아의 그리스 총독인 디오도토스는 이 기회를 이용하여 독립을 선언하였다. 이때부터 박트리아의 그리스 왕국은 약 200년간 간다라 지역(현재 아프간 동북부와 파키스탄 북서부 지역)을 지배하면서, 그리스에서 수천 킬로나 떨어진 이곳에서 그리스 문화를 상당히 순수하게 유지하였다.5) 현재 파키스탄 북서부 도시인 치트랄(Chitral)에 있는 칼라샤(Kalasha) 계곡에는 그리스 동방원정 군인들의 후손인 파간(Pagan) 사람들이 그리스 문화를 간직한 채 아직도 살고 있다.6)

박트리아 그리스 왕조는 페르시아(이란)에서 흥기한 파르티아(기원전 250년경~서기 224년)에게 기원전 1세기 전반에 멸망했지만, 그 뒤에도 약 100년 동안 카불, 페샤와르, 스와트, 펀잡을 중심으로 그리스 영향력을 유지하였다. 이 지역들이 넓은 의미의 간다라에 해당한다. 이와 같이 인도 서북지방을 무대로 약 200년간 지속된 그리스인들의 활동은 이 지역에 헬레니즘문명이 뿌리를 내리는데 결정적인 작용을 했을 뿐 아니라, 그리스에서 발원한 조각 양식을 이 지역에

이식하여 장차 간다라 불상이 등장할 수 있는 토대를 마련했다고 볼 수 있다.[7]

　알렉산더가 원정 중에 건설한 도시(알렉산드리아)는 70여 곳에 이르고, 현재까지 25곳이 확인되었다. 각 지역의 알렉산드리아에서는 불안정하고 혼란스러운 그리스에서 이주해온 그리스인들의 언어와 페르시아어 등 여러 가지 토착 언어가 혼합되어 만들어진 '코이네'가 공동어가 되었다.[8] 이러한 융합적인 문명을 '헬레니즘문명'이라고 한다. 또한 알렉산더의 원정이 시작된 기원전 334년부터 알렉산더 사후 분열된 세 왕국 중 하나인 프톨레마이오스 왕조(이집트)가 로마제국에 의해 멸망당하는 기원전 30년까지 약 300년간을 '헬레니즘시대'라고 부른다. '헬레니즘(Hellenism)'이란 그리스어로 그리스를 '헬라스(Hellas)'로 부른 데서 유래하며, '그리스풍'이란 뜻이다.[9]

　헬레니즘문명이 동북아시아에 가장 큰 영향을 미친 것은, 앞에서도 언급했듯이, 간다라 지역에서 들어온 불교이다. 특히 불상은 동쪽(인도)에서 들어온 불교 사상과 서쪽에서 들어온 헬레니즘의 조각술이 간다라 지방에서 융합되어, 중국과 한반도를 거쳐 일본까지 전파된 것이다. 간다라는 법현의 〈불국기〉, 송운의 〈송운행기〉, 현장의 〈대당서역기〉, 혜초의 〈왕오천축국전〉 등에 모두 등장한다. 그러니까 적어도 4세기에서 8세기까지는 존재했던 나라이다. 간다라라는 지역 이름은 인도의 고대 종교 문헌인 〈리그베다〉에도 나타나고, 기원전 5세기에 페르시아 아케메네스 왕조의 속령으로도 등장한다.[10]

　간다라는 그 영역이 불분명하지만, 넓게 보자면 서쪽으로는 아프간 카불부터 동쪽으로는 파키스탄 탁실라까지, 북쪽으로는 치트랄과 길기트로부터 남쪽으로는 페샤와르 남쪽 도시 코하트까지 포함한다. 좁게 보자면 서쪽으로는 파키스탄과 아프가니스탄의 국경을 이루는 카이버고개부터 동쪽으로는 탁실라까지, 북쪽으로는 스와트 계곡, 남쪽으로는 코하트까지로 볼 수 있다. 그러니까 카이버 고개를 가운데 두고 인도와 중앙아시아나 중국, 그리고 서양까지 연결해주는 교역과 전략 요충지에 위치했던 지역이다.

간다라는 인도 마우리아 왕조(기원전 322년~기원전 185년)의 아소카왕(재위 기원전 272년~232년)과 쿠샨 왕조(서기 30년경~250년경으로 추정)의 카니슈카왕(재위 127~147 추정) 때 비약적으로 발전하였다.[11] 마우리아 왕조는 인도의 고대 제국이다. 제국의 중심 도시는 손강과 갠지스강의 합류지점 근처에 있는 파탈리푸트라(이후 파트나)였다. 마우리아 왕조는 고도로 체계화된 상비군과 관료제를 갖추고 있었다. 마우리아 왕조는 찬드라 굽타 마우리아에 의해 기원전 322년 창시되었으며, 난다 왕조를 정복하고 중서부 인도를 가로질러서 팽창하였다.

알렉산더대왕의 동방원정 유산인 그리스-박트리아 왕조(기원전 250년경~기원전 140년경)를 멸망시킨 페르시아 파르티아 왕조(기원전 247년~서기 224년)가 서쪽으로 후퇴하여 지방 권력이 와해되자 이를 기회로 영토를 확장하였다. 알렉산더대왕이 죽은 직후 마우리아 왕조의 창건자 찬드라 굽타는 남부의 타밀 지방을 제외한 인도 대륙 전역의 영토 대부분을 차지했다. 기원전 316년까지 마우리아 왕조는 북서 인도를 완전히 정복하였다. 제국이 최대 판도일 때, 북쪽으로는 히말라야산맥까지 다다랐고, 동쪽으로는 현재의 방글라데시 아샘 주까지 뻗어나갔다. 서쪽으로는 현재의 파키스탄을 넘어서 아프가니스탄의 서쪽 도시 헤라트와 칸다하르 지방까지 진출했다.

아소카왕은 한자 문화권에서 아육왕(阿育王)으로 표기되기도 한다. 권좌에 있는 동안 불교 장려책을 강력하게 추진하여 인도 전역

에 불교를 전파했다.12)

아소카의 불교 확장 정책은 기독교에도 영향을 미쳤다. 유명한 역사학자이자 저술가인 윌 듀란트(Will Durant)는 아소카왕이 불교 선교사들을 인도의 모든 지역과 스리랑카, 시리아, 이집트, 그리스까지 보냈으며, 아마도 이들이 기독교 윤리관(Ethics of Christ)을 만드는 데 도움을 주었을 것이라고 지적한다.13) 미국의 역사학자 케네스 스콧 라투렛(Kenneth Scott Latourette)에 따르면, 예수가 태어난 시기에 "불교는

아소카왕 사자석주
(출처: 인도 사르나트 박물관)

이미 인도, 실론(스리랑카), 중앙아시아에 널리 퍼져있었다."고 한다. 아소카왕은 그의 포교활동이 서방 국가에게 우호적으로 수용되었다고 기록하였다. 일부 학자들은 예수가 불교의 영향을 받았으며, 토마스 복음서와 나그 함마디 텍스트(Nag Hammadi texts)는 이러한 불교의 영향을 받았다고 믿는다. 이 학자들의 주장은 일부 과장된 내용도 있지만, 당시 불교가 널리 퍼져있었던 것은 사실이다.

쿠샨 왕조는 현재 인도 서부 중부 북부 지역, 파키스탄, 아프가니스탄, 타지키스탄, 우즈베키스탄 동부, 키르기스스탄 남부, 중국 타클라마칸사막까지 통치하던 대제국이었다. '쿠샨'은 중국어로 월지족의 다섯 민족 중 하나를 일컫는 말인 '귀상(貴霜)'에서 왔다.14) 월지(月氏)족은 토카리어군의 말을 썼던 사람들을 아울러 부르는 말로, 중국 역사가들에 따르면, 휴밀(休密), 귀상(貴霜), 쌍미(雙靡), 힐돈(肹頓), 도밀(都密) 다섯 부족으로 구분되었다.

그들은 원래 중국 신장 타림분지(타클라마칸사막)의 북부 초원에 살았으나, 기원전 176년~160년경 흉노에 쫓겨 서쪽으로 이주했다. 월지족은 천산을 넘어 키르기스스탄 동부 지역에 살다가, 다시 남하하여 아무다리야강을 건너, 기원전 140년경에 박트리아의 그리스 왕조를 물리치고 그 지역을 통치하고 있던 페르시아의 파르티아를 물리치고, 이 지역에 정주하게 되었다. 기원전 1세기경에는 쿠샨의 수장 쿠줄라 카드피세스가 나머지 네 부족을 통합하게 된다. '귀상'이라는 이름은 서양에 '쿠샨'으로 전해졌지만, 중국에서는 쿠샨 왕조를 계속 월지라 불렀다. 한나라가 흉노를 치기 위해 연합전선을 펼치고자 기원전 139년경에 장건(張騫, ?~기원전 114년)을 외교사절로 파견했던 나라가 바로 이 월지국이다.

쿠샨 왕조는 인도양을 통한 무역과 실크로드를 연결해 주는 중개역할을 담당했다.15) 쿠샨 왕조는 그리스에서 건너온 헬레니즘의 조각술과 인도에서 건너온 불교 사상을 결합하여 불교도의 신앙적 경배 상징물인 불상을 처음으로 만들게 되는데, 이는 사방으로 퍼져 중국에는 대승불교와 함께 전해졌다. 쿠샨의 카니슈카 1세(재위 127~147)는 인도의 아소카, 하르샤, 메르난데스 1세(재위 기원전 155년경~130년경)와 함께 불교를 부흥시킨 왕 중 하나였다. 메르난데스 1세와 불교 승려 사이에 나눈 불교 교리에 대한 문답이 중국 역사서에 기록되어 있다. 1세기와 2세기 사이에 쿠샨 왕조는 북동쪽으로 확장하여 중국 신장 타림분지의 일부까지 점령했다. 이 전쟁 과정에서 자연스럽게 중국과 문화적인 교류도 있었다. 지루가참(로카크세마)과 같은 쿠샨의 승려가 중국 낙양으로 가서 불교를 전파했다.

카니슈카 1세와 그의 후계자들 치하에서 쿠샨 왕국은 전성기에 달했다. 이 왕국은 그 당시 유라시아 4대 정권 중 하나로 꼽혔다(나

카니슈카 금화: 카니슈카 대왕 금화의 뒷면에 새겨진 불상.
왼쪽에 그리스 문자로 'BOΔΔO'(BUDDA)라는 부처 이름이 새겨져 있다.
(출처: 이주형, 1999, p.77)

머지는 중국·로마·파르티아).16) 처음 쿠샨 왕조는 그들이 정복한 박트리아의 그리스 문화를 받아들였다. 그들은 그리스 문자를 썼고, 그리스를 모방해 동전 화폐를 만들었다. 쿠샨 왕조는 중앙아시아와 중국에 불교를 전파하고 대승불교와 간다라미술 및 마투라미술을 발전시켰다.

쿠샨 왕조는 금화를 대대적으로 발행했던 데서 알 수 있는 것처럼 중개무역을 통해 번영을 누렸으며, 특히 로마(대진)와 활발히 교역했다. 로마에서는 2세기에 박트리아 왕국에서 온 사절에 대한 언급이 나오는데, 아마 쿠샨 왕조를 두고 쓴 기록일 것이다. 로마에는 면직물, 카펫, 향수, 설탕, 후추, 생강, 검은 소금 들을 수출하고, 유리 공예품을 주로 수입했다. 그리스·로마, 이란, 힌두, 불교 신들의 모습과 변형된 그리스 문자가 새겨진 동전들은 쿠샨 왕국에서 흥성했던 종교적·예술적 혼합주의와 포용성을 잘 표현하고 있다. 이란에서 사산 왕조(226~651)가 등장하고, 북부 인도에서 토착세력들이 성장하자, 3세기 중반에 쿠샨 왕조는 몰락했다.

그럼 쿠샨 왕국이 몰락한 후에 간다라 지역의 모습은 어떠했을까? 4~8세기 사이에 인도로 불법을 구하러 떠났던 구법승들이 이 나라를 어떻게 묘사했는지 살펴볼 필요가 있다. 법현과 송운, 현장과 혜초의 기록을 순서대로 살펴보면 다음과 같다.

### 법현 〈불국기(399~412)〉 건타위국(犍陀衛國)[17]

여기(烏長國-현재 파키스탄 치트랄 남쪽부터 페샤와르 북쪽에 있는 스와트 지역)에서 남쪽으로 5일을 내려가면, 건타위국(犍陀衛國, 간다라국)에 이른다. 이곳이 아소카왕(阿育王)의 왕자 법익(法益)이 다스렸던 곳이다. 붓다가 (전생에) 보살로 있을 때 역시 이 나라에 있었는데, (자기의) 눈을 다른 사람에게 보시하였다고 한다. 그곳에 탑이 지어지고 금은으로 장식되었다. 이 나라는 사람은 많은데 소승을 배운다.

### 송운 〈송운행기(518~521)〉 건타라국(乾陀羅國)[18]

정광(正光) 원년(520년) 4월 중순에 건타라국(乾陀羅國, 간다라국)에 들어갔다. 토지는 오장국(烏場國)과 비슷하다. 본래의 이름은 업파라국(業婆羅國)으로 에프탈에게 멸망당하자 바로 칙근(勅懃)을 왕으로 세웠다. 칙근이 나라를 다스린 이래 이미 2세대가 지났다. 그는 태어나면서부터 흉포하여 살육을 많이 하고, 불법을 신봉하지 않고, 귀신에게 제사지내는 것을 좋아하였다. 나라의 백성들이 모두 브라만 종족으로 불법을 존중하여 경전 읽기를 존중하였는데, 갑자기 이런 왕을 얻게 되니 마음속으로 깊이 열망하던 왕이 아니었다. 이 왕은 스스로 용맹하다고 믿어 계빈국(罽賓國-카피샤 또는 가필시로 한때 미군이 주둔했던 아프간 베그람 지역)과 경계를 다투었는데, 싸운 지 이미 3년이 지났다. 왕에게는 전투용 코끼리 700마리가 있었는데, 한 마리가 병사 10명을 태웠다. 병사들은 손에 칼을 쥐고 코끼

리 코에도 칼을 묶어 적과 싸웠다. 왕은 항상 국경에 머무르고 종일
토록 돌아가지 않았다. 병사들은 지치고 원망하였다. 송영은 군영에
가서 조서를 전달하였으나 왕은 흉악하고 거만하고 예의가 없어 앉
은 채로 조서를 받았다. 송운은 이 변방의 오랑캐를 제압할 수 없어
서 그 방자함을 꾸짖지 않았다. (이하 생략)

### 현장 〈대당서역기(629~645)〉 건타라국(健馱邏國)[19]

간다라국은 동서로 1,000여리, 남북으로 800여리에 달하며, 동
쪽으로는 인더스강에 접해 있다. 나라의 큰 도성은 페샤와르인데, 둘
레는 40리이다. 왕족은 이미 후사가 끊겼으며, 가필시국에 복속되어
있다. 마을은 황폐해졌으며, 살고 있는 사람도 거의 없어서 궁성의
한 쪽에 천여 가구가 있을 뿐이다. 곡식이 매우 번성하고 꽃과 과일
이 풍성하다. 사탕수수가 많이 나며, 석청도 난다. 기후는 온화하고
더우며, 대체로 서리와 눈은 내리지 않는다. 사람들의 성품은 겁이
많고, 학문과 기예 익히기를 좋아한다. 많은 사람들이 이교를 숭배하
고 있으며, 불법을 믿는 이는 적은 편이다. 예로부터 이곳에서는 여
러 논사들이 많이 배출되었는데, 나라연천·무착·세친·법구·여
의·협존자 같은 쟁쟁한 대승불교 학자들의 고향이 바로 여기다. 가
람은 천여 곳에 있다지만 거의 다 부서지고 황폐해졌다. 잡초가 우거
져 뒤엉켜져 있으며, 스투파(불탑)도 대부분 무너지고 훼손되었다.
천사(天祠-힌두교 사원)는 100여 곳이 있으며, 이교도들이 뒤섞여
지내고 있다. (이하 생략)

### 혜초 〈왕오천축국전(723~727)〉 건타라국(健馱羅國)[20]

또 카슈미르에서 서북쪽으로 산을 넘어 한 달쯤 가면 간다라에
이른다. 왕과 군사들은 모두 돌궐인(서돌궐-저자 주)이고, 토착인은
호족(胡族)이며, 바라문도 있다. 이 나라는 전에 계빈국(罽賓國, 카

피샤)의 통치를 받았으나, 돌궐왕 아야(阿耶)가 한 부락의 병마를 거느리고 계빈왕에게 투항하였다가 후에 돌궐의 군대가 강해지자 곧 계빈왕을 죽이고 스스로 그 나라의 왕이 되었다. 이로 인하여 이 나라 영토에서는 돌궐왕이 패왕이 되었고, 이 보다 북쪽에 있는 나라도 그 지배를 받았다.

이 나라는 산이 메말라서 풀이나 나무가 없다. 의복과 풍속과 언어와 기후는 모두 다르다. 옷은 가죽과 털과 모직물로 만든 옷과 가죽신을 신고 바지를 입는다. 토지는 보리와 밀이 잘되고, 기장이나 조와 벼는 전혀 없다. 주민들은 대개 보릿가루와 난을 많이 먹는다. 다만 카슈미르국과 대발률국, 소발률국과 양동국 등을 제외하고 간다라국을 비롯하여 오천축국과 곤륜국(崑崙國) 등에는 모두 포도는 없고 (2자 결자) 고구마는 있다.

이 돌궐왕은 코끼리 다섯 마리가 있고, 양과 말은 헤아릴 수 없이 많으며, 낙타와 노새와 당나귀 등도 매우 많다. 중국과 오랑케 ──────(6자 결자) 돌아서 지나가지 못하고, 남쪽으로 가려면 도로가 험악하고 겁탈하는 도적이 많다. 이 북쪽으로 가면 악업(惡業)하는 자가 많아 시장과 가게에는 도살하는 곳이 매우 많다.

이 나라의 왕은 비록 돌궐족이지만 삼보를 매우 공경하고 신봉하며, 왕과 왕비, 왕자와 수령 등은 각각 절을 지어 삼보를 공양한다. 이 나라의 왕은 해마다 무차대재를 두 번씩 열고, 자기 몸에 지니고 애용하던 물건과 처와 코끼리와 말까지도 모두 시주한다. 그러나 처와 코끼리는 승려에게 값을 매기게 하여 왕이 스스로 돈을 내놓는다. 그 밖에 낙타와 말과 금은이나 옷과 가구 같은 것은 승려들이 팔아서 스스로 나누어 이롭게 공양한다. 이것이 이 나라의 왕이 북쪽의 돌궐족과 같지 않은 점이다. 아녀자들도 역시 그러하여 각각 절을 짓고 재를 올리며 시주를 한다.

오탁가한다성(烏鐸迦漢茶城  Udaphandapura─현재  훈드성)은

인더스를 굽어보는 북쪽 기슭에 위치하고 있다. 이 성에서 서쪽으로 큰 절이 하나 있는데, 천친(天親)과 무착(無着) 보살이 살던 절로 이름은 카니슈카(葛諾歌)이다. 절에는 하나의 큰 탑이 있는데, 항상 강한 빛을 발한다. 이 절과 탑은 옛날에 카니슈카왕이 만든 것이다. 그래서 왕의 이름을 따라 절 이름을 지은 것이다.

또 성 남쪽으로 (1자 결자) 리에 붓다가 과거에 시비(尸毗)왕 시절에 비둘기를 살렸던 곳(救鴿處)이다. 절이 있고 승려도 있는 것을 볼 수 있다. 또 붓다가 과거에 머리와 눈을 던져 야차(夜叉)에게 먹였다는 곳도 모두 이 나라 안에 있으니, 성의 동남쪽 산 속에 있다. 각기 절과 승려가 있어서 지금도 공양하는 것을 볼 수 있다. 이 나라에는 대승과 소승이 함께 행해진다.

여기에 소개한 구법승들의 여행기를 살펴보면, 4~8세기의 간다라 지역의 불교에 대한 몇 가지 사실을 확인할 수 있다.

첫째, 약 300여 년의 시간 차이가 있어서 그런지, 구법승에 따라 설화 내용에 상당한 차이가 있다. 송운은 부처 사후 200년에 카니슈카왕이 출현한다고 했으나, 현장은 400년 후에 나타난다고 하여 그 시기가 상당히 차이가 난다. 실제로 카니슈카왕(재위 127~147)은 부처 사후 600여년 후에 나타났다. 한편 송운이 언급한 마갈대어(12년 동안 사람들을 먹여 살린다는 큰 물고기) 설화는 앞에서 라투렛이 주장한 것처럼, 기독교에도 영향을 미친 것으로 보인다. 신약에 예수가 빵 다섯 개와 물고기 두 마리로 장정 오천 명과 많은 사람을 먹였다는 이야기가 나오기 때문이다(마태복음 14: 13−21; 루가복음 9: 10−17; 요한복음 6: 1−14).

둘째, 간다라 지역에는 아소카왕과 카니슈카왕 시절에 지은 절과 탑이 법현과 송운(승려 혜생과 도영이 함께 여행)이 방문한 5세기 초부터 6세기 전반까지는 온전하게 남아 있었지만, 현장이 방문한 7세기 중엽에는 간다라국은 이미 멸망당하고, 절들도 대부분 파괴되고 황폐화되었다. 불교도와 승려들도 크게 줄어들고, 힌두교의 사원인 천사(天祠)가 100여 곳이 있을 정도로 힌두교가 번성하고 있었다. 혜초가 방문한 8세기 전반에는 이 지역에서 불교가 겨우 명맥만 이어가고 있음을 암시하고 있다.

셋째, 간다라 지역에는 소승불교와 대승불교가 함께 공존하고 있었다. 6세기까지는 소승불교가 더 세력이 강했다가, 7세기 이후에는 대승불교가 점차 세력을 확대한 것으로 보이지만, 이 지역에서 불교는 곧 쇠퇴하게 된다.

넷째, 불교가 인도와 간다라 지역에서 쇠퇴하고 있었음에도 불구하고, 중국과 한반도 그리고 일본의 불교는 전성시대로 접어들었다. 중국은 당나라(618~907), 한반도는 통일 신라(668~935), 그리고 일본은 아스카(飛鳥)시대(538~710)와 나라(奈良)시대(710~794), 그리고 헤이안(平安)시대(794~1185)에 불교가 최전성기를 구가하여, 동북아시아에 위대한 불교문명을 낳았다.

알렉산더대왕의 동방원정에 따라 인도의 불교문명(종교)과 그리스의 헬레니즘문명(조각술)이 결합하여 탄생한 간다라미술은 이 지역에 한정되지 않고, 보다 광범위한 지역으로 퍼져 나갔다. 특히 그 영향은 동쪽으로 인접한 인도뿐 아니라 중국을 비롯한 동북아시아와 동남아시아에도 전해져 이들 지역의 불상 형식에 큰 영향을 미쳤다.

인도 초기 불교가 그리스 헬레니즘 양식의 조각상을 만나기 전에는 숭배의 대상이 법륜(수레바퀴 모양의 원형)이었다. 이런 법륜은 아잔타 석굴에도 남아 있으며, 서울 조계사 앞마당 석탑에도 조각되어 있다. 원불교에서 숭배의 상징으로 사용하는 둥그런 형태의 원

(◯)이 바로 이 법륜에서 나온 것이다. 불교의 숭배 상징이 이런 원의 형태로 내려오다가, 그리스 박트리아 왕국이 간다라 지역에 영향을 미쳤던 기원전 3세기에서 서기 2세기 사이에 헬레니즘 양식인 조각상을 만나 사람 모습의 불상이 탄생하게 된 것이다.

초전법륜
(출처: 인도 사르나트 박물관)

그래서 아프가니스탄 카불 동쪽에 있는 핫다(Hadda)에서 발굴된 초기 불상(삼존불) 양식을 보면, 부처가 가운데 서있고, 왼쪽에는 그리스 신인 헤라클레스나 심지어는 알렉산더대왕의 조각상이 배치되어 있고, 오른쪽에는 그리스 여신상 튀케가 배치되어 있는 것도 있다(사진 참조). 아직 불상의 형식이 완성되기 전의 모습으로, 두 양식이 혼합된 모습을 보여주고 있는 것이다. 초기 불상에서는 그리스인의 모습을 닮은 부처상도 많이 발굴되었다.

간다라에서 발생한 불상 형식은 아시아 각국에서 그대로 수용하거나 새로운 불교 발전의 기초가 되었다.[21] 특히 불교의 발상지인 인도에서는 불상의 전형적인 양식으로 수용되었으며, 동아시아에서도 가장 보편적인 양식으로 자리 잡았다. 경주 황복사지에서 출토된 금제입불상, 중국 돈황석굴 제275굴의 반가사유상, 중국 운강석굴 제20굴의 불좌상 등이 그 사례이다. 간다라 불상의 탄생이 없었으면, 경주 석굴암의 불상도 탄생하지 못했을 것이다.

간다라 불상의 예술성과 기술적인 수준에 대한 개인의 주관적인 평가를 넘어서 간다라문명이 인류문명사에서 동서간 문명의 만남에 귀중한 사례임은 부정할 수 없다.[22] 이천여 년 전 이곳 간다라에서는 그리스 헬레니즘문명과 불교문명의 신비로운 만남이 있었고, 그 결실인 간다라문명은 그리스와 페르시아, 인도와 중국을 연결하는 문명사의 거대한 유산, 즉 불상을 창조하였다. 알렉산더대왕의 동방원정은 본의 아니게, 불상을 신앙의 모체로 삼는 불교가 아시아에서 번성하는 간접적인 원인을 제공하게 된 것이다.

붓다(가운데) 알렉산더(왼쪽)                붓다(가운데) 헤라클레스(왼쪽) 튀케(오른쪽)

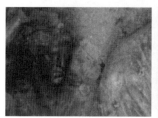  

알렉산더 확대 사진              헤라클레스 확대 사진              튀케 확대 사진

(출처: KBS, 유라시아로드 2부)

칭기즈칸의 서방원정과 동서문명 융합

인류 역사에서 몽골의 칭기즈칸만큼 광대한 영토를 정복한 군주는 아직까지 없다. 서양의 알렉산더는 정복한 영토도 훨씬 작을뿐더러, 제국이 그의 사후 30년도 지속되지 못하고 분열되어, 제국으로서의 그 의미를 찾기 어렵다. 알렉산더가 위대해 보이는 것은 서양 역사가들이 서양문명의 우수성을 과시하기 위해서 그 이미지를 의도적으로 과장해왔기 때문이다. 규모나 예술성 면에서 파르테논신전과는 비교도 안 될 정도로 위대한 이집트문명의 룩소르신전 등을 제쳐놓고 파르테논신전을 유네스코 세계문화유산 1호로 지정한 것도 그 한 예이다. 유네스코의 로고도 파르테논신전을 디자인한 것이다.

칭기즈칸은 실크로드 중에서 북쪽 초원로를 이용하여 중앙아시아와 아라비아, 동유럽, 러시아를 공략했다. 초원로는 오아시스로보다 이동(여행)하기에 더 편하고 안전하다. 초목과 호수가 도처에 널려 있기 때문에 말을 탄 기마병을 이용하여 신속하게 공격하고 후퇴할 수 있고, 양이나 염소를 식용으로 데리고 다닐 수도 있다. 일거양득인 셈이다. 유목민들은 전쟁을 위한 이동이 실제 유목생활에서 하고 있는 이동과 큰 차이가 없다. 그게 전쟁을 치를 때 유목민족이 정착민족보다 유리한 점이다. 원정여행을 할 때 보급품을 따로 준비하지 않아도 된다는 것이다.

13세기 몽골제국이 벌인 서방원정 여행에 의해 서양과 동양을 연결하는 중앙아시아가 안정화됨으로써, 동서간의 문명교류와 교역이 활성화되고, 자유로운 여행도 가능하게 되었다. 몽골군의 원정여행을 시대별로 정리하면 다음과 같다.

- 1205년~1207년, 1209년, 1226년~1227년 서하(탕구트)를 공략하기 위해 시안 서북쪽에 있는 영하 지역을 원정
- 1211년, 1214년, 1231년 금나라 원정
- 1219년 오트라르(현재 카자흐스탄 남쪽 도시) 원정
- 1220년 우즈베키스탄 부하라, 사마르칸트, 테르미즈, 구르간즈 원정
- 1221년 아프가니스탄 발크(흐), 헤라트, 메르브(투르크메니스탄), 니샤푸르(이란) 원정
- 1223년 러시아 노보고로드 원정
- 1231년~1259년 고려 원정
- 1235년, 1268년, 1274년 남송 원정
- 1237년 불라르, 베로네즈 원정
- 1238년 모스크바, 블라디미르, 숙닥 원정
- 1240년 키에프 원정
- 1241년 폴란드 리그니츠 원정
- 1258년, 1300년 이라크 바그다드 원정
- 1259년 헝가리 모히 원정
- 1260년 시리아 다마스커스 원정

위에서 소개한 원정여행에서 보는 것처럼, 몽골군들은 몽골의 수도 카라코람을 출발하여 수백 또는 수천 킬로미터나 떨어진 중앙아시아나 아랍의 이슬람 국가들과 동유럽 국가들을 공략했다. 이 원정과정에서 새로운 길이 생겨나거나 기존의 길은 보수되어 사람들의 통행에 큰 기여를 하게 되었다. 특히 상인들은 원나라에서 발행한 통행권만 있으면, 다마스커스나 바그다드에서 북경이나 카라코람까

지 아무런 위협이나 제지 없이 자유롭게 오갈 수 있었다. 마르코 폴로의 아버지와 숙부, 그리고 마르코 폴로가 바로 그 자유 통행비자의 혜택을 받았던 사람들이다. 상인들도 일정한 세금만 내면, 얼마든지 다른 나라로 가서 상품을 교역할 수 있었다. 외교사절들도 더 안전하고 빠르게 오갔음은 말할 나위도 없다.

칭기즈칸의 일생과 업적을 요약하면 다음과 같다.[23] 칭기즈칸(成吉思汗 성길사한, 1162~1227)은 세계 역사상 가장 넓은 대륙을 점유한 몽골제국의 창업자이자 초대 카간이다. 원래 이름은 보르기긴 테무진(孛兒只斤 鐵木眞 패아지근 철목진)이다. 몽골의 여러 부족을 통합하고, 출신이 아닌 능력에 따라 대우하는 합리적 인사제도인 능력주의에 기반한 강한 군대를 이끌어 역사상 가장 성공한 군사, 정치지도자가 되었다. 중국사에는 원(元) 태조(太祖)로 기록된다. 역사상 최초로 중국을 지배한 이민족(몽골족)의 수장이기도 한다.

칭기즈칸은 군사적으로 탁월한 재능을 가지고 있어서 급속하게

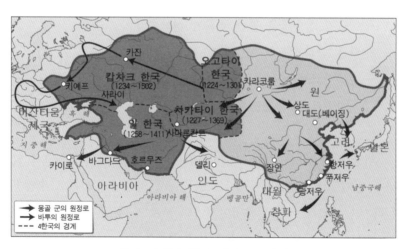

칭기즈칸 원정도(출처: 천재학습백과)[24]

변하는 외부환경에 잘 적응했다. 처음에 그의 군대는 사료가 필요 없는 튼튼한 초식동물인 몽골 조랑말을 타는 기병으로만 구성되어 있었다. 이러한 군대로 다른 유목민들은 패배시킬 수 있었지만, 도시들을 함락시킬 수는 없었다. 그러나 곧 몽골족들은 규모가 큰 성읍도 투석기·쇠뇌·사다리와 끓는 기름 등을 사용하여 함락시킬 수 있었고, 흐르는 강물을 다른 데로 돌려놓아 홍수가 일어나게 하는 방법을 사용하기도 했다. 정착문화를 가진 국가와 접촉하게 되면서 칭기즈칸은 서서히 공격·파괴·약탈보다 더 멋진 권력의 향유 방법이 있다는 것도 알게 되었다.

칭기즈칸이 활발한 정복전쟁을 수행할 수 있었던 이유는 크게 분류하면 다음과 같다.

- 철저한 능력위주의 군대 인사행정
- 이민족이라도 받아들이는 개방적인 인재 등용 정책
- 기마 능력과 기동성이 뛰어난 군대
- 이슬람 상인들을 통한 정확한 정보수집
- 다른 종교(기독교, 이슬람교, 불교 등)에 대한 존중
- 정복하고자 하는 나라가 다종교사회인 경우, 특정 종교를 지지하면서 다른 한편으로는 내분을 조장

서양 역사가들에 의해 무자비하고 잔인한 정복자의 모습으로 알려져 있기도 하지만, 칭기즈칸은 몽골에서 영웅이자 국부로 추앙받는다. 칸이 되기 이전에 중앙아시아의 투르크-몽골 연맹을 통합하여, 흩어져 있던 부족들에게 동질감을 형성하였다. 세계에서 가장 큰 제국을 건설한 칭기즈칸은 역설적으로 가장 넓은 지역에 전쟁의 처

참함을 보여준 후에, 가장 분쟁이 적은 평화의 시기를 가져온 사람
으로 평가되고 있다.

약 200년 동안 유라시아 대륙의 넓은 영토를 통치했던 몽골제국
은 제국에 의한 평화시대(팍스 칭기스카나-Pax Chinggis Qana)를 이룩
하고, 인구학과 지정학적으로 큰 변화를 가져왔다. 몽골제국의 영토
는 현재의 몽골, 중국, 러시아, 폴란드, 헝가리, 벨라루스, 우크라이
나, 몰도바, 아제르바이잔, 아르메니아, 그루지아, 이라크, 이란, 시리
아, 카자흐스탄, 투르크메니스탄, 키르기스스탄, 우즈베키스탄, 타지
키스탄, 아프가니스탄, 쿠웨이트, 터키 일부를 포함하는 것이다.

칭기즈칸은 자신 부족들 내부에 재통일의 기운이 무르익었고, 또
그 당시 중국과 기타 정착문화를 가진 나라들이 쇠퇴의 길을 걷고
있음을 인식했기 때문에 그러한 상황을 이용하여 정복자의 길로 나
선 것이다. 칭기즈칸은 주변국을 정복해나가면서 자신에게 협력할
경우, 자치권을 인정함과 동시에 여러 가지 혜택을 부여했다. 그러나
반항하게 되면, 그 지역 전체를 풀 한 포기 남김없이 모조리 멸족시
키고, 학살당한 주민들의 해골을 모아서 탑을 쌓았다. 바그다드와 이
스파한 등의 지역에는 거의 십만 개의 해골들로 탑을 쌓기도 했다.

칭기즈칸의 정복전쟁은 초기의 막대한 파괴와 학살 뒤에 마침내
문명의 혜택도 가져왔다. 칭기즈칸이 후대의 일부 역사가들로부터
평가를 받는 것은 바로 이 점에서였다. 그루쎄는 역사가 주앵빌과
아불 가지의 말을 빌려 그 이유를 다음과 같이 설명하고 있다.25) 그
루쎄는 역사가 주앵빌이 "칭기즈칸은 사람들이 평화를 유지하도록
만들었다"라고 평가한 것은 피상적으로는 역설적이다라고 말하면서,
칭기즈칸은 모든 투르크-몽골민족을 하나의 제국으로 통일하고, 중
국에서 카스피해에 이르기까지 엄격한 규율을 강요함으로써 만성적

인 부족 간의 전쟁을 억누르고, 카라반 대상들에게 지금껏 누리지 못한 안전한 상거래 여행을 보장했다고 주장했다. 아불 가지 같은 역사가는 "칭기즈칸의 치세 아래 이란과 투르크인들의 땅 사이에 있는 모든 나라들은, 누구한테서도 어떤 폭행도 당하지 않은 채, 황금 쟁반을 머리에 이고, 해가 뜨는 땅에서 해가 지는 땅까지 여행할 수 있을 만큼 평화를 누렸다."고 기록하였다. 그의 통치 규범은 그의 시대에는 분명 무서운 것이었으나, 그의 후계자들의 시대에는 부드러워졌고, 이후 동서문명의 활발한 교류와 14세기 마르코 폴로와 이븐 바투타 같은 위대한 여행가들도 출현하게 된 것이다. 이 점에서 칭기즈칸은 일종의 '야만인 알렉산더'로서 새로운 문명을 탄생시킨 군주였다. 서양 역사가들은 알렉산더를 '위대한 왕'이라고 부르고, 칭기스칸은 '야만인 알렉산더'라고 부르는 모순적이고 편파적인 모습을 보여주고 있다.

몽골의 수도 카라코롬은 명실상부하게 세계 정치와 경제의 중심지였다.26) 그 도시로 통하는 도로들은 몽골 황제를 알현하러 가는 속국의 사신들과 상인, 그리고 종교인들로 가득 차 있었고, 그들은 수도에서 외교와 교역, 선교 업무를 수행했다. 그들 중에는 유럽인들도 다수 포함되어 있었다. 당시 카라코롬을 방문한 사람들이 남긴 여행기에는 그 도시 안에서 일어나고 있는 각종 문화예술 활동이 기록되어 있다. 김호동 교수가 카르피니의 〈몽골사〉와 루브룩의 〈동유기〉를 함께 엮어 편역한 〈몽골제국 여행기〉가 대표적이다.27)

몽골제국 통치 아래서 중국과 중앙아시아, 중동, 그리고 유럽의 대도로망은 '초원의 길'을 매개로 하여 서로 연결되어 유라시아 전 지역을 잇는 육지의 거대한 도로망 네트워크가 출현했다.28) 육상 간선도로에는 약 30~40km마다 역참(驛站)이 설치되어, 인마(人馬)나

식품이 준비되어 있었다. 이 도로를 왕래하는 관리나 사신들에게는 특별 통행증이 발급되어, 여행의 편리를 도왔다. 칸의 급사 등은 말을 바꾸어 타면서, 하루 밤낮에 450km를 주파했다고 한다. 거대 육상 네트워크의 동쪽 중심은 다두(북경)였고, 서쪽 중심은 일한(칸)국의 수도 타브리즈(현재 이란의 서쪽 도시, 타브리즈)였다. 당시에는 흑해 북쪽 연안의 식민지와 시리아를 경유하여 많은 이탈리아 상인들이 다두로 찾아들었다. 파스타와 피자, 그리고 아이스크림은 이 무렵에 중국에서 이탈리아로 전래된 것으로 여겨지고 있다. 그 음식들이 중국에서 이탈리아에 직접 전달되었다기보다는 이동하면서 지나가는 지역의 특성에 맞게 조금씩 변형되었다고 보는 것이 타당할 것이다.

다두(북경)는 유라시아의 바다 네트워크와도 연결되어 있었다. 다두는 텐진과 운하로 연결되어 있어서, 항저우(항주), 취안저우(천주), 광저우(광주) 등의 항구를 거쳐, 동남아시아와 인도양 주변 지역과 연결되어 있었다. 다두는 해양 네트워크의 중심지이기도 했던 것이다. 예를 들면, 교황 사절단의 일원으로 일한국에 왔던 문테 꼬르비노(여행 기간: 1245~1247)는 페르시아만에서 해로를 이용하여 다두에 도착하여, 다두에 동아시아 최초의 가톨릭 교회를 열었다.

당시 원나라를 방문했던 마르코 폴로(1254?~1324)는 중국 천주를 알렉산드리아에서 하역되는 후추의 1백배가 모이는 항구로서, 세계 2대 항구 중 하나라고 기록하고 있다. 역사상 가장 긴 거리를 여행한 모로코의 여행가 이븐 바투타(1304~1368)는 인도의 캘리컷에 13척의 중국 대형 선박이 정박하고 있다고 기술하면서, 중국 상인이 세계에서 가장 부유한 상인이라고 기록하고 있다. 그 정도로 당시 몽골이 지배하는 원나라는 부유했던 것이다.

원나라는 모든 통화를 교초(交鈔)라는 지폐로 통일하여 제국 내에서 상거래를 활성화시켰다. 교역도시 다두의 활기는 동중국해와 황해 해역의 교역에도 활기를 주었다. 그런 활발한 무역 상황은 1975년 신안 앞바다에서 발견된 해저무역선이 증명해 주고 있다. 이 배는 길이가 30미터, 배수량 약 300톤, 승무원 70명이 탑승할 수 있는 크기로 추정되고 있다.29) 이 배는 1323년에 중국 닝보(영파)를 출발하여 일본 하카다로 향하던 무역선으로 일본 상인과 신사, 사찰과 왕실 등이 하주였던 것으로 밝혀졌다. 이 배에는 도자기 2만 2천 개, 동전 약 8백만 개(28톤), 후추 등 향신료가 실려 있었다.30)

또 다른 몽골제국의 기여는 동서의 유목사회와 농업사회를 하나로 묶은 것이다. 몽골제국은 몽골 초원과 중앙아시아, 그리고 이슬람제국 등 유목사회와 중국과 키에프공국 등의 농경세계를 정복하여, 서로 교류하게 만들었다.31) 13세기 초에 동서의 농경사회는 모두 위기에 빠져 있었다. 중화제국의 남송(1127~1279)은 화북의 광활한 지역을 금나라에 빼앗긴 지방정권에 불과했고, 이슬람제국의 압바스 왕조(750~1258)도 각지에서 지방정권이 분립하여, 그 지배력이 미약했다. 몽골족은 거대한 상업권 형성을 요구하는 이슬람 상인의 협조를 얻어, 쇠약해 있던 동서의 대농업세계를 정복하여, 유목세계와 연결되는 하나의 글로벌 네크워크를 형성한 것이다. 이 점이 몽골제국이 인류문명사에 기여한 가장 큰 공로이다.

또한 이슬람 상인과 중국 상인들이 육로와 해로를 이용하여 활발한 상업 활동을 전개하는 과정에서 상품 거래 외에도 다양한 문화 교류가 이루어졌다.32) 예를 들면, 원나라에서는 이슬람 천문학의 영향을 받아 수시력(授時曆)이라는 정확한 달력이 만들어졌다. 중국의 화약, 나침반은 이슬람 세계로 전해졌으며, 중국의 회화는 이란의 세밀화에 영향을 미쳤다. 무엇보다 동서 간에 상인들의 여행이 자유로워지면서, 서로 이질적인 물건이나 지식들이 많이 교류하게 되어, 동양, 서양, 중동 간의 상호이해와 문명 발전에 크게 기여했다.

정치적으로도 유럽과 아랍 정세에 큰 영향을 끼쳤다. 몽골군의 서방원정에 따른 유라시아 대륙에서의 4대 칸국(차카타이칸국, 일칸국, 킵차크칸국, 오고타이칸국)의 성립, 그리고 원제국이라는 막강한 중원 국가의 성립은 지리멸렬되고 암흑기가 시작되었던 유럽 사회에 큰 위협이 되었다. 더구나 200여 년에 걸친 십자군전쟁(1096년~1291년)에서 아랍군에게 속절없이 패한 유럽은, 이슬람 사회에 대항하기 위해 지원 세력이 필요했다. 이때 교황이나 프랑스 왕 루이 9세가 파견한 수도사들이 남긴 저서들이 유럽 사회에 몽골 사회를 알리는데 큰 기여를 했으며, 이후 유럽인들이 동양 사회를 이해하는데 필요한 기초자료를 제공했다.

1245년 4월 16일, 교황 인노켄티우스 4세(1195~1254)가 몽골 사절로 파견한 이탈리아 출신의 프란체스코 수도자인 카르피니(Giovanni de Carpini, 1182~1252)가 그 선두 주자이다(제1장 여행의 역사 연표 참조).33) 이때 몽골 서정군은 바투(?~1255, 칭기즈칸의 큰 아들인 주치의 둘째 아들)의 지휘하에 주로 동유럽을 목표로 제2차 서정(1235~1244)을 시작하여, 아드리아해 인근과 오스트리아 빈 외곽까지 진격하여 유럽 전체를 공포에 몰아넣었다.

이런 상황에서 1243년에 즉위한 교황 인노켄티우스 4세는 유럽을 안정시키기 위해 몽골군의 침략을 중지시키는 일이 급선무였다. 그래서 카르피니에게 친서를 보내, 유럽에 대한 몽골군의 공격과 기독교도들에 대한 박해 중지, 그리고 칸의 기독교 귀의를 요청했던 것이다. 재미있는 사실은 교황의 서신에 적힌 '평화'라는 단어를 '복종'으로 오해하고, 오히려 칸이 교황에게 복종하라고 협박성 답장을 보냈다는 점이다. 이렇게 나라마다 사용하는 단어의 의미가 서로 다른 것이다. 동서 간에 오랫동안 서로 교류가 없었기에 생긴 오해였다. 이런 외교상의 오해를 많이 줄여주었다는 점에서도 몽골제국의 서방원정의 의미는 크다.

카르피니가 교황에게 출사보고서로 제출한 〈몽골사〉(일명 小史)는 당시로는 으뜸가는 몽골관련 저술로서 유럽인들이 몽골과 동방에 관한 지식을 습득하는 데 중요한 역할을 했다. 이 보고서에는 여행 중에 보고들은 견문 외에 몽골의 국토, 인종, 종교, 풍습, 정치체제, 전쟁, 정복국, 궁전 등에 관하여 비교적 정확하고 상세하게 기록하였다. 카르피니의 몽골 여행은 동아시아에 대한 교황의 첫 사절이며, 위구르어와 페르시아어로 작성되고, 몽골어 새문(璽文: 칸의 도장을 찍은 문서)이 찍힌, 몽골 칸 구육(貴由汗 귀유한, 재위 1246년~1248년, 칭기즈칸의 셋째 아들인 오고타이의 첫째 아들)의 답신(1920년 로마 바티칸박물관 고문서관에서 발견)은 현존하는 가장 오래된 외교문서로서 문명 교류사적 가치가 대단히 높은 유물이다. 마르코 폴로 이전에 이미 몽골과 로마 교황은 서로 사절을 교환하고 있었던 것이다.

몽골 측 사절들이 로마까지 가서 교황을 알현한 기록도 있다.[34] 1247년 5월에 교황 인노켄티우스 4세는 도미니크수도회 수도사 안세름을 비롯한 3명을 카스피해 서쪽에 있는 킵차크칸국의 몽골 현지 사령관 파이쥬에게 파견했다. 이 사절단은 귀환할 때, 몽골 측 사신 20명을 대동했는데, 이들이 교황청에서 교황을 알현한 것이다.

또한 몽골은 기독교와 이슬람 사이에 벌어진 십자군전쟁에도 개입하려했던 정황도 보인다.[35] 1248년 제7차 십자군원정을 발동한 프랑스 루이 9세는 지중해 키프로스에 상륙했을 때, 일칸국 몽골 사령관 이루치카타이가 보낸 사신을 접견하였다. 이때 이 사신은 십자군의 예루살렘 성지 회복을 지원하겠다는 서한을 가지고 왔다. 이에 고무된 루이 9세는 1249년 2월에, 도미니크회 수도사 안드레이 드 롱주모를 단장으로 하여, 20명의 수도사와 4명의 평민으로 구성된 사절단을 몽골에 파견하였다. 그러나 사절단이 카라코룸에 도착했을 때, 원나라는 구육 칸이 이미 사망하고, 황후인 오굴 카이미쉬(Ogul Qaimish)가 섭정하고 있었다. 황후는 사절단에게 폭언을 퍼부으며, 루이 9세가 매년 금은으로 조공을 바칠 것을 요구하고, 그렇지 않으면 유럽을 섬멸해버리겠다는 협박성 답신을 보냈다.

루브룩(Rubruck, 1215~1270)이 1256년에 간행한 라틴어 여행기 〈동유기 東遊記〉도 유럽인들이 몽골에 대해 정확한 정보를 얻는데 큰 기여를 했다.36) 루이 9세는 다시 1253년에 프란체스코회 선교사 루브룩을 단장으로 하고, 수도사와 선교사, 통역 각 1명씩, 그리고 소년 노예 5명으로 구성된 사절단을 원나라에 파견하였다. 이때 루이 9세는 십자군원정에서 이슬람군에 참패하여 포로로 잡혔다가, 몸값을 지불하고 겨우 풀려난 직후였다. 따라서 그는 이슬람 세계와의 대결에서 몽골군의 지원이 필요했으며, 몽골 영토 내에서의 기독교 활동에 대한 탐지를 목적으로 사절을 파견한 것으로 보인다. 1255년 6월 29일에 임무를 마친 사절단이 터키 남부 안티오카에 도착했을 때, 루이 9세의 십자군은 이미 유럽으로 철수해버린 뒤였다.

그의 여행기에는 경유지의 자연환경과 주민생활, 타타르인(몽골인)들의 의식주·풍습·사법제도·종교·궁전행사 및 카라코룸의 면모 등이 생생하게 기술되어 있다. 그는 언어학에도 조예가 깊어 각 지역의 언어와 한자를 서로 비교하여 비교언어학적인 측면에서 견해를 피력하기도 했다. 또한 몽골이 서아시아와 헝가리, 그리스,

독일, 프랑스 등 정복지에서 데려온 포로들로 수공업이나 농업에 필요한 노동력을 공급하고 있다는 사실과, 심지어는 기욤 부셰라는 파리 출신의 금세공사를 만난 일까지도 기록하고 있다.

루브룩 사절단의 몽골 여행은 당시 몽골과 유럽 사회 간의 관계 수립이나 상호 이해증진에 괄목할 만한 기여를 했다. 그의 여행기를 통해서 몽골 사회에 대한 유럽인들의 인식에 큰 변화가 일어난 것이다. 그러니까 마르코 폴로의 〈동방견문록〉 이전에 이미 카르피니의 〈몽골사〉나 루브룩의 〈동유기〉가 몽골인들이 지배하는 중국(원나라)에 대한 이해를 높이는 데 큰 기여를 한 것이다.

특히, 원나라에 전파된 기독교의 상황에 대해 비교적 정확한 인식을 갖게 되었다. 몽골인들에게는 경교(네스토리우스파 기독교)를 비롯한 기독교가 어느 정도 퍼져있기는 하지만, 칸은 기독교인이 아니고, 킵차크칸국의 칸인 바투의 첫째 아들 사르닥도 소문과는 달리 기독교 신자가 아니며, 따라서 기독교에 대한 칸의 특별한 배려는 기대할 수 없다고 기술하고 있다. 그는 뭉케의 본영에 도착했을 때, 한 막사에서 1개월 전에 그곳에 도착한 아르메니아 선교사가 걸어놓은 십자가를 발견하기도 했다고 기록하고 있다.

무엇보다 중요한 정보는 몽골군이 더 이상 유럽에 대해 진격할 계획이 없고, 향후 서정의 목표는 아랍의 이슬람 세계로 향할 것이라고 정확하게 예측하고 있다는 점이다. 또한 카르피니와 함께 루브룩의 몽골 여행의 공로는 13세기 북방 초원 실크로드의 여행경로를 구체적으로 기록한 점이다.

모든 종교에 대한 포용성 때문에 몽골군의 서방원정은 기독교(네스토리우스파)와 이슬람의 동방 전파는 물론 불교(라마교)의 전파에도 큰 역할을 했다. 루브룩의 〈동유기〉에는 여러 가지 종교인들이 자유롭게 전교 활동을 하고 있는 모습들이 잘 기록되어 있다. 루브룩이 조정에 도착했을 때, 그는 코야트라는 네스토리우스파 통역에 의해 바투의 아들인 사르닥에게 소개되었다.37) 루브룩은 사르닥이 기독교 도가 아닌듯하다고 보고했지만, 그는 네스토리우스 교도였다. 루브 룩은 네스토리우스파의 주요 근거지이면서, "옴 마니 밧메훔"이 울려 퍼지는 위구르 불교(라마교)도들의 중심지였던 카일락(현재 카자흐스탄 동쪽 카팔 부근)도 지나갔다.

1254년 1월 4일, 그는 오르두에서 원나라의 황제인 뭉케(재위 1251~1259, 칭기즈칸의 넷째 아들인 톨루이의 첫째 아들, 즉 둘째 아들인 쿠빌라이의 형이다)를 알현하는 장면을 다음과 같이 생생하게 묘사하기도 했다.38)

> 우리는 대궐로 인도되었고, 문간 앞에 있는 모전이 올라가자, 찬송가 '아 솔리스 오르투 A Solis Ortu'를 부르며 들어갔다. 그곳에는 금실을 섞어 짠 천이 사방에 걸려 있었다. 그 가운데로 가시나무, 쑥부리, 가축똥이 타고 있는 화로가 있었다. 대칸은 물개가죽처럼 반짝이는 화려한 모피옷을 입고, 작은 침대에 앉아 있었다. 그는 중키에 나이는 마흔다섯 살쯤 되었고, 코는 조금 납작한 편이었다. 칸은 우리에게 백포도주처럼 맑고 단 쌀로 만든 음료(백주-저자 주)를 대접하라고 하였다. 그리고 나서 그는 여러 종류의 맹금을 가져오라고 해서, 자기 주먹 위에 올려놓고, 잠시 동안 주의 깊게 들여다보았다. 그 뒤 그는 우리에게 말을 하도록 명령하였다. 그에게는 네스토리우스 교도인 통역이 있었다.

루브룩은 궁정 대연회에서 네스토리우스교 사제들이 제복을 입고, 대칸의 잔을 축복하기 위해 제일 먼저 입장하고, 무슬림 사제들과 우상 숭배자인 승려들, 즉 불교와 도교 승려들이 그 뒤를 따르는 것을 목격하기도 했다. 그에 의하면, 뭉케는 네스토리우스 교도인 아내를 동반하여 그 교회의 예배에 참석하기도 했다. 이런 기록을 보면, 당시에 다른 종교보다도 네스토리우스파 기독교가 원나라 조정에서 상당히 신뢰를 받았던 것으로 보인다.

루브룩은 1254년 부활절 축제 때, 카라코롬의 네스토리우스 교회에서 미사를 집전하도록 하락받기도 했는데, 거기에는 궁중에서 극진하게 대접받고 있던 프랑스인 금세공사 기욤이 프랑스풍으로 조각한 성모상이 있었다. 그의 기록에 의하면, 카라코롬에는 네스토리우스 교회 외에도 두 개의 이슬람 모스크와 열두 개의 라마교 사원도 있었다. 어느 날, 루브룩 앞에서 무슬림과 기독교도들 사이에 논쟁이 일어났을 때, 기독교에 대해 매우 호의적이었던 왕자 아릭 부케가 공공연하게 기독교도 편을 들어 주는 모습도 보았다고 기록했다.

그는 1254년 5월 30일 오순절 전야에, 카라코롬에서 뭉케가 임명한 중재자 세 명이 배석한 가운데, 대규모 공개 종교토론에 참석했다. 여기서 그는 유일신론에 입각하여, 불교 철학자들과 논쟁을 벌이는 무슬림 사제들을 지지하기도 했다. 이런 사실을 보면, 당시 원나라 조정에서는 각 종교의 대표자들이 교리 논쟁도 활발하게 벌인 것으로 보인다. 왕족과 조정 대신들 또한, 이런 논쟁을 통해 세계화와 개방성을 추구했던 것으로 추정된다. 그래서 사절로 몽골을 다녀온 후 〈동방기행〉을 지은 프란치스코 사제 오도릭(여행 기간: 1318~1330)은 "그렇게 많은 종교와 인종들이 한 권력의 통제 아래서 평화롭게 살 수 있다는 사실이 내게는 세상의 가장 위대한 경이로움 가운데 하나로 보인다."고 감탄했던 것이다.[39] [40]

불교에 호의적이었던 쿠빌라이(元 世祖 忽必烈 홀필열, 재위 1260~

1294)는 기독교에도 호의적이었다.41) 그는 선임자들인 우구데이(오고타이)나 뭉케처럼, 칙령으로 불교와 도교의 승려와 학자들에게 주었던 면세의 특권과 다양한 특권을 네스토리우스교도들에게도 부여했다. 당나라의 몰락과 함께 중국에서 쫓겨났던 기독교가 수백년 만에 다시 부활한 것이다.

1275년에는 바그다드에 있었던 네스토리우스교 총대주교가 북경에도 대주교구를 창설하였다. 남송을 공략한 몽골인들을 따라, 그들은 양자강 하류 지역까지 전교활동을 펼쳤다. 1278년에 쿠빌라이는 오늘날의 강소성 진강(鎭江) 지역을 네스토리우스교도인 마르 세르기스 Mar Sergis(馬薛里吉思 마설리길사)에게 맡겼는데, 그는 거기에 교회를 세웠다. 그 외에 양주와 항주에도 네스토리우스 교회들이 건립되었다. 복건성에서는 송대에 부활하기 시작한 옛 마니교가 부활하기도 했다.

쿠빌라이의 조정에는 아랍어를 사용하는 시리아 출신의 이세(Ise) 또는 예수(Jesus)(1227~1308)라는 이름의 네스토리우스교도가 1291년에 기독교 의식을 관장하는 숭복사사(崇福司使)에 임명되었으며, 1297년에는 평장정사(平章政事)에 임명되기도 했다. 또한 쿠빌라이는 코카서스에서 데리고 온 그리스정교도 3만 명의 알란인들을 친위대에 편입시키고, 남송 공략에 동원하기도 했다. 이처럼 기독교도들은 원나라 조정에서 중요한 역할을 담당했다.

이와 같은 몽골제국의 종교적 다양성과 개방성은 종교 분쟁으로 끝이 보이지 않는 전쟁을 벌이고 있는 현대 세계가 배워야 할 소중한 글로벌리즘이자 포용정신이다. 그런데 지금 서양의 역사가들과 정치가들은 이런 칭기즈칸의 위대한 유산을 폄하하고 경시하고 있다. 기독교도들은 기독교도만, 이슬람교도들은 이슬람교도들만 인정하고 다른 종교는 철저히 배척한다. 그런 편협성과 폐쇄성으로는 절대 세계 평화를 가져올 수 없고, 오히려 계속되는 종교 분쟁과 인종 분쟁만 초래할 뿐이다. 현대사회는 13~14세기에 세계의 반을 평화로 다스렸던 몽골인들의 개방성과 포용성을 배워야 한다.

제국주의 입장에서 원나라의 서방원정 여행은 우리 인류에게 위와 같은 개방성과 포용성이라는 긍정적인 결과를 가져다주었지만, 반대로 당하는 사람들의 입장에서는 '선의의 침략'이란 존재하지 않는다는 부정적인 결과도 가져왔다. 그 어떤 침략도 정당성을 인정받지 못한다는 뜻이다. 우리 아버지가 또는 어머니가 무능하다고 해서, 다른 부모더러 우리 집을 관리해달라고 할 수 없는 것과 같은 이치다. 피침략국의 사람들에게 외국의 침략이란 엄청난 피해와 이루 말할 수 없는 고통만 가져다줄 뿐이다. 고려시대를 살았던 우리 조상들이 그랬다.

원나라는 1231년부터 1259년까지 거의 30년 동안 10차례에 걸쳐, 고려를 침략하여 전 국토를 쑥대밭으로 만들어버렸다. 이 고려 침략은 제2대 우구데이(오고타이) 칸(1229~1241), 투라키나 카툰(1241~1246), 제3대 구육 칸(1246~1248), 오고르카미시 카툰(1248~1251), 제4대 뭉케 칸(1251~1259)의 재임 기간에 진행되었다.

1차 침략은 고종 18년에 시작해서 6개월간(1231년 8월~1232년 1월) 지속되었다. 2차 침략은 고종 19년에 시작해서 5개월간(1232년 8월~1232년 12월) 지속되었다. 3차 침략은 고종 22년에 시작해서 6개월간(1235년 7월~1235년 12월) 지속되었다. 4차 침략은 고종 23년에 시작해서 8개월간(1236년 6월~1237년 1월) 지속되었다. 5차 침략은 고종 25년에 시작해서 9개월간(1238년 8월~1239년 4월) 지속되었다. 6차 침략은 고종 34년에 시작해서 9개월간(1247년 7월~1248년 3월) 지속되었다. 7차 침략은 고종 40년에 시작해서 7개월간(1253년 7월~1254년 1월) 지속되었다. 8차 침략은 고종 41년에 시작해서 8개월간(1254년 7월~1255년 2월) 지속되었다. 9차 침략은 고종 42년에 시작해서 15개월간(1255년 8월~1257년 10월) 지속되었다. 10차 침략은 고종 45년에 시작해서 10개월간(1258년 6월~1259년 3월) 지속되었다.

막강한 몽골군을 상대로 끈질기게 버텨오던 최씨 무신정권이 무너지면서, 고려는 원나라에 완전히 항복하고 그 속국이 되었다. 당시 고려 귀족들은 군대에 가지 않았고, 무신정권 또한 관군이 아닌 사병을 키워, 자신들의 권력과 재산을 지키는 데 더 급급했기 때문에 몽골군이 침략했을 때, 고려군의 대응은 취약할 수밖에 없었다.42) 또 이렇게 상대방이 완전 항복할 때까지 지속적으로 끈질기게 공략하는 것은 유목기마민족들의 전술이기도 하다. 그래도 일본을 제외하고는 그 막강한 몽골제국을 상대로 이렇게 끈질기게 저항한 주변 국가는 고려가 유일하다.

원나라는 이로부터 약 100여 년 동안 고려를 속국(부마국 駙馬國)으로 만들어 간접 통치하면서, 조정과 지배 그룹은 말할 것도 없고, 민초들을 도탄에 빠뜨렸다. 임진왜란과 정유재란 8년 동안 조선 사람들이 당한 피해와 고통을 생각한다면, 그 피해의 정도가 상상이 될 것이다. 왕들은 원나라 공주와 결혼해야 했으며(충렬왕−제국대장공주; 충선왕−이순진, 계국대장공주; 충숙왕−복국장공주, 조국장공주, 경화공주; 충혜왕−이린친발; 공민왕−노국대장공주), 금은보화 등 막대한 공물을 바쳐야 했다. 약 20여만 명의 장정들이 끌려가서 다른 전쟁에 군사로 동원되었거나 하인 또는 노예로 팔렸으며, 수만 명의 처녀들이 공녀로 끌려가서 노예나 하인, 아니면 첩이나 매춘부로 팔려나갔다. 이때 끌려간 공녀 중 한 명이 원나라 마지막 황제인 순제

(1333~1370)의 제1황후가 된 기황후(1315~1369)이다.

또한 몽골군이 전 국토를 유린하고 다녔기 때문에 경주 황룡사를 비롯한 수많은 귀중한 문화재가 파괴되거나 불타버렸다. 이 과정에서 전 국토에서 몽골군과 고려 여인들 사이에 혼혈화가 엄청나게 이루어졌다. 현대전에서 유고 내전 때, 세르비아 군대가 보스니아 여인들을 상대로 무자비한 혼혈화 전략을 시도했던 것과 마찬가지다.

수만 명의 몽골군의 숙식을 제공하고, 필요한 군수물자를 제공하느라, 민초들의 삶은 뿌리가 뽑힐 정도로 도탄에 빠지게 되었다. 두 차례에 걸친 몽골군의 일본 원정에 필요한 거의 모든 비용과 물자와 상당수의 인력도 고려에서 부담했다. 오히려 몽골군이 중앙아시아에서 저항하는 나라들은 개미새끼 한 마리까지 모두 죽여 없애버리는 초토화작전을 펼치지 않은 것을 고마워해야 할 정도였다. 이렇게 처절하게 당한 나라의 민초들에게 원나라의 개방성과 포용성을 말하는 것은 아무런 의미가 없는 일이다. 다른 피지배 국가들도 마찬가지일 것이다. 침략당하는 나라 사람들에게 고통을 주는 원정여행은 이처럼 문명발전에 부정적인 영향도 끼치는 것이다.

기독교문명과 이슬람문명이 충돌한 십자군전쟁

인류사에서 십자군전쟁만큼 장거리 여행을 수반한 전쟁은 드물다. 또한 이 전쟁만큼 종교를 빙자한 장거리 원정여행도 드물다. 즉 신을 앞에 내세워 국왕과 영주, 기사와 하급 군인, 부자와 빈자, 노인과 여자, 순수한 신앙인과 이기적인 신앙인을 왕복 6천 마일이 넘는 장거리 여행으로 몰아넣은 전쟁이었다.

유럽과 아시아, 기독교와 이슬람교, 인류의 두 반쪽이자 두 자매인 그들은 매우 긴 세월을 잊고 지내다가 마침내 십자군으로 인하여 다시 마주하게 되었다. 그 첫 만남은 증오로 가득 찬 것이었다. (출처: 쥘 미셸레 〈프랑스사〉, 매든 〈십자군〉에서 재인용)43)

중세의 기독교인들에게 예루살렘은 우주의 중심이었다.44) 그들에게 예루살렘 성지는 중요했다. 현대 기독교인들보다 훨씬 그 중요도가 높았다. 성지 순례는 기독교인들에게 회개의 수단이었으며, 신의 은총을 받을 수 있는 중요한 통로였다. 성서에서 경배되는 거룩한, 예수가 살았고 죽었다가 부활한 예루살렘은 천국을 지상에 구현한 도시였다. 그런 성스러운 도시가 셀주크 투르크 왕조(1038~1157)의 이슬람교도에 의해 점령되었다는 소식을 들은 유럽 기독교 세계는 큰 충격을 받았다. 투르크인들이 아랍계 이슬람 왕조인 압바스 왕조를 물리치고 소아시아에 진출하기 시작한 것이다.

투르크인(터키인)들은 아랍인들을 몰아내고 예루살렘을 점령한 후, 이슬람 땅에 기독교가 융성한 것을 보고 깜짝 놀랐다.45) 그래서 일부 교회를 파괴하고, 성직자들을 죽이고, 순례자들을 사로잡았다. 투르크인들은 아랍인들이 기독교 순례자들로부터 걷는 세금(통행세)으로 예루살렘을 유지하고 있다는 사실을 몰랐던 것이다. 지금까지 통행세만 내면 아무런 제약 없이 성지인 예루살렘을 드나들 수 있었던 기독교인들에게는 날벼락이 아닐 수 없었다. 유럽 기독교 세계가 경악한 것은 당연한 일이었다. 기독교인들에게 성지를 순례하지 못하게 막는 일은 진정한 신앙인이라면 참을 수 없는 모욕이자 수치였다.

투르크인들은 1220년경에 몽골이 순수한 교역을 위해 호라즘 왕국에 파견한 사절들을 모두 죽이고, 그 재물을 약탈한 오라르트 지방수령 이날축과 비슷한 어리석은 짓을 저지른 것이다. 이 한 지방관의 어리석은 짓은 칭기즈칸의 분노를 불러일으켜, 중앙아시아와 아랍 세계는 몽골군의 말발굽으로 처절한 피의 복수를 당하게 되었다. 호람즘 왕국은 물론, 압바스 왕조의 수도 바그다드까지 쑥대밭으로 변하게 된다.

십자군전쟁은 동로마제국(비잔틴제국)과 셀주크 투르크족의 충돌에서 비롯되었다. 1071년 비잔틴제국의 황제 로마누스 4세(Romanus, 재위 1068~1071)는 소아시아를 침공한 셀주크 투르크에 맞서 군사를 일으켰다.46) 이 전투에서 비잔틴군은 투르크군에 패하고 황제도 포로로 잡히게 된다. 이에 망국의 위기를 느낀 알렉시우스 1세 콤네누스(Alexius Comnenus, 재위 1081~1118) 비잔틴 황제는 1095년 서구 기독교 세계에 커다란 힘을 가지고 있는 로마 교황 우르바누스 2세(재위 1088~1099)에게 지원을 요청하지 않을 수 없게 되었다. 그리하여 마침내 십자군전쟁이 시작된 것이다.

그러나 이런 요청은 결코 쉬운 일이 아니었다. 당시 비잔틴은 서부 유럽 전체를 자신들의 영토라고 생각했고, 서유럽의 야만인들이 일시적으로 자신들의 땅을 차지하고 있다고 생각했다.[47] 비잔틴인들에게 서부 유럽은 기독교를 믿기는 해도 잘못된 전례와 교리(이단적인 신앙)를 가진 문제가 많은 곳이었다. 지금도 현지 교회들을 방문해서 확인해보면, 예루살렘에서 멀리 떨어져 있는 교회일수록 성화에 그려진 성모나 예수의 모습이 예루살렘에 있는 성화와는 차이가 많이 난다. 서유럽 교회(성당)에 있는 성화를 보면 예수나 성모가 모두 서양인의 얼굴을 닮았다.

예루살렘이 있는 중동에 살고 있는 중동인의 얼굴이 아닌 것이다. 즉, 중동 사람인 예수나 성모의 모습을 중동 사람이 아닌, 서유럽 사람의 얼굴을 닮게 그린 것이다. 그러니까 예루살렘에 가까운 비잔틴에서 볼 때는 서부 유럽의 교회들이 이단으로 보이는 것이다. 실제로 비잔틴의 국교인 동방정교의 성화(이콘)를 보면, 예루살렘에 있는 교회들의 성화와 거의 비슷하다. 그 대표적인 성화가 이스탄불 아야 소피아에 있는 성모상이다. 이런 현상은 인도에서 멀어질수록 부처님 얼굴이 인도 사람의 얼굴을 닮지 않고, 중국인이나 한국인 등 현지인의 얼굴을 닮아가는 이치와 똑같다.

비잔틴 사람들이 서유럽 기독교 사회에 대해 가장 문제를 삼은 것은 교황이 모든 기독교도들에 대해 권위를 갖는다는 점이었다. 그러나 알렉시우스는 투르크 이슬람교도들을 물리칠 군대가 필요했고, 유럽에는 군대가 많이 있었다. 따라서 그는 굴욕을 무릅쓰고 교황에게 군대를 요청하는 사절을 보낸 것이다. 유럽 사회 또한 9~10세기부터 북쪽의 바이킹족과 동쪽의 헝가리, 그리고 남쪽의 이슬람의 침공에 대비하기 위해 팽창하기 시작한 군사력을 해소하기 위해 골머리를 앓고 있었다. 호전적인 군사력을 어떤 식으로든지 해소하지 않으면 서유럽 전체가 위기에 빠질 시대상황에 처해 있었다. 교황 또한 왕권에 대한 권위를 확실하게 확보하기 위해 비잔틴의 군사 원조 요청을 신을 위해 군사력을 동원할 절호의 기회라고 생각했다. 그래서 교황 우르바누스 2세는 1095년 11월 27일, 남프랑스의 클레르몽에서 열린 공의회에서 제1차 십자군원정을 선포했다. 드디어 약 200년(1096~1291) 동안 7차에 걸쳐 진행된 십자군원정이 시작된 것이다.

언변이 좋았던 교황은 "성지 예루살렘은 젖과 꿀이 흐르는 땅이며, 이 땅(유럽)에서 불행한 사람은 그 땅(예루살렘)에서 행복을 얻을 것이다."라고 역설하였고, 군중들은 "데우스 워르트(신은 희망이다)" 또는 "데우스 로 불트(Deus Lo Vult 신이 원하신다)"라고 외치며 열광했다.48) 그러나 실제로 예루살렘과 인근 지역을 가보면 젖과 꿀은 커녕 황량한 사막뿐이다. 실제 예루살렘에 가보지도 않은 교황이 성경에 나오는 글귀만 믿고, 그렇게 민중들을 현혹한 것이다. 또한 교황은 투르크인들이 저지른 만행을 과장하여 소개하면서 이렇게 유럽사회를 자극했다. 수사 로베르(Robert the Monk)가 남긴 기록에 교황의 연설문이 들어있다.49)

그들(투르크인)은 하느님의 교회들 중 일부를 완전히 파괴했고, 일부는 자기들 종교를 위해 사용하고 있다. 그들은 재단을 더럽히고 모독한다. 기독교도들에게 할례를 행하고, 그 피를 재단에 바르거나 성수반(기독교인들이 예배를 보기 전에 바르는 성수를 담는 그릇)에 붓는다. 그들은 희희낙락하며, 기독교도들의 배를 갈라 창자의 한 쪽 끝을 꺼내서 말뚝에 묶는다. 그리고는 내장이 쏟아져 나와 쓰러져 죽을 때까지 채찍으로 때려 말뚝 주위를 돌게 한다. 또 말뚝에 묶어 놓고 화살을 쏘기도 한다. 또 목을 잡아 뺀 다음, 단칼에 목을 칠 수 있는지 시험해 보기도 한다. 한편 여자들을 겁탈하는 경악을 금치 못할 만행에 대해서는 무슨 말을 할 수 있으랴.

　기독교 최고의 성직자가 이런 거친 연설을 한다는 것은 사람들을 선동하여 분노케 하고자 하는 이유 말고는 그 배경을 설명할 수 없다. 이에 온 유럽에서 왕과 영주, 기사와 하급 군인, 부자와 가난한 자, 부랑자와 사기꾼, 매춘부, 가난한 노인과 여자, 순수한 신앙인과 사악한 신앙인이 어울린, 순례를 빙자한, 실로 기묘한 무장 군사 집단이 생겨나게 된 것이다. 이런 인적 구성으로 보아도 십자군원정은 그 결과가 눈에 훤히 보였다. 그 의도가 순수하지 못했기 때문에 애시 당초 성공할 수 없는 모험이었다. 십자군은 제1차 원정만 성공하고, 나머지는 모두 실패했다.

　　제1차 원정(1096~1099) – 예루살렘 회복과 왕궁 건설
　　제2차 원정(1147~1149) – 실패, 1187년 하틴전투에서 살라딘에게
　　　　　대패
　　제3차 원정(1189~1192) – 실패
　　제4차 원정(1202~1204) – 베네치아 군대가 자라와 콘스탄티노플
　　　　　(이스탄불) 점령, 라틴제국 건설, 소년 십자군(1212)
　　제5차 원정(1228~1229) – 일시적 예루살렘 순례 권리 회복
　　제6차 원정(1248~1254) – 실패
　　제7차 원정(1270) – 실패

　1096년 프랑스인과 플랑드르(네덜란드)인 중심으로 구성된 제1차 십자군은 약 5천 명의 기병과 약 3만 명의 보병으로 구성되었다.50) 1096년 8월 15일에 출발하여 1099년 6월 예루살렘에 도착한 십자군

십자군의 주요 경로[제1차]

십자군전쟁 원정도(출처: 두산백과)

©EnCyber.com

대 서 양

런던
파리○
○렌○
랭스○

레겐스부르크

빈
베네치아
○리옹
베네치아

에그모르트

마르세유

○제노바
○로마
○칼리아리

튀니스

흑 해

콘스탄티노플
니케아
○소피아

베오그라드
○자라

메시나

지 중 해

크레타섬

트리폴리
다마스쿠스
○아콘
예루살렘

다미에타
카이로

제1회 1096~99

리스본○

476 여행과 문명

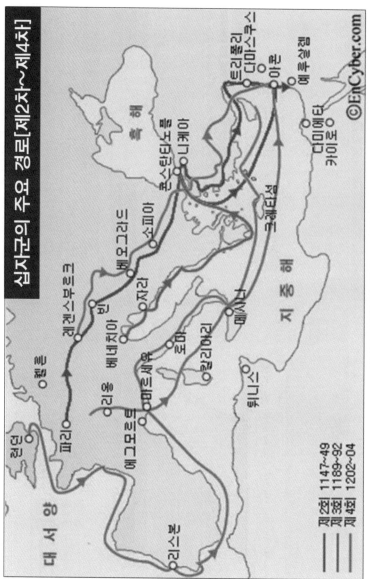

십자군전쟁 원정도(출처: 두산백과)

십자군전쟁 원정도(출처: 두산백과)

은 제노바 해군의 원조를 받아 성도를 함락시켰으나 이슬람 거주자에 대한 대학살(5만여 명 중 4만여 명)을 자행하고, 종군위안부가 5천 명이나 따라가 '성스러운 전쟁'이라는 이 전쟁의 의미를 퇴색시켰다.

1187년에 살라딘(재위: 1174~1193)에게 예루살렘을 다시 빼앗기자, 독일의 붉은 수염왕 프리드리히 1세, 프랑스의 존엄왕 필립 2세, 영국의 사자왕 리처드 1세가 최대 규모의 제3차 십자군을 이끌고 성지로 향했다. 그러나 노령의 독일 황제가 소아시아에서 강을 건너다 익사하고, 프랑스 왕도 도중에 철수해버려, 원정은 실패로 끝났다.

제4차 십자군은 베네치아 군대가 예루살렘을 포기하고 중간에 같은 기독교 도시인 자라(아드리아해에 있는 도시국가)와 비잔틴제국의 수도 콘스탄티노플을 점령하고 약탈함으로써 막을 내렸다. 이 약탈로 인해 터키 사람들의 서유럽인에 대한 증오는 지금까지 이어지고 있다.

1212년에는 신의 계시를 받았다는 독일 쾰른의 니콜라스라는 목동이 나타나 성지 탈환을 위한 소년소녀 십자군 결성을 주창했다. 그 호소에 응하여 프랑스 마르세이유에 모인 3만 명의 소년소녀들은 악덕 상인의 술수에 넘어가, 알렉산드리아에서 이집트 노예로 팔려가고 말았다. 그 후에도 5－7차 십자군이 계속해서 파견되었으나, 모두 실패로 끝나고 말았다.

1096년에 시작된 십자군전쟁은 1291년 베이루트 바로 북쪽에 있는 아코가 함락됨으로써 막을 내리게 되었다. 이로써 소아시아에 남아있던 기독교 군사들은 모두 사라지게 되었다.51) 약 200년간 지속된 유럽 기독교 사회와 소아시아 이슬람 사회의 충돌은 양측에 여러 가지 영향을 끼쳤다.

우선 유럽에서는 교황권을 상징으로 하는 교회의 권위와 세력이 쇠퇴하고, 왕권을 중심으로 하는 세속 권력이 성장하게 되었다. 세속 권력의 최고실력자 신성로마제국의 하인리히 4세가 교황 그레고리 7세에게 '카놋사의 굴욕'을 당한 때가 1077년이고, 교황 7명이 프랑스 왕 필립 4세 이래 70년 동안 프랑스 아비뇽에 유폐된 굴욕적인 사건이 일어난 '아비뇽 유수'가 1309년이니까,52) 약 230년 사이에 교황과 교회의 위세가 크게 실추된 것이다. 그 사이에 교황 우르바누스 2세가 '신이 원하신다'며 부추긴 십자군원정이 있었던 것이다. 교황은 신의 대리인이기 때문에 이 원정 실패의 직접적인 책임을 지지는 않았지만, 결과적으로 십자군원정은 왕권과 교황권이 완전히 역전되는 계기를 가져왔다.

유럽인들은 점차 내세가 아니라 현세를 중시하게 되었다.53) 18세기의 볼테르(Voltaire, 1694년~1778년) 같은 작가들은 기독교를 포함한 모든 종교를 규탄하고, 모든 신앙을 끌어 안는 관용을 주장했다. 유럽에서 종교는 이제 생활의 중심이 되는 필수 요소가 아니라, 개인의 기호 문제가 되었다. 볼테르를 비롯한 계몽주의자들은 십자군을 권력에 미친 교황과 성직자들 때문에 벌어진 '불관용의 전쟁'이라고 비난했다. 종교재판과 더불어 십자군은 이들 계몽주의자들이 말하는 '암흑시대'의 히스테리와 미신, 그리고 무지를 나타내는 상징이 되었다.

십자군전쟁으로 이탈리아 도시국가들이 급속도로 성장했다.54) 십자군전쟁이 종료된 아코 함락 이후 10여 년 만인 1302년부터 베네치아 공국은 이집트 맘루크 왕조와 통상협정을 맺고, 소아시아 곳곳에 상업 거래지구를 만들어, 아랍 상인들과의 무역거래를 독점하여 막강한 부를 축적하게 되었다. 이것은 향신료 등 값비싼 동방상품을 유럽에 팔아야 하는 아랍 상인들의 필요와도 맞아 떨어졌다. 베네치아 상인들은 예루살렘으로 가는 성지 순례자를 위한 패키지 여행상품도 만들어 팔았다. 이들은 이슬람 측에 지불하는 '성지 참배료'를 이 상품 가격에 포함시켜, 이슬람 무리와 사업을 한다는 유럽의 원리주의적 기독교도들의 비난도 피해갈 정도로 상술이 뛰어났다.

이런 노력에 의해, 베네치아는 비로소 경제대국이 될 수 있었다. 베네치아의 통화 단위인 '두카트 금화'는 이전의 비잔틴 통화나 이슬람 세계의 디나르를 대체하는, 지중해와 유럽의 국제통화가 되었다. 카이로와 콘스탄티노플, 런던과 파리에서도 모든 상품의 가격을 두카트로 표기하게 된 것이다. 이런 경제력을 바탕으로, 베네치아 시민들은 (스스로 생산 활동을 하는) 중산계급이 창조하는 문화와 문명인 르네상스로 가는 길을 닦게 된 것이다. 이렇게 수백 년 동안 번영을 누리면서 유럽 제1의 강대국이었던 베네치아 공국은 1797년 나폴레옹의 침략을 받고 국력이 쇠약해지기 시작하여, 1866년 이탈리아 왕국에 통합되어 역사에서 사라지고 말았다.

십자군전쟁의 영향으로 비잔틴제국(동로마제국)도 쇠퇴하기 시작했다. 베네치아군이 중심이 된 제4차 십자군원정군에게 철저하게 약탈당한 콘스탄티노플 때문에 동로마제국은 서서히 그 힘이 약해지기 시작했다. 결국 전성기 때의 영화를 다시 회복하지 못하고, 1453년 오스만제국에게 멸망당하고 만다. 천년 제국이 인류 역사에서 사라지게 된 것이다. 자신에 의해 시작된 전쟁으로 인해, 결국 자신이 몰락하게 된 것이다. 그래서 '남의 나라 군대를 자기 영토 안에 끌어들이지 말라'라는 만고불변의 진리가 비잔틴제국에게도 적용되는 것이다.

십자군전쟁은 유럽에 이슬람 사회를 알리는 계기가 되었다. 약 200년에 걸친 7차 원정으로 사망자도 많이 발생했지만, 살아서 돌아온 사람들도 많았다. 이들 생환자들은 자신들이 아랍 세계에서 보고 들은 종교와 문화, 풍습과 습관, 생활방식 등을 가족들이나 주위의 친지나 친구들에게 알리게 되었다. 이런 구전을 통하여, 유럽 사람들은 자연스럽게 기독교 사회와는 전혀 다른 방법으로 자신들의 신을 모시고 '성스럽게' 살아가는 이교도들이 있다는 사실을 인식하게 되었다.

십자군전쟁은 유대인 학살이라는 비극도 초래했다. 히틀러가 처음으로 유대인들을 학살한 사람이 아니고, 유럽 사회에서는 역사적인 사회 변혁이 일어날 때마다 예수를 죽인 유대인들이 희생양이 되어 큰 피해를 입었다. 자신들의 종교인 기독교를 만든 예수를 죽인 유대인들에 대한 엉뚱한 보복을 자행했던 것이다. 히틀러는 그중 한 명일 뿐이다. 블로거 오치환의 글에 십자군원정 당시 유럽과 예루살렘에 살고 있던 유대인들의 고난이 잘 나와 있다.

교황 우르바누스 2세의 호소에 전 유럽 사회가 광기로 들끓고 있을 때, 유럽에 살고 있던 유대인들은 이때 '설마'하는 생각을 가지고 있었다. 십자군의 목적지는 예루살렘이었고, 자신들과는 무관한 일이라고 여겼다. 하지만 현실은 달랐다. 십자군은 이미 흥분해 있었다. 특히 북유럽에서 유입된 이들은 난폭하고 거칠었다. 이들은 십자군이라는 대의명분 뒤에 숨어, 약탈과 살인을 서슴지 않았다. 당시 유대인들이 현금을 많이 보유한 것도 그들의 피해를 키운 원인이 되었다. 이 같은 혼란을 틈타, 일반 군중들도 유대인 마을을 습격해 제 몫을 챙겼다. 이들은 죄의식을 전혀 느끼지 않았다. 유대인들은 예수를 죽인 민족이었다. 게다가 그들은 이슬람의 이베리아반도(스페인과 포르투갈) 정복전쟁에 적극 협력한 전력도 있었다.

당시 상황은 12세기 유대인 역사 편집자였던 솔로몬 벤 삼손이라는 랍비의 기록에 잘 나타나 있다. 교황의 십자군 호소 이후, 1095년에서 1096년을 넘어가던 시기에, 파리 북서쪽 123km 지점에 위치한 루앙(이 도시는 백년전쟁의 영웅 잔다르크가 1431년에 처형된 곳이기도 하다)에서 대규모 유대인 학살이 일어났다. 십자군은 이어 프랑스를 벗어나 독일 지역으로 접어들었는데, 이곳 유대인들도 예외가 아니었다. 1096년 봄과 여름에는 보름스, 슈파이어, 마인츠, 트리어, 쾰른, 크산텐 등의 유대인 집단 거주지가 파괴됐다. 프라하의 유대인들도 똑같은 피해를 입었다. 이러한 십자군의 약탈과 살해, 방화에는 일반 시민들도 동참, 점차 폭동 형식으로 발전하기 시작했다.

해당 지역을 다스리던 황제와 주교들은 이러한 사태를 막기 위해 노력했다. 광기와 통제 불능 상태를 그대로 두고 볼 수만은 없었다. 쾰른 등 각 지역의 주교들은 신속하게 병력을 투입, 약탈 행위를 금지시켰다. 유대인을 살해하고 재산을 뺏은 주모자를 체포, 교수형에 처하기도 했다. 이러한 교회의 적극적 노력은 몇몇 도시에서 일정 부분 효과를 보기도 했다. 하지만 대부분 지역에서는 광신적 군중들의 기세에 밀려 제대로 효과를 보지 못했다. 심지어 독일 마인츠의 대주교는 폭동이 걷잡을 수 없이 커지자, 동료 사제들과 함께 산으로 피신해야만 했다.

이제 유대인들을 보호해 줄 공권력은 없었다. 유대인들은 어쩔 수 없이 마을 단위로 자경대를 조직하고 대항에 나섰다. 하지만 십자군과 군중들의 기세를 당해낼 수 없었다. 수많은 유대인 청년들이 목숨을 잃었다. 목숨을 건지기 위해선 기독교로 강제 개종해야만 했다. 어린 아이들도 예외가 아니었다. 쾰른의 대주교는 유대인 여성들만이라도 보호하기 위해 이들을 자신의 성으로 불러들였지만, 남편과 아이들을 잃은 여성들은 집단 자살을 선택했다.

그렇게 유대인들의 피를 뒤로하고 진군한 십자군은 출정 4년 만에 예루살렘 탈환에 성공한다. 십자군은 여기서도 만행을 저질렀다.

그들은 이슬람교도와 함께 예수를 십자가에 못 박은 유대인들도 용납하지 않았다. 십자군은 유대인들을 회당으로 몰아넣은 후, 불을 질렀다. 이후에도 십자군원정은 1270년까지 7차에 걸쳐 이뤄지는데, 그때마다 유대인들은 큰 피해를 입어야 했다. 교회 내부에서도 이를 개탄하는 목소리가 커지기 시작했다. 베르나르도(Bernardus, 1090~1153) 성인이 "누구든지 히브리인(유대인)들을 죽이기 위해 손을 댄 사람은 예수님 자신에게 폭행을 가하는 것과 똑같은 중죄를 범하는 것"이라고 호소할 정도였다.

예루살렘 성지 탈환을 호소한 교황 우르바누스 2세는 십자군이 예루살렘을 탈환하기 2주일 전인 1099년 7월 29일 사망했다. 그가 죽은 지 900년 후인 2000년 3월에 교황 요한 바오로 2세는 십자군원정을 가톨릭교회가 인류에게 저지른 7대 과오 중 하나로 시인했다. 신을 대리한다는 교황이 한번 판단을 잘못 내리면, 우매한 사람들에게 어떤 재앙이 내린 다는 것을 잘 보여준 사건이 바로 십자군전쟁이다. 고위 성직자의 아집과 독선이 얼마나 무서운 결과를 초래하는지를 잘 보여준 사건이다.

십자군전쟁은 기독교 사회인 유럽에도 영향을 미쳤지만, 중동 이슬람 세계에도 영향을 끼쳤다. 예상과 달리 십자군은 유럽인들에게는 대단히 중요한 사건이었음에도 이슬람 세계에서는 지극히 사소한 사건에 불과했다.[55] 이슬람교도들에게 십자군전쟁은 몽골군 등 이교도들과 벌인 다른 전쟁과 별로 차이가 없었다. 더구나 십자군은 어차피 실패했으므로 별 의미도 없었다. 그리고 기독교도와 벌인 전투가 대부분 예루살렘과 지중해 연안의 해안 그리고 이집트에서 벌어졌기 때문에 기본적으로 유목민족으로 구성된 아랍 세계에서 그 파급효과는 미미할 수밖에 없었다. 더구나 기독교들에게 예루살렘은 제1의 성지이지만, 이슬람교도들에게는 메카가 제1의 성지여서, 기독교인들에 비해 성지로서의 그 상징성이 상대적으로 작았다.

그러나 20세기에 들어와서 십자군에 대한 이슬람 사회의 인식이 달라졌다.56) 십자군전쟁이 일어난 지 거의 700~800여 년이 지나서야 십자군이 처음으로 이슬람 세계에 알려지고 중요한 사건으로 여겨지게 되었다. 1917년에 오스만제국이 패망하면서 유럽의 열강들이 중동을 식민지로 지배하게 되었다. 이때 그들은 중세의 맥락으로 이해한 십자군의 개념을 중동에 가져왔다. 유럽의 식민주의자들은 식민 교육과 각종 저술을 통해 십자군이 이슬람 세계에 문명을 가져다주기 위한 영웅적인 전쟁이라고 가르쳤다.

이런 유럽의 식민지배에 대한 저항 세력으로 아랍 세계에는 민족주의자들과 이슬람주의자들이라는 두 개의 주요 집단이 등장했다.57) 민족주의자들은 유럽의 지배를 벗고, 주권 국가로 독립하기를 요구했다. 이런 요구는 세계의 다른 피식민지에서도 동시다발적으로 비슷하게 일어났다. 이슬람주의자들은 코란과 이슬람의 역사에 의거해서 이슬람교도들이 성전(지하드)을 재개하고, 이슬람 세계의 단결을 회복해야 한다고 주장했다. 이 두 집단은 서로 적대시했으나, 유럽 세력을 중동에서 몰아내고 싶어 한다는 공통의 목표를 가지고 있었다. 중국 현대사에서 국민당과 공산당이 서로 원수지간이었으나, 항일투쟁에서만큼은 국공합작을 이루어 공동으로 대처한 것과 비슷한 사례이다.

유럽 사람들이 자신들의 식민지배를 중세의 십자군과 동일시했던 만큼, 아랍 사람들도 역시 같은 맥락에서 생각하게 된 것은 당연한 일이었다. 이런 생각은 특히 1948년 이스라엘 탄생 후에 강해졌다. 유럽 열강의 식민지 교육으로 십자군에 대해 알게 된 아랍인들은 이스라엘을 중세의 십자군과 결부시켜 생각했다. 이스라엘이 기독교 국가가 아닌, 유대교 국가라는 사실은 중요하지 않았다. 기독교와 유대교는 그 뿌리는 같지만 완전히 다른 종교다. 이스라엘이 과거에 십자군이 점령했던 땅에 세워진 비이슬람 국가라는 사실이 더 중요했다.

1950년대에 이르자 서구 열강의 식민주의는 전 세계에서 비난의 대상이 되었다.58) 미국과 영국의 지식인들이 '제국주의의 유산'이 세계에 미친 해악을 따지기 시작했고, '백인의 의무' 같은 이상주의적인 논법은 비서구 국가들을 무자비하게 착취하기 위한 악랄한 선전문구라고 비난을 받았다. 서구 최초의 식민사업으로 정의되었던 십자군도 함께 비난의 대상이 되어, 신앙심으로 가장한 탐욕의 전쟁이라고 인식되었다. 아랍의 민족주의자들과 이슬람주의자들은 이런 해석에 동의하고, 현재 중동이 겪고 있는 빈곤과 부패, 폭력이 십자군과 유럽 제국의 침략 탓이라고 주장했다. 십자군과 19세기의 유럽의 식민지배 때문에 이슬람 세계가 유럽에 뒤처지게 되었다는 것이다.

이런 주장은 많은 문제점을 내포하고 있지만, 유럽 열강에 이어 중동을 지배하게 된 독재자들은 자신들의 독재정치에 대한 비난을 피하기 위한 수단으로 이런 논리를 이용했다. 또한 중세 십자군에 대한 아랍 세계의 대응전략은 이스라엘이라는 현대의 십자군에 대처하는 방법을 아랍 사람들에게 제시해 주었다. 이슬람교도들은 다시 한번 단결하여, 이 십자군 국가를 격파해야 한다는 것이었다.

최근에 이슬람주의자들은 서방, 그중에서도 특히 미국이 새로운 십자군전쟁을 벌이고 있다고 주장한다.59) 미국의 이라크와 아프가니스탄 침략을 십자군의 재침략으로, 사우디아라비아에 있는 미국의 군사기지는 돌아온 십자군이라고 주장한다. 당시 미국 대통령 부시도 2002년에 이라크에 참전하는 미군을 '십자군(Crusade)'이라고 표현했고, 이를 부정하지 않았다.

1998년 2월 23일에 오사마 빈 라덴이 지하드를 선언했을 때, 그는 '유대인들과 십자군 전사들에 맞서 싸우는 전쟁'이라고 규정했다. "알라가 땅을 평평하게 해서 사막을 만들고 바다로 둘러싼 이래로, 아라비아반도는 메뚜기처럼 몰려드는 십자군 같은 군대의 공격을 받은 적이 단 한 번도 없었다."라고 주장했다. 또 2001년 10월에 있었던 알자지라와의 인터뷰에서 그는 "이 전쟁은 역사의 반복이다. 본래의 십자군은 영국의 리처드와 프랑스의 루이, 독일의 붉은 수염왕(제3차 원정 때 참가한 유럽의 왕들)이 일으켰다. 오늘날에는 부시가 십자가를 치켜들자, 여러 나라들이 달려왔다. 십자가의 지배를 수락한 것이다."라고 주장했다. 라덴은 몽골군의 바그다드 침략(1258년)은 잊고 있었다.

미국이 이스라엘을 지원하는 것은 그들이 십자군 세력이라는 또 하나의 증거였다. 2001년 9월 11일, 미국에 가해진 이슬람의 공격은 이슬람주의자들과 아랍의 일부 세력에게는 십자군 국가에 대한 지하드, 새로운 하틴 전투,60) 그리고 새로운 '피의 전쟁터'였다. 2012년 3월 19일 연합군이 리비아를 공습하자, 리비아 국영TV는 "우리의 적인 십자군(crusader enemy) 전투기들이 트리폴리의 민간 시설을 폭격하고 있다"고 보도했다. 십자군이라는 낱말을 끄집어내 서방 기독교 국가에 대한 반감을 자극한 것이다.

이처럼 아랍 세계에서는 현대의 미국을 비롯한 서방 연합군을 중세의 십자군에 연계시켜 반서방 감정을 조장하는 경향이 아직까지도 강하게 남아있다. 그만큼 일반 대중의 정서에 십자군의 영향이 강하게 남아있다는 반증이기도 하다. 비록 그 정서가 20세기에 만들어진 것이라 할지라도. 역사적으로 살펴보면, 한 나라가 외세의 침략을 받게 되면, 그 외세와 그 외세에 협력하는 내부 세력에 반발하는 극단적인 강경 세력이 등장하게 된다.

중국 현대사에서 일본 침략 세력에 타협적인 국민당에 대해 공산당이 그랬고, 한국 현대사에서 역시 일본의 지배에 대해 외교노선을 추구한 상해임시정부에 대해 무력으로 저항한 만주 무장독립 세력이 그랬고, 미국의 침략에 대해 무능하고 부패한 월남 정부에 대해 무력으로 저항한 베트콩(월남 지하 저항 세력)이 그랬고, 캄보디아에서 미국이 사회주의자 시아누크 국왕을 축출하고 부패한 친미파 론놀 꼭두각시 정권을 세우자 극단 공산주의자 그룹인 크메르 루즈가 등장했고, 이란에서 미국이 친미파 독재자 팔레비를 옹호하자, 호메이니라는 근본주의 이슬람주의자가 탄생했다. 소련의 아프가니스탄 침공은 탈레반과 알카에다라는, 미국의 이라크 침공은 IS라는 근본주의 이슬람주의자들을 탄생시켰다.

2015년 파리에서 일어난 이슬람 IS요원들의 테러사건도 이슬람 국가들을 침략한 서방 열강에 대한 보복이었다. 영국 칼럼니스트 피터 오본은 이집트 주간지 알아흐람위클리 최신호에 기고한 글에서 (2015년), 파리 테러 이후 "어떤 신속한 조치를 취해야 한다는 것은 일리가 있고 이해할만하다"라면서도, "그러나 최근의 역사를 보면, 그러한 충동은 위험할 수 있다"고 지적했다.61) 그는 이어 9 · 11사태 이후 미국의 이라크 침공을 그러한 사례로 제시하며, "우리는 이제 미국이 잘못된 방식으로 9 · 11에 대응한 것으로 알고 있다"고 말했다. 그러면서 그는 조지 부시 전 미국 대통령과 신보수주의 보좌관들이 최고의 기회라고 여겼을 때 이라크를 침공했다며, "미국의 이라크 침공이 없었다면 IS도 생겨나지 않았을 것"이라고 강조했다.

프랑스의 시리아 내전 개입이 2015년 파리 테러를 자초했을 수 있다는 분석도 제기됐다. 숀 맥마흔 AUC 정치학과 교수는 "이번 파리 테러를 시리아의 현 상황과 분리해서 생각할 수는 없다"고 주장했다. 그러면서 그는 파리 공격은 "중동 내 과도한 제국주의의 결과에 따른 반동(blow back)일 수 있다"고 진단했다. 그는 또 파리 테러 이후 "(유럽과 중동을 다르게 바라보는) 분명한 이중잣대를 목격할 수 있었다"며, "파리 테러 하루 전날 레바논 베이루트에서도 (IS 세력의) 자살폭탄 공격이 있었지만, 그 사건은 파리만큼 대중의 관심을 얻지 못했다"고 지적했다. 그는 "프랑스인과 레바논인의 목숨에는 아무런 차이가 없어야 한다"고 강조했다. 수니파 무장조직 IS의 연쇄 테러로 목숨을 잃은 프랑스인 129명을 위해서는 세계 각국의 위로와 애도, 관심이 쏟아졌지만, 레바논과 이라크, 시리아, 예멘에서 숨진 이들은 거의 주목을 받지 못하는 이중잣대가 존재한다는 것이다.

위에서 살펴 본 것처럼, 역사에서는 토인비가 주장한 '도전과 응전의 법칙'이 일부 국가에서는 적용되고 있는 것이다. 도전하는 외세가 강하면 강할수록 내부에서 응전하는 세력의 힘도 강해지는 것이 역사의 법칙이다. 물론 모든 국가의 경우에 다 적용되는 것은 아니지만, 십자군전쟁은 아직까지도 우리 인류에게 그런 교훈을 남겨주고 있다.

최근 IS의 파리테러사건과 관련하여 다른 의견도 있다. 토마 피케티 파리경제대(EHESS) 교수는 경제적 불평등이 중동발 테러의 원인이라고 주장했다. 그는 자본주의가 발달할수록 불평등은 악화된다고 말한다. 그는 부의 불평등 문제를 본격적으로 공론화한 〈21세기 자본〉의 저자이다. 피케티 교수는 최근 일간 르몽드에 기고한 글에서, "이슬람국가(IS)의 파리 테러 등 중동 테러의 주요 원인은 불평

등"이라며, "불평등을 초래한 큰 책임은 서방 국가들에 있다"고 주장했다고 워싱턴포스트 등 외신들이 전했다.62)

피케티 교수는 "석유에서 나오는 막대한 부가 소수 국가의 일부 계층에 집중되면서 중동은 정치적, 사회적으로 불안정해졌다"며, "이 같은 소수 지배계층을 서방이 정치적으로, 군사적으로 지원하면서 초래된 불평등과 불만 속에서 테러리스트들이 생겨났다"고 썼다. 피케티 교수의 2012년 연구에 따르면, 중동에서 상위 1% 인구에 집중된 부의 비율은 26.2%다. 미국(22.83%), 남아프리카(17%)보다 높다. 피케티 교수는 "이집트, 이란, 시리아에 있는 몇몇 '석유 왕가'가 이들 국가 전체 부의 60~70%를 통제한다"며, "극소수 인원이 부를 독점하고 여성과 난민 등 대다수는 '반(半)노예'가 되면서, 중동은 지구에서 가장 불평등한 곳이 됐다"고 덧붙였다.

피케티 교수는 중동발 테러 문제를 해결하려면 역시 경제적으로 접근해야 한다고 강조했다. 그는 "부의 분배에서 배제돼온 중동 사람들의 신뢰를 회복하려면, 서방 국가들은 경제적 이득과 집권층과의 관계가 아니라, 교육 등 중동 사회 발전에 더 관심을 보여야 한다"고 했다. 그는 중동·아프리카 난민들을 밀어내고 있는 유럽을 향해 "더 이상 긴축정책을 펴지 말고, 일자리 창출 등을 통해 화합을 이루기 위해 노력해야 한다"고 촉구했다. 역시 사회경제적 약자를 껴안는 석학다운 현명한 정책 제안이다. 십자군전쟁에 참전하기 위한 유럽 사람들의 원정여행이 현재 아랍 사람들의 삶에 아직까지도 영향을 끼치고 있는 것이다.

1) Goeldner and Ritchie. 2012. Tourism. p.14.
2) 이하 로빈 헨버리 테니슨 편, 남경태 역, 2009, 역사상 가장 위대한 여행 70가지, pp.39-43 참조.
3) Chugg. A. M. 2011. Alexander the Great in Afghanistan. AMC. p.152.
4) 미야자키 마사카츠 저, 이영주 역. 2007. 하룻밤에 읽는 세계사. p.61.
5) 이주형. 1999. 간다라미술. p.23.
6) Paul Clamer. 2008. Pakistan & the Karakoram Highway. Lonely Planet. pp. 228-230.
7) 이주형. 1999. 간다라미술. pp.22-23.
8) 미야자키 마사카츠 저, 이영주 역. 2007. 하룻밤에 읽는 세계사. p.61.
9) 미야자키 마사카츠 저, 이규원 역. 2012. 하룻밤에 읽는 중동사. pp.81-82.
10) 이주형. 1999. 간다라미술. p.21.
11) 이하 위키백과 참조.
12) 이하 위키백과 참조.
13) 이하 위키백과 참조.
14) 이하 위키백과, 브리테니커백과 참조.
15) 이하 위키백과, 브리테니커백과 참조.
16) 이하 위키백과, 브리테니커백과 참조.
17) 법현 저, 김규현 역. 2013. 불국기. pp.68-69.
18) 송운 저, 김규현 역. 2013. 송운행기. pp.75-85.
19) 현장 저, 김규현 역. 2013. 대당서역기. pp.126-143.
20) 혜초 저, 김규현 역. 2013. 왕오천축국전. pp.100-104.
21) 이하 이주형. 1999. 간다라미술. pp.59-61 참조.
22) 이하 이주형. 1999. 간다라미술. p.68 참조.
23) 이하 위키백과 참조.
24) 천재학습백과(https://koc.chunjae.co.kr/Dic/dicDetail.do?idx=29243).
25) 르네 그루쎄 저, 김호동·유원수·정재훈 역. 2007. 유라시아 유목제국사. pp. 366-367.
26) 룩 곽텐 저, 송기중 역. 1988. 유목민족제국사. p.237.
27) 플라노드 카르피니, 윌리엄 루브룩 저, 김호동 역. 2015. 몽골제국기행: 마르코 폴로의 선구자들. 까치.
28) 미야자키 마사카츠 저, 오근영 역. 2004. 하룻밤에 읽는 중국사. pp.158-161.
29) 국립중앙박물관. 2007. 국립중앙박물관도록. 국립중앙박물관. pp.290-297.
30) 유홍준. 2013. 나의 문화유산 답사기: 일본편 3. 창작과 비평. pp.332-335.
31) 미야자키 마사카츠 저, 오근영 역. 2004. 하룻밤에 읽는 중국사. p.154.
32) 미야자키 마사카츠 저, 이명주 역. 2007. 하룻밤에 읽는 세계사. p.165.
33) 이하 정수일. 2001. 실크로드학. p.406 참조.

34) 이하 정수일. 2001. 실크로드학. p.407 참조.

35) 이하 정수일. 2001. 실크로드학. p.407 참조.

36) 이하 정수일. 2001. 실크로드학. pp.407-408 참조.

37) 이하 르네 그루쎄 저, 김호동·유원수·정재훈 역. 2007. 유라시아 유목제국
사. pp.401-407 참조.

38) 르네 그루쎄 저, 김호동·유원수·정재훈 역. 2007. 유라시아 유목제국사. p.404.

39) 르네 그루쎄 저, 김호동·유원수·정재훈 역. 2007. 유라시아 유목제국사. p.438.

40) 오도릭 저, 정수일 역. 2012. 오도릭의 동방기행. p.244 외.

41) 이하 르네 그루쎄 저, 김호동·유원수·정재훈 역. 2007. 유라시아 유목제국
사. pp.433-439 참조.

42) 최용범. 2003. 하룻밤에 읽는 한국사. p.147.

43) 토머스 매든 저, 권영주 역. 2005. 십자군. p.4.

44) 이하 토머스 매든 저, 권영주 역. 2005. 십자군. p.37 참조.

45) 이하 토머스 매든 저, 권영주 역. 2005. 십자군. p.38 참조.

46) 이하 토머스 매든 저, 권영주 역. 2005. 십자군. p.32 참조.

47) 이하 토머스 매든 저, 권영주 역. 2005. 십자군. p.30 참조.

48) 미야자키 마사카츠 저, 이명주 역. 2007. 하룻밤에 읽는 세계사. p.138.

49) 토머스 매든 저, 권영주 역. 2005. 십자군. p.38.

50) 이하 미야자키 마사카츠 저, 이명주 역. 2007. 하룻밤에 읽는 세계사. p.138 참조.

51) 베이루트와 예루살렘 사이에는 바이바르스가 지휘하는 이슬람군(이집트 맘루
크군)이 1260년 9월 23일 서진하는 몽골군을 격파한 아인잘루트 들판이 있다.

52) 클레멘스 5세(1305~1314)부터 그레고리 11세(1370~1378)까지.

53) 이하 토머스 매든 저, 권영주 역. 2005. 십자군. p.352 참조.

54) 이하 시오노 나나미 저, 송태욱 역. 2011. 십자군 이야기. pp.554-555 참조.

55) 이하 토머스 매든 저, 권영주 역. 2005. 십자군. p.357 참조.

56) 이하 토머스 매든 저, 권영주 역. 2005. 십자군. p.358 참조.

57) 이하 토머스 매든 저, 권영주 역. 2005. 십자군. pp.359-360 참조.

58) 이하 토머스 매든 저, 권영주 역. 2005. 십자군. p.360 참조.

59) 이하 토머스 매든 저, 권영주 역. 2005. 십자군. pp.361-362 참조.

60) 1187년 7월 4일 팔레스타인 북부 하틴 계곡에서 예루살렘의 왕 구이 데 루시
난(재위 1186~1192)이 이끄는 유럽의 기독교 군대가 살라딘(재위 1169~1193)
이 지휘하는 이슬람 군대에게 대패한 전투. 이 전투로 이슬람은 트리폴리·안
티오크·예루살렘의 대부분을 재점령하게 하는 길을 열었으며, 유럽인에게는
제3차 십자군원정을 자극시켰다.

61) 한상용. 2015년 11월 25일. '파리 공격, 9·11테러처럼 터닝포인트될 것'. 연합
뉴스.

62) 이하 김세훈. 2015년 12월 1일. '중동발 테러 원인, 경제적 불평등 탓'. 경향신
문 참조.

# 제8장

# 전염병과 여행

우리 인간의 여행은 인류문명에 긍정적인 영향만 주는 것이 아니라 부정적인 영향도 동반한다. 인간의 이동과 함께 따라다니는 전염병의 확산이 그 대표적인 사례이다. 식민지 개척이나 전쟁으로 인한 군인들의 이동, 종교인들의 선교 활동을 위한 여행, 상인들의 상거래를 위한 여행, 탐험가들의 여행 등, 인간의 여행(이동)은 필연적으로 전염병을 옮기는 세균을 동반했다. 흑사병이나 천연두, 콜레라, 말라리아, 장티푸스, 발진티푸스, 홍역, 결핵, 인플루엔자, 코로나19 등이 이에 해당한다. 이런 전염병들은 외지에서 들어오는 사람이 직접 옮기기도 하고, 사람과 함께 들어오는 동식물이 옮기기도 한다. 이와 같이 외지인들의 여행과 함께 들어오는 전염병은 현지인들에게 막대한 피해를 주었다. 유럽인들(주로 군인 관리 상인 해적 선교사 이주민 등)은 신대륙 개척 시기에 참혹한 전염병들을 아메리카와 아프리카, 호주와 태평양의 섬들에 실어 날랐다. 당시에 그들은 잘 몰랐지만, 그들이 원주민들에게 면역력이 없는 새로운 전염병을 가져온 것은 틀림없는 역사적 사실이다. 그 결과 현지인의 80~90%가 죽었다.

특히 16세기부터 19세기까지 약 400여 년 동안 진행된 서구 열강의 식민지개척 과정에서 아메리카 원주민이나 태평양 도서 원주민, 호주 원주민 등이 심각한 피해를 입었고, 그들과 후손들에게까지 씻을 수 없는 큰 상처를 남겼다. 그 폐해는 오늘날까지도 이어지고 있으며, 제대로 보상되지도 않았다.

유럽인들이 신대륙에 가져온 전염병은 다음과 같은 영향을 끼쳤다. 스페인의 코르테스가 1520년대(1519~1524) 멕시코 아즈텍왕국을 정복하고, 피사로가 1531년 페루의 잉카제국을 점령하는데 크게 기여했다. 스페인의 에르난도 데 소토가 1540년 미국 동남부 지역에 진출하는데 크게 기여했다. 프랑스인들이 1600년대 말 미국 미시시피강 유역에 진출하는데 크게 기여했다. 콜럼버스가 1492년 도착한 이후 200여 년에 걸쳐 신대륙 원주민인 인디언의 인구는 최대 80~90%가 감소했을 것으로 추정된다. 2천만 명이었던 인구가 100~200만 명으로 줄어든 것이다.

인디언들이 죽은 주요 원인은 유럽인들이 가져온 병원균이었다. 인디언들은 그런 병원균에 노출된 적이 없었으므로 면역성이나 유전적인 저항력이 전혀 없었다. 원주민 학살의 일등공신은 천연두, 홍역, 인플루엔자, 발진티푸스 등이었고, 다음으로는 디프테리아, 말라리아, 볼거리, 백일해, 페스트, 결핵 등이 그 뒤를 따랐다.

현대의 대도시는 전염병균에게 훨씬 비옥한 사냥터가 되었고, 오늘날 전 세계를 연결하는 여행교통망은 과거보다 훨씬 효율적인 병원체 전달 매개체 역할을 한다. 스페인독감이 지금 나타났다면 아프리카 콩고나 남태평양 타히티에 도착하는데 24시간이 채 걸리지 않을 것이다. 2002년에서 2003년까지는 사스, 2005년에는 조류독감, 2009년에서 2010년까지는 신종플루, 2014년에는 에볼라, 2020년에는 코로나19 등 전염병이 계속 인류를 괴롭히고 있다.

이 장에서는 윌리엄 맥월의 〈전염병과 인류의 역사〉,[1] 주경철의 〈대항해시대〉(396~419페이지)[2] 유발 하라리의 〈호모데우스: 미래의 역사〉(20~31페이지),[3] 재레드 다이아몬드의 〈총, 균, 쇠〉(285~313페이지),[4] 위키백과,[5] 다음백과[6] 등을 참조하여, 전염병의 이동(여행)이 우리 인류에게 끼친 영향을 소개한다.

**흑사병의 전파와 여행**

페스트는 인류 역사상 세 번에 걸친 대유행을 일으켰다. 다만 각 대유행의 정확한 시작과 종료가 언제인지는 아직 논쟁의 대상이다. 세번의 대유행은 다음과 같다.

제1차 페스트 대유행(6세기~8세기)은 유스티니아누스 페스트라고 불리며, 541년에서 542년까지 비잔티움 제국, 사산 제국, 그리고 지중해 연안 전역에 걸쳐 발생한 페스트 대유행이다. 역사상 가장 끔찍한 페스트 대유행 중 하나였으며, 2천 5백만~5천만 명의 사람이 사망했다. 일부 역사가들은 유스티니아누스 페스트가 역사상 가장 치명적인 전염병 중의 하나라고 생각하며, 나중에 2세기 후에 재발까지 한 것을 계산하면, 1억 2천만 명까지 사망에 이르렀다고 추정한다. 이 인구는 유럽 인구의 절반에 해당하는 수이다.

제2차 페스트 대유행(14세기~19세기)은 지중해에서 스칸디나비아에 걸쳐 발생했다. 1340년경의 유럽 인구는 약 7,500만 명이었는데, 그 페스트로 인해 4년도 채 되지 않아, 유럽 인구의 1/3이 죽음을 맞는 비극적인 일이 발생했다. 인구가 감소하자 노동력이 부족해졌고, 결국 영주들은 농노들의 지위를 향상시켜 주거나 농노와 거래를 해야만 했다. 이로써 중세 유럽의 기본을 이루던 장원제도와 봉건제도가 몰락했다. 이런 사회구조의 변화가 15세기~16세기에 진행된 르네상스운동의 경제적 근거로 작용했다는 의견도 있다.

이 페스트는 1330년대에 동아시아 또는 중앙아시아 어딘가에서 시작되었다는 것이 정설이다. 동유럽의 한 성을 공격하던 킵차크국의 몽골군이 성채 안에 흑사병에 걸린 사람의 시체를 던져 넣었고,

이 병에 감염된 사람들이 다른 도시로 피난을 가면서 전 유럽으로 퍼지게 되었다는 것이다. 몽골군은 이동할 때 항상 이동천막에서 잠을 자고, 가축을 같이 데리고 다녔다. 대규모 군대가 이동할 때는 가축과 부식도 함께 이동하기 때문에 거기에는 반드시 쥐가 따라다니고 쥐벼룩도 많이 있었을 것이다. 이것은 서양인의 관점에서 조작된 편협한 주장이다. 당시 유럽 도시의 형성과 형편없는 위생시설을 감안하면 유럽에서도 얼마든지 발생 가능했던 질병이다. 영화 〈향수〉를 보면, 19세기까지도 프랑스 수도 파리가 얼마나 더럽고 비위생적인 도시였는지 짐작할 수 있다. 다른 유럽의 소도시들의 위생상태는 더 말할 필요도 없다.

흑사병으로 인해 사람들은 정신적으로도 큰 충격을 받았다. 사회적 불안정과 계속되는 죽음에 대한 공포로 인해 많은 사람들이 지나치게 미신에 의존하고, 불건전한 신앙에 빠지게 되었다. 흑사병의 만연으로 신분이 하락한 기존 성직자들은 이러한 위기에 필요한 영적인 지도를 해줄 수가 없었던 것이다. 도미니크 수도회나 다른 종파에서는 성직자의 수가 많이 줄어 교육을 거의 받지 못했거나 교양이 없는 사람들을 성직자로 뽑을 수밖에 없었다. 그래서 14세기 후반에 성직자의 질과 지적인 능력은 심각할 정도로 저하되었고, 결과적으로 많은 미신적 행위와 이단이 생겨났다. 흑사병의 확산은 서구사회에서는 농노의 감소로 봉건제도가 붕괴되었고, 시민계급(브루조아)이 탄생하였으며, 그들을 중심으로 도시가 성장하는 계기가 되었다.

흑사병은 아시아에서도 맹위를 떨쳤다. 중국의 광둥지방과 홍콩에서는 1894년에 사망자수가 8만~10만 명에 달했고, 그 이후 20년 동안 중국 남부지역의 항구를 통해 전세계로 퍼져나가 모두 1,000만 명이 사망했다. 이 무서운 전염병은 여러 가지 사회경제적 변화를 초래했다. 전쟁이 중단되고 무역이 갑작스럽게 감소되기도 했다. 더 지속적이고 심각한 결과는 농산물 경작 면적이 급속히 줄어든 것이었는데, 이는 많은 농부들이 죽었기 때문이었다. 그 결과 많은 지주들이 파산했으며, 노동력의 부족으로 지주들은 소작인들의 노동력을 집세로 대신하거나 임금을 주어야만 했고, 기술자와 소작농의 임금도 상승했다. 이러한 변화들이 그때까지의 엄격한 사회계층 구조에 하층민의 신분상승이라는 새로운 사회계층의 변화도 가져왔다.

천연두의 전파와 여행

16세기가 되면 천연두는 유럽 전역에 확실히 자리를 잡았다. 인도, 중국, 유럽의 거주지역에 전파된 천연두는 주로 아동들을 감염시켰으며, 주기적으로 유행하여 감염자의 30% 정도를 죽였다. 유럽에 천연두가 자리잡은 것은 역사적으로 특별한 중요성을 지닌다. 유럽인들의 탐험과 식민지개척 시대(대항해시대)가 시작되자 천연두는 유럽인들과 함께 세계의 나머지 지역들로 퍼져나갔다. 16세기에 천연두는 세계 전역에서 중요한 전염병이 되었다.

1520년 3월 5일, 스페인 함대 하나가 쿠바를 떠나 멕시코로 향했다. 그 배들에는 스페인 병사 900명과 말, 화물, 소수의 아프리카 노예들이 실려 있었다. 그런데 노예 중 한 명인 프란시스코 데 에기아의 몸에 훨씬 더 치명적인 화물인 천연두 바이러스도 실려 있었다. 프란시스코가 멕시코에 상륙한 뒤, 그의 몸 안에서 바이러스가 기하급수적으로 불어나기 시작했고, 결국 피부 여기저기를 뚫고 나오며 끔찍한 발진을 일으켰다. 열이 펄펄 나는 프란시스코는 셈포알란 마을의 한 원주민 가족 집에 앓아누웠다. 그가 그 집 식구들을 감염시켰고, 그 집 식구들이 이웃을 감염시켰다. 열흘 만에 샘포알란 마을은 주민들의 공동묘지가 되었다. 피난민들이 샘포알란에서 이웃 마을로 병을 퍼트렸다. 마을들이 차례차례 그 전염병에 무너졌고, 겁먹은 피난민들의 행렬이 줄을 이으며 멕시코 전역을 넘어 국경 밖까지 병원균을 실어 날랐다.

1520년 9월에 그 전염병은 멕시코 계곡에 도달했고, 10월에는 아즈텍 왕국의 수도인 인구 25만명의 웅장한 대도시 테노치티틀란의 성문 안으로 들어왔다. 두 달 사이에 인구의 최소 3분의 1이 죽었다. 그 가운데는 아즈텍 황제 쿠이틀라우악도 있었다. 1520년 3월에 스페인 함대가 도착했을 당시, 멕시코에는 2,200만 명이 살고 있었으나 12월에는 1,400만 명만 살아남았다. 1618년에는 약 160만 명으로 줄었다. 천연두는 첫 번째 타격에 불과했다. 스페인 정복자들이 자신들의 배를 불리고 원주민을 착취 하느라 정신없는 동안, 독감과 홍역을 비롯한 치명적인 전염병들이 멕시코를 차례로 강타했다.

1788년 1월 18일, 영국 탐험가 제임스 쿡 선장이 하와이에 도착했다. 하와이 제도는 인구 50만 명에 조밀한 지역이었는데, 유럽이나 아메리카와 철저히 격리된 상태로 살았던 탓에 그동안 유럽이나 아메리카의 질병에 노출된 적이 없었다. 쿡 선장과 부하들은 독감 결핵 매독을 일으키는 세균을 하와이에 처음으로 전파했다. 이어서 들어온 다른 유럽인들이 여기에 장티푸스와 천연두를 보탰다. 1853년 하와이 생존자는 겨우 7만 명이었다. 그해에 상륙한 천연두가 나머지 사람들도 거의 해치웠다.

1837년 미국 대평원에서 가장 정교한 문화를 가지고 있었던 만단족 인디언들은 세인트루이스에서 미주리강을 타고 거슬러 올라온 한 척의 증기선 때문에 천연두에 걸렸다. 이 마을은 불과 몇 주 사이에 인구가 2천명에서 40명으로 줄어들었다.

프렌치인디언전쟁(1754년~1763년) 피트요새 공성전 당시 영국군이 프랑스-원주민 동맹군에게 천연두를 생물무기로 사용했다. 실제로 천연두를 무기로 사용하는 것이 공식적으로 재가되었다. 영국군의 최고위 장교들을 비롯한 장교들은 원주민들에 대한 천연두 사용을 명령하고, 재가하고, 준비하고, 실행했다. 역사학자들은 영국군 수뇌부가 적들 사이에 천연두를 퍼뜨리기 위한 시도를 승인했음은 의심의 여지가 없으며, 인디언들에게 천연두를 감염시킨 것은 영국의 의도적인 정책이었다고 말한다. 1763년 6월 24일, 지역 상인이자 피트요새에 주둔한 민병 사령관이었던 윌리엄 트렌트(William Trent)는 다음과 같이 썼다. "그들에 대한 우리 입장을 고려하여, 우리는 천연두 병원에서 나온 모포 두 장과 손수건 한 장을 전달했다. 이것이 원하는 효과를 낼 수 있기를 바란다." 프렌치인디언전쟁 당시 영국군의 생물무기로서 천연두가 얼마나 효과적이었는지는 알려진 자료가 없다. 또 미국 독립전쟁(1775년~1783년) 때도 천연두가 무기로 사용되었다는 기록들이 있다.

〈호주학 저널〉(Journal of Australian Studies)에 한 연구자가 제기한 설에 따르면, 1789년 영국 해병대는 호주 뉴사우스웨일스의 원주민 부족들에게 천연두를 사용했다. 영국인들이 호주 원주민들에게 천연두를 옮긴 것이 사실인지 또 사실이라면 고의적인 행위였는지 여부는 학계의 논쟁의 대상이 되고 있다.

18세기 중반이 되면 천연두는 호주와 여러 작은 섬들을 제외한 전세계 모든 지역의 주요 풍토병으로 자리잡았다. 유럽의 경우 천연두는 18세기까지 주요 사망 원인이었으며, 매년 40만 여명의 유럽인들이 천연두로 죽었다. 매년 스웨덴의 유아 중 10% 이상이 천연두로 죽었고, 러시아의 유아사망률은 그보다도 높았다. 18세기 후기가 되면 중국과 영국 및 북미 식민지들을 비롯한 몇몇 국가에서 인두법이 광범위하게 사용되면서 부유층 사이의 천연두 영향은 다소 줄어들었다. 그러나 19세기 후기 종두법이 보편화되기 전에는 천연두 발생의 유의미한 감소는 없었다. 유럽과 북미에서는 발전된 백신과 백신 재접종을 통해 천연두 환자가 상당히 줄어들었다. 20세기 후반에 들어와서야 천연두는 그 세력이 약화되었다.

콜레라는 아시아에도 옛날부터 존재했었지만, 세계적인 유행이 된 것은 19세기 초기부터이다. 콜레라의 초기 발생 지역은 인도의 갠지스강 유역으로 추정된다. 1차 콜레라 대유행은 아시아 콜레라 혹은 아시아 콜레라 대유행으로도 불린다. 1817년부터 1824년까지 창궐하였다. 범유행은 인도 콜카타에서 시작되어 동남아시아 전역, 중동, 동아프리카와 지중해 연안까지 퍼졌다. 콜레라는 이전에 여러 차례 인도 전역에 퍼져 있었지만, 당시 콜레라는 더욱 심하게 전파되었다. 인도 주둔 영국 군인이 대거 콜레라에 걸려서 전 유럽이 이 병에 주목하게 되었다. 결국 수십만 명의 사망자를 낸 콜레라 전염병 중 첫번째 사례였다. 1차 콜레라 대유행은 전례없이 아시아 전역으로 확산된 전염병이다.

영국 육군과 영국 해군의 인사 이동은 이 전염범의 확산에 기여한 것으로 여겨진다. 힌두교 순례자들은 인도 대륙에서 콜레라를 퍼트렸지만, 영국 육군은 네팔과 아프가니스탄으로 병을 옮겼다. 영국 해군과 영국 상선은 인도양, 아프리카, 인도네시아, 북쪽으로는 중국과 일본으로 병을 옮기는데 기여한 것으로 보인다.

2차 콜레라 대유행은 1826년부터 1837년 사이에 인도에서 서아시아 전역, 유럽, 영국, 아메리카, 중국, 일본까지 전파되었다. 콜레라는 19세기의 다른 전염병보다 더 빠르게 많은 사망자를 만들어냈다. 의료계는 콜레라가 사람에게만 전파되는 질병으로 이해하고 있다. 사람들이 여행하면서 많은 전파 경로를 자연스럽게 다른 지역으로 전파시킨다. 따뜻한 대변으로 오염된 강물과 오염된 음식에 의해

주로 전파된다.

2차 콜레라 대유행은 러시아를 통해 유럽으로 확산되어 수십만의 생명을 앗아갔다. 1830년 8월 나폴레옹의 모스크바 침공 기간 동안에도 확산되었다. 1831년까지 이 전염병은 러시아 주요 도시에 확산되었다. 러시아 군인들은 1831년 2월 폴란드에 이 병을 전파하게되었다. 러시아에서만 콜레라 25만 건의 확진과 십만 명의 사망이보고되었다.

1850년대에도 대유행(3차)이 계속되었다. 1847년에 시작한 러시아의 콜레라 전염병은 1851년까지 지속되어 약 백만명이 사망했다. 1851년 쿠바에서 온 배가 그란 카나리아에 이 전염병을 전파했다. 58,000명의 인구 중에 여름에만 6,000명이 넘는 사람이 사망한 것으로 알려졌다. 1852년에 콜레라는 인도네시아에 상륙했다. 1853~54년 런던에서는 236,000명 이상이 콜레라로 사망했다. 1854년에는 중국과 일본에 영향을 끼쳤다. 1854~55년에 베네수엘라와 브라질을 통해 남아메리카에 전파되었다. 1854년 시카고에서 콜레라가 발생하여 인구의 5.5%(약 3,500명)가 사망했다. 1854년 로드 아일랜드주에서는 콜레라의 해로 불리며, 향후 30년간 콜레라가 유행했다. 1858년에 필리핀에, 1859년에는 조선에도 전파되었다. 1859년에 벵갈에서발병된 콜레라는 이란, 이라크, 아라비아, 러시아로 전파되었다. 1858~60년에 도쿄에서 10만~20만 명이 콜레라로 사망했다. 1858~1902년 일본에서 콜레라가 7번 이상 발생했다.

4차 콜레라 대유행은 1863~1875년 사이 벵골 지역의 갠지스 델타에서 시작되어 이슬람 순례자들의 여행과 함께 메카로 전염되었다. 첫해에 9만 명의 순례자 중에 3만 명이 사망했다. 콜레라는 중동 전역으로 퍼져 러시아, 유럽, 아프리카 및 북미로 전파되었으며, 각 항구 도시의 여행자와 내륙 수로를 따라 전파되었다. 총사망자 수는 60만 명 이상으로 추산한다.

5차 콜레라 대유행(1881~1896)은 아시아와 아프리카 전역으로 퍼졌고, 프랑스, 독일, 러시아 및 남미 지역에까지 발병했다. 독일 함부르크에서 1892년에 발생한 유행이 유럽에서는 유일한 큰 발병이었다. 함부르크에서만 약 8,600명이 사망했다. 미국 작가 마크 트웨인은 여행을 좋아했는데, 콜레라가 발생했을 때 함부르크를 방문했다. 〈1891~1892〉라는 작품에서 그곳에서 경험한 콜레라 사건에 대해 설명했다. 그곳에서 그는 콜레라 사건, 특히 총사망자 수에 관하여 함부르크 신문에 정보가 부족하다는 것을 지적하였다. 그는 또한 많은 사람들이 "집에서 잘 있다가 페스트가 걸린 곳으로 끌려왔다." 그곳에서 "많은 좋은 사람들이 원인을 알 수 없이 죽었고 묻혔다"고 표현했다. 마크 트웨인은 많은 사람들이 콜레라에 대한 인식이 부족하다며 애도했고, 미국이 특히 더 인식이 부족하다고 비난했다.

6차 콜레라 대유행(1899~1923)으로 세계적으로 80만명 이상이 사망한 것으로 추정된다. 중동, 북아프리카, 동유럽 및 러시아로 확산되어 큰 피해를 입혔다. 유럽에서는 공중보건학의 발달로 큰 영향을 미치지는 않았다. 러시아는 50만 명 이상이 사망해 심한 영향을 받았다. 인도에서는 80만명 이상이 사망했다. 1902년부터 1904년까지 필리핀에서 20만 명이 사망했다. 19세기 시작부터 1930년까지 메카 순례자 중 27만 명이 사망하고, 1907년부터 1908년까지 하즈 기간 동안 2만명 이상의 순례자가 사망했다. 미국에서 마지막 콜레라 발생은 1910~1911년에 증기선 몰트케(Moltke)가 감염된 사람들을 나폴리에서 뉴욕으로 데려왔을 때였다. 미국 보건당국은 19세기에 격리 시설로 지어진 스윈번 섬에 감염된 사람을 격리조치했다. 섬 병원에서 의료 종사자를 포함하여 총 11명이 사망했다.

7차 콜레라 대유행은 1961년부터 1991년까지 발생했다. 1961년에 인도네시아에서 최초 발병이 보고되었으며, 1963년에 방글라데시까지 확산되었다. 1964년에 인도에서, 1966년에는 러시아에서, 1970년에는 인도 오디샤주에서, 1972년에는 아제르바이잔의 수도인 바쿠에서 발병이 보고 되었다. 1973년에는 북아프리카를 거쳐 이탈리아에 상륙했으며, 1970년대 후반에는 일본과 남태평양에서 수차례 발생이 보고되었다. 1971년 전 세계 보고된 확진자 수는 약 155,000명이며, 1991년 전 세계에서 보고된 확진자 수는 약 570,000명까지 도달했다. 1991년 콜로라 유행은 라틴아메리카 페루에서 시작하여 약 10,000명이 사망했다.

현대로 오면서 교통이 급속히 발달하여 원거리 이동이 가능해짐에 따라서, 이런 질병은 기존 질병보다 멀리 퍼질 수 있다. 그러나 의학 기술이 많이 발달하였고, 사람들의 감염병에 대한 상식이 많이 개선되었으며, 또한 정부들이 현대적인 치료 및 예방 조치를 시작하여 콜레라 사망률은 현저하게 떨어졌다. 초기 콜레라 사망률은 50%을 기록했지만 1980년대에는 10%로 감소했고, 1990년대에는 3% 미만으로 떨어졌다.

인플루엔자의 전파와 여행

　　20세기에 들어서도 한동안 수천만 명이 계속 전염병으로 죽었다. 제1차 세계대전 중이던 1918년 1월, 프랑스 북부 참호에서 병사들이 '스페인독감'이라는 별칭으로 불리던 악성 변종 독감에 걸려 수천 명씩 죽어 나가기 시작했다. 이제까지 서부전선(프랑스와 독일이 대치한 전선)만큼 전 세계 인적·물적 자원이 많이 모이는 곳은 없었다. 사람들과 군수품이 영국, 미국, 인도, 호주, 아랍, 아프리카에서 쏟아져 들어왔다. 기름은 중동에서, 곡식과 쇠고기는 아르헨티나에서, 고무는 말레이반도에서, 구리는 콩고에서 나왔다. 이 나라들은 모두 답례로 스페인독감을 얻었다. 몇 달 만에 세계 인구의 3분의 1에 해당하는 약 5억 명이 이 독감에 걸렸다. 사모아제도에서는 20%가 독감에 걸렸으며, 타히티에서는 인구의 14%가 죽었다. 콩고의 구리 광산에서는 노동자 다섯 명 중 한 명이 죽었다. 1년이 채 못 되는 기간 동안 이 유행병으로 죽은 사람이 총 5천만 명에서 1억 명에 달했다. 제1차 세계대전 기간인 1914년부터 1918년까지 죽은 사람은 4,000만 명이었던 것에 비하면, 엄청난 숫자가 아닐 수 없다.

　　인플루엔자 바이러스 A(H1N1)에 의한 스페인독감은 1918년 봄의 1차 유행과 가을에서 겨울에 걸친 2차 유행으로 크게 구분된다. 2차 유행은 고병원성으로 발전했다. 1918년 8월 프랑스의 브레스트, 시에라리온의 프리타운, 미국의 메사추세츠주 보스턴에서 독성이 더욱 강해진 스페인독감이 출현했다. 이 2차 유행은 인류 역사에 대재앙으로 기록되어 있는데, 이는 이 유행시기에 세계적으로 적게는 2천만 명, 많게는 8천만 명 정도가 독감으로 사망한 것으로 추정하는 것에 기인한다. 세계보건기구는 당시 세계 인구의 약 2%에 해당하는 4~5천만 명이 독감으로 사망한 것으로 기록하고 있다. 당시 피해가 가장 컸던 지역은 1천만 명이 사망한 인도를 포함한 아시아 국가들이었다. 1918년 유행 당시 특이한 점은 젊은 인구의 높은 사망률로 전체 사망자의 대부분이 65세 이하였으며, 특히 20~45세가 전체 사망자의 60%를 차지하였다.

피해가 덜했던 지역은 동아시아 3국이었다. 이 독감의 세계 평균 사망률은 3~5%였지만, 동아시아 3국의 사망률은 모두 2% 미만이었다. 1918년 당시에 일본의 식민지로 있던 한국에서는 무오년 독감(戊午年 毒感) 또는 서반아 감기(西班牙 感氣)라고 불렸다. 1918년 조선총독부 통계에 따르면, 한국 인구 1,759만 명 가운데 약 16.3%인 288만 4,000명이 스페인독감 환자가 되었고, 이 중 14만 명이 사망했다. 사망률은 전체 인구수 대비 1.8%다. 정확한 공식 통계는 없지만, 1918년 중국의 사망률은 1% 미만이었다. 예를 들어, 당시 상하이의 인구는 2백만이 넘었는데 사망자는 266명에 불과했다. 1919년 통계에 따르면, 일본의 사망자는 25만 명이었다. 이는 사망률이 0.4%에 불과하다. 이 당시 일본은 사람들의 여행을 엄격하게 제한했다.

이 독감의 대유행 결과, 전세계 인구의 약 1~3%가 죽었으며, 일부는 걸린 지 2~3일 만에 사망에 이르는 경우도 있었다. 1918년과 1919년 사이에 약 1,700~5,000만 명이 희생된 것으로 알려졌다. 스페인독감의 대유행을 계기로 독감 예방접종 문화가 시작되었다. 독감이 유행하면 각국이 사람들의 여행을 엄격하게 제한하는 정책을 실시하여, 일반인들의 여행도 극도로 제한되었다.

코로나19는 2019년 12월 중국 후베이(湖北)성 우한(武漢)시에서 발병한 유행성 질환으로 '우한 폐렴', '신종코로나바이러스감염증'이라고도 한다. 코로나바이러스의 변종에 의한 바이러스성 질환이다. 초기에는 원인을 알 수 없는 호흡기 전염병으로만 알려졌으나 2003년 유행했던 사스(SARS, Severe Acute Respiratory Syndrome, 중증급성호흡기증후군) 및 2012년 유행했던 메르스(MERS, Middle East Respiratory Syndrome, 중동호흡기증후군)와 같은 코로나바이러스의 신종인 것으로 2020년 1월 7일 밝혀졌다. 세계보건기구(WHO)에서는 코로나19가 전 세계 여러 나라로 확산되자, 1월 30일 국제공중보건비상사태(PHEIC)를 선포했으며, 3월 11일에는 팬데믹(감염병세계대유행)을 선언했다.

이 질환은 초기 '우한 폐렴', '신종코로나바이러스감염증' 등으로 통용되었으나 세계보건기구에서 신종 바이러스 이름을 붙일 때, 편견을 유도할 수 있는 특정 지명이나 동물 이름을 피하도록 한 원칙에 따라 2월 11일 'Corona Virus Disease 2019'를 줄인 'COVID-19'로 명명했으며, 한국 질병관리본부에서는 한글 명칭을 '코로나바이러스감염증-19(약칭 '코로나19')'로 정한다고 발표했다.

2002년 중국 광둥성에서 발생한 사스는 박쥐의 코로나바이러스가 사향고양이를 거쳐 변이되어 인간에게 감염된 것으로 홍콩, 타이완, 싱가포르, 베트남, 필리핀 등 동남아시아 지역과 캐나다, 미국 등으로 전파되면서 세계보건기구 기준 8천여 명의 감염자와 775명의 사망자가 발생하여 9.6%의 치사율을 보였다. 이 당시 사스는 한국에 4명의 감염자가 발생했으나 사망자는 없었다.

3월 들어 중국의 증가세는 점차 줄어들면서 안정기에 들었다고 관측되었으나, 이탈리아를 비롯한 유럽 전역과 이란 등 중동지역에서 확진 환자가 급증하기 시작했다. 남아메리카 등 그동안 감염자가 발견되지 않았던 나라에서도 감염자가 발견되어 10일에 이르러서는 전 세계 110여개 나라로 발생국이 증가했으며 확진환자는 114,000여 명, 사망자는 4,000여 명으로 보고되었다. 이에 따라 올림픽대회 예선 등 국제행사 진행에 차질이 발생했으며, 석유 가격이 혼란을 거듭하고 증권시장이 급락하는 등 세계 경제에도 큰 영향을 미쳤다.

감염자가 1만 명대를 초과한 이탈리아에서는 전국민에 대하여 주민이동제한령을 발령했으며, 13일 미국, 스페인, 불가리아는 코로나19 확산 사태를 맞아 국가비상사태를 선언했다. 덴마크는 14일부터 국경을 봉쇄했고, 폴란드, 체코 등은 15일부터 외국인의 입국을 금지했으며, 분데스리가 등 유럽 5대 축구리그가 모두 중단되었다.

3월 중순이 지나면서 전 세계 170여개 국으로 감염이 확산되었다. 미국과 이탈리아·스페인·독일·프랑스 등 서유럽 일대 국가들의 확진자 수가 1만 명을 넘어섬에 따라, 유럽 각국의 국경간 이동이 금지되었고 스페인·프랑스·미국의 일부 주에서도 주민에 대한 이동제한령을 내리는 등 방역에 비상이 걸렸다. 프랑스 칸에서 매년 5월 개최되던 칸국제영화제가 6~7월로 연기되었고, 네덜란드 로테르담에서 5월 16일 열릴 예정이던 유럽 최대의 음악축제 '유로비전 송콘테스트'가 취소되는 등 거의 모든 국제적인 행사와 스포츠대회가 연기 또는 취소되었다.

3월 24일, 일본의 아베 총리와 바흐 국제올림픽위원회(IOC) 위원장이 올림픽과 패럴림픽의 1년 연기에 합의한 후, 30일에는 국제올림픽위원회와 국제패럴림픽위원회(IPC), 도쿄올림픽·패럴림픽위원회가 2020년 도쿄올림픽을 원래 일정보다 1년 연기된 2021년 7월 23일부터 8월 8일까지, 패럴림픽은 8월 24일부터 9월 5일까지 개최한다고 발표했다. 이에 따라 1896년 근대 올림픽이 시작된 이후 처음으로 감염병에 의해 올림픽이 연기되는 사태가 발생했다.

코로나19는 전 세계에 엄청난 충격을 주었다. 세계 경제가 침체되었고, 관광산업이 붕괴되었으며, 다른 한편으로는 새로운 보건시스템이 구축되었고, 관련 의약산업이 성장했다. 일상생활에도 큰 변화가 있었다. 온라인 교육과 온라인 쇼핑이 증가하고, 온라인 문화활동도 눈에 띄게 증가했다. 정신적으로는 '코로나블루'라는 신종 질병도 생기게 되었다.

코로나 바이러스로 인한 각국의 여행 제한과 봉쇄 조치를 통하여 세계 경제적 불황이 기정 사실화 되었고, 불과 한달 만에 세계 경제가 심각한 영향을 받게 되었다. 특히 케빈 하셋 같은 경제학자는 향후 "코로나19 팬데믹은 1929년 대공황 사태를 재현할 수 있다"라고 더욱 심각한 상황을 예견하기도 했다. 코로나19 팬데믹으로 인한 대규모 해고가 발생하여, 세계 각국이 실업 대란의 공포에 시달렸고, 국제노동기구에서는 2,500만 명의 대규모 실업사태를 경고하기도 했다.

위에서 살펴본 것처럼, 우리 인간의 여행은 필연적으로 전염병의 이동을 수반한다. 인간의 여행은 인류문명에 긍정적인 영향을 끼치는 경우가 많지만, 다른 한편으로는 전염병도 함께 전파시켜 외지인들이 방문하는 현지 사회에 부정적인 영향도 끼치는 양면성을 갖고 있다. 인간들이 여행 당시에는 이런 사실을 깨닫지 못했지만, 그렇다고 여행목적지에 전염병을 전파시킨 인간들의 죄악이 면제되는 것은 아니다. 특히 16세기 이후 식민지 개척시대에 포르투갈 스페인 네딜

란드 영국, 프랑스 등 서구 열강들이 경쟁적으로 벌인 식민지 침략과 약탈 과정에서 현지인들은 침략자들이 가져온 전염병으로 인해 엄청난 피해를 입었다. 그 피해는 아직도 피해를 당한 나라들 여기저기에 그 상처와 흔적을 남기고 있다. 더 이상 우리 인간들의 여행이 그와 같은 부정적인 영향을 남겨서는 안된다. 낯선 나라를 방문하는 여행자들이 좀 더 현명해지고 책임있는 여행을 한다면 충분히 예방할 수 있는 일이다.

 주

1) 윌리엄 맥닐, 하정 역. 2019. 전염병과 인류의 역사. 한울
2) 주경철, 2008. 대항해시대. 서울대출판사.
3) 유발 하라리, 김진주 역. 2018. 호모데우스: 미래의 역사. 김영사.
4) 재레드 다이아몬드 저, 김진준 역. 1998. 총 균 쇠. 문학사상사.
5) 위키백과
6) 다음백과

**에필로그**

나는 여행을 좋아한다. 피에 역마살이 끼어있어서 그런지는 몰라도 이곳저곳 돌아다니길 좋아한다. 그러나 그 여행경험을 기록하는일은 고통이다. 글 쓰는 재주를 타고났으면 별거 아니겠으나, 없는재주로 독자들이 이해하기 쉽고 흥미로운 글을 쓰자니 그런 고통이따르는 것이리라.

책을 쓰고 나면 항상 아쉬움이 남는다. 좀 더 나은 책을 쓰고 싶지만 시간에 쫓겨서, 더 많은 자료를 찾는 노력을 게을리해서, 또는글재주가 없어서 등 여러 가지 이유로 후회를 하게 된다. 그래도 책이 나오면 그때까지의 내 생각이나 인생이 정리되는 것 같아서 좋다.이번 책도 2013년 연구년 때 시도했던 여행이 바탕이 되어서 나오게된 것이다. 그러니까 여행을 마친 후 3년이 지나서야 그 여행이 완전히 마무리 된 것이다. 책 4권을 통해서. 〈유럽자동차여행〉(자동차생활, 2014), 〈실크로드 문명기행 1, 2〉(한림대학교 출판부, 2015), 그리고이 책 〈여행과 문명〉. 이번 제3판은 개정판 이후 진행된 나의 연구실적을 보완했다. 일본인의 중국여행에 대한 재당 신라인의 역할, 고려시대 이제현의 중국 오지 여행, 조선통신사의 일본여행, 조선시대 홍어장수 문순득의 표류여행, 조선시대 사대부들의 지리산여행 등이 이에 해당한다.

여행의 역사는 우리 인류의 역사만큼이나 오래 되었다. 사람들이 걸으면서 이동이 시작되었고, 그것이 바로 여행의 시작이었으니까. 사람들은 여러 가지 이유로 여행을 떠났다. 더 풍족하고 안전한 주거지를 찾아 떠난 사람도 있고, 다른 나라를 공격하기 위해서 장거리 원정을 떠난 사람도 있다. 다른 상인들에게 물건을 팔거나 사기 위해 여행을 떠난 사람도 있으며, 다른 나라와 외교관계를 맺거나 개선하기 위해 여행을 떠난 사람도 있다. 종교를 배우거나 전파하기 위해 먼 길을 떠난 사람도 있으며, 창작이나 연주 활동을 위해 여행을 떠난 사람도 있다. 또 미지의 세계를 탐사하기 위해 길을 나선 경우도 있다. 이 사람들은 다양한 여행을 통해 인류 역사에 그 흔적을 남겼다.

이 책은 그들 중 대표적인 몇 개의 여행 사례를 뽑아 그 여행이 우리 인류문명에 끼친 영향을 조명했다. 책을 쓰다 보니 이런 책은 한 권으로 끝날 일이 아니라는 생각이 들었다. 인류 역사에는 위대한 여행가들이 너무도 많이 있기 때문에, 그들의 업적을 후세들에게 알리는 일은 의미 있는 일이다. 나는 앞으로 시간이 허락하는 한 그 일을 계속 하고 싶다. 여행이 인류문명에 끼친 영향을 계속 탐구하고 싶다.

2024년 7월 1일
고태규

## 참고문헌

각훈 저, 장휘옥 역주(2013). 해동고승전. 동국대역경원.

강봉룡(2001). 8~9세기 바닷길의 확대와 무역체제의 변동. 역사교육, 77, 1-31.

강재언 저, 이규수 역(2005). 조선통신사의 일본견문록. 한길사.

강희정(2005). 보드가야의 불교유적과 구법승. 미술사와 시각문화, 4, 88-127.

고병익(1970). 혜초의 왕오천축국전.〈동아교섭사의 연구〉. 서울대출판부.

고태규(2015). 구법승의 실크로드 여행기에 대한 관광학적 고찰: 텍스트 분석과 현지답사를 중심으로. 관광연구저널, 29(11), 5-19.

──(2015). 실크로드 문명기행1: 일본 한국 중국편. 한림대학교 출판부.

──(2015). 실크로드 문명기행2: 중앙아시아-로마편. 한림대학교 출판부.

──(2016). 여행과 문명. 법문사.

──(2017). 삼국사기를 중심으로 한 삼국시대 여행사 연구. 관광연구저널, 31(3), 35-48.

──(2018). 박지원의 열하일기에 대한 관광학적 고찰. 관광연구저널, 32(3), 5-22.

──(2018). 조선시대 금강산 유람기에 대한 여행사적 고찰. 관광연구저널, 32(9), 79-93.

──(2019). 여행과 문명(개정판). 파주: 법문사.

──(2019). 조선통신사의 일본 여행에 대한 관광학적 고찰. 관광연구저널, 33, 65-79.

──(2020). 18세기 조선통신사의 경유지 풍경에 대한 고찰. 한국사진지리학회지, 30(4), 68-82.

──(2020). 9세기 일본인의 중국 여행에 대한 재당 신라인의 역할. 관광연구저널, 34(2), 19-35.

─── (2022). 조선시대 사대부의 지리산 유람에 대한 연구. 관광연구저널, 36(5), 5-18.

─── (2023). 조선시대 홍어장수 문순득의 해외 표류여행에 대한 연구. 한국사진지리학회지, 33(2), 29-45.

곰브리치 저, 백승길·이종승 역(2012). 서양미술사. 예경.

곽승훈(2011). 해동고승전 유학승 전기 연구. 한국고대사탐구, 8, 37-67.

곽재균·우석균(2000). 라틴아메리카를 찾아서. 민음사.

괴테 저, 박찬기 외 역(2012). 이탈리아 기행1, 2. 민음사.

구도영(2013). 조선 전기 대명 육로사행의 형태와 실상. 진단학보, 117, 59-97.

국립경주박물관(2010). 신라, 서아시아를 만나다. 국립중앙박물관문화재단.

국립중앙박물관(2007). 국립중앙박물관도록. 국립중앙박물관.

─── (2010). 세계문명전: 실크로드와 둔황 ─ 혜초와 함께 하는 서역기행. 국립중앙박물관.

권덕영(2003). 재당 신라인의 종합적 고찰: 9세기를 중심으로. 역사와 경계, 48. 1-42.

─── (2003). 9세기 일본을 왕래한 이중국적 신라인. 한국사연구, 120. 85-114.

─── (2007). 신라 '西化' 구법승과 그 사회. 정신문화연구, 30(2), 319-347.

권순완(2017). 만리장성 한글 낙서에 분노한 중국인들. 인터넷 조선일보, 8월 17일자.

권터 란츠콥스키 저, 박태식 역(1997). 종교사 입문. 분도출판사.

권혜은(2020). 이성린의 사로승구도(槎路勝區圖) 해설. 국립중앙박물관.(https://www.museum.go.kr/site/main/relic/recommend/view?relicRecommendId=140595)

그레고리 프리몬-반즈·토드 피셔 저, 박근형 역(2013). 나폴레옹 전쟁. 플래닛미디어.

그룹 그루지마일로 저, 김기선 외 역(2008). 몽골과 오랑캐 유목제국사. 민속원.

김경록(2019). 조선시대 사행기록에 대한 검토. 진단학보, 132, 309-338.

김다원(2014). 연암의 자연 사물 관찰과 글쓰기 양상분석 연구. 대한지리학회지, 49(5), 716-727.

김동철(2017). 국역 통신사등록5 해제. 국역 통신사등록5. 부산광역시사편찬위원회, 1-107.

김문경(2001). 신라인의 해외활동과 신라방. 한국사 시민강좌, 28, 1-20.

김병곤(2006). 신라 하대 구법승들의 행적과 실상. 불교연구, 24, 133-143.

김복순(2007). 혜초의 천축순례 과정과 목적. 한국인물사연구, 8, 171-197.
──(2012). 삼국유사 '歸竺諸師'조 연구. 신라문화학술발표논문집. 33, 185-212.
김부식 저, 이병도 역(1988a). 삼국사기(상). 서울: 을유문화사.
김부식 저, 이병도 역(1988b). 삼국사기(하). 서울: 을유문화사.
김상철(2011). 중앙아시아의 길 문화유산: 카라반사라이를 중심으로. 글로벌 문화콘텐츠, 14, 1-18.
김성훈(1999). 동북아 경제협력의 장보고 모델. 장보고 그랜드 디자인. 서울: 집문당. 39-48.
김성환·정성희(2010). 연행 세계로 향하는 길. 실학박물관.
김세훈(2015). '중동발 테러 원인, 경제적 불평등 탓'. 경향신문 년 12월 2일자.
김정위(2005). 중동사. 대한교과서.
김종광(2017). 조선통신사2. 다산책방.
김주식·김소형(2017). 통신사 선단의 항로와 항해. 국립해양박물관 학술총서 2. 순간과영원.
김충식. 2015년 7월 13일 http://blog.naver.com/PostView.nhn?blogId=beobun1&logNo=48465162
김태도(2000). 신라명신고. 일본문화학보, 9, 165-184.
김하명(2004). 박지원 작품에 대하여, 열하일기 上, 下. 495-549.
김혜원(2004). 마투라와 동아시아의 구법승. 미술사와 시각문화, 3, 236-267.
나라국립박물관(2008). 正倉院展 六十回のあゆみ. 나라국립박물관. 나라.
──(2012). 제64회 正倉院展 도록. 나라국립박물관. 나라.
남동신(2010). 혜초 왕오천축국전의 발견과 8대탑. 동양사학연구, 11, 1-32.
──(2010). 혜초와 왕오천축국전. 〈실크로드와 둔황〉. 국립중앙박물관. 253-262.
남용익 저, 성낙훈 역주(1975). 부상록. 국역 해행총서5. 탐구당, 319-663.
니시하라 미노루 저, 이언숙 역(2013). 음악가의 생활사. 열대림.
니키 히데유키 仁木英之(2014). 海遊記: 義淨西征傳. 文藝春秋.
다카쿠스 준지로 高楠順次郎(1915). 慧超往五天竺國傳に就て. 종교계, 11(7), 17-24.
돈황연구원·돈황현박물관 역, 최혜원·이유진 역(2001). 돈황. 범우사.
로빈 헨버리-테니슨 편, 남경태 역(2009). 역사상 가장 위대한 여행 70지. 역사의 아침.
룩 곽텐 저, 송기중 역(1988). 유목민족제국사. 민음사.

르네 그루쎄 저, 김호동·유원수·정재훈 역(2007). 유라시아 유목제국사. 사계절.

마르코 폴로 저, 김호동 역주(2006). 동방견문록. 사계절.

마쓰오카 유즈루 宋岡讓 저, 박세욱·조경숙 역(2003). 돈황이야기. 연암서가.

모리야 마사히코 守屋正彦(2010). 일본의 불교미술: 조각, 회화, 공예, 건축. 동경미술, 동경.

미야시타 시에코 宮下佐江子(2012). 서아시아의 유리, 〈유리-삼천년의 이야기: 지중해서아시아의 고대 유리〉. 국립중앙박물관, pp.216-221.

미야자키 마사카츠 宮崎正勝 저, 오근영 역(2004). 하룻밤에 읽는 중국사. 중앙 M&B.

미야자키 마사카츠 宮崎正勝 저, 이명주 역(2007). 하룻밤에 읽는 세계사. 랜덤하우스.

―――(2008). 하룻밤에 읽는 중동사. 알에이치코리아.

민병훈(2005). 초원과 오아시스 문화 중앙아시아. 국립중앙박물관.

민족문화추진회(1974~1981). 국역 해행총재 1-12권. 고전국역총서. 미문고.

박기석(2006). 혜초 왕오천축국전의 기행문학적 고찰. 고전문학과 교육, 12, 33-58.

박상휘(2018). 선비, 사무라이 사회를 관찰하다. 파주: 창비.

박의서(2015). 선조들의 여행기록과 기행문학을 통해 본 한국의 국외 여행사. 관광연구저널, 29(1), 75-91.

박영규(1996). 한권으로 읽는 조선왕조실록. 들녘.

―――(2000). 한권으로 읽는 고려왕조실록. 들녘.

박지원 저, 리상호 역(2004). 열하일기 上·中·下. 보리.

박현규(2010). 혜초 인물 자료 검증-왕오천축국전 저자 혜초는 과연 신라 인일까? 한국고대사탐구, 4, 121-151.

백순철(2010). 여행체험 고전문학 텍스트의 교육적 의의. 비평문학, 37, 253-275.

버나드 루이스 편, 김호동 역(2010). 이슬람 1400년. 까치글방.

버지니아 아나미(2008). 엔닌의 일기에 나타난 재당신라인 사회와 조우. 신라사학보, 13, 231-239.

법륭사(연도 불명), 법륭사자료집. 법륭사. 나라.

법현 저, 김규현 역주(2013). 불국기. 글로벌콘텐츠.

변인석·진견부·이호영(2001). 중국 명산 사찰과 혜동승려. 주류성.

변인석(2011). 7세기 재당 신라원의 분포와 성격에 대하여. 한국고대사탐구,

9, 43-74.

사카에하라 토와오 榮原永遠男 저, 이병호 역(2012). 정창원문서 입문. 태학사.

새뮤얼 헌팅턴 저, 이희재 역(2002). 문명의 충돌. 김영사.

서인범(2015). 연행사의 길을 가다. 한길사.

석길암(2017). 재당 신라사회에서 신라원의 성격에 대한 재검토. 동아시아 불
　　　교문화, 32, 369-390.

세람 저, 강미경 역(2008). 몽상과 매혹의 고고학. 랜덤하우스.

송운 저, 김규현 역주(2013). 송운행기. 글로벌콘텐츠.

송호정(2015). 아틀라스 한국사. 한국교원대학교 역사학과 편. 사계절.

스테파노 추피 저, 선현주 외 역(2009). 천년의 그림여행. 예경.

시오노 나나미 저, 송태욱 역(2011). 십자군 이야기 1, 2, 3. 문학동네.

신복룡(1991). 엔닌의 입당구법순례행기에 나타난 신라 관계 기록과 몇 가지
　　　문제점. 〈입당구법순례행기〉. 정신세계사. 315-331.

신춘호(2016). 명·청 교체기 해로사행 노정의 인문정보 일고. 한국고지도연
　　　구, 8(1), 35-64.

신형식(2003). 산동반도의 신라방. 이화사학연구, 30, 693-703.

──(2005). 백제의 대외관계. 주류성.

──(2011). 삼국사기의 종합적 연구. 경인문화사.

실학박물관(2010). 연행: 세계로 향하는 길. 씨티파트너.

아놀드 하우저 저, 백낙청 역(1985). 문학과 예술의 사회사: 고대 중세편. 창
　　　작과 비평.

아지트 무케르지 Ajit Mookerjee·마쯔나가 아리요시 松長有慶 저, 김구산
　　　역(1990). 탄트라. 동문선.

에드윈 야마우찌(2010). 페르시아와 성경. 기독교문서선교회.

예술의전당, 중앙일보, 한국불교종단협의회. 간다라 미술. 1999년 7월 1일~8
　　　월 29일 예술의전당 전시도록.

오도릭 저, 정수일 역(2012). 오도릭의 동방기행. 문학동네.

원중거(2006). 승사록(乘槎錄)-조선 후기 지식인, 일본과 만나다. 서울: 소명
　　　출판.

유몽인 외 지음, 전송열 허경진 엮고 옮김(2016). 조선선비의 산수기행. 돌베개.

유발 하라리 저, 김명주 역(2017). 호모데우스. 김영사.

유병하(2012). 신라무덤에 부장된 서역의 유리 그릇, 〈유리, 삼천 년의 이야
　　　기: 지중해·서아시아의 고대 유리〉. 국립중앙박물관, 240-248.

유홍렬(1979). 한국기독교사: 천주교사, 〈한국문화사대계12〉. 고대민족문화 연

구소. pp. 449-568.

유홍준 엮음(1991). 금강산. 학고재.

유홍준(2001). 나의 북한문화유산답사기 하. 중앙M&B.

──(2014). 나의 문화유산답사기: 일본편1 규슈. 창작과 비평.

──(2014). 나의 문화유산답사기: 일본편2 아스카 나라. 창작과 비평.

──(2014). 나의 문화유산답사기: 일본편3 교토의 역사. 창작과 비평.

──(2014). 나의 문화유산답사기: 일본편4 교토의 명소. 창작과 비평.

──(2018). 나의 북한문화유산답사기: 산사순례. 창비.

육군사관학교(2009). 세계전쟁사 부도. 황금알.

윤명철(2001). 장보고의 해양활동과 국제관계. 해양정책연구, 16(1), 303-338.

──(2014). 한국해양사. 학연문화사.

윤호진·이상필·강정화·이영숙·강동욱·문정우(2016). 금강산 유람록1.
    민속원.

──(2016). 금강산 유람록2. 민속원.

──(2016). 금강산 유람록3. 민속원.

의정 저, 이창섭 역(2002). 남해기귀내법전, 〈고승전 외〉. 동국역경원.

의정 저, 김규현 역주(2013). 대당서역구법고승전. 글로벌콘텐츠. 22-43.

이경숙(2019). 조선중기 사행단 수행후기 비교를 통한 관광 고찰: 담헌과 연
    암의 기록을 중심으로. 동북아관광연구, 15(4), 1-20.

이기운(2009). 중국 두 신라원의 설립과 신행. 불교학보, 51, 211-227.

이맹맹(2015). 중국 일대일로 추진현황 및 기대효과. KOTRA 해외비즈니스
    정보포털 Global Window, 3월 14일.

이병로(2006). 일본에서의 신라신과 장보고. 도서문화, 27, 53-82.

이븐 바투타 저, 정수일 역주(2001). 여행기. 창작과 비평.

이선민(2013). 둔황 막고굴의 고대 한국인 그들은 누구인가. 주간 조선. 2013
    년 7월 16일, 18, 28.

이용재(2009). 대당서역기와 왕오천축국전의 문학적 비교 연구. 중국어문학
    논집, 56, 369-407.

이제현 지음, 박성규 역주(2012). 역주 역옹패설. 도서출판 보고사.

이제현 지음, 이상보 옮김(2015). 역옹패설. 범우사.

이주헌(2005). 50일간의 유럽 미술관 체험. 학고재.

이주형 편(2009). 동아시아 구법승과 인도의 불교 유적. 사회평론.

이주형(1999). 간다라 미술, 〈간다라 미술〉. 중앙일보문화사업단.

──(2011). 아프가니스탄, 잃어버린 문명. 사회평론.

이형성 편(1999). 라틴아메리카의 역사와 사상. 까치.

이희수(2013). 이슬람과 한국문화. 청아출판사.

일연 저, 김원중 역(2004). 삼국유사. 을유문화사.

임형택(2010). 17~19세기 동아시아 상황과 연행연행록 〈연행 세계로 향하는 길〉. 실학박물관. 7-13.

장덕순(1989). 해제, 민족문화추진회 고전국역총서 익재집 Ⅰ, Ⅱ. 민문고.

장종진(2011). 엔닌의 입당구법순례행기를 통하여 본 신라역어. 한국고대사탐구, 7, 139-166.

재레드 다이아몬드 저, 김진준 역(1998). 총 균 쇠. 문학사상사.

전승열·허경진 편역(2016). 조선선비의 산수기행. 돌베개.

전용신 역주(1989). 완역 일본서기. 일지사.

정병헌(2013). 왕오천축국전의 문학적 성격과 삽입시의 이미지 고찰. 고전 문학과 교육, 25, 341-368.

정성일(2012). 해남 선비 김여휘의 유구 표류와 송환 경로(1662~1663년). 한일관계사연구, 43, 433-467.

───(2018). 19세기 중엽 조선 역관의 무역 활동. 한일관계사연구, 60, 71-125.

정수일(1992). 신라·서역교류사. 단국대학교출판부.

───(2001). 실크로드학, 창비, 서울.

───(2004). 혜초의 서역기행과 왕오천축국전. 한국문학연구, 27, 26-50.

───(2010). 초원 실크로드를 가다. 창비.

───(2012). 이슬람문명. 창비.

정순일(2018). 고대 동아시아 해역의 이문화간 교류와 통역. 신라사학보, 44, 1-40.

정약전·이강회 저, 최성환 편(2005), 유암총서. 신안문화원.

정양모(1997). 위대한 여행: 사도 바울로의 발자취를 따라. 생활성서.

정영문(2019). 김비의 일행의 표류체험과 유구 제도에 대한 인식. 한국문학과 예술 30, 101-131.

정은영(2015). 회답겸쇄환사의 일본정보 탐색 연구. 겨레어문학, 54, 233-265.

정은주(2010). 조선후기 부경사행과 연행도, 〈연행－세계로 향하는 길〉. 실학박물관. 112-123.

───(2017). 부활! 한·일 신실크로드〈6〉 통신사, 일본을 화폭에 찍다. (https://blog.naver.com/cheongsol/220970688328)

정토웅(2011). 세계전쟁사 다이제스트 100. 가람기획.

조명화(1995). 고승 법현전의 유기문학적 접근. 인문과학연구, 4, 225-243.

주경미(2005). 날란다의 불교유적과 구법승. 미술사와 시각문화, 4, 128-165.

주경철(2008). 대항해시대. 서울대출판부.

지영재(2003). 서정록을 찾아서: 고려시인 이제현의 대륙장정. 도서출판 푸른 역사.

진현종(1997). 한권으로 읽는 팔만대장경. 들녘.

찰스 다윈 저, 이민재 역(1983). 종의 기원. 을유문화사.

찰스 다윈 저, 장순근 역(2006). 비글호 항해기. 가람기획.

최박광(1994). 한일간 회화의 교류에 대하여-이성린과 대강춘복을 중심으로. 대동문화연구, 29, 141-167.

최석기 외(2001). 선인들의 지리산 유람록 1권. 돌베개.

———(2008). 선인들의 지리산 유람록 2권. 보고사.

———(2009). 선인들의 지리산 유람록 3권. 보고사.

———(2010). 선인들의 지리산 유람록 4권. 보고사.

———(2013). 선인들의 지리산 유람록 5권. 보고사.

———(2013). 선인들의 지리산 유람록 6권. 보고사.

최성환(2005). 유암총서의 내용과 문순득 재조명. 〈유암총서〉. 신안문화원. pp.9-21

———(2012). 문순득 표류 연구: 조선후기 문순득의 표류와 세계인식. 민속원.

최용범(2003). 하룻밤에 읽는 한국사. 중앙M&B.

최재석(2004). 정창원 소장품과 통일신라. 일지사.

츠츠이 히로아키 筒井寬昭·가지타니 료지 梶谷亮治·반도 도시히코 坂東 俊彦(2010). 東大寺の 歷史. 동경미술, 동경.

카르피니·루브룩 저, 김호동 역(2015). 몽골제국기행: 마르코폴로의 선구자 들. 까치.

카와이 아츠시 河合敦, 원지연 역(1997). 하룻밤에 읽는 일본사. 랜덤하우스.

KBS, 2009년 8월 8일 방영, 역사스페셜: 홍어장수 표류기, 세상을 바꾸다.

케이트 길리버 외 저, 김홍래 역(2013). 로마전쟁. 플래닛미디어.

코미네 카주아키(小峯利明)(2002). 엔닌의 여행과 적산법화원. 도서문화, 20, 215-232.

테모시 메이 저, 신우철 역(2015). 칭기스칸의 세계화 전략. 대성.

토머스 매든 저, 권영주 역(2005). 십자군. 루비박스.

페르낭 멘데스 핀투 저, 이명 역(2005). 핀투여행기 1, 2. 노마드북스.

폴 콜리어 외 저, 강민수 역(2008). 제2차 세계대전. 플래닛미디어.

피터 심킨스 외 저, 강민수 역(2008). 제1차 세계대전. 플래닛미디어.

피터 홉커크 저, 김영종 역(2000). 실크로드의 악마들. 사계절.

필립 드 수자 외 저, 오태경 역(2013). 그리스 전쟁. 플래닛미디어.

하정민(2004). 구법승과 중인도 불교성지 유적. 미술사와 시각문화, 3, 300-327.

한상용(2015). '파리 공격, 9·11테러처럼 터닝포인트될 것'. 연합뉴스. 11월 25일.

한스 큉 저, 손성현 역(2012). 이슬람: 역사 현재 미래. 시와 진실.

허경진·조혜(2017). 신유의 일본과 중국 두 나라 인식에 대한 비교 연구-〈해사록〉및〈연대록〉을 중심으로. 열상고전연구, 55, 325-366.

헤로도토스 저, 박광순 역(1989). 역사. 범우사.

헨버리-텐션 저, 남경태 역(2009). 역사상 가장 위대한 70가지 여행. 역사의 아침.

현장 저, 김규현 역주(2013). 대당서역기. 글로벌콘텐츠.

혜초 저, 김규현 역주(2013). 왕오천축국전. 글로벌콘텐츠.

혜립·언종 저, 김영률 역(1997). 대당자은사삼장법사전 외. 동국대학교 부설 동국역경원.

혜초 저, 정수일 역주(2004). 혜초의 왕오천축국전. 창작과 비평.

황견 편, 최인욱 역(1987). 고문진보. 을유문화사.

황선균(2012). 천마총, 천마도장니(天馬圖障泥)의 유래에 대해. 고성미래신문, 1월 20일 인터넷판.

황유복·진경부 저, 권오철 역(2013). 한중불교교류사. 까치.


Carr, E. H. (1990). *What Is History?* London: Penguin Books.

Chugg, A. M. (2011). *Alexander the Great in Afghanistan*. AMC.

Clammer, Paul et als. (2008). *Pakistan & the Karakoram Highway*, Lonely Planet.

Corner, D. (2014). *Chingis Khan Rides West*. Polar Star Books.

Elisseeeff, V. ed. (2000). *The Silk Roads: Highways of Culture and Commerce*. UNESCO.

Goeldner, C. R. and J. R. B. Ritchie (2012). *Tourism: Principles, Practices, Philosophies*. 12th ed. John Wiley & Sons, Hoboken.

Hanbury-Tenison, R. ed. (2006). *The Seventy Great Journeys in History*. Thames & Hudson, London.

Hopkirk, P. (1980). *Foreign Devils on the Silk Road*. University of Massachusetts Press, Boston.

Krippendorf, J. (1987). *Holiday Makers: Understanding the Impact of Leisure and Travel*. Heineman, Oxford.

Lambourne, L. (2005). *Japonisme: Cultural Crossings between Japan and the West*, Phadon, New York.

Lamb, H. (1928). *Gengis Khan: The Emperor of All Men*. Londen: Thornton Butterworth.

Leiper, N. (1979). A framework of tourism. *Annals of Tourism Research*, 6, 390-407.

───(1995). *Tourism Management*. Collingwood, Melbourne: RMIT Press.

Martell, H. M. (1995). *The Ancient World: Explore the People and Places of the Past*. Kingfisher, London.

McLean, D., A. Hurd, and D. M. Anderson(2017). *Kraus' Recreation & Leisure in Modern Society*. 11th Edition. Jones & Bartlett Learning.

OECD(2011). Medical tourism: treatments, markets, and health system implications-a scoping review. Directorate for Employment, Labour, and Social Affairs. (http://www.oecd.org/els/health-systems/48723982.pdf)

Pearce, P. L. (1992). Fundamentals of tourist motivation. In D. G. Pearce and R. W. Butler (eds) *Fundamentals of Tourist Motivation*. London: Routledge, pp.113-134.

Plog, S. C. (2001). Why destinations areas rise and fall in popularity. *Connell Hotel and Restaurant Administration Quarterly*, 3, 13-24.

Whitfield, R., Whitfield, S., and Agnew, N. (2000). *Cave Temples of Magao: Art and History on the Silk Road*. The Getty Conservation Institute and the J. Paul Getty Museum, Los Angeles.

구글
네이버
다음
다음백과
두산백과(인터넷판)
브리테니커 백과사전(인터넷판)
위키피디아 백과사전(인터넷판)
주간 古寺の巡る, 小學館.
천재학습백과(https://koc.chunjae.co.kr/Dic/dicDetail.do?idx=31070).

부록

1. 법현 여행경로
2. 송운 여행경로
3. 현장 여행경로
4. 혜초 여행경로
5. 의정 여행경로

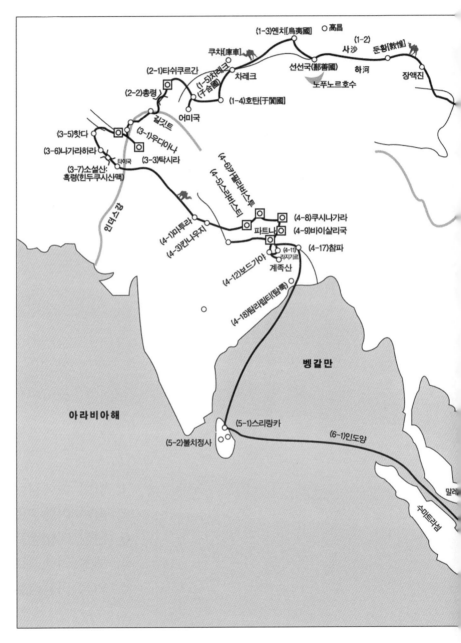

출처: 법현 저, 김규현 역주. 2013. 불국기. 글로벌콘텐츠. pp.4-5.

··· 정식명칭 ···

1-1. 장안성(長安城)에서 둔황[敦惶]까지
1-2. 타클라마칸(塔克拉玛干/ Taklamakan)
1-3. 엔치(焉耆/ Arki/ 阿耆尼國/ 烏夷國)
1-4. 호탄(和闐/ Hotian/ 于闐國)
1-5. 차레크(恰熱克/ Qiareke/ 子合國)
2-1. 타쉬쿠르간(Tashkurghan/ 竭叉國)
2-2. 총령(蔥嶺/ Pamir)
3-1. 우디야나(Uddiyana/ 鬱地引那/ 오장국/ 烏長國)
3-3. 탁시라(Taxila/ 축찰시라/ 竺刹尸羅)
3-5. 핫다성(Hadda/ 헤라성/ 醯羅城)
3-6. 나가라하라(Nagarahara/ 那揭羅曷國)
3-7. 소설산: 흑령(힌두쿠시산맥)
4-1. 마투라(Mathura/ 마두라국/ 摩頭羅國)
4-3. 칸나우지(Kanauji/ 계요이성/ 罽饒夷城)
4-5. 스라바스티(Sravasti/ 사위성/ 舍衛城)
4-6. 카필라바스투(Kapilavāstu/ 迦維羅衛城)
4-8. 쿠시나가라(Kusinagara/ 拘夷那竭城)
4-9. 바이샬리마(Vaishali/ 비사이국/ 毘舍離國)
4-11. 라지기르(Rajigir/ 왕사신성/ 王舍新城)
4-12. 보드가야(Buddh Gayā/ 가야성/ 伽耶城)
4-17. 참파(Campā/ 참파대국/ 瞻波大國)
4-18. 탐라립티(Tamrā-lipti/ 多摩梨帝國)
5-1. 스리랑카(Sri Lankā/ 사자국/ 師子國)
5-2. 불치정사(佛齒)와 무외정사(無畏)
6-1. 인도양
6-2. 자카르타 자바섬
6-3. 산동(山東)반도

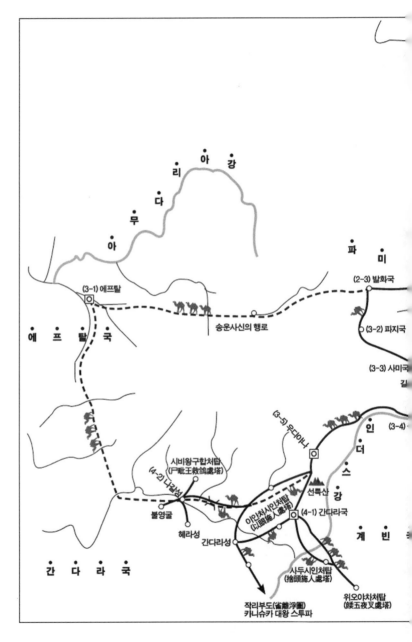

출처: 송운 저, 김규현 역주. 2013. 송운행기. 글로벌콘텐츠. pp.4-5.

카슈가르(소륵)

호
탄
강

야르칸트(사차)

(2-1) 주구파
카르갈리크(이예칭)

예얼치앙강(지러허강)

총령

맹
진
하
원

(2-2) 타쉬쿠르간

예얼치앙강(카다린호이)

백
옥
강

(1-6) 호탄

6 서 역 남 로

향산(香山/ Kailas/ 수미산)

히
말
라
야
산
맥

··· 정식명칭 ···

(1-1) 적령(赤嶺/ 日月山)
(1-2) 토욕혼국(吐谷渾國)
(1-3) 선선성(鄯善城)
(1-4) 좌말성(左末城)
(1-5) 한마성(捍摩城/ Chira/ 策勒)
(1-6) 호탄(Khotan/ 和田/ 于闐國)
(2-1) 카리갈리크(Karghalik/ 주구파/ 朱駒波國)
(2-2) 타쉬쿠르간(Tashkurghan/ 한반타국/ 漢盤陀國)
(2-3) 발화국(鉢和國)
(3-1) 에프탈국(Ephtha/ 갈달국/ 嚈噠國)
(3-2) 파지국(波知國)
(3-3) 사미국(賖美國)
(3-4) 볼로르(Bolor/ 발려록국/ 鉢盧勒國)
(3-5) 우디아나(Uddiyana/ 오장국/ 烏場國)
(4-1) 간다라국(Gandhara/ 건타라국/ 乾陀羅國)
(4-2) 나가라흐라(Nagarahra/ 나가라아국/ 那伽羅阿國)

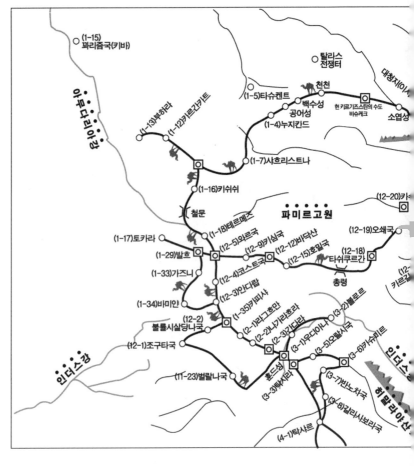

●●●정식명칭

(1-1) 엔치(焉耆/ Karasahr/ Arki/ 아기니국/ 阿耆尼國)
(1-2) 쿠차(庫車/ Kucha/ 굴지국/ 屈支國)
(1-3) 아크수(阿克蘇/ Aq-su/ 발록가국/ 跋祿迦國)
(1-4) 누지칸드(Njikand/ 노적건국/ 笯赤建國)
(1-5) 타슈켄트(Tashkent/ 자시국/ 赭時國)
(1-7) 샤흐리스트나(Shahri-stna/ 솔도리슬나국/ 窣堵利瑟那國)
(1-8) 사마르칸트(Samarqand/ 삼말건국/ 颯秣建國)
(1-13) 부하라(Bukhara/ 포갈국/ 捕喝國)
(1-15) 콰리즘(Khwrizm/ 화리습미가국/ 貨利習彌伽國)
(1-16) 키쉬쉬(Kishsh/ 갈상나국/ 羯霜那國)
(1-17) 토카라(Tukhra/ 도화라국/ 覩貨邏國)
(1-18) 테르메즈(Termez/ 달밀국/ 呾蜜國)

(1-29) 발호(Balkh/ 박갈국/ 縛喝國)
(1-33) 가즈니(Ghazzni/ 게직국/ 揭職國)
(1-34) 바미얀(Bamiyan/ 범연나국/ 梵衍那國)
(1-35) 카피샤(Kapisa/ 가필시국/ 迦畢試國)
(2-1) 라그흐만(Laghman/ 람파국/ 濫波國)
(2-2) 나가라흐라(nagarahra/ 나게라갈국/ 那揭羅曷國)
(3-1) 우디아나(Udyana/ 오장나/ 烏仗那國)
(3-2) 볼로르(Bolor/ 발로라국/ 鉢露羅國)
(3-3) 탁시라(Taxila/ 달차시라국/ 呾叉始羅國)]
(3-5) 오랄시국(烏剌尸國)
(3-6) 카슈미르(Kashmir/ 가습미라국/ 迦濕彌羅國)
(3-7) 반노국(半笯嗟國)
(3-8) 갈라사보라국(喝邏闍補羅國)
(4-1) 탁사르(Takshar/ 책가국/ 磔迦國)

출처: 현장 저, 김규현 역주. 2013. 대당서역기. 글로벌콘텐츠. pp.34-35.

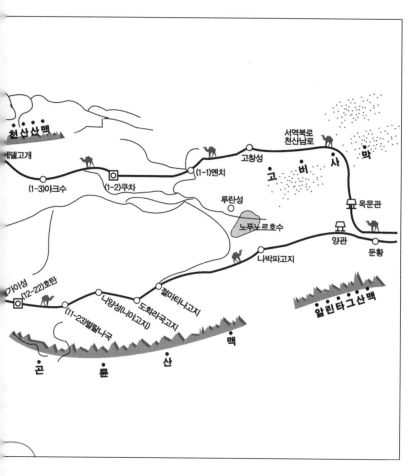

(11-23) 벌랄나국(伐剌孥國)
(12-1) 조구타국(漕矩陀國)
(12-2) 불률시살당나국(弗栗恃薩儻那國)
(12-3) 안다랍(Aandarab/ 안달라박/ 安呾羅縛國)
(12-4) 코스트국(Khost/ 활실다국/ 闊悉多國)
(12-5) 와르국(War/ 활국/ 活國)
(12-9) 키심국(Kishim/ 흘름슬마국/ 訖栗瑟摩國)
(12-12) 바닥산(Badakhshan/ 발탁창나국/ 鉢鐸創那國)
(12-15) 호밀국(護蜜/ Wakhan/ 달마실철제국/ 達摩悉鐵帝國)
(12-18) 타쉬쿠르간(Tashkurghan/ 塔什庫爾干/ 걸반타국/ 朅盤陀國)
(12-19) 오쇄국(烏鎩國)
(12-20) 카슈가르(Kashgar/ 소륵/ 疏勒/ 거사국/ 佉沙國)
(12-21) 카르갈리크(Karghalik/ 哈爾噶里克/ 葉城/ 작구가국/ 斫句迦國)
(12-22) 호탄(Khotan/ 于闐/ 和田/ 구살단나국/ 瞿薩旦那國)

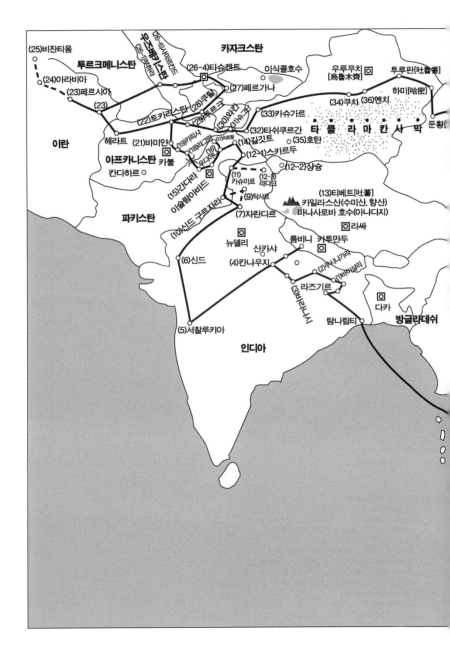

출처: 혜초 저, 김규현 역주. 2013. 왕오천축국전. 글로벌콘텐츠. pp.4-5.

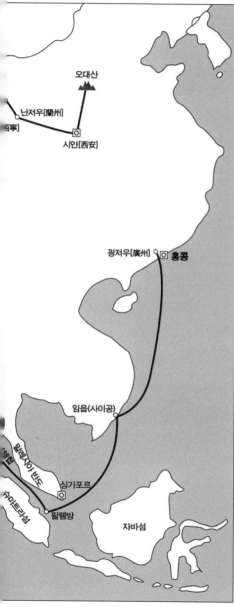

… 정식명칭 …

1. 바이샬리국(Vaishali/ 폐사리국/ 吠舍離國)
2. 쿠시나가라(Kusinagara/ 구시나국/ 拘尸那國)
3. 바라나시(Varanasi/ 파라스국/ 波羅斯國)
4. 칸나우지(Kanauji/ 중천축국/ 中天竺國/ 갈나급
자/ 葛那及自)
5. 서찰루키아(西Chalukya/ 남천축국/ 南天竺국/
서차루기/ 西遮婁其)
6. 신드(Sindh/ 서천축국/ 西天竺國/ 신덕/ 信德)
7. 자란다르(Jalandar/ 북천축국/ 北天竺國/ 사란
달라국/ 闍蘭達羅國)
8. 수바르나고트라(Suvarnagotra/ 소발나구달라
국/ 蘇跋那具怛羅國)
9. 탁샤르(Takshar/ 탁사국/ 吒社國)
10. 신드 구르자라(Sindh-Gurjjara/ 신두고라국/
新頭故羅國)
11. 카슈미르(Kashmir/ 가섭미라국/ 迦葉彌羅國)
12-1. 볼로르(Bolor/ Skardu/ 대발률국/ 大勃律國)
12-2. 샹숑(Zhang-zhung/ 양동국/ 楊同國: 羊同)
12-3. 라다크(Ladak/ 사파자국/ 娑播慈國)
13. 티베트(Tibet/ 토번/ 吐蕃)
14. 볼로르(Bolor/ 소발률/ 小勃律國)
15. 간다라(Gandhra/ 건타라국/ 建馱羅國)
16. 우디야나(Uddiyana/ 오장국/ 烏長國)
17. 치트랄(Chitral/ 구위국/ 拘衛國)
18. 라그만(Laghman/ 남파국/ 覽波國)
19. 카피샤(Kapisa/ 계빈국/ 罽賓國)
20. 가즈니(Ghazzni/ 사률국/ 謝䫻國)
21. 바미얀(Bamiyan/ 범인국/ 犯引國)
22. 토카리스탄(Tokharistan/ 토화라국/ 吐火羅國)
23. 페르시아(Persia/ 파사국/ 波斯國)
24. 아라비아(Arabia/ 대식국/ 大寔國)
25. 비잔티움(Byzantium/ 대불림국/ 大拂臨國)
26. 여러 호국(胡國)들
26-1. 부하라(Bukhara/ 안국/ 安國)
26-2. 카부단(Kabudhan/ 조국/ 曹國)
26-3. 키시시(Kishsh/ 사국/ 史國)
26-4. 타슈켄트(Tashkent/ 석라국/ 石騾國)
26-5. 펜지켄트(Penjikent/ 미국/ 米國)
26-6. 사마르칸드(Samarqand/ 강국/ 康國)
27. 페르가나(Ferghana/ 발하나국/ 跋賀那國)
28. 쿠탈(Khuttal/ 골돌국/ 骨咄國)
29. 투르크(Turq/ 돌궐/ 突厥)
30. 와칸(Wakhan/ 호밀국/ 胡蜜國)
31. 슈그난(Shighnan/ 식닉국/ 識匿國)
32. 타쉬쿠르간(Tashkurghan/ 탑십고이간/ 塔什
庫爾干/ 총령진/ 蔥嶺鎭)
33. 카슈가르(Kashgar/ 객십/ 喀什/ 소륵/ 疏勒)
34. 쿠차(庫車/ Kucha/ 귀자/ 龜玆)
35. 호탄(Khotan/ 우전/ 于闐)
36. 옌치(Karashar/ Arki/ 언기/ 焉耆)

출처: 의정 저, 김규현 역주. 2013. 대당서역구법고승전. 글로벌콘텐츠. pp.4

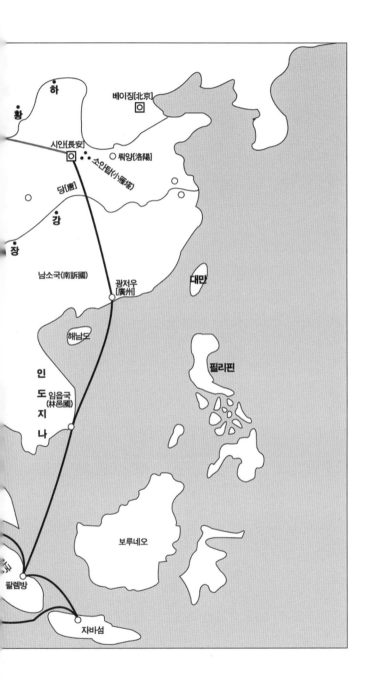

## 저자약력

호주 시드니공대(University of Technology Sydney)에서 관광레저학 박사학위를 받고, 한림대학교 경영학과 교수로 정년 은퇴 후, 현재 명예교수로 재직 중이다. 유튜브 크리에이터(KoSanJa TV)와 여행작가로도 활동하고 있다. 저서로 〈주말을 이용한 국토종단 도보여행〉, 〈부부가 함께 떠나는 유럽 자동차여행〉, 〈실크로드 문명기행 1, 2〉 등 20여 권이 있다.

## 여행과 문명 [제3판]

2016년 2월 25일  초판 발행
2019년 3월 1일  개정판 발행
2024년 8월 5일  제3판 발행

저 자 고 태 규

발행인 배 효 선

발행처 도서출판 法文社

주 소  10881 경기도 파주시 회동길 37-29
등 록  1957년 12월 12일 / 제2-76호 (윤)
전 화  (031)955-6500~6 FAX (031)955-6525
E-mail  (영업) bms@bobmunsa.co.kr
     (편집) edit66@bobmunsa.co.kr
홈페이지  http://www.bobmunsa.co.kr

조 판  광 진 사

정가 29,000원     ISBN 978-89-18-91523-4